# DICTIONNAIRE

### DES

# DICTIONNAIRES,

POUR APPRENDRE PLUS FACILEMENT, ET POUR RETENIR PLUS PROMPTEMENT

## L'ORTHOGRAPHE ET LE FRANÇAIS;

### SEUL OUVRAGE

DANS LEQUEL LES MOTS SOIENT CLASSÉS ET GROUPÉS PAR ORDRE NATUREL DE DIFFICULTÉS;

## et le seul où l'on trouve :

1° Un Dictionnaire de toutes les difficultés pour les *initiales*, pour les *intermédiaires* et pour la variation des *finales*. De telle sorte que, lorsqu'on cherche un mot par une difficulté, on trouve à l'instant, non-seulement le mot rectifié suivant l'orthographe de l'Académie, mais en même temps *tous les mots* qui ont la même difficulté d'orthographe, de prononciation et de variation suivant nos meilleurs dictionnaires modernes;

2° Un Dictionnaire des Homonymes, de toutes les locutions presque homonymes, etc. ;

3° Un Répertoire de tous les *mots composés*, avec indication de ceux qui prennent un s, et de ceux qui n'en prennent pas, soit au singulier, soit au pluriel ;

4° Les verbes tout conjugués en deux lignes, et par ordre alphabétique; ceux qui prennent le verbe ÊTRE, ou le verbe AVOIR ; avec la préposition DE, ou avec la préposition À, etc. ;

5° Un Traité des Participes, en deux règles, sur deux colonnes en regard, avec explication ;

6° Un Traité sur l'emploi des différens temps du subjonctif, etc. ;

7° La manière d'analyser les mots et les phrases selon la logique et selon la grammaire ;

8° Tableaux des difficultés dans l'accord de la finale de tous les temps des verbes, avec leur sujet, soit simple, soit complexe, soit composé dans la phrase écrite;

9° Locutions vicieuses *rectifiées*, sur deux colonnes en regard;

10° Un Traité complet de Ponctuation grammaticale et logique, d'après nos meilleurs typographes :

## PAR L. F. DARBOIS,

PROFESSEUR AU CI-DEVANT COLLÉGE DES COLONIES, AU CI-DEVANT COLLÉGE DE LA MARCHE, ETC.

Les difficultés grammaticales arrêtent souvent
le jet des plus belles pensées.

# PARIS,

## CHEZ L'AUTEUR, RUE D'ENGHIEN, N° 35.

## 1830.

# DICTIONNAIRE

### DES

# DICTIONNAIRES.

PARIS. — IMPRIMERIE D'ÉVERAT,
rue du Cadran, n° 16.

# DICTIONNAIRE

## DES

# DICTIONNAIRES,

POUR APPRENDRE PLUS FACILEMENT, ET POUR RETENIR PLUS PROMPTEMENT

## L'ORTHOGRAPHE ET LE FRANÇAIS;

### SEUL OUVRAGE

DANS LEQUEL LES MOTS SOIENT CLASSÉS ET GROUPÉS PAR ORDRE NATUREL DE DIFFICULTÉS;

### et le seul où l'on trouve :

1° Un Dictionnaire de toutes les difficultés pour les *initiales*, pour les *intermédiaires* et pour la variation des *finales*. De telle sorte que, lorsqu'on cherche un mot par une difficulté, on trouve à l'instant, non-seulement le mot rectifié suivant l'orthographe de l'Académie, mais en même temps *tous les mots* qui ont la même difficulté d'orthographe, de prononciation et de variation suivant nos meilleurs dictionnaires modernes;

2° Un Dictionnaire des Homonymes, de toutes les locutions presque homonymes, etc. ;

3° Un Répertoire de tous les *mots composés*, avec indication de ceux qui prennent un s, et de ceux qui n'en prennent pas, soit au singulier, soit au pluriel ;

4° Les verbes tout conjugués en deux lignes, et par ordre alphabétique; ceux qui prennent le verbe ÊTRE, ou le verbe AVOIR; avec la préposition DE, ou avec la préposition À, etc. ;

5° Un Traité des Participes, en deux règles, sur deux colonnes en regard, avec explication ;

6° Un Traité sur l'emploi des différens temps du subjonctif, etc. ;

7° La manière d'analyser les mots et les phrases selon la logique et selon la grammaire ;

8° Tableaux des difficultés dans l'accord de la finale de tous les temps des verbes, avec leur sujet, soit simple, soit complexe, soit composé dans la phrase écrite ;

9° Locutions vicieuses *rectifiées*, sur deux colonnes en regard ;

10° Un Traité complet de Ponctuation grammaticale et logique, d'après nos meilleurs typographes :

## PAR L. F. DARBOIS,

PROFESSEUR AU CI-DEVANT COLLÉGE DES COLONIES, AU CI-DEVANT COLLÉGE DE LA MARCHE, ETC.

## PARIS,

CHEZ L'AUTEUR, RUE D'ENGHIEN, N° 35.

—

## 1830.

# PRÉFACE.

On désirait depuis long-temps un Dictionnaire où l'on pût trouver rapidement ce que l'on veut y chercher, sans être obligé de savoir d'*avance l'orthographe*.

J'ose croire que cet ouvrage classique remplit une lacune dans l'éducation, puisqu'il est composé sur un plan entièrement neuf. Il est aussi utile aux personnes qui ne savent pas l'orthographe, qu'à celles qui n'ont besoin que d'aider leur mémoire pour dissiper leurs doutes, ou pour combattre quelques erreurs.

Toutefois, je n'ai rien changé à notre orthographe; comment aurais-je osé la défigurer? J'avais sous les yeux le *Dictionnaire de l'Académie*, ceux de *Boiste*, de *De Wailly* et *Drevet*, de *Laveaux*, de *Lemare*, de *Noël* et *Chapsal;* les œuvres de nos littérateurs les plus corrects : *Condillac, Racine, Buffon, Duclos, Dumarsais, Domergue,* le *Journal grammatical,* etc.; des ouvrages de MM. les Membres de l'Académie, et ceux de nos meilleurs grammairiens modernes.

Il m'est doux de remercier les savants qui ont bien voulu m'encourager en honorant de leur souscription ce travail aride, bienveillance qui m'impose une forte tâche pour l'avenir.

# TABLE DES PRINCIPALES MATIÈRES.

( Un Dictionnaire contient trop d'articles , pour qu'on en donne une table exacte. )



FIN DE LA TABLE.

# ABRÉVIATIONS.

| | | | | |
|---|---|---|---|---|
| *adj.* | adjectif. | | *pr.* | pronom. |
| *adv.* | adverbe. | | *pron.* | prononcez. |
| *b.* | botanique (arbre ou plante). | | *prép.* | préposition. |
| *chir.* | chirurgie. | | *prés.* | présent. |
| *conj.* | conjonction ou conjonctif. | | *prét. déf.* | prétérit défini. |
| *conjug.* | conjugaison. | | *s. et sing.* | singulier. |
| *dépt.* | département. | | *subj.* | subjonctif. |
| *ex.* | exemple. | | *t. d'arch.* | terme d'architecture. |
| *f.* ou *fém.* | féminin. | | *t. d'ast.* | terme d'astronomie. |
| *fam.* | familier. | | *t. de chir.* | t. de chirurgie. |
| *g.* | géographie. | | *t. d'impr.* | terme d'imprimerie. |
| *gram.* | grammaire. | | *t. fam.* | terme familier. |
| *imp.* | imparfait. | | *t. de gram.* | terme de grammaire. |
| *ind.* | indicatif. | | *t. de mar.* | terme de marine. |
| *inf.* | infinitif. | | *t. d'anat.* | terme d'anatomie. |
| *interj.* | interjection. | | *t. de math.* | terme de mathématiques. |
| *inv.* | invariable. | | *t. de méd.* | terme de médecine. |
| *loc.* | locution. | | *t. de pal.* | terme de palais. |
| *loc. adv.* | locution adverbiale. | | *t. pop.* | terme populaire. |
| *m.* | masculin. | | *t. de rhét.* | terme de rhétorique. |
| *mar.* | marine. | | *v.* | verbe. |
| *n. pr.* | nom propre. | | *v. a.* | verbe actif. |
| *n.* | nom. | | *v. m.* | vieux mot. |
| ..... | et ses dérivés. | | *v. n.* | verbe neutre. |
| *part.* | participe. | | *var.* | variable. |
| *pl.* | pluriel. | | * | voyez aux homonymes. |

# DICTIONNAIRE

DES

# DICTIONNAIRES.

## INITIALES.



A....

*Tous les mots de ce son commencent par* A* (1) : Académie, *n. f.* acier, *m.* analyse, *f.* appréhension, *f.* association ; *exceptez les suivans et leurs dérivés, qui commencent par* HA. *Toutefois les mots par* A *se trouvent après* HA, *par toute difficulté.*

A *par* HA....

Ha *. haha *, *n. m.* (*fossé*). habile, *adj.* habileté*, *n. f.* habilité, *n. f.*... habillement*, *n. m.* habiller, *v.* habit, *n. m.* habitant. habitation, *n. f.* habiter, *v.* habitude, *n. f.* habituer, *v.* hâbler (2), *v.* hâbleur. hâblerie, *n. f.* hacher, *v.* hache, *n. f.* hachette, *n. f.* hachis. hagard, *adj.* haie * (*buisson*). haïti, *g.* haguenau, *g.* haillon, *m.* haine*, *n. f.* haïr*, *v.* haire*, *n. f.* halbran *ou* halebrand, *m.* hâler*, *v.* haler (*un bateau*). haleine* (*respiration*). halener, *v.* haleter, *v.* halle *, *n. f.* hallebarde, *n. f.* hallier*, *n.* halifax, *g.* halo*. halot*. halte, *n. f.* ham, *g.* hamac. hamadryade, *n. f.* hambourg, *g.* hameau. hameçon, *m.* hanau, *g.* hanneton, *m.* hanicroche, *f.* hanovre, *g.* happe, *n. f.* happer, *v.* happelourde, *f.* haquenée, *f.* haquet*. harangue*, *n. f.* (*discours*). haranguer*, *v.* harangueur, *m.* haras *, *m.* harasser, *v.* harceler, *v.* hard*, *n. f.* (*outil de gantier*). hardes, *n. f. pl.* hardi, *adj.* hardiesse... harem, *n. m.* (*pron.* harème). harlem, *g.* hareng*. harengère *, *n. f.* harenguerie, *n. f.* harengaison, *n. f.* harfleur, *g.* hargner, *v.* hargnerie, *f.* hargneux, *adj.* haricot. haridelle, *f.* harmonica, *m.* harmonie, *f.* harmonieux, *adj.*... harnacher, *v.*... harnais, *n..* haro, *m.* harpagon, *m.* harpailler, *v..* harpe, *n. f.* harpeau. harper, *v.* harpie, *f.* harpin. harpiste... harpon, *m.* harponner, *v.* hart*, *n. f.* (*lien*). hasarder, *v.* hasard... hase, *n. f.* haste*, *f.* hâte, *n. f.* hâter, *v...* hâtelet... hâtif. hâtiveau. hauban. haubergeon, *m.* hausse, *n. f.* hausse-col, *m.* hausser, *v.* haut*, haute*, *adj.* hautain. hauteur *, *f.* hautesse*, *f.* haut-bois. haut-de-chausses. haute-contre. haute-paie. hauturier, *adj.* havane, *g.* have, *adj.* havenet *ou* haveneau. havet. havir, *v.* hâvre, *n. m.* havresac. la haye * g.; *dans* hennir, *v.* (*prononcez* hanir). *Voyez à l'initiale* AN.

---

AB....

*Tous par un* B, *excepté les cinq mots suivans qui ont deux* BB.

ABB....

Abbaye, *f.* (*pron.* abéïe). abbatial, *adj.* (*pron.* abbacial). abbé*, *m.* abbesse*, *n. f.* abbeville, *g.*

---

(1) Tout mot suivi d'une étoile, désigne qu'il a des homonymes ; voyez-le avec son explication au chapitre des *Homonymes*.

(2) On trouve à la lettre H les mots qui ont un *h* muet, et ceux qui ont un *h* aspiré.

| | |
|---|---|
| ABAI.... | Abaisser, *v.* abaisse*, *n. f.* (*pâte*). abaissé*, *adj. m.* abaissement, *m.* abaisseur, *m.* |
| ABEI... | Abeille, *n. f.* |
| ABÉ.... | Abécédaire, *m.* abéquer, *v...* aberration, *n. f.* abêtir, *v.* abêti, *adj. m.* |

| | |
|---|---|
| ABHO.... | Abhorré, *participe du verbe* abhorrer. |
| ABO.... | Abo, g. abolir, *v.* abolissable, *adj.* abolissement, *m.* abolition, *f.* abomasus ( *t. d'anat.*). abominable, *adj.* abonner, *v...* abonnement, *n. m.* abonnir, *v.* abord*. abordage, *m.* aborder, *v.* aborigènes, *m. pl.* abornement, *m.* aborner, *v.* abortif, *adj.* aboyer, *v....* |

| | |
|---|---|
| ABREU.... | Abreuver, *v. et* abreuvoir, *n. m.* |
| ABRÉ.... | Abrégé, *n. m.* abréger, *v.* abrégement, *n.* abréviateur, *n. m.* abréviation, *n. f.* |

| | |
|---|---|
| AC.... | Acabit, *m.* acacia, *b.* acacie, *f. b.* académie, *n. f.* académicien. académique, *adj.* académiste, *n. m.* acadie, g. acaguarder, *v.* (*pop.*). acajou, *m.* acambou, g. acampte, *adj.* acanthabole, *m.* acanthacé, *b.* acanthe, *f. b.* acanthies, *n. f. pl.* acanthopode, *m.* acapulco, g. acariâtre. acaridies, *f. pl.* acarne, *m.* acatalectique. acatalepsie, *f.* acaule, *b.* acanthophage. acide. acier, *m.* acierie, *n. f.* acinésie, *f.* acipensère, *m.* acolytat. acolyte, *m.* acomat. aconit. acotylédone, *adj.* acousmate, *m.* acoustique, *adj. et n. f.* acoutrer, *v.* acoutreur, *n.* acre, *n. m.* âcre, *adj...* acridophage, *adj.* acrimonie, *f.* acrobate, *n.* acrocérauniens, g. acrochorde, *m.* ( *pron. acrokorde*). acromion, *m.* acronique, *adj.* acrostiche, *m.* acrostique, *adj.* acrotères, *m. pl.* acteur... action, *f...* activer, *v.* acuminé, *adj. b.* acutangle, *adj.* |
| ACC.... | Accabler, *v....* accaparer, *v...* accéder, *v....* accélérer, *v....* accenser*, *v....* accent... accentuer, *v....* acceptation, *f.* accepter, *v...* accessible, *adj.* accessit, *n.* accessoire, *adj. et n. m.* accident.... acclamation.... acclamper, *v.* acclimater, *v.* accointer, *v.* accolade, *n. f...* accommoder, *v....* accompagner, *v....* accomplir, *v...* accomplissement, *m.* accord*. accorder, *v...* accoster, *v.* accoucher, *v...* accourcir, *v.* accoupler, *v...* accoutumer, *v...* accréditer, *v.* accroire, *v.* accroître, *v.* accueil, *n. m.* accumuler, *v...* accuser, *v... et tous les autres par deux* cc, *excepté les suivans :* |
| ACQ.... | Acquéreur, acquérir, *v.* acquêt*, *n.* acquêter, *v.* acquis*, *adj.* acquiescer, *v.* acquiescement. acquitter, *v.* acquisition, acquit, *n. et* acquittement, *m.* |
| AQ.... | Aquarelle, *n. f.* aquatile*. aqua-tinta, *n. f.* aquatique, *adj.* ( *pron. acoua* ). aqueduc, *m.* aqueux. aquilin. aquilon. aquilée, g. aquilaire, *b.* aquilier, *b. et* aquitaine, g. ( *pron. aki* ). |
| AQ. *par* ACH... | Achaïe, g. achéen, g. (*pron. aké-in* ), achores, *n. pl.* (*ulcères*). achromatique, *adj.* achronique, *adj.* |
| AX.... | Ax, g. axe, *n. m.* (*ligne droite*). axia, *m. b.* axie, *f.* axifuge, *adj.* axillaire, *adj.* axiome, *m.* axipète, *adj. m.* axis*, *m.* axoïde, *f.* axonge, *f.* |

| | |
|---|---|
| ACÉ.... | Acéphale, *adj.* acerbe, *adj.* acérer, *v....* acétate, *m.* acétabule, *m.* acéteux. acétique*. acenser, *v.* acescence, *n. f.* acescent, *adj.* |
| ASCE.... | Ascendant. ascète, *m.* ascétique*, *adj.* ascension. ascensionnel, *adj. m.* |
| ASSAI.... | Assainir, *v.* assainissant, *part.* assainissement, *n.* assaisonner, *v....* assaisonnement. |
| ASSÉ.... | Asséner, *v.* assénant, *part.* asseoir, *v.* asservir, *v....* asservissement, *n.* assesseur. assermenter, *v.* . assertion, *f.* assette, *f.* assez, *adv.* |

| | |
|---|---|
| ACI.... | Acide *n. m* et *adj.* acidifiable, *adj.* acidifier, *v.* acidité, *f.* aciduler, *v.* acier, *m.* acierie, *n. f.* acinésie, *f.* acipensère, *n. m.* |
| ASCI.... | Ascidie, *f.* asciens, *m. pl.* ascite, *n. f.* ascitique, *adj.* |
| ASSI.... | Assidu, *adj...* assiéger, *v...* assiente, *f.* assiette, *f.* assiettée, *n. f.* assignation, *f.* assigner, *v...* assigué, *adj. m.* assimiler, *v...* assis, *adj. m.* assise, *n. f.* assister, *v.* assistant, *adj. m.* assistance, *n. f.* |
| ADD.... | Addition, *f.* additionnel, *adj. m.* additionner, *v.* adducteur, *m.* adduction, *f.* |
| AD.... | Adulateur, *m.* adhérer, *v.* adhérence, *n. f...* adhésion, *f.; et tous les autres par un seul* D. |
| ADÉ.... | Adepte, *m.* adélopode, *adj.* adénographie, *f.* adénologie, *n. f.*, etc., *excepté :* |
| ADHÉ.... | Adhérer, *v.* adhérence, adhérent*, *n.* adhésion, *n. f.* |
| AF.... | Afilager, *n.* afin *que (conjonction).* afionne, *f. (lin du Levant).* afourager, *v.* africain, *adj.* afrique, *g. n. f.* |
| AFF.... | Affable. affadir, *v.* affaiblir, *v...* affaissement, *m.* affection, *f.* affranchir; *et tous les autres par deux* FF. |
| APH.... | Aphélie, *m.* aphérèse, *f.* aphonie, *f.* aphorisme, *m.* aphrodisiaque. aphrodite. aphronatron, *m. (sel mural).* |
| AGG.... | Agglomérer, *v.* agglomération, *f.* agglutiner, *v...* aggravant. aggraver, *v...* aggrave, *m.* |
| AG.... | Agenda, *m. (pron. aginda).* agence, *n. f.* agent, *m.* aglaja, *b.* agnat, *m. (pron. ag-na).* agnus, *m. (pron. ag-nusse).* agréer, *v...* agrafer, *v...* agronome, *m.* agrouper, *v.* agréger, *v...* agrégé; *et tous les autres par un seul* G. |
| AI.... | Ai-je*, *v.* aide, *n. m.* et *f.* aider, *v.* aigle*. aigre, *adj.* aigre-doux. aigre-douce. aigremoire, *m.* aigret. aigrette. aigreur, *f.* aigu, *adj. m.* aiguë, *adj. f.* aiguade, *f.* aiguayer, *v.* aigue-marine, *f.* aiguille, *f.* aiguillier, *m.* aiguiller, *v.* aiguillon, *m.* aiguisement, *n.* aiguiser, *v.* aile*, *f.* aimer, *v...* aimant, *n. m.* aine*, *n. f.* aîné, *adj. m.* ainsi, *adv.* air*, *m.* airain, *m.* aire*, *n. f.* aire, *g.* ais*, *n. (planche).* aise, *n. f.* et *adj...* aisance, *f.* aisne, *g.* aisselier, *n. m.* aisselle, *n. f.* aisseau. aissette, *f.* aithiologie, *f.* aix, *g.* |
| AY.... | Ayène, *m. b.* ayra, *m.* ayri, *b.* ayant, *part.* ayen, *g. (pron. ai).* |
| HAI.... | Haie*, *f. (buisson).* hainaut, *g.* haine, *n. f.* haire*, *n. f.* |
| HÉ.... | Hé* *(exclamation).* hebdomadaire, *adj.* hébé, *f.* héberger, *v...* hébéter, *v...* hébraïque. hébreu. hécate. hécatombe, *m.* hectare, *m.* hectogramme, *m.* hectolitre, *m.* hectomètre, *m.* hectostère, *m.* hécube, *f.* hédra, *f.* hégire, *f.* hélas *(interjection).* hélène, *n. pr. f.* héler, *v.* hélice, *f.* hélicon, *m.* hélicosophie. héliomètre. héliorme *(oiseau).* hélioscope, *m.* héliotrope, *m. b.* hélix, *(terme d'anat.).* hellène. hellénisme, *m.* helléniste, *m.* héloïse, *n. f.* hellespont, *g.* hélose, *m. (terme de méd.).* helvétie, *g. (pron. helvécie).* helminthique. hémagogue, *adj.* hématose, *f.* hématémèse, *f.* hématite, *m.* hématomphalocèle, *f.* hématurie. hémicycle, *f.* hémisphère, *f.* hémistiche, *m.* hémoptysie. hémorragie, *f.* hémorroïdal. hémorroïdes, *n. f. pl.* hémostasie. hépar, *m.* hépatique. hépatocèle, *f.* heptagone. hérault*. héraldique*. herbacé. herbe, *f...* herboriste. héraclite. hercule. héréticité, *f.* héréditaire. hérésie, *f.* hérétique. hérisser, *v.* hérisson, *m.* héritage, *m.* hériter, *v.* hermaphrodite, *adj. et n.* hermès. hermétique... hermine, *f.* hernie, *f.* herniaire. héroïde, *f.* héroïne, *n. f.* |

*Suite de* HÉ.... { héroïsme, *m.* héroïque. héroï-comique, *adj.* héron, *m.* héros. hersage, *m.* herse, *f.* herser, *v.* hesdin, *g.* hésiter, *v.* besse, *g.* hétéroclite. hétérodoxe. hétérogène. hétérophylles, *b.* hêtre, *b.* hexacorde. hexaèdre. hexagone. hexamètre. hexandrie. hexapétalée. hexaphore. hexaphylle, *b.* hexastyle. (*Voyez* H *initial.*)

HEI.  Heiduque, *m.* (*fantassin hongrois*). heidelberg, *g.*

OE.... { OEcophore, *n.* œcuménicité , *f.* œcumène. œdémateux. œdème, *m.* œdipe, *m.* ( *on pron. euil dans* œil. œil-de-bœuf. œillade, *f.* œillière, *f.* œillet. et œillette). œnathe, *f.* œnas , *m.* œnologie, *f.* œnomel, *m.* œsophage, *m.* ( *tuyau près du gosier*). œsype, *m.* ( *on pron.* EU *dans* œuf. œuvé, *adj.* œuvrer, *v.* œuvre*, *n.* et œuvré, *adj. m.* )

É.... { *Écrivez par* E *le son initial* É *pour tous les autres, tels sont :* ermite, *n.* ermitage, *m.* erre*, *n. f.* errer, *v.* erreur, *f.* erroné, *adj.* essai, *m...* essaim, *m...* esse*, *n. f.* essence, *n. f.* essentiel, *adj.* écimer*, *v.* essimer, *v.* essor*, *m.* essorer, *v.* ester*, *v. n.* ès-lettres. ès-sciences. été. être*. évincer, *v.* exhorter, *v.; et tous les autres ; on les trouve par leur difficulté.*

---

EC....
EQ....  } *Voyez à l'initiale* É.
ECC....
EX....

---

AILL.... { Aillade (*d'ail*). ailleurs, d'ailleurs ; *que j*'aille, *que tu* ailles, *qu'ils* aillent, ( *v.* ALLER ).

HAILL....  Haillon, *n. m.*

AIL, *son* EL....  *Voyez au son initial* EL *par* E.

---

AIN....  *Voyez après l'initiale* ALL.

---

AL.... { Alan*, *n.* alette, *n. f.* alarme, *f.* alcove, *f.* alentour*. alouette. alvin. s'aliter, *v.* alphabet. etc.; *excepté les suivans qui ont deux* LL.

ALL.... { Allaiter, *v...* allasie, *m. b.* allécher, *v...* allée, *f.* allégateur. allégation, *f.* allége, *f.* allégeance. alléger, *v.* allégorie, *f...* allègre, *g.* alléguer, *v.* alléluia. allemagne. allemand, *n. et adj. m.* aller, *v...* alléser, *v...* alliage, *m.* alliaire, *f. b.* alliance, *f.* allié, *adj. m.* allier*, *v...* allitération. allobroge. allocation. allocution. allodiale, *adj.* allonge, *f...* allonger, *v...* allophylle, *m. b.* allouer, *v...* alluchon, *m.* allumer, *v...* allumette, *f.* allumeur, *m.* allure, *n. f.* allusion. alluvion , *n. f.*

HAL....  *Voyez à l'initiale* A *par* HA.

---

AIN....  Ainsi, *adv.* aim , *n.* (*rivière*). aîne * (*rivière*). (*pr. ai-ne*).

EN....  Ennemi, *n. et adj. m.* ennéagone, *m.* ennéandrie, *f.* ennéapétale, *adj.*

HEN....  Hendécasyllabe, *adj.* hendécagone, *n. et adj. m.* hennebon, *g.*

IN.... { Insigne, *n. et adj. m.* incicatrisable. incertitude, *f.* incompréhensible... incorrigible. incorruptible. invincible. invaincu, *adj.* insignifiant; *et tous les autres , excepté les suivans :*

IM.... { Impair, *adj. m.* impossible. imbécille; *et tous les autres par* IM, *devant* P *et* B.

HAIM.... { Haim ( *crochet* ). *mais pron.* AI, *dans* Hainaut, *g.* haine, *f.* et haineux, *adj.*

---

AN.... { AN *est par* E *au commencement de tous les verbes, excepté les vingt-un ci-après désignés par un autre caractère; mais* N *s'y change en* M *devant* M, P *et* B.

**AM....**

Ambages, *n.f.pl.* ambassadeur, *m.* ambe, *m.* ambidextre, *adj.* ambigu, *m.* ambiguë, *adj.f.* ambiguïté, *n.f.* ambitieux. ambition, *f.* AMBITIONNER, *v.* amble, *m.* AMBLER, *v.* amboise, *g.* AMBRER, *v...* ambroisie, *f.* ambrun, *g.* ambulant, *adj.* ambulance, *n.f.* AMENER*. (*conduire à*)... AMNISTIER, *v...* amnistie, *f.* amphibie, *adj.* amphibologie, *f.* amphictyons, *m. pl.* amphigouri, *m.* amphisciens, *n. pl.* amphiptère, *m.* amphismile, *adj.* amphithéâtre, *m.* amphitryon, *m.* amphitrite, *f.* amphore, *f.* ample, *adj.* ampleur, *f.* amplexicaule, *adj.* ampliation, *f.* amplification, *f.* amplifier, *v.* amplitude, *f.* ampoule, *f.* AMPOULER, *v.* amputation. AMPUTER, *v....* amsterdam, *g.* amulette. ammoniac. amuser, *v...* amygdales, *f. pl.* amygdaloïde, *f.*

**AN....**

An*, *m.* (*année*). anathématiser, *v.* analyse, *n. f.* analyser, *v.* (*l'initiale* AN, *suivie d'une voyelle, se pron. a*). ancenis, *g.* ancêtres, *n. m. pl.* anche*, *f.* anchilops, (*pron. anki*). anchois. ancien, *adj.* ancienneté, *n. f.* ancône, *g.* ancy-le-franc, *g.* ancre*, *f.* ANCRER, *v.* andalousie, *g.* andante*. andely, *g.* andelle, *g.* andouille, *f.* andré, *n. pr.* andrinople, *g.* androgyne, *m.* andromède, *f.* âne*, *m.* anfractuosité, *f.* angar *ou* hangar, *m.* angarie. ange, *m.* angélique, *adj. et n. f.* angélus, *m.* angers, *g.* angerville, *g.* angevin. angine, *n. f.* anglais, *m.* anglaise, *f.* angle. angleterre, *g.* anglet*, *n.* (*petit angle*). anglomane, *adj.* anglomanie, *f.* angoisse, *f.* angoulême, *g* angoumois, *g.* anguille, *f.* angulaire, *adj.* angustie, *f.* anjou, *g.* ankylose, *f.* ankyloblépharon, *m.* ankyloglosse, *m.* anœstésie, *f.* annales, *f. pl...* ANNIHILER, *v...* annate, *n. f.* année*, *n. f.* anneau. ANNELER, *v...* annelure, *f.* ANNEXER, *v.* annexion, *f.* anniversaire, *n. m. et adj.* ANNONCER, *v...* ANNOTER, *v...* annuité, *n. f.* ANNULER*, *v.* annulation, *f.* anoblir*, *v.* (*rendre noble*). anse*, *f.* anséatique, *adj.* anspassade, *m.* anspect, *m.* antagoniste, *n. m.* antarctique, *adj.* antécédent. antechrist, *m.* antenne, *f.* antépénultième, *adj.* antérieur, *adj. m.* antériorité, *n. f.* anthologie, *f.* anthrax, *m.* antibes, *g.* antichambre, *f.* ANTICIPER, *v...* ANTIDATER, *v.* antidote, *m.* antienne, *f.* antimoine, *m.* antipathie, *f.* antipode, *m.* antiquaille, *n. f.* antiquaire, *m.* antre*, *n. m.* anthropophage, *n. et adj.* anvers*, *g.* s'anuiter, *v.* anxiété, *f.*

**EM....**

Emballage, *m.* emballer, *v.* embargo, *m.* embarras, *m.* embarrasser, *v...* embaucher, *v...* embaumer, *v.* d'emblée, *adv.* embolisme, *m.* embonpoint, *m.* embrasser, *v...* embrocation, *f.* embrocher, *v.* empailler, *v...* empaler, *v.* empan. empanon, *m.* empanner, *v.* empenner, *v.* empereur. empennelle, *n. f.* empêtrer, *v.* emphase, *f.* emphatique, *adj.* emphysème, *f,* emphytéotique, *adj.* emphytéose, *f.* emphytéote, *m.* emplacement. emplâtre, *m.* emplette, *f.* emplir, *v.* emploi, *m.* empois, *m.* empoisser, *v.* empoisonner, *v.* empoissonner, *v.* empreindre, *v.* emprunter, *v.* empyrée, *m. et tous les autres; ils prennent* M. *devant* P. *et* B.

**EMM....**

*On met 2* M. *dans les mots composés de* EN *par accroissement; tels sont:* emmagasiner, *v...* emmaigrir, *v...* emmailler, *v.* emmailloter, *v.* emmancher, *v.* emmarer, *v.* emmariner, *v.* emménager, *v.* emmenoter. emmieller. emmitrer. emmusuler, *et leurs dérivés.*

**ANN....**

Annal, *adj. m.* annales, *f. pl.* annaliste, *n. m.* annate, *n. f.* anne*, *n. f.* annette, *n. f.* anneau, *m.* année*. ANNELER, *v.* annelure, *f.* ANNEXER, *v.* ANNIHILER, *v.* anniversaire, *adj. et n.* ANNONCER, *v...* annonciation, *n. f.* annoter, *v...* annuaire, *adj.* annuel, *adj. m.* annuité, *n. f.* annulaire*, *adj.* ANNULER, *v...*

**ENN....**

Ennoblir, *v.* (*en parlant d'une chose*). ennuyer, *v.* ennui. ennuyeux. ennuyant.

**HAM....**

Hambourg, *g.* hamadryade, *f.* hameau, *m.* hameçon, *m.* hampe, *f.*

**HAN....** Han*. hanche*, *f.* hanneton , *m.* hanovre , g. hangar. hanscrit , *m.* hanse*, *f.* hansière*, *f.* ( *filet* ). hanséatique, *adj.* hanter, *v.* (*fréquenter*).

**HEN....** Henri. henriade, *f.* hennir , *v. et* hennissement, *n.* ( *pron. hanir* ).

**EN....** EN *par* E *commence tous les autres mots , tels sont :* EN ( *préposition et pronom indéterminé*). encan, *n.* encaustique, *n. f. et adj.* enclin, *adj.* enclytique, *n. f.* encens, *m.* encensoir, *m.* encenser, *v.* encéphales , *adj. pl.* encyclopédie, *n. f...* encyclique, *adj.* endémique, *adj.* endive, *f. b.* enfant, *n. m. et f.* enfance, *f.* enfer , *n. m.* enfissure, *f.* enfonçure, *f.* engeance, *f.* enghien, *g.* engin. enivrer, *v...* enjôler, *v.* enjouement. enkysté, *adj.* ennoblir, *v.* ( *en parlant d'une chose* ). ennuyer, *v.* enorgueillir, *v.* enrhumer, *v.* ensanglanter, *v.* ensemble, *adv.* ensemencer, *v...* ensimer, *v.* ente*, *f.* ( *greffe* ). enthousiasmer, *v...* enticher, *v...* entier, *adj. m.* entorse, *n. f.* entremêts, *m.* s'entr'accorder. envoyer, *v. et tous les autres avec leurs composés. Voyez - les par leur finale.*

---

**AO....** L'A est nul dans août. aoûteron. aoriste; *mais on le prononce dans* aoûter.

---

**AP....** Apanage, *m.* apathie, *f.* aperçu. apercevoir, *v.* apeus. aphorisme, *m.* apitoyer, *v...* aplanir, *v...* aplatir, *v.* aplaiguer, *v.* aplomb. apocalypse, *f.* apothéose, *f.* apophthegme, *m.* aposter. apothicaire, *m.* après , *prép.* après-demain. après-dînée, *n. f.* après-midi, *f. inv.* après-soupée , *n. f.* apurer, *v... et tous les autres, excepté les suivans qui ont deux* PP. *On les trouve par leur finale.*

**APP....** Apparat. apparaux, *n. pl.* appareil, *n. m.* appareiller, *v...* apparent, *adj.* apparence, *f.* apparaître, *v...* apparition, *f.* appartement, *m.* appartenance. appartenir, *v.* appas*. appât. appaumé, *adj.* appauvrir, *v.* appauvrissement. appeau. appel*, *n. m.* appeler, *v...* j'appelle... j'appelais. j'appellerai... appendre, *v.* appentis, *n.* appendice, *m.* (*pron. pin.*) il appert, *v.* appesantir, *v.* appesantissement. appétit, *m.* appétissant, *adj.* applaudir, *v...* applaudissement. appliquer, *v.* application, *f.* appoint, *m.* appointer, *v...* apporter, *v...* apposer, *v...* appréciation. apprécier, *v...* appréhender, *v...* appréhension, *f...* apprendre, *v...* apprenti, *adj. m.* apprêt*, *m.* apprêter, *v.* apprivoiser, *v...* approbation, *f.* approuver, *v...* approcher, *v...* approfondir, *v...* approprier , *v...* approuvé, *n.* approvisionner, *v...* approximation, *f...* appui, *m.* appuyer, *v.* réappuyer, *v.* contre-appuyer, *v. et leurs composés.*

**HAP....** *Voyez à l'initiale* A. *par* HA.

---

**AQ....**
**ACQ....** } *Voyez à l'initiale* AC.

---

**AR....** Araigne, *n. f.* ( *filet.* ) araignée, *n. f.* aréner, *v.* aréthuse, *f.* arithmétique, *f.* arête, *n. f.* ariette, *n. f.* arpège, *m.* arpéger, *v...* arsenal, *m.* arsenic. arsenieux. art*, *et tous les autres, excepté les suivans qui ont deux* RR.

**ARR....** Arracher, *v...* arranger, *v...* arras, *g.* arrau, *g.* arrenter, *v...* arrérages, *m. pl.* arrérager, *v.* arrestation, *f.* arrêt, *m.* arrêter, *v...* arrher, *v...* arrhes, *n. f. pl.* arriéré, *m.* arrière*, *adv.* arriérer, *v...* arrimage , *n. m.* arrimer, *v...* arriser, *v...* arrivage, *m.* arriver, *v...* arrivée, *f.* arrobe, *f.* arroche, *f.* arrogamment, *adv.* arrogance, *f.* arroger, *v.* arroi, *m.* arrondir, *v.* arrondissement. arroser, *v.* arrosement, *m.* arrosoir, *m.* arrugie, *f.*

**HAR....** *Voyez à l'initiale* A *par* HA.

**AS....**
Asarine, *f. b.* ascèle, *f.* asie, *g.* asile, *m.*, *et tous les sons faibles, excepté les suivans :*

**AZ....**
Azalée, *f.* azamoglan, *m.* azébro. azédarac, *m. b.* azerbe, *f.* azérole, *f.* azi, *m.* azier, *b.* azigos, *m.* azimut, *m.* azof, *g.* azote, *m.* azur, *m.* azuré, *adj.* azyme, *adj.* azymite, *m.*

**ASS....**
Assassin, *m.* assemblée, *n. f...* assertion, *f.* assez, *adv.* associer, *v...* associé, *adj. m.* association. assainir, *v.* assaisonner, *v...* asséner, *v.* assermenter, *v...* assignation, *f.* assujettir, *v. et tous les autres, excepté les suivans :*

**ASC....**
Ascendant. ascensionnel, *adj. m.* ascète, *m.* ascétique. ascite, *f.* ( *pron. a-cite* ).

**ASTH....**
Asthme, *m.* asthmatique, *adj.* asthénie, *f.* asthénique, *adj.*

---

**AT....**
Ataraxie, *f.* ataxie, *f...* atelier, *n.* atellanes, *f. pl.* atermoyer, *v...* athamante, *b.* athanor. atharasie. athée, *n...* athéisme, *m.* athènes, *g.* athénée, *m.* athérine, *f.* athérôme, *m.* athlantique. athlète, *m.* athos, *g.* athlotète, *m.* atinter, *v.* atlante, *m.* atlas. atmosphère, *n. f.* atôme, *m.* atonie, *f.* atour, *m.* atourner, *v.* atout, *m.* atrabilaire, *adj.* atramentaire. âtre, *m.* atroce, *adj.* atrocité, *n. f.* atrophie. atropos, *f.*

**ATT....**
Attabler, *v.* s'attiédir, *v.* attrapoire, *f.* attaquer, *v...* atteindre, *v.* attendre, *v.* attentat, *m.* attention, *f.* attérir, *v.* atticisme, *m.* attiser, *v.* attrait, *n.* attraper, *v.* attrayant, *adj.* attribut, *et tous les autres par deux* TT.

---

**AU....**
Au*, *art. m.* (*pl.* aux). aubain*. aubaine. aube, *f.* aubépine, *f.* auberge, *f.* auberon, *m.* aubergiste. aubervilliers, *g.* aubier, *n.* auch*, *g.* aubifoin. aucun, *m.* aucune, *f.* auctuaire. aucunement. audace, *f.* audacieux, *adj.* au-delà, *adv.* au-devant. audience, *f.* audiencier, *m.* auditeur, *m.* auditoire, *m.* auge, *f.* augée, *f.* auget, *m.* augelot, *m.* augmentation. augmenter, *v...* augure, *m.* augurer, *v...* auguste... aujourd'hui. aulique, *adj.* aulx. ( *pl. d'ail.* ) aumaille, *f.* ( *bête à cornes.* ) aumale, *g.* aumône, *f...* aumusse, *f.* aune, *f.* aunage, *m.* auner. *v.* aunée*. aunaie*, *f.* auparavant, *adv.* auquel, *m. s.* auxquels, *m. pl.* auxquelles, *f. pl.* auprès. aurai-je. aurais-tu, *etc.* (*v. avoir*). aurélie. auréole, *f.* auray. ( *bloc* ). aureillon*, *m.* auriculaire, *adj.* aurifique. auricule, *f.* aurillac, *g.* aurore, *n. f. et adj.* aurone, *f.* auspice*, *m.* aussi. aussitôt, *adv.* austère*, *adj.* auster. (*vent*). austérité, *f.* austral, *adj.* austrasie, *g.* autan*. *n.* (*vent*). autant, *adv.* autel*, *m.* ( *d'église* ). auteur*, *m.* authenticité, *f.* authentique, *adj.* autocrate, *adj.* autocratie. (*pron. cie*). auto-da-fé, *m.* autographe, *n. et adj.* automate, *m.* automne, *m.* autopsie, *f.* autorisation. autoriser, *v.* autorité, *f.* autour*, *m.* autre. d'autres. de part et d'autre. autrefois. autrement. autruche, *f.* autrui. autun, *g.* auvent, *n.* auvergnat. auxerre, *g.* auxerrois. auxiliaire... auxèse. auxois, *g.* auxonne, *g.* auxomètre, *m.*

**AO....**
Aoriste. ( *on prononce oriste* ).

**EAU....**
Eau*, *f.* ( *élément* ).

**HEAU....**
Heaume, *m.* ( *casque* ).

**HAU....**
Haubans, *m. pl.* haubert. hausser, *v.* hausse, *n. f.* haut*. haute*. hautesse.* hauteur*, *f.* hautain. hauturier, *et leurs dérivés.*

**HO....**
Ho! ( *cri de joie* ). hoc (*jeu de cartes*). hola. hobereau. hobin*. hoca, *m.* ( *jeu* ). hoche, *f.* hocher, *v.* hoche-pot, *m.* hochet. hochirat. hogner, *v.* hoirie, *f.* hollande, *g.* holocauste, *m.* hom*. homard. hormis, *prép.* homélie, *f.* homicide, *n. m. et adj.* hommage, *m.* homme. hommasse, *adj.* homogène, *adj.* homogénéité, *f.* homologuer, *v.* homologation. homonyme, *n. m. et adj.* homonymie, *f.*

| | |
|---|---|
| *Suite de* HO.... | homophage. homophonie , *f.* honnête... honneur, *m.* honoraire, *adj.* honorer , *v.* honorable... honorifique, *adj.* hôpital, *m.* hoqueton, *m.* hoquet. horaire , *adj.* horace, *m.* horde, *f.* horizon , *m.* horion, *m.* horloge, *n. f.* horloger , *n*... hormis, *prép.* horoscope, *m.* horreur, *f*... hors* ( *excepté* ). hortensia , *f.* hortolage, *m.* hospice*. hospitalité, *f.* hospodar, *m.* hostie, *f.* hostile, *adj.* hostilité , *f.* hôte*. hôtel*. hôtellerie. hotte*. hottentot. hôtesse* , *n. f.* |
| OH.... | Oh*. *cri de surprise.* |
| O.... | O, ( *interjection* ). obédience, *f*... obéir, *v.* obéissance, *f.* obélisque , *m.* obédène. obérer, *v.* obésité, *f.* objet, *m.* objecter, *v.* obliger , *v*... obligatoire, *adj.* oblong, *adj.* obole, *f.* obséder, *v*... obsèques, *f. pl.* observatoire, *m.* obsession, *f.* obscène. obscénité, *f.* obséquieux. obscurcir, *v.* obstacle, *m.* obtus, *adj.* obus, *m.* obusier, *m.* occasion, *f.* occasionner, *v.* ochre ou *ocre*, *n. f.* occiput, *m.* oculaire, *adj.* oculiste, *m.* occulte, *adj.* occuper, *v*... occurrence, *f.* odalisque, *f.* odaxisme. ode*, *f.* odéon , *m.* odieux*, *adj.* odontalgique , *adj.* odyssée, *n. f.* officier , *n. et v.* ognon *ou* oignon, *m. b.* ogre, *m.* olympe, *m. g.* omelette, *f.* omoplate, *f.* onanisme, *m.* opiat. opinion, *f.* opiniâtre. orangerie, *f.* oraison, *f.* orang-outang. orateur, *m.* oratoire, *n. et adj.* orchestre, *m.* ( *pron.* orkestre ). oreille, *f.* oreillon, *m.* orthographe, *f.* orthographie, *f.* orthographier, *v.* orthographiste, *m.* orthologie, *f.* os*, *n.* osselet. osseux, *adj.* ossifier, *v.* oseille, *f.* oser, *v.* ostentation, *f.* ostie*, *g.* ostracisme, *m.* otage. ôter, *v.* ovale, *n. m. et adj.* ovaire. ovelle. overlande. oxide, *m.* oxigéné, *adj. et tous les autres, par* o. |

| | |
|---|---|
| AUF.... | Aucun. *Voyez l'initiale* OFF, *ou* OPH. |

| | |
|---|---|
| AUP. | Auparavant*, *adv.* auprès. |
| OP.... | Opacité, *f.* opaque, *adj.* opérer, *v*... opinion, *f. et tous les autres , excepté les suivans :* |
| OPP... | Opportun... *adj.* opposer, *v*... opposition, *f.* oppresser, *v.* oppresseur, *m.* oppression... *f.* opprimer, *v.* opprobre , *m.* |

| | |
|---|---|
| AUR.... | Auréole, *f.* auriculaire, *adj.* aurcillon* ( *t. de mécanique* ). aurillac, *g.* aurone, *f.* aurore, *n. f. et adj.* |
| OR.... | Oreille, *f.* oreiller, *n.* oreillons, *n. m. pl.* ornithologie, *f.* orthographe, *f.* orthographie, *n. f.* orthographier, *v*... orthologie, *f.* orthopédie, *f.* orthodoxe, *et tous les autres , excepté les suivans :* |
| HOR.... | Horace. horde, *f.* horreur, *f*... horaire, *adj.* horloge, *f.* horloger, *m*... hormis , *prép.* horographie, *f.* horomètre, *m.* horoptère, *f.* horoscope, *m.* hors-d'œuvre, *m.* hortensia, *f. b.* |

| | |
|---|---|
| AUX.... | Auxerre, *g.* ( *pron.* aucère ). auxerrois. auxiliaire. auxèse. auxois, *g.* auxonne, *g.* ( *pron.* aussonne ). auxomètre, *m.* |
| OX.... | Oxalide, *f. b.* oxalique, *adj.* oxalme, *m.* oxygrat, *m.* oxydable , *adj.* oxyde, *m.* oxyder, *v.* oxydulé, *adj. m.* oxygène, *m.* oxygéné, *adj.* oxymel, *m.* oxysaccharum. |
| OCC.... | Occident. occidental, *adj.* occire, *v.* occis, *adj. m.* occise, *adj. f.* occision, *f.* |

| | |
|---|---|
| AX. ACC.... | *Voyez au son des initiales* AC, ACC, *etc.* |

| | |
|---|---|
| AZ.... | Azalée, *b.* azamoglan. azébro. azerbe, *f.* azérole, *f.* azi, *m.* azigos. azimut. azof, *g.* azote, *m.* azur, *m.* azuré, *adj.* azyme, *adj.* azymite, *n. m. Les autres sont par* AS. *Voyez* AS. |

| | |
|---|---|
| BA.... | Bac, *m.* badestamier, *m.* baragouinage, *m.* bah* ! bâfrer, *v.* bâfrerie. bâiller*, *v.* bâillon. bas*. bâtir, *v...* bâton, *m...* basilic*, *m.* basilique, *n. f.* bavocher, *v.* ( *t. d'imp.* ) bayonnette. bayer *aux corneilles.* ( *pron. béer* ). bailler* ( *donner à bail* ), *et tous les autres, excepté les suivans :* |
| BAP.... | Baptême. baptismal, *adj.* baptiste*, *m.* baptistère, *m.* baptiser, *v...* |
| BAI.... | *Cheval* bai*. baie, *n. f.* ( *golfe* ). baigner, *v...* baignoire, *f.* bain. baiser, *n. et v.* baisemain, *m.* baisser, *v.* baissière. baisure, *f.* |
| BEI.... | Beige, *f.* beignet. beira, *g.* |
| BEY.... | Bey. ( *dignité en Égypte* ), *moura-bey.* |
| BÉ.... | Bécasse, *f.* bécarre, *m.* bec. becqueter, *v...* becfigue, *m.* bée, *f.* beffroi, *m.* bégu, *adj.* béjaune, *m.* belle-fille. belle-mère. berg-op-zoom, *g.* bercail. besaigre. besaiguë, *f.* besançon, *g. et tous les autres; mais* bayer*, ( *aux corneilles se prononce béer* ). |
| BAIN.... | Bain. bain-marie, *m.* |
| BIM.... | Bimbeloterie, *f.* bimbelotier, *marchand de bimbelots,* ( *jouets d'enfans* ). |
| BEN.... | Bengale, *m. g.* benjoin, *n.* benfelde. benjamin, *m.* benjamine, *f.* |
| BAM.... | Bamberg, *g.* bambin. bamboche, *f.* bambou. |
| BAN.... | Ban (*publication*). banc, (*siège*). banne, *n. f.* bancelle, bancroche, *adj.* bandage, *n. m.* bande, *n. f.* bandeau. banderole, *f.* bandit. banlieue, *f.* bannal, *adj.* bannalité. banni, *adj.* bannir, *v.* bannière, *f.* banque, *f.* banqueroute, *f.* banquet. banquette. banquier, *n.* |
| BAR.... | Baragouin, *n.* baratterie, *f.* bardot*, *m.* bardeau, *m.* barguigner, *v.* baril, *m. et tous les autres, excepté les suivans :* |
| BARR.... | Barrage, *m.* barre*, *f.* barrer, *v.* barrette. barricader, *v...* barrière. barrioler, *v...* barrique, *f.* barriquaut. barroir, barrure, *f.* |
| BAT.... | Bataille, *f.* bateau. batelier, *et tous les autres, excepté les suivans :* |
| BATT.... | Battage, *m.* batterie, *f.* battre, *v. et ses composés.* |
| BAU.... | Bau*, *ou* barrot. baudet.* baudrier, *n.* baudir, *v.* baudroyeur, *m.* baudruche, *f.* bauge, *f.* baugüe, *b.* baugenci *ou* beaugenci, *g.* baume, *m.* baumier, *n. m.* bauquin. baux*. (*pl. de bail*), *et s'ébaudir,* ( *se réjouir* ). |
| BEAU.... | Beau, *adj.* beaucaire, *g.* beauce, *g.* beauceron, *m.* beaucoup, *adv.* beau-père beau-frère. beaupré, ( *mât* ). beaune, *g.* beauvais, *g.* |
| BO.... | Bonnerie. bonhomie, *f.* bonhomme, *m.* bonasse*. bosseler, *v.* bossuer, *v.* botanique, *f.* boite*. bot*. pied-bot. bovine, *et tous les autres.* |
| BE.... | Bedon, *m.* bedaine, *f.* belette, *f.* benin, *adj. m.* benigne, *adj. f.* besace, *n. f.* besicles, *f. pl.* besogne, *f.* besoin, *m. et tous les autres, excepté les suivans :* |
| BEU.... | Beuglement, ( *cri du bœuf* ). beugler, *v.* beurre, *m.* beurrerie. beurrier. beuvante, *n. f.* |
| BÉ *et* BEI.... | *Voyez* BAI. |
| BEN.... | *Voyez* BAIN. |

| | |
|---|---|
| BI.... | *tous par* Bi : bibliothécaire, bibliothèque, *n. f.* bitord, *n. m.* bitume, *m.* bitter, *v.* bitton, *m.* ( *t. de mar.* ), etc., *excepté les suivans :* |
| BY.... | By, *n. m.* byami, *n. m.* byrrhe, *m.* bysance, *g.* byssolythe. bissus, *m.* |
| BLAN.... | *Tous par* BLAN. *on les trouve par leur difficulté.* |
| BLÉ.... | { Blé, *n.* blême*. blêmer. (*pâlir*). blésité, *n. f. et tous les autres,* excepté : |
| BLAI.... | Blaireau, *n. m.* blaise, *n. m.* blaye, *g.* |
| BLO.... | Bloc, *n.* blocus. bloquer, *v. et tous les autres, excepté :* |
| BLAU.... | Blaude *ou* blouse, *n. f. c'est le seul mot qui commence par* BLAU. |
| BO.... | *Voyez* BAU. |
| BOUR.... | { Bourg*. bourguemestre, *m.* bouracan. bourache, *f. ou* bourague. (*nasse*) *et tous les autres, excepté les suivans :* |
| BOURR.... | { Bourrache, *f. b.* bourrade, *f.* bourras, *m.* (*étoffe*). bourrasque, *f.* bourreau. bourrer, *v.* bourrelier, *n.* bourreler, *v...* bourrique, *f.* bourriquet, *m.* bourriche, *f.* bourru, *adj.* |
| BRAI.... | Braire, *v.* il brait. braise, *n. f.* braisé, *adj.* braisier, *n. m.* braisière, *f.* |
| BRE.... | { Brebis. brehaigne. brelander, *v.* bretauder, *v.* brevet. brevetaire*. bréviaire, *et tous les autres, excepté les suivans :* |
| BREU.... | Breuil, *n.* breuiller, *v.* breuvage, *n. m.* abreuver, *v.* abreuvoir, *m.* |
| BRAN.... | Branche, *et tous les autres.* |
| BRO.... | Brodequin. broc. broder, *v... et tous les autres, excepté :* |
| BRAU.... | Braunaw, *g. est le seul.* |
| ÇA *doux*.... | { Ça (*pour* cela). çà-et-là, *tous les autres par* SA, *comme* satiété, *f.* (*pron. saciété*). sassenage, etc. |
| CA *dur*.... | { Cabale, *f.* câble, *m.* cacao. cachemire. cachot. cachexie, *f.* cacochymc, *adj.* cacophonie, *f.* cadeau, *m.* cadence, *f.* cadi*. cadis*. cadix*, *g.* cadole, *f.* cadogan, *m.* cadran, *m.* cahier, *m.* cahot*. cahutte, *f.* caïeu. caïman. cajoler, *v...* caille*. cayes*, *g.* camaïeu. camarade. canepin. carence, *f.* (*t. de pal.*). carguer, *v...* cartier*. catarrhe, *m.* catéchisme, *m...* catégorie, *f.* cathédrale, *f.* catéchumène (*pron.* catékumène*). catholicité. catholique. cavecé, *adj. et tous les autres, excepté les suivans :* |
| CA *par* QUA... | { Quadrat *ou* quadratin, *m.* quadrature (*t. d'horlogerie*). quadrille. qualifier, *v...* qualité, *f.* quarantaine, *f.* quarante. quartier*, *n.* quartier-maître (*prend des s au pluriel*). quasi. quatorzaine, *f.* quatorze. quatre. quatorzième. |
| CA *par* CHA.... | Chaos* *ou* cahos. |
| KA.... | { Kabac. kabin. kahouane. kakatoès, *m.* kaléidoscope, *m.* kanastère. kaolin. karatas, *b.* |
| QUA *son* COUA | { Quadragénaire. quadragésime. quadrangle. quadrangulaire. quadrature. (*t. de mathé.*). quadrige. quadrilatère. quadrupède. quadruple. quadrupler, *v.* in-quarto. quartz (*pierre très-dure*). quaterne, *m.*, etc. *Voyez-les tous après l'initiale* QUOI. |
| CAI.... | Caire, *g.* caisse, *n. f.* caissier, *n. m.* caissière, *n. f.* caisson, *m.* |

| | |
|---|---|
| KÉ.... | Kermès*. kermesse (*fête flamande*). kérone. |
| QUAI.... | *Un* quai. quayage, *m.* quaiche, *f.* (*petit vaisseau*). |
| CAI *par* CHÉ... | Chélidoine, *b.* chémosis, *m.* (*infl. de l'œil*). chersonèse, *f. g.* chersydre. |
| QUÉ.... | Quémander, *v.* quéraïba, *m.* quérimonie, *f.* quérir, *v.* quereller, *v.* quêter, *v....* question. questionner, *v. et tous les autres par* QUÉ. |
| QUÉ *son* KUÉ. | Questeur, *m.* questure, *n. f.* |
| CAIN.... | *Voyez* QUIN. |
| CAL.... | Cal*, *m.* (*durillon*). calabre, *g.* calabrais. calabure, *m.* calac. calaison, *f.* calamandrier, *n.* calament, *b.* calandrer, *v...* calcaire, *adj.* calciner, *v.* caldéron, *m.* calfat. calfater, *v.* calfeutrer, *v.* calleux, *adj.* calligraphie, *n. f.* calmande, *f.* calliope, *f.* calmar, *m.* (*poisson*). calmer. *v.* calme, *m.* calmouck, calque, *m.* calquer, *v.* calvaire, *m.* calvinisme. calviniste. calville, *n. f.* |
| CALE.... | Cale *f.*, calé, *adj.* caler, *v.* calebasse, *f.* calebassier, *m.* calebotin. caleçon, *m.* caléfaction, *f.* cale-hauban. calemar *ou* calmar. calembourg *ou* calembour*. calembredaine. calendaire, *adj.* calender, *n.* calendrier, *n.* calenture. *f.* calepin. calésan. |
| CAL *par* CHAL. | Chalasie, *f.* chalastique, *adj.* chalcédoine, *g.* chalcide, *m.* chalcis, *m.* chalcite, *m.* chalcographie, *f.* chaldaïque, *adj.* chaldée, *g.* chaldéen. chalibé. |
| KAL.... | Kaléidoscope, *m.* kalenda, *f.* kali, alkali, kalmie, *f. b.* |
| CAM.... | Cambayes, (*pron. bé.*) *g.* cambouis (*vieux oing.*) cambrai, *g.* cambrer, *v....* cambrésis, *g.* cambuse, *f.* cambusier, *m.* Camp, *m.* campagne, *f.* campaguard. campêche, *g.* camper, *v....* camphre, *m.* campo. campyle, *m. b.* décamper, *v.* |
| CAN.... | Cancel. *m.* canceller, *v.* cancer, *n.* cancre, *m.* candélabre, *m.* candeur, *f.* candi, *m.* candie, *f.* candidat ,.... cane*. canne*. cannes*, *g.* cannelle. cannibale, *m.* cantate, *f.* cantatrice, *f.* cantharide, *f,* canthène, *m.* cantine, *f.* cantinier, *adj. m.* cantique, *m.* canton. cantorbéry, *g. tous les autres.* |
| CAN *par* GAN. | *Dans* gangrène, *f.* gangréner, *v.* gangréneux, *adj.* |
| QUAN.... | Quand, (*lorsque*). quanquan. *n.* quant-à-moi. quantes, *adj. f. pl.* (*toutes fois et quantes*). quantième. quantité. |
| QUEN.... | Saint-Quentin. qu'en (*mis par abréviation pour que en.*) |
| KAN.... | Kan, (*gouverneur en Perse*). kanderine. kangiar. kanguroo. kantercans. |
| CAR.... | Car*. *conj.* carabine, *f.* caracoler, *v.* caracole*. *f.* caractère, *m.* carafe, *f.* caresser, *v.* carguer. *v.* cargaison. carpentras, *g., et tous les autres, excepté:* |
| CARR.... | Carre, *f.* carré. carreau. carrefour. carreler, *v....* carrelier, *m.* carrer, *v....* carrick, *ou* carrique. carrier, *m.* carrière, *f.* carriole, *f.* carrosse, *m.* carrossier, *m.* carrousel, *m.* carrure, *f.* |
| QUAR.... | Quart*, *adj.* quartaine, *adj. f.* quartation, *f.* quartaut. quarte, *f.* quarteron*. quartier*, *m.* quartinier. |
| CAU.... | Caucalide, *b.* caucase, *g.* cauchemar. cauchois. caudataire, *adj.* caudebec, *g.* caulescent. caulicoles, *f. pl.* caulinaire, *b.* caumont, *g.* causant. cause, *f.* causer, *v...* causerie. causeur. causticité, *f.* caustique, *adj.* cauteleux, *adj.* cautère, *m.* cautériser, *v...* caution. cautionner, *v.* caux, *g.* |
| CO.... | Cocher*, *n.* cochère, *adj. f.* cochléaria, *b.* coefficient. coercitif. coexistence. co-état. coète (*t. de manuf.*) cohérence. cohéritier. cohésion. |

**Suite de CO....** — cohorte, *f.* cohue, *f.* coiffer, *v...* coin*. coïncidence, *f....* coïndicant, *adj.* coïaux, *n. pl.* (*t. de charp.*) col* , *m.* colysée ou colisée, *m.* cône, *m.* conique. cophte, *m.* cophtique. coq*. coq-à-l'âne. commander, *v....* coquecigruë, *f.* coquelicot. coquemar. coryphée, *m.* cote*, *f*, côte. cotte. cothurne, *m..* *et tous les autres, excepté les suivans :*

**QUO....** — Quoailler, *v.* quoi*. *pr.* (*quelle chose*). quoique*, *conj.* quolibet. quote*, *adj. f.* (*part.*) quotidien. quotidienne. quotient. (*pron. quocian*). quotité, *f.*

**CAU *par* CHO..** — Choraïque. chorée, *f.* chorège*, *m.* chorégraphie, *f.* chorévêque, *m.* choriambe. choriste, *m.* chorographie, *f.* chorus.

**KO....** — Koala, *m.* kœnigsberg, *g.* koran. korban. kova.

---

**CE *et* CÉ....** — Ce*, *adj.* (*cet.*) céanote, *f. b.* céans, *adv.* cébrion, *m.* ceci, cela , *pron.* cécilie, *f.* cécité, *f.* cédant, *adj.* céder, *v.* cédille, *f.* cédrat*, *n. m.* cèdre, *m.* cédrie, *f.* cédule, *f.* céladon. célano , *g.* célastre, *m. b.* célation, *f.* célébrant, *m.* célébration , *f.* célèbre, *adj.* célébrer, *v.* célébrité, *f.* céler*, *v.* (*cacher*). céleri, *m. b.* célérifère, *m.* célérin, *m.* célérité, *f.* céleste, *adj.* célestin. célicole, *m.* célibat, *m.* célibataire, *n. et adj.* celle*, celle-ci, celle-là. cellepore, *f.* cellérier, *n. m.* cellier*, *n. m.* cellulaire, *adj.* cellule, *f.* celluleux, *adj.* celtes, *m. pl.* celtique, *adj.* celui, celui-ci, celui-là, ceux-là. cément, *m.* cémentation, *f.* cémentatoire , *adj.* cémenter, *v.* cénacle, *m.* cène, *f.* (*repas*). cenelle. cénis, *g.* cénisme. cénobiarque, *f.* cénobite, *m.* cénobitique, *adj.* cénotaphe*, *m.* cep (*de vigne*). cépeau, *m.* cépée, *f.* cependant, *adv.* céphalalgie, *f.* céphalanthe, *f. b.* céphale, *f.* céphalée, *f.* céphalique, *adj.* céphalitis, *m.* céphalode, *n. f.* céphalopodes, *m. pl.* céphalote, *f.* céphée, *f.* céraiste, *f. b.* céramique, *n. m.* céranthe, *m. b.* céraste, *m.* cérat. *m.* cératine, *f.* céraunias, *m.* cerbère, *m.* cerceau, *m.* cercéris, *m.* cercle, *m.* cercler, *v....* cercope, *f.* cercueil, *m.* cerdagne, *g.* cerdane, *m.* céréale, *adj. f.* cérébelleux, *adj.* cérébrale, *adj. f.* cérémonial, *m.* cérémonie, *f.* cérémonieux, *adj.* cérès, *f.* céret, *g.* cerf. cerfeuil, *m. b.* céric*, *f.* cérinthe, *f. b.* cerisaie, *f.* cerise, *f.* cerisette, *f.* cerisier, *n. m.* cérite, *m.* cérium, *m.* cernay, *g.* cerne, *m.* cerné, *adj.* cerneau. cerner, *v.* cernin , *g.* cerny, *g.* céroféraire, *m.* céroïde, *adj.* céron *ou* suron , *n. m.* céropège, *f.* céropisse, *f.* céroplate, *m.* cerque, *m.* cerquemaneur, *m.* certain, *adj.* certainement, *adv.* certes, *adv.* certificat. certificateur, *m.* certification. certifier, *v.* certitude. *f.* cérumen, *m.* cérumineux , *adj.* céruse, *f.* cervaison, *f.* cerveau, *m.* cervelas, *m.* cervelet, *m.* cervelle, *f.* cervicaires. *f. pl. b.* cervical, *adj. m.* cervier, *n. m.* cervoise, *f.* ces*, *adj. pl.* césar, *m.* césarienne, *adj. f.* cessant, *adj.* cessation, *f.* cesse, *n. f.* cessenom, *g.* cesser, *v.* cessible, *adj.* cession*, *f.* cessionnaire, *n. et adj.* ceste, *m.* cestrau, *m. b.* césure, *f.* cétacé, *adj.* cétérac, *m. b.* cétoine, *f.* cétologie, *f.* ceuta, *g.* ceux. ceux-ci. ceux-là. cévadille. *f.* cévennes, *g.* (*les*).

**CEI....** — Ceignant*, *adj. m.* ceignante, *adj. f.* (*v. ceindre*).

**CEY....** — Ceylan, *g.* ceylanite, *m.* (*t. d'hist. nat.*).

**COE....** — Cœcilie, *f.* (*t. d'hist. nat.*). cœcum, *m.* cœnoptère, *f. b.*

**SAI....** — Saignant, *adj.* saignée, *f.* saignement, *m.* saigner, *v...* saigneur (*qui saigne, t. pop.*). saigneux, *adj.* saisie, *n. f.* saisine, *f.* saisir, *v.* saisissable, *adj.* saisissant, *adj.* saisissement, *m.* saison, *f.*

**SCÉ....** — Scélérat, *n. et adj.* scélératesse, *f.* scélithe, *f.* scéliage, *m.* scellé, *adj.* scellement. sceller, *v.* (*cacheter*). scelleur. scène, *et* avant-scène. scénique, *adj.* scénite, *adj.* scénographie, *f.* scénographique, *adj.* sceptique*, *n. et adj.* scepticisme, *m.* sceptre, *m.*

SEI....
Seigle, *m.* seigneur, *m.* seigneuriage, *m.* seigneurial, *adj. m.* seigneurie, *n. f.* seime, *n. f.* seine*, *f. g.* seizain, *m.* seizaine, *f.* seize. seizième. seizièmement, *adv.*

*Tous les autres, commencent* par se et par sé *comme :* se*, soi. séance, *f.* séant, *adj.* sébile. sécante.

SE *et* SÉ....
Seconder*, *v...* secondaire, *adj...* secours. secousse, *f.* secrétaire. secrétairerie. secrétariat. secret. sécrétion. sectaire. sécurité. sedan, *g.* sédatif, *adj.* sédentaire. sédiment. séditieux. séduire, *v...* séez, *g.* segment. séjour. selle*, *n. f.* sellier*. selon. semaine. semence. semer, *v.* semestre. semis, *n.* séminaire. séminariste. semoule. sénat. sénateur. sénatorerie. seps, (*lézard*). sept. septembre. septennal, *adj.* septentrion. septuagénaire. séquestre... sérant*. (*outil*). sérancer, *v.* séraphin. serdeau. sérénissime. sérénité. serein*, *adj.* serf. (*esclave*). serfouir, *v.* serge. *f.* sergent-major. *des* sergens-majors. série. *f.* sérieux. serin. (*oiseau*). serment*. sermon, *m.* sérosité... serpent... serran*. (*poisson*). serre, *n. f.* serrer, *v...* ses*, *adj. pos. pl.* serteau. servile. servir, *v.* serviteur.... session*. (*assemblée*). séteux. setier, *n. m.* séton, *m.* seul, *adj. m.* sève, *f.* sévère. sévices, *n. pl.* sexagénaire. sexagésime. sexe. sexte. sextil, *adj. m.* sextupler, *v...* et tous les autres.

SEU....
Seul, *m.* seule, *f.* seulette. seulement. seuil, *n.* seure* *ville, et* seurre *riv.* (*la*).

SOEU....
Sœur, *f.* sœurette.

---

CEIN....
Ceindre, *v.* ceint*. ceintes, *f. pl.* ceintrage, *m.* ceinture, *f.* ceinturette. ceinturier, *n. m.* ceinturon. ceinturonnier, *n. m.*

CIM....
Cimbalaire, *f.* cimbex, *m.* cimbres, *m. pl.*

CIN....
Cincenelle, *f.* cinglage, *m.* cingleau, *m.* cingler, *v.* cinq. cinquantaine. cinquante. cinquantième, *adj..* cinquième, *adj.* cintrage. cintre, *m.* cintrer, *v.*

CYM....
Cymbaire, *f. b.* cymbalaire, *f. b.* cymbale, *f.*

SAIN....
Sain*, *adj.* sainement, *adv.* sain-doux, *n.* sainfoin, *m.* saint*, *adj.* saintement, *adv.* saintes, *g.* sainteté, *f.* saintonge, *g.* saintongeais, *adj.*

SCIN....
Scinder, *v.* scinque, *m.* (*lezard*). scintillant, *adj.* scintillation, *f.* scintiller, *v.* Scin*, *n.* scine. (*rivière*). scing. (*signature*); *sous-seing.*

SEIN....

SEM....
Sem, (*n. pro*). sempiternel, *adj. m.* sempiternelle, *adj. f.*

SIM....
Simple, *adj.* simplement. simplesse, *f.* simplicité, *f.* simplification, *f.* simplifier, *v.*

SIN....
Sincère, *adj.* sincèrement, *adv.* sincérité, *f.* sincipital, *adj. m.* sinciput. sindon, *m.* singe, *m.* singer, *v.* singerie, *f.* singulariser, *v.* (*se*) singularité, *f.* singulier, *adj.* singulièrement, *adv.*

SYM....
Symbole, *m.* symbolique, *adj.* symboliser, *v.* sympathie. *f.* sympathique, *adj.* sympathiser, *v.* sympétalique, *adj.* symphonie, *f.* symphoniste. symphyse, *f.* symphite, *f.* sympode, *adj.* symptomatique. symptôme.

SYN....
Synallagmatique. (*pron. synal...*) syncarpe, *m.* syncelle, *m.* synchrone, *adj.* synchronique, *adj.* synchronisme, *m...* synchroniste. syncopal, *adj.* syncope, *f.* syncoper, *v.* syncrèse, *f.* syncrétisme, *m.* syncrétiste, *m.* syndérèse, *f.* syndesmologie, *f.* syndic, *m.* syndical, *adj. m.* syndicat, *n. m.* syngénésie, *f.* synonyme. (*pron. sy.*)... syntaxe, *f.* synthèse, *f.* synthétique, *adj.* synthétiquement, *adv.*

---

CEN....
Cenco, *m.* (*serpent*). cendre, *f.* cendré, *adj.* cendreux, *adj.* cendrier, *n.* cendrillard. cens, *m.* cense, *f.* censé*, *adj. m.* censeur, *m.* censier, *adj. et n.* censitaires, *m.* censive, *f.* censuel, *adj. m.* censurable, *adj.* censure, *n. f.* censurer, *v.* cent*, *adj.* centaine, *f.* centaure, *m.* centaurée, *f.* centenaire, *adj.* centenier, *n. m.* centenille, *f.* centiare, *m.* centième. centigrade, *adj.* centigramme, *m.* centilitre, *n. m.* centime, *n. m.*

| | |
|---|---|
| *Suite de* CEN... | centimètre, *m.* centistère, *m.* centon*, *n.* central, *adj. m.* centralisation, *f.* centraliser, *v.* centre, *m.* centrer, *v.* centrifuge, *adj.* centrine, *f.* centripète, *adj.* centrisque. centronote, *m.* centroscopie, *f.* cent-suisse, *n. m.* centumvir, *m.* centumviral, *adj.* centumvirat. centuple, *m.* centupler, *v.* centuriateur, *m.* centurie, *f.* centurion, *m.* |
| SAM.... | Samboyer, *n. b.* sambre (*la*), *g.* sambre-et-meuse, *g.* sempa, *m.* samson, *m.* |
| ·SAN.... | Sancir, *v.* sanctification, *f.* sanctifier, *v...* sanction. sanctionner, *v.* sanctuaire. sandale*, *f.* sandaline, *f.* sandaraque, *f.* sang, *n.* sanglade, *f.* sanglant, *adj.* sangle, *f.* sanglé, *adj.* sangler, *v.* sanglier, *n. m.* sanglon, *n.* sanglot, *m.* sangloter, *v.* sangsue, *n. f.* sanguin, *adj.* sanguinaire, *adj.* sanguine, *f.* sanguinelle, *f.* sanguinolent, *adj.* sannckin, *m.* sans*, (*prép.*). sansonnet, *m.* sans-peau, *f.* santal, *m.* santé, *f.* santoline, *f.* santon*, *m.* sanve, *f.* |
| SEM.... | Semblable, *adj...* semblant, *n. m.* sembler, *v.* semple, *n. m.* |
| SEN.... | *Tous les autres par* SEN *comme :* sens*. sensation, *f.* sensé*, *adj.* sensible. sensibilité, *f.* sensitive, *f.* sensualité, *f.* sentence, *f.* sentène*, *f.* sentine. sentinelle, *f.* sentier, *n.* sentir, *v.*, *etc.* |

| | |
|---|---|
| SEU.... | *Voyez après* CE. |

| | |
|---|---|
| CHA (*son* CA).. | *Voyez l'initiale* CA. |
| CHA.... | *Tous par* CHA, *comme :* charcutier. charretée. charrette. chariot. charretin. charier*, *ou* charrier, *v.* charrier, *n.* charroi. châtain, *adj. m.* châtaigne, *n. f.* châtaigneraie. château. châtelain. châtellenie, *f.* châtelet. châtier, *v.* châtiment. châtillon, *g. etc. excepté les suivans :* |
| SCHA.... | Schabraque, *n. f.* (*ou chabraque*). schall. (*mais schakespear se prononce chexpire*). |

| | |
|---|---|
| CHAI.... | Chaîne*, *f.* chaîné, *adj.* chaîneau, *n.* chaînette, *f.* chair*, *n. f.* chaire*, *f.* chaise*, *f.* chaise, *g.* |
| CHÉ.... | Chêne, *m. b.* chênaie, *n. f.* chère*, *n. f.* chérir, *v. et tous les autres, excepté les cinq suivans :* |
| CHÉ *par* SCHA. | Schakespear, *ou* schakespeare (*prononcez chexpire*). |
| SCHÉ.... | Schelling (*monnaie*). schème, *m.* schène, *m.* schénobate, *m.* |

| | |
|---|---|
| CHAM.... | Chambellan. chambéry, *g.* chambranle, *m.* chambre, *f.* chambrière. champ*. champagne. champart, *m.* champeaux, *n. m. pl.* champêtre, *adj.* champi, *g.* champignon. champion. |
| CHAN.... | Chance, *f...* chanceler, *v...* chancelier, *n.* chancellerie. !chanceux, *adj.* chandeleur, *f.* chandelier, *m.* chandelle. change. changer, *v...* chanson, *f.* chanter, *v.* chantier, *n.* chanvre, *m.*, *et tous les autres.* |
| CHEN.... | *Aucun.* |

| | |
|---|---|
| CHAR.... | Chariot. charitable. charivari. charte *ou* chartre, *f.* chartrier, *n.* chartres, *g.*, *et tous les autres , excepté les suivans :* |
| CHARR.... | Charrée. charretée. charrette. charretier, *m.* charriage *m.* charrier, *v.* charroi, *m.* charron, *m.* charroyer, *v.* charrue, *f.* |

| | |
|---|---|
| CHAU.... | Chaud*, *m.* chaude, *f.* chaudes-aigues, *g.* chaudière. chaudronnier, *n...* chauffage, *m.* chauffer, *v.* chauffoir, *m.* chaufferette. chaufournier, *n.* chauler, *v.* chaumer*, *v.* ( *couper le chaume* ). chaumont, *g.* chaussée, *n. f.* rez-de-chaussée, *n. m.* chausser, *v.* chausson, *m.* chaussure, *f...* chauve, *adj.* chauve-souris, *f.* chaux-vive, chauvir, *v. et tous les autres, excepté :* |

| | |
|---|---|
| CHO.... | Choc*, n. chocolat... cholet, g. chômage. chômer*, v. ( se reposer ). chopine. chopinette. choppement. chopper, v. choquant, adj. choquer, v. chose, f. choyer, v. |
| CHO son CO.... | *Voyez l'initiale* CAU. |

| | |
|---|---|
| CHI.... | Chirurgie, f. chirurgien. chirurgical, adj. m., et tous les autres, excepté : |
| CHY.... | Chyle, m. chypre, g. chylifère, m. chylification, f. |
| SCHI.... | Schismatique, adj. schisme, m. schiste, m. schisteux ; adj. |

| | |
|---|---|
| CI.... | Ci*, adv. cible ou cibe, f. ciboire, m. ciboule, f. b. cicatrice, f. cicatrisation, f. cicatriser, v... cicéro, m. cicérole, f. cicéron, m. cicéroné, m. cicéronien, adj. cicindèle, f. ciclamor, m. cicutaire, f. cid. cidre, m. ciel. cierge. m. cigale, f. cigare, m. cigogne, f. ciguë. f. b. cil*, m. ciliaire, adj. cilice, m. cilié, adj. ciller, v... cime, n. f. ciment, m. cimenter, v... cimeterre, m. (sabre). cimetière, m. cimeux, b. cimier, m. cinabre, m. cinéraire, adj. cinération. cinna, b. ciotat, g. cioutat, m. cipolin, m. cippe, m. cir*, (st) g. cirage. circassie, g. circée, b. circinal, adj. b. circoncire, v. circoncis, adj. circoncision, n. f. circonférence. circonflexe, adj... circonlocution. circonscription. circonscrire, v. circonspect, adj. m. circonspection, n. f. circonstance. circonstancier, v... circonvallation. circonvenir, v. circonvention, f. circonvoisin. circuit, n. circulaire, adj. circulation, f. circuler, v... cire*, f. cirer, v. cirier, n. m. ciron, m. cirque. cirrhe*, m. b. cirrhé, adj. b. cirsakas. cirse, f. cisailler, v. cisailles, f. pl. ciseau, m. ciseler, v. ciselet, n. ciseleur, m. ciselure, f. cisoir, m. cisoire, f. cissoïdal, adj. m. ciste, f. cistèle, f. cistoïdes, f. pl. citadelle, f. citadin. citateur. citation. cité, f. citer, v. citerne, f. citerneau, m. cithare, f. citoyen, adj. citrate, m. citron, m. citronnat, m. citronné, adj. citronnelle, n. f. citronnier, n. m. citrouille, f. civade, f. civadière, f. cive, f. civet. civette, f. civière, f. civil, adj. m. civilisation, f. civiliser, v. civilité, f. civique, adj. m. civisme, m. civrac, g. civray, g. |
| CY.... | Cycle, m. cyclique, adj. cyclope, m. cycloptère, m. cygne. ( oiseau ). cylindre, m. cylindrer, v... cyllénie, f. cymaise, f. cyme. f. b. cynanque, f. b. cynanthropie, f. cynique, n. et adj. cynisme, m. cynocéphale, n. f. cynoglosse, f. cypre ou chypre, g. cyprès, b. cyropédie, n. f. cyroyer, n. b. cyrtante, m. b. cyste, m. cythère, g. cystique, adj, cythérée, f. cytise, m. b. |
| SCI.... | Sciage, m. sciatérique, adj. et n. f. sciatique, adj. et n. f. scie, n. f. sciemment, adv. science, f. sciène, f. scientifique, adj. scier, v. scierie, f. scieur*. scille, f. b. scillote, f. scion*, m. scioptique, adj. sciote, f. scission, f. scissionnaire, m. scissure, f. sciure, f. |
| SY.... | Sycomore, m. b. sycophante, m. syllabe, f... syllabaire, m. syllapse, f. syllogisme, m. sylphe, m. sylvain. sylvestre, adj. b. symétrie, f. symétrique, adj... symétriser, v... synagogue, f. synalèphe, f. synallagmatique, adj. synancie, f. synarthrose, f. synaxe, f. synérèse, f. synevrose, f. synodal, adj. m. synode, n. m. synonyme. adj. et n. m. synoque, adj. synovial, adj. m. syphilis, n. f... syrie, f. g. syrphe, m. syrtes, m. pl. systématique, adj... système, m. systole, f. syzigie, f. |
| SI.... | *Tous les autres par* SI, *comme* sibylle, f. sicaire, m. siccité, f. sieur*. signe. signet. (pron. sinet). sil*, n. s'il (pour si il). silence, m. silhouette, f. silice*, f. siliceux, adj. silique, n. f. siliqueux, adj. sinapisme, m. sinécure, f. siphon. sire, m. ( dignité ). sirop. sis, adj. m. sisc, adj. f. sister, v. site, n. m. situer, v., etc. |

| | |
|---|---|
| CIN et SYN.... | *Voyez l'initiale* CEIN. |

| | |
|---|---|
| CLAI.... | Claie*, *f.* ( *dossier* ). clair*, *m.* claire-voie, *n. f.* clairière, *f.* clairet. clairon , *m.* clairvoyant. clairvoyance , *n. f.* |
| CLAY.... | Clayon (*petite claie*). claye , g. |
| CLÉ.... | Clef*. clerc, *m.* clémence, *n. f.* clergé, *et tous les autres.* |

| | |
|---|---|
| CLAN.... | Clan , *n. m.* ( *tribu écossaise* ). clandestin, *adj.* clandestine, *n. f. b.* |
| CLEN.... | Clcuche, *f.* ( *on doit écrire et prononcer clinche* ). déclencher, *v.* ( *pron. déclancher* ). |

| | |
|---|---|
| CLAU.... | Claude, *n. m.* reine-claude, *f.* claudication, *f.* claudien , *m.* clause , *n. f.* ( *condition*). claustral, *adj. m.* |
| CLO.... | Cloche-pied, *m. et loc.* clore, *ou* clorre, *v.* clos ( *entouré* ). close. *adj. f.* clôture , *n. f.*, *et tous les autres , excepté :* |
| CHLO.... | Chlore , *n. f. b.* chloris. chloriste , *f.* chlorose, *f.* chloé, *n. f.* |

| | |
|---|---|
| CLI.... | Clientelle, *n. f.* clio , *f.* cligne-musette, *n. f.* clisse , *n. f.*, *et tous les autres, excepté :* |
| CLY.... | Clymène, *f. b.* clypéole , *f. b.* clystère, *m.* clystériser, *v.* clytre , *n. f.* |

| | |
|---|---|
| CLIN.... | Clin-d'œil. clinquant, *et tous les autres , excepté:* |
| CLAIN.... | Clain ( *outil de menuisier* ). |

| | |
|---|---|
| CO et CHO.... | *Voyez au son initial* CAU. |

| | |
|---|---|
| COA et COI.... | *Voyez au son initial* QUOI. |

| | |
|---|---|
| COL.... | Col, *ou* cou. colère, *n. f.* colonne. colorer, *et tous les autres, excepté :* |
| COLL.... | Collaborateur. collage, *m.* collataire. *n. m.* collatéral, *adj. m.* collation, *f.* collationner , *v.* colle , *n. f.* et *v...* collecte, *n. f...* collection... collégataire, *n. m.* collége, *n. m....* collégial , *adj.* collègue... coller, *v.* collerette, *n. f.* collet, *m.* colleter, *v.* collier, *n.* colliger, *v.* colline, *f.* colliquation , ( *pron. coua* ). collision, *f.* collocation... colloque, *m.* colloquer , *v.* colluder, *v.* collusion. collusoire, *adj.* collyre, *m.* |

| | |
|---|---|
| COM.... | *Quinze mots par* com. coma*. comédie, *f.* comédien... comestible, *n. m.* cométaire. comète, *f.* comété, *adj. m.* cométhographie, *f.* comices , *m. pl.* comines, g. cominge, *n. f.* comique. comiquement, *adv.* comite, *m.* comité, *n. m.* |
| COMM.... | Commander, *v...* commencer, *v...* commensal, *adj. m.* commensurable. comment*, *adv.* commère, *f.* commérage. commerce, *n. m.* commercial, *adj. m.* commercer, *v.* commettre. *v.* commissionnaire*, *n.* commissaire, *m.* commode, *adj. m. et n. f.* commodité, *n. f.*, *et tous les autres.* |
| COMP.... | Complexe, *adj.* complexion, *f...* composé, *adj...* compréhensible, *adj.* compréhension. comptable, *adj. et n.* comptabilité, *f.* comptant*. compte*, *de* compter, *v.* ( *supputer* ). comptoir, *m.* |
| COMT.... | Comte*, *m.* ( *dignité* ). comté*, *m.* franche-comté, *n. f. g.* |
| CONT.... | Conte*, *m.* contant ( *racontant* ). content ( *satisfait* ). contenter, *v...* contentieux ( *pron. contencieux* ). conter*, *v.* conteur. contemporanéité, *et tous les autres.* |
| QU'ON.... | Qu'on, *mis pour* que on , *est le seul mot de ce son qui commence par la lettre* Q. |

| | |
|---|---|
| CONCÉ.... | Concéder, *v*.... concession, *f*... concentrer, *v*... concept, *n. m.* conception, *f*... concerner, *v*... concert. concerter, *v*.... concerto. concession. concessionner, *v*. concessionnaire, *n. et adj.* conceti, *n. m.* concevable, *adj.* concevoir, *v.* conçu, *participe.* |
| CONSÉ.... | Consécration, *f.* consécutif... conséquence... conséquent*. conserver, *v*... conserve, *n. f.* conservation. conservateur. |
| CONCI.... | Concierge. conciergerie, *f.* concile, *m.* conciliation, *f.* conciliateur, *m.* concilier, *v*... conciliabule, *m.* concis, *adj. m.* concision, *f.* concitoyen. |
| CONSI.... | Considence. considérable... considération. considérer, *v*... consignation, *f.* consigner, *v*... consignataire... consister, *v*... consistance. consistoire, *m.* consistorial, *adj. m.* |
| CONSCI.... | Conscience, *n. f.* consciencieusement, *adv.* consciencieux, *adj. m.* |
| CONE.... | Cône. Conepate, *m.* ( *t. d'histoire nat.* ). |
| CONNÉ.... | Connétable, *m.* connétablie, *n. f.* connexe, *adj.* connexion, *n. f.* connexité, *f.* |
| CONNAI.... | Connaissable. connaissance, *f.* connaissement, *n.* connaître, *v.* connaisseur. |
| CONI.... | Coni, *g.* conie, *f. b.* conifère, *m. b.* conille, *n. f.* conique, *adj.* conirostres, *f. pl.* conise, *f.* |
| CONNI.... | Connil, *m.* ( *lapin* ). conniller, *v.* connivence, *f.* conniver, *v.* connivent, *adj. b.* |
| CONGÉ.... | Congé. congéable, *adj.* congédier, *v.* congeler, *v*... congélation, *f.* congénère, *adj. b.* congénial, *adj. m.* congestion, *f.* |
| CONJE.... | Conjectural, *adj. m.* conjecture, *n. f.* conjecturer, *v.* conjectureur. |
| CONGI.... | Congiaire, *n. m. aucun par s.* |
| COQ (*son dur*).. | Coq*, *m.* coq-à-l'âne. coquart*. coque*, *n. f.* coquesigrüe, *f. ou* cocsigrüe ( *sauterelle* ). coquelicot. coqueliner. *v.* coquelourde, *f.* coqueluche, *f.* coqueluchon, *m.* coquemar. coqueret. coquerico. coquet. coqueter, *v.* coquetier, *n.* coquetterie, *f.* coquille. coquillage, *m.* coquillier, *m.* coquin, *m.* coquine, *f.* coquinerie, *n. f.* |
| COC.... | *Quant aux initiales par* coc... QUO..., *voyez l'initiale* CAU. |
| COR.... | Cor*. corail, *n. m.* coriace, *adj.*, *et tous les autres, excepté les suivans :* |
| CORR.... | Correct, *adj. m.* correcteur. correction, *f.* correctionnel, *adj. m.* corrégidor, *m.* corrélation, *f.* correspondance, *f.* correspondre, *v*... correspondant, *m.* corridor. corriger, *v.* corrigible. corrigiole, *f. b.* corroborer, *v*... corroder, *v*... corroi, *m.* ( *t. de corroyeur* ). corrompre, *v*... corrosif, *adj. m.* corrosion, *n. f.* corroyer, *v.* corroyeur... corrude, *n. f. b.* corrugateur, *m.* corrupteur, *adj*... corruptible, *adj.* corruption. |
| COU. COUP, *etc.* | *Voyez les Homonymes.* |
| QUOU.... | Quouiya, *m. b.* |
| COUET *et* QUA.. | *Voyez* QUOI. |

| | |
|---|---|
| COUR.... | Cour*, n. f. couronner, v. cours*, n. m. course, n. f. coursier, n. courson, m. couru. court, adj. m. courte, adj. f. et tous les autres, excepté les suivans : |
| COURR.... | Courre, n. m. courrier, n. courroie, f. courroucer, v. courroux, n. m. |
| CRA. KRA.... | Crabe, n. m. crapaud, m. et tous les autres, excepté kraken (poisson). krapach, g. On les trouve par leur difficulté. |
| CRAI.... | Craie, n. f. craignant. crayon, m. crayonner, v... |
| CRÉ.... | Créance, f. créancier, m. création, f. créer, v. créé, créée, adj. participe. crèche, f. crémaillère, f. crême*, f. crête ( de coq ), et tous les autres, excepté les suivans : |
| CHRÉ.... | Chrême ( saint ), m. chrémeau. chrétien... chrétienté, n. f. chrétiennement, adv. |
| CRAIN.... | Craimbourg, g. craindre, v. craint, adj. m. crainte, f. craintif. craintivement. |
| CRIN.... | Crin*, n. ( crinière ) et crincrin. |
| CRE.... | Crevasser, v. crevasse, f. crever, v. crevette, n. f. ( solicoque ). |
| CREU.... | Creuse, adj. f. et n. f. g. creuset, m. creuser, v... creux, adj. et n. m. creusage, m. creusure, f. |
| CRI.... | Cri*, m. cric, m. cric-crac. criailler, v. criaillerie, f. criard. criarde. criailleur. criérie, f. crime, m. crimée, n. f. g. criquet. crispation. crisper, v. cristal. cristallin. cristalliser, v... critique. critiquable. critiquer, v. et tous les autres, excepté les suivans : |
| CRY.... | Crypte, n. f. cryptocère, m. cryptogame, m. cryptogamie. cryptographie, f. cryptométallin. cryptonyme, adj. |
| CHRI.... | Chrie*, n. f. christ. christianisme. christophe*, m. |
| CHRY.... | Chrysalide, f. chrysanthème, f. chrysis, m. chrysochlore, n. f. chrysocolle, f. chrysocome, f. chrysolithe, f. chrysomèle, f, chrysopée. chrysoprase. chrysostôme, n. m. |
| CRO.... | Croc*, m. crocodile, m. crosser, v... crochet*. croque-notes, n. inv., et tous les autres, excepté les suivans : |
| CHRO.... | Chromate, m. chromatique, adj. achromatique. chrôme. chromique, adj. chronique, f. chronogramme, m. chronologie, f. chronologique, adj. chronologiste, m. chronologue. chronomètre, m. |
| CU et CUI.... | Cuba, g. cube, m. cubital. cucuje, m. cucurbitacé. cucurbite, f. (vase). cueillir, v... cueillette, n. f. cuiller, n. f. ou cuillère. cuir, n. cuirasse... cuire, v. cuisant. cuisine... cuisse. cuisson, f. cuistre, m. cuit, m. cuite, f. cuivre... cul. culasse. culbuter, v... culée. culier, (boyau). culière*, f. culinaire, adj. culmination... culot. culotte... culpabilité. culte. cultiver, v... culture, f. cumuler, v... cunéiforme, adj. cupide, adj... cupidon. curable. curage. curatelle... curcuma, b. cure, f... curé. curée, n. f. ( pâture ). curer, v. curial. curie, f. curieux, adj... curion ( prêtre romain ). curiosité. curseur, n. cursive, adj. f. curule, ( chaise ). cuscute, b. custode. cuticule. cutter, n. m. cuve, f... cuvier, n. |
| QU et QUI.... | Tout le reste commence par QU, comme questeur ( pron. cuesteur ). quêteur ( ké ). quincaillier, n. quinconce, m. quiproquo, etc. ( Voyez les initiales à la lettre Q. ) |

| | |
|---|---|
| DAI.... | Daigner, *v.* daine, *n. f.* dairy, *m.* dais*, *n. m.* |
| DEI.... | Déicide, *n.* déifier, *v.* déisme, *m.* déiste. déité, *f.* |
| DÉ.... | Décalitre, *m.* décamètre, *m. et tous les mots qui commencent par* DÉCA... Décéder. décent, *adj.* décembre, *m.* déception, *n. f.* décerner, *v.* décevoir, *v.* déchaîner, *v.* décider. *v.* décilitre, *n. m.* déciller*, *ou* dessiller, *v.* décime, *m.* décimer, *v.*... décintrer, *v.* décompter. déçu, *adj.* défendre, *v.* défenseur... dégringoler, *v.* démandibuler*, *v.* démantibuler, *v.*... dépeindre, *v.* dépêtrer. désoler*, *v.*... dessoler, *v.* détenteur, *m.* détention*, *f. et tous les autres, excepté :* |
| DEY.... | Dey, *n. m.* ( *dignité de ce nom* ). |

| | |
|---|---|
| DAIM.... | Daim. ( *espèce de cerf* ). |
| DAIN.... | Daine. ( *femelle du daim* ). |
| DIN.... | Dinde. dindon. dindonneau, *et tous les autres , excepté :* |
| DEN *son* DIN. | Dendrite. ( *pierre* ). dendroïtes, *f. pl.* dendrolithes, *f. pl.* dendromètre. dendrophores, *m. p.* dendrophorie, *f.* |

| | |
|---|---|
| DAM.... | Dam*, *m.* (*peine*). damnable. dammartin, *g.* damnation, *f.* damner, *v.*... dampierre, *f. b.* damvilliers, *g.* |
| DAN.... | Dandin. dandiner, *v.* danger, *m.* dangereux, *adj.* dans*, *prép.* dedans, *adv.* danse*, *f.* danser, *v.* danseur, *m.* danseuse, *f.* dansomanie, *f.* |
| DEM.... | *Aucun.* |
| DEN.... | D'en, *mis pour de en.* dendrite, *n. f. b.* denrée. dense, *adj.* ( *épais* ). densité, *n. f.* dent, *f.* denté, *adj. m.* dentée, *n. f.*... denteler, *v.* dentelle, *n. f.* dentifrice, *m.* dentiste, *m.* dentition, *n. f.* dentiforme, *adj.* denture, *n. f.* |

| | |
|---|---|
| DAU.... | Daube, *f.* dauber, *v.* daubeur. dauphin, *m.* dauphine, *f.* dauphiné, *g.* d'autres, *adj. pl.* |
| DO.... | Doge, *m.* docteur, *m.* dol*, *m.* dole, *g.* dorénavant, *adv.* dot*, *n. f.*, *et tous les autres.* |

| | |
|---|---|
| DE.... | De, (*prép.*). demander, *v. et tous les autres , excepté :* |
| DEU.... | Deuil, *n.* deux*, *n.* deuxième, *adj.* deuxièmement, *adv. la ville d'eu.* |

| | |
|---|---|
| DÉCÉ.... | Décéder, *v.* déceler*, *v.*... décembre, *n.* décemment, *adv.* décemvirat. décence, *f.* décent, *adj.* déception, *f.* décerner, *v.* décès, *m.* décevable. décevoir, *v.*... |
| DESCÉ.... | Desceller, *v.* ( *arracher* ). descendre, *v.* descente, *n. f.* descendu, *adj. m.* |
| DESSÉ.... | Desseller, *v.* ( *ôter la selle* ). dessécher, *v.*... dessein*. desserrer, *v.*... dessert, *n. et v.* desserte, *n. f.* dessertir, *v.* desservir, *v.* |
| DESSAI.... | Dessaigner, *v.* dessaisir, *v.* dessaisissement, *m.* dessaisonner, *v.* |

| | |
|---|---|
| DÉCI.... | Déciare, *m.* décider, *v.*... décigramme, *m.* décilitre, *m.* décimal, *adj. m.* décime, *m.* décimer, *v.* décimètre, *m.* décintrer, *v.* décirer, *v.* décise, *g.* décisif, *adj.* décision, *f.* décisoire, *adj.* décistère, *n. m.* |
| DESSI.... | Dessicatif, *adj.* dessication. dessiller, *v.* dessin*, *n.* dessinateur. dessiner, *v.* |
| DÉSI.... | Désirer, *v.* désir, *n.*, *et tous les autres.* ( *ce son est très-doux* ). |

| | |
|---|---|
| DÉF.... | *Tous par n v,  comme* défendre, *v.* défenseur. déficit, *etc.* |

| | |
|---|---|
| DÉSAN.... | Désancher, *v.*... désancrer, *v.*... |
| DÉSEN.... | Désennuyer, *v.* désennui, *m.* désenrhumer, *v.*, *et tous les autres.* |

| | |
|---|---|
| DI.... | Diadême, *m.* digne, *adj.* diligence, *f.* dîme, *f.* disciple, *m.* distique, *m.* dix. divers, *m. pl.* diverses, *f. pl.* et tous les autres, excepté : |
| DY.... | Dyle, ( rivière ). dynamique, *n. f.* dynastie, *f.* dynamomètre, *m.* dyscinésie, *f.* dyscole, *adj.* dyspepsie, *f.* dyspnée, *n. f.* dyssenterie, *f.* dysurie, *f.* dytique, *m.* |
| DIFF.... | *Tous par deux* F, *comme* diffamer, *v.* difficile... difficulté. différent*, *n. et adj.* difforme, *adj.*, etc. |
| DIPH.... | Diphthongue, *n. f.* diphylle, *adj.* |

| | |
|---|---|
| DISC.... | Disceptation, *f.* discerner, *v.*... discale, *f.* disciple, *m.* discipline, *f.* discipliner, *v.* discrédit, *m.* discréditer, *v.* discret, *adj.* discrétion. discrétionnaire, *adj.* discrétoire, *m.* |
| DISS.... | Dissection, *f.* disséquer, *v.*... dissemblable, *adj.* dissemblance, *f.* dissémination. disséminer, *v.* dissension, *f.* dissentiment, *m.* dissertateur, *m.* dissertatif, *adj.* disserter, *v.* dissertation, *f.* dissidence, *f.* dissident. dissimilaire, *adj.* dissimilitude, *f.* dissimulateur. dissimulation. dissimuler, *v.*... dissipateur, *m.* dissiper, *v.*... dissipation. |
| DYSS.... | Dyssenterie, *f.* dyssentérique, *adj.* |

| | |
|---|---|
| DOI.... | Doigt*, *n.* doigter, *v.* doigtier, *n.* je dois, il doit, *v.* |
| DOUÉ.... | Doué*, *adj.* douelle, *n. f.* douer, *v.* |
| DOUAI.... | Douaire*, *m.* douairier, *m.* douairière, *f.* douai, *g.* |

| | |
|---|---|
| DOM.... | Dom*, *n.* domaine, *m.* domanial, *adj.* domicile, *m.* dôme, *m.* dominical, *adj.* dompter *ou* domter, *v.* domtable *ou* domptable, *et tous les autres, excepté les suivans :* |
| DOMM.... | Dommage, *m.* dommageable, *adj.* dédommageable, dédommager, *v.*... |
| DON.... | Don, *n.* ( cadeau ). donataire. donateur, *m.* donatrice, *f.* donation, *f.* donatiste, *n.* donc, *adv.* dont ( *pronom* ). |
| DONN.... | Donne, *n. f.* donner, *v.* donneur, *n. m.* |

| | |
|---|---|
| DOUCE.... | Douceâtre. Douce-amère, *n. f.* doucement, *adv.* doucerette, *f.* douceureux, *adj.* doucette, *f.* douceur, *f.* douciner, *v.*... |
| DOUSSE.... | *Aucun.* |

| | |
|---|---|
| Drac *et* Drag... | Dracène, *f.* dragée, *n. f.* dragon, *n. m.* drageon, *m.* dragonnade, *f.* dragonne, *f.* drague, *f.* draguignan, *g.* |
| DRACH.... | Drachme, *f.* ( *monnaie des anciens Grecs* ). |

| | |
|---|---|
| DU.... | Du* ( *art. comp.* ), *m.* ducal, *adj.* ducat, *n. m.* etc. |
| DU.... | Dû *et* duc, *participe du verbe* devoir : je dus, tu dus, il dut, *v.* devoir. |

| | |
|---|---|
| E *muet.* | *Voyez à l'initiale* EU. |

| | |
|---|---|
| É *son* AI.... | *Pour ne pas répéter ici tous les mots qui sont déjà portés aux initiales* AI. hai. hé. œ, *etc. cherchez-les à l'initiale* AI, *ou par les deux premières syllabes, ou par leur finale, ou par la difficulté qui embarrasse.* |
| HAI.... HÉ.... HEI.... HEX.... | *Voyez-les, après le son initial* AI. |

| | |
|---|---|
| ÉBAU.... | Ebaubi, *adj.* ébauche, *n. f.* ébaucher, *v.* ébauchoir, *n. m.* ébaudir, *v.*... |
| ÉBO.... | Eborgner, *v.*... éboter, *v.* |

| | |
|---|---|
| ECC.... | Ecce-homo, *m.* ecchymose, *f.* (*eki*). ecclatisme, *m.* ecclésiastique, *m.* ecclésiarque, *m.* ecclésiaste, *m.* eccrimologie, *f.* ecclésiens, *m. pl.* eccope, *f.* eccorthatique, *adj.* |
| EX.... | Excellence, *n. f.* Excellent. excellente, *etc. voyez* EX. |

| | |
|---|---|
| EC, *son* ESS.... | Écervelé, *adj.* écimer*, *v.* ( *couper la cime* ). |
| ESC, *son* ESS... | Escient, *n. quant aux sons plus durs, tels que :* escarbot, escadre, *etc., pour ne plus nous répéter ici, voyez-les tous après l'initiale* SC. |
| ESS.... | Essai, *m.* essayer, *v.* essaim, *m.* essaimer, *v.* essanger, *v.*... essarter, *v.* esse*, *n. f.* esseau. essence, *n. f.* esséuiens, *n. p.* essentiel, *adj.* essette, *f.* essieu, *m.* essimer *, *v.* ( *emmaigrir* ). essonier, *m.* essor, *n. m.* essorer, *v.* essoriller, *v.* essouffler, *v.*... essucquer, *v.* essui, *n. m.* ( *lieu pour faire sécher* ). essuie-mains, *m.* essuyer, *v.*... *Voyez les finales.* |
| SC.... | *Voyez* SC. |

| | |
|---|---|
| ÉCA.... | Écacher, *v.* écafer, *v.* écaille, *n. f.* écailler, *v.*... écaillère, *n. f.* écaler, *v.* écanguer, *v.* écarlate, *n. f. et adj.* écarquiller, *v.* écarrir. écarrissage, *m.* écarrisseur, *m.* ( *qui tue les chevaux, et les écorche* ). écart, *m.* écarteler, *v.* écarter, *v.*... |
| ÉQUA.... | Équarrir, *v.* équarrissage, *m.* équarrisseur, *m.* équarrissoir, *n. m.* |
| ÉQUA, *son* ÉCOUA. | Équateur, *m.* équation, *f.* équatorial, *n. m.* |

| | |
|---|---|
| ÉCO.... | Écolier, *m.* écolière, *f.* économe, *n. m. et adj.* écot*, *m. et tous les autres, excepté les suivans :* |
| ECCO.... | Eccope, *n. f.* eccoprotique, *adj.* eccorthatique, *adj.* |
| ÉCHO.... | Écho, *m.* ( *son* ). échomètre, *m.* échométrie, *n. f.* |

| | |
|---|---|
| ÉCU.... | Écu, *m.* écueil, *m.* écuelle, *f.* écuisser, *v.* éculer, *v.* écumer, *v.*... écumoire, *n. f.* écurer, *v.* écureuil, *m.* écurie, *f.* écusson, *m.* écussonner, *v.*... |
| ŒCU.... | Œcumène, *etc. Voyez après l'initiale* AI. |
| ÉQU.... | *Tous les autres par* ÉQU, *comme* équerre, *f.* équestre ( *ékuestre* ). équinoxe, *m.* équiangle, *m.* ( *ékui* ). équidistant ( *ékui* ). équilatère, *adj.* ( *ékui* ). équitation, *f.* ( *ékui* ). équimultiple ( *ékui* ). équipondérance, *f.* ( *ékui* ). |

| | |
|---|---|
| ÉF.... | Éfaufiler, *v.*... éfourceau, *n. m.* |
| EFF. | Effaçable. effacer, *v.* effendi, *m.* effervescence, *f.* effet, *m.* efficace, *adj.* effiler, *v.* effort*, *m. et tous les autres, excepté les suivans :* |
| ÉPH.... | Éphèbe, *m.* éphèdre, *m. b.* éphélides, *f. plu.* éphémère, *adj.* éphémérides, *n. f.* éphémérine, *f. b.* éphèse, *g.* éphestrie, *f.* éphètes, *m. p.* éphialte, *m.* ( *cauchemar* ). éphydrose. éphippium, *m.* éphod, *m.* éphores, *m. pl.* |

| | |
|---|---|
| ELLE.... | Elle*, *pron. f.* ellébore, *m.* ellipse, *f.* elliptique. |
| HEL. *et* AILE... | Aile*, *n. f.* ailé, *adj. m.* aileron, *m.* ailette, *n. f.* helvétie. *Voyez* AI. |

| | |
|---|---|
| EM, EN, *son* AN. | *Voyez à l'initiale* AN. *Vingt-un verbes y commencent par* AN; *tous les autres sont par* EN, *comme* enivrer, *v.* enorgueillir, *v.* ( *prononcez* an-ivrer, an-orgueillir ). |

| | |
|---|---|
| ENNE *son* AINE. | Ennéagone, *m.* ennéandrie, *f. b.* ennéapétale, *adj. b.* ennemi, *m.* ennemie, *f.* |
| ÉNE.... | Énéide, énéorême, *f.* énergie, *f.* énergique, *adj...* énergumène, *n.* énerver, *v...* |
| AINE.... | Aine*, *f.* aîné, *adj. m.* aînée, *adj. f.* aînesse, *n. f.* |
| HAINE.... | Haine, *n. f.* haineux, *adj.* hainaut, *g.* |
| ÉPAN.... | Épanchement, *n.* épancher, *v...* épanouir, *v.* épamprer, *v.* épandre, *v.* et répandre, *v.* |
| ÉPEN.... | Épenthèse, *n. f.* ( *t. de gram., addition d'une lettre* ). |
| ÉPAU.... | Épaulard, *m.* épaule, *f.* épauler, *v...* épaulette, *n. f.* |
| ÉPEAU.... | Épeautre, *m.* ( *sorte de froment, et de seigle blanc* ). |
| ÉPO.... | Épopée, *n. f.* époque, *n. f.* |
| ER.... | Érato, *f.* ère*, *f.* éreinter, *v...* et tous les autres, *excepté les suivans :* |
| ERR.... | Errant, *adj.* errata, *m.* errer, *v...* erre, *n. f.* erreur, *f.* erroné, *adj.* |
| AIR.... | *Voyez à l'initiale* AI. |
| ESC, *son rude.* | *Comme dans,* escalier, *m.* escampette, *f.* escient, *n.* escogriffe, *m.* escouade, *f.* escroc, *m.* escroquer, *v.* etc. *Voyez-les tous au son initial par* SC. |
| ESP.... | Espace, *m.* espacer, *v.* espade, *n. f.* espadon, *m.* espadonner, *v...* espagne, *n. f. g.* espagnol, *adj. m.* espagnolette, *n. f.* espale, *f.* espalier, *n. m.* espalmer, *v.* espatule, *f.* espèce, *f.* espérance, *f.* espérer, *v...* espiègle, *adj.* espiéglerie, *n. f.* espingole, *f.* espion, *m.* espionnage, *m.* espionner, *v...* esplanade, *n. f.* espoir, *m.* espouton, *m.* espringale, *f.* esprit, *m.* |
| SP.... | Spacieux. spectacle. spirituel, *et tous les autres. Voyez* SP. |
| ESQ.... | *Tous par* ESQ, *comme* esquicher, *v.* esquif, *n. m.* esquille, *n. f.* esquisse, *f.* etc. *excepté les suivans :* |
| SQ.... | Squale, *n. m.* et squarreux, *adj.* (*pron. squoua*). squelette, *n. m.* squille, *n. f.* squinancie, *f.* squirrhe, *m.* squirrheux, *adj.* |
| ESQUI.... | *Tous par* ESQUI, *comme* esquisse, *f.* esquisser, *v.* esquiver, *v.* etc. *excepté :* |
| EXQUI.... | Exquis, *adj. m.* exquise, *adj. f.* |
| ESSAI.... | Essai, *n. m.* essayer, *v...* essaim, *m.* essaimer, *v.* |
| ESSÉ.... | Essence, *n. f.* essentiel, *adj.* essette, *n. f.* esséniens, *n. m. pl.* |
| ESS *par* ESC. | *Voyez plus haut à la suite de l'initiale* EC. |
| EST, *son dur..* | Est, *n. m.* vent d'orient (*on y prononce le t.*) estafette. estampe, *n. f.*, et tous les autres ; *voyez-les à l'initiale* ST. |
| ÉTAI.... | Étai*, *n. m.* étaie, *f.* étaiement, *m.* étayer, *v.* |
| ÉTEI.... | Éteignoir, *m.* éteindre, *v.* éteint, éteinte, *adj.* |
| ÉTÉ.... | Été. étésien, *adj.* étésies, *m. pl.* étêtement, *m.* étêter, *v.* (*couper la cime.*) |
| ÉTHÉ.... | Éther, *m.* et éthéré, *adj.* |
| HÉTAI *et* HÉTÉ. | Hétaïre*, *f.* hétérocère, *m.* hétéroclite. hétérodactyles, *m. pl.* hétérodoxe, *adj.* hétérodoxie, *f.* hétérodrome, *m.* hétérogène, *adj.* hétérophylles, *adj. pl. b.* hétérosciens, *m. pl.* hétérotome, *adj.* |

| | |
|---|---|
| ÉTAIN.... | Étaim*. *n. m.* étain*. *n. m.* |
| ÉTEIN.... | Éteindre, *v.* éteint, *adj.* éteinte, *adj. f.* éteignoir, *m.* |
| ÉTIN.... | Étincelant, *adj.* étincelé, *adj.* étinceler, *v.* étincelle. *n. f.* étincellement, *m.* |

---

ÉTAN, ÉTEN.  *Voyez à* TAN *, intérieur.*

---

| | |
|---|---|
| ÉTI.... | Étienne (Saint-.) g. étiolé, *adj. b.* étiologie, *mieux* aitiologie, *f.* étique*, *adj.* étiqueter, *v.* étiquette, *f.* étire, *f.* étirer, *v.* étisie, *f.* |
| ÉTY.... | Étymologie, *f.* étymologique, *adj.* étymologiste, *adj.* |
| ÉTHI.... | Éthiopie, *g.* éthiopien, éthiops, *m.* éthique, *n. f.* (*science des mœurs*). |

---

| | |
|---|---|
| EU, *son* EUX... | Eu*, g. eucharistie, *f.* eucologe, *m.* eucrasie, *f.* eudiomètre, *m.* euexie, *f.* eulogies, *n. f. pl.* eufraise. euménides, *n. f. pl.* eunuque, *m.* eupatoire, *f. b.* eupepsie, *f.* euphémie, *f.* euphémisme, *m.* euphonie, *f.* euphonique, *adj.* euphorbe, *m.* euphorie. euphrate , *g.* eure*, *g.* eure-et-loir, *g.* europe, *f.* européen. europome, *m.* eurotas, *g.* eurus. eustache , *m.* euterpe , *f.* eutrapélie. eutrophie, *f.* euxin, *g.* (*Pont-*.) eux , (*pl. m. de elles f.*) |
| HEU.... | Heu ! heur* *et* malheur. heure, *f.* heures, *f. pl.* heureux.... heurt, *m.* (*choc; le t se prononce*). heurter, *v.* heurtoir, *m.* |
| EU , *son* U. | *Voyez l'initiale* U. |
| OEU.... | *Un* œuf, *des* œufs (*on ne prononce pas l'f au pl.*) œuvé, *adj. m.* œuvre*, *n. m.* œuvrer , *v. un chef-d'œuvre. des chefs-d'œuvres.* |
| OEI.... | OEil, *n.* œillade, *n. f.* œillère, *n. f.* œillet, *n. m.* œilleton. œillet-d'inde. |

---

ÉVAN, ÉVEN.  *Voyez au son* VAN *, intérieur.*

---

| | |
|---|---|
| ÉVIN.... | Évincer, *v.* |

---

| | |
|---|---|
| EX.... EXC.... | Exaltation, *f.* examen, *m.* (*pron.* *examin*). exanthème, *m.* exarchat, *m.* exarque, *m.* exaucer*, *v.* excédent*. excéder , *v.* excellence, *f.* excellent*, *adj.* exceller, *v.* excentricité , *f.* excentrique , *adj.* excepter, *v.* exception , *f.* excès. *m.* excessif, *adj*... exciter, *v*... exclamation, *f.* exclure, *v.* exclusif, *adj.* exclusion. *f.* exciper, *v.* excitex, *v.* excommunier , *v*.... excommunication, *f.* excrément, *m.* excrétion, *f.* (*pron. cion.*) excursion , *f.* excuser, *v.* exemple*, *m.* exempt. *adj. m.* exemption, *f.* exempter, *v.* exercice, *m.* exergue, *m.* exigence, *f.* exil, *m.* existence, *f.* expansif, *adj. m.* expansion*, *f.* expédient*, *n. m.* extensible , *adj.* extension, *f.* extraxillaire... *adj. b.* extrême-onction , *f.* in-extremis. *adv.*, *et tous les autres ; mais les suivans ont un* H *nul après ex.* |
| EXH.... | Exhalaison*, *f.* exhaler , *v*.... exhaussement, *m.* exhausser, *v.* exhaustion. (*pron.* *ti-on*) exhérédation, *f.* exhéréder, *v.* exhiber, *v.* exhibition, *f.* exhortation, *f.* exhorter, *v*.... exhortatif, *adj.* exhumation, *f.* exhumer, *v*... |
| ECS.... | Ecsarcome, *m.* (*t. de chirurgie*). |
| ECC, *son* EX... | Ecce-homo, *n.* *Voyez les autres à l'initiale* ECCE. |

---

| | |
|---|---|
| FA.... | Face*, *f.* facétie, *n. f.* (*pron.* *facécie*). facétieux, *adj. m.* facette. facile, *adj.* façonner, *v*... fac-simile. factieux. *adj.* faïence*. fallacieux, *adj.* fasciner, *v. et tous les autres , excepté les suivans :* |
| PHA.... | Phaéton, *m.* phaétuses, *f. p.* phagédéniques, *adj. pl.* phalange, *f.* phalanger, *n. m.* phalangère, *n. f. b.* phalangose, *f.* phalaris , *m.* pha- |

| | |
|---|---|
| *Suite de* PHA... | lène, *m.* phalérie, *f.* phaleuque *ou* phaleuce, *adj.* pharaon. phare, *m.* pharisaïsme, *m.* pharisien. pharmacie, *f.* pharmacien, *m.* pharmacologie, *f.* pharmacopée, *f.* pharmacopole, *m.* pharsale, *f.* pharynx, *m.* phascolome, *m.* phase, *f.* phasie, *f.* phasme, *m.* phasque, *m.* |

| | |
|---|---|
| FAI.... | Faible, *adj...* faiblesse, *f.* faiblir, *v.* faîne*, *n. f.* fainéant. fainéanter, *v.* fainéantise, *f.* faire*, *v.* faisable, *adj.* faisan*, *n. m.* faisances, *f. pl.* faisandeau, *m.* faisander, *v...* faisceau, *m.* faiseur. faisselle, *f.* fait*. *m.* faîtage, *m.* faîte*. faîtière, *f.* faix*. (*fardeau*). porte-faix *ou* portefaix, *m.* |
| FEI.... | Feignant. feindre, *v.* feint. *part.* feinte, *n. f. et adj. f.* |
| FÉ..., | Fébrifuge, *m.* fébrile, *adj.* féconder, *v.* fécondité, *f.* fée*. féerie*, *f.* félicité, *f.* fémur, *m.* férie*, *f.* férocité, *f.* fernambouc, *g.* fétu*. fez, *g., et tous les autres, excepté les suivans :* |
| FOE.... | Fœne, *m.* (*insecte*). fœtus, *m.* (*on prononce fœtuce.*) |
| PHÉ.... | Phébus, *m.* phène, *f.* (*oiseau*). phénicie, *g.* phénicoptère, *m.* phénigme, *m.* phénix, *m.* phénomène, *m.* |

| | |
|---|---|
| FAIM.... | Faim*. *n. f.* faim-valle, *n. f.* |
| FEIN.... | Feindre, *v.* feint, *adj. m.* feinte*. |
| FIN.... | Fin*. fine. finlande, *g.* finlandais, *adj. m.* finmarck, *g.* |

| | |
|---|---|
| FAM.... | Famé, *adj. m.* famélique, *adj.* fameux, *adj. m.* familier.... famille, *f.* familleux, *adj., terme de fauconnerie.* |
| FEM.... | Femme, *n. f.* femmelette, *f.* femmes, *g.* (*îles de la Méditerranée*). |
| FAN.... | Faner*, *v.* fanaison, *f.* fanfan, *m.* fanfare, *f.* fanfaron, *m.* fanfreluche, *f.* fange, *f.* fangeux, *et tous les autres, excepté les suivans :* |
| FEN.... | Fendant. fendeur, *m.* fendiller, *v.* fendoir, *m.* fendre, *v.* fendu. fenton*, *n. m.* |
| FAON.... | Faon, *n. et* faonner, *v.* (*pro. fan*.*) |

| | |
|---|---|
| FAU.... | Faubourg. fauchaison, *f.* faucher, *v...* faulx* *ou* faux*, *n. f.* fauche, *n. f.* faucille, *n. f.* faucon, *m.* fauconnerie. fauder, *v.* faudet. faufiler, *v.* faune, *m.* faussaire, *n.* fausser, *v.* fausset. fausseté, *n. f.* faute, *f.* fauteur, *m.* fautrice. fauteuil, *m.* fautif, *adj. m.* fauve, *adj.* fauvette, *f.* faux*. fausse*, *adj. f.* (*du v. fausser.*) faux-fuyant, *n. m.* |
| FO.... | Focile*. (*os du bras.*) folâtre. foène, *n. f.* (*fourche.*) follet. follicule, *m.* folie. folio. fomenter, *v.* force, *f.* forceps, *m.* fosse*, *n. f.* fossile*. fossoyer, *v.* fossoyeur, *n. m., et tous les autres, excepté les suivans :* |
| PHO.... | Pholade, *m.* phonomètre, *m.* phoque, *m.* phosphate. phosphite, *m.* phosphore, *m.* phosphoreux. phosphorique. phosphure, *m.* photomètre, *m.* |

| | |
|---|---|
| FE.... | Fenaison, *f.* (*temps de couper les foins*). fenêtre, *f.* fenil, *m.* fenouil, *m.* fenouillette. |
| FEU.... | Feu. *mes* feus *frères. ma* feue *mère.* feudataire, *m.* feudiste, *m.* feuillage, *m.* feuille. feuillée. feuillet. feuilleter. feuilleton, *m.* feuillette. feuillu. feuillure, *f.* feurre, *n. m.* feurs*, *m. p.* feutre, *n.* feutrer, *v.* |

| | |
|---|---|
| FÉ.... | *Voyez* FAI. |

| | |
|---|---|
| FER.... | Fer*. féret*. férule, *f.* férir, *v. et tous les autres, excepté les suivans :* |
| FERR.... | Ferrage, *m.* ferraille, *f.* ferrailler, *v...* ferrandine, *f.* ferrandinier, *m.* ferrant. ferrare*. *f. b.* ferre*, *n. f.* ferrement. ferrer, *v.* ferret*, *n. m.* |

*Suite de* FERR. { ferretier, *n. m.* ferreur, *m.* ferrière, *f.* ferronnerie. ferronnier, *m.* fer- .rugineux. ferrure ; *f.*

| | |
|---|---|
| FI.... | Fiancer, *v...* ficelle. ficeler, *v.* fiche, *f.* fief. fiel. fiente, *f.* fienter, *v.* fil (*à coudre*). filial, *adj. m.* fils, *n. m.* (*pron. fice*). filandreux. final, *adj. m.* finale, *n.* et *adj. f.* finir, *v...* financer, *v...* finasser, *v...* finesse. finette. fiole, *f.* fisc, *m.* fiscal, *adj.* fixe. fixer, *v.* fixité, *f.* préfix, *adj. m.* préfixe, *adj. f.*, *et tous les autres, excepté les suivans :* |
| PHI.... | Philadelphie, *g.* philanthe, *n. m.* (*insecte*). philantrope, *adj. et n.* philantropie, *f.* philippeville, *g.* philippe. philippique, *f.* philhellène. phillyrée, *f.* philologie, *f.* philologue, *m.* philomatique, *adj.* philomèle, *f.* philosophale, *adj. f.* philosophe. philosopher, *v...* philosophie, *f.* philotechnique, *adj.* philtre, *m.* phimosis, *m.* |
| PHY.... | Phylactère, *m.* phyllanthe, *m. b.* phyllis, *f. b.* phyllostome, *m.* physicien, *m.* physiologie, *f...* physionomie. physionomiste. physique. phytolothe, *f. b.* phytologie, *f.* |

| | |
|---|---|
| FISC.... | Fisc, *m.* (*impôt*). fiscal, *adj. m.* |

| | |
|---|---|
| FLAI.... | Flaine, *f.* flair, *n. m.* flairer, *v.* flaireur, *m.* |
| FLÉ.... | Fléau. flegme, *m.* flegmasie, *f.* flegmatique. fleur, *f.* fleuraison *ou* floraison, *f.* fleurissant. fleuve, *m.* flexible ; *et tous les autres, excepté les suivans :* |
| PHLÉ.... | Phlébographie, *f.* phlébotomie, *f.* phlégéthon, *m.* |

| | |
|---|---|
| FLAM.... | Flambe, *f.* flambeau. flamber, *v...* flamberge, *f.* flamboyer, *v.* flambure, *f.* flamme, *f.* flammerole, *f.* flammette, *n. f.* |
| FLAN.... | Flan (*tarte*). flanc (*côté*). flanchet. flanconnade, *f.* flandre, *g.* flandrin. flanquer, *v.* |
| FLEN.... | *Aucun.* |

| | |
|---|---|
| FLO.... | Flore, *n. f.* florée, *n. f.* florence, *g.* florissant, *adj. m.* (*prospère.*) flotte, *f.* flotille, *et tous les autres, excepté :* |
| PHLO.... | Phlogistique, *m.* phlogose, *f.* phlomis, *m. b.* phloscope, *m.* |

| | |
|---|---|
| FO.... PHO.... | *Voyez* FAU. |

| | |
|---|---|
| FRA.... | Frapper, *v...* frac *ou* fraque, *m.* fraser, *v.* (*la pâte*). frase, *m.* (*outil de pâtissier*). fratricide. fraxinelle, *et tous les autres, excepté les suivans :* |
| PHRA.... | Phrase*, *n. f.* phraser*, *v.* phraséologie, *f...* phrasier, *m.* (*et non pas phraseur*). |

| | |
|---|---|
| FRAI.... | Frai*, *n. m.* fraîcheur, *f.* frairie, *f.* frais*, *adj. m.* fraîche, *adj. f.* fraise, *n.* fraiser, *v.* fraisier, *n. m.* fraisil, *m.* fraisoir, *m.* |
| FRAY.... | Frayant. frayer, *v.* frayeur, *f.* frayoir, *m.* frayure, *f.* |
| FRÉ.... | Fréquenter, *v...* frère, *m.* fresque, *f.* fret*, fréter, *v...* frétiller, *v.* et tous les autres, excepté :* |
| PHRÉ.... | Phrénésie, *f.* et phrénétique, *qui s'écrivent plutôt par f.* |

| | |
|---|---|
| FRAN.... | Franc. franc-alleu. franc-étrier. franc-maçon. franc-maçonnerie. français... france, *f.* franciade, *f.* franciscain. frange, *f.* franger, *v.* frangier, *n.* frangible, *adj.* réfrangible. frangipane, *f.* franque, *adj.* franquette. |
| FREN.... | *Aucun.* |

4

| | |
|---|---|
| FRAU.... | Fraude, *f.* frauder, *v.* fraudeur, *m.* frauduleux, *adj.* frauduleusement. |
| FRO.... | { *Tous les autres par* FRO, *comme* fromage. froncer, *v.* froncis. fronton, *m.* frontispice, *m.* frottage. frotter, *v...* etc. |
| FRI.... | { Friand, *adj.* friperie. fripier, *n.* frire, *v. et tous les autres, excepté les suivans :* |
| PHRY.... | Phrygane, *f.* ( *insecte* ). phrygie, *g.* phrygien. phryné, *n. f.* |
| FRIN.... | { Fringant*, *adj.* fringante. fringille, *n. f.* fringuer, *v.* fringuant ( *part. du v.* ). |
| FREIN.... | Frein, *n.* enfreindre, *v.* |
| FTI.... | *Aucun.* |
| PHTHI.... | { *Tous par* PHTHI, *comme* phthiriase, *f.* ( *maladie* ). phthisie, *f.* phthisique, *adj.* |
| PHTHY.... | Phthyréides, *n. pl.* |
| G.... | *Voyez au* G *final la distinction dans l'emploi du* G *et du* J. |
| GA.... | *Tous par* GA, *comme* gaz, *n. m.* gaze, *f.* gazette, *etc.* |
| GUA.... | A *le son de* goi. *Voyez à l'initiale* GOI. |
| GAI.... | { Gai*, gaie, *adj.* gaiement, *adv.* gaieté, *ou* gaîté, *n. f.* gaîne, *f.* gaînier, *n.* dégaîner, *v.* |
| GUÉ *et* GUE.. | { Guet-à-pens. gué*. guéable. guèbre, *m.* guéer, *v.* guépard, *m.* guêpe, *f.* guêpiaires, *n. m. plu.* ( *famille des guêpes* ). guêpier, *m.* guêpière, *f.* ( *nid de guêpes* ). guère, *adv.* guerre, *n. f.* guerroyer, *v...* guéret. déguerpir, *v. et tous les autres, excepté :* gueule, *f...* gueux, *m.* gueuse, *f.* gueusaille, *n. f.* |
| GAIN.... | Gain. |
| GUIM *et* GUIN. | { Guimbarde, *f.* guimberge, f. guimpe, *f.* guindage. guinder, *v.* guinderesse. guingans, *g.* guinguette, *f.* |
| GAM.... | { Gambade, *f.* gambader, *v.* gambie, *g.* gambiller, *v.* gambet, *n. m.* gamme, *f.* |
| GAN.... | { Ganche, *f.* gand*, *g.* gandie, *g.* gangrène. gangréner. gangréneux ( *prononcez* kangrène-éner-éneux). gangue, *f.* ( *roc* ). gangui ( *filet* ). ganse, *f.* ( *cordonnet* ). gant. gantelet. ganter, *v.* gantier, *n. m.* ganterie, *n. f.* |
| GAR.... | { Gare, *n. f. et v.* garer. garnisaire, *n. et adj. et tous les autres, excepté les suivans :* |
| GARR.... | Garras, garrière. garrot, *n.* garrotter, *v.* |
| GAU.... | { Gauche, *adj.* gaucher, *adj. m.* gaucherie, *n. f.* gauchir, *v.* gaude, *f. b.* gaudens, *g.* gauder, *v.* gaudir, *v.* ( se ). gaudronnoir, *m.* gaudronner, *v...* gaufre, *f.* gaufrer, *v...* gaufrier, *m.* gaule*, *f.* gauler, *v...* gaulois, *adj.* gausser, *v.* gausserie, *f.* gausseur... |
| GO.... | { *Tous les autres par* GO, *comme* gobelet. godailler. godriole, *f.* goguenarder, *v...* goguettes. goître. goinfre... gonorrhée. goton, *n. f.* etc. |
| GÉ.... | { Geai, *n.* ( *oiseau* ). géant. gecko. ( *lézard* ). gélatine, *f.* geler, *v...* geline, *f.* gelinotte. gémeaux, *n. pl.* gémir, *v...* gemmation. gemme, *adj.* gêner, *v.* gêne*, *f.* généalogie. général, *n. et adj. m.* généralat. généraliser, *v.* |

| | |
|---|---|
| *Suite de* GÉ.... | genre. génération. générosité. gênes, g. génie, m. génisse, n. f. géné-reux. genève, g. genièvre, m. genou. genouillère, n. f. gentilly (*village*). géodésie, n. f. géographie, f. géole, f. géolier, m. géorama, m. gercer, v. gérer, v... géranium, b. gérant. gerbe, f. gerçure, f. germain. ger-mer, v... gers, m. g. gésier, gésif. geste, m. gesticuler, v. gestion, f. gévaudan, g. géum, b. gex, g. *et tous les autres, excepté les suivans:* |
| JE.... | Je. (*moi*). jécuiba, b. jégneux, n. jéjunum, n. m. jérémie, m. jérémiade, f. jéricho, g. jérusalem, g. jersey, g. jésuite. jésuitisme. jésus-christ. jet*, n. jeté, *adj. et* n. m. jetée, n. *et adj. f.* jeter, v. *je* jette. *tu* jettes. *il* jette. *un* jeton. rejeton, m. |
| JEU.... | Jeu, n. m. jeudi. à-jeun. jeûne. n. m. (*du v.* jeûner). jeûneur. déjeûner, n. *et* v. jeune, *adj.* jeunesse, n. f. jeunet, *adj.* |

| | |
|---|---|
| GEIN.... | Geindre, n. m. *et* v. |
| GIN.... | Gimblette. gindre, n. m. (*garçon boulanger*). gingembre, m. gingeole, f. ginglyme, m. ginglymoïde, *adj.* gingo, b. gingrine, f. ginguet, n. gin-seng, m. b. |

| | |
|---|---|
| GEN.... | Gencive, n. f. gendarme, m. gendarmerie, f. genre, n. m. gent*, f. (*na-tion*). gentiane, f. b. gentil, *adj.* m. gentille, f. gentilhomme, m. gen-tilité, f. gentillâtre, *adj.* gentillesse, n. f. gentiment, *adv.* |
| JAM.... | Jambage, m. jambe, f. jambé, *adj.* m. jambette, n. f. jambiers, n. m. pl. jambon, m. jambonneau, m. jambosier, m. b. |
| JAN.... | Jan*. janissaire, m. jannetton, n. f. jansénisme, m. janséniste, m. jante, f. (*d'une roue*). jantille*, n. f. jantiller, v... janvier, n. m. janville, g. |
| JEAN.... | Jean-baptiste, *et la* saint-jean. |
| J'EN.... | J'en, *mis pour je en:* j'en *veux.* j'en *demande.* j'en *ai besoin.* |

| | |
|---|---|
| GÉO.... | Géodésie, n. f... géogonie, f. géographe, m. géographie, n. f... géolage, m. géole, f. geolier, m. géologie, f... géomancie, f... géométral, *adj.* m. géomètre, m. géométrie, f. géophages, n. m. pl. george, m. géorgie, f. g. géorgiques, f. pl. géotrupes, n. m. pl. |
| JAU.... | Jauge, n. f. jauger, v. jaugeage, m. jaugeur, m. jaunâtre, *adj.* jaune, *adj.* jaunet, *adj.* m. jaunir, v... jaunisse, n. f. |
| JO.... | *Tous les autres par* jo, *comme* joaillerie, n. f. joaillier, n. m. joaillière, n. f. jockey *ou* jockay, m. jocko, (*singe*). jocrisse, m. joie*, n. f. joignant. joindre, v. joint, *adj.* m. joli, *adj.* m. joliment, *adv.* jouir, v. *etc.* |

| | |
|---|---|
| GI.... | Gibbon, m. gibbosité, f. girafe, f. girandole, f. giraumont, m. girofle, m. giroflée, f. gisant, *adj.* ci-gît, (*du v.* gésir *ou* gir). *il* gîte *du v.* gîter, *et tous les autres, excepté les suivans:* |
| GY.... | Gymnase, n. m... gymnastique, n. f. gymnique, n. f. *et adj.* gymnocé-phale, m. gymnosophiste, n. m. gymnote, m. gynandrie, f. ginan-thrope, n. f. gynécée, n. f. gynécocratie, n. f. gynécomanie, n. f. gy-nécomaste, m. gynophore, m. b. gypaète (*oiseau*). gypse, n. m. gypseux, *adj.* gyrin, m. gyromancie, f. gyroselle, f. b. gyrovague, m. |
| JI.... | *Aucun.* |

| | |
|---|---|
| GLAI.... | Glai, n. m. (*masse de glaïeus*). glaire, f. glairer, v. glaireux, *adj.* glais *ou* glas, n. (*sons funèbres*). glaise, f. glaiser, v. glaiseux, *adj.* glaisière, n. f. glaive, m. |
| GLÉ.... | Glèbe, n. f. (*terre*). glène, n. f. (*t. d'anat.*). glénoïdal, *adj.* m. glette, n. f. |

| | |
|---|---|
| GLAN.... | *Tous par* GLAN... *comme* gland, m. glane, n. f. glaner, v. glandule, n. f. |

| GLAU.... | Glauber, *n. m.* glaucienne, *f. b.* glaucome, *m.* glauque, *adj. b.* glaux, *b.* |
| GLO.... | { *Tous les autres par* GLO : gloire, *f.* glorieux. glose, *n. f.* glossaire, *n. m.*, *etc.* |

| GOI.... | Goître, *m.* goîtreux, *adj. m.* |
| GOUA.... | Gouache, *n. f.* |
| GUA, *son* GOUA. | Guadalquivir, *g.* guadeloupe, *f. g.* guadiana, *f. g.* alguasil, *n. m.* |

| GOIN.... | Goinfrade, *n. f.* goinfre, *m.* goinfrer, *v.* goinfrerie, *n. f.* |

| GRAI.... | { Graine, *f.* grainier*, *n. m.* grairie, *n. f.* graisivaudan, *g.* graissage, *m.* graisse, *n. f.* graisser, *v.* graisset, *m.* (*grenouille*). graisseux, *adj.* grai *ou* gray, *g.* |
| GRE.... | { *Tous les autres par* GRÉ, *comme* grégeois. grèce, *g. un* grec. *une* grecque, gréciser, *v.* grenadier, *n. m.* grenaille, *f.* grenat. grener, *v.* grènetier, *m.* grenier*, *n. m.* gressoir, *m.* (*outil*). *etc.* |

| GRAIN.... | Grain. grainetier, *m. ou* grènetier, grainier*, *n. m.* |
| GRIM.... | Grimpant, *adj. m.* grimper, *v.* grimpereau, (*oiseau*). |
| GRIN.... | { *Tous les autres par* grin, *comme* grincement, *n.* grincer, *v.* gringuenaude, *f.* gringuenotter, *v.* *etc.* |

| GRAM.... | Gramen, *m. b.* (pron. *gramène*). graminée, *adj. des deux genres.* |
| GRAMM.... | { Grammaire, *n. f.* grammairien, *n. m.* grammatical, *adj. m.*... grammatiste, *n. m.* gramme, *n. m.* |
| GRAN.... | { *Tous par* GRAN, *comme* grand, *adj. m.* grand'-mère. grand-père. granville, *g.* *etc.* |

| GRAP.... | Graphie, *n. f.* graphique, *adj.*... grapholithe, *f.* graphomètre. grapse, *m.* |
| GRAPP.... | { Grappe, *n. f.* grappillage, *m.* grappiller, *v.*... grappillon, *m.* grappin. grappiner, *v.* |

| GRAU.... | Grau (*petit canal*). |
| GRO.... | { *Tous les autres par* GRO, *comme* grogner, *v.* groin, *m.* groseillier, *m.*, *etc.* |

| GRI.... | { Gribouiller, *v.* grief*, *adj.* grièvement, *adv.* griffe, *f.* grillage. griphe, *m.* (*filet*), *et tous les autres, excepté :* |
| GRY.... | Gryphites, *n. f. pl.* (*coquille*). grypose, *f.* (*t. de médecine*). |

| GUA, *son* GOUA. | *Voyez à* GOI. |

| GUEU.... | { Gueulard, *m.* gueule, *n. f.* gueuler, *v.*... gueux, *adj. m.* gueusailler, *v.* gueuse, *n. et adj. f.* gueuser, *v.* |
| GUE.... | Guenille, *n. f.* guenilleux, *adj. m.* guenillon, *n. m.* guenuche, *n. f.*... |

| GUÉ.... | *Voyez au son initial* GAI. |

| GUIN.... | *Voyez au son initial* GAIN. |

| GUR.... | { Gur. (*toile de coton*). guraès, (*toile peinte*). gurneau (*poisson*) *ou* gurnau. |
| GUHR.... | Guhr, *m.* (*terres très-divisées, chargées de métaux*). |

H *muet ou non aspiré.*

Il *muet ou non aspiré.*

Habile (1), adj. habilement, adv. habileté*, n. f. habilissime, adj. habilité, f. habiliter, v. habillage, m. habillement, m. habiller, v. habit, m. habitable, adj. habitacle, m. habitant, adj. m. habitation, n. f. habiter, v. habitude, f. habitué, adj. habituel, adj. m. habituellement, adv. habituer, v. hagiographe, adj. hagiologique, adj. haleine*, f. halenée, f. halener, ou haléner, v. (t. de chasse). halesier, m. b. hamade ou hamède, f. ( t. de blas.). hamadryades, f. hameçon, m. hameçonné, adj. m. hanouards, m. pl. harbourg, g. harfleur, g. harmale, f. b. harmonica, m. harmonie, f. harmonieusement, adv. harmonieux, adj. harmonique, adj. harmoniquement, adv. harmoniste, m. harmonomètre, m. harmotome, f. harpale, m. ( insecte ). hast, m. ( arme ). hastaire, m. ( soldat romain ). haste, f. ( javelot ). hasté, adj. b. hayti, ou haïti, g. hé* ( interj. ). hebdomadaire, adj. hebdomadier, n. m. hébé, f. (déesse ). héberger, v. hébété, adj. m. hébéter, v. hébraïque, adj. hébraïsant, n. m. hébraïsme, m. hébreu, adj. hébrides, g. hécatombe, n. m. hécla, m. hectare, m. hectogramme, m. hectolitre, m. hectomètre, m. hédériforme, adj. hédra, n. f. hèdre, ou hédérée, n. f. hedypnoïde, adj. b. hedypnoïs, f. b. hedysarum, b. hégire, n. f. heidelberg, g. heiduque, m. hélas (interj.). hélène* (sainte), n. f. hélianthe, m. b. hélianthème, m. b. héliaque, adj. héliastes, m. pl. hélice, n. f. hélicoïde, adj. hélicon, m. hélicosophie, f. héliocentrique, adj. héliomètre, m. héliorne, m. ( oiseau ). hélioscope, m. héliotrope, m. b. hélix, m. hellanodices, m. pl. hellènes, m. pl. hellénique, adj. hellénisme, m. helléniste, m. hellespont, g. helminthique, adj. helminthologie, f. hélops, m. hélose, m. helvelle, f. helvétie, g. helvétien. helvétique, adj. helxine, f. b. hémagogue, adj. hémalopie, f. hémanthe, f. b. hémastatique, f. hématémèse, n. f. hématite, f. hématocèle, f. (tumeur). hématomphalocèle, f. hématose, f. hématurie, n. f. héméralopie, f. hémérobe, m. hémérocalle, f. hémérodrome, n. m. hémi. ( demi ). hémicycle, n. m. hémine, n. f. hémionite, f. hémiplégie, ou hémiplexie f. hémiptères, adj. et n. pl. hémisphère, n. f. hémisphérique, adj. hémistiche, m. hémitritée, adj. f. b. hémoptyque, adj. hémoptysie, f. hémorragie, f. hémorroïdal, adj. m. hémorroïdale, n. f. b. hémorroïdes, f. pl. hémorroïsse, n. f. hémostasie, n. f. hémostatique, adj. et n. m. hendécagone, adj. et n. hendécasyllabe, adj. hennebon, g. héorotaire, m. hépar*, n. m. hépatalgie, f. hépate, n. m. hépatique, adj. hépatirrhée, f. hépatite, f. hépatocèle, f. hépatocystique, adj. hépiale, m. heptacorde, f. heptagone, m. heptagynie, f. heptaméron, m. heptandrie, f. heptapétalée, adj. heptaphylle, adj. heptapole, f. heptarchie, f. héraldique, adj. hérault, g. herbager, adj. herbage, m. herbe, f. herbeiller, v. herber, v. herberie, f. herbette, f. herbeux, adj. m. herbier, n. m. herbière, f. herbivore, adj. herborisation, f. herboriser, v. herboriseur, m. herboriste, m. herbu, adj. hercotectonique (t. de fort.). hercule, m. héréditaire, adj. hérédité, f. hérésiarque, m. hérésie, f. héréticité, f. hérétique, adj. héricourt, g. hérigoté, adj. hérigoture, f. héritage, m. hériter, v. héritier, n. m. hermandade, n. f. hermaphrodisme, m. hermaphrodite, adj. herméneutique, adj. hermès, m. hermétique, adj... hermin, m. b. hermine, f. herminé, adj. herminette, f. herminie, f. hermodacte ou hermodate, f. b. hermutes, m. pl. hérodiens, m. pl. héroïcité, f. héroï-comique, adj. héroïde, f. héroïne, f. héroïque, adj... héroïsme, m. herpétolo-

<hr>

(1) On a divisé par H muet, et par H aspiré, les mots qui commencent par un H.

gie, *f.* hesdin, *g.* hésichastes, *m. pl.* hésitation, *f.* hésiter, *v...* hesper ou vesper, *m.* ( *planète* ). hespéridées, *f. pl. b.* hespérie, *g.* hespéris, *f. b.* hesse, *g.* hétaire*, *f.* hétérocère, *n. m.* hétéroclite, *adj.* hétéro-dactyles, *m. pl.* hétérodoxe, *adj.* hétérodoxie, *f.* hétérodrome, *m.* hétérogène, *adj.* hétérogénéité, *f.* hétérophylles, *adj. pl.* hétérosciens, *m. pl.* hétérotome, *adj.* heu. ( *interj.* ). heur*, *n. m.* heure, *n. f.* heures, *f. pl.* heureux, *adj...* hévé, *b.* hexaèdre, *m.* hexagone, *adj.* et *n.* hexagynie, *f.* hexaméron, *m.* hexamètre, *adj.* hexandrie, *f.* hexandrique, *adj.* hexapétalée, *adj.* hexaphore, *f.* hexaphylle, *adj.* hexaples, *m. pl.* hexapodes, *m. pl.* hexaptère, *adj.* hexastyle, *adj.* hiatus, *m.* hidalgo, *m.* hièble, *f. b.* hier, *adv.* hiéracite, *f.* ( *pierre* ). hiérapicra, *f.* hiéroglyphe, *m.* hiéroglyphique, *adj.* hiérogramme, *m.* hiérographie, *f.* hiéronique, *adj.* hiérophante, *m.* hilarité, *f.* hile, *f.* hiloires, *f. pl.* hilon, *m.* hilospermes, *f. pl.* himantope, *m.* hippan-thropie, *f.* hippélaphe, *m.* hippiatrique, *f.* hippobosque. hippocambe, *m.* hippocentaure, *m.* hippocratique, *adj.* hippocrène, *f.* hippo-drome, *m.* hippoglosse, *f. b.* hippogriffe, *m.* hippolithe*, *f.* hippolyte ( saint ), *g.* hippomane, *m.* hippopotame, *m.* hippotomie, *f.* hiron-delle, *f.* hirsute, *adj.* hispe, *f.* hispide, *adj.* hispidité, *f. b.* histio-dromie, *f.* histoire, *f.* historial, *adj. m.* historien. historier, *v.* historiette, *f.* historiographe, *m.* historique, *adj...* histrion, *m.* hiver, *m.* hivernage, *m.* hivernal, *adj. m.* hivernation, *f.* hiverner, *v.* ho*. ( *interj.* ). hogner, *v.* hoir, *n. m.* ( *héritier* ). hoirie, *f.* hola-canthe, *m.* holement. holer, *v.* holstein, *g.* holocauste, *m.* holocentre, *m.* holothurie, *f.* hom*! ( *excl.* ). hombre*, *m.* homélie, *f.* homéomère, *adj.* homérique. homicide, *n. m.* homicider, *v.* homiliaire, *m.* ho-miose *ou* homoïose, *f.* hommage, *m.* hommagé, *adj.* hommager*, *n.* hommasse, *adj.* homme, *m.* hommeau, *m.* hommée, *n. f.* homocen-trique, *adj.* homodrome, *adj.* homogène, *adj.* homogénéité, *f.* ho-mole, *f.* homologatif, *adj.* homologation, *f.* homologue, *adj.* ho-mologuer, *v.* homomalle, *adj.* homonyme, *adj.* homonymie, *f.* homophonie, *f.* honfleur, *g.* hongnette, *f.* honigstique, *adj.* honnête, *adj...* honnêteté, *f.* honneur, *n. m.* honorable, *adj...* honoraire, *adj.* honorer, *v.* ad-honorés ( *pron. raisse* ). honorifique, *adj.* hôpital, *m.* hôpital ( l'. ), *g.* hoplite, *m.* horaire, *adj.* hordéiformes, *adj. pl.* horizon, *m.* horizontal, *adj...* horloge, *f.* horloger, *n.* horlogerie, *n. f.* hormis, ( *prép.* ). horodictique, *n. m.* horographie, *f.* horométrie, *f.* horoptère, *f.* horoscope, *m.* horreur, *f.* horrible, *adj...* horripilation, *f.* hortagiler, *n. m.* hortensia, *n. f. b.* hortolage, *m.* hospice*, *m.* hos-pitalier, *adj. m.* hospitalité, *f.* hospodar, *m.* hostie, *f.* hostile, *adj...* hôte*, *n. m.* hôtesse*, *f.* hôtel*, *m.* hôtelier, *n. m.* hôtelière, *n. f.* hô-tellerie, *n. f.* hottone, *m. b.* houache, *m.* houary, *m.* hougarde, *f.* hou-miri, *b.* hourailles, *m.* hudson, *g.* hui, *adv.* huile, *f.* huiler, *v.* huileux, *adj.* huilier, *n. m.* huis, *m.* huisserie, *f.* huissier, *n. m.* huître, *f.* huîtrier, *n. m.* humain, *adj.* humaniser, *v.* humaniste, *m.* humanité, *f.* humble, *adj..* humectant, *adj.* humectation. humecter, *v.* huméral, *adj.* humérus, *m.* humeur, *f.* humide, *adj...* humidier, *v.* humidité, *f.* humifuse, *adj.* humiliant, *adj.* humiliation, *f.* humilier, *v.* humilité, *f.* humoral, *adj.* humoriste, *adj.* humus ( *terre vég.* ). huningue, *g.* hurluberlu, *m.* hyacinthe, *f. b.* hyades, *f. pl.* hyale, *f.* hyalin, *adj.* hyalographie. hyaloïde, *adj.* hybride, *adj.* hydatide, *f.* hydatis, *f.* hydne, *f. b.* hy-drachne, *f.* hydragogue, *adj.* hydrargyre, *m.* hydrate, *m.* hydrau-lique, *n. f. et adj.* hydre, *f.* hydréléon, *m.* hydrentérocèle, *f.* hy-driodique, *adj.* hydraucanthares, *m. pl.* hydraucardie, *f.* hydrocèle, *f.*

*Suite.*

*H muet non aspiré.*

hydrocéphale, *f.* hydrocérame, *m.* hydrocharidées, *f. pl. b.* hydrocorise, *f.* hydrocotyle, *f.* hydrodynamique, *n. f.* hydro-entéromphale, *f.* hydro-épiplomphale, *f.* hydrogale, *f.* hydrogène, *m.* hydrographe, *m.* hydrographie, *f...* hydrologie, *f.* hydromel, *m.* hydromètre, *m.* hydropeltis, *m. b.* hydrophane, *f.* hydrophide, *m.* hydrophile, *m.* hydrophobe, *m.* hydrophobie, *f.* hydrophore, *m.* hydrophthalmie, *f.* hydrophylle, *b.* hydropiper, *m. b.* hydropique, *adj. et n.* hydropisie, *f.* hydropote, *m.* hydropyrique, *adj.* hydrorachitis, (*pron. ki.*). hydrosaccharum. (*pron. ka.*). hydrosarcocèle, *f.* hydrosarque, *f.* hydroscope, *m.* hydroscopie, *f.* hydrostatique, *n. f.* hydrosulfure, *m.* hydrothorax, *f.* hydrotite, *f.* hydrure, *f.* hyène, *f.* hyétomètre, *m.* hygiène, *f.* hygiététique, *adj.* hygiocérame, *m.* hygrologie. hygromètre. hygrophthalmique, *adj.* hylobates, *m. pl.* hylobiens, *m. pl.* hylotome, *m.* hymen *ou* hyménée, *m.* hyménoptères, *m. pl.* hymne, *m.* hymnodes, *m. pl.* hyoglosses, *m. pl.* hyoïde, *m.* hypallage, *f.* hypécoon, *b.* hyperbate, *f.* hyperbole, *f.* hyperbolique, *adj.* hyperborée. hypercatalectique, *adj.* hypercritique, *n. m.* hyperdulie, *f.* hypéricoïdes, *f. pl.* hypérostose, *f.* hypersarcose, *f.* hyperstène, *m.* hypertonie, *f.* hypèthre, *m.* hypne, *f.* hypnotique, *adj.* hypocauste, *m.* hypocondre, *n. m.* hypocondriaque, *m.* hypocondrie, *f.* hypocras, *m.* hypocrisie, *f.* hypocrite, *adj.* hypogastre, *m.* hypogastrique, *adj.* hypogée, *m.* hypoglosses, *m. pl.* hypogyne, *adj.* hypomchlion. (*pron. kli.*). hypophore, *m.* hypophthalmie, *f.* hypopyon, *m.* hyposarque, *f.* hypospathisme, *m.* hypostaphyle, *f.* hypostase, *f.* hypostatique, *adj...* hopoténuse, *n. f.* hypothécaire, *adj...* hypothénar, *f.* hypothèque, *f.* hypothéquer, *v.* hypothétique, *adj...* hypotrachélion, *m.* (*pron. ké* ). hypotypose, *f.* hypoxylon, *m.* hypsiloïde, *adj.* hysope *ou* hyssope, *f. b.* hystérolithe, *f.* hystérologie, *f.* hystéropotme, *m.* hystérotomie, *f.* hystriciens, *m. pl.* hystricite, *m.*

——— H aspiré ou H consonne. ———

*H aspiré ou consonne.*

Ha*. (*interj.*) hâbler, *v.* hâblerie, *n. f.* hâbleur, *m.* hache, *f.* hacher, *v...* hachebaché, *adj.* hache-paille, *m.* hachereau, *m.* hachette, *n. f.* hachis. hachoir, *m.* hachure, *n. f.* hagard, *adj. m.* haha*, *m.* (*ouverture*). ha ! ha ! haché. (*t. de chasse*). haie, *n. f.* (*buisson*). haïc. (*cri des charretiers*). haillon, *m.* haim *ou* hain, *m.* (*t. de pêche*). haine, *n. f.* haineux, *adj.* haïr, *v.* haire*, *n. f.* haïssable, *adj.* haïti, *g.* halage, *m.* halbourg, *g.* halbran, *m.* halbrener, *v.* hâle*, *m.* hâlé, *adj. m.* hâler, *v.* haler, *v.* (*un bateau*). haletant, *adj.* haleter, *v.* haleur, *m.* halicte, *m.* halipée, *m.* hallage, *m.* (*droit de halle*). hallali, *m.* halle, *f.* hallebarde, *f.* hallebardier, *n. m.* haller, *n. m. b.* hallebreda, *n.* hallier, *n. m.* hallucination, *f.* halo, *m.* halographie, *f.* haloir, *m.* halot*, *m.* halotechnie, *f.* halotrichum. halte, *f.* ham, *g.* han*. hamac, *m.* hambourg, *g.* hambourgeois, *adj.* hameau, *m.* hammonie, *f.* hampe, *f.* hamster, *m.* han*, *m.* hanap, *m.* hanche, *f.* hangard *ou* hangar, *m.* hanneton, *m.* hanovre, *g.* hanovrien, *adj.* hanscrit, *m.* hanse*, *f.* hanséatique, *adj.* hansière, *f.* hantal, *m. b.* hanter*, *v.* hantise, *f.* happe, *f.* happechair, *m.* happelopin, *m.* happelourde, *f.* happer, *v.* haquenée, *n. f.* haquet, *m.* haquetier, *n. m.* haranie, *m. b.* harangue, *n. f.* haranguer*, *v.* harangueur*. harai. haras, *m.* harasser, *v.* harassier, *n.* harceler, *v.* harde, *f.* harder, *v.* hardes, *f. pl.* hardi, *adj.* hardiesse, *n. f.* hardiment. harem, *m.* hareng, *m.* harengaison, *f.* harangère*, *f.* harfan, *m.* hargnerie, *f.* hargneux, *adj.* haricot, *m.* haridelle, *f.* harle, *m.* harlem, *g.* harmatan, *m.* harnachement, *m.* harnacher, *v.* harnacheur, *m.* harnais, *m.* haro. harpagon, *m.* harpailler, *v.* harpailleur, *m.* harpaye, *f.* (*oiseau*). harpe, *f.*

**Suite de H.**

harpé, *adj*. harpeau, *m*. harper, *v*. harpie, *f*. harpin, *m*. harpiste, *m*. harpon, *m*. harponner, *v*. harponneur, *m*. hart*, *f*. (*lien*). hasard, *m*. hasarder, *v*. hasardeux, *adj*... hase, *n. f*. hâte, *f*. hâtelette, *n. f*. hâter, *v*. hâtereau, *m*. hâteur, *n. m*. hâtier, *m*. hâtif, *adj*. hâtiveau, *m*. hâtivement, *adv*. hâtiveté, *f*. hauban, *m*. haubannier, *m*. haubergeon, *m*. haubergier, *m*. haubert, *m*. haulée, *n. f*. hausse, *n. f*. hausse-col, *m*. haussement, *m*. hausse-pied, *m*. hausse-queue, *m*. hausser, *v*. haussoire, *f*. haut*, *adj*. et *n. m*. haut-à-bas, *m*. haut-à-haut, *m*. (*cri de chasse*). hautain*, *adj*... haut-bois, *m*. haut-bord, *m*. haut-de-chausses, *m*. haute-contre, *f*. haute-cour, *f*. haut-dessus. haute-futaie, *f*. haute-justice, *f*. haute-lice, *f*. haute-loire, *et tous les départemens qui ont cette initiale*. haute-lutte, *f*. haute-marée, *f*. hautement, *adv*. haute-paie, *f*. haute-rive, *g*. hautes-puissances, *f. pl*. hautesse*, *f*. haute-taille, *f*. hauteur, *f*. haut-fond. haut-goût. hautin*, *m*. haut-justicier, *m*. haut-le-corps, *m*. haut-le-pied, *m*. haut-mal, *m*. haut-pendu, *m*. (*t. de mar.*). hauturier, *m*. hauturière, *adj. f*. havane, *g*. have, *adj*. haveau. haveneau *ou* havenet, *m*. haveron, *m*. havet, *n. m*. havir, *v*. havre. *g*. havre-de-grace, *g*. havresac, *m*. la haye, *g*. haye*! (*cri*). hayon, *m*. heaume, *m*. heaumier, *n. m*. hèche. héler, *v*. heim*! (*interj*.). henné, *m. b*. hennir, *v*. (*pron. hanir.*). hennissement, *m*. henri. henriade, *f*. hérault*, *m*. herbout. hère*, *m*. hérissé, *part*. hérisser, *v*. hérisson, *m*. hérissonné, *adj*. herniaire, *adj*. hernie, *f*. hernieux, *adj*. héron, *m*. héronneau, *m*. héronnier, *adj. m*. héronnière, *n. f*. héros, *m*. herpailles, *n. pl*. herpe, *f*. herpétique, *adj*. hersage, *m*. herse, *f*. herser, *v*. hersillon, *m*. herseur, *m*. hêtre, *m. b*. heurt, *m*. (*le t. se pron.*). heurtequin, *m*. heurter, *v*. heurtoir, *m*. hibou, *m*. hic, *m*. hideur, *f*. hideux, *adj*... hie, *n. f*. hiérarchie, *f*. hiérarchique, *adj*... hiérarques. hinguet. hisser, *v*. hobereau, *m*. hoc, *m*. (*jeu*). hoca, *m*. (*jeu*). hocco, *m*. hoche, *f*. hochement, *n. m*. hochepied, *m*. hochepot, *m*. hochequeue, *m*. hocher, *v*. hochet, *m*. la hogue, *g*. hola! hollande, *g*. hollander, *v*. hollandais. homard, *m*. hongre, *m*. hongrer, *v*. hongrie, *g*. hongrois, *adj*. hongrieur *ou* hongroyeur, *m*. hongroyer, *v*. honni, *adj. m*. honnir, *v*... honnissement, *n*. honte, *f*. honteux. *adj*... hoquet, *m*. hoqueton, *m*. hoquette, *f*. horde, *f*. horion, *m*. hors, *prép*. hors-d'œuvre, *m*. hors-œuvre. hotte, *f*. hottée, *f*. hotteur, *m*. hotteuse, *f*. hottentot, *g*. houblon, *m*. houblonner, *v*. houblonnière, *f*. houcre, *f*. houe*, *f*. houer, *v*. houette*, *f*. houguines. houille, *f*. houillère, *f*. houilleur, *m*. houle, *f*. houlette, *f*. houleux, *adj*. houper, *v*. (*t. de chasse*). houppe, *f*. houppé, *adj. m. b*. houppé, (*t. de marine*). houppelande, *f*. houpper, *v*. houque, *f. b*. houra (*cri*). hourailler, *v*. hourdage, *m*. hourder, *v*. hourdis, *m*. houret, *n. m*. houri, *f*. hourque, *ou* houcre, *f*. hourvari, *n*. housard, *m*. housarder, *v*. housé, *adj*. houseaux, *m. pl*. houspiller, *v*. houssage, *m*. houssaie, *f*. housse, *f*. housser, *v*. houssine, *f*. houssiner, *v*. houssoir, *m*. houx*, *m*. houzure *f*. hoyau, *m*. huaille, *f*. (*canaille*). huard, *m*. huau. huche, *f*. hucher, *v*. huchet, *m*. hue*! huée, *n. f*. huer, *v*. huguenot, *m*. huguenote, *f*. huguenotisme, *m*. huiner. huit, *adj*. huit-de-chiffre, *m*. huitain, *m*. huitaine, *f*. huitième, *adj*... hulotte, *f*. humer, *v*. hune*, *n. f*. hunier, *m*. huppe, *f*. huppé, *adj*. hurasser, *v*. hure, *f*. hurhaut, (*cri*). huri. hurlement, *m*. hurler, *v*. hurleurs, *m. pl*. (*oiseau*). huron, *f*. hussard, *m*. à la hussarde. hutin. *m*. hutte, *f*. hutter, *v*.

---

**H** *aspiré ou consonne.*

---

HA....          *Voyez au son initial* A.

---

HAM *et* AN....  }
HAN *et* EN....  } *Voyez après le son initial* AN.

| | |
|---|---|
| HAU. .. | Hauteur. hausser, v. exhausser*, v. ( *élever* ). |
| HO.... | . . . . . . . . . . . . . . . . . . . . . . *Voyez au son initial* |
| AU.... | . . . . . . . . . . . . . . . . . . . . . AU. |
| O.... | . . . . . . . . . . . . . . . . . . . . . . |

| | |
|---|---|
| HÉ.... | |
| AI, *etc*.... | *Voyez au son initial* AI. |

| | |
|---|---|
| HEU.... | |
| EU.... | *Voyez au son initial* EU. |

| | |
|---|---|
| HI... | Hiatus, *m.* hibou, *m.* ( *oiseau* ). hic, *m.* hidalgo, *m.* hideux, *adj. m.* hie*, *n. f.* hier, *adv.* avant-hier, *adv.* hièble, *f.* hiéracite, *f.* hiérarchie, *f.* hiérarchique, *adj.* hiérophante, *m.* hiéroglyphe, *n. m.* hiéroglyphique, *adj.* hiérographie, *ou* hiérologie, *f.* hilarité, *f.* hile*, *n. f.* hiloires, *f. pl.* hilon, *m.* hippiatrique, *n. f.* hippocampe, *m.* hippocentaure, *m.* hippocrate, *m.* hippocrène, *f.* hippodrome, *m.* hippogriffe, *m.* hippomane, *m.* hippolite, *m. g.* hippolithe, *f.* ( *pierre* ). hippopotame, *m.* hippotomie, *n. f.* hirondelle, *f.* hispidité, *f.* hisser, *v.* histiodromie, *f.* histoire, *f.* historien, *m.* historiographe, *m.* historique, *adj*... histrion, *m.* hiver, *m.* hiverner, *v*... *Voyez* H *muet et* H *aspiré.* |
| HY.... | Hyacinthe, *f. b.* hyades, *f. pl.* hyale, *n. f.* hyalographie, *f.* hyatisme, *m.* hybride, *adj.* hydatis, *f.* hydraulique, *n. f. et adj.* hydre, *f.* hydrocanthares, *m. pl.* hydrocèle, *f.* hydrocéphale, *f.* hydrocharidées, *f. pl.* ( *pron. ka* ). hydrocorise, *f.* hydrocotyle, *n. f. b.* hydrodynamique, *f.* hydrogène, *m.* hydrographie, *f.* hydromel, *m.* hydromancie, *f.* hydrophique. hydrophysocèle, *f*... hydrophobe, *m.* hydropisie, *f. et tous les hydro*... hyène *ou* hiène, *f.* hygiène, *f.* hymen *ou* hyménée, *m.* hymne, *m.* ( *cantique* ). hymne ( *d'église* ), *f.* hyoïde, *m.* hyperbole, *f.* hypocauste, *m.* hypocras, *m.* hypogriffe. hypocondre, *n. m.* hypocondriaque, *adj.* hypocrisie, *f.* hypothèque, *f.* hypothéquer, *v.* hypothécaire, *adj.* hypothèse, *n. f.* hypothétique, *adj.* hysope, *f.* hystérique. hystriciens, *m. pl.* hystricite, *m. Voyez* H *muet et* H *aspiré.* |
| Y.... | Y*, *n. et pron.* yac*. yach *ou* yacht, *m.* yacos. yacou, *m.* yaha, *m.* yam, *m.* yapock. yénite, *f.* yeuse, *n.* yeux, *m. pl.* yole, *f.* yonne, *g.* yorck, *g.* ypécacuanha. ypreau *ou* ypréau, *m.* ypsiloïde. yttria, *f.* yverdun, *g.* yves, *g.* yvetot, *g.* yu, *n.* |
| I.... | Ichnographie. *f.* ichtyologie. *f.* idée, *f.* idem, *adj. inv.* identique, *adj.* identité, *f.* idiotisme, *m.* idylle, *f.* iliade, *f.* île*, *f.* îlot, *m.* immanquable, *adj.* immiscer, *v.* incisif, *adj.* incision, *f.* inhumer, *v.* iota, *m.* ipécacuanha, *m.* ips, *n. m.* ( *pron. ipse* ). irascible, *adj.* irrésolu, *adj.* isocèle, *adj.* isochrone. israélite. issu, *adj. m.* issue, *n. et adj. f.* isthme, *ou* isme, *m. et tous les autres par* I ( *on les trouve par leur difficulté* ). |

Nota. *Tous les mots dont la première syllabe se prononce comme s'il y avait un* I *simple, sont portés ci-dessus au son initial* HI, HY *ou* Y ( *voyez ci-dessus* ).

| | |
|---|---|
| HYM.... | Hymen *ou* hyménée, *m.* hymne, *m.* ( *poème, cantique* ). hymne ( *d'église* ), *f.* |
| IM.... | Image, *n. f.* imager, *n. m.*, imagère, *n. f.* imaginaire, *adj.* imaginable, *adj.* imagination, *f.* imaginer, *v.* iman, *m.* imanat, *m.* imantopède. imiter, *v.* imitateur, *adj. m.* imitation, *n. f.* imitatif, *adj. m.* imitatrice, *adj. f.* |

| | |
|---|---|
| *Suite.*<br>IMM.... | Immaculé, *adj.* immanent, *adj.* immangeable, *adj.* immanquable, *adj.*... immense, *adj.*... immersion, *f.* imminent, *adj.* immiscer, *v.* immondice, *f.* immoralité, *f.* immortalité, *f.* immortel, *adj. m.* immortelle, *f. b.* immuable. immunité, *f.*, *etc.* |
| HO... | *Voyez l'initiale* AU. |
| HOM.... | Hombre, *m.* (*jeu*). hommage, *m.*, hommasse, *adj.* homicide, *n. m.* et *adj.* homonyme, *n.* et *adj. m.* homme, *m.* |
| HON.... | Honfleur, *g.* hongre, *m.* hongrie, *g.*... honnête, *adj.* honnêteté, *f.* honneur, *m.* honorable, *adj.* honoré, *adj.* et *n.* hongnette, *n. f.* honorer, *v* honorifique, *adj.*... honte, *f.* honteux, *adj. m.* honteuse, *adj. f.*... |
| UN, *son* ON.... | Unciforme, *adj.* uncinaires, *m. pl.* unguis, *m.* unzaine, *f.* (*bateau*). |
| ON.... | *Tous les autres par* ON ; *mais par* OM *devant* p *et* b. *Voyez* ON *initial.* |
| HOR....<br>AUR....<br>OR..... | *Voyez au son initial* AUR. |
| HOU.... | Houache, *m.* houage, *m.* houary, *m.* (*bateau*). houblon, *m.* houblonnière, *f.* houe*, *f.* (*pioche*). houer, *v*... houhou, *m.* houle, *f.* houlette, *f.* houille, *f.* houleux, *adj.* houppe, *f.* houppelande, *f.* hourailler, *v.* hourder, *v.* (*t. de maçon.*), houri, *f.* hourvari, *m.* houspiller, *v.* houssaie, *f.* housse, *f.* houssine, *f.* houssoir, *m.* houx*, *m. b.* (*Voyez* H *muet et* U *aspiré*). |
| OU.... | *Voyez au son initial* OU* : ouate*, *n. f.* ourdir, *v. etc.* |
| HU.... | Huche, *f.* huer, *v.* chat-huant, *m.* huguenot, *m.* huile, *f.* huiler, *v.* huis-clos. huissier, *n. m.* huit*, *m.* huitaine, *f.* huître, *f.* humain, *m.*... humanité, *f.* humaniste, *m.* humble, *adj.* humecter, *v.* humeur, *n. f.* humide, *adj.* humidité, *f.* humilier, *v.*... humiliation, *f.* humilité, *f.* humoral, *adj. m.* humoriste, *adj.* humer, *v.* humus, *m.* hune*, *f.* huppe, *f.* huppé, *adj.* hunier, *m.* hurhaut, *m.* huhaut (*cri*). hure, *f.* hurepoix, *g.* hurler, *v.*... hurluberlu, *m.* hussard. hutin, *m.* hutter, *v.* hutte, *f.* (*Voyez* U *muet et* H *aspiré*). |
| U.... | *Tous les autres par* U , *comme* usage, *m.* usance, *f. etc.* |
| HY... *et* I... | *Voyez au son initial* HI. |
| IN, *son* AIN... | *Voyez au son initial* AIN. |
| INAU.... | Inauguration, *f.* inaugurer, *v.* inaugural, *adj. m.* |
| INO.... | Inopiné, *adj. m.* inoccupé, *adj.*, *et tous les autres.* |
| INCE.... | Incendiaire, *adj.* incendie, *m.* incendier, *v.* incération, *f.* (*t. de cirier*). incertain, *adj.*... incertitude, *f.* incessamment. incessible, *adj.* (*qui ne peut être cédé*). inceste, *m.* incestueux , *adj.*... |
| INSÉ.... | Insecte, *m.* insensible , *adj.* insensibilité, *n. f.* inséparable, *adj.* insérer, *v.* insermenté, *adj. m.* insession, *n. f.* (*bain de vapeurs que l'on prend assis*). insertion, *f.*, *et tous les autres.* |
| INCI.... | Incidence, *f.* incident, *n. m.* incidentaire, *adj.* incision, *f.* inciter, *v.* incivil, *adj. m.* incivilité, *f.* incivilement, *et tous les autres, excepté* ainsi, *adv. et les suivans :* |
| INSI.... | Insidiateur, *adj. m.* insidieux, *adj.*... insigne, *adj.*, insignes, *n. m. pl.* insignifiant, *adj.* insignifiance, *f.* insinuant, *adj.* insinuatif, *adj.* insinuation, *f.* insinuer, *v.* insipide, *adj.* insipidité, *f.* insister, *v.* |

| | |
|---|---|
| INN.... | Innavigable, *adj.* inné, *adj. m.* innocemment, *adv.* innocence, **n.** *f.* innocent, *adj. m.* innocenter, *v.* innombrable, *adj. m.* innové, *adj. m.* innover, *v...* innovateur, *m...* innovation, *n. f.* |
| INTER.... | Intérieur, *adj. m.* interligne, *m.* interstellaire, *adj.* interstice, *m.* intervalle, *n. m.*, *et tous les autres, excepté les suivans :* |
| INTERR.... | Interrègne, *m.* interrogant, *adj.* interrogatif, *adj.* interrogation, *f.* interrogatoire, *m.* interroger, *v.* interrompre, *v.* interrompu, *adj. m.* interruption, *f.* |
| INVIN.... | Invincible, *adj.* invincibilité, *n. f.* invinciblement, *adv.* |
| INVAIN.... | Invaincu, *adj. m. est le seul par* INVAIN. |
| IR.... | Irascible, *adj.* ire, *n. f.* (*colère*). iris, *f.* irlande, *g.* irlandais, *adj. m.* ironie, *f.* ironique, *adj...* iroquois, *n. et adj.* |
| IRR... | Irréflexion, *f.* irruption, *f.*, *et tous les autres.* |
| JA.... | *Tous par* JA, *puisque* GA *se prononce* GUA. |
| JAN....<br>JEAN, *etc.* | *Voyez au son initial* GEN... |
| JE, JÉ *et* J'AI. | *Voyez au son* GE *et* GÉ, *où ils sont réunis. Voyez les Homonymes.* |
| JI.... | *Aucun. Voyez au son* GI. |
| JO.... | *Voyez au son* GEO, *où ils sont réunis.* |
| JON.... | Joinbarbe, *f.* (*flûte*). jonc*. joncaire *ou* joncaria, *f. b.* jouchaie. *f.* jonchée, *f.* joncher, *v.* jonchets, *m. pl.* jonction, *f.* jongermanne, *f. b.* jongler, *v.* jonglerie, *f.* jongleur, *m.* jonque, *f.* jonquières, *g.* jonquille, *f.* jonsac, *g.* jou-thlaspi, *m. b.* junte (*pron.* jonte), *f.* |
| KA *et* KAN.... | Kabak, *m.* kabassou, *m.* kabin, *m.* kacy*, *m. b.* kagne, *f.* kahouanne, *f.* kakatoës, *m.* kaberlak, *m.* kaléidoscope, *m.* kalenda, *f.* kali, *m. b.* kalmie, *f. b.* kamichi, *m.* (*oiseau*). kamtschadales, *m. pl.* kamtschatka, *g.* kan*, *m.* (*prince*). kanaster, *m.* kangiar, *m.* kanguroo, *m.* kaolin, *m.* karatas, *m. b.* kat-chérif, *m.* |
| CA, QUAN, *etc.* | *Voyez aux initiales par* CA, *et par* CAN. |
| KÉ..... | Kentucky, *g.* kermès*, *m.* kermesse *ou* karmesse, *n. f.* kéroue, *m.* ketch, *m.* ketmie, *f.* |
| QUÉ, QUAI, *etc.* | *Voyez au son initial par* CAI. |
| KI.... | Kiastre, *m.* kibitk, *m.* kihaia, *m.* kiliare, *m.* kilogramme, *m.* kilolitre, *m.* kilomètre, *m.* kilostère, *m.* kinate, *m.* kings, *m. pl.* kinique, *adj.* kinkajou, *m.* kiou, *m.* kiosque, *m.* kiotome, *m.* kirsch-wasser, *m.* (*pron.* kirchevaze). kirsotomie, *f.* kislar-aga, *m.* |
| QUI, *etc...* | *Voyez au son initial par* QUI. |
| KO.... | Koala, *m.* koenigsberg, *g.* korban, *m.* konau, *m. b.* koubo, *m.* koufique, *adj.* koupholithe, *f.* kouri, *m.* kova, *m.* |
| CO, QUO, *etc...* | *Voyez au son initial par* CAU. |
| KU.... | Kurbatos, *m.* kurtchis, *m.* kussir, *m.* |
| CU *et* QU.... | *Voyez au son initial* CU. |

| LA.... | La*. là*. las*. lapereau, *m.* lapidaire*, *m.* lapider, *v.* laps, *adj. et n. m.* lazzi, *n. m. inv.* laquelle, *adj.* la quelle? |
|---|---|
| LAC.... | Lac, *m.* lacté, *adj.* lactée, *f.* lactifère, *adj.* lactique, *adj.* |
| LAQ.-.. | Laquais, *m.* laque*, *f.* laquéaire, *n. m.* laqueton, *m.* |
| LAC.... | Lacer*, *v.* laceret, *m.* lacet*, *m.* lacérer, *v.* lacération, *f.* lacinié, *adj. b.* lacis, *n. m.* |
| LASS.... | Lasse, *adj. f.* lasser, *v.* lassitude, *f.* |
| LASC.... | Lascif, *adj. m.* lascive, *adj. f.* lasciveté, *n. f.* lascivement, *adv.* |
| LAI.... | Lai*, *adj.* laiche*, *m. b.* laïque, *n. m. et adj.* laid, *adj. m.* laide, *adj. f.* laideur, *f.* laideron, *n. f.* laie*, *f.* laye. (*lisière*). lainage, *m.* laisse *ou* lesse, *n. f.* laisser, *v.* lait*, *m.* laitage, *m.* laitance, *f.* laiterie, *f.* laitier, *m.* laitière, *n. et adj. f.* laiton, *m.* laiteron, *m.* laitue, *f.* laye. layer, *v.* layetier, *n. m.* layette, *n. f.* |
| LÉ.... | Les*. (*art. et pronom. pl.*). léthargie, *f.* léthargique, *adj.* léthé*, *g.* lettre, *f.* lexigraphe. lexigraphie, *f.* lèse-majesté. lésion. lesquels*. *m. pl.* lesquelles*, *f. pl.*, et tous les autres. |
| LAIN.... | Laine, *n. f.* lainage, *m.* lainer, *v.* laineux, *adj.* laineur. *m.* (*pron. lei*). |
| LYM.... | Lymphatique, *adj.* lymphe, *n. f.* |
| LYN.... | Lyncé, *m.* lynx, *m.* |
| LIN.... | Lin, *m.* linceul, *m.* linderne, *f. b.* linger, *m.* lingère, *f.* linge, *m.* lingerie, *f.* lingot, *m.* lingotière, *f.* lingual, *adj.* (*pron. goual*). lingule, *n. f.* linteau, *m.* (*pièce de bois*). |
| LAM.... | Lambeau, *m.* lambesc, *g.* lambin, *adj. m.* lambiner, *v.* lambourde, *f.* lambris, *m.* lambrisser, *v.* lambruge, *f.* lampas*, *m.* lampassé*, *adj.* lampe, *n. f.* lampée, *n. f.* lamperon, *m.* lampion, *m.* lamproie, *f.* lamproyon, *m.* |
| LAN.... | L'an *ou* l'année. lance, *n. f.* lancer, *v.* lancette, *n. f.* lanceur, *m.* lançoir, *m.* lande, *n. f.* landit, *m.* (*foire*). landerneau, *g.* landrecies, *g.* langage, *m.* langres, *g.* langue. *f.* langueur, *f.* languir, *v.* langoureux, *adj.* languedocien, *adj. m.* langueyer, *v.* lanterne, *f.* lanugineux, *adj.*, etc., excepté : |
| LEN.... | Lendemain, *m.* lendore, *m. et f.* lens, *g.* lent*, *adj. m.* lente, *f.* (*œuf de pou*). lenteur, *f.* lenticulaire, *n. f.* lenticule, *f.* lentille, *f.* lentilleux, *adj. m.* lentisque, *m. b.* |
| LAON.... | Laon, *g.* (*prononcez* LAN). |
| LAR.... | Lard*, *m.* lares, *n. m. pl.* laraire, *m.*, et tous les autres, excepté : |
| LARR.... | Larron, *m.* larronneau, *m.* larronnesse, *f.* |
| LAU.... | Laudanum, *m.* laudatif, *adj. m.* laudes, *m. pl.* laudun, *g.* laugier, *m. b.* laure*, *adj. m.* lauragais, *g.* lauréat., *adj.* lauréole, *f.* laurier, *m.* laurinées, *f. pl. b.* lauriot*, *m.* (*baquet*). lausanne, *g.* lautrec, *g.* |
| LO.... | Lô. (*Saint-*), *g.* lobe, *m.* lobule, *m.* local, *m. et adj.* locataire, *n.* location, *f.* loch, *m.* loche, *f.* lochies, *f.* lok* *ou* look, *m.* (*potion*). loque*, *f.* locution, *f.* lodève, *g.* lodier. lods et ventes, *m. pl.* logarithme, *m.* logeable, *adj.* loger, *v.* logis, *m.* logement, *m.* logicien, *m.* logique, *f.* logographe, *m.* logomachie, *f.* (*pron. kie*). loi, *f.* loin*, *adv.* lointain, *n. et adj. m.* lopin, *m.* loquacité, *f.* lord*, *m.* (*titre*). loriot*, *m.* lorrain, *n. et adj.* lorsque, *conj.* losange, *f.* lot*, *m.* loterie, *f.* |

| | |
|---|---|
| *Suite de* LO.... | loti, *adj. m.* lotion, *f.* lotir., *v.* lotissage, *m.* loto, *m.*, *et tous les autres.* |

| | |
|---|---|
| LE.... | Le*, *art. et pr. m.* leçon, *n. f.* lequel. (*adj. m.*) le quel? (*par interr.*). |
| LEU.... | Leu. (Saint-), *g.* leucate, *g.* leucanthème, *m.* leucé, *f.* leucite. *f.* leucographite. leucophlegmatie, *f...* (*pron. cie*). leucophre, *f.* leucoïum, *b.* leucolithe. leucosie, *f.* leur*, *adj.* leurre, *n. m.* leurier, *v.* |

| | |
|---|---|
| LI.... | *Tous par* LI, *excepté les suivans :* |
| LY.... | Lycanthrope, *m.* lycanthropie, *f.* lycaon. lycée, *m.* lycie, *g.* lycnide, *f.* lycium, *m.* lycope, *f.* lycopode, *m.* lycose, *f.* (*insecte*). lydie, *g.* lygée, *m.* (*insecte*). lygodion, *m.* lymnée, *f.* lymphatique, *adj.* lymphe, *f.* lyncé, *m.* lyux, *m.* lyon, *g.* lyre, *f.* lyrée, *adj.* lyrique, *adj.* lysimachie, *f.* (*kie*). |

| | |
|---|---|
| LICE.... | Lice*, *f.* licence, *f.* licencié, *adj. m.* licencier, *v.* licencieux, *adj.* licet, *m.* |
| LISSE. | Lisse*, *adj.* (*uni*). lisse, *n. f.* lisser, *v.* lissoir, *n. m.* |

| | |
|---|---|
| LICI.... | Liciet, *m. b.* licine, *m.* licitation, *f.* licite, *adj.* liciter, *v.* |
| LISSI.... | Lissier, *n. m.* |
| LIXI.... | Lixiviation, *f.* (*t. de chimie*). lixiviel, *adj. m.* |

| | |
|---|---|
| LIP.... | Lipare, *m.* liparocèle, *f.* lipogrammatique, *adj.* lipome, *m.* lipothymie, *f.* lipyrie, *f.* |
| LIPP.... | Lippe, *f.* lippée, *f.* lippitude, *f.* lippu, *adj. m.* |

| | |
|---|---|
| LITEAU.... | Liteau, *m.* (*lieu où se repose le loup*). liteaux, *m. pl.* (*raies aux serviettes*). |
| LITO.... | Litorne, *f.* (*oiseau*). litote, *f.* (*fig. de rhétorique*). |
| LITTO.... | Littoral, *adj. m.* littorelle, *f. b.* |
| LITHO.... | Lithocolle, *f.* lithographe, *m.* lithographie, *f.* lithographier, *v.* lithologie, *f.* lithologue, *m.* lithophage, *m.* lithophyte, *m.* lithosie, *f.* lithotome, *m.* lithotomie, *f.* lithotomiste, *m.* lithoxyle, *m.* |

| | |
|---|---|
| LUT.... | Lut*, *m.* lutation, *f.* luter*, *v.* lutin, *m.* lutiner, *v.* lutrin, *m.* lutte, *f.* lutter, *v.* lutteur, *m.* |
| LUTH.... | Luth*, *m.* luthérianisme *ou* luthéranisme, *m.* luthérien, *adj. m.* luthier, *n. m.* |

| | |
|---|---|
| MA.... | *Tous par* MA*. *Toutefois, voyez les sons suivans :* |

| | |
|---|---|
| MAC.... | Macaf, *m.* macaron, *m.* macaronée, *f.* macaroni, *m.* macazar. machabée, *m.* macque, *f.* macquer, *v.* macreuse, *f.* macre, *f.* mactre, *f.* maculation, *f.* maculature, *f.* macule, *f.* maculer, *v.* |
| MAQ.... | Maquereau, *m.* maquignon, *m.* maquignonnage, *m.* maquignonner, *v.* |

| | |
|---|---|
| MAC, *son* MASS. | Macédoine, *g.* macération, *f.* macérer, *v.* macéron, *m. b.* |
| MASS.... | Masse, *f.* masse-d'eau, *f. b.* masse-pain, *m.* mâsse (*d'argent*), *n. f.* mâsser, *v.* masseter, *n. m.* massette, *f.* massier, *m.* massif, *adj. m.* massive, *adj. f.* massivement, *adv.* |

**MAG....** Mage, *m.* magellan, *g.* magicien, *m.* magic, *f.* magique, *adj.* magister*, *m.* magistère. (*grand-maître de Malte*). magistral, *adj. m.* magistrat, *m.* magistrature, *n. f.* magdeleine, *n. f.* (*g. nul*).

**MAJ....** Majesté, *f.* majestueux, *adj. m.* majeur*, *adj. m.* majeure, *f.* major*, *m.* majorat, *m.* majordome, *m.* majorité, *f.* majorque, *g.* majuscule, *n. f. et adj.*

**MAGN, son doux.** Magnanime, *adj...* magnanimité, *n. f.* magnésie, *n. f.* magnétiser, *v.* magnétisme, *m.* magnificence, *n. f.* magnifique, *adj...*

**MAI....** Mai*, *m.* (*mois*) maie*, (*coffre*). maigre*, *adj.* maigret... *m.* maigrir, *v...* maire*, *m.* mairie, *n. f.* mais*. (*conj.*) maison, *f.* maître*, *m.* maîtresse, *f.* maîtrise, *f.* maîtriser, *v.* contre-maître, *m.*

**MÉ...** *Tous les autres par* MÉ : mécompter, *v.* médecin, *m.* méfait. *m.* meilleur, *adj. m.* meilleure, *f.* mélancolie, *f.* mélanger, *v.* melchisedech. mélilot, *m.* méloplaste, *m.* même*. *un* mémoire, *m. la* mémoire, *f.* *il* mène, *v.* (*mener*). mercier, *n. m.* mercerie, *f.* mercantile, *adj.* mercenaire, *adj. à la* merci, *f.* merci*, *m.* merrain, *m.* mésaventure, *f.* mesdames. mesdemoiselles. messager, *m.* messié, *m.* messieurs. (*pron. cieux*). messier, *n. m.* metz, *g., etc.*

**MAIN....** Main, *f.* main-chaude, *f.* maine, *g.* main-mise, *f.* main-morte, *f.* maint*, *adj.* maintenant, *adv.* maintenir, *v.* maintenon, *g.* maintenue, *n. f.* maintes-fois. maintien, *m.*

**MIN....** Mince, *adj.* minquard, *m. b.*

**MIN par MEN.** Mentor, *m.*

**MEIN....** Mein. (*rivière*).

**MALT....** Malt, *m.* (*orge*). malte, *g.*

**MALTH....** Malthe, *m.* (*bitume*).

**MAN....** Manakin, *m.* manant, *m.* (*pron. ma*). manche, *g.* manche, *m. et f.* manchon, *m.* manchot, *adj.* mandarin, *m.* mandat, *n.* mandataire, *adj.* mandement, *n. m.* mander, *v.* mandibule, *f.* mandille, *f.* mandoline, *f.* mandore, *f.* mandrill, *m.* (*singe*). mandrin, *m.* manducation. mangabey, *m.* manganèse, *f.* mangeable, *adj.* mangeaille, *n. f.* mangeant, *adj.* mangeoire, *f.* manger, *v.* mangeur, *m.* mangeuse, *f.* mangeure, *f.* (*pron. ju*). mangoustan, *b.* mânes*. maniaque, *n. et adj.* manioc, *b.* manier, *v.* manicles, *f.* (*menottes*). manipuler, *v...* manique, *f.* manœuvre*, *m. et f.* manœuvrier, *m.* manne*, *f.* mannequin, *m.* manouvrier, *n. m.* manquer, *v.* mansarde, *f.* manseau, *g.* mansuétude, *f.* mante*, *f.* manteau, *m.* mantelé, *adj.* mantelet. mantes, *g.* mantille, *f.* mantoue, *g.*

**MAM....** Maman, *f.* (*mère*). mamelle, *f.* mamelon, *m.* mameluck, *m.* mammaire, *adj.* mammifère, *adj.* mammiforme, *adj.* m'amie *et* m'amour.

**MEM....** Membrace, *n. f.* membrane, *f.* membraneux, *adj.* membre, *m.* membré, *adj.* membru, *adj. m.* membrure, *n. f.*

**MEN...** Mende, *g.* mendiant, *adj.* mendicité, *f.* mendier, *v.* mendole, *f.* mensole, *f.* mense, *n. f.* mensonge, *m.* mensonger, *adj. m.* menstrue, *f.* (*t. de chim.*). menstruel, *adj. m.* mental, *adj. m.* menterie, *f.* menteur, *m.* menteuse, *f.* menthe, *f. b.* mention, *f.* mentionner, *v.* mentir, *v.* menton, *m.* mentonnière, *n. f.* mentor, *m.* (*pron. mintor*).

**MAO par MAHO.** *Tous par* maho : mahogon, *m. b.* mahomerie, (*mosquée*). mahométan, *adj. et n.* mahou, *g.*

| | |
|---|---|
| MAPP.... | Mappemonde, *n. f.* |
| MAR.... | Maraud*, *m.* maraude, *f.* marauder, *v.* maraudeur, *m.* marâtre. marc*, *m.* mare*, *f.* marcassin, *m.* marcassite, *n. f.* marcescent, *adj.* marchand*, *m.* marchepied, *m.* maréchaussée, *n. f.* marée, *f.* mareyeur, *n. m.* marginal, *adj. m.* marguay, *m.* marguerite, *n. f.* marguillier, *m.* mari*. marie-magdeleine, *f.* marmot. maroc, *g.* marmotte, *f.* mars, *m.*, *et tous les autres*, *excepté les suivans :* |
| MARR.... | Marraine, *f.* marre*, *f.* marri*, *adj. m.* (*fâché*). marron, *m.* marronner, *v.* marronnier, *n. m.* marrube, *m. b.* |
| MAS, *son doux*. | Masares, *m. pl.* masement, *n. m.* masoles, *m. pl.* masulipatam, *g.* (*et sorte de toile de coton*). masure. |
| MAZ.... | Mazame, *m.* mazarine, *f.* mazette, *f.* mazille, (*mauv. argent*). mazone, (*monnaie d'Alger*). |
| MATÉ.... | Matériaux, *m. pl.* matériel, *adj. m.*, *et tous les autres*, *excepté les suivans :* |
| MATHÉ.... | Mathématicien, *m.* mathématique, *adj.* mathématiquement, *adv.* |
| MAU.... | Maubeuge, *g.* maudire, *v.* maudisson, *m.* maudit, *adj. m.* maugreer, *v.* maupertuis, *g.* maupiteux, *adj.* maure* *ou* more, *m.* mauritanie, *f.* mausolée, *n. m.* maussade, *adj...* mauvais, *adj. m.* mauve, *f.* mauviette, *f.* maux, (*pl. de mal*). |
| MEAU.... | Meaux, *g.* |
| MO.... | Modicité, *f.* monocle, *m.* monsieur, *m.* monseigneur, *m.* moquette, *f.* moral, *adj. m.* morale, *f.* morigéner, *v.* mot, *m.* motif, *m.* motion, *f.* moxa, *m.*, *et tous les autres.* |
| ME.... | Me*, (*moi*). melon, *m.* melun, *g.* mener, *v.* menotte, *n. f.*, *et tous les autres*, *excepté les suivans :* |
| MEU.... | Meuble, *n. m. et adj.* immeuble. meubler, *v.* meule, *f.* meulier, *n. m.* meûnier*, *m.* meûnière, *f.* meurthe, *g.* meurtre, *m.* meurtrier, *n. m.* meurtrière, *f.* meurtrir, *v.* meurtrissure, *f.* meuse, *g.* meute, *f.* il meut, *v.* il s'émeut, *v.* |
| MOEU.... | Mœurs*, *f. pl.* |
| MÉ.... | *Voyez l'initiale* MAI. |
| MÉTAU.... | *Aucun.* |
| MÉTHO.... | Méthode, *f.* méthodique, *adj.* méthodiquement, *adv.* méthodiste, *m.* |
| MÉTO.... | Métonomasie, *f.* métonymie, *f.* métope, *f.* métoposcopie, *f.* |
| MI.... | Micarelle. microscope, *m.* mie*, *n. f.* mijoter *v.* mijaurée, *f.* mil, *adj.* mille*, *adj.* million, *m.* milliard*, *m.* minaudière, *n. et adj. f.* miniature, *f.* minotaure, *m.* (*monstre*). mire*. miroton, *m.* misanthrope, *ou* misantrope, *n.* mitoyen, *adj.* mixte, *adj.* mixtion, *f.* mixtionner, *v.*, *et tous les autres*, *excepté les suivans :* |
| MY.... | Myagre, *m. b.* mydriase, *f.* myc*, *f.* mycènes. mygale, *f.* mylabre, *adj.* myloglosse, *m.* myologie, *f.* myope, *m.* myopie, *f.* myotomie, *f.* myriade, *f.* myriagramme, *m.* myrialitre, *m.* myriamètre, *m.* myriare, *m.* myrmécie, *f.* myrobolans, *m. pl.* myrobolanier, *m. b...* myrrhe*, *f.* myrrhis, *m.* myrthe, *m. b.* myrtiforme, *adj.* myrtille, *f. b.* myrtoïdes, *f. pl.* mystère, *m.* mystérieux, *adj.* mysticité, *f.* mystificateur, *m.* mystification, *f.* mystifier, *v.* mystique, *adj.* mystre, *m.* mythe, *m.* mythologie, *f...* mytilithe, *f.* myure, *adj.* myzor, *g.* |

| | |
|---|---|
| MIAU.... | Miauler, *v.* miaulant, *adj.* miaulement, *n. m.* ( *cri du chat* ). |
| MYO.... | Myope, *adj.* myologie, *f.* myopie, *f.* myotomie, *f.* |

| | |
|---|---|
| MOI.... | Moi, *ou je.* mois*, *m.* moignon, *m.* moineau, *m.* moins, *adv.*, *et tous les autres, excepté les suivans :* |
| MOY.... | Moyac, *m.* ( *oiseau* ). moyen, *n. et adj. m.* moyennant, ( *prép.* ). moyenner, *v.* moyer, *v.* moyeu, *m.* moïse (*pron. mo-ise* ). |
| MOI, *par* MOE... | Moelle. moellon, *m.* moelleux, *adj. m.* |

| | |
|---|---|
| MOL.... | Mol*, *adj.* (*mou*). môlé*, *f.* molécule, *f.* molène, *f.* molester, *v.* moluques*, *f. g.*, *et tous les autres, excepté les suivans:* |
| , MOLL.... | Mollasse, *adj.* mollement, *adv.* mollesse, *f.* mollet, *n. et adj. m.* molleton, *m.* mollette*, *f.* molière*. mollifier, *v.* mollir, *v.* mollusques, *m. pl.* |

| | |
|---|---|
| MON.... | Mon*. mondain, *adj.* monsieur, *et tous les autres, excepté les suivans :* |
| MONT.... | Mont*, montagne. m'ont-*ils* (*mis pour* me ont-ils). montmartre, *g.* |

| | |
|---|---|
| MONNAI.... | Monnaie, *f.* |
| MONNAY.... | Monnayage, *m.* monnayer, *v.* monnayeur. |
| MONÉ.... | Monétage, *m.* monétaire, *m. et adj.* monœcie, ( *t. d'h. nat.* ). |
| MONNÉ.... | Monnéage, *n. m.* monnée, *n. f.* ( *du moulin* ). |

| | |
|---|---|
| MONAU.... | Monaul, *m.* ( *oiseau* ). monaut, *adj.* ( *qui n'a qu'une oreille* ). |
| MONO.... | Monochromate, *m.* monogramme, *m.* monogynie, *f.* monologue, *m.* monopole, *m.* monoptère, *m.* monosyllabe, *m.*, *et tous les autres.* |

| | |
|---|---|
| MOUCE.... | *Aucun.* |
| MOUSS.... | Moussaut*, *adj.* mousse, *m. et f.* mousseline, *f.* mousser, *v.* mousseron, *n. m.* mousseux, *adj.* moussoir, *n. m.* mousson, *n. m.* moussu, *adj. m.* moussure, *n. f.* |

| | |
|---|---|
| MOUR.... | Mourant, *adj. m.* mourellier, *m. b.* mourir, *v.* mouron, *m. b.* |
| MOURR.... | Mourre, *n. f.* ( *jeu* ). |

| | |
|---|---|
| MUCI.... | Mucilage, *m.* mucilagineux, *adj. m.* |
| MUSSI.... | Mussidan, *g.* mussitation, *f.* mussy-l'évêque, *g.* |

| | |
|---|---|
| MUNICI.... | Municipal, *adj. m.* municipaliser, *v.* municipalité, *f.* municipe, *m. g.* |

| | |
|---|---|
| MUSCO.... | Muscosité, *n. f.* ( *sorte de mousse* ). |

| | |
|---|---|
| NAI.... | Naisage, *m.* naissance, *f.* naissant, *adj. m.* naître*, *v.* |
| NEI.... | Neige, *n. f.* neiger, *v.* neigeux, *adj. m.* |
| NÉ.... | Néanmoins, *adv.* néant, *m.* nécessaire, *n. et adj.* nécessité, *f.* nécromancie, *f.* nécrophobie, *f.* nectar, *m.* né*, *adj. m.* née, *adj. f.* nef, *f.* nèfle, *f.* nègre, *m.* négresse, *f.* néophite. néphrétique, *adj.* nerf, *m.* nettoyer, *v.*, *et tous les autres.* |
| NES *et* NEZ.... | Nesle, *g.* nestor, *n. m.* nestorianisme, *m.* nestorien, *m.* nez*, *n. m.* |

| | |
|---|---|
| NAIN.... | Nain, *m.* naine, *f.* ( *de petite taille* ). |
| NIM.... | Nimbe, *m.* ( *cercle lumineux* ). |

| | |
|---|---|
| NYM.... | Nymphœa, *f. b.* nymphe, *f.* nympheau, *m. b.* nymphée, *f.* nympho-manie, *f.* nymphotomie, *f.* |
| NAN.... | Nan, *m.* nancy, *g.* nangis, *g.* nanguer, *ou* nangueur, *m.* nankin, *g.* nanquinet. Nantes, *g.* nantir, *v.* nantissement, *m.* nantua, *g.* nanterre, *g.* |
| NEN.... | Nenni, (*particule négative*). n'en *pour* ne en. |
| NAP.... | *Tous par un* p, *excepté* nappe, *f.* ( *linge de table* ). |
| NAR.... | *Tous par un* r, *comme* nard, *m. b.* narin, *f.*, *etc.*, *excepté les suivans :* |
| NARR.... | Narrateur, *m.* narratif, *adj. m.* narration, *f.* narré, *n. m.* narrer, *v.* |
| NAT.... | *Tous par un* t, *comme* nativité, *f.* naturalisation, *f.* nature, *etc.*, *excepté les suivans :* |
| NATT... | Natta, *f.* natte, *f.* natter, *v.* nattier, *m.* nattière, *f.* |
| NAU.... | Naucore, *m.* (*punaise*). naufrage, *n. m.* naufragé, *adj.* naulage, *m.* naumachie, *f.* nausée, *f.* nauséabonde, *adj.* nautile, *m.* nautique, *adj.* nautonnier, *n. m.* |
| NO.... | Nomenclature, *f.* notariat, *m.* notaire, *m.* noter, *v.* notion, *f.* noviciat, *m. etc.* |
| NE.... | Ne, (*particule négative*). nevers, *g.* neveu, *m.* |
| NEU.... | Neuf, *m.* neuve, *f.* neutralement, *adv.* neutraliser, *v.* neutralisation, *f.* neutralité, *f.* neutre, *adj.* neuvaine, *f.* neuvième, *adj...* |
| NOE.... | Nœud, *m.* |
| NI.... | Ni*, ( *conj.* ). niais*, *adj.* nice, *g.* nicée, *f.* nicorée. nidoreux, *adj.* nidulaire, *f. b.* nier, *v.* nil*, *g.* nille, *f.* nique, *f.* nippe, *f.*, *et tous les autres, excepté les suivans :* |
| NY.... | Nyctage, *f. b.* nyctaginée. *f.* nyctalope. nyctalopie, *f.* nyctémeron, *f.* nyctère, *m.* nyctérius, *m. pl.* nypa, *m. b.* nyssa, *f. b.* nysson, *m.* |
| NOM.... | Nom*, *m.* nomade, *adj. et n.* nombre, *m.* nombrer, *v.* nombreux, *adj.* nombril, *m.* nome*, *m.* nomenclateur, *m.* nomenclature, *n. f.* nomie, *n. f.* nominal, *adj.* nominataire, *m.* nominateur, *m.* nominatif, *m.* nomination, *f.* nominaux, *m. pl.* nomocanon, *m.* nomographe, *m.* nommer, *v.* nompair *ou* non-pair, *adj. m.* nompareil*, *adj. m.* nompareille, *n. f. et adj. f.* |
| NON.... | *Tous les autres par* non*, *comme* nonce, *n. m.* nonne, *f.* nonnain, *f.* nonnette, *f.* non-jouissance, non-valeur, *etc.*, *excepté les suivans :* |
| NUN.... | Nuncupatif, *adj.* nundinales, *adj. f. pl.* |
| NOURR.... | *Tous par deux* r. nourrain, *n. m.* nourrir, *v.* nourrice, *n. f.* nourricier, *n. et adj. m.* nourrissage, *m.* nourrisson, *m.* nourrisseur, *m.* nourriture, *n. f.* |
| O....<br>OH...<br>HO....<br>HAU....<br>HEAU....<br>EAU.... | *Voyez-les tous au son initial* AU. |

*Suite de* O.
AO....AU.... *Voyez-les tous au son inital* AU.
OO.... Oelithes *ou* oolites, *n. m. pl.* oomancie, *n. f.* ooscopie, *n. f.*

---

OBS.... Obsécration, *f.* obséder, *v.* obsèques, *f. pl.* obséquieux, *adj.* ( kui ). observable, *adj.* observance, *n. f.* observantin, *m.* observateur, *m.* observation, *f.* observatoire, *m.* observer, *v.* obsession, *f.* obsidiane, *f.* obsidional, *adj. m.*

OBSC.... Obscène, *adj.* obscénité, *n. f.* obscur, *adj. m.* obscurcir, *v.* obscurcissement, *n. m.* obscurément, *adv.* obscurité.

---

OC *dur*.... Oca, *b.* ocote, *m. b.* ocre, *f.* oculaire, *adj.* oculiste, *m.* octaèdre, *m.* octave, *f.* octavo, *m.* in-octavo, *m. inv.* octobre, *m.* octroi, *m.* octant, *et toutes les initiales par* OCT.

OCC.... Occasion, *f.* occasioner, *v...* occulte, *adj.* occupation, *f.* occuper, *v...* occurrent, *adj.* occurrence, *n. f. les autres ont le son de* ox, *comme* occident*, *m. Voyez-les à l'initiale* ox, *ou à l'initiale* AUX.

HOC *et* HOQ... Hoc, *n. m.* hoca, *m.* hocco, *m.* hoquet, *n.* hoqueton, *m.*
OX *et* AUX.... *Voyez* OX *et* AUX, *pour ne plus nous répéter.*

---

OCÉ.... Océan, *m. g.*-océane, *adj. f.* ocellaire, *n. f.* ocellite. ocelot, *n. m.*
OSSÉ.... Osselet, ( *petit os* ). ossemens, *m. pl.* osseux, *adj. m.* osseuse, *adj. f.*

---

OE , *son* É. ... OEcophore. œcuménicité, *f.* œcuménique, *adj.* œdémateux, *adj.* œdème, *m.* œdémère, *f.* œdipe, *m.* œil, *m.* ( *pl.* yeux ). *des* œils-de-bœuf, *m.* œillade, *f.* œillée, *adj. f.* œillère. œillet, *m.* œilleton, *m.* œnanthe, *f. b.* œnas, *m.* œnéléum, *m.* œnomel, *m.* œsipe, *m.* œsophage, *m.* œstre, *m.* ( taon ). œuf, *m.* œuvé, *adj.* œuvre, *m.* ( recueil ). œuvre, *f.* ( action morale ). hors-d'œuvre, *m.*

---

OFF.... *Tous par deux* F, *comme* offense, *f.* offensif, *adj...* offert, *adj.* offertoire, *m.* office, *n.* official, *m.* officier, *n.* officiel, *adj.* officiellement. officinal, *adj. m.* offrande, *f.* offrir, *v.* offusquer, *v., et leurs dérivés.*

OF *par* OPH.... Ophiase, *f.* ophidiens, *m. pl.* ophioglosse, *m.* ophite, *adj.* ophrys, *m. b.* ophtalgie, *f.* ophtalmie, *f.* ophtalmographie, *f.* ophtalmoxystre, *m.*

---

OG *doux*.... Ogive, *n. f.* oguon, *ou* oignon. ( o-gnion ). oguonet. ognolone, *m.* ogre, ( g *rude* ).
HOG. AUG.... *Voyez au son* AU.

---

OI.... *Tous par* OI, *comme* oie, *f.* ( oiseau ). oisif, *adj., etc., excepté les suivans :*

OUA.... Ouaiche, *m.* ouaille, *n. f.* ouais, ( cri ). ouate*, *f.* ouater*, *v.* ouarine, *n. f.* ( singe ).
OUÉ.... Ouest, t. *dur.* ouette, *n. f.* ( oiseau ).
HOI.... Hoir*, *m.* ( héritier ). hoirie, *f.* ( héritage ).
HOUE.... Houetter, *v.* houette, *f.* ( outil ).

---

OLI.... *Tous par* OLI, *comme* olinde, *f.* olivaire, *adj. b.* olivâtre, *adj.* olivier, *m. b., etc., excepté les suivans :*
OLY.... Olympe, *m.* olympiade, *f.* olympiens, *adj. pl.* olympique, *adj.*
AULI.... Aulide, *g.* aulique ( thèse ), *f. et adj.*

| | |
|---|---|
| OM..... | Ombelle, *f. b.* ombellifère, *adj.* ombilic, *m.* ombilical, *adj.* ombrage, *m.* ombrager, *v.* ombrageux, *adj.* ombre*, *f.* ombrelle, *f.* ombrer, *v.* ombrette, *f.* ombreux, *adj.* oméga. omelette, *f.* omettre, *v.* omission, *f.* omnibus, *m.* (*sorte de voiture*). omniscience, *f.* omnivore, *adj.* omophage, *adj.* omoplate, *f.* omphacine, *adj. f.* omphalocèle, *f.* |
| ON.... | Once, *f.* onction, *f.* onéraire, *adj.* onéreux, *adj.* onguent, *m.*, *et tous les autres, excepté les suivans :* |
| HOM.... | Hombre*, *m.* hommage, *m.* hommagé, *adj.* hommager, *v.* hommasse, *adj.* homme*, *m.* hommée, *n. f.* homogène, *adj.* homocentrique, *adj.* |
| HON.... | Honfleur, *g.* hongre, *m.* hongrer, *v.* hongrie, *g.* hongrois, *adj.* hongrieur, *m.* honnête, *adj.* honneur, *m.* honnir, *v.* honte, *f.* honteux, *adj...* honoré, *adj.* honorer, *v...* honorable... |
| AUM.... | Aumaillade, *f.* (*filet*). (*pron. oma*). aumusse, *f.* (*pron. omusse*). |
| ON, *par* UN. | Unciforme, *adj.* uncinaires, *m. pl.* unguis, *m.* unzaine, *f.* (*bateau*). |
| OP.... | Opacité, *f.* opéra, *m.* opérer, *v...* opératrice, *f.* opinion, *f.* opter, *v.* option, *f.*, *et tous les autres, excepté les suivans :* |
| OPP.... | Opportun, *adj.* opportunité, *f.* opposant, *adj.* opposer, *v.* opposé, *adj.* opposite, *m.* opposition, *f.* oppresser, *v.* oppresseur, *m.* oppressif, *adj.* oppression, *n. f.* opprimer, *v.* opprimé, *adj.* opprobre, *m.* |
| OR.... | Oreille, *f.* oreiller, *n. m.* oreillons, *m. pl.* ornithologie, *f...*, *et tous les autres, excepté les suivans :* |
| ORTH.... | Orthocère, *m.* orthodoxe, *adj.* orthodoxie, *f.* orthodoxographe, *m.* orthodromie, *f.* orthogonal, *adj.* orthographe, *f.* orthographie, *f.* orthographier, *v.* orthographique, *adj...* orthographiste, *m.* orthologie, *f.* orthopédie, *f.* orthopnée, *f.* orthoptères, *m. pl.* orthorinque, *m.* |
| HOR.... | Horace, *m.* horaire, *adj.* horde, *f.* hordéiformes, *adj. pl.* horion, *m.* horizon, *m.* horizontal, *adj. m...* horloge, *f.* horloger, *n. m.* horlogerie, *n. f.* hormis, (*prép.*). horodictique, *m.* horométrie, *f.* horoscope, *m.* horreur, *f.* horrible, *adj...* horripilation, *f.* hors, (*prép.*). hors-d'œuvre, *m.* hors-œuvre. hortagiler, *m.* hortensia, *f. b.* hortolage, *m.* |
| AUR.... | Auray, *g.* auréole, *f.* auriculaire, *adj.* auricule, *n. f.* auriculé, *adj. m.* aurillac, *g.* aurique, *adj.* aurite, *m.* auronne, *f. b.* aurore, *f.* aurummusivum, *m.* |
| OSCA.... | Oscabrion, *m.* oscar, *n. m.* |
| OSSÉ.... | *Voyez* OCÉ. |
| OSCI.... | Oscillaire, *n. f. b.* oscillation, *n. f.* oscillatoire, *adj.* osciller, *v.* oscitation, *f.* |
| OSSI.... | Ossianique, *adj.* ossification, *f.* ossifier, *v.* ossifrague, *m.* ossillon, *m.* ossivore, *adj.* |
| AUSSI.... | Aussi, *adv.* aussitôt, *adv.* |
| OT.... | *Voyez* AU. |
| OU.... | Où*, *adv.* ouate*, *f.* ouater, *v.* ouailles, *f.* ou, *conj.* oubli*, *m.* oublie, *n. f.* (*pâtisserie*). oublier, *v.* oubliettes, *f. pl.* ouest, *m.* ouette*, *f.* (*oiseau*). ouïe*, *f.* ouil*. ouille*, *n. f.* ouïr, *v.* oui*, oui-dà! *adv.* ouragan, *m.* ourdir, *v.* ourdissage, *m.* ourler, *v.* ourlet, *m.* ours*, *m.* oursin, *m.* ourson ; *m.* ourthe, *g.* outang, *m.* (*orang-outang*). |

| | |
|---|---|
| *Suite de* OU.... | outarde, *f.* outil, *m.*... outrager, *v.*... outremer, *m.* outrer, *v.* ouvrager, *v.* ouvrier, *n. m.* ouvrir, *v.* ouvroir, *n.*, *et tous les autres, excepté les suivans :* |
| HOU.... | Houache, *m.* houary, *m.* houblon, *m.* houblonner, *v.* houblonnière, *f.* houc*, *f.* houcre, *f.* houer, *v.* houette*, *f.* hougarde, *f.* houille*. houillère *ou* houilière, *f.* houilleur, *m.* houle, *f.* houlette, *f.* houleux, *adj.* houmiri, *m. b.* houper, *v.* (*t. de chasse*). houppe, *f.* houppée, *adj. b.* houppelande, *f.* houpper*. (*faire des houppes*). houque, *f.* houra, (*cri*). hourailler, *v.* hourdage, *m.* hourder, *v.* hourdis, *m.*... houret, *m.* houri, *f.* hourvari, (*cri*). housé, *adj. m.* houseaux, *m. pl.* houspiller, *v.* houssage, *m.* houssaie, *f.* houssard, *m.* housse, *f.* housser, *v.* houssine, *f.* houssiner, *v.* houssoir, *m.* houx*. |
| AOUT.... | Août. aoûter, *v.* aoûteron, *m.* (*on n'y prononce pas l'*A). |
| W.... | Wisck, *sorte de jeu de cartes.* (*on prononce* OUISKE). |

| | |
|---|---|
| OX.... | Oxalate, *m.* oxalide, *f. b.* oxalique, *adj.* oxalme, *m.* oxycrat, *m.* oxydabilité, *f.* oxydable, *adj.* oxydation, *f.* oxyde, *m.* oxydé, *adj.* oxyder, *v.* oxydulé, *adj.* oxygène, *m.* oxygéné, *adj.* oxygoné, *adj.* oxymel, *m.* oxyregmie, *f.* oxyrrhodin, *m.* oxysaccarum, *m.* |
| OX *par* OCC... | Occident, *m.* occidental, *adj.* occipital, *adj.* occiput, *m.* occire, *v.* occision, *f.*, *tous les autres ont le son dur comme dans* occasion. *Voyez à l'initiale* OC. |
| AUX.... | Auxerre, *g.* (*cère*). auxerrois, *adj.* (*cérois*). auxèse. auxiliaire, *adj.* auxy-le-château. auxonne. (*ôçonne*). |

| | |
|---|---|
| PA.... | Pâle, *adj.* pâlir, *v.* pâmer, *v.* pâques, *f. pl.* pâte*, *f.* pâté. pâtir, *v.* pâtissier*.... pâté, *m.* pâtée, *f.* pâtre, *m.* pâture, *f.*..... |
| PA.... | *Est bref dans les autres, comme* page, *m.* pagnon (*drap de*), (*pron. pa-gnion*). participe, *m.* patricien, *adj.* pacifier, *v.* pacification, *f.* paralytique. |

| | |
|---|---|
| PACI.... | Pacificateur, *m.* pacification, *f.* pacifier, *v.* pacifique, *adj.* pacifiquement, *adv.* |
| PASSI.... | Passibilité, *f.* passible, *adj.* passif, *adj.* passion, *f.* passionnément, *adv.* passionner, *v.* passivement, *adv.* |
| PACI *par* PATI.. | Patiemment, *adj.* patience, *f.* patient, *adj.* patienter, *v.* |

| | |
|---|---|
| PAI.... | Pair*, *adj.* paire, *f.* pairie, *f.* pairlé*, *m.* paisible, *adj.*....paissant, *adj.* paisseau, *m.* paisson, *n. m.* paître, *v.* paix*, *f.* |
| PAY.... | Payable, *adj.* payant, *adj.* paye *ou* paie*, *n. f.* payement *ou* paiement, *m.* payer, *v.* payeur, *m.* pays. (*pron. pé-i*). paysage, *m.* paysan. paysanne. |
| PEI.... | Peignage, *m.* peigne, *m.* peigner, *v.* peigneur, *m.* peignier, *n. m.* peignoir. peignons, *n. m. pl.* peignures, *f. pl.* peindre, *v.* peine, *f.* peiner, *v.* |
| PÉ.... | *Tous les autres par* PÉ, *comme* peccadille, *f.* peccant, *adj.* peccata, *n. m.* (*pop.*). pécore, *f.* pecque*, *n. f.* péculat, *m.* pédanterie, *f.* pékin, *g.* pêle-mêle, *adv.* pélerin, *m.* pelleterie, *f.* pelote, *f.* peloton, *m.* penne*, *f.* (*plume*). pène, *m.* (*de serrure*). pénitentier, *m.* pénitentiel, *m.* pénitentiaux, *adj. m. pl.* pépie. perdreau, *m.* perdrix, *f.* péremption, *f.* péremptoire, *adj.* percepteur, *m.* perception, *f.* périhélie, *m.* perle*, *n. f.* péroraison, *f.* péronnelle, *f.* perron, *m.* perroquet, *m.* perruche, *f.* perruquier, *n. m.* perruque, *n. f.* pervers, *adj. m.* pessaire, *n. m.* pétard, *m.* pétaudière, *n. f.* péter, *v.* pétrée, *adj. f.* pétrir, *v.* pétrin, *m.* ; *on écrivait autrefois* paîtrir *et* paîtrin; *cela était plus régulier, à cause de leur racine* pâte. |

| | |
|---|---|
| PAIM *et* PAIN... | Paimbœuf, g. paimpol, g. pain*, *n. m.* pain-bénit. |
| PEIN.... | Peindre. dépeindre. peine*, *f.* peiner, *v.* peint*, *adj. m.* peinte*, *adj. f.* peintade, *f.* peintre, *m.* peinturage, *m.* peinture, *f.* peinturer, *v.* peintureur, *m.* |
| PIM.... | Pimbèche, *f.* pimpant, *adj.* pimprenelle, *f.* |
| PIN.... | Pin*, *b.* pince, *n. f.* pincé, *adj. m.* pinceau. pincée, *f.* pincelier, *n. m.* pince-maille. pincement. pincer*, *v.* pincettes, *n. f. pl.* pinche, *m.* pinchina, *m.* pinçon*, *m.* pindariser, *v.*.... pinde, *g.* pingouin *ou* pinguin. pinque, *f.* pinson*, (*oiseau*). pinte, *f.* (*mesure*). |
| PAIM *par* PEN... | Pennage, *f.* (*t. de faucon.*). penne, *f.* (*plume*). penniforme, *adj.* pensum. pentandrie. pentaptère, *adj.* pentastyle, *adj.* pentatome, *m.* pentelique, *b.* |

| | |
|---|---|
| PAM.... | Pampe, *f.* pamphlet, *m.* pamphletier, *n. m.* pampiniforme, *adj.* pampre, *m.* pampré, *adj.* |
| PAN.... | Pan*, *m.* pancarte. pancrace, *m.* pancréas. pandectes, *f. pl.* pandémique. pandore, *f.* pandoure, *m.* panne, *f.* panneau. panner, *v.* pansard. panser, (*soigner*). panse*, *n. f.* pansu, *adj. m.* panstércorama. pantagogue. pantalon. pantanne, *f.* pautène, *f.* panthée, *m.* panthéologie. panthéon. panthère, *f.* pautière, *f.* pantin. pantomime, *adj.* pantophobie, *f.* paon, (*on prononce pan*). pantoufle, *f.*, *et tous les autres, excepté les suivans :* |
| PEN.... | Penchant, *n. m. et adj.* penchement. pencher, *v.* pendable. pendaison. pendant*, *adj.* pendard. pendeloque, *f.* pendentif. pendiller, *v.* pendre, *v.* pendu, *adj.* pendule, *m.* pendule, *f.* penduline, *f.* pensant, *adj.* pensé, *adj. m.* pensée, *n. f.* penser*, *v.* il pense*, *v.* penseur, *m.* pensif, *adj.* pension, *n. f.* pensionnaire*, *n. et adj.* pensionnat, *m.* pensionner, *v.* pentagone, *n. m. et adj.* pentandrie, *n. f. b.* pentastyle, *adj.* pentamètre, *n. m.* pentateuque, *n. m.* pente, *n. f.* pentecôte, *n. f.* pentathle, *n. m.* pentatome, *n. m.* penture, *f.* |

| | |
|---|---|
| PAPAU.... | Papauté, *n. f.* |
| PAPO.... | Papoage, *n. m.* (*héritage*). |

| | |
|---|---|
| PAR.... | Parakinancie, *n. f.* paraître, *v.* paralysie, *f.* paraphernaux, *m. pl.* paraphrase. *f.* parathénar, *m. b.* paratonnerre, *m.* paravent, *n. m.* parcimonie*, *n. f.* parcelle, *f.* parfaire, *v.* parfois, *adv.* parpaing, *n.* part*. partenaire, *n. m.* parthénon, *g.* partout, *adv.*, *et tous les autres par un* R, *excepté les suivans :* |
| PARR.... | Parrain, *m.* parrakoua, *m.* (*espèce de faisan*). parricide, *n. et adj.* |

| | |
|---|---|
| PARAL.... | Paralipomènes, *n. m. pl.* paralypse, *f.* paralogisme, *m.* paralyser, *v.* paralysie, *f.* paralytique. |
| PARALL.... | Parallaxe, *f.* parallèle, *adj.* parallèlement, *adv.* parallélipipède, *n. m.* parallélisme. parallélogramme, *m.* parallélographe, *m.* |

| | |
|---|---|
| PARCI.... | Par-ci, par-là, *adv.* parcimonie*, *f.* parcimonieux, *adj.* |
| PARTI (*pron.* CI : | Partial, *adj.*... partialiser, *v.* (*se*). partialité, *f.* partiel, *adj.* partiellement, *adv.* |

| | |
|---|---|
| PASSE.... | *Tous par deux* s, *comme des* passe-droit. *des* passe-port. passementer, *v.* passementerie, *n. f.*, *etc.* |

| | |
|---|---|
| PASSI.... | *Voyez* PACI. |

| | |
|---|---|
| PATAU.... | Pataud, *n. m. et adj.* patauger, *v.* ( *marcher dans l'eau bourbeuse* ). |
| PATO.... | Patolle, *f.* patois, *m.* pâton, *m.* patoréale, *n. f.* |
| PATHO.... | Pathognomonique, *adj.* pathologie, *f.* pathologique, *adj.* pathos, *m.* |
| PATÉ.... | Pâté, *m.* pâte, *n. f.* patte, *n. f.* patène, *f.*, etc., *excepté les suivans :* |
| PATHÉ.... | Pathétique, *adj.* pathétiquement, *adv.* pathétisme, *m.* |
| PAU.... | Pau*, g. pauciflore, *adj. b.* paucité, *n. f.* paul*...paulette, *f.* paullinie, *f.* paume*, *f.* paumelle, *f.* paumer*, *v.* paumier*, *n. m.* paumure, *n. f.* paupière, *f.* pause*, *f.* pauser, *v.* pauvre, *adj.* pauvresse, *f.* pauvreté, *f.* |
| PEAU.... | Peau*, *f.* peausserie, *n. f.* peaussier, *n. m.* peautre, *n. m.* peautré, *adj.* |
| PO.... | *Tous les autres par* PO, *comme* pô*, ( *fleuve* ). pot*, ( *vase* ). poche, *n. f.* pocher, *v.* pocheter, *v.* pochette, *n. f.* polacre, *n. f.* polaire, *adj.* pôle*. pôle-arctique, *m.* pôle-antarctique, *m.* polémique, *adj.* police*, *n. f.*... pologne, g. polonais... poltron, *n. m.* poltronnerie, *n. f.* polytechnique, *adj.* pommader, *v.* pommaille, *n. f.* pomme*... pommer*, *v.* pommier*, *m.* pommeraie, *n. f.* pompe, *f.* pomper, *v.* pompier, *n. m.* pompon. ponant. pontife, *n. m.* porte, *n. f.* porte-drapeau, *m.* portion. posséder, *v.* possessif, *adj.* possibilité, *n. f.* post-scriptum, *m.* potelé, *adj.* potence, *n. f.* potentat, *n. m.* poteyer, *v.* potion, *n. f.*, etc. *Voyez les autres suivant leur son,* POI, POLI, PON, POR *ou* POU. |
| PE, *son muet.* | Pelage*, *n. m.* pelard, *m.* peler, *v.* pelisse, *n. f.* pelote, *n. f.* peloter, *v.* peloton, *m.* pelouse, *n. f.* pelu, *adj. m.* peluche, *n. f.* pelure, *n. f.* penaillon, *n. m.* penaud, *m.* petit, *adj. m.* petite, *f.* petitement, *adv.* petitesse, *n. f.* |
| PEU.... | Peu-à-peu, *adv.* je peux, *tu* peux, *il* peut, *v.* ( *pouvoir* ). peuple, *m.* peuplé, *adj.* peupler, *v.* peuplier, *n. m.* peur, *n. f.* peureux, *adj.* peut-être, *adv.* |
| PÉ.... | *Voyez* PAI. |
| PERCE.... | Perce, *adv.* ( *mettre en perce* ). percé, *adj.* perce-bois. perce-lettre. perce-neige, *f.* perce-oreille, *m.* percement, *m.* percepteur, *m.* perceptibilité, *n. f.* perceptible. perception, *n. f.* percer, *v.* perçoir, *m.* percevoir, *v.* |
| PERSE.... | Perse*, g. persécuter, *v.* persécuteur, *adj.* persécution, *n. f.* persée*, *n. m.* persévérance, *f.* persévérer, *v.*... |
| PERCE *par* PERS. | Perspectif, *adj. m.* perspective, *n. f.* perspicacité, *n. f.* perspicuité, *n. f.* perspiration, *n. f.* |
| PERCI.... | Percions-*nous?* perciez-*vous?* *v.* ( *percer* ). |
| PERSI.... | Persicaire, *b.* persicot. persienne, *n. f.* persiflage, *m.* persifler, *v.* persifleur, *m.* persil, *m. b.* persillade, *f.* persillé, *adj.* persique, *adj.* persistance, *f.* persistant. *adj.* persister, *v.* |
| PHA *et* PHRA.. | *Voyez aux initiales* FA *et* FRA. |
| PHÉ *et* PHRÉ.. | *Voyez aux initiales* FAI *et* FRAI. |
| PHI *et* PHRI... | *Voyez aux initiales* FI *et* FRI. |
| PHO *et* PHRO.. | *Voyez par* F *initial, ou à la réunion des* PH, *après* F *final.* |

| | |
|---|---|
| **PI....** | Piaulard, *adj.* pic*, *m.* picpus. pique*. pioler *ou* piauler, *v.* pique-nique, *m. inv.* piquosité, *f.* piqûre, *f...* pire, *adj.* pis*, *adv.* piscine, *n. f.* pissat*, *m.* pissenlit, *et tous les autres*, *excepté les suivans :* |
| **PY....** | Pycnostyle, *n. m.* pycnotique, *adj.* pygmée, *n. m.* pygmalion, *m.* pylore, *m.* pyose, *n. f.* pyralides, *n. m. pl.* pyramidal, *adj. m.* pyramide, *n. f.* pyramider, *v.* pyrèue, *f.* pyrénées, *f. pl. g.* pyrèthre, *m. et f. b.* pyrétique, *adj.* pyrétologie, *n. f.* pyrexie, *f.* pyrique*, *adj.* pyrite, *n. f.* pyriteux, *adj.* pyroboliste, *n. m.* pyrole, *f. b.* pyromancie, *n. f.* pyromètre, *m.* pyromonie, *f.* pyrophane, *adj.* pyrotechnie, *f.* pyrotechnique. pyrotique, *adj.* pyroxène, *m.* pyrrique*, *adj. et n.* pyrrhonien, *adj.* pyrrhonisme, *m.* pythagore, *m.* pythagoricien... pythie, *n. f.* pythiques, *adj. pl.* python*, *m.* pythonisse, *n. f.* pyxidule, *n. f.* |

---

| | |
|---|---|
| **PIN....** | *Voyez l'initiale* PAIN. |

---

| | |
|---|---|
| **PLAI....** | Plaid*, *m.* plaider, *v.* plaideur, *adj. m.* plaidoirie, *f.* plaidoyer, *m.* plaie*, *f.* plaignant, *adj. m.* plaine*. plaire*, *v.* plaisamment, *adv.* plaisance, *f.* plaisant, *adj.* plaisanter, *v.* plaisanterie, *f.* plaisir, *m.* |
| **PLEI....** | Pléiade, *f.* plein*, *adj. m.* pleine*, *f.* pleinement, *adv.* |
| **PLÉ....** | *Tous les autres par* PLE, *comme* plébéien. pleyon, *m.* plénière, *adj. f.* pléonasme, *m.* plénitude, *f.* plénipotentiaire, *adj.* plérose, *f.* pléthore, *f.*, *etc.* |

---

| | |
|---|---|
| **PLAIN....** | Plain*, *adj.* plaindre, *v.* plaine*, *f.* plaint*, *adj. m.* plainte*. plaintif. plaintivement, *adv.* |
| **PLEIN....** | Plein*, *adj. m.* pleine*, *adj. f.* pleinement, *adv.* |
| **PLIN....** | Plinger, *v.* (*t. de chandelier*). plinthe, *m. et f.* (*t. d'architecture*). |

---

| | |
|---|---|
| **PLAN....** | *Tous par* PLAN, *comme* plant* (*d'arbre*). plan, (*dessin*). planche, *f.* plancher, *n. m.* planchéier, *ou* plancheyer, *v.* plantain, *b.* plantaire, *adj.* |

---

| | |
|---|---|
| **PLAU....** | Plaude, *n. f.* plausibilité. *n. f.* plausible, *adj.* plausiblement, *adv.* |
| **PLO....** | Ploc, *m.* ploërmel, *g.* ploquer, *v.* ployer, *v.* (*fléchir*). ployable, *adj.* |
| **PÉLO....** | Pelote. *f.* peloter, *v.* peloton, *n. m.* |

---

| | |
|---|---|
| **PLE,** *son muet.* | Plexus, *m.* |
| **PLEU....** | *Tous par* PLEU : pleurer, *v.* pleurésie, *f.* pleurs, *m. pl.* pleuvoir, *v.* |

---

| | |
|---|---|
| **PLÉ....** | *Voyez* PLAI. |

---

| | |
|---|---|
| **PLI....** | Pli*, *n.* plisser, *v.* plier, *v. et tous les autres.* |

---

| | |
|---|---|
| **PLU....** | Plu*. plumail, *m.* plumart. plumassier, *m.* plumeau. plumasseau. plumetis, *m.* plupart, *f.* pluriel, *adj. m.* pluralité, *f.* plutôt*, *adv.* pluvieux. pluvieuse, *adj.* |
| **PLUS....** | Plus*. plusieurs. plus-pétition, *f.* (*t. de prat.*). plus-que-parfait, *n. m.* plus tôt ; plus tard, (*adj. comp.*) |
| **PELU....** | Pelu, *adj. m.* peluche, *n. f.* pelucher, *v...* pelure, *f.* mais *éplucher et ses dérivés font* éplu, *et non pas* épelu. |

---

| | |
|---|---|
| **PNE,** *son muet.* | *Aucun.* |
| **PNEU....** | *Tous par* PNEU, *comme* pneumatique, *f.* pneumatocèle, *f.* pneumatologie, *f.* pneumatomaques, *n. m. pl.* pneumatomphale, *n. f.* pneumatose, *n. f.* pneumonie, *n. f.* pneumonique, *adj.* pneumopleuritis, *n. f.* |

| | |
|---|---|
| PO.... | *Voyez* PAU. |

| | |
|---|---|
| POA.... | Poa*, *m. b.* |

| | |
|---|---|
| POI.... | Poids*, *m.* poil*, *m.* poilu, *adj.* poire, *f.* poiré, *m.* poirée, *n. f.* poireau*. poirier, *n. m.* pois*. poison, *m.* poisse, *f.* poisser, *v.* poisson*. poissonnerie. poissounier, *m.* poissonnière, *f.* poitrail. poitrinaire, *adj.* poitrine, *f.* poitrinière, *n. f.* poivrade, *f.* poivre, *m.* poivrer, *v.* poivrière, *f.* poix*, *f.*, *et tous les autres , excepté les suivans :* |
| POI *par* POË... | Poêle*, *m.* poêlier, *m.* poêlon. poêlonnée, *f.* poème, *m.* poésie, *f.* poète, *n. et adj.* poétesse, *f.* poétique, *adj.* poétiquement, *adv.* |

| | |
|---|---|
| POLI.... | Poli, *n. et adj. m.* police*, *n. f.* policer, *v.* polichinelle, *m.* poliment, *adv. et n.* polir, *v.* polisseur, *m.* polissoir, *n. m.* polissoire*, *n. f.* polisson. polissonner, *v...* polissure, *f.* poliste, *m.* politesse, *n. f.* politique, *adj. et n.* politiquer, *v.* |
| POLY.... | Polyacanthe, *adj. b.* polyacoustique, *adj.* polyadelphie, *f.* (*t. de b.*). polyandrie, *f. b.* polyangie, *f. b.* polyanthéa , *m...* polycotylédone, *adj.* polydactyle, *adj.* polydème. polydepsie, *n. f.* polygala, *m. b.* polygame, *adj. et n.* polygamie, *n. f.* polyglotte, *adj.* polygone, *n. et adj.* polygraphe, *m...* polymathe, *m.* polymathie, *n. f.* polymnie, *n. f.* (*muse*). polynome, *f.* polyommate, *m.* polyoptre, *n. m.* polype, *m...* polyphême, *m.* polypharmaque, *m.* polyptère, *m.* polyspaste, *m.* polysyllabe, *adj. et n. m.* polysynodie, *n. f.* polytechnique, *adj.* polythéisme, *m.* polythéiste. polytric , *m.* polytrophie, *n. f.* polytyper, *v.* polytypage, *n. m.* |

| | |
|---|---|
| POM.... | Pommade, *f.* pomme*, *f.* pommeau, *m.* pommeler, *v.* (*se*). pommelle, *f.* pommer*. *v.* pommeraie, *n. f.* pommeté, *adj.* pommette, *f.* pommier*, *n. m.* pompe, *f.* pomper, *v.* pompeux, *adj.* pompier, *n. m.* pompon. pomponner, *v.* |
| PON.... | *Tous les autres par* PON, *comme* poucer, *v.* ponction, *f.* ponctuation, *f.* ponctué, *adj.* ponctuer, *v.*, *etc.*, *excepté :* |
| PUN.... | Punch *ou* ponche , *m.* pungitif, *adj. m. b.* |

| | |
|---|---|
| POR.... | *Tous par* POR , *comme* porc*, *m.* porc-épic, *m.* pore*, *m.* porcelaine, *f.* porocèle, *m.* porosité, *f.* port*. porte-malheur. porte-drapeau. *m. inv.* porte-mouchettes, *m.* porter, *v.* portion. portrait. portugais, *adj.*, *etc.*, *excepté les suivans :* |
| PORR.... | Porracé, *adj.* (*t. de méd.*), porreau*, *n. m.* porrection, *f.* porrigineux, *adj.* |

| | |
|---|---|
| POU.... | Pou*, *m.* pouls*, *m.* pouce*, *m.* poucettes*. pouding. pouf, *n. m.* pouffer, *v.* (*de rire*). poulain *ou* poulin. pouliner, *v.* poulinière , *adj. f.* pour, *prép.* pourboire, *n. m.* pourchasser, *v.* pourceau. pourquoi*. pourri, *adj.* pourrir, *v.* pourriture, *f.* pousse, *n. f.* pousser, *v.* poussette, (*jeu*). poussière , *etc.* |

| | |
|---|---|
| PRAI.... | Prairial, *n. et adj.* prairie, *n. f.* |
| PRÉ.... | Pré, *n. m.* préambule, *m.* prébende, *f.* précaire, *adj.* précéder, *v.* précédent*. précepte, *m.* précepteur. préceptorat. précession, *n. f.* prédécesseur, *m.* préfix, *adj. m.* préfixe, *adj. f.* préjudice, *m.* préjudicier, *v...* prérogative, *f.* presbytéral, *adj. m.* presbytérat. *n.* presbytère, *m.* présence, *f.* préséance, *f.* présidence. président*. présomption. pressamment, *adv.* presse, *f.* pressement, *n. m.* pressément, *adv.* pressentir, *v.* pressentiment, *n.* presser, *v.* prestation, *f.* présumer, *v.* prévaricateur. prévention , *et tous les autres.* |

PRE....    Premier, *m.* première, *f.* premièrement, *adv.* prenable.
PREU....   Preuilly, *g.* preuve, *n. f.* preux, *n. et adj. m.*

---

PRAN....   *Aucun.*
PREN....   *Tous par* pren, *comme* prendre, *etc.*

---

PRÉCAU.... Précaution, *f.* précautionner, *v.* précautionné, *adj. m.*
PRÉCO....  Précoce, *adj.* précocité, *n.* préconisation. préconiser, *v.* préconiseur.

---

PRÉCI....  {Précieux, *adj.* précipice, *m.* précipitation, *f.* précipiter, *v.* préciput.
           précis, *adj. m.* préciser, *v.* précision, *et tous les autres, excepté :*
PRESCI.... Préscience.
PRESSI.... {Pressier, *n. m.* pressigny, *g.* pression, *f.* pressirostres, *m. pl.* pres-
           sis, *n. m.*

---

PRI....    {Primauté. pris*, *adj.* prix*. privauté, *f.* privilége, *etc., excepté les*
           *suivans :*
PRY....    Prytanée, *n. m.* prytanes, *m. pl.*

---

PRIN....   {Prince. princesse. principal... principauté, *f.* principe. printemps. prin-
           tanier, *adj. m.* printanière, *f.*

---

PRO....    {*Tous par* PRO, *comme* probable. probante, *f.* probe. problème, *m.* pro-
           cessif. processionnel, *adj. m.* programme, *m.* prohiber, *v.* prohibi-
           tion... proie, *f.* prolixité, *f.* prolixure, *f.* prononciation, *f.* propa-
           gande, *f.* propension. propice, *adj.* propitiatoire, *adj.* prote, *m.*
           protêt, *m.* protocole, *m.* prototype, *m.* provence, *f. g.* provençal ,
           *adj. m.* provin*. province. provincial. provincialat, *m.* providence, *f.*
           proximité, *etc.*

---

PROCÉ....  {*Tous par* PROCÉ : procéder, *v...* procellaire , *adj.* procès. proces-
           sion, *etc.*

---

PROF....   {Profaner, *v.* profanation, *f...* profès, *m.* professer, *v.* professeur, *n.*
           profession. professorat, *et tous les autres, excepté les suivans :*
PROPH....  {Prophète, *n.* prophétesse, *f.* prophétie (cie), *f.* prophétique, *adj.* pro-
           phétiquement. prophétiser, *v.* prophylactique, *adj.*

---

PROGÉ....  Progénie, *n. f.* progéniture, *n. f.*
PROJÉ....  Projectile, *adj.* projection. projecture. projet. projeter, *v.*

---

PS....     {Psallette, *f.* psalmiste, *n.* psalmodie, *f.* psalmodier, *v.* psaume, *m.*
           psautier, *m.* psélaphe, *m.* psélaphie, *n. f.* psellisme, *m.* pseuda-
           mantes, *f. pl.* pseudonyme, *adj.* psorophthalmie, *f.* pseudoblepsie, *f.*
           pseudorexie, *f.* psylothre, *m.* psoas. psyché, *f.* psychologie, *f.* psy-
           chromètre, *m.* psylle, *n. f.*, *etc.*

---

PSAU....   Psaume , *m.* ( *cantique* ). psautier , *m.* ( *recueil de psaumes* ).
PSO....    {Psoas , *m.* psoque, *f.* psora , *m.* ( *gale* ). psorique, *adj.* psorophthal-
           mie, *n. f.*

---

PT....     {Ptarmique, *adj.* ptène , *n. m.* ptéride, *n. f.* ptérocarpe, *m.* ptérodac-
           tyle, *m.* ptérophore, *n. f.* pterygium, *m.* ptérygoïde, *adj.* ptérigoï-
           diens, *n. pl.* ptérygopharyngieus, *n. pl.* ptérygostaphylin , *m.* ptilose,
           *n. f.* ptosis, *f.* ptyalagogue, *adj.* ptyalisme, *m.*

| | |
|---|---|
| PU.... | *Tous par* PU*, *comme* pupitre. *Voyez les Homonymes et les finales.* |
| QUA *et* KA.... | *Voyez au son initial* CA. |
| QUA, *son* QUOI. | *Voyez l'initiale* QUOI. |
| QUAN *et* QUEN.. | *Voyez l'initiale* CAN. |
| QUAI.... | Quai, **n. m.** quaiche, ( *petit vaisseau* ). quayage, *ou* quaiage, (*impôt*). |
| QUÉ.... | Québec, **g.** quel*, *adj. conj.* quémander, **v.** quelqu'un. quelqu'une. quelques-uns*. quelques-unes. quelquesun* (UN, **n.** *de nombre inv.*). quérir, **v.** quercy, **g.** question, *f.* quêter, **v.** quête, **n.** *f.* quêteur, **m.** quêteuse, *f.*, *et tous les autres, excepté les suivans.* |
| QUES, *son* CUÈS. | Questeur, **n. m.** questure, **n.** *f.* ( *surveillance des dépenses d'une assemblée législative* ). |
| CAI.... | Caïman. ( *pron. ka-iman* ). caimander, *ou* quémander. caimandeur, **n. m.** caimitier, **n. m. b.** caire*, **b.** caire, **g.** caisse*, **n.** *f.* caisson, **m.** caissier, **n. m.** |
| KÉ.... | Kermès*, **m.** kermesse, *ou* karmesse, **n.** *f.* kérone, **m.** ketch, ( *bâtiment anglais* ). ketmie, **b.** |
| QUAI *par* CHÉ... | Chélidoine, *f.* **b.** chémosis, ( *t. de méd.* ). chersonèse, *f.* **g.** chersydre, **m.** |
| QUE, *son muet.* KN.... | Quenouille, *f.* quenotte, *f.* quenouillée, *f.* quereller, **v.** que*, *conj.*, *etc.* Knès, ( *dignité en Russie* ). knout, ( *supplice du fouet* ). |
| QUI.... | Qui*, quiberon, **g.** quiconque, **n.** *conjonctif inv.* **m.** *et* *f.* (quiconque *est bon*, quiconque *est bonne*). quidam, **m.** quiet, *adj.* quina, **m.** quine, **m.** quiossage, **m.** quiosse, *f.* quipos, **m.** *pl.* quiproquo, **m.** *inv.* quittance, *f.* quitter, **v.**, *etc.*, *excepté les suivans* : |
| KY.... | Kynancie, *f.* kyphonisme, **m.** kyphose, **m.** kyrielle, *f.* kyste, **m.** kystéotomie, *f.* kystique, *adj.* |
| KI.... | Kibitk. kiliare, **m.** kilogramme, **m.** kilolitre, **m.** kilomètre, **m.** kinate, **m.** kinique, *adj.* kion*, **n.** kiosque, **m.** kiotome, **m.** kirch-wasser. ( *pron. Kirschevaz* ). kirsotomie, *f.* kislar-aga, **m.** ( *chef des eunuques noirs* ). |
| KI *par* CHI.... | Chiliade, *f.* chiliarque, *f.* chiragre, *f.* chirographaire, *adj.* chirologie, *f.* chiromancie, *f.* chironomie, *f.* |
| QUI, *son* CUI. | *A* quia, *adv.* ( *hors d'état de répondre* ). quibus, **m.** ( *t. pop. argent* ). |
| CUI.... | Cuir*, **n. m.** cuire, **v.** cuirassier, **n. m.** cuisine, *f.* cuisinier, **n. m.** cuisinière, *f.* cuisse, *f.* cuissette. cuissot. cuisson, *f.* cuistre, **m.** cuivrer, **v.** cuivrot, *etc.* |
| QUIN.... | Quin*. quincaillerie, *f.* quincaillier, **n. m.** quincaillière, *f.* quinconce, **m.** quinqué, *adj.* quinquet, **n.** quinquina, **m.** quintal, **m.** quintessence, *f.* quinteux, *adj.* quinze. quinzaine. quinzième, *et tous les autres, excepté les suivans* : |
| KIN.... | Kings, **m.** *pl.* ( *livre sacré des Chinois* ). kincajou, **m.** |
| QUIN, *son* CUIN. | Quindécemvirs, **m.** *pl.* quinquagénaire, *adj.* quinquagésime, *f.* ( *pron. coua* ). quintil, *adj.* **m.** quintimètre, **m.** quintuple, *adj.* *et* **n.** |

| | |
|---|---|
| QUO.... | |
| CO.... | |
| KO.... | *Voyez au son initial* CAU. |
| CHO.... | |
| CAU.... | |

| | |
|---|---|
| QUOI.... | Quoi*, ( *pron.* ). quoique*, ( *conj.* ). quoi que, ( *quelque chose que* ). |
| QUA, *son* COUA. | Quadragénaire, *adj. et n. m.* quadragésimal, *adj. m.* quadragésime, *n, f.* quadrangulaire, *adj. b.* quadrature*, *f.* ( *t. de mathé.* ). quadri-color, *m.* quadriennal, *adj.* quadridenté, *adj. b.* quadrifide, *adj. b.* quadriflore, *adj. b.* quadrifolium, *m. b.* quadrige, *m.* quadrijumeaux, *adj. pl.* quadrilatère, *m.* quadrilobé, *adj. b.* quadriloculaire, *adj. b.* quadrinome, *m.* quadrirème, *f.* quadrumanes, *m. pl.* quadrupède, *m.* quadruple, *m.* quadrupler, *v.* quaker *ou* quacre, *m.* ( *secte* ). quartz, *m.* ( *pierre* ). quartzeux, *adj.* quarto, *adv.* quass, *m.* ( *pron.* kouasse ). quaternaire, *adj.* quaterne, *m.* quaterné, *adj.* quatuor, *m.* |
| QUOA.... | Quoailler, *v.* |
| COI.... | Coi*, *adj. m.* coie, *adj. f.* coiffe, *n. f.* coiffeur, *m.* coiffer, *v.* coiffure, *n. f.* coite, *n. f.* coiguassier, *m. Voyez* CAU. |
| COUET.... | Couet*, *n. m.* ( *t. de marine ; on pron.* koè. ) |

| | |
|---|---|
| QUOU.... | Quouiya, *n. m. b.* |
| COU.... | *Tous les autres par* COU; *tels sont :* coucou. courroux. cou*, ( *col* ). coup, *m.* couper, *v.* coût. coûter, *v.*, *etc. Voyez les Homonymes.* |

| | |
|---|---|
| RA.... | Rabbin. raconter, *v...* ranelagh. rapiécer, *v...* rappareiller, *v...* rappliquer, *v.* rapport. rapporter, *v...* rapprendre, *v.* rapprivoiser, *v.* rapprocher, *v...* racquitter, *v.* rat*, *m.*, *et tous les autres, excepté les suivans :* |
| RHA.... | Rhabillage, *m.* rhabiller, *v.* rhacose, *f.* rhagades, *f. pl.* rhagadiole, *f.* rhagoïde, *adj.* rhapontic, *f. b.* |

| | |
|---|---|
| RAB... | *Tous par un seul* B : rabais. rabot, *etc.*, *excepté les suivans :* |
| RABB.... | Rabbin, *m.* rabbinage, *m.* rabbinique, *adj.* rabbiniste, *m.* |

| | |
|---|---|
| RABAI.... | Rabais, *n.* rabaissement, *n.* rabaisser, *v.* |
| RABÉ.... | Rabêtir, *v.* rabette, *n. f.* ( *plante* ). |

| | |
|---|---|
| RAC, *dur....* | Racages, *n. f. pl.* raçaille, *n. f.* racouter, *v.*, *etc.*, *excepté :* |
| RACC.... | Raccommoder, *v...* raccommodage, *n. m...* raccorder, *v...* raccoupler, *v.* raccourcir, *v...* raccourt, *n. m.* raccoutrer, *v...* raccoutumer, *v.* (*se*). raccroc, *n. m.* raccrocher, *v.* |
| RACQ.... | Racquit, *n. m.* racquitté, *adj. m.* racquitter, *v.* |

| | |
|---|---|
| RACE.... | *Voyez* RASS. |

| | |
|---|---|
| RACI.... | Racinage, *m.* racinal, *n. m.* racine, *n. f.* racine, *n. pr. m.* |
| RASSI.... | Rassiéger, *v.* rassis*, *adj. m.* rassise, *adj. f.* rassis, *n. m.* |
| RACI *par* RATI.. | Ration, *n. f.* rational, *n. m.* rationalisme, *m.* rationnel, *adj. m.* |

| | |
|---|---|
| RAF.... | Rafale, *f.* rafle, *f.* rafler, *v.* rafraîchir, *v.* rafraîchissant, *adj.* rafraîchissement, *n.* |
| RAFF.... | Raffaissement. raffaisser, *v.* ( *se* ). raffermir, *v.* raffiner, *v.* raffinerie, *n...* raffoler, *v.* raffolir, *v.* |
| RAPH.... | Raphaël. raphanédon, *m.* raphanie, *n. f.* raphé, *m.* |

| | |
|---|---|
| RAI.... | Raie*, *f.* raifort, *m.* rainette*, *f.* rainure, *f.* raiponce*, *f. b.* raire, ou réer, *v.* rais, *n. m.* raisin. raisiné, *m.* raisinier, *m.* raison, *n. f.* raisonnable, *adj...* raisonner*, *v.* raisonneur, *adj. m...* |
| RAY.... | Ray*, *m.* rayaux, *n. m. pl.* rayer, *v.* rayon, *m.* rayonnant, *adj.* rayonné, *adj.* rayonner, *v.* rayure, *n. f.* |
| REI.... | Reillère, *f.* reinaire, *adj. b.* reine*, *n. f.* reine-claude, *f. b.* reinette*, *n. f.* réitératif, *adj. m.* réitération, *n. f.* réitérer, *v...* |
| RÉ.... | *Tous les autres par* RÉ. récent*, *adj.* récépissé, *n.* réceptacle, *n. m.* réception, *n. f.* récidiver, *v....* reddition, *f.* réélire, *v.* réel, *adj. m.* réédification. réédifier, *v.* réédition. réélection. régicide. règne, *m.* régner, *v.* réfrangible, réhabiliter, *v...* répandre, *v.* répondre, *v.* réponse*, *n. f.* répréhensible... réticence, *n. f.,* etc. , *excepté les suivans* |
| RHÉ.... | Rhé*, *g.* rhée, *n. f.* rhésus, *m.* rhéteur, *m.* rhétoricien, *m.* rhétorique, *n. f.* rhexis, *f.* |
| RÉ *par* ROI.... | Roide, *adj.* roideur, *n. f.* roidillon , *m.* roidir, *v. (pron. ré).* |

| | |
|---|---|
| RAIL.... | Railler*, *v. (se moquer).* raillerie, *n. f.* railleur, *n. m.* |
| RALL.... | Rallier*, *v. (réunir).* ralliement, *n. m.* |

| | |
|---|---|
| RAIN.... | Rain*, *m. (lisière d'un bois).* rainette*, *f.* raineau, *n. m.* rainure, *n. f.* |
| RÉIM.... | Réimposer , *v.* réimposition. réimpression, *f.* réimprimer , *v. (pron. ré-im).* |
| REIN *et* RÉIN. | Rein*, *m. (viscère).* reinté, *adj.* réinfecter , *v.* réinstaller, *v.* réintégration , *f.* réintégrer , *v.* réinterroger, *v.* réinviter, *v. (pron. ré-in).* |
| RHIN.... | Rhin, *g.* rhingrave, *m.* |
| RIN.... | Rinceau, *m.* rincer, *v.* rinçure, *n. f.* ringard , *n. m.* |

| | |
|---|---|
| RAM.... | Ramberge, *n. f.* rambouillet, *g.* rambour, *m. b.* ramener*, *v.* rampe, *n. f.* ramper, *v...* rampin, *adj.* ramponner, *v. (pop.).* ramcauca , *m. (petit aigle).* |
| RAN.... | Rance , *adj.* ranche, *n. f.* rancher, *v.* ranchier , *n. m.* rancir, *v.* rancissure , *n. f.* rançon, *f.* rançonner , *v.* rançonneur, *m.* rancune, *f.* rancunier, *adj. m.* rang*, *m.* ranger, *v.* rangée, *n. f.* |
| REN.... | *Tous les autres par* REN : renchaîner, *v.* renchérir, *v.* rencontrer, *v.* renhardir, *v.* rente, *f.* rentrer, *v.* renforcer, *v...,* etc., *excepté les suivans :* |
| REM.... | Remballer, *v.* rembarquer , *v.* rembarquement. rembarrer , *v.* remboîter, *v.* rembourrer, *v.* rembourser, *v.* remboursement, *n.* rembrasser, *v.* rembrocher, *v.* rembrunir, *v.* rembûcher, *v.* remmaillotter, *v.* remmencher, *v.* remmener*, *v.* remparqueter, *v.* rempart *ou* rampart, *n. m.* réemparer*, *v.* remparer, *v.* remplacer, *v.* remplaçant. rempli, *adj. et n.* remplir, *v.* remplier, *v.* remplissage, *m.* remploi, *n. m.* remployer, *v.* remplumer , *v.* rempoissonner, *v.* remporter, *v.* remprisonner, *v. ,* et tous les mots où cette initiale est suivie de P ou de B. |

| | |
|---|---|
| RAP.... | Rapace, *adj.* rapacité, *n. f.* râper, *v.* rapetasser, *v.* rapetisser, *v.* rapide, *adj.* rapiécer, *v.* ou rapiéceter, *v.* rapiner, *v...* rapsoder, *v...,* et tous les autres, excepté les suivans : |
| RAPP.... | Rappareiller , *v.* rappel, *m.* rappeler, *v.* rapport, *m.* rapporter, *v.* rapporteur, *n. et adj. m.* rapprendre, *v.* rapprocher, *v.* rapprochement, *n. m.* |

| | |
|---|---|
| RASS.... | Rassasier, *v.* rassasiement, *n.* rasse*, *n. f.* (*panier*). rassemblement, *m.* rassembler, *v.* rasseoir, *v.* rasséréner, *v.* rassis. rassise. rassiéger, *v.* rassoter, *v.* rassurer, *v.* |
| RACE.... | Racer, *v.* race, *n. f.* |

| | |
|---|---|
| RAT.... | Rat*, *m.* rate, *n. f.* rater, *v.* ratisser, *v.*... rature, *et tous les autres,* excepté : |
| RATT.... | Rattacher, *v.* ratteindre, *v.* rattel, *n. m.* rattiser, *v.* rattraper, *v.* |

| | |
|---|---|
| RAU.... | Raucité, *n. f.* (*t. de méd.*). rauque, *adj.* (*enroué*). |
| RO.... | Roc*. rocher, *m.* rôder, *v.* rodez, *g.* rodomont, *m.* rogner, *v.* rôle, *m.* roquette, *n. f.* rôtir, *v.* rôtisseur, *m.*, *et tous les autres, excepté les suivans :* |
| RHO.... | Rhod-island, *g.* rhodes, *m.* rhodium, *n. m.* rhododendron, *m. b.* rhodomel, *m.* rhodoracées, *f. pl. b.* rhogmé, *f.* rhône, *g.* |

| | |
|---|---|
| RÉ.... | *Voyez* RAI. |

| | |
|---|---|
| RÉA.... | Réaction, *n. f.* réagir, *v.* réaggraver, *v.* réajourner, *v.* réaliser, *v.*... réalité, *n. f.* réapposer, *v.*... réarpenter, *v.* réassigner, *v.*... réatteler, *v.*... réattraction, *f.* |
| RÉHA.... | Réhabilitation, *f.* réhabiliter, *v.* réhabituer, *v.* réhacher, *v.* réhanter, *v.* réhasarder, *v.* |

| | |
|---|---|
| RECÉ.... | Recéler, *v.* (*cacher*). récépissé, *m.* réceptacle, *m.* réception, *f.*, *etc.*, excepté : |
| RESSAI.... | Ressaigner, *v.* ressaisir, *v.* |
| RESSÉ.... | Ressécher, *v.* resseller, (*remettre la selle*). ressemer, *v.* resserrer, *v.* |

| | |
|---|---|
| RÉCI.... | Récidive, *n. f.* récidiver, *v.*... récipiendaire, *n.* récipient, *n.* réciprocité, *f.* récit, *m.* réciter, *v.*, *et tous les autres, excepté les suivans :* |
| RESCI.... | Rescinder, *v.* rescision, *n. f.* rescisoire, *adj. m.* |

| | |
|---|---|
| REDI.... | Rédiger, *v.* rédimer, *v.* redire, *v.* redistribuer, *v.*... redite, *f.* |
| REDDI.... | Reddition, *n. f.* |
| REDHI.... | Redhibition, *n. f.* redhibitoire, *adj. m.* |

| | |
|---|---|
| RÉO.... | Réoccuper, *v.* réopiner, *v.* réordination, *n. f.* réordonner, *v.* réorganisation, *n. f.* réorganiser, *v.* |
| RÉHAU.... | Réhaussement, *m.* réhausser, *v.* réhaussé, *adj. m.* |

| | |
|---|---|
| RI.... | Ribambelle, *n. f.* rideau, *m.* riposter, *v.* rire, *v.* riz*, *b.*, *etc.* |
| RY.... | Ryder, *n. m.* (*monnaie de Hollande*). rye, *f. g.* rythine, *n. m.* |
| RHI.... | Rhinantoïdes, *b.* rhinenchyte, *f.* rhinocéros, *m.* rhinolophe, *m.* rhinoptie, *f.* rhisagre, *m.* rhisolithes, *m. pl.* rhisophage, *adj.* rhisostomes, *m. pl.* |
| RHY.... | Rhyas, *m.* rhypographe, *m.* rhythme, *m.* rhythmique, *adj.* rhythmopée, *n. f.* |

| | |
|---|---|
| RIN.... | *Voyez* RAIN. |

| | |
|---|---|
| RO.... | *Voyez* RAU. |

| | |
|---|---|
| ROI.... | Roi*, *n. m.* (*souverain*). roîtelet, *n. m.* (*oiseau*)... roide, *adj.* roidillon, *m.* roidir, *v.* (*pron. rai*). |

| | |
|---|---|
| ROY.... | Royal , *adj. m.* royalement , *adv.* royalisme , *n. m.* royaliste , *n.* royaume , *n. m.* royauté , *n. f.* royes, *g.* |
| ROM.... | Rome , *g.* roman*. romance, *f.* romantique, *adj.* romarin , *b.* rompement, *n. m.* rompre, *v.* rompu , *adj. m.* rompure, *n.f.* |
| RON.... | Ronce, *n. f.* rond , *adj. m.* ronde, *f.* rondeau, *m.* rondeur, *n. f.* ronger, *v.* rongeure, *n. f.* (*pron. jure*). etc., *excepté :* |
| RHOM.... | Rhombe, *n. m.* rhomboïdal, *adj. m.* rhomboïde , *n. m.* (*t. de géom.*) |
| RHUM.... | Rhummerie, *n. f.* (*atelier de raffinerie de sucre*). |
| RUM.... | Rum *ou* rhum , *n. m.* rumb, *n. m.* (*t. de marine*). |
| ROU.... | Roue*, *n. f.* rouet, *n. m.* roux , *adj. m.* rousse, *f.* , *et tous les autres.* |
| RU ... | Rubanerie, *n. f.* rubis, *m.* rudesse , *f.* rue*, *f.* ruisseau, *etc.* , *excepté :* |
| RHU.... | Rhubarbe, *n. f. b.* rhumatismal , *adj. m.* rhumatisme , *m.* rhume, *m.* |
| SA.... | Sa*, *adj. f.* sas, (*tamis*). saccade, *f.* saccage, *m.* saccager, *v.* sagacité, *f.* salade, *f.* sassénage , *m.* satiable, *adj.* satiété , *f.* savoir, *n. m. et v.* saxifrage, *adj.* , *et tous les autres, excepté les suivans :* |
| ÇA.... | Ça , (*mis pour cela* ). çà-et-là ; en-deçà. |
| SAI, SEI, SCÉ, SÉ.... | *Voyez au son initial* CÉ. |
| SAIN, SEIN, *etc.* | *Voyez au son initial* CEIN. |
| SAN, SEN, *etc...* | *Voyez au son initial* CEN. |
| SAR.... | Sarcelle, *f.* sarbacane , *f.*, *et tous les autres, excepté les suivans :* |
| SARR.... | Sarrazin, *n. m.* sarrau, *m.* sarre, *n. f. g.* sarrette, *n. f.* sarriette, *f. b.* |
| SAU.... | Sauce, *n. f.* saucer , *v.* saucière , *n. f.* saucisse, *f.* saucisson , *m.* sauf, *adj. m.* sauve , *adj. f.* sauge, *n. f. b.* saugrenée, *n. f.* saugrenu, *adj. m.* saugue, *f.* (*bateau*). saule, *m. b.* saumâtre, *adj.* saumon, *m...* saumur, *g.* saumure, *n. f.* saunage, *n. m.* sauner*, *v.* saunier, *n. m.* saupoudrer, *v.* saurage, *m.* saure*, *adj.* hareng-saur, *m.* saurer, *v.* sauriens, *m. pl.* saussaie , *f.* saut*, *m.* sauter , *v.* sauterelle, *f.* sauteur, *m.* sautiller, *v.* sautoir, *m.* sauvage, *n. et adj. m.* sauvageon, *m.* sauvagin, *adj. m.* sauve-garde, *f.* sauver , *v.* sauveur, *m.* |
| SEAU *et* SCEAU.. | Seau* (*vase*). sceau. (*cachet , pl.* sceaux). sceaux , *g.* |
| SO.... | *Tous les autres par* so : sociétaire, *n. et adj.* société, *f.* socle, *m.* (*chaussure antique*). socque, *m.* (*chaussure en bois.*) soi-même. soie*, *n. f.* soierie, *f.* soif, *f.* soin , *m.* soixante, *adj. inv.* soyeux, *adj.* sol*, *m.* (*terrain.*) sole*, *f.* (*poisson*). solaire , *adj.* soleil, *m.* solécisme, *m.* solfège, *m.* solliciter, *v.* solstice, *m.* somnambule, *adj. et n.* soporatif, *adj. m.* soporifère, *adj.* sorcier, *adj. et n.* sorie, *f.* (*sorte de laine*). sort*. sortilège, *m.* sottise, *n. f.*, *etc.* |
| SC.... | Scabelle..., *n. f.* scabieuse, *f. b.* scabreux, *adj.* scalène, *adj.* scalpel , *n. m.* scammonée, *n. f. b.* scandale, *n. m...* scander, *v.* scandaleux, *adj.* scandix , *n. f. b.* scapha, *m.* scapulaire, *n. m.* scarabée, *m.* scare, *m.* (*poisson*). scarification. *f.* scarlatine, *adj. f.* scarole, *f.* sceau* *ou* scel, *n. m.* sceller*, *v...* scélérat, *adj. m.* scélératesse , *n. f.* scène* (*théâtrale*). sceptique, *adj.* sceptre, *n. m.* schelling, *m.* schismatique, *n. et adj.* sciage, *m.* scier, *v.* scion*, *m.* sciure, *n. f.* scissile, *adj.* |

*Suite de* SC.... | scission, *n. f.* science, *f.* sciemment, *adv.* scientifique... *adj.* scille*, *n. f. b.* scintiller, *v.* scolaire, *adj.* scolastique, *n et adj.* scolopendre, *f. b.* scorbut, *m.* scrupule, *m...* sculpteur..., *et tous les autres, excepté les suivans, qui ont un* E *avant* SC ; *c'est ce qui leur donne un double son.*

ESC.... | Escabeau, *n. m.* escadre, *n. f.* escadron, *n. m...* escalade, *n. f.* escalader, *v.* escale, *n. f.* escalier, *n. m.* escamoter, *v...* escamoteur. escamper, *v.* escampette, *n. f.* escandole, *f.* escapade, *f.* escarbot, *m.* escarboucle, *f.* escarcelle, *n. f.* escargot, *n. m.* escarmouche, *f.* escarmoucheur, *m.* escarmoucher, *v.* escarole, *f. b.* escarpe, *n. f.* escarpé, *adj m.* escarper, *v.* escarpolette, *f.* escarre, *f.* escaut, *g.* esclandre, *m.* esclavage, *m.* esclave, escobarder, *v...* escogriffe, *m.* escompte, *m.* escompter, *v.* escopette, *f.* escorte, *f.* escorter, *v.* escouade, *f.* escoup, *n. m.* escoupe, *f.* escourgeon, *m.* escousse, *n. f.* (*fam.*) escrime, *n. f.* escrimer, *v.* escrimeur, *m.* escroc, *m.* escroquer, *v.* esculape, *m.* escurial, *g.* escurolles, *g...*

---

SCÉ, SÉ *et* SER.. | *Voyez au son initial* CÉ.

---

SE *et* SEU...  
CE *et* CEU... } *Voyez au son initial* CE.

---

SCHA *et* SCHI.... | *Voyez aux initiales* CHA *et* CHI.

---

SEN.... | *Voyez à l'initiale* CEN.

---

SIN.... | *Voyez au son initial* CEIN.

---

SI, SY.... | *Voyez au son initial* CI.

---

SO.... | *Voyez* SAU.

---

SOM.... | Somatologie, *n. f.* sombre, *adj.* sombrer, *v.* (*t. de mar.*). somnambule, *n.* somnambulisme, *m.* somnifère, *adj.* somnolence, *n. f.* somptuaire, *adj.* somptueux, *adj.* somptuosité, *n. f...*

SOMM.... | Sommage, *m.* sommaire, *adj.* sommation, *f.* somme*, *m. et f.* sommé, *adj. m.* sommeil, *n. m.* sommeiller, *v.* sommelier, *n. m...* sommier, *v.* sommet, *n. m.* sommier, *n. m.* sommité, *n. f.*

SON.... | Son*, *adj. poss.* sonde, *n. f.* sonder, *v.* songe, *m.* songer, *v...* sonnant, *adj.* sonner*, *v...* sonnet*, *n. m.* sonnette, *n. f.* sonneur, *m.* sonnites, *m. pl.*

---

SOU.... | Sou*, *n.* (*monnaie*). sous, *prép.* au-dessous, *adv.* soûl, *adj. m.* soulard, *adj et n.* souci, *m.* souhait*, *n. m.* soulier*, *n. m.* souiller, *v.* souillé, *adj. m.* soupçon, *m.* soupente, *f.* soupir, *m.* souriceau, *m.* souricière, *n. f.* souris*, *n. f. et adj.*, *et tous les autres.*

---

SPA.... | Spa, *g.* spacieux, *adj.* spadassin, *m.* spadille, *n. f.* spalt, *m.* sparadrap, *m.* sparte, *n. g. et b.* sparterie, *n. f.* spartiate. spasme, *m.* spasmodique, *adj.* spasmologie, *n. f.* spath*, *ou* spar, *m.* spathe, *n. f.* spatique, *adj.* spatule, *f.* spé*, *m.* spée *ou* cepée, *f.* (*jeune bois*). spécial, *adj. m.* spécialité, *n. f.* spécieux, *adj...* spécifier, *v.* spécifique. spécification, *f.* spectacle, *m.* spectatrice, *f...* spectre, *m.* spéculer*, *v...* spéculation, *f...* spermatique. spica, *m.* spicilège, *m.* spinal, *adj. m.* spinelle, *adj. m.* (*rubis*). spiritualité, *n. f.* spirituel, *adj. m.*

| | |
|---|---|
| *Suite de* SP.... | spiritueux, *adj.* spinthéromètre, *m.* spolier, *v...* spongieux, *adj.* spontané, *adj. m.*, *et tous les autres, excepté les suivans qui ont un* E *avant* SP; *c'est ce qui leur donne un double son.* |
| ESP.... | Espace, *m.* espacer, *v.* espade, *m.* espadon, *m...* espagne, *g.* espagnol, *adj. m.* espagnolette, *n. f.* espale, *f.* espalier, *n. m.* espalmer, *v.* espatule*, *f. b.* espèce, *f.* espérance, *f.* espérer, *v.* espiègle. espièglerie, *f.* espingole, *f.* espion, *m.* espionner, *v...* esplanade, *f.* espoir, *m.* esponton, *m.* espringale, *f.* esprit, *m.* |
| SQ.... | Squale, *m.* squammeux, *adj. m.* squarreux, *adj.* (*pron. skoua*). squelette, *m.* squille, *f.* squirrhe, *m.* squirrheux, *adj.* |
| ESQ.... | Esquicher, *v.* esquif, *m.* esquille, *n. f.* esquimau, *m.* esquinancie, *n. f.* esquine, *f.* esquipot, *m.* esquisse, *n. f.* esquisser, *v.* esquiver, *v...* |
| ST.... | *Tous par* ST, *comme* ST, (*interj.*). stablé, *adj.* station, *n. f.* stationnaire*, *adj.* statue*, *n. f.* sterling, *m.* stomacal, *adj. m.* stratagême, *m.* strict, *adj. m.* stupéfaction, *n. f.* stylet, *m.*, *etc.*, *excepté les suivans qui ont un* É *avant* ST; *c'est ce qui leur donne un double son.* |
| EST.... | Est*, *n. m.* (*vent*). estacade, *n. f.* estafette, *f.* estafier, *n. m.* estaing, *g.* estaire*, *g.* estame, *n. f.* estamet, *n. m.* estaminet, *m.* estampe, *f.* estamper, *v.* estampiller, *v.* estanc, *adj.* (*t. de mar.*). estance*, *n. f.* estang, *g.* ester*, *v.* estère, *n. f.* (*natte de jonc*). esterlet, *m.* esterlin*, *n. m.* estimable, *adj.* estimateur, *m.* estimatif, *adj. m.* estimation, *n. f.* estime, *n. f.* estimer, *v.* estival, *adj. b.* estive, *n. f.* estoc, *n. m.* estocade, *n. f.* estomac, *m.* estompe, *f.* estrade, *f.* estragon, *m. b.* estrapade, *f.* estrapasser, *v.* estraper, *v.* estrechy, *g.* estrehan, *g.* estropier, *v.* esturgeon, *m.* |
| SU, SUB, *etc.* | *Tous par* SU, *comme* subit, *adj. m.* subrécot, *m.* subreptice. subroger, *v...* subséquent, *adj.* subside, *m.* subsister, *v.* subsistance, *f.* substance, *f.* substituer, *v...* subtil, *adj. m...* subterfuge, *m.* subvenir, *v.* subvention, *f.* subversif, *adj.* subversion, *n. f.* subvertir, *v.* succion, *n. f.* suffire, *v...* suffoquer, *v.* suranné, *adj. m.* susceptible, *adj.* suspect, *adj. m.* suspension, *n. f.*, *etc.* |
| SUP.... | Superséder, *v.* supin, *m.* supinateur, *m.* supination, *n. f.* suprême, *adj.*, *et tous les mots qui commencent par* SUPER, *comme* superbe, *adj.* superficie, *n. f.* superflu, *adj. m.* superstitieux, *etc.* |
| SUPP.... | Supplanter, *v.* suppléer, *v...* supplier, *v.* supplication, *n. f.* supplice, *n. m.* supplicier, *v.* supportable, *adj...* supposer, *v.* supposition, *n. f.*, *et tous les autres.* |
| SUSC.... | Susceptibilité, *n. f.* susceptible, *adj.* susception, *n. f.* suscitation, *n. f.* susciter, *v.* suscité, *adj. m.* |
| SUCC.... | Succéder, *v.* succès, *m.* successif, *adj. m.* succession, *n. f...* |
| TA *et* THA.... | *Tous par* TA*, *excepté* thalictron, *m. b. et* thalie, *n. f.* |
| TAI.... | Taie*, *n. f.* taire*, *v.* taisson, *n. m.* (*blaireau*). taïti, *g.* |
| TEI.... | Teigne, *n. f.* teigneux, *adj. que je* teigne, *v. que je* déteigne, *v.* |
| THÉ.... | Thé*, *m. b.* théâtral, *adj. m.* théandrique, *adj.* théatin, *m.* théâtre, *n. m.* thébaïde, *n. f.* théière, *f.* théiforme, *adj.* théisme, *m.* théiste, *m.* thème, *m.* thémis, *n. f.* thénar, *m.* théocratie, *f.* théocratique, *adj.* théodicée, *f.* théodolite, *m.* théogonie, *f.* théologal, *n. et adj. m.* théologie, *n. f.* théologien, *m.* théologique, *adj...* théophilantrope, *m.* |

| | |
|---|---|
| *Suite de* THÉ... | théorbe, *m.* théorème. théoricien, *adj.* théorie, *n. f.* théorique, *adj*... théosophe. thérapeutique, *adj. et n. f.* thériacal, *adj. m.* thériaque, *n. f.* théridion, *m.* thériotomie, *f.* thermal, *adj. m.* thermantique, *adj.* thermes*, *m. pl.* thermidor, *m.* thermolampe, *m.* thermomètre, *m.* thermopyles, *f. g.* thermoscope, *m.* thésauriser, *v.* thésauriseur, *adj.* thèse, *n. f.* thesmothète, *m.* théurgie, *n. f.* thex, *m. b.* |
| TÉ.... | *Tous les autres par* TÉ, *comme* technique. térébenthine, *f.* térébinthe, *m. b.* tes*. tête-à-tête, *m. inv.*, *etc.* |
| TAIN.... | Tain*, *n. m.* ( *lame d'étain* ). |
| TEIN.... | Teindre, *v.* teint, *m.* teinture, *n. f.* teinturien, *adj.* teinturier, *n. m.* |
| TIM.... | Timbale, *n. f.* timbalier, *n. m.* timbre, *m.* timbré, *adj. m.* timbrer, *v.* timbreur, *m.* |
| TIN.... | Tin*, *m.* tintamarre, *m.* tintamarrer, *v.* tintement, *n. m.* tinter, *v.* |
| THYM.... | Thym*, *m. b.* thymbrée, *n. f. b.* |
| TYM.... | Tympan, *m.* tympanique, *adj.* tympaniser, *v.* tympanite, *n. f.* timpanon, *n. m.* |
| TAIR.... | Taire*, *v.* |
| TER.... | Tergiversation, *n. f.* tergiverser, *v.* terme, *m.* termes*, *m. sing.* terminaison, *n. f.* terminal, *adj. m. b.* terminer, *v*... terminthe, *m.* ternaire, *adj.* terne, *n. et adj. m.* ternir, *v*... ternissure, *n. f.* terpsichore, *n. f.* ( *muse* ). tertre, *m.* |
| TERR.... | Terrain, *et mieux* terrein, *m.* terre*, *n. f.* terrasser, *v*... terreau, *m.* terre-plein, *m.* terrestre, *adj.* terreur, *n. f.* terrien, *n.* terrier, *n. m. et adj.* terrine, *n. f.* territoire, *n. m.* terroir, *n. m.*, *et tous les autres, excepté les suivans :* |
| THER.... | Thermes*, *m. pl.* thermomètre, *m.* thermopyles, *f. g.* *Voyez* THÉ *au son* TAI. |
| TAM.... | Tambour, *m.* tambourin, *m.* tambouriner, *v*... tamplon, *m.* tampon, *m.* tamponner, *v.* tamtam, *n. m.* |
| TAN.... | Tan*, *n. m.* tancer, *v.* tanche, *n. f.* ( *poisson* ). tandis, *adv.* tangage, *m.* tangara, *m.* tangente, *f.* tanguer, *v.* tanjet, *m.* tannage, *m.* tanne, *n. f.* tanner, *v*... tannerie, *f.* tanneur, *m.* tant*, *adv.* tantale, *m.* tentalite, *m.* tante*, *n. f.* tantôt, *adv.* taon, *m.* ( *pron. tan* ). |
| TEM.... | Tempe, *n. f.* tempérament, *m.* tempérance, *n. f.* tempérant, *adj.* température, *f.* tempéré, *adj. m.* tempérer, *v.* tempête, *n. f.* tempêter, *v.* temple, *m.* templet, *m.* templier, *n. m.* temporaire, *adj.* temporal, *adj. m.* temporalité, *n. f.* temporel, *adj. m.* temporisation, *n. f.* temporiser, *v.* temporiseur, *m.* temps*, *n. m.* |
| TEN.... | Tendre, *adj. et v.* tendresse, *n. f.* tension, *f.* tentation, *f.*, *et tous les autres.* |
| TAU.... | Tau*, *m.* ( *t. de blason* ). taugour, *m.* taupe, *f.* taupier, *n. m.* taupière, *f.* taupinière, *f.* taure, *f.* taureau, *m.* taurobole, *m.* taurocolle, *f.* tautochrone, *adj.* tautogramme, *m.* tautologie, *f.* tautométrie, *f.* taux*, *m.* |
| THAU.... | Thaumaturge, *n. m. et adj.* ( *qui fait des miracles* ). |
| THO.... | Thomas, *n. m.* thomise, *n. f.* thomiste, *n. m.* thon*, *m.* thonaire*, *m.* thonine, *n. f.* thora, *f.* thorachique, *adj.* thorax, *m.* thorn, *g.* |
| TO.... | *Tous les autres par* TO : tocsin, *m.* tokai, *g.* tomate, *n. f.* tome, *n. m.* topique, *m.* toque, *n. f.* toquer, *v.* toquet*, *etc.* |
| TE *son muet*.. | Tenace, *adj.* tenaille, *n. f.* tenon, *m.*, *et tous les autres, excepté :* |

| | |
|---|---|
| TE *par* TEU.... | Teutons, ( *ancien peuple* ). teutonique, *adj.* teuthis, *m.* ( *poisson* ). |
| TÉ *et* THÉ.... | *Voyez au son initial* TAI. |
| TH.... | *Voyez la récapitulation des* TH *après l'initiale* TU. |
| TI.... | Tic*, *n. m.* tiare , *n. f.* tiédir, *v.* tiers, *m.* tierce , *f.* tiers-état. tillac, *m.* tiller, *v.* tir*, *m.* tirailler, *v...* tirasse, *n. f.* ( *filet* ). tiroir, *m.*, *et tous les autres*, *excepté* : |
| THI.... | Thia , *m.* thibet, *g.* thie, *f.* thionville, g. |
| THY.... | Thymus, *m.* thyroïde, *f.* thyroïdien , *adj.* thyrse, *m.* ( *javelot* ). |
| TY.... | Type, *n. m.* typhis, *m.* typhode, *adj.* typhoïdes, *f. pl. b.* typhomanie, *f.* typhon, *m.* typhus, *m.* typographe, *m.* typographie, *n. f.* typographique, *adj.* typographiste, *m.* typolithes, *f. pl.* tyrannicide , *adj.* tyrannique, *adj...* tyran*, *m.* tyrannie, *n. f...* tyranniser, *v.* tyrol, *g.* tyromorphite, *f.* tyroqui, *m. b.* |
| TOM.... | Tombac, *m.* tombe, *n. f.* tombeau, *m.* tombelier, *n. m.* tomber, *v.* tombereau, *m.* |
| TON.... | *Tous les autres par* TON : tonnerre*, *n.* etc., *excepté les suivans :* |
| THOM, THON. | Thomas , *m.* thomise, *n. f.* thomiste, *m.* thon*, *m.* thonaire*, *m.* thonine, *n. f.* |
| TOR.... | Tors* , *adj. m.* torse, *n. et adj. f.* tordu, *adj. m.*, tort*, *m.* ( *dommage* ). torpeur , *n. f.* torpille, *n. f.*, *et tous les autres*, *excepté* : |
| TORR.... | Torréfaction , *f.* torréfier , *v.* torrein , *m.* torrent , *m.* torride, g. |
| TAUR.... | Taure , *n. f.*, taureau, *n. m.* taurobole , *n. m.* taurocolle, *n. f.* ( *sorte de colle* ). |
| TRAI.... | Traille* , *n. f.* ( *bac. pron.* tra ). traînage , *m.* traînant, *adj.* traînasse , *n. f.* traîne, *n. f.* traîneau , *m.* traînée, *f.* traîner, *v.* traîneur. traire, *v.* trait*, *n.* trait-d'union. ( *Voyez après les finales tous les mots composés qui ont un trait-d'union* ). traitable, *adj.* traitant, *m.* traite, *n. f.* traité , *n. m. et adj.* traitement, *n. m.* traiter, *v.* traiteur, *m.* traitoir, *m.* traître , *adj. m.* traîtresse, *f.* |
| TRAY.... | Trayon , *n. m.* trayons. ( 1ʳᵉ *pers. pl. dans le v.* traire ). |
| TREI.... | Treillage, *m.* treillager , *v.* treillageur, *m.* treille, *n. f.* treillis, *m.* treillisser , *v.* treize, *adj. inv.* treizième, *adj.* |
| TRÉ.... | *Tous les autres par* TRÉ : trépan, *m.* trépas, *m.* trépied , *m.* très-*, *adv.* trésor, *m.* trésorerie , *n. f.* trésorier, *n. et adj. m.* |
| TRAIN.... | Train*, *n. m. mais pron.* traî *dans* traîner, *v.* traîneau , *m.* traîneur, *m.* |
| TRIN.... | Trin* , tringle , *f.* tringler, *v.* tringlette , *f.* trinquer, *v.* trinquet, *n. m.* trinquette, *n. f.* |
| TRAN.... | Tranche, *n. f.* trancher, *v.* tranchoir, *m.* tranchis , *m.* tranquille, *adj. m.* tranquillité , *n. f.* transsubstantiation, *n. f.*, *et tous les autres*, *excepté* : |
| TREM.... | Tremblaie*, *f.* tremblant, *adj. m.* tremble, *n. m. b.* trembler, *v...* trembleur, *m.* trempe, *n. f.* trempé, *adj. m.* trempée, *f.* tremper, *v.* tremperie, *n. f.* trempis , *m.* tremplin, *m.* tremploire, *n. f.* |
| TREN.... | Trentaine, *n. f.* trente, *n. et adj. inv.* trentième, *adj.* trentin, *m.* ( *t. du jeu de paume* ). |

| | |
|---|---|
| TRI, TRY.... | *Tous par* TRI, *comme :* tribu, *n. f.* tribut*, *n. m.* tricolor*, *b.* triennal, *adj. m.* trimestre, *m.* triômpher, *v...* triplicata, *m.* trisaïeul, *adj. m.*, *etc.*, *excepté* tryphère, *n. f.* |
| TRO.... | Troc*, *n. m.* trop, *adv.* trope, *n. m.* trophée, *n. m.* troquer, *v...* trot*, *n. m.*, *et tous les autres, excepté :* |
| TRAU.... | Traumatique, *adj. (qui favorise la suppuration).* |
| TROM.... | Trombe, *n. f.* trombone, *n. m.* trompe, *n. f.* tromper, *v...* tromperie, *f.* trompéter, *v.* trompette*, *n. f. et n. m.* trompillon, *m.* |
| TRON.... | Tronc, *m.* tronchet, *m.* tronçon, *m.* tronçonner, *v.* tronqué, *adj. m.* tronquer, *v.* |
| TU.... | Tu* (toi). tuerie, *n. f.* tueur, *m.* tuf, *m.* tuile, *n. f.*, *et tous les autres, excepté :* |
| THU.... | Thurgovie, *g.* thuriféraire, *m.* thuringe, *f. g.* thuringus, *g.* thuya, *b.* |
| TY.... | *Voyez* TI. |

RÉCAPITULATION *de tous les mots qui commencent par* TH :

| | |
|---|---|
| TH *initial....* | Thalictron, *n. m. b.* thalie, *n. f.* (*une des trois grâces*). thaumaturge, *n. et adj.* thé, *m.* théandrique, *adj.* théantrope, *n. m.* théatin, *m.* théâtral, *adj.* théâtre, *m.* thébaïde, *n. f.* thébaïque, *adj.* théière, *n. f.* théiforme, *adj.* théisme, *n. m.* théiste, *m.* thême, *m.* thémis, *n. f.* thénar, *m.* théocratie, *n. f.* théocratique, *adj.* théodicée, *n. f.* théodolite, *n. m.* théogonie, *n. f.* théologal, *n. et adj. m.* théologale, *n. f.* théologie, *n. f.* théologien, *adj.* théologique, *adj.* théologiquement, *adv.* théophilanthrope, *adj.* théophilanthropie, *n. f.* théorbe, *m.* théorême, *m.* théoricien, *adj.* théorie, *n. f.* théorique, *adj.* théosophe, *m.* thérapeutes, *m. pl.* thérapeutique, *adj.* thériacal, *adj. m.* thériaque, *n. f.* théridion, *m.* thériotomie, *n. f.* thermal, *adj. m.* thermantides, *n. f. pl.* thermantique, *adj.* thermes*, *m. pl.* thermolampe, *m.* thermomètre, *m.* thermopyles, *n. f. pl.* thermoscope, *n. m.* thésauriser, *v.* thésauriseur, *n. m.* thèse*, *n. f.* thesmothète, *n. m.* théurgie, *n. f...* théurgique, *adj.* thex, *m. b.* thia, *m.* thibet, *g.* thie, *n. f.* thionville, *g.* thlasis *ou* thlasme, *f.* thlaspi, *m. b.* thlaspidium, *b.* thlipsie, *f.* tholus, *n. m.* thomise, *n. f.* thomisme, *n. m.* thomiste, *m.* thon*, *m.* thonaire*, *m.* thonine, *n. f.* thora, *f.* thorachique, *adj.* thorax, *m.* thorn, *g.* thouars, *g.* thrénodie, *f.* thrombus, *m.* thurgovie, *g.* thurifère, *m. (vase à encens).* thuriféraire, *(donneur d'encens).* thuringe, *f. g.* thuringus, *g.* thuya, *b.* thym, *m. b.* thymbrée*, *f. b.* thymélée, *f. b.* thymique, *adj.* thymus, *m.* thyroïde, *adj.* thyroïdien, *adj.* thyrse, *n. m.* |

| | |
|---|---|
| U.... | *Tous par* U, *comme :* ubiquitaire, *n. m.* ukase, *m.* ukraine, *g.* ulmaire, *f. b.* unau, *n. m.* unitaire, *m.* ustensile, *n. m.* utopie, *n. f.* uzifur, *m.*, *etc.*, *excepté les suivans :* |
| EU, *son* U... | Eu, *part. m.* eue, *f.* eus-tu, eut-il, eurent-ils. j'eusse, tu eusses, il eût. nous eussions, vous eussiez, ils eussent, *v. avoir.* |
| HU.... | Huaille, *n. f.* huard, *n. m.* huche, *n. f.* hucher, *v.* hudson, *g.* huée, *f.* huer, *v.* chat-huant, *m.* huguenot, *m.* huguenote, *f.* hui, *m. (ce mot a vieilli).* huile, *n. f.* huiler, *v.* huileux, *adj.* huilier, *m.* à huis-clos. huissier, *n. m.* huisserie, *n. f. (t. de menuiserie).* huit*, *adj. inv.* huitaine, *n. f.* huitième, *adj.* huître, *n. f.* humain, *adj. m.* humaniser, *v.* humanité, *n. f.* humaniste, *m.* humble, *adj...* humecter, *v...* |

| | |
|---|---|
| *Suite de* HU... | humer, *v.* huméral, *adj. m.* humérus, *n. m.* humeur, *n. f.* humide, *adj...* humidité, *n. f.* humilier, *v...* humiliation, *n. f.* humilité, *f.* humoral, *adj. m.* humoriste, *adj.* humus, *m.* hune*, *n. f.* hunier, *n. m.* huningue, *g.* huppe, *n. f.* huppé, *adj.* hurhaut *ou* huhaut, (cri). hure*, *n. f.* hurepoix, *g.* hurlement, *m.* hurler, *v.* hurluberlu, *n.* huron, *m.* hussard, *m.* hussarde, *f.* hutin, *m.* hutte, *n. f.* hutter, *v. Voyez* h *muet* et h *aspiré.* |
| EU , *son* OEU. | *Voyez à l'initiale* EU *après* ÉTI , *comme dans* eustache, *m.* eucologe, *m.* |

<hr>

| | |
|---|---|
| UN , *son* ON... | *Voyez au son initial* ON. |

<hr>

| | |
|---|---|
| V. *et* W.... | *Tous par un* V, *comme ci-après, excepté les suivans :* wahabis, *n. m.* wallon, *n. et adj. m.* wallonne, *adj. f.* washington, *g.* wauxhall, *n. m.* wernérite, *n. m.* wigh, *m.* (*pron. ouigh*). westphalie, *g.* wilna, *g.* wisk (*pron. ouisk*). wiski, *m.* wodanium, *m.* wolfram, *m.* wolverenne, *m.* wolga, *m. g.* wurtemberg, *g.* wombat, *m.* |
| VA.... | Va*. vacance, *n. f.* vacant*, *adj. m.* vaquant, (*part. du v. vaquer*). vacarme, *n. m.* vacation, *n. f.* vaccin, *n. m.* vaccination, *n. f.* vaccine, *n. f.* vacciner, *v...* vacillant, *adj.* vacillation, *n. f. et* vaciller *v.*(*les deux* LL *n'y sont pas mouillés*). vacuité, *n. f.* vade, *n. f.* vademanque, *n. f.* vade-mecum, *n. inv.* va-et-vient , *n. inv.* vagabond *m.* vagabondage, *m.* vagabonner, *v.* vague, *adj. et n. f.* vaguer, *v.* vaguemestre , *n. m.* vanité, *n. f...* vapeur, *n. f.* vapeurs, *n. f. pl.* (*maladie*). vaporeux, *adj.* vaporisation, *n. f.* varander, *v.* varangue, *n. f.* varech, *n. f.* variabilité, *n. f.* variable, *adj.* variante, *n. f.* variation, *n. f...* varice, *n. f.* varicocèle, *n. m.* varier, *v.* variété, *n. f.* ne varietur, *n. m.* variole, *n. f...* variolithes, *n. f. pl.* variorum, *n. m.* variqueux, *adj. m.* varlope, *n. f...* varre, *n. f.* varrer, *v.* (*t. de mar.*). vasculaire *ou* vasculeux, *adj.* vase, *n. m.* vase, *n. f.* (*boue*). vaseux, *adj. m.* vasistas, *n. m.* vassal, *n. et adj. m.* vasselage, *n. m.* vaste, *adj.* vatican, *n. m.* va-tout, *n. m.* |

<hr>

| | |
|---|---|
| VAI.... | Vaigrer, *v.* (*t. de mar.*). vaigres, *n. m. pl.* vaine*, *adj. f.* vainement, *adv.* vaines, *n. f. pl.* vair*, *n. m.* (*t. de blason*). vairé, *adj. m.* (*t. de blason*). vairon*, *m.* vaisseau, *n. m.* vaisselle, *n. f.* |
| VEI.... | Veille, *n. f.* veillée, *n. f.* veiller, *v.* veilleur, *n. m.* veilleuse, *n. f.* veilloir, *n. m.* veillote, *n. f.* veine*, *n. f.* veiné, *adj. m.* veiner, *v.* veineux, *adj.* veinule, *n. f.* |
| VÉ.... | *Tous les autres par* VE, *comme* véhément, *adj.* véhémence, *n. f.* véhicule *n. m.* vêler, *v.* vélin, *n.* vélites, *n. m. pl.* velléité, *n. f.* vélocifère, *n. m.* vélocité, *n. f.* velte, *n. f.* vénerie, *n. f...* vêpres, *n. f. pl.* ver*, *n. m.* véracité, *n. f.* verbosité, *n. f.* vérité, *n. f.* véron*, *m.* vétilleux, *adj.* vexer, *v. etc. On les trouve par leur difficulté.* |

<hr>

| | |
|---|---|
| VAIL.... | Vaillamment, *adv.* vaillance, *n. f.* vaillant, *adj. et n.* vaillantise, *n. f.* vaille que vaille, (*locution*). |

<hr>

| | |
|---|---|
| VAIN.... | Vain*, *adj. m.* vaincre *et* convaincre, *v.* vainqueur, *n.* vaincu, *adj.* vainement, *adv.* |
| VEIN.... | Veine, *n. f.* veiné, *adj. m.* veiner, *v.* veineux, *adj. m.* veinule, *n. f.* |
| VIM *et* VIN.... | Vimba, *n. f.* (*poisson*). vin*, *n. m.* vincent, (*n. propre*). vindas, *n. m.* (*t. de mar.*). vindicatif, *adj. m.* vindication, *n. f.* vindicte, *n. f.* vingeon, *m.* (*canard*). vingt*. vingtaine, *n. f.* vingtième, *adj. et n. m.* vintaire, *n. m.* (*t. de maçon*). vintin , *n. m.* |

<hr>

| | |
|---|---|
| VAIR.... | Vair*, *m.* vairé, *adj. m.* vairon*, *m.* (*poisson*). vairon, *adj.* (*œil vairon*). |
| VER.... | *Tous les autres par* VER, *comme* véron*, *n.* vers*, *m.* versification, *n. f.* verseau*, *n. m.* verso* *m.* vert*, *m.* verdure, *n. f.* etc., *excepté les suivans :* |
| VERR.... | Verrat*, *n. m.* verre*, *n. m.* verrée*, *n. f.* verrerie, *n. f.* verrier, *n. m.* verrine, *n. f.* verrou, *n. m.* verrouiller, *v.* verrue, *n. f. Plus, je* verrai, verrai-je, *je* verrais (*v.* voir; *voyez la conj.*). |

| | |
|---|---|
| VAL.... | *Tous par* VAL : val, *n. m.* (*pl.* vaux). valable, *adj.* valant, (*part. du v.* valoir). val-de-grâce, *g.* valence, *g.* valériane, *j. b.* valet*, *n. m.* valetaille, *n. f.* valeter, *v.* valeur, *n. f.* valeureux, *adj.* valinga, *m.* valse, *n. f.* valser, *v.* etc., *excepté les suivans.* |
| VALL.... | Vallaire, *adj. m.* vallée, *n. f.* vallon*, *n. m.* |
| WAL.... | Wallon, *adj. m.* wallonne, *adj. f.* |

| | |
|---|---|
| VAM *et* VAN.. | Vampire, *n. m.* van*, (*à vanner*). vanant, *n. m.* (*papillon*). vanesse, *n. f.* (*papillon*). vandale, *n. m.* vandalisme, *n. m.* vandœuvre, *g.* vandoise, *n. f.* vanille, *n. f.* vaniller, *m. b.* vanité, *n. f.* vaniteux, *adj. m.* vanne*, *n. f.* vanneau, *n. m.* vanner, *v.* vannerie, *n. f.* vannes, *g.* vannet, *n. m.* (*t. de blas.*). vannette, *n. f.* vanneur, *n. m.* vannier, *n. m.* vannoir, *n. m.* vansire, *n. m.* (*furet des Ind.*) vantail*, *m.* (*pl.* vantaux). vanter*, *v.* vanterie, *n. f.* vantiller, *v.* (*mettre de fortes planches pour retenir l'eau*). |
| VEN.... | *Tous les autres par* VEN, *comme* vendanger, *v.* vendre, *v.* vendredi, *n. m.* venger, *v.* vengeance, *n. f.* vent*. venter*, *v. etc.* |

| | |
|---|---|
| VAU.... | Vaucluse, *g.* vaucouleurs, *g.* vaucour, *n. m.* vaudeville, *n. m.* vaudois, *g. à* vau-l'eau, *adv.* vaurien, *n. m.* vautour, *m.* vautrait, *n. m.* vautrer, *v.* (*se*). vaux, *g.* wauxhall, *n. m.* |
| VEAU.... | Veau*, *m.* (*petit de la vache*). veau-marin, *n. m.* |
| VO.... | *Les autres par* VO : vocabulaire, *n. m.* vocal, *adj. m.* vocatif, *n. m.* vocation, *n. f.* vocalisation, *n. f.* vocifération, *n. f.* vociférer, *v.* vogue, *n. f.* voguer, *v.*... vomir, *v.* vomissement, *n. m.* vorace, *adj.* voracité, *n. f.* vote, *n. m.* voter, *v.* votre, *adj. le* vôtre, *n. m. la* vôtre, *n. f.* vos, *adj. pl.*, etc. |

| | |
|---|---|
| VE, VEU, VOEU. | Vedette, *n. f.* velours, *n. m.* velu, *adj. m.* venaison, *n. f.* venant, *adj.* vené, *adj. m.* vener, *v.* venette, *n. f.* venimeux, *adj.* venin, *n. m.* venir, *v.* veuf, *n. et adj. m.* veuve, *f.* veule, *adj.* (*mou*). veuvage, *n. m.* vœu*, *n. m.* je veux, *tu* veux, *il* veut. (*v.* vouloir). |

| | |
|---|---|
| VE.... | *Voyez* VAI. |

| | |
|---|---|
| VER.... | *Voyez* VAIR. |

| | |
|---|---|
| VOI.... | *Tous par* VOI, *comme* voici. voie*, *n. f.* (*chemin*). voilà*. voile*, *n. m.* (*étoffe*). voile, *n. f.* (*d'un vaisseau*). voiler, *v.* voilier, *n. m.* voilière, *n. f.* voilure, *n. f.* voir*, *v.* voirie, *n. f.* voisin, *n. et adj. m.* voisiner, *v.* voisinage, *m.* voiture, *n. f.* voiturer, *v.* voiturier, *n. m.* voiturin, *n. m.* voix*, *n. f.* etc., *excepté les suivans :* |
| VOY.... | Voyage, *n. m.* voyager, *v.* voyageur, *m.* voyant, *adj.* voyelle, *n. f.* voyer*, *n. m.* |

| | |
|---|---|
| VOU.... | Voué, *adj. m.* vouède, *n. m. b.* vouer, *v.* vouge, *n. f.* vougeot, *g.* vouloir, *n. m. et v.* voulu, *adj. m.* vous, *pron. pers.* vousseau *ou* voussoir, *n. m.* voussure, *n. f.* voûte, *n. f.* voûter, *v.* voûture, *n. f.* |

| VRAI.... | Vrai, *adj. m.* vraiment, *adv.* vraisemblable, *adj*... vraisemblance, *n. f.* |
| VRÉ.... | Vréder, *v.* (*aller et venir sans sujet*). |

**X....**

Tous les sons durs par x : xanthium, *m. b.* xavier, *n. m.* xénélasie, *n. f.* xéranthême, *n. f. b.* xérasie, *n. f.* xérophage, *n. m.* xérophagie, *n. f.* xérophthalmie, *n. f.* xérotribie, *n. f.* xiphias, *n. m.* xiphoïde, *adj.* xochicapal, *n. m. b.* xomolt, *n. m.* xutas, *n. m.* xylobalsamum, *n. m.* xylocope, *n. m.* xyloglyphe, *n. m.* xylographie, *n. f.* xylologie, *n. f.* xylon, *n. m.* xylophage, *n. m.* xylostéum, *n. m. b.* xyris, *n. f. b.* xiste, *n. m.* xistarque, *n. m.* xistique, *adj. et n.*

**CZ....**

Czar, *m.* czarine, *f.* (*souverain et souveraine de la Russie*). czarienne, *adj. f.* czarowitz, *n. m.* (*fils du czar*). czermisses, *g.* czernicof, *g.* czigitai, *n. m.*

**Y initial....**

Y, (*adv. et insecte*). yac*, *n. m.* yacht, *n. m.* yacou, *n. m.* yam, *n. m.* yaha, *n. m.* yapock, *n. m.* yapu, *n. m.* yard, *n. m.* yarde, *n. f.* (*mesure anglaise*). yénite, *f.* yatisi, *n. m.* yeldis, *n. m.* yélion, *n. m.* yenke, *n. f.* yeuse, *n. f. b.* yeux, *n. m.* (*pl. d'œil*). yoïde, *adj.* yolatol, *n. m.* (*poisson*). yolatole, *n. m.* (*boisson*). yole, *n. f.* yonne, *g.* yorck, *g.* ypécacuanha ou ipécacuanha, *n. m.* ypréau, *m.* ypsiloïde *ou* hypsiloïde, *adj.* yttria, *n. f.* yu, *n. m.* yunx, *n. m.* yverdun, *g.* yves, *g.* yvetot, *g.*

**I , HI , HY....**  *Voyez au son initial* ui.

**Z....**

Zacou, *n. m. b.* zacinthe, *n. f. b.* zagaie, *n. f.* zagu, *m. b.* zahotie, *n. f.* zaïm, *n. m.* zaünet, *n. m.* zain, *adj.* zaïre, *g. et n. f.* zambre ou zambe, *m.* zambrelouque, *n. m.* zani, *n. m.* zaphar, *n. m.* zara, *g.* zèbre, *n. m.* zébu, *n. m.* zédoaire, *n. f. b.* zélande, *g.* zélateur, *m.* zèle, *n. m.* zélé, *adj.* zemui, *n. m.* zemble, *n. f. g.* zend, *m.* zénith, *m.* zénonique, *adj.* zénonisme, *n. m.* zéolithe, *n. f.* zéphir*, *n. m.* zéro, *m.* zest, *n. m.* zeste*, *m.* zététique, *adj.* zeugme, *n. m.* zibeline, *n. f.* zibet, *n. m.* zigzag, *n. m.* zil, *n. m.* zimbis, *m.* zinc, *m.* zinzolin, *adj. m.* zircon, *m.* zircone, *n. f.* zist, *m.* zizel, *n. m.* zizanie, *n. f.* zizi, *n. m.* ziziphe, *n. m. b.* ziziphore, *n. f.* zoanthe, *n. m.* zoanthropie, *n. f.* zodiacal, *adj. m.* zodiaque, *n. m.* zodion, *m.* zoé, *n. f.* zogones, *n. f. pl.* zoïle, *n. m.* zompaie, *n. f.* zonaire, *adj.* zône, *n. f.* zou-zon, *n. m.* zoogly-phites, *n. f. pl.* zoographie, *n. f.* zoolâtrie, *n. f.* zoolithe, *n. m.* zoologie, *n. f.* zoomie, *n. f.* zoomorphites, *n. m. pl.* zoonate, *n. m.* zoonique, *adj.* zoophage, *adj.* zoophore, *n. m.* zoophorique, *adj.* zoophyte, *n. m.* zootomie, *n. f.* zoophose, *n. m.* zopilote, *n. m.* zopissa, *n. f.* zoplème, *n. m. b.* zorille, *n. m.* zoroche, *n. m.* zoucet, *n. m.* zug, *g.* zuinglianisme, *n. m.* zurich, *g.* zuz, *n. m.* zygène, *n. f.* zygoma, *n. m.* zygomatique, *adj.* zygôme, *n. m.* zymologie, *n. f.* zymosimètre, *n. m.* zymotechnie, *n. f.* zythogala, *n. m.* zithum, *m.* (*boisson d'orge*).

**FIN DES INITIALES (1).**

(1) Tous les mots composés, qui sont réunis par un trait-d'union, sont placés après les finales.

# INTERMÉDIAIRES ET FINALES.



....A

A*, *sans accent* (3ᶜ *pers. dans le v. avoir*) : *il* A; A-t-il? A-t-elle?
A , *n. m.* (*lettre voyelle sans s au pl. : on dit faire des* A, *comme on
dit faire des* B). aa, (*rivière de ce nom*). aba*, *m.* (*sorte d'étoffe*).
abaca, *m. b.* acacia, *m. b.* aga, *m.* (*officier turc*). agenda, *n. m.* aglaja,
*m. b.* alcantara, *g.* alinéa, *n. m.* alléluia, *m. inv.* althœa, *b.* ana, *m.*
(*recueil*). angola, *g.* (*en Afrique*). angora, *g.* (*en Asie*). anna, *n. f.*
anthora, *b.* antigoa, *g.* antoxa, *b.* à-quia, *adv.* ara* *ou* aras*, (*gros perroquet*). arnica, *f. b.* assa-fœtida, *m. b.* atala, *n. f.* axia, *m. b.* bacha
*ou* pacha, *m.* bassora, *g.* batavia, *g.* bêta, *m.* bidassoa, *f.* (*riv.*). boa, *m.*
(*serpent*). brama, *m.* bréda, *g.* brouhaha, *m.* ça*, (*mis pour cela*). caſſa,
*g.* cahin-caha. calcutta, *g.* camara, *b.* cana*, *g.* canada, *g.* canapsa,
*m.* (*sac de cuir*). catalpa, *b.* catha, *b.* cépœa, *b.* cériaca, *b.* ceuta, *g.*
cha*, (*sorte d'étoffe*). chincilla, *m.* (*écureuil du Pérou*). cinna, *m.* coa, *b.*
cochléaria, *m. b.* colza, *m. b.* coma, *m.* (*maladie*). comma, (*t. de mus.
et d'impr.*). copaïba, *b.* cosmorama, *m.* coua*. couagga, *m.* crusca,
*g.* cuba , *g.* cucupha, *f.* dada, *m.* delta, *m. g.* dia, (*t. de charretier*).
diorama, *m.* duna, *f. g.* dwina, *f. g.* duplicata, *m.* égra, *g.* emma, *n. f.*
élisa, *n. f.* épicéa, (*sorte de sapin*). errata , *m.* essora *ou* sora, (*pustule*).
et-cœtéra, *m.* etna, *m. g.* europorama, *m.* fa , *m.* (4ᶜ *note*). falaca, *f.*
(*bastonnade esp.*). falbala , *m.* gala , *m.* gangara , *g.* gargantua , *m.*
gaza*, *g.* géorama, *m.* goa, *g.* gotha, *g.* guadiana, *f. g.* haha* (*fossé*).
harmonica, *m.* hécla*, *g.* hédra*, *f.* hoca , *m.* (*jeu*). hortensia, *f. b.*
houra, *m.* ida, *g.* inca, *m. les* incas. iota, *m.* ipécacuanha, *m.* jaſſa, *g.*
jamba, *g.* java, *g.* jéhova *ou* jehovah. juda*, *g.* jura, *g.* kamtschatka ,
*g.* karata , *b.* la*, *art. f. la* bérésina , *g. la* crusca, *g.* ladoga , *g.* ja-
niséa , *f. g.* lama* *ou* llama (*petit chameau*). léda, *n. f.* ma*, *adj. f.*
macouba, *m.* malaga, *g.* marikina, (*sorte de singe*), marisca, (*sorte de
figue*). marpésia. mimosa, *f.* (*nom de la sensitive*). miva , *f.* moka,
*m. g.* mohatra , *adj.* (*usuraire*). moromotapa, *g.* moustafa. moxa,
*m.* natta, *f.* (*goître*). *la* néva, *g.* nidda, *g.* nota, *m. inv.* numa, *n. m.*
oca*, *b.* odessa, *g.* opéra, *n. m.* ossa, *g.* pacha, *n. m.* panama, *g.* panora-
ma, *m.* papa, *m.* parastremma, *m.* (*distorsion d'une partie du visage*).
paria , *m. g.* parrakoua , *m.* (*sorte de faisan*). peccata, *m.* (*t. pop.*).
phyma, *m.* (*tumeur*). pica , (*t. de méd.*). picéa *ou* épicéa, *m.* pinchi-
na , *m.* placenta (*t. d'anat.*). poa*, *m. b.* polyanthéa, *m.* (*recueil*).
polygala, *m. b.* pompéïa , *g.* prorata , *m.* psora (*galle*). pultawa, *g.*
quéraïba, *b.* quinola, *m.* quinquina, *m.* quoja, *g.* quouiya, *b.* ramcanca,
*m.* (*petit aigle*). ratafia , *m.* rébecca, *n. f.* recta, *adv.* rémora, *m.* ré-
séda , *m. b.* rhéa, *n. f.* rota, *g.* rhomba, *b.* sa*, *adj. f.* sampa, *b.* sapa,
*n.* sara, *n. f.* sancho-pansa , *n. m.* scapha (*t. d'anat.*). simarouba, *b.*
soda, *m.* (*mal de gorge*). sonica, *adv.* (*à point nommé*). sopha *ou* sofa , *m.* sora , *m.* (*pustule*). spa , *g.* spica (*t. de chir.*). sumatra, *g.*

scylla *ou* sylla, g. ta*, *adj. f.* tafia, *m.* talpa, *f.* (*tumeur*). tangara, *b.*
ténia, *m.* thia, *m.* thora, *f. b.* thuya, *m.* (*sorte de cyprès*). tibia, *m.*
tréma, *m.* ulloa, *b.* ultra, (*outré*). *le* nec-plus-ultra. *il* va, *v.* valinga, *m.*
(*cornemuse russe*). vesta, *n. f.* vimba, *f.* (*poisson*). vice-versa, *adv.*
(*pron. vicé*). visa, *n. m.* vitchoura, *m.* vittoria, g. volga, *m.* g. yaha,
(*oiseau*). yttria, *f.* (*terre*). zara, g. zygôma, *m.* (*jonction, t. de chir.*).
zopissa, *f.* (*raclure de goudron*).

*Suite du son A.*
*On termine également par* a *nos* 4,675 *verbes, à la* 3e *personne du
sing. du futur, tels sont :* il AURA. il SERA. il agréera. il aimera. il acquerra. il appréhendera. il balbutiera. il emploiera. il fréquentera. il
pourra. il remerciera. il verra; *plus la* 3e *pers. du sing. du passé défini, dans nos* 3,931 *verbes en* ER; *tels sont :* il AIMA, il ACQUIESÇA.
il apprécia. il balbutia. il bégaya. il commença. il grasseya. il initia.
il mangea, *etc. Voyez la conjugaison des verbes, suivant la finale
de l'infinitif en* ER, CER, GER, IER, ELER, ENER. ETER, AYER, EYER, OYER,
UER, UYER, *etc.*

....A.
A*, *préposition qui marque l'attribution :* à moi. à toi. à Paris. à Versailles. au-delà. en-deçà. çà-et-là*. celui-là. celle-là. delà. déjà. holà.
oui-dà. par-là*. voilà, *adv. et prép.*

....AC.
Cotignac, *m.* (*confiture de coings*). estomac, *m., et* tabac, *m. sont les
mots en* AC, *dont on ne prononce pas le* c *final. Voyez les autres
avant les mots en* AQUE, *dont ils ont le son.*

....ACH.
Almanach, *m.*

....ACS.
*Un* lacs (*rêts ou lacet*).

....ACT.
Exact, *adj. m.* inexact, *adj. m., etc. Voyez-les tous au son final* ACTE,
*dont ils ont la prononciation.*

....AH.
Ah*. bah! jehovah, *m.* massorah, *f.* (*tradition d'hébreu*). pouah! *interj.*
savanah, g.

....AP.
Drap, *m.* sparadrap, *m.* (*t. de pharmacie*). *Voyez les autres au son*
APE, *dont ils ont la prononciation.*

....AS.
Amas, *n. m.* ananas, *m. b.* appas*, *n. pl.* bas*, *n. et adj. m.* bourras,
*m. ou* bure, *f.* bras, *m.* cabas, *m.* cas*. *n.* cadenas, *m.* canevas, *m.*
cervelas, *m.* chas* (*trou d'aiguille*). chasselas, *m.* choucas, *m.* clas *ou*
glas, *m.* colas*, *n. m.* compas, *m.* coutelas, *m.* damas, *m.* échalas, *m.*
embarras, *m.* entrepas, *m.* fatras, *m.* fracas, *m.* frimas, *m.* galetas, *m.*
garas*, *m.* (*toile*). gras, *adj. m.* haras*, *m.* hélas! hypocras, *m.* jas,
(*pièce de bois*). Jaconas, *m.* judas*, *m.* galimatias, *m.* las, *adj. m.*
(*fatigué*). lilas, *m.* matelas, *m.* mathias, *m.* matras (*vase de terre*).
mélas, *m.* (*tache*), pas, *m.* patatras! platras. ras*, *adj. m.* ramas*, *n.*
repas. rhyas, *m.* (*écoulement du grand angle de l'œil*). sabrenas
(*savetier*). sanas. sas*, *m.* (*tamis*). sassafras, *b.* taffetas, *m.* stras, *m.*
(*sorte de faux diamant*). tas*, *n.* (*monceau*). thomas. tracas.
trépas. verglas.
Nota. *On termine aussi par* AS *la* 2e *pers. de ce son, dans tous les ver-
bes; tels sont :* tu as. tu auras. tu crias. tu crieras; |on *n'en excepte
que les* 6 *composés de* battre, *qui font :* je bats. je combats. je débats, *etc. Voyez la conjugaison, ou la finale en* A *par* ATS.

...AS, *son* ACE.
As*, *est prononcé* âce *dans* amyntas, *n. pr.* arras, g. as* *de cœur, etc.*
atlas. eurotas, g. pallas, *n. f.* pancréas. pézénas, g. vasistas; *on les
trouve également placés au son* ACE. *Voyez* ACE.

....AT.
Abat-jour, *n. inv.* abigeat, *m.* (*vol de troupeaux*). ab-intestat (*sans
avoir testé*). achat. acolytat. aérostat. agnat, *t. de palais, (prononcez*
ag-nat*). agrégat. altercat *ou* altercas. alternat. apostat. apparat. ar-
chidiaconat. archiépiscopat (*pron. arki-*). assassinat*, *n.* assignat*, *n.*
attentat*, *n.* auvergnat*. auvernat (*vin*). avocat. baccalauréat.

*Suite de* AT.

il bat*, *v.* béat, *n.* burat, *n.* calfat, *n.* califat, *n.* candidat. saint-cannat, *g.* canonicat. carat *ou* karat. cardinalat. cédrat, *b.* célibat: cérat. certificat. chat*. citronnat. colzat. combat*, *n. et v.* comtat* *ou* comté. concordat, *n.* consulat. contrat. crachat*, *n.* décemvirat. débat*, *n.* diaconat. doctorat. ducat. *un* ébat. *il s'*ébat, *v.* éclat, *n.* économat, *n.* électorat. entrechat. épiscopat. état. exarchat (*ka*). forçat*. *n.* format*, *n.* généralat. goujat. grabat. grenat*, *n.* immédiat, *adj. m.* incarnat, *n.* ingrat, *adj.* interrogat, *n.* josaphat. lauréat. légat*, *n.* magistrat. mandat*, *n.* marquisat. mat, *adj. m.* médiat, *adj. m.* méplat, *n.* muscat. nacarat. nougat. notariat. noviciat. odorat. opiat. orangeat. orgeat. patriarcat. patriciat. péculat. pissat, *n.* plagiat. plat*, *n. et adj. m.* pontificat. potentat. préceptorat. prélat. primat*, *n.* professorat. provincialat. pugilat. quadrat*, *n.* quérat, *n.* (*t. de mar.*). rabat*, *n.* rachat. rat*, *n.* rebat*, *n.* reliquat. renégat. résultat. rosat. sabbat, *n.* scélérat. sénat. septennat. seringat*, *n.* soldat*, *n.* stellionnat. syndicat. tiers-état. tribunat. triennat. triumvirat. verrat*, *n.* vicariat. vice-légat. violat*, *adj.* *Nota. Voyez à la finale* ate *les mots en* at *que l'on prononce* ate.

....AT, *long.*

Appât, *n.* (*amorce*). bât*, (*sorte de selle*). dégât. mât*, (*de navire*): *plus, la finale* AT *dans les* 3,931 *verbes en* ER, *comme* aimer, *lorsqu'ils sont à la* 3e *pers. de l'imparfait du subj., tels sont:* qu'il aimât. qu'il chantât. qu'il appelât. qu'il commençât. qu'il mangeât. qu'il subjuguât. (*Voyez la conjugaison*).

....ATS.

*Cette finale* ATS, *avec un* s, *marque le pluriel des noms ci-dessus; plus, la* 1re *et la* 2e *pers. sing. dans les* 6 *verbes suivans, qui sont formés du verbe* BATTRE : *je* BATS, *tu* BATS. *j'*ABATS, *tu* ABATS. *je* COMBATS, *tu* COMBATS. *je* DÉBATS, *tu* DÉBATS. *je m'*ÉBATS, *tu t'*ÉBATS. *je* RABATS, *tu* RABATS. *je* REBATS, *tu* REBATS.

....HA.

Haha*, *n. m.* (*sorte de fossé*). brouhaha, *m.* cahin - caha. gotha, *g.* ipécacuanha, *m.* sopha. yaha*. *il* triompha, *v.* (*triompher*); *plus, la* 3e *pers. du prét. déf. de tous les autres verbes en* PHER ; *voyez après la finale* FAIRE.

---

....AB.

Achab, *m.* aminadab. bacalab. joab. moab, *g.* nabab. raab, (*riv.*).

....ABE.

Arabe. astrolabe, *m.* crabe, *m.* décasyllabe, *adj.* dissyllabe, *adj.* dodécasyllabe, *adj.* hendécasyllabe. litholabe. monosyllabe, *m.* parisyllabe, *m.* quadrisyllabe, *adj.* syllabe, *f.* trissyllabe, *adj.*

---

....ABLE.

Accommodable, *adj.* censurable. condamnable. croyable. épouvantable, etc. (*Voyez* CABLE, ÇABLE *et* GABLE.)

---

....AC.

Abhoc et abhac. ammoniac, (*sel*). armagnac, *g.* aurillac, *g.* azédarac, *b.* bac, *m.* bissac. bivouac *ou* bivac, *n.* brissac, *g.* clac*, *m.* cognac, *g.* condillac. cornac. cotignac, *g.* cric-crac. cul-de-sac, (*impasse*). flicflac. gaïac. hamac. havresac. jaugac, *g.* jarnac, *g.* isaac. lac*, *g.* micmac. moustac. moyac. nérac, *g.* orignac. pourceaugnac. resssac. sac. sumac. tictac. tillac. tombac. trictrac. usquebac, *ou* escubac, *ou* scubac (*liqueur*). yac* ; *mais on ne prononce pas le* c *dans* ESTOMAC, TABAC, ALMANACH *et* LACS (*filets*).

....AQUE.
....ACQUES.

Macque, *n. f.* (*outil à briser le lin, le chanvre, etc.*).
Saint-Jacques.

....AQUE.

Abaque, *f.* (*t. d'archit.*). alexipharmaque, *adj.* attaque, *n. f. et v.* baraque, *f.* braque, *adj.* caque, *f.* caraque, *adj.* casaque, *f.* chaque. claque*, *n. f. et v.* cloaque, *m.* craque, *n. f. et v...* démoniaque, *adj.* élégiaque, *adj.* fantasque, *adj.* flaque, *f.* (*d'eau*). fraque, *m.* (*habit*).

**Suite de AQUE.** hipocondriaque, *adj.* itaque, *g.* laque, *n. f.* (*gomme*). maniaque, *n. et adj.* opaque, *adj.* patraque, *n. f.* plaque, *n. f. et v.* polypharmaque, *m.* sandaraque, *n. f.* simoniaque, *adj.* syriaque, *adj.* télémaque, *m.* thériaque, *f.* traque, *n. f. et v.* volaque, *g.* zodiaque, *m. plus la* 1re *et la* 3e *pers. des verbes en* AQUER : *il* détraque, *il* attaque, *il* braque, *il s'*estomaque.

**....AQUE et ....AQUES.** Pâque, *n. f.* (*la pâque des juifs*); *faire ses* pâques; pâques *fleuries;* pâques *closes; mais* pâques *est masc. sing. dans :* pâques *est passé; à* pâques *prochain.*

**....ACT.** *Avoir le* tact, *n. m.*

**....ACH.** Anspach, *g.* mont-krapach, *g.*

**....ACHT.** Yacht, (*sorte de bateau à voiles et à rames*).

**....ACK et AK.** Arack, (*sorte de liqueur*). kubak, *m.* kuberlak.

**....AGH.** Ranelagh.

---

**....ACE.** Agace, *n. f. et v.* alsace, *g.* audace, *f.* besace. bonace*, (*calme de la mer*). contumace*, *n. f.* coriace, *adj.* dédicace, *n. f.* elle délace, *v.* (*ôter un lacet*). il déplace, *v.* il efface, *v.* efficace, *adj.* il enlace, *v.* il entrelace, *v.* espace, *n. m. et v.* face* - à - face*. farce, *n. f. et v.* fouace, *n. f.* (*gâteau*). fugace, *adj.* glace, *n. f. et v.* grimace, *n. f. et v.* horace, *n. m.* il lace, *v.* (*serrer avec un lacet*). limace, *n. f.* menace, *n. f. et v.* place, *n. f. et v.* populace, *n. f.* préface, *n. f.* race, *n. f.* rapace, *adj.* il replace, *v.* il retrace, *v.* rosace, *n. f.* sagace, *adj.* surface, *n. f.* tenace, *adj.* thrace, *g.* trace*, *n. f. et v.* il verglace, *v.* villace, *n. f.* (*grande ville mal peuplée*). vivace, *adj.* vorace, *adj.*

**....ACE, long.** Grâce, *n. f.* disgrâce, *n. f.*

**....AS, son ACE.** As *se prononce comme* ACE *dans* ambasas, *g.* amyntas, *n. m.* arras, *g.* as, *de cœur, etc.* atlas. calchas, (*pron.* calkace). damas*, *n. m.* eurotas, *g.* joas. jonas. pallas, *n. f.* pancréas. pézénas, *g.* vasistas.

**....ASCE.** Fasce, *n. f.* (*terme de blason*).

**....ASSE.**
A la fin des noms, et des 18 verbes en *asser*; plus de tous les v. en *er* au subj. de ce son.

*Il* amasse, *v.* arcasse, *n. f.* il avocasse, *v.* bonasse*, *adj.* brasse, *n. f. et v.* il cadenasse, *v.* callebasse, *n. f.* carcasse, *n. f.* casse, *n. f. et v.* chasse*, *n. f. et v.* classe, *n. f. et v.* il compasse, *v.* cocasse, *adj.* il concasse, *v. qu'il* contrefasse, *v.* crasse, *n. f. et v.* crevasse, *n. f. et v.* cuirasse, *n. f. et v.* culasse, *n. f.* (*de fusil*). il damasse, *v.* il débarrasse, *v.* il déchasse, *v. qu'il* défasse, *v.* il se délasse, *v.* (*il se repose*). il dépasse, *v.* échasse, *n. f.* il s'embarrasse, *v.* il embrasse, *v.* il s'encrasse, *v.* il entasse, *v. qu'il* fasse, *v.* filasse, *n. f.* il finasse, *v.* (*pop.*). il fracasse, *v. elle* fricasse, *v.* grasse*, *adj. f. de gras.* il harasse, *v.* hommasse, *adj.* impasse, *n. m.* (*cul-de-sac*). lasse, *adj. f. de las, et v.* lasser*. lavasse, *n. f.* (*pluie*). liasse, *n. f.* masse, *n. f.* il matelasse, *v.* mélasse, *n. f.* milliasse, *n. f.* mollasse, *adj.* nasse, *n. f.* paillasse, *n.* paperasse, *n. f. et v.* parnasse, *m.* passe, *n. f. et v. des* passe-passe, *n. m.* potasse, *n. f.* il ramasse, *v.* il rapetasse, *v.* il rembrasse, *v.* il repasse, *v.* il rêvasse, *v.* il rimasse, *v.* savantasse, *n. et adj.* strasse*, *f.* (*bourre de soie*). tasse, *n. f. et v.* terrasse, *n. f. et v.* tignasse, *n. f.* tirasse, *n. f.* il tracasse, *v.* il trépasse, *v.* védasse *ou* vaidasse, *n.* (*alcali*); *plus l'imparfait du subj. de tous les v. en* ER, *tels sont :* que je chantasse; que je mangeasse; que j'appréhendasse; que j'appelasse, etc. (*Voyez la conjugaison*).

**....ASSE, long.** Châsse, *n. f.* (*reliquaire*). il enchâsse, *v.* il déchâsse.

---

**....ACÉ. ....ACER.** *On écrit* ACE *avec un* C, *dans le participe passé m. des 18 verbes ci-dessus en* ACER, *par* C, *comme :* AGACÉ, *qui vient du v.* AGACER. *Voyez la finale* CÉ, *ou à la finale* CER, *pour les 18 verbes en* ACER.

**....ACEZ.** 2e *pers. pl. de ce son dans les verbes en* ACER *par* C. (*Voyez* CER).

*Suite de* ACÉ

| | |
|---|---|
| *par* ....ASSÉ. | *Terminez* ASSÉ, *avec deux* ss, *dans le participe passé des* 42 *verbes* |
| ....ASSER. | *en* ASSER, *par* SSER, *comme* AMASSER. ( *Voyez après* CER ). |
| ....ASSEZ. | { *Vous* AMASSEZ, *v.* ASSEZ, *adv.*; *plus, la* 2ᵉ *pers. du pl. de ce son, dans les verbes ci-dessus désignés en* ASSER, *par* sser. |

| | |
|---|---|
| ....ACCE. | |
| ....AXE. | { *Voyez à la finale* AX. |

| | |
|---|---|
| ..ACT, *son* ACTE. | { *On prononce* ACTE, *dans les* 5 *mots m.* CONTACT. COMPACT*, *m.* ( *sorte de convention papale* ). EXACT, *adj. m.* INEXACT, *adj. m.* INTACT, *adj. m.* |
| ....ACTE. | { ACTE, *m.* CATARACTE, *n. f.* COMPACTE, *adj.* (*des* 2 *genres*). CONTRACTE, *adj. m. et v.* ENTR'ACTE, *n. m.* ÉPACTE, *n. f.* pacte, *n. m.; plus, les* 4 *fém.* COMPACTE, EXACTE, INEXACTE, INTACTE, *et les* 3 *v. je* CONTRACTE, *je* DÉTRACTE, *je* RÉTRACTE. |

| | |
|---|---|
| ....AD, *son* ADE. | Bagdad, *g.* |
| ....ADE. | { Façade, *n. f. la* sainte-hermandade. nomade, *adj. m.* orangeade, *n. f.* œillade, *f.* rémolade*, *f.* saccade, *f.*, *etc. Cette finale n'a pas de difficulté. On trouve les autres mots par la syllabe qui embarrasse.* |

| | |
|---|---|
| ....AF. | Macaf. raf, *m.* ( *marée forte et rapide* ). |
| ....AFE. | { Agrafe, *n. f. et v.* carafe, *n. f.* estafe, *f.* girafe, *f.* parafe, *ou* paraphe, *n. m. et v.* |
| ....AFFE. | { Nafle, *f.* pataraffe, *n. f.* ( *traits informes* ). piaffe, *n. f. et v.* ( *t. pop.* ). |
| ....APHE. | { Autographe, *adj.* bibliographe, *m.* bibliotaphe, *m.* biographe, *m.* calligraphe, *m.* cénotaphe, *m.* ( *tombeau* ). lexicographe, *m.* lithographe, *m.* néographe. olographe, *adj.* orthographe, *f.* paragraphe, *m.* paraphe, *ou* parafe, *m.* sténographe, *m.* tachigraphe, *m.* télégraphe, *m.* topographe, *m.* typographe, *m.* |

| | |
|---|---|
| ....AFLE. | { *Il* crafle, *v.* rafle, *n. m. et v.* ( *faire rafle* ). rafle, *n. f.* ( *grappe égrainée* ). |

| | |
|---|---|
| .AFRE *et* AFFRES. | { Bafre, *n. f. et v.* balafre, *n. f.* cafre, *n. m.* safre, *m.* vénafre, *g.*, *et* affres, *n. f. pl.* ( *frayeur* ). |
| ....APHRE. | Elaphre, *n. m.* ( *genre d'insectes* ). |

| | |
|---|---|
| ....APHTE. | Aphte, *ou* aphthe, *n. m.* ( *ulcère* ). naphte, *n. f.* (*bitume* ). |

| | |
|---|---|
| ....AGE. | { *Tous les mots terminés en* AGE, *sont masculins, excepté* image, *n. f.* page, *n. f.* hypallage *et* carthage, *g. Les masc. sont :* abattage. achantophage, *m.* accommodage. adage. affinage. affouage. affutage. agiotage. alliage. amarrage. ancrage. anthropophage, apprentissage. arpentage. arrérages. *n. m. pl.* arrimage. arrivage. arrosage. attelage. attérage. avantage, badinage. badigeonnage. badaudage. bailliage. ballottage. baragouinage. blanchissage. blocage. bosselage. breuvage. calfatage. calfeutrage. carthage, *f. g.* caquage. caquetage. carrelage. charriage. charronnage. cartilage. chauffage. chaulage. chaumage*. clabaudage. collage. coquillage. corsage. dallage. désavantage. dommage. écarrissage, *ou* équarrissage. échafaudage. emballage. embauchage. énallage. enfantillage. ermitage. étamage. feuillage. fourrage. frottage. gage. galactophage. griffonnage. halage ( *d'un bateau* ). |

|  |  |
|---|---|
| *Suite de* AGE. | héritage, *m.* hommage. hypallage, *f.* ichtyophage. image, *n. f.* jambage. jaugeage. langage. lithophage. maçonnage. magasinage. mage. monnayage. naulage. œsophage. pacage. *un* page*. pélerinage. placage. persiflage. personnage, *m.* quayage ( *pron. kai* ). raccommodage. ramonage. rapiécetage. ravaudage. rhabillage. saccage. sage. sarcophage. sassenage. ( *fromage et pierre de ce nom* ). sautillage. sauvage. saxifrage. sciage. sevrage. sillage, ( 2 *ll mouillés* ). suffrage. témoignage. tonnage. treillage. tussilage. vagabondage. vasselage. valetage. veltage. veuvage. village. voyage. *Voyez les initiales pour les autres mots, c'est là qu'est la difficulté.* |
| ....AGE, *long.* | Age, *n. m. Les quatre âges du monde. Ils sont avancés en âge (ou âgés).* |

|  |  |
|---|---|
| ....AG, *son dur.* | Pondag, *m.* zigzag, *n.* |
| ....AGH. | Ranelagh. ( *espèce de rotonde, on prononce* ranelaque ). |
| ....AGUE. | Bague, *n. f. et v.* copenhague, *g.* dague, *n. f. et v.* drague, *n. f.* nargue, *n. f. et v. il* divague, *v. il* élague, *v. il* extravague, *v.* ossifrague, *n. m.* prague, *g.* vague, *adj., n. f. et v.* |

|  |  |
|---|---|
| ....AI. | Annonai, *g.* balai*, ( *à balayer* ). bai*, *adj. m.* brai*, *n.* cambrai, *g.* caravanserai, *n. m.* courtrai, *g.* déblai, *n.* défrai, *n.* délai, *n.* douai, *g.* écofrai, *m.* étai*, *m.* essai, *m.* frai*, *n.* gai, *adj. m.* geai*, *n.* j'ai* *et* ai-je, ( *v. avoir* ). lai*. ( *laïque* ). mai*, *m.* malai, *m.* malaquai. mi-mai, *n. f.* minerai*, *n. m.* paraguai, *g.* quai, *n.* remblai, *n.* tokai*, *g.* tournai*, *g.* virelai*, *n.* vrai, *adj. m. Terminez également par* AI, *la* 1<sup>re</sup> *pers. de ce son,* 1° *au futur de nos* 4675 *verbes; tels sont :* j'aurai. je serai. j'aimerai. je jouerai. j'irai, *etc. Voyez la conjugaison.* 2° *au prétérit ou passé défini des* 3931 *verbes en* ER, *tels sont :* j'aimai. je mangeai, *etc. Voyez la conjugaison.* |
| ....AID. | Laid*, *adj. m.* laide*, *adj. f.* plaid*. *m.* ( *vieux mot qui signifie action de plaider* ). |
| ....AIE. | Aie*, *v. que j'*aie. *que je les* aie, ( *v. avoir* ). aunaie*, *n. f.* baie*, *n. et adj. f.* boulaie*, *n. f.* braie*, *n. f.* cerisaie, *f.* châtaigneraie, *n. f.* chênaie*, *n. f.* claie, *n. f.* coudraie, *n. f.* craie, *f.* j'étaie, ( *v. étayer* ). futaie, *n. f.* gaie, *adj. f.* haie, *f.* ( *buisson* ). houssaie, *n. f.* ivraie, *n. f. une* laie*, *n. f. et adj.* monnaie, *f.* orfraie, *f.* ( *oiseau* ). oseraie*, *n. f.* paie*, *n. f.* (*paiement*). plaie*, *n. f.* raie*, *n. f.* saie*, *n. f.* saussaie*, *n. f.* taie*, *n. f.* ( *enveloppe* ). tremblaie, *n. f.* vraie, *adj. f.* sagaie*, *n. f.* ( *javelot des nègres* ). je balaie, *v. il* bégaie, *v. il* délaie, *v. il* essaie, *v. il* paie, *v., et tous les verbes en* AYER. *Voyez la conjugaison.* |
| ....AIES. | Que tu aies*. que tu l'*aies. ( 2<sup>e</sup> *pers. sing. dans le v.* avoir *et dans les v. en* AYER. |
|  | *Plus, par* AIES *la finale pl. des noms fémin. ci-dessus.* |
| ....AIS. | Ais*, *n. m.* ( *planche* ). alais*, *g.* anglais. balais*, *n.* biais*, *n.* béarnais. beauvais, *g.* bourbonnais, *g.* calais, *g.* dadais, *m.* dais*, *n.* désormais, *adv.* écossais. engrais, *m.* épais, *adj. m.* frais, *n. m. et adj.* français. glais, *ou* glas, ( *son funèbre* ). gervais. gouais. ( *raisin* ). harnais, *m.* hollandais. irlandais. jais*, *n. m.* jamais, *adv.* laquais, *m.* lauragais, *g.* liais, *n.* lyonnais. mais*, *conj.* malais, *ou* malai, *m.* marais, *m.* mauvais, *adj. m.* nantais. niais, *adj. m.* orléanais. ouais, ( *interj.* ). palais*, *m.* panais, *n. m.* polonais. portugais. punais, *adj. m.* rabais, *n. m.* rais*, *m.* ( *rayon* ). relais, *m.* vallais, *g.* vivarais, *g. Plus, la* 1<sup>re</sup> *et la* 2<sup>e</sup> *pers. sing. dans les verbes en* AÎTRE (*Voyez* aître )*, et dans les* 24 *v. en* AIRE; *ajoutez-y les* 3 *v.* je hais, ( *v.* haïr ). je sais, ( *v. savoir* ). et je vais, ( *v. aller* ). *Plus, la* 1<sup>re</sup> *et la* 2<sup>e</sup> *pers.* |

*Suite de* AIS.  sing. *dans l'imparfait et dans le conditionnel de tous les verbes.* ( *Voyez la conjugaison* ).

....AIT.  *Qu'il* AIT. *qu'il les* AIT. ( 3e *pers. sing. dans le subj. du v. avoir.*) Abstrait, *adj.* attrait, *n.* bienfait*, *n. m. et adj.* contrefait, *adj.* distrait, *adj.* extrait, *n. et adj.* fait, *n. et adj.* forfait, *m.* imparfait, *n. m. et adj.* lait*, *n. m.* malfait, *adj. m.* méfait, *n.* parfait, *n. et adj.* plus-que-parfait, *n.* portrait, *n. m.* putréfait, *adj.* retrait, *adj.* il fait, *v.* souhait*, *n. m.* stupéfait, *adj.* trait*, *n. Plus, la* 3e *pers. de ce son, dans les v. ci-dessus en* AIRE *et en* AÎTRE.

Nota. FORFAIT *est un part. inv., lorsqu'il signifie prévariqué.*

....AIT.  *On met un accent circonflexe à la* 3e *pers. du prés. des 6 verbes : il* complaît. *il* déplaît. *il* naît. *il* renaît. *il* paît, (*v.* paître), *et il se repaît* (*v.* repaître).

....OIS.
....OIT.
....OIT.
....OIENT.  *L'académie terminait par* OIT *avec un accent circonflexe la* 3e *pers. des 8 verbes suivans :* il apparaît. *il* comparaît. *il* connaît. *il* disparaît. *il* méconnaît. *il* paraît. *il* reconnaît. *il* reparaît. *A présent, la plupart de ses membres, et nos meilleurs auteurs modernes terminent cette finale par* AIT. ( *Voyez la conjugaison de ces verbes* ).

.....AIENT.  *Qu'ils* aient, ils paient; *plus, la* 3e *pers. pl. de tous les autres verbes de ce son; tels sont :* ils avaient, ils auraient. *Voyez les conjugaisons.*

.....AY.  Annonay *ou* annonai, *g.* arnay, *g.* auray, *m.* (*bloc.*) bellay *ou* belley, *g.* bombay, *g.* bray, *g.* corday, *n. p.* épernay, *g.* jockay *ou* jockey (*petit domestique*). lassay, *g.* épinay, *g.* paraguay, *g.* parthenay, *g.* stenay, *g. et autres noms de pays.*

.....AYE.  Blaye, *g.* la haye, *g.* saint-germain-en-laye*, *g.*

.....AIX.  *On ne prononce pas l'*X *dans* paix ( *repos* ), faix (*fardeau*), *et* arrière-faix, *m.* karaix, *g.* morlaix, *g.* portefaix, *n.* roubaix; *g.* surfaix*, (*sangle*); *mais on prononce l'*x *dans* aix; *g.* aix-la-chapelle, *g. et* baix, *g. Voyez d'ailleurs la finale* aixe *par* EX.

....E.  *Avec tréma ou* 2 *points :* noë *et* zoë.

....EC.  *Avec et* échec; *on est libre de n'en pas prononcer le* c, *lorsqu'ils sont suivis d'une consonne; du reste, voyez le son* EC.

....ECT.  Anspect, *m.* (*t. de mar.*). aspect, *m.* circonspect, *adj. m.* conspect, *n.* respect, *n. m.* suspect, *adj. m. On n'y prononce pas le* T *final; mais, dans les* 5 *masc.* object. correct. direct. indirect *et* infect, *adj., on prononce le* T. *On les trouve également au son* ECTE.

...ÉE. 33 *masc.*  Apogée. anthée*. *n. p.* asmodée. athée. borée. briarée, (*géant*). caducée. camée. céphée. colisée. coryphée. élysée. empyrée. énée. galilée. graminée, *adj.* hyménée. lycée. machabée. mausolée. mélibée. morphée. musée. périgée. périnée. pompée. pygmée. prométhée. protée. rez-de-chaussée. scarabée. thésée. trophée. tyrtée; *plus, les* 14 *v. suivans :*

..ÉE 14 *verbes.*  *Je ou il* agrée, désagrée, grée, dégrée *et* ragrée. *je ou il* crée, procrée *et* recrée. *je ou il* supplée. *je ou il* baye aux corneilles, (*ou* BÉE). *je ou il* capée. (*t. de marine*). *je ou il* guée. (*laver*); *plus, le prés. du subj. dans les* 2 *verbes :* qu'il siée, *et* qu'il messiée.

*Nota. le participe passé des* 12 *verbes ci-dessus prend deux* é *aigus, pour désigner le masculin; et trois* é *pour le feminin. Voyez-les à la suite des noms fém. ci-après :*

....ÉE, *noms f.*  *Une* abée. *une* allée. ânée*. année. aphytée. (*t. de b.*). araignée. assiettée. bâtée. bractées, *n. pl. b.* bée, (*ouverture*). bractée. brouettée. charretée. cognée. contrée. corvée. cuillerée. d'emblée. denrée. dentée. diarrhée. dictée. *à la* dinée, *et l'*après-dinée. dorothée. dragée. échauffourée. écuellée. épée. épopée. équipée. cubée, *g.* fée. fournée. frottée. fusée*. gelée. gerbée. giboulée. giroflée. guinée. haquenée. hottée*. huée. idée, instantanée. jattée. jetée. journée. *voie* lactée. lignée. liliacée. lippée.

| | |
|---|---|
| *Suite du son* ....AI, *par* ÉE. *noms fém.* | marée. maréchaussée. matinée. méditerranée. mosquée. mounée. montée. nuée. nuitée. orthopnée. panacée. pancrée. pâtée. pelletée. pensée. pinsée. platée. poirée*, (*plante*). portée. potée. purée. renommée. rincée. risée. rosée. saignée. sachée. soirée. travée. urée. vinée. volée. *plus, les noms et adj. fém. en* É, *qui viennent des v. en* ER; *telles sont :* une bourrée. (*v. bourrer*). une destinée. (*v. destiner*). une cuvée. (*v. cuver*). une portée. (*v. porter*). une rossée. (*v. rosser*); *ainsi des autres.* |
| ....ÉÉ, *adj. m.* | *Les* 12 *adj. masculins, par deux* é *aigus, sont :* agréé. créé. désagréé. dégréé. gréé. ragréé. procréé. récréé. suppléé. béé. capéé. guéé. |
| ....ÉÉE. | *Écrivez avec trois* é *les* 12 *adj. fém :* agréée. créée. désagréée. dégréée. gréée. ragréée. procréée. récréée. suppléée. béée. capéée. guéée. |
| ....É, *noms f.* | *Excepté les* 18 *noms fém. en* TÉE *par deux* é (*voyez-les ci-dessus au son fém. ou à la finale* TÉ), *tous les autres noms fém. en* TÉ *y sont terminés par un seul* é; *tels sont :* l'authenticité. cécité. convexité. difficulté. faculté. société. l'université. la fixité. la vérité. la tranquillité. la papauté. la principauté. la vicomté. la comté-pairie. la franche-comté, *etc. On les trouve en les cherchant à la syllabe qui embarrasse.* |
| ....É *masc.* | *Employé, adj. m. erroné, adj. m. aimé. chanté, etc. (c'est la finale du masculin dans le participe passé des* 3,931 *verbes en* ER). *Quant à la finale invariable en* é *dans le participe des verbes neutres, voyez la règle des participes; on y a joint la liste de tous les participes invariables en* é. |
| ....ED. | Bled *ou* blé, m. cond-de-pied*, m. pied, m. taled, m. (*voile*). trépied, m. *plus, les cinq verbes :* il s'assied, *v.* s'asseoir. il se rassied. il sied, *v.* seoir. cela te messied. |
| ....EDS. | *Je m'assieds. tu t'assieds. je me rassieds. tu te rassieds.* (1ʳᵉ *et* 2ᵉ *personne dans les verbes s'asseoir et se rasseoir.*) |
| ....ÉENT. | ÉENT *est la finale de la* 3ᵉ *personne du plur. dans les* 13 *verbes suivans :* ils agréent. ils béent, (*ou bayent*). ils capéent, *v.* capéer. (*t. de marine*). ils désagréent. ils guéent, *v.* guéer (*ou aiguayer*). ils gréent. ils dégréent. ils créent. ils procréent. ils récréent. ils suppléent. ils ou elles siéent. ils ou elles messiéent. |
| ....EF. | *Une* clef *ou* clé, n. f. |
| ....EGS. | *Un* legs, (*donation*). |
| ....EH. | Eh ! (*cri de saisissement*). |
| ....EI. | Jockei, m. *ou* jockay. boghei, m. (*sorte de cabriolet découvert*); *mais* bokey *est une petite voiture légère.* |
| ....EIE. | EIE *est la finale de la* 1ʳᵉ *et de la* 3ᵉ *personne sing. dans les* 3 *verbes :* grasséyer. languéyer. planchéyer *ou* planchéier. *je ou il* gresseie. *je ou il* langueie. *je ou il* plancheie. |
| ....EIENT. | *Finale de la* 3ᵉ *personne du pluriel de ce son, dans les trois verbes ci-dessus.* |
| ....EP. | *Un* cep *de vigne. des* ceps; *le* p. *ne s'y fait sentir que devant* A. E. I. O. U. Y. |
| ....SEPT. | Sept *francs.* dix-sept *francs.* tré-sept, n. m. (*Voyez le son* EP *rude.*) |
| .... ER, *et* ër, *infinit. des ver.* | Arguër, *v. les deux points sur le* ë, *dans* arguër, *font prononcer* argu-er. aimer. faire. payer. employer, *etc. Voyez à la suite du son* AIR *l'infinitif des v. en* ER. AIRE. AYER. EYER. OYER. UYER. CER. GER. GUER. IER. ILIER. ILLER, *etc. et leur conjugaison.* |
| ....ER, *son* É. | *On écrit la finale* é, *par* ER, *dans tous les noms m. de métaux, d'arbres, d'états, de métiers, d'outils et de localités; plus, tous les mots en* IER, *dont le féminin est en* IÈRE : aiguilletier. acier. aiguillier. alisier. |

**Suite de AI, par ER.** | allier, g. amandier, b. arbalêtrier. archer. armurier. aubier. aumônier. avant-courrier. aventurier. baguenaudier. baguier*. badestamier. banquier. bâtonnier. bélier. bénitier. beurrier. bigarreautier. boisilier*. boisselier. bonnetier. boucher. boulanger. bouquetier. bourrelier. boursier. boutiquier. bouvier. braconnier. brasier. brossier. buandier. bûcher, n. cacaotier, b. cabaretier. cafetier. cafier, b. cahier*. calendrier. cerisier. cervier (loup). carrossier. carnassier. cartier*. cellier*. chantier*, charcutier (on disait autrefois chaircuitier). charbonnier, châtaignier. chicanier. cendrier. clavier. clincaillier*. clocher, n. et v. cochenillier, b. cocher*. coïer. collier. cognasssier, b. coquillier. le coucher. coursier. courrier. coutelier. crêmier. cuiller, n. f. (pron. cuillière). cuirassier. cuvier. culier*, adj. m. (t. d'anat.). damier. danger. davier. dépensier. devancier. doigtier. dossier. le déjeûner. le dîner*. le goûter. le souper. le manger. écalier (qui écale). écaillier ou écailler. (qui écaille). échiquier. écolier. écuyer. églantier. encrier. épaulier. épicier. épervier. escalier. étranger. évier. façonnier. fauconnier. faïencier. février, n. figuier, b. financier. flibustier. foncier. fourmilier*. fourrier. foyer. fruitier. fraisier. fusilier*. gabier. gazetier.

**....ER, son É. noms et adj.** | gargotier. gésier. gibier. glacier. gosier. greffier. grainetier ou grènetier. grainier*. grenadier. grimacier. groseillier. guerrier. hallebardier. hallier*. héritier. herbier. hortagier. huissier. hunier. janvier. jardinier. jouaillier*. lancier. layettier ou layetier. léger. lévier*. lévrier. limier. louvetier. loyer. luthier. maltotier. maraîcher. marguillier. menuisier. mercier. merisier. métayer. métier. meûnier. mobilier. muletier. nourricier. nautonnier, n. nobilier, adj. m nocher, n. noyer*, b. olivier. officier. oreiller. osier. ouvrier. palier*. pailler*. palefrenier. panier. papetier. papirier, b. passementier. pâtissier. peaussier. pelletier. perruquier. peuplier. pilier*. pincelier. piquier*. plaidoyer. pluvier. poirier. pommier*. potager. pouillier* ou pouillis. poulailler. pourpier. pourparler. prébendier. printanier. poussier. psautier. quartier*. des quartiers-maîtres. quillier. quincaillier. rancunier. rentier. reverquier. rosier. roulier*. routier. rubanier. saladier. savetier. sellier*. sentier. serrurier. setier. sommelier. sommier. sorcier. tabletier. tablier. taillandier. tapissier. teinturier. tenancier. terrier. toilier. tracassier. vaunier. verger. verrier. vinaigrier. vivandier. vivier. voilier. voiturier. voyer. xavier.

**....ERS, son É.** | Angers, g. louviers, g. montivilliers, g. pithiviers, g. verviers, g., et quelques autres noms de pays ; volontiers, adv.; plus, le pl. des mots ci-dessus en ER. Voyez tous les autres à la finale AIR, dont ils ont le son ; tels sont : divers, adj. m. pl. envers*. pervers, adj. m. revers, n. , etc.

**....ÈS.** | Abcès, m. accès, m. agrès, m. après, (prép.). auprès, (prép.). congrès, m. cyprès, m. b. décès, m. prédécès, m. excès, m. exprès, n. et adj. lès, prép. (près de) : passi-lès-paris, g. grès*, m. près. dès. procès, m. profès, n. et adj. progrès, m. regrès*, m. succès, m. tabès, m. très*, adv. mais on prononce l's dans les mots suivans : ad-patrès. ad-honorès. agnès, f. aloès, m. b. diabétès. aspergès, m. cérès, n. f. damoclès. florès, adv. kermès*, m. b. palès, n. f. xercès, m.

**....ÈS, son AIS.** | Es sans accent, a le son AIS dans : tu ES, ES-tu? (2e pers. dans le verbe ÊTRE; plus, dans les 6 adj. MES*. TES*. SES*. CES*. LES*. et DES*. (pour de les).

**....EST.** | Alcaëst, n. m. (dissolvant). crest*, g. il est. est-il. (3e pers. dans le v. ÊTRE). Voyez au son este, les mots en est que l'on prononce este.

*Suite de*
AI, *par* ET.

....ET, *noms et adj. masc.*

....ET, *verbes.*

....ETS.

....ÈT *long.*

....ÈTS.

....EY.

....EZ.

Alphabet. agnelet, (*mouill. le* g). aguet, (*poste*). anglet*, ( g. *dur* ). archelet. armet*. attifet*. auget. ballet*, (*danse*). baquet. barbet. baret. barbuquet. bariquet. baronnet. basset. bassinet. baudet. beignet. béquet. bilboquet. billet. bleuet *ou* bluet. bonnet. bosquet. bouquet. bourcet. (*t. de mar.*). bourriquet. batelet. bourrelet. brasselet. briquet. brochet. brouet. budjet *ou* budget. cabaret. cabinet. cabriolet. cabrouet. cachet*. camouflet. caquet. carnet. carrelet. cervelet. ciselet. civet. châlet. chapelet. chardonneret. châtelet. chaudret. chenet. chevalet. chevet. chouquet. clairet. claquet. cognet. colifichet. collet*. complet. concret. coquet. cordonnet. corselet. corset. cotret. cotylet. couperet. couplet. courcet. criquet. crochet. débet. déchet. décret. défet*. discret. duret. duvet. effet. éparcet. estaminet. et*, (*conjonction*). fausset*. feuillet. flageolet. fichet*. filet. fleuret. follet. foncet* foret*. fouet. freluquet. fret*. furet. genet*. gibelet. gibet. gilet. ginguet. gobelet. goret. gouet. gousset. graisset. gresset, *n. p.* grassouillet. guéret. guet*. guilleret. haquet*. havet*. hochet*. hoquet. houret. incomplet. indiscret. inquiet. jardinet. jarret. jet*. jaunet. juillet. laceret*. lacet*. lazaret. liseret. livret*. louchet. mahomet. maigret. maigrelet. maillet. mantelet. menuet. millet. miquelet. mollet. motet. muguet. mulet. naulet. navet*. net*. nouet*. objet. œillet. onglet*. orvet. osselet. ourlet*. paillet. palet*. paltoquet. pamphlet. paquet. paraclet, g. parapet. parquet*. placet*. perroquet. poignet. préfet. projet. quinquet. quiet. quolibet. reflet. réglet*. regret*. rejet. replet. ricochet. rivet. rochet*. roquet. rouet*. rouget. roset. rousselet. *b.* sansonnet. saupiquet. sauret*. savouret*. secret. sept, *nombre.* sifflet. sillet. sobriquet. sommet*. sonnet*. sorbet. soret*. soufflet*. sujet. surget. stylet. tabouret. tacet, (*pron. tacette*). tercet. tendelet. têt*. thibet. g. tiercelet. tiercet. tiret. tourniquet. trajet. tranchet. traquet. trébuchet. trinquet*. triquet. vaciet, *b.* valet. vannet*. venets, *n. pl.* (*filets*). verdelet*. verdet. verset*. violet*. volet*. etc., *plus* :

*La* 3e *pers. des* 11 *verbes suivans :* il admet. il met. il démet. il commet. il s'entremet. il omet. il permet. il promet. il remet. il soumet. il transmet.

*La* 1re *et la* 2e *pers. sing. dans les* 11 *verbes suivans :* j'admets, tu admets. je mets, tu mets. je démets, tu démets. je commets. je m'entremets. j'omets. je permets. je promets. je remets. je soumets *et je* transmets ; *plus, le plur. des noms ci-dessus en* ET, *comme un* alphabet, *des* alphabets. *un* agnelet, *des* agnelets. *etc. Voyez ci-devant le son final* ET.

Acquêt*, *m.* apprêt*, *m.* arrêt, *m.* benêt, *m.* conquêt, *m.* forêt, *f.* intérêt, prêt*, *n. et adj.* protêt, *m.* têt*, *m.* (*morceau d'un pot cassé*). *plus :* il vêt. il revêt*. il se dévêt. (3e *pers. dans les* 3 *v.* vêtir, revêtir *et* dévêtir.

*Je* vêts. *tu* vêts. (*v. vêtir*). *je* revêts. *tu* revêts. (*v. revêtir*). *je* dévêts. *tu* dévêts. (*v. dévêtir*). *plus : un* mêts*. *un* entremêts. *et un* rêts. (*filet*) ; *ajoutez-y le pluriel des* 9 *mots ci-dessus en* ÈT : *les* acquêts. *les* apprêts. *etc.*

Bey*, *m.* bokey, *m.* cussey, g. dey, *n. m.* darney, g. ferney, g. guernesey, g. grancey, g. jersey, g. larrey, g. *et autres pays.* mangabey, *m., sorte de singe.*

Assez, *adv.* biez, *canal.* chez, *prép.* forez*, g. grez en bouère, g. lez *ou* lès*, (*près de*). nez*, *n.* recez, *n.* rez-terre, *m.* rez-de-chaussée, *m.* geniez, g. séez, g. ; *plus, la* 2e *pers. du plur. de ce son dans tous les verbes ; tels sont : vous* allez. *vous* venez. *vous* parlez, *etc. Voy. la conj.*

OBSERVATION. *Les* 3 *v.* dire, redire *et* s'entredire, *sont les seuls v. en* DIRE, *qui font au présent de l'indicatif,* 2e *pers. : vous* dites, *vous* redites, *et vous vous* entre-dîtes ; *mais les 6 autres v., qui sont composés de* dire, savoir : *dédire. contredire. interdire. maudire. médire et prédire, ont au contraire leur temps présent terminé par* EZ. *Ainsi l'on dit :* vous vous dédisez. vous contredisez. vous interdisez. vous maudissez. vous médisez. vous prédisez. *Ce n'est donc qu'au prét. défini que l'on dit et que l'on écrit avec un accent circonflexe :* vous vous dédîtes. vous contredîtes. vous interdîtes, vous maudîtes, vous médîtes *et* vous prédîtes.

| | |
|---|---|
| ..AI *par* HAIE. | Haie*, *n. f.* ( *buisson, clôture* ). |
| ....HAIT. | Un souhait*, *n. m.* il hait*, 3e *pers. dans le v.* haïr. |
| ....HAYE. | La haye*, ( *ville de ce nom* ). |
| ....HÉ. | Hé! hé*! ( *rire niais, et cris pour exciter l'attention* ). |
| ....HEI. | Boghei, *n. m.* ( *sorte de cabriolet découvert* ); *mais* bokey *est une petite voiture légère.* |

---

| | |
|---|---|
| ....AICE. | *Il n'y en a aucun. Voyez* aisse. |

---

| | |
|---|---|
| ....AIDE. | Aide*, *n. et v.* il s'aide, (*v.* aider). laide*, *adj. f.* il plaide *e'* [illegible] |
| ....ÈDE. | Il abcède. il cède, (*v.* céder). bipède, *n. m.* il décède, *v.* il il exhérède, *v.* ganimède, *n. pr. m.* intermède, *n. m.* il o. [illegible] parallélipipède, (*t. de géom.*). il possède, *v.* il précède, *v.* remède il rétrocède, *v.* il succède, *v.* il supercède, *v.* vélocipède, *n.* vouède, *n. m.* il vrède, *v. Voyez les v. terminés par* céder *et* séder. |

---

| | |
|---|---|
| ....AIDER. | Aider, *v.* s'aider, *v.* s'entr'aider, *v.* plaider *et* replaider, *v.* |
| ...ÉDER. | Abcéder, *v.* accéder, *v.* excéder, *v.* exhéréder, *v. Voyez les autres à la finale* céder. |

---

| | |
|---|---|
| ....AIDRE. | *Aucun, voyez* èdre. |

---

| | |
|---|---|
| ....AIER. | *Aucun, voyez* ayer. |

---

| | |
|---|---|
| ...AI-JE. | *Les 5 finales* ai-je. ais-je. é-je. ets-je *et* è-je, *offrent les difficultés suivantes, soit à la finale de la* 1re *pers. des v. employés par interrogation, soit à la finale des noms :* ai-je, *ou* est-ce que j'ai, *est la* 1re *pers. dans le prés. du v.* avoir; *mais cette même finale* ai-je, *marque au contraire le temps passé et le futur dans la* 1re *pers. des autres v. ex. :* aimai-je hier? aimerai-je demain? arguai-je hier? arguerai-je demain? me déliai-je hier? me défierai-je demain? *Voyez la conjugaison.* |
| ....AIS-JE. | *Cette finale indique la* 1re *pers. de l'imparfait et du conditionnel dans les v. employés par interrogation. ex. :* aimais-je il y a un instant? aimerais-je, si? arguais-je? arguerais-je? me fiais-je? me fierais-je, si? *On dit aussi au présent :* fais-je? déplais-je? vais-je? *etc. Voyez les conjugaisons.* |
| ...É-JE. | É-je, *par* é *accentué, indique que la finale de la* 1re *pers. des v. en* ER *fait l'interrogation au temps présent; tels sont :* aimé-je présentement? me fié-je présentement? argué-je? *etc. Les 4 v.* je dusse. j'eusse. je fusse. je puisse *et* je pusse, *se changent aussi dans l'interrogation par :* dussé-je? eussé-je? fussé-je? puissé-je? pussé-je? |
| ....ETS-JE. | *C'est la finale du v.* mettre, *lorsqu'il est employé par interrogation; plus, des v. qui en sont composés; tels sont :* admettre. promettre, *etc., qui font à la* 1re *pers. du temps présent :* mets-je. admets-je. promets-je, *ou* est-ce que je promets? *Voyez la conjugaison.* |
| ....ÈGE. | Allège, *n. f.* ariège, *g.* barège, *m. g.* collège, *m.* cortège, *m.* chorège*, *n. m.* corrège*, *n. p.* liège, *m.* manège, *m.* norwège, *g.* piège, *m.* |

| | |
|---|---|
| *Suite de* ÈGE. | sacrilége, *m.* siège, *m.* solfége, *m.* sortilège, *m.* (*et non pas sorci....*) *plus, les 6 v.* j'abrège. j'agrège. j'allège. j'assiège. *je* protège. *je* siège. |
| ....EIGE. | Beige, *n. f.* (*sorte d'étoffe*). neige, *n. f. et v.* (neiger). pleige, *n. m.* (*caution ou répondant,* (*vieux mot*). |

| | |
|---|---|
| ....AIGLE. | Aigle, *m.* (*oiseau*). aigle, *n. f.* (*étendard*). l'aigle, (*ville de ce nom*). |
| ....ÈGLE. | *Il se* dérègle, *v.* règle, *n. f. il* règle, *v.* espiègle, *n. m.* |
| ....EIGLE. | Biseigle, *n. m.* scigle, *n. m.* meigle, *n. f.* (*pioche*). |

| | |
|---|---|
| ....AIGNANT. ....EIGNANT. ....OIGNANT. | *Ces 3 finales indiquent le participe présent des v. en* aindre. *Voyez* aindre, *ou voyez ces mêmes v. sous les 4 formes ci-après :* |

| | |
|---|---|
| ....AIGNE. | Araigne, *n. f.* (*filet*). bréhaigne, *n. f.* châtaigne, *n.f.* montaigne, *n. p. m.* muséraigne, *n. f.* sardaigne, *g. plus, dans les 4 v. il* baigne. *il* daigne. *il* dédaigne. *il* saigne. *ajoutez-y la* 1re *et la* 3e *pers. dans le subj. des* 4 *v. en* AINDRE *par* A, *qui font :* qu'il se complaigne. qu'il contraigne. qu'il craigne. qu'il plaigne. *Voyez la conjugaison.* |
| .....EIGNE. | Empeigne, *n. f.* enseigne*, *n. f. et v.* (*enseigner*). porte-enseigne, *n. m. inv.* peigne, *n. m. et v.* (*peigner*). teigne, *n. f. et v. plus, la* 1re *et la* 3e *pers. du subj. de ce son dans les v. en* EINDRE *par* E, *comme :* il faut qu'il astreigne. qu'il atteigne. qu'il aveigne. qu'il ceigne*, (*v. ceindre*). qu'il chanfreigne. qu'il dépeigne. qu'il déteigne. qu'il empreigne. qu'il étreigne. qu'il feigne. qu'il geigne. qu'il peigne. (*du v. peindre, ou du v. peigner*). qu'il restreigne. qu'il renseigne. qu'il teigne, (*verbe teindre*). |
| ....ÈGNE. | Duègne, *n. f.* interrègne, *n. m.* règne, *n. m. et v.* (*régner*). |
| ....OIGNE. | *Il* soigne, *v. il* empoigne, *v. il* témoigne, *v. plus, le subj. des 7 v. en* OINDRE : qu'il joigne. qu'il déjoigne. qu'il disjoigne. qu'il enjoigne. qu'il oigne. qu'il poigne. qu'il rejoigne. |

| | |
|---|---|
| ....AIGNER. | Baigner, *v.* daigner, *v.* dédaigner, *v.* saigner, *v.* dessaigner, *v.* (*t. de tanneur*). ressaigner, *v.* |
| ....EIGNER. | Enseigner, *v.* peigner, *v.* renseigner, *v,* |

| | |
|---|---|
| ....AIGRE. | Besaigre, *adj.* maigre, *adj.* vinaigre, *n. m. et v.* aigre, *adj.* staphis-aigre, *b.* |
| ....ÈGRE. | Alègre, *adj.* intègre, *adj.* nègre, *n.* sègre, (*riv.*). |

| | |
|---|---|
| ....AIGUES. | Aigues-mortes, *g.* chaudes-aigues, *g.* entraigues, *g.* |
| ....ÈGUE. | Bègue, *adj.* collègue, *n. m.* nimègue, *g. plus les 5 v. :* il allègue. il délègue. il relègue. il subdélègue. |

| | |
|---|---|
| ....AIL. | Aiguail, *n. m.* ail*, *m.* (*pl.* aulx). attirail, *n.* bail, *n.* (*pl.* baux). bercail, *m.* bétail, *m.* (*pl.* bestiaux). camail, *m.* corail, *m.* (*pl.* coraux). détail, *m.* émail, (*pl.* émaux). éventail. épouvantail. gouvernail. mail*. montmirail, *g.* plumail*, (*pl.* plumaux). poitrail. portail. sérail. sous-bail, (*pl.* sous-baux). soupirail, (*pl.* soupiraux). tramail. vantail, (*pl.* vantaux). un ventail*, *des* ventails. (*t. de blason*). travail, (*pl.* travaux); *mais on dit des* travails, *en parlant des machines en bois, à l'usage des maréchaux.* *Nota. On ajoute un* s *au pl. des noms ci-dessus en* ail, *dont le pl. n'y est pas désigné en* aux. |
| ....AILLE *à la fin des noms f.* | Aumaille*, *adj. et n.* antiquaille. basse-taille. bataille. blocaille. caille. canaille. courte-paille. crevaille. ferraille. gueusaille. mangeaille. |

| | |
|---|---|
| *Suite de* AILLE | médaille. ouaille. pince-maille. pierraille. prétintaille. poissonnaille. quincaille. ripaille. rocaille. traille (*bac*). valetaille. volaille, *et tous les autres fém. en* aille. |
| ...AILLE, *pour les verbes :* | J'assaille. je baille*. il coaille. je criaille. je détaille. il fouaille. je tressaille. je travaille, *et les* 47 *autres v. en* ailler, (*voyez à la finale* ayer). *Plus, le subj. des 3 v. :* que j'aille, (*v.* aller). *que je* vaille, (*v.* valoir). *qu'il* faille, (*v.* falloir). *Voyez la conjugaison.* |
| ....AILLES, *pour les noms et pour les verbes.* | *On termine* aille *avec un* s *à la 2e pers. sing. dans les v. ci-dessus; tels sont :* tu assailles. tu détailles. tu travailles. *etc.; plus, le pl. des noms fém. ci-dessus en* aille; *mais les* η *mots :* accordailles. broussailles. entrailles. épousailles. fiançailles, funérailles *et* morailles, *n'ont pas de singulier.* versailles, g. n. sing. |
| ....AILLENT. | *Qu'ils* aillent. *qu'ils* vaillent; *plus, la* 3e *pers. de ce son dans les v. en* ailler. *Voy. la conjugaison.* |
| ....AYE. | Andaye, g. biscaye, g. lucayes, g. |

| | |
|---|---|
| ....AILLER. | *Pour les 3 finales* ailler, aller *et* lyer, *voyez à la finale* ayer. |
| ....ELLE, *par* AÎLE : | Aîle *d'oiseau, etc. Voyez les autres finales de ce son, à la finale* EL. |

| | |
|---|---|
| ....AIM. | *Voyez à la suite du son final* AIME. |

| | |
|---|---|
| ....AIME. | J'aime*. tu aimes. il aime*. ils aiment. aime-les. aime-s-en. |
| ....EDME. | Edme (st.), n. propre. |
| ....EIME. | Bleime*, n. f. ( *inflammation* ). seime, n. f. ( *partie du pied du cheval* ). |
| ....EM. | Ad rem. béthléem, g. harem, g. harlem, g. hem*! idem. item. jérusalem, g. mathusalem. requiem. sem*, n. p. *le* tu autem, ( *c'est le nœud ou la difficulté* ). |
| . ÈME *et* ÊME. | Abstême, adj. ( *qui ne boit pas de vin* ). anathême, n. m. angoulême, g. apophthegme, m. ( *t. de rhét.* ). apostême, m. ( *enflure* ). apozème, ( *t. de méd.* ). baptême, m. barême, m. blasphême, m. blême*, adj. chrême (st.), m. crême*, n. f. mi-carême, n. f. cinquième. deuxième. diadême, m. dixième. emblême, m. empyème, m. enthymême, m. épithême, m. ( *topique* ). exanthême, m. extrême. huitième. même*. millième. poême, m. problême, m. quantième, m. quarantième. quatrième. il sème*, v. septième. sixième. soixantième. stratagême, m. suprême. systême, m. thême, m. théorême, m. treizième. trentième. troisième *et* vingtième. |
| ....EMME. | Dilemme, m. gemme*, ( *sel* ). lemme, n. m. |
| ....ESME. | Ténesme, n. m. ( *épreintes douloureuses* ). |
| ....EMME, *son* AME. | *Dans* femme. sage-femme. femmelette. |
| ....EMNE. | Indemne, adj. *dérivé d'*indemniser, *ou d'*indemnité, f. |

| | |
|---|---|
| ....AIM. | Daim, n. m. faim*, n. f. essaim, n. m. étaim*, n. m. (*laine plus torse que la trame*). haim, n. m. ( *crochet, t. de pêche* ). |
| ....AIN, *noms et adj.* | Ain*, g. airain, n. m. africain, m. américain, m. andain, n. m. autrain*, n. g. archidiocésain. archivilain. aubain*, adj. bain, m. bisquain. bouchain, g. boute-en-train, inv. caïn, n. p. certain, adj. m. chapelain, m. châtain, adj. m. châtelain, n. contemporain. couvain. dédain. demain, adv. diocésain. dizain. dominicain. douvain. douzain. écrivain, m. étain*, n. forain, adj. franciscain. fusain, m. gain, m. génovéfain. germain, n. et adj. m. cousin-germain. grain. hautain adj. m. humain. incertain, adj. m. inhumain, adj. m. jourdain, g. |

| | |
|---|---|
| *Suite de* AIN, *noms et adj.* | Lekain*. lendemain, m. levain, m. lointain, *adj. m.* lorrain, g. louvain, g. main*, n. f. malsain, *adj. m.* massepain, m. merrain, m. métropolitain, m. mexicain, m. mondain, *adj. m.* nain, m. napolitain, m. nonnain, n. f. ornain, g. pain*. perrain. plain*, n. et adj. ( *aplati* ). plantain, n. m. poulain, ou poulin, n. m. prochain, adj. et n. publicain, m. puritain, m. quatrain, n. refrain, n. regain, n. républicain, n. et adj. m. riverain, adj. m. romain, n. et adj. m. sacristain, n. m. sain*, adj. samaritain, n. m. sixain, m. soudain, adj. souterrain, m. souverain, m. surlendemain, n. m. suzerain, m. sylvain, m. tain*, n. ( de glace ). terrain et mieux terrein, n. m. thébain, m. train, n. m. traversain ou traversin, n. m. ultramontain, m. urbain*, adj. vain*, adj. envain*, adv. vilain, adj. vulcain, n. m. zain, adj. |
| ....AINC. | Il vainc*. il convainc, 3e pers. au temps présent, dans les 2 v. vaincre et convaincre. |
| ....AINCS. | Je le vaincs. tu le vaincs. je te convaincs. tu le convaincs. ( 1re et 2e pers. dans les 2 v. ci dessus ). |
| ....AING. | Parpaing, n. ( pierre, terme de maçonnerie ). |
| ....AINS. | Je ou tu contrains. je ou tu crains. je ou tu plains. ( 1re et 2e pers. dans les 3 v. contraindre, craindre et plaindre). |
| ....AINT. | Il contraint, v. il craint, v. il plaint, v. Plus les 5 adj. craint*. (crainte). contraint. (contrainte). maint*. (mainte). plaint*. (plainte). saint*. ( sainte ). la Toussaint, n. f. |
| ....EIN. | Chanfrein, n. dessein*, n. frein, n. le mein*. ( riv. d'allem. ). plein*, adj. (rempli). rein*, m. scin*, n. m. serein*, adj. m. terrein, ou terrain, n. m. terre-plein, n. m. |
| ....EING. | Contre-seing, n. m. seing*, n. ( signature ). un sous-seing-privé. des sons-seings-privés. |
| ....EINS. | On termine par EINS la 1re et la 2e pers. sing. des 19 verbes en EINDRE par E, ce sont : Je ou tu astreins, v. ( astreindre ). je ou tu atteins. j'aveins. je ceins. je dépeins. je déceins*. je déteins. je ou tu empreins. j'enceins. j'enfreins. j'épreins. j'éteins. je feins*. je ou tu geins. je peins. je ratteins. je restreins. je reteins et je teins*. ( Voyez la conjugaison). |
| ....EINT. | EINT est la finale de la 3e pers. des 19 verbes ci-dessus et de leur adj. verbal m.; tels sont : il ou elle astreint. il atteint. il aveint. il ceint*. il déceint. il dépeint. il déteint. il empreint. il enceint. il enfreint. il épreint. il éteint. il feint. il geint. il peint. il ratteint. il restreint. il reteint et il teint. |
| ....EN, son IN et IEN. | Académicien, m. aérien, adj. m. agen, g. algérien. alsacien. ancien, adj. arithméticien. assyrien. athénien. ben*, n. ( arbre ). bélien, ( plante ). bien, n. et adv. cananéen. chaldéen. chien, m. chirurgien, m. chrétien, m. comédien, m. combien, adv. corinthien, m. dioclétien, n. dialecticien. éden*, m. enghien, g. esden*, g. entretien*, n. épicurien. européen. examen, n. m. fabricien. gardien, m. galérien. galiléen. gordien, n. m. grammairien. grégorien. historien. hymen, n. m. italien. kraken, m. ( poisson ). languedocien. lien, n. m. logicien. lucien, m. luthérien. maintien*, n. mécanicien. magicien. mathématicien. le mien. milicien. musicien. nazaréen. norwégien. opticien. oratorien. ouen (st. ), g. parisien. paroissien. patricien. plébéien. pharisien. pharmacien. praticien. pyrrhonien. presbytérien. prussien. quotidien. régalien. rhétoricien. rien, n. saducéen. le sien. soutien*, n. m. staälien. socinien. stoïcien. tacticien. taphien. théologien. théoricien. terrien. le tien ( pron. ). tragédien. valérien. vaurien. vendéen. vénérien. vénitien. westphalien. |

**....YEN.**　Biscayen, *m.* citoyen. concitoyen. doyen. mitoyen. moyen. payen, *ou* païen: troyen.

**...AIN par ENS.**　*C'est par ens que l'on termine tous les noms ci-dessus au pluriel. Plus, la* 1re *et la* 2e *pers. du sing. de ce son, dans les* 23 *v. dont l'infinitif est en* TENIR *et en* VENIR; *tels sont :* je tiens. j'appartiens. je viens. je conviens. je deviens; tu tiens. tu appartiens. tu viens. tu conviens, *etc. Voyez leur conjugaison.*

**...AIN par ENT.**　*A la* 3e *pers. s. des* 23 *verbes ci-dessus en* TENIR *et en* VENIR : il tient. il appartient. il vient, *etc.*

**.....IM.**　Joachim, *n. pr.* parnassim, *n. m.* ( *directeur d'une synagogue* ).

**....YM.**　Thym*, *n. m.* ( *plante de ce nom* ).

**....INC.**　Zinc, *n. m.* (*métal*); *plus, les deux verbes :* il vainc*. il convainc.*( 3e *pers. dans les v.* vaincre *et* convaincre.

**....ING.**　Bokking, *adj.* ( *se dit de hareng fumé* ). poing*, *n. m.* schelling, *n. m.* sterling, *n. m.* un sous-seing. des sous-seings. vieux-oing; *mais, dans* pouding, *on prononce* gue.

**....INGT.**　Vingt-quatre. quatre-vingts. quatre-vingt-treize. vingt *est sans* s *au pluriel, suivi d'un autre nombre.*

**....INQ.**　Cinq*, *inv.* ( *pron.* cinque; *mais on le pron.* cin *devant une consonne* ).

**....INCT.**　Distinct, *adj. m.* instinct, *n. m.* succinct, *adj. m.*

**....INT.**　Charles-quint. sixte-quint. quint. (5e *partie* ). requint*. ( *t. de pal.* ) *Plus les* 23 *verbes en* TENIR *et* VENIR, *à la* 3e *pers. sing. du prétérit défini; ce sont :* il s'abstint *hier.* il appartint. il contint. il contrevint. il convint. il détint*. ( *v.* détenir ). il disconvint. il entretint. il maintint. il mésavint. il obtint. il parvint. il prévint. il provint. il se ressouvint. il retint. ( *v.* retenir ). il soutint. il se souvint. il survint. il tint* *et* il vint*.

**....INT, par înt.**　*On met un accent circonflexe sur la finale* int *des* 23 *verbes ci-dessus, lorsqu'ils indiquent la* 3e *pers. s. de l'imparfait du subj., comme dans* je voudrais qu'il s'abstînt, qu'il appartînt, *etc. Voyez la conjugaison.*

**...INS.**　*Les* gobelins. *les* quinze-vingts. provins*, *g.* vervins, *g. Ajoutez-y les* 23 *verbes ci-dessus, lorsqu'ils sont à la* 1re *et à la* 2e *pers. sing. du préter. défini; tels sont :* je m'abstins. tu obtins. je vins. tu vins*, *etc. Voyez la conjugaison.*

**....IN.**　*On termine par* IN *les mots masculins dont le féminin est en* INE, *comme* aigrefin, *m.* aigrefine, *f.; mais, comme il est des mots masc. en* IN *qui n'ont pas de fém., voici tous les mots en* IN : adultérin. aigrefin. alevin. alexandrin. alcalin. angevin. anodin. apennin, *g.* aquilin. argentin. arlequin. assassin. aubin*, *n.* ( *allure* ). augustin. babouin. badin. baldaquin. ballotin. bambin. baragouin. basin. bassin. bec-de-corbin. bédouin. béguin. bénédictin. benjamin. benin. besoin. biscotin. boudin. boulingrin. bouquin. brandevin. brassin. bregin. brigantin. brin. brodequin. buccin. bulletin. caïn. calcin. calepin*. canepin. calvin, *n. p.* capucin. carabin. carmin. casaquin. cassetin. cavin. chafouin. chagrin. chambourin. chemin, *n.* chevrotin. chicotin, *n.* circonvoisin. cisalpin. citrin, *n.* clampin. citadin. clandestin. clavecin, *n.* coin. colin. colarin. consanguin. constantin. corallin. corbin. cousin. coussin. crapoussin. craquelin. cremlin, *g.* crin*, *n.* crispin. cristallin. crottin. cumin. dammartin, *g.* dandin. dauphin. déclin. dessein*. dessin*. destin. doguin. dublin, *g.* échevin. écrin. enclin. enfantin. enfin, *adv.* engin. épervin *ou* éparvin. errhin, (*adj. t. de méd.* ). escarpin. escalin. espadassin *ou* spadassin. euxin, *g.* fantassin. faquin. farcin. féminin, *m.* fin*, *adj. m. et n. f.* flin, *m.* flandrin. florentin. florin, *n.* foin. franklin. frasin. fretin. *le* sain-frusquin ( *t. pop.* ). furin. galantin.

*Suite de* IN.

galopin. gamin. garbin. gazetin. gouin, *t. pop.* (*fripon rusé*). *les* gobelins, g. gouspin. gradin. grappin. gratin. gredin. groin. harpin. hesdin,
g. ignorantin. intestin. jacobin. jardin. jasmin. jobelin. juin. larcin.
lévantin. libertin. lin, *n.* loin*. lopin. lupin. lutin. lutrin. magasin. malin (*fém. maligne.*) malouin (*de Saint Malo*). mandarin. mandrin. mannequin. marasquin. marcassin. marin. maringouin. maroquin. marsouin.
masculin. matin*. mâtin. médecin. menin. mesquin. muscadin. nankin.
navarin, g. nervin. orgausin. orin. ormin, *n. m. b.* orphelin. orpin, *b.*
palanquin. pantin. parchemin. patelin. pékin. pélerin. pépin. pétrin.
picotin. pin*. poitevin. poussin. provin*. pulvérin. pumicin. purpurin.
quadratin. rabbin. raisin. ramequin. ravelin. ravin. recoin. requin*.
réveille-matin. rhin, g. ricin. romarin, *b.* roussin. rouverin. sagouin.
sainfoin. saint-quentin, g. sanguin. sanhédrin. sapin. sarrasin. satin. sauvagin. scapin. scrutin. sequin. séraphin. serin*. serpentin. séve-
rin, *n. p.* spadassin. soin. pharyngo-staphylin. staphylin. strapontin.
succin*, *n.* superfin. supin. talapoin. tamarin. tannin. taquin. tarin.
tarquin. témoin. tétin. théatin. tintouin. tocsin. traversin. tremplin.
trottin. trousse-quin. turin, g. turlupin. turquin. utérin. vaccin. vélin.
venin. vérin. vercoquin. vexin, g. vicentin, *m. g.* vilbrequin. *et*
*mieux* virebrequin (*b et d.*) voiturin. vintin, *n. m.* vin*, *n.* voisin.
zinzolin.

..OINT, OUIN,
....OUEN, OING. — *Voyez à la finale* OIN.

---

....AINCE. — *Aucun. Voyez les finales* INCE *et* INSSE.

---

....AINCRE. — *C'est la finale des deux verbes :* vaincre *et* convaincre.
....INCRE. — *Aucun.*

---

....AINCTE. — *Aucun.*
....INCTE. — Distincte *et* succincte, *adj. f. de* distinct *et de* succinct, *adj. m.*

---

....AINDE. — *Aucun.*
....INDE. — Clorinde, *n. pr. f.* coq-d'inde. dinde. poule-d'inde. poulet-d'inde. guinde,
*n. f. et v.* pinde, *m. g. il* scinde, *v. il* rescinde, *v.*

---

....AINDRE. — Complaindre, *v.* contraindre, *v.* craindre, *v.* plaindre, *v.*

....EINDRE. — Astreindre, *v.* aveindre, *v.* atteindre, *v.* ceindre, *v.* déceindre, *v.* chan-
freindre, *v.* dépeindre, *v.* déteindre, *v.* empreindre, *v.* enceindre, *v.*
enfreindre, *v.* épreindre, *v.* éteindre, *v.* feindre, *v.* geindre, *v.* peindre,
*v.* restreindre, *v.* reteindre *et* teindre, *v. Les verbes en* INDRE *ne con-*
*servent le* D *qu'autant qu'on le prononce.*

....OINDRE. — Adjoindre, *v.* déjoindre, *v.* disjoindre, *v.* enjoindre, *v.* joindre, *v.*
moindre, *adj.* poindre, *v. et* rejoindre, *v.*

....INDRE. — Cylindre, *n. m. et v.* cylindrer. gindre, *et mieux* geindre (*garçon bou-*
*langer.*) guindre, *n. m.* (*petit métier pour la soie*). indre, g.

---

....AINE, *noms*
*féminins et v.* — Africaine, *n. f.* américaine. aquitaine, g. aubaine, *f.* bédaine, *n. f.* hour-
daine, *n. f.* capitaine, *m.* centaine*, *f.* certaine. chaîne*. calembredaine, *f.*
cinquantaine. contemporaine. daîne, *n. f. de* daim. dégaîne, *n. f. et v.*
dizaine, *n. f.* domaine, *n. m.* douzaine, *n. f. il* entraîne, *v.* faîne*, *n. f.*
fontaine, *n. f.* foraine. fredaine. futaine. gaîne. germaine. graine. haine*,
*f.* hautaine. huitaine. humaine. laine. lointaine. lorraine, g. maine*,
*m. g.* marjolaine, *f. b.* marraine, *n. f.* métropolitaine. mexicaine. mi-
graine, *n. f.* misaine, *n. f.* (*mât de*). mitaine, *n. f.* mondaine, *f.* moraine,
*f.* naine, *adj. f.* neuvaine, *n. f.* plaine*. porcelaine. pretentaine (*ac-*

**Suite de AINE.** — tion d'aller çà et là ; et mieux PRÉTENTAINE, d.) quarantaine. quinzaine. raine*. républicaine. riveraine. romaine. saine*, adj. f. samaritaine. soixantaine. soudaine. souterraine. souveraine. tiretaine. touraine, g. trentaine. urbaine. ultramontaine. vaine*, adj. f. vilaine. vingtaine.

**Verbes.** — Ajoutez-y les 13 verbes suivans en AINER : il déchaîne, il dégaîne, il engaîne, il enchaîne, il égraine ou égrène, il graine ou grène, il entraîne, il laine, il renchaîne, il rengaîne, il traîne, il rentraîne.

**....EINE.** — Aveine ou avoine, n. f, baleine, n. f. il chanfreine, v. baleine, n. f. magdeleine, n. f. peine*, n, f. et v. pleine*, adj. f. sereine, adj. reine*, n. f. seine*, f. (riv.) verveine, b. vice-reine, n. f.

**..EINE par EN.** — On prononce ÈNE dans abdomen, m. amen, inv. cérumen, n. m. cyclamen m. b. gluten, m. gramen, m. hymen, m. kraken, m. (poisson). lichen, m. (on pron. liken). pollen, m. solen, m. spécimen. spleen (pr. spline). Voyez les autres à la finale AIN dont ils ont le son.

**...ÈNE et ÍNE pour les 52 noms.** — Alène, n. (outil). arène, n. f. avant-scène, n. f. carène, n. f. catéchumène, n. m. et adj. cène*, n. f. (repas). césène. chêne*, n. m. ciroène, n. m. diogène, n. pr. ébène, n. f. énergumène. épicène, n. et adj. frêne, n. m. galène, n. f. gangrène, n. f. (prononcez cangrène). gêne, n. f. gênes, g. glène, n. f. (cavité d'un os.) hélène, n. f. hellènes, m. pl. hétérogène, adj. homogène, adj. hyène, n. f. hydrogène, n. m. hygiène, n. f. hypocrène ou hippocrène, n. f. indigène, n. et adj. irène, n. f. mécène, n. pr. m. melpomène, n. f. modène, g. murène, n. f. (poisson). obédène. obscène, adj. oxigène, n. m. ozène, n. m. patène*, n. f. pène*, m. phalène, m. phénomène, m. philhellène, n. et adj. ptène, n. m. rêne*, n. (de bride). saphène, n. f. (veine du pied.) scène*, n. f. sentène*, n. f. silène, n. m. sirène, n. f. troène, ou trène, m. b. trézène, g. f. théramène, n. pr. m.

**Pour les 30 verbes.** — Dans les 30 v. suivans en ENER et ÉNER : je ou il aliène, il amène. il assène. il démène. il désengrène. il ébène. il ébrène. il écrène. il emmène. il enchifrène. il encrène. il engrène, enrène, formène, gangrène. il grène ou graine. il halène (v. haléner). il mal-mène. il mène. il morigène. il promène. il ramène. il rassérène. il refrène. il remène. il rengrène. il serène. il surmène.

**....ÈNES.** — Athènes, g. cévènes, g. démosthènes, m. gênes, g. paralipomènes, n. m. pl. surènes, g. Plus, la 2e personne dans les 30 v. ci-dessus.

**....ENNE, dans les noms.** — Adrienne, f. ancienne, adj. f. andrienne, f. antenne, n. f. antienne, n. f. bohémienne. caspienne, g. cayenne, g. césarienne. chienne. chrétienne. citoyenne. couenne. égyptienne. étienne, n. m. étrenne, n. f. et v. garenne. géorgienne. grégorienne. indienne. julienne. magicienne. mayenne, g. méridienne. la mienne. à la grosse mordienne, (loc.). morguienne! (pop.) moyenne, adj. f. parisienne. penne, n. f. (plume). persienne. prussienne. quotidienne. renne, n. f. (animal). sienne. la tienne. varenne*. vendéenne. vienne, g.

**.....ENNE, dans les verbes.** — Je ou il empenne. je ou il étrenne. je ou il moyenne. Plus, dans le subj. des 29 v. suivans, dont l'infinitif est en ENIR et en ENDRE : que je m'abstienne, qu'il s'abstienne, qu'il advienne, appartienne, apprenne, avienne, comprenne, contienne, contrevienne, convienne, détienne, devienne, disconvienne, entretienne, intervienne, maintienne, mésavienne, obtienne, parvienne, prenne, provienne, reprenne, ressouvienne, retienne, soutienne, souvienne, survienne, qu'il tienne, qu'il vienne. Plusieurs auteurs modernes terminent la forme de ces 29 v. ci-dessus, par IÈNE : qu'il s'abstiène, qu'il appartiène, etc.

**....ENNES.** — Ardennes, g. cévennes, g. rennes, g. valenciennes, g. varennes, g. vincennes g. Plus, la 2e pers. sing. dans les 32 v. ci-dessus : tu empennes, que tu t'abstiennes, etc. Voyez la conjug. des v. en ENDRE et en ENIR.

| | |
|---|---|
| ....AINER. | 14 *verbes* : déchaîner, *v.* dégaîner, *v.* désenchaîner, *v.* égrainer, *ou* égrener. engaîner. engraîner*. entraîner. grainer. renchaîner. rengaîner. rentraîner *et* traîner. |
| ....EINER. | 2 *verbes* : chanfreiner *et* peiner. |
| ...ENER *et* ÉNER. | 30 *verbes* : aliéner. amener*, *etc. pour en éviter ici la répétition, voyez-les au son* ÈNE. |
| ....ENNER. | 2 *verbes* : empenner *et* moyenner. |

| | |
|---|---|
| ....AINGLE. | *Aucun. Voyez* INGLE. |

| | |
|---|---|
| ....AINGRE. | *Aucun. Voyez* INGRE. |

| | |
|---|---|
| ....AINGUE. | *Aucun. Voyez* INGUE. |

| | |
|---|---|
| ....AINQUE. | *Que je* vainque. *que je* convainque. *Voyez-en la conjugaison.* |
| ....INC. | Zinc, *n. m.* ( *métal* ). |
| ....INQ. | Cinq*, *nom de nombre ; on prononce* cih, *devant une consonne.* |
| ....INQUE. | Pinque, *n. f.* scinque, *m.* ( *sorte de lézard* ). *il* délinque, *v. il se* requinque, *v. il* trinque, *v.* |

| | |
|---|---|
| ....AINTE. | Complainte, *n. f.* contrainte. crainte. mainte ; *adj. f.* ( *de l'adj. m.* maint ). plainte*. sainte*. |
| ....EINTE. | Atteinte, *n. et adj. f.* ceinte*, ( *du v.* ceindre ). enceinte*. empreinte, *f.* épreintes, *n. f. pl.* ( *douleurs* ). éteinte, *adj. f.* étreinte, *n. f.* feinte, *f.* peinte*, *adj. f.* repeinte, *adj. f.* ratteinte, *f.* restreinte, *f.* reteinte*. teinte*, ( *du v.* TEINDRE ). |
| ....INTE. | Aminte, *n. f.* coloquinte, *b.* pinte*, ( *mesure* ). quinte. *je* tinte, *et je* retinte, ( *v.* TINTER. ) |
| ....OINTE. | Adjointe, *adj. f.* conjointe, disjointe, déjointe, jointe, rejointe, pointe, *n. f. et v. ; plus, leurs autres composés : il* appointe. *il* repointe. *il* dépointe. |
| ....INTHE. | Absinthe, *n. f.* corinthe, *g.* labyrinthe, *n. m.* hyacinthe, *n. f.* jacinthe, *n. f.* plinthe*, *n. f.* térébinthe, *m.* ( *arbre qui produit la térébenthine* ). |
| ....INCTE. | *On ne prononce le* c *que dans* distincte *et* succincte, *adj. f. des adj. m.* distinct *et* succinct. |

| | |
|---|---|
| ....AIR. | Air*, ( *ton et élément* ). chair*, *n. f.* ( *viande* ). clair*, *adj. m. et n.* éclair*, *n. m. le* flair*, *n.* impair, *adj. m.* pair*, *n. et adj. m.* nonpair *ou* nom-pair. vair*, ( *t. de blason* ). |
| ....AIRE. | Aire*, *n. f.* ( *place* ). abécédaire, *n. m.* actionnaire*, *n.* adversaire, *n.* agraire, *n. et adj.* affaire*, *n. f.* alimentaire*, *adj.* angulaire, *adj.* anniversaire, *adj. et n.* annuaire, *adj.* antiphonaire, *n. m.* antiquaire, *n. m.* arbitraire*, *n. et adj.* armillaire, *adj.* (ll *dur*). apothicaire, *n. m.* atrabilaire, *adj.* auriculaire, *adj.* auxiliaire, *n. et adj.* axillaire, *adj.* basilaire, *adj.* beaucaire, *g.* bénéficiaire, *adj.* bibliothécaire, *n. m. et adj.* biliaire, *adj.* binaire*, *adj.* biviaire, *adj.* bréviaire, *n. m.* brumaire, *n. m.* bullaire, *n. m.* caire, *g.* calcaire, *adj.* calendaire, *n. m.* ( *ver* ). calvaire, *n. m.* capillaire, *adj.* (ll *dur*). capitulaire*, *n. m.* capsulaire, *adj.* cartelaire. catilinaire, *n. f.* caudataire, *n. et adj.* célibataire, *n. et adj.* cellulaire, *adj.* centenaire, *n. et adj.* cessionnaire, *n. et adj.* chaire*, *n. f.* ( *à prêcher* ). chirographaire, *adj.* ( *kiro.* ). ciliaire, *adj.* cimbalaire, *n. f. b.* cinéraire, *adj.* circulaire, *n. f. et adj.* claire*, *adj. f.* collataire, *n. m.* collégataire, *n.* commen- |

taire *, *n. m.* commissaire, *n. m.* commissionnaire, *n. et adj.* complémentaire, *adj.* commanditaire, *n. et adj.* concessionnaire, *n. et adj.* concussionnaire, *n. et adj.* congruaire, *n. m.* consignataire, *n. et adj.* contre-révolutionnaire, *n. et adj.* consulaire, *adj.* contraire, *adj.* convulsionnaire, *adj.* corollaire, *n. m.* corsaire *, *n. m.* débonnaire, *adj.* décadaire, *adj.* démissionnaire, *n. et adj.* dépositaire, *n. et adj.* diaire, *adj.* diamantaire, *n. m.* dictionnaire, *n. m.* dignitaire, *n. m.* dispensaire*, *n. m.* doctrinaire, *n. m.* domiciliaire, *adj.* donataire, *n. et adj.* douaire, *n. m.* dromadaire, *n. m.* éclaire, *n. f.* (*plante*). électuaire, *n. m.* élémentaire, *adj.* émissaire, *n. et adj.* épistolaire, *adj.* exemplaire, *n. m. et adj.* extra-judiciaire, *adj.* extraordinaire, *adj.* factionnaire, *n. m.* faussaire, *n. et adj.* feudataire, *n. et adj.* fiduciaire, *n. m.* fonctionnaire, *n. m.* formulaire, *n. m.* frimaire, *n. m.* funéraire *, *adj.* garnisaire, *n. m.* glaire, *n. f.* glossaire, *n. m.* grabataire, *adj.* grammaire*, *n. f.* liaire*, *n. f.* hebdomadaire, *adj.* héréditaire, *adj.* herniaire, *adj.* honoraire*, *adj.* horaire, *adj.* hypothécaire*, *adj.* imaginaire*, *adj.* immobiliaire. incendiaire, *n.* initiaire, (*qui initie*). intercalaire*, *adj.* interlinéaire, *adj.* intermédiaire, *n. m. et adj.* interstellaire, intervalvaire, inventaire*, *n. m.* involontaire, *adj.* itinéraire, *n. m.* janissaire, *n. m.* jubilaire, *adj.* judiciaire, *adj.* jugulaire*, *n. f.* lapidaire *, *n. m.* légataire, légionnaire, *n. m.* lenticulaire, *n. f. et adj.* libraire, *n. m.* linaire, *n. f.* linéaire, *adj.* littéraire, *adj.* locataire, *n.* lombaire, *adj.* luminaire, *n. m.* lunaire, *adj.* maire*, *n. m.* mammaire, *adj.* mandataire, *n. m.* maxillaire, *adj.* mercenaire, *n. et adj.* militaire *, *n. et adj.* milliaire*, *adj.* millionnaire, *n. et adj.* missionnaire, *n. m.* mobiliaire, *adj. ou* mobilière, *adj. f.* molaire, *adj.* (*dent*). monétaire, *adj.* mortuaire, *adj.* mousquetaire, *n. m.* munitionnaire, *n. m.* musculaire, *adj.* nécessaire, *n. et adj.* nobiliaire*, *n. m.* notaire *, *n. m.* numéraire, *n. et adj.* octogénaire, *n. et adj.* oculaire, *adj.* olivaire, *adj.* ollaire, *adj.* onéraire, *adj.* orbiculaire, *adj.* ordinaire, *n. et adj.* originaire, *adj.* ovaire, *n. m.* paire *, *n. f.* pariétaire, *n. f. b.* parlementaire *, *n. et adj.* patibulaire, *adj.* pécuniaire, *adj.* pédiculaire, *n. et adj.* pensionnaire*, *n. et adj.* perpendiculaire, *n. f. et adj.* pessaire, *n. m.* pétitionnaire, *n. et adj.* plagiaire, *n. et adj.* planétaire, *adj.* plénipotentiaire, *n. et adj.* poitrinaire, *n. et adj.* polaire, *adj.* populaire, *adj.* précaire, *adj.* préliminaire, *n. m. et adj.* primaire*, *adj.* prolétaire, *n. m.* propriétaire, *n. et adj.* pulicaire, *adj.* pullulaire, *adj.* pulmonaire, *n. et adj.* quadragénaire, *n. et adj.* quadrangulaire, *adj.* quadricapsulaire, *adj.* quinquagénaire, *n. et adj.* récipiendaire, *n. m.* référendaire, *n. m.* réfractaire, *n. et adj.* religionnaire, *n. et adj.* reliquaire, *n. m.* reliquataire, *n. et adj.* repaire*, *n. m.* réquisitionnaire, *n. m.* rétentionnaire, *n.* révolutionnaire*, *n. et adj.* rosaire, *n. m.* sacramentaire, *n. m.* sagittaire*, *n. m.* salaire*, *n. m.* salivaire*, *adj.* salutaire, *adj.* sanctuaire, *n. m.* sanguinaire, *adj.* sanitaire, *adj.* saponaire, *n. f. b.* satinaire *, *n. le* savoir-faire, *n. inv.* scapulaire, *n. m.* scrophulaire, *n. f. b.* scholaire, *ou* scolaire, *adj.* secondaire *, *adj.* secrétaire, *n.* sédentaire, *adj.* séminaire, *n. m.* septénaire, *n. et adj.* septuagénaire, *n. et adj.* sermonaire*, *m.* (*recueil*). serpentaire*, *n. f. b.* sexagénaire, *n. et adj.* sicaire, *n. m.* signataire, *n.* soumissionnaire*, *n.* stagiaire, *n. m.* statuaire *, *n. m.* stipendiaire *, *n. et adj.* suaire *, *n. m.* sublunaire, *adj.* subsidiaire, *adj.* supplémentaire, *adj.* surnuméraire, *n. et adj.* syllabaire, *n. m.* téméraire, *adj.* temporaire, *adj.* ternaire, *adj.* testamentaire, *adj.* textuaire, *adj.* thuriféraire, *n.* titulaire, *n. et adj.* tortionnaire, *adj.* triangulaire, *adj.* tributaire, *n. et adj.* trinitaire, *n. m.* tumul

*Suite de* AIRE, *noms et adj.*

tuaire, *adj.* titulaire, *n. et adj.* ulmaire, *n. f. b.* unitaire, *n.* urticaire, *n. f.* usufructuaire, (*t. de pal.*). usuraire, *adj.* valétudinaire, *n. et adj.* vasculaire, *adj.* vendémiaire, *n.* vermiculaire, *n. et adj.* verrucaire, *n. f. b.* vésiculaire, *adj.* vestiaire, *n. m.* vétérinaire, *n. m. et adj.* vicaire, *n. m.* vimaire, *f.* vinaire, *adj.* vintaire, *n. f.* visionnaire, *n. et adj.* vocabulaire, *n. m.* volontaire, *n. et adj.* voltaire*, *n. pr.* vulgaire, *n. et adj.* vulnéraire, *n. m. et adj.* zédoaire, *n. f. b.*

..AIRE, *verbes.*

*Infinitif des* 24 *verbes :* abstraire. attraire. braire. complaire. contrefaire. défaire. déplaire. distraire. extraire. faire *, *v.* forfaire, *v. n.* (*prévariquer ; mais il est actif lorsqu'il signifie annuler*). malfaire. méfaire. parfaire. plaire*. raire, *ou* réer. refaire. rentraire *, *mieux que* rentrayer. retraire. satisfaire. soustraire. surfaire. taire *, traire ; *plus, dans les* 5 *v. en* AIRER : *il* AIRÉ. *il* DÉSAIRE. *il* ÉCLAIRE. *il* FLAIRE, *et il* GLAIRE.

....ER, *verbes.*

*Infinitif des* 3,931 *verbes en* ER, *tels sont :* aimer. aller. alléguer. abhorrer. arguër. appeler. apostropher. asphyxier. appréhender. becqueter. coiffer. condamner. exhorter. initier. jeter. juger. lithographier. orthographier. prohiber. sympathiser. sténographier. suppléer, *etc.*

*On en trouve chaque difficulté en la cherchant par le son de la syllabe qui embarrasse : ainsi cherchez par* c. *les sons en* CER *et* SER ; CÉDER *et* SÉDER ; CIDER *et* SIDER ; CIER *et* TIER ; CILLER *et* SILLER ; *etc. Voyez aussi les autres v. aux finales,* GER, GUER, NNER, ONNER, PHER, PPER, RRER, TER *et* TTER, YER, *etc.* (1)

....ER, *noms ;* *prononcez* ÈRE.

Abner, *n. p.* amer, *n. et adj. m.* aster, *f. b.* auster*, *m.* (*vent*). avanthier, *adv.* belvéder, *n. m.* cancer, *n. m.* cathéter, *n. m.* (*sonde*). cher*, *adj. m. et adv.* cuiller*, *n. f.* cutter, *n. m.* enfer, *n. m.* esther *, *n. f.* éther, *m.* fer*, *m.* fier, *adj. m. et v.* frater, *m.* gaster, *m.* gessner, *n. pr.* hier *, *adv. et v.* hiver, *m.* jupiter, *n.* kanaster, *m.* (*panier*). lucifer *, *n.* luther *, *n. p.* machefer, *m.* magister *, *m.* masseter, (*muscle*). mer*, *n. f.* munster, *g.* neker, *g.* niger, *g.* outremer, *m.* pater*, *n.* prosper, *n. pr.* quaker *ou* couacre, *n. m.* st.-omer, *g.* spencer, *n. m.* stathouder, *m.* ver*, (*de terre*). *On termine également par* ER *tous les noms masculins en* É, *dont le fém. est en* ÈRE ; *tels sont :* boulanger, boulangère ; épicier, épicière ; mercier, mercière ; rentier, rentière ; tapissier, tapissière. *Voyez à la suite du son final* AI.

....ÈRE, *pour les masc.*

Accélérifère, *n.* acidifère, *adj.* acrotère, *m.* (*sorte de piédestal*). adultère, *m.* alexitère, *adj.* aptère, *adj.* arrière, *adv. des* arrière - pensées. *des* arrière-petits-fils, *etc.* asnière, *g.* aubère, *adj.* austère*, *adj.* baccifère, *adj.* baptistère. beau-frère. beau-père. calorifère, *n.* caractère, *n.* cautère, *n.* centistère. célérifère. censière, *adj.* (*de censier*). cerbère. cimetière, *n. m.* chylifère. clystère. coléoptère. colère*, *adj.* (*impatient*). compère. confrère. cratère. crucifère, *adj.* délétère, *adj.* derrière. despautère. diptère. éphémère. équilatère. finistère, *g.* frère. fructifère, *adj.* grand - père. gazifère. gruyère. guère*, (*peu*). hémisphère. hère *, (*pauvre*). homère. ibère, (*espagnol*). ictère. impubère, *adj.* lactifère. lanifère. léthifère. magistère *, *m.* (*dignité*). mammifère. mésentère. millistère. ministère. molière*, *n. pr.* monastère. mortifère. mystère. naguère, (*depuis peu*). ombellifère. parère, (*avis*). père. pestifère. planisphère, *n. m.* presbytère. prolifère, *adj.* prospère*, *adj.* pubère, *adj.* quadrilatère. réverbère. séminifère. sévère, *adj.* sincère, *adj.* somnifère. soporifère. spinthère (*minéral*). staminifère. stère. sudorifère. tibère, *n. p.* thurifère. trilatère. ulcère, *n. et v.* uretère. vélocifère. viscère.

<hr>

(1) *Nota.* Quant à la difficulté du participe passé *des verbes neutres* en ER, *voyez-les* après la règle des participes, où ils sont tous réunis.

*suite de* AIR, *par* ÈRE.

*Une* aiguière, (*vase*). amère, *adj. f.* authère*. atmosphère. baissière. bandouillère *ou* bandoulière. bannière*. barrière. belle-mère bière. bergère. bouchère. boulangère. épicière. mercière, *et tous les fém. dont le masc. est en* ER ; ( *voyez à la suite du son final* AI ). boutonnière. braisière. brassière. bruyère. bonbonnière. bonne-chère. buandière. caféière *ou* cafeyère. cafetière. cantinière. caponnière. capucinière. carnassière. chambrière. carrière. chaudière. chaumière. chenevière. chimère. civière. clarière *ou* clairière. cloyère. coléoptère, *adj.* colère, *n. f. et adj.* commère. courtillère. coquillière *ou* coquillère, (*rue*). crapaudière. crémaillère. crêmière. crinière. croisière. culière*, *n. et adj. f.* cythère, *g.* dianthère. *b.* douairière. dure-mère, (*membrane*). enchère*. ère*, (*époque*). erre*, *allure.* estère*, (*natte de jonc*). étrivière. fière, *adj. f.* folle-enchère. filandière. filière. fourmilière*. fourrière. frontière. galère*. garancière. gentilhommière. gibecière. grand'-mère*. grenouillère. glaisière. gouttière. genouillère. grimacière. harengère*, (*marchande de harengs*). houillère. houblonnière. isère, *g.* jachère. jantière. jarretière. lavandière. lessivière. lozère, *g.* lumière. mâchelière. madère, *g.* manière*. mégère. mère. mésangère. meulière. minaudière. misère. mobilière, *adj. f.* mollière*. nobilière, *adj. f.* œdémère. œillère. pannetière. pantière. panthère. paupière. peaussière. poissonnière. prière. primevère. princière. printanière. salière. saucière. scorsonnère. serpillière. soufrière. souricière. sous-ventrière. sphère. surenchère. tabatière. terre*, *n. et v.* théière. thuyère. trachée-artère. truffière. usu-fruitière, *adj. f.* vipère. volière, *et tous les autres fém. dont le masc. est en* ER ; *telles sont : une* boulangère (*un* boulanger). *une* épicière (*un* épicier). *une* mercière (*un* mercier). *Voyez après la finale* AI.

...ÈRE, *pour les féminins.*

*Ajoutez-y les v. ci-après :* 1° *dans les subj. des* 4 *v. en* QUÉRIR : *que* j'acquière. *que je* conquière. *que* j'enquière. *que je* requière. 2° *dans les* 49 *v. dont l'infinitif est en* ÉRER, *comme* accélérer; *tels sont : je ou il* accélère. *je ou il* acère. *je ou il* adhère. *je ou il* aère, agglomère, altère, arrière, avère, considère, confère, coopère, déblatère. *il* défère*. dégénère, diffère, digère, espère, exagère, exaspère, exulcère. *je* gère*, *v.* incarcère, infère, ingère, insère, invétère, lacère*, macère, persévère, préfère, profère, récupère, régénère, réitère, suggère. *il* tempère. *il* transfère. *il* ulcère. *il* vocifère.

...AIRE, *à la fin des verbes.*

Armentières, *g.* bagnières*, *g.* les cordillières, *g.* hières*, *g.* mézières, *g.* molières*, *g.* plombières, *g.; plus, la* 3ᵉ *pers. des* 49 *v. précités au son* ÈRE, *dont l'infinitif est en* ÉRER. *Ajoutez-y le pluriel des noms en* ÈRE. ( *Voyez l'article précédent*).

....ÈRES.

*Cette finale termine la* 3ᵉ *pers. du pl. de tous les verbes qui prennent ce son dans la conjugaison; tels sont : ils* accélèrent. *ils* aimèrent, *etc.* ( *Voyez la conjugaison*). *On n'en excepte que la* 3ᵉ *pers. pl. dans le présent des* 5 *v. en* AIRER : *ils* airent*. *ils* désairent. *ils* éclairent. *ils* flairent *et ils* glairent.

....ÈRENT.

1° *les* 20 *noms :* angleterre, *g.* auxerre, *g.* cimeterre, *n. m.* desserre, *n. f.* équerre, *n. f.* erre*, (*allure*). fumeterre, *f.* guerre*, *n. f.* lierre, *m.* nanterre, *g.* pierre, *n. pr.* pierre, *n. f.* verre*, *n.* (*verrerie*). volterre*. (*ville d'italie*). 2° *les* 36 *v. en* ERRER. *à la* 1ʳᵉ *et à la* 3ᵉ *pers. ex : je ou il* atterre. *il* déferre*. *il* déterre. *il* enferre*. *il* enserre. *il* enterre. *il* épierre. *il* erre. *il* ferre. *il* resserre. *il* serre. *il* terre *et il* renterre.

....ERRE.

*Errent termine la* 3ᵉ *pers. du pl. de ce son dans les* 16 *v. ci-dessus; ils* atterrent. *ils* déferrent, *etc.*

...ERRENT.

Anvers*, *g.* convers, *adj. m.* divers, *adj. m. pl.* envers*, *prép. et n.* gers*, *g.* nevers, *g.* par-devers, *prép.* pervers, *adj. m.* revers, *n. m.* tiers*. thiers, *g.* travers. univers *et* vers*, *prép. et n. Ajoutez-y les* 4 *v.* j'acquiers, *je* conquiers, j'enquiers, *je* requiers ; *plus, le v.* servir

....ERS.

| | |
|---|---|
| *Suite de* AIR, *par* ERS. | *et ses composés, qui sont : je* sers*, *je* dessers, *je* ressers. *Voyez la conjugaison.* |
| .. .ERT. | *Il* appert, *v.* invar. concert, *n.* couvert, *adj. et n.* découvert. désert. dessert*, *n. du v.* desservir. disert, *adj.* entr'ouvert, *adj.* expert, *adj. et n.* hubert, *n. p.* inert. lacert*, ( *poisson de mer* ). mésoffert, *adj. inv.* offert, *adj.* ouvert, *adj* pivert, *n. m.* recouvert, *adj.* robert, *n.* souffert, *adj.* transfert, *n.* vert*, ( *verte* ) *et* ververt, *n. p. Ajoutez-y la* 3e *pers. des* 4 *v. suivans : il* acquiert. *il* conquiert. *il* enquiert. *il* requiert; *plus, la* 3e *pers. des* 3 *verbes : il* sert. *il* dessert. *il* ressert ( *v.* resservir ). |
| ....ERC. | *Un* clerc *d'avoué, etc. , de* clerc-à-maître, ( *loc. inv.* ). |
| ....ERF. | *Un* cerf-volant. *un* nerf-de-bœuf, *un* serf, ( *paysan russe* ). nerfs , *n. pl. de* nerf, ( *son dur* ) *se pron.* NERS. |

| | |
|---|---|
| ....AIRCE. | *Aucun. Voyez* ERCE , *ou* ERSE. |

| | |
|---|---|
| ....AIRER. | Airer*, *v.* désairer, *v.* éclairer, *v.* flairer, *v.* glairer, *v.* |
| ....ERER. | 49 *v. en* érer, *et* 16 *en* errer ; *voyez-les ci-dessus aux deux finales* ÈRE *et* ERRE, *après* AIRE. |

| | |
|---|---|
| ....AIRERIE. | Apothicairerie, *n. f.* secrétairerie, *n. f.* |
| ....AIRIE. | Douairie, *n. f.* librairie, *f.* mairie, *f.* prairie, *et* duché-pairie, *f.* |
| ....ERIE. | Confrérie. féerie*. férie*. ibérie, *g. Voyez* ERIE *à la finale* RIE. |
| ....OIRIE. | *Pron. comme dans* douairie : armoirie, *n. f.* hoirie. plaidoirie *ou* plaidoierie. soirie *ou* soierie. voirie. |

| | |
|---|---|
| ....AÏS, *double son dur.* | Laïs, *n. p.* maïs, ( *sorte de blé* ). tanaïs *ou* don-tanaïs, *g.* |
| ....AÏSSE. | *Que je* haïsse. *que tu* haïsses. *qu'il* haïsse. *qu'ils* haïssent, *v.* haïr. *Voyez les finales* ISCE *et* ISSE *au son* ICE. |

| | |
|---|---|
| ....AISE. | Aise , *n. f. il* apaise, *v.* baise. *il* biaise, *v.* bien-aise, *n. m. et adj.* blaise, *n. pr. et g.* braise, *n. f. et v.* chaise, *n. f. qu'il* complaise, *v.* cymaise, *n. f. il* démaise, *v. qu'il* déplaise, *v. il* emmortaise , *v.* fadaise, *n. f.* falaise, *n. f. et g.* fournaise, *n. f.* fraise, *n. f. et v.* glaise, *n. f. et v.* mal-aise, *n. m.* mésaise, *n. m.* mortaise, *n. f.* nantaise, *adj. f.* niaise, *n. f. et v. qu'il* plaise. *qu'il se* taise*, *v.* punaise, *n. f.* mauvaise, *adj. f.* tarantaise, *g., et tous les adj. f. de ce son , dont le masc. est en* AIS , *comme :* anglais, anglaise; écossais, écossaise; français, française; portugais, portugaise; *etc. Voyez* AIS. |
| ....EIZE. | Seize , *inv. et* treize, *inv.* |
| ....ÈSE, | Alèse*, *v,* allèse*, *v.* antithèse, *n. f.* aphérèse, *n. f.* aposiopèse , *n. f.* ( *réticence* ). auxèse. borghèse, *n. pr.* catachrèse, *n. f.* chersonnèse, *g.* ( *ker.* ). diapédèse, *n. f.* dièse, *n. m.* diocèse, *n. m. elle* empèse*, *v.* éphèse, *g.* farnèse, *n. la* genèse. hypothèse, *n. f.* manganèse, *m.* mélèse, *m. b.* métathèse , *n. f.* paracentèse, *n. f.* parenthèse , *n. f.* péloponèse, *m. g. il* pèse, *v.... il* soupèse, *v.* syndérèse, *n. f.* synérèse, *n. f.* synthèse, *n. f.* thérèse, *n. f.* thèse*, *n. f.* |
| ....ÈS, *son* ÈCE. | Agnès, *n. f.* aloès, *m.* asperges, *m.* ad-patrès. ad-honorès. cérès , *n. f.* cortès, *m.* ( *assemblée espag.* ). damoclès, *n. pr.* diabétès , *m.* florès. hermès, *m.* kermès*, *m.* mancénarès, *g.* palès, *n. f.* périclès, *m.* xercès, *m.* uzès , *g., et autres noms propres.* |
| ...ÈZE *ou* ÈSE. | Alèze *, *n. f.* corrèze, *g. il* lèze, *ou il* lèse, *v.* lèze-majesté. sorèze, *g.* trapèze, *n. m.* |

....AISÉ *et* ESÉ. Aisé, *adj. m.* apaisé. pesé , *et tous les participes des verbes ci-dessus.*

---

....AISIE.

Fantaisie, *n. f.* punaisie, *n. f.* saisie, *n. f.* tanaisie, *n. f. b.*

....ÉSIE.

{ Frénésie, *n. f.* paraphrénésie, *f.* magnésie, *f.* mégalanthropogénésie , *f.*
{ pleurésie, *f.* poésie , *f.* silésie, *g.* syngénésie , *f.*

---

..AISON, *noms féminins.*

{ *Tous par* aison : cargaison. combinaison. comparaison. conjugaison.
{ déclinaison. démangeaison. déraison. échauffaison. effeuillaison. exha-
{ laison. fanaison , (*temps où l'on fane*). fenaison, (*action de couper*
{ *le foin*). floraison. inclinaison. liaison. livraison. lunaison. maison.
{ oraison. pendaison. péroraison. raison. saison. salaison. venaison.

---

....AISSE, *dur.*

{ Abaisse , *n. f.* (*pâte*). *il* abaisse, *v. il* affaisse, *v. qu'il* apparaisse, *v.*
{ caisse*, *n. qu'il* connaisse, *v. qu'il* comparaisse, *v. il* décaisse.
{ *il* dégraisse. *il* délaisse. *il* encaisse. *il* engraisse. épaisse, *adj. f.*
{ *il* laisse, *v. qu'il* méconnaisse. *qu'il* naisse *, (*v. naître*). *qu'il* paisse.
{ *qu'il* paraisse. *il* rabaisse. *il* rebaisse. *il* relaisse. *qu'il* reconnaisse. *il*
{ rencaisse. *il* rengraisse.

....ESSE, *noms féminins.*

{ Abbesse, (*d'une abbaye*). adresse, *n. f. et v.* aînesse, *n. f.* allégresse.
{ altesse. ânesse. archiduchesse. boesse. borgnesse. bresse, *g.* bretesses,
{ (*t. de blason*). caresse. chanoinesse. chasseresse, *se dit en poésie,*
{ *et* chasseuse, *en prose.* sans cesse. compresse. comtesse. confesse.
{ déesse. défenderesse. délicatesse. demanderesse. détresse. devineresse.
{ diablesse. doctoresse. drôlesse. duchesse. enchanteresse. esse *, *n. f.*
{ faiblesse. fesse*. finesse. forteresse. gentillesse. gesse, *b.* gouesse, *g.*
{ grandesse. grand'messe. grossesse. hardiesse. hautesse*. hôtesse*.
{ impolitesse. ivresse. ivrognesse. jeunesse. justesse. kermesse*,*f.* ladresse,
{ (*ladre*). larronnesse. lesse, *ou* laisse*, *n. f.* maîtresse. maladresse.
{ messe*. mollesse. mulâtresse. noblesse. pairesse, (*femme d'un pair de*
{ *France*). paresse. pauvresse. pécheresse. permesse, *n. m.* petitesse.
{ poëtesse. politesse. prestesse. prêtresse. princesse. promesse. prophé-
{ tesse. prouesse. richesse. rudesse. sagesse. scélératesse. sécheresse. sim-
{ plesse. souplesse. suissesse. tendresse. tigresse. traîtresse. tresse. tris-
{ tesse. vengeresse. vesse *. vicomtesse. vieillesse. vitesse.

..ESSE, *verbes.*

{ *Je ou il* adresse. *je ou il* blesse. *il* cesse. *etc. Voyez les v. en* esser,
{ *après la finale* aisser *par* A.

....ESCE.

*Je ou il* acquiesce, *v.* vesce*, *n. f.* (*sorte de pois*). fesces*, *n. f. pl.* (*marc*).

....ÈCE.

{ Espèce, *n. f.* grèce *, *g.* lucrèce, *f.* lutèce, *f. g.* nièce, *f.* pièce, *f.; plus,*
{ *les 2 v. : je ou il* dépèce. *je ou il* dépièce.

....AIT-CE.

{ *Était-ce nous tous? était-ce vous tous? était-ce lui ou elle? devait-ce*
{ *être lui ou elle? pouvait- ce être lui ou elle?*

....AIENT-CE.

{ *Étaient-ce eux seuls? devaient-ce être eux? pouvaient-ce être eux?*
{ *étaient- ce lui et elle? étaient-ce l'un et l'autre cheval? (voyez la*
{ *gramm.*).

....EST-CE.

{ *Qui est-ce?* (*en parlant d'une personne*). *Qu'est-ce?* (*en parlant d'une*
{ *chose*). est-ce ? n'est-ce *pas* ?

....ETZ.

Dietz *, *g.* metz, *g.* retz *, *g.* spietz, *g.*

....EZ.

Rodez , *g.* caudiez, *g.* suez., *g.* tumbez, *g.*

---

....AISSÉ ESSÉ *et* ESCÉ.

{ Abaissé*. blessé. acquiescé, *etc. participes des v. ci-après*, en aisser ,
{ *et* esser.

....AISSER.

{ AISSER, *termine l'infinitif des* 15 *v. suivans :* abaisser. affaisser. baisser.
{ décaisser. dégraisser. délaisser. encaisser. engraisser. laisser. rabaisser.
{ rebaisser. regraisser. relaisser. rencaisser. rengraisser.

*Suite de* ....ESSER.

*Par* E *dans les* 16 v. *suivans, avec leurs composés :* adresser. blesser. caresser. cesser. confesser. dresser. s'empresser. fesser. intéresser. oppresser. presser. professer. redresser. transgresser. tresser. vesser, *et leurs composés* détresser. retresser, *etc.*

....ESCER.

Acquiescer, *v.*

---

....AISTRE.

*Aucun. Voyez à la finale* ESTRE.

---

...AIS, AIT, *etc. Voyez à la finale* AI.

---

....AITE, *noms et adjectifs.*

Défaite, *n. et adj. f.* entrefaite, *f.* le faîte ( *d'un toît, etc.*). laite *ou* laitance. retraite. soustraite. traite, *n. f. Ajoutez-y le fém. des* 11 *adj. m. en* ait : abstraite. bienfaite. contrefaite. distraite. extraite. faite*. imparfaite. malfaite. parfaite. refaite. satisfaite. soustraite. stupéfaite. surfaite ; *plus les* 4 v. *en* aiter : *je ou elle* allaite. *il* maltraite. *il* souhaite *et il* traite.

..AITES, *verb.*

*Tu* allaites. *tu* maltraites. *tu* souhaites. *tu* traites. *Plus la* 2e *pers. du pl. dans les* 5 v. *composés du v.* faire : *vous* faites. *vous* contrefaites. *vous* défaites. *vous* refaites. *vous* surfaites.

....ÈTE, *adj. f. et noms.*

9 *adj. fém. dont le masc. est en* ET, *comme* complet *et* concret : complète. concrète. discrète. incomplète. indiscrète. inquiète. quiète. replète *et* secrète.

13 *noms :* arbalète, *f.* anachorète, *m.* archipoète, *m.* ascète. athlète, *n.* comète, *f.* coète, *f.* crète, *g.* diète. épithète, *f.* interprète. planète, *f.* poète, *m. En poésie on écrit et on prononce* po-ë-te. prophète, *m.*

...ÈTE, *verbes.*

*Verbes. au lieu de* ETTE *par* 2 T, *les grammairiens modernes terminent par* ÈTE *avec un seul* T *les v. en* ETER *et en* ÉTER, *tels sont : je ou il* admonète. *je ou il* achète. *je ou il* affrète. *il* becquète *ou* becquette. *il* brète. *il* broute. *il* crochète. *il* guète, *etc. Voyez les v. en* eter. *Quant aux v. qui sont terminés en* ette *par* 2 tt *dans la conjugaison, ce sont les* 7 v. *en* etter. *Voyez-les à la finale* AITER.

...ÈTE.

Arrête*, *n. f.* bête, *n. f.* casse - tête, *m.* conquête, *f.* contr'enquête, *f.* crête, *f.* enquête, *f.* fête, *f.* malbête. quête. requête. *un* serre-tête, *n. m. inv.* tempête. tête, *f. un* tête-à-tête, *des* tête-à-tête.

Déshonnête. honnête. malhonnête.

14 *verbes en* ÉTER : *je ou il* acquête. *je ou il* apprête. *il* arrête. *il* conquête. *il* désentête. *il* détête. *il* enquête. *il* entête. *il* étête. *il* fête. *il* hébête. prête, *v. et adj. f. il* quête. *il* tempête. *Plus, le subj. dans les* 3 v. vêtir, *dévêtir et* revêtir : *que je* vête. *que je* revête. *que je* dévête.

...ETTE, *noms féminins.*

Aigrette. aiguillette. aissette*, ( *hachette* ). allumette. alouette. andouillette. annette, *n. pr.* ariette. assiette. aveuglette. baguette. baïonnette. bannette. bandelette. banquette. barrette. belette*. bluette. bette - rave. bourcette, *b.* ( *mâche* ). brette. bouffette. cassette. cassolette. cassenoisette. castagnette. charrette. chaînette. chaussette. ciboulette. civette. collerette. coquette. corvette. côtelette. couchette. couette *ou* coite. courbette. crevette. cueillette. dette. disette. doucette. douillette. écouvette. emplette. épaulette. épine-vinette. époussette. essette. étiquette. facette. fauvette. feuillette. fillette. flammette, ( *t. de chirurg*). fossette. fourchette. *à la* franquette. frette*, *n. f.* frisquette. gachette. gazette. goëlette. girouette. guinguette. hachette. henriette, *n. pr.* honguette, ( *ciseau de sculp.* ). jaquette. lancette. languette. levrette. lorgnette. layette. maisonnette. marionnette. mazette, *n. f.* mignonnette. mollette, ( *d'éperon*). mouchettes, *n. f. pl.* moufette. mouillette. muette, *n.* omelette. oreillette. paillette. palette. paquerette. pincette. pommette. poucettes*, *n. pl.* poussette, ( *jeu*). psallette. rainette*. raquette. renette

| | |
|---|---|
| *Suite de* ETTE *noms fém.* | (*outil*).. recette. rosette. rouannette, (*outil*). roussette. sarrette. sarriette, *b.* sellette. serinette. serpette. serviette. silhouette. sonnette. sornette. squelette, *m.* suzette, *f.* tette*, *f.* toilette. trompette. trinquette. tripette. vedette. vergette. vignette. *la* villette, *g.* vinaigrette. violette. vrillette.<br>40 *adjectifs fém. :* aigrette. barbette. cadette. clairette. douillette. grassette. guillerette. maigrelette. mollette. muette. nette. muette, *g.* pauvrette. seulette. sujette, *etc. On n'en excepte que les* 9 *adj. f. en* ÈTE *ci-dessus.* |
| ..ETTE, *verbes.* | *Les* 7 *verbes en* etter, *comme :* émietter, *à la* 1<sup>re</sup> *et à la* 2<sup>e</sup> *pers. sing. sont : je ou il* émiette. *il* endette. *il* facette. *il* fouette. *il* guette. *il* regrette. *il* renette, (*v.* renetter, *t. de maréchal* ); *plus le v.* METTRE *et ses* XI *composés : que je* mette. *que j'* admette. commette. compromette. démette. entremette. omette. permette. promette. remette. soumette *et* transmette. ( 1<sup>re</sup> *et* 2<sup>e</sup> *pers. dans le subj.* ). |
| .ÈTES *et* ETTES, *verbes :* | *Vous* êtes, (*v.* être) ; *plus, la* 2<sup>e</sup> *pers. du sing. de ce son dans les* 13 *v. en* êter, *tels sont : tu* apprêtes. *tu* arrêtes. *tu* prêtes. *tu t'* entêtes, (*voyez les v. en* êter). *Enfin on écrit avec* 2 TT, *les* 7 *v. ci-dessus en* etter, *tels sont : tu* émiettes. *tu* endettes, *etc., et dans les* 11 *composés du v.* mettre. *Voyez les conjugaisons.* |
| ....ETH. | Aneth*, *m. b.* élisabeth, *n. f.* nazareth, *g.* |
| ....ÈTHE. | Cacoëthe, *adj.* ( *se dit d'un ulcère invétéré* ). |

| | |
|---|---|
| ....AITER. | 6 *verbes :* allaiter. maltraiter. retraiter. souhaiter. sous-traiter *et* traiter. |
| ....ETTER. | 7 *verbes :* émietter. endetter. facetter. fouetter. guetter. regretter. renetter *v.* (*ces* 7 *v. conservent les* 2 TT *dans leur conjug.* ). |
| ....ÊTER. | 13 *v. :* acquêter, ( *t. de pal.* ). apprêter. arrêter. désentêter. détêter. enquêter. entêter. étêter. fêter. hébêter. prêter. quêter. tempêter. |
| ....ÉTER. | 12 *v. :* admonéter. affréter. appéter. compléter. décréter. empiéter. fréter. inquiéter. interpréter. piéter. répéter. végéter. |
| .....ETER. | 32 *v. :* acheter. becqueter. billeter. breveter. briqueter. cacheter. cliqueter. colleter. coqueter. coupleter. craqueter. crocheter. décacheter. déchiqueter. décolleter. déjeter. épousseter. étiqueter. feuilleter. fureter. jeter. marqueter. pocheter. projeter. recacheter. refleter. rejeter. saveter. suracheter. surjeter. tacheter. vergeter.<br>*Nota. dans ces* 32 *v. en* ETER, *avec un* E *muet, quelques gram. modernes changent dans certains temps de la conjug. le prem.* E *muet en* È *grave, au lieu d'y doubler le* T; *ainsi ils écrivent : j'* achète. *tu* achètes, *au lieu de j'* achette. *tu* achettes. *Voyez la conjugaison des v. en* ETER. |

| | |
|---|---|
| ....AÎTRE. | *Noms :* maître, *n. m.* contre-maître, *n. m.* petit-maître, *n. un* quartier-maître, *des* quartiers-maîtres. traître, *m.* (traîtresse, *f.* ). *Verbes :* apparaître. comparaître. connaître. naître. paître. paraître, *et leurs composés :* disparaître, *etc.* ( *Voyez la conjug.* ). |
| ....ÊTHRE. | Pyrèthre, *n. m.* (*plante de ce nom* ). |
| ....ÊTRE. | Ancêtres, *n. m. pl.* ( *cependant on peut dire : il n'a pas un* ancêtre *dont...* ). archi-prêtre. bicêtre, *n. m.* bien-être, *n. m.* champêtre, *adj.* être, *n. et v.* fenêtre, *n. f.* guêtre, *n. f.* hêtre*, *m. b.* peut-être*, *adv.* prêtre, *n. m.* salpêtre, *n. m.* |
| ....ÈTRE. | Aéromètre, *m.* aréomètre*, *m.* baromètre, *m.* centimètre, *m.* décimètre. diamètre. géomètre, *m.* graphomètre, *m.* hexamètre, *m.* hydromètre. kilomètre. mètre*. millimètre. pentamètre. piètre, *adj.* psycomètre, *m.* thermomètre. spinthéromètre, *m.* urètre, *m.; plus les* 5 *v. : il* dépètre. *il s'* empètre. *il* enchevêtre. *il* impètre. *il* pénètre. |

| | |
|---|---|
| *Suite de* AÎTRE *par* ETTRE. | Admettre, *v.* commettre, *v.* compromettre, *v.* démettre, *v.* émettre, *v.* entremettre, *v.* lettre, *n. f. les* belles-lettres, *n. f. pl.* mettre*, *v.* omettre, *v.* permettre, *v.* promettre, *v.* remettre, *v.* soumettre, *v. et* transmettre, *v.* |
| ....AIX. | *Voyez* EX. |
| ....AIVE. | Glaive, *n. m.* |
| ....ÈVE. | Ève, *n. f.* élève, *n. il* endève, *v.* fève, *n. f.* geneviève, *n. f.* grève, *n. f. et v. il* lève, *v. il* culève, *v. il* soulève, *v...* lodève, *g.* sève, *n. f.* trève, *n. f., etc.* |
| ....ÈVRE. | Balèvre, *f.* chèvre, *f.* bièvre, *g.* fièvre, *f.* genièvre, *f.* lèvre, *f.* lièvre, *m.* orfèvre, *m.* plèvre, *f. il* sèvre, *v.* yèvre, *g.* sèvres, *g.* |
| ....AL, *masc.* | *Le dictionnaire le plus complet contient* 407 *mots terminés en* AL, *de* 4 *manières :* AL, ALE, ALE, *et* ALLE. 1° AL *sans* E, *termine tous les masculins,* (*excepté* 29 ; *voyez* ALE). *un* amiral. *un* bal. *un* bocal. *un* capital. *un* caporal. *un* principal. *un* total. *un* palais royal. *le* palais-royal, *etc. Les moins faciles sont :* abbatial. animal. annibal. anomal. aral, *g.* archal. archi-épiscopal. arsenal. arsénical. austral. automnal. *un* aval*, *n.* (*t. de banque et de batelier*). bancal. bacchanal*. baptismal. bénéficial. bienval. bestial. bocal. boréal. brachial, (*ki*). buccal. bursal. *un* cal*. canonial. catarrhal. causal. cérébral. central. cervical. chirurgical. claustral. collatéral. collégial. colonial. colossal. commensal. confessionnal. conjectural. conjugal. consistorial. cristal. crucial. décennal. déloyal. départemental. domanial. duennal. égal. électoral. épiscopal. équinoxial. équilatéral, (*ékui.*). estival. expérimental. *un* étal. féodal. filial. final. fiscal. floral, *adj.* floréal, *n. inv.* fondamental. franc-réal, *n. b.* génal. général. germinal, *n. inv.* glacial. grammatical. hémorrhoïdal. horizontal. hôpital. idéal. illégal. immémorial. immoral. impérial. impartial. inguinal, (*ghi.*). initial. instrumental. intertropical. jovial. labial. lacrymal. lingual, (*gou*). littéral. littoral. loyal. *un* mal*, *n.* magistral. martial. médical. médicinal. mental. méridional. municipal. musical. natal. national. nominal. normal. nuptial. obsidional. occidental. oral. oriental. orthogonal. *un* pal*. papal. paradoxal. paraphernal. partial. patriarchal. pectoral. pénal. perennal. piédestal. pluvial*. prairial, *inv.* préceptoral. presbytéral. prévôtal. primatial. principal. processionnal. procès-verbal. provençal. provincial. pyramidal. quatriennal. quinquennal, (*kuinkuen.*). radical. régal*. reversal. rhomboïdal. rhumatismal. royal. sacerdotal. sacramental, *ou* sacramentel. sandal* *ou* santal. schall, *ou* schal. seigneurial. sénégal. sentimental. septennal, (*tein.*). septentrional. sépulcral. social. solsticial. spécial. sphénoïdal. spinal. spiral. stomacal. syndical. synodal. territorial. théâtral. théologal. thermal. transversal. triomphal. vassal. Wauxhall. vénal. verbal. vicennal, (*de* 20 *ans*). vicinal. virginal. viscéral. vocal. zodiacal. *On y ajoute un* E *au féminin., ex. : une* bacchanale. *une* régale, *etc.*<br>*Nota. Presque tous les masculins ci-dessus en* AL *sans* E, *ont leur pl. m. en* AUX, *tels sont : un* cheval, *des* chevaux. *un* bocal, *des* bocaux. caporal, caporaux. général, généraux. intertropicaux. principal, principaux, *etc. Toutefois on en excepte les* 26 *masc. suivans, qui prennent un* S *au pl. ; ce sont :* amicals, *pl. m.* AVALS. BACCHANALS*. BALS*. BANCALS. bestials, *adj.* CALS. CARNAVALS. colossals. FATALS. filials. FINALS. FRANCS-RÉALS. frugals. glacials. initials, *adj. m.* jovials. labials. |

| | |
|---|---|
| Suite de AL, masculins. | MATINALS. médials. nasals. natals. navals. PALS, n. pascals. pénals. régals. SANDALS, (bois). théâtrals, et vénals. *Mais, au lieu de ces 30 mots m. pl. en* ALS *et non en* AUX, *quelques gramm. n'admettent le masc. pl. en* ALS, *que pour les 12 mots qui sont ci-dessus en majuscules. On est libre de suivre l'une et l'autre manière; mais la 1re est préférable.* |
| ....ALE, masc. | Acéphale. apétale. astragale. bengale, g. (bin). bubale. bucéphale. cannibale. crotale. dédale. encéphale. épiale. fécale. ménale. monopétale. ovale. *le* régale, ( *un jeu de l'orgue* ). sale, ( *malpropre* ). scandale. scytale*. tantale. trale, ( *oiseau* ). vandale, *n. et adj. m.* |
| ....ALE, long. | Bâle*, g. hâle, *n. m. et v.* ( *hâler* ). mâle*, *adj. m. et f.* pâle*, *adj. m. et f.* râle, *n. m.* ( *du v. râler* ). |
| ....ALE, fém. | ALE *est la finale des autres noms, lesquels sont fém.; plus, des adj. fém. dont le masc. est en* AL. ( *Voyez* AL. ); *telles sont :* une bacchanale*. *une* capitale. *école* normale. sous-normale, *n. f.* (t. de mathém.). *somme* totale. *chose* royale. *une* pale*, *etc. Les moins faciles sont :* les amygdales. *les* annales. *une* cigale. *une* cymbale. empyomphale. énomphale. entéromphale. épiplomphale. épiplosarcomphale. exomphale, ( *tumeur* ). gale. hydrocéphale. hydromphale. initiale, *n. f.* jale *ou* jalée (*jatte*). mercuriale. omphale. opale, (*pierre*). orvale. palatale, *adj. f. sans m.* philosophale. pédale. pétale. perkale *ou* percale. pneumatomphale. sandale*. stationnale. succursale. sytale*. timbale. vestale. yale, *g.; plus, la* 1re *et la* 3e *pers. des 27 v. en* ALER; *tels sont : il* avale. *il* dessale. *il* étale. *il* exhale, *etc.* |
| ....ALL. | Wauxhall, *n. m.* |
| ....ALLE. | 12 *noms fém., et un seul masc. :* une balle. *une* dalle. escarballe. faimvalle. *noix de* galle*. galles, g. *une* halle. *un* INTERVALLE, *n. m. une* malle-poste, *des* malles-postes. *une* palle*. *une* salle* ( *salon* ). *une* stalle ( *siège* ). *une* talle. |
| Verbes. | *Je ou il* brimballe. *il* déballe. *il* désemballe. *il* remballe. *il* empalle. *il* engalle. *il* installe, *et il* réinstalle. |

| | |
|---|---|
| ....ALC. | Talc, *m.* ( *sorte de pierre transparente* ). |
| ....ALQUE. | Calque, *n. m. et v.* (*calquer*). catafalque, *n. m. il* défalque, *v.* |

| | |
|---|---|
| ....ALSE. | Salse, *n. f.* ( *espèce de petit volcan* ). Salse-pareille, *f. b.* valse, *n. f.* |

| | |
|---|---|
| ....ALM. | Salm *et* salme, *g.* |
| ....ALME. | Calme. diapalme. *le* palme, *m.* ( *mesure* ). *la* palme, *f.* ( *prix* ). *il* spalme, *v.* ( *enduire de goudron* ). salme, ( *g. et mesure* ). |

| | |
|---|---|
| ....AM par M. | *Que l'on pron.* AN, *comme dans* adam. yam. *Voyez* AN. |

| | |
|---|---|
| ....AMANT. | AMANT, *par un seul* M, *termine les trois mots :* Amant*. diamant *et* infamant; *plus, le participe des* 15 *v. en* amer, ( *comme* affamer ) : affamant. amalgamant. bramant. damant. déclamant. dédamant. diffamant. entamant. estamant. étamant. proclamant. ramant. réclamant. rentamant. tramant. |
| ....AMMANT. | AMMANT, *par* 2 M *entre* 2 A, *ne termine que les* 2 *participes* anagrammant *et* enflammant ( *des* 2 v. anagrammer *et* enflammer ). |
| ....AMMENT. adverbes. | AMMENT *termine les* 37 *adv. qui sont formés des mots en* ANT *et en* ANCE *par* A, *dont on a changé par euphonie les finales* ANT *et* ANCE *en* AMMENT; *ce sont :* abondamment. arrogamment. brillamment. complaisamment. constamment. coulamment. couramment. dépendamment. élégamment. étonnamment. exorbitamment. extravagamment galamment. ignoramment. incessamment. inconstamment. indépendamment. instamment. insuffisamment. languissamment. méchamment. noncha- |

| | |
|---|---|
| *Suite de* ....AMMENT, *adverbes.* | lamment. notamment. nuitamment. obligeamment. pesamment. pétulamment. plaisamment. précipitamment. pressamment. puamment. puissamment. savamment. suffisamment. surabondamment. vaillamment. vigilamment. |
| ....EMMENT. *adverbes.* | EMMENT *termine les adv. qui sont formés des mots en* ENCE *et en* ENT *par un* E*; ce sont :* antécédemment. apparemment. ardemment. coïncidemment. compétemment. concurremment. confidemment. conséquemment. décemment. diligemment. différemment. décemment. dolemment. éloquemment. éminemment. équivalemment. évidemment. excellemment. fervemment. fréquemment. imminemment. impatiemment. impertinemment. imprudemment. impudemment. incidemment. incompétemment. inconséquemment. indécemment. indifféremment. indolemment. indulgemment. innocemment. insciemment. insolemment. intelligemment. irrévéremment. négligemment. opulemment. patiemment. pertinemment. précédemment. prudemment. récemment. révéremment. sciemment. subséquemment. succulemment. turbulemment. urgemment. violemment. *Quant à la finale des noms en* MENT, *voyez aux finales* MAN, *et* EMENT. |

| | |
|---|---|
| ....AMBE. | Ambe, *n. m.* croc-en-jambe, *m.* dithyrambe, *n. m. il* enjambe, *v. il* flambe, *v.* iambe, *n. m.* ingambe, *adj.* jambe, *n. f.* ....EMBE : *aucun.* |

| | |
|---|---|
| ....AMBLE. | Amble, *n. m. (du v.* ambler; *l'amble est l'allure entre le pas et le trot ).* |
| ....EMBLE. | *Il* semble, *v. il* assemble, *v. il* rassemble, *v.* ensemble, *inv. il* ressemble, *v.* tremble*, *n. b. il* tremble, *v.* zemble, ( *île* ). |

| | |
|---|---|
| ....AMBRE. | Ambre, *n. m. et v.* antichambre, *n. f. il* cambre, *v.* chambre, *n. f.* sambre, *f.* ( *riv.* ). |
| ....EMBRE. | Décembre, *n. m. il* démembre, *v.* gingembre, *n. m.* membre, *n. m.* novembre, *m.* septembre, *m.* |

| | |
|---|---|
| ....AMBULE. | Funambule, *n. m.* noctambule. préambule, *m.* somnambule. |

| | |
|---|---|
| ..AM, *son* AME. | Abraham, *n. m.* amsterdam, *g.* balaam, *n. pr. m.* cham, *n. pr. m.* ( *pron.* kame ). ham*. islam. masulipatam, *g.* priam, *n. p.* quanquam*, ( *harangue latine; on pron.* kouan-kouan ). rotterdam, *g.* siam, *g.* seringapatam, *g.* wagram *g.* |
| ..AME. | *Il* affame, *v.* amalgame, *n. m. et v.* bergame, *g.* bigame, *n. et adj.* brame, *n. et v.* came, *n. f.* dame, *n. f. et v.* didyname, *adj. b.* drame, *n. m.* notre-dame, *n. f. il* déclame, *v. il* dédame, *v. il* diffame, *v.* entame, *n. f. et v.* estame, *n. f. et v.* étame, *v.* épithalame, *m.* hippopotame, *n. m.* jusquiame, *f. b.* lame, *n. f.* madame. misogame, *f. adj.* monogame, *adj.* polygame, *adj. il* proclame, *v.* pyrame, *m.* rame, *n. f. et v.* réclame, *n. f. et v. il* rentame, *v.* trame, *n. f. et v.* trigame, *n. et adj.* |
| ....AME, *long.* | Ame *ou* âme, *n. f.* blâme, *n. m. et v.* infâme, *adj. il* pâme, *v.* prâme, *n. f.*, *et tous les v. en* ER *à la* 1re *pers. du prétérit de ce son;* *tels sont :* nous mangeâmes. *nous* appelâmes. |
| ....AMME. | Anagramme, *n. f. et v.* centigramme, *m.* chronogramme, *m.* décagramme, *m.* décigramme. *il* enflamme, *v.* épigramme, *n. f.* flamme*, *n. f. il* flamme, *v.* ( *t. de maréchal* ). gamme, *n. f.* gramme, *n. m.* hectogramme, *m.* kilogramme, *m.* monogramme. myriagramme, *m.* oriflamme. parallélogramme, *m.* programme, *m.* |
| FAMME, *son* ame. | Femme, *n. f.* sage-femme, *n. f.* femmelette. |

| | |
|---|---|
| **AMME**, *intéri.* | Épigrammatique, *adj.* épigrammatiste, *n.* grammaire, *n. f.* grammairien, *m.* grammatiste. grammatical, *adj. m.* grammaticalement, *adv.* |

---

AMMENT, *etc. Voyez à la suite de la finale* AMANT. (*Pages* 89 *et* 90).

---

AMMER *et* AMER. *Infinitifs des verbes qui sont sous les formes* AME *et* AMME.

---

....AMP, EMPT, EMPS, ENT, *etc. Voyez à la finale* AN.

---

| | |
|---|---|
| ....AMPE. | Il campe, *v.* il décampe, *v.* crampe, *n. f.* estampe, *n. f. et v.* estamper, *v.* hampe, *n. f.* hippocampe, *n. m.* lampe, *n. f. et v.* pampe, *n. f.* ( *la feuille du blé, etc.* ). rampe, *n. f. et v.* |
| ....EMPE. | Détrempe, *n. f. et v.* trempe, *n. f. et v.* retrempe, *n. f. et v.* tempe, *n. f.* |

---

....AMPHRE. Camphre, *n. m.* ( *du v. camphrer* ), *est le seul mot de cette finale.*

---

| | |
|---|---|
| ....AMPLE. | Ample, *adj.* ( *qui a de l'ampleur, une ample récolte* ). |
| ....EMPLE. | Il contemple, *v.* temple, *n. m.* exemple, *n. m.* ( *de morale* ). exemple, *n. f.* ( *d'écriture* ). semple, *n. m.* ( *outil* ). |

---

....AMPRE. Pampre, *n. m.* ( *branche de vigne* ), *et il* épampre, *v.*

---

| | |
|---|---|
| ....AM, *son* AN. | Adam, *n. m.* dam*, *n. m.* ( *damnation* ). quidam, *n. m.* ( *f.* quidane, *pron. ki* ). védam, *n. m.* ( *liv. sacré des Indiens* ). yam, *m. b.* |
| ....AMP. | Camp*, *n. m.* champ*, *n. m.* clamp*, *n. m.* ( *t. de mar.* ). fécamp, *g.* guingamp, *g.* long-champ, *g.* sur-le-champ, *adv.* |
| ....EMPS. | Temps, *ou* tems, *n. m.* long-temps, *adv.* printemps, *n. m.* les quatre-temps, *n. m. pl.* |
| ....EMPT. | Exempt*, *m.* exempte, *adj. f.* ( *du v. exempter* ). |
| ....AN, *masc.* | Adragan, *ou* adragant, *b.* ahan, *n. pop.* ( *effort* ). albran, *ou* halbran, *n. m.* alcoran, *n. m.* alezan, *ou* alzan, *m.* ajan, *g.* aman*, *n. pr.* an*, ( *année* ). anglican. argentan, *g.* artisan, *adj. m.* astracan, *g.* autan*. banian. ban*. bataclan. bilan. bosseman. boucan. bougran. bouracan. bran. brelan. cabestan. cadogan. cadran. caïman. caïmacan. caucan*. capelan. capitan. carcan. carentan, *g.* carignan, *g.* castillan. catalan. ceylan*, *g.* chambellan. chambrelan, ( *qui travaille en chambre* ). charlatan. clan*, *m.* ( *tribu écoss.* ). chenapan. chouan. coriolan, *n. pr.* cormoran. cornuan. courtisan. cran. dinan*, *g.* divan. doliman. dourdan, *g.* draguignan, *g.* drogman. écran. élan. empan, ( *mesure* ). éperlan. éridan, *g.* esquiman. faisan*, *n.* fan* *ou* faon. flan*. fanfan. forban. frontignan, *g.* gallican. gévaudan, *g.* grignan, *g.* guingan, ( *étoffe* ). guitran. iman. indoustan, *g.* jean*. ispahan, *g.* kan*. coran. lusignan. magellan. mahométan. maman, *n. f.* masulipatan, *g.* merlan. milan*, *g.* montauban, *g.* morbihan. morvan. musulman. myrobolan. nanan. océan. oliban. origan, *b.* ortolan. orviétan. osman, *n. pr.* ottoman. ouragan. palan. pan*. parmésan. partisan. paysan. pélican. perpignan, *g.* pian, ( *maladie* ). plan*, ( *projet* ). portulan. quanquan*. ramadan. redan. relan*. risban. rohan, *n. pr.* roman*. rouan*, *adj. m.* ruban. safran. satan. saint-aignan, *g.* sédan*, *g.* séjan*, *n. pr.* séran. soliman. soudan*. sultan. talisman. tamerlan. tan*. tisseran *ou* tisserand. titan. toman. toscan. toucan, ( *oiseau* ). traban. trajan*, *n. pr.* trantran. trapan. trépan. trucheman. turban. tympan. tyran*. uhlan *ou* hulan. van*. vatican, *g.* vétéran, *le* vigan, *g.* volcan. |

*Suite de* AN, *par* ....EN. — Caen*, g. rouen*, g. en*, *prép.* ( *dans* ). *et* en ( *pronom signifiant de cela* ).

....EN, *son* AIN. — *Voyez après la finale* AIN ; tels sont , examen. kraken. moyen.

...EN, *son* AINE. — *Voyez à la finale* AINE.

...AON, *son* AN. — Faon, *n. m.* laon, g. paon, *n. m. et* taon, *n. m.* ( *grosse mouche* ), *et leurs dérivés :* faonner, paonner, paonneau.

....ANC. — Banc*, *n. m.* blanc, *adj.* char-à-banc, *n. m.* bonbanc *ou* bombanc, *m.* ( *sorte de pierre* ). ferblanc, *n. m.* flanc*, *n. m.* franc, *n. et adj. m.*

....AND. — Allemand. armand, *n. p.* brigand*, *n. m.* chalaud, *m.* command*, *n.* il épand, *v.* ferdinand, *n. pr.* flamand*. friand, *adj.* gand*, g. gland, *n. m.* grand, *adj.* (1). groënland, g. gourmand , *adj.* jutland, g. marchand*, *n. m.* maryland, g. normand. northumberland, g. ordinand*, *n. m.* il répand, *v.* saint-amand, g. tisserand *ou* tisseran, *n. m.*

....END. — Différend*, *n. m.* ( *dispute* ). un révérend*, *n. m. ; plus, la* 3<sup>e</sup> *pers. de tous les v. en* endre ; *tels sont :* il pend. il comprend. il apprend. il défend. il fend. il descend. il condescend. il rend. il tend. il attend. il étend. il vend, *etc. ; mais* épandre *et* répandre *sont les* 2 *seuls verbes où* andre *est écrit par* A.

....ANG. — Bang*, *n. b.* écang, *n.* étang*, *n. m.* orang-outang. rang*, *n.* sang*, *n. m.*

....ENG. — Hareng*-saur. ginseng ( *plante* ).

....ANS. — Banians, *n. pl.* céans , *adv.* conflans, g. le dedans. haubans, *n. pl. le* mans, g. louhans*, g. orléans, g. romans*, g. sans*, *prép.*

....ENS. — Cens*, *m.* ( *cense* ). dépens*, *n. m. pl.* ( *frais* ). doulens, g. ens, g. encens*, *n. m. en* suspens, *adv. comp.* guet-apens *ou* guet-à-pens. sens*, *n. m.* contresens, *n.* sens-dessus-dessous, ( *loc.* ).

*Plus, les* 7 *verbes en* entir, *à la* 1<sup>re</sup> *et à la* 3<sup>e</sup> *pers. du sing. :* je mens, *tu* mens. je démens, *tu* démens. je consens. je pressens. je ressens. je sens. je me repens. *On change l's en* T, *à la* 3<sup>e</sup> *pers. ; exemple :* il ment. il sent. il se repent.

....ENT, *adj. et noms.* — Absent, *adj.* abstergent, *n. et adj.* abstinent, *adj.* accablement, *n. m.* accent, *n. m.* accident, *n. m.* acescent, *adj.* adhérent*, *adj.* adjacent. adolescent, *adj.* afférent. affluent*. agent, *n. m.* aliment, *n. m.* antécédent. apparent. ardent. argent, *n. m.* arpent, *n. m.* arrhement, *n.* astringent. augment, *n.* auvent, *n. m.* avent*, *n. m.* cent*. chiendent, *m. b.* ciment, *n. m.* clément, *adj. et n.* client, *n. m.* coëfficient. comment*. *adv.* compétent, *adj. m.* concurrent. confident. confluent. conséquent*. constringent. content*. contentement. continent. contingent. contrevent. convalescent. convergent. corpulent. couvent, *n.* curedent, *n.* décent*, *adj.* dent*, *n. f.* déférent*. déponent. désinent. dévoiement. dévouement. différent*. diligent. dissident. divergent. effervescent. efficient. éloquent. émergent. éminent. émollient. entregent. équipollent. équivalent*. escient. évent. évident*. excédent*. excellent*. excipient. expédient*. fervent. fréquent. gent*, *f.* immanent, *adj.* imminent. impatient. impertinent. impotent. imprudent. impudent. incident. incohérent. incompétent. inconséquent. inconvénient. indécent. indigent. indolent. indulgent. influent*. ingrédient. inhérent. innocent. insolent. *les* insurgens, *n. pl.* intelligent. intercadent. intermittent. irrévérent. jugement. jument, *n. f.* lent*. mécontent*. moment. négligent*. obédient. occident*. occurrent. onguent. opulent. orient. paravent. parent*. patent. patient. pénitent. permanent. pertinent. pestilent. picotement. ponent.

---

(1) *L'adj.* grand , grande , *offre les difficultés suivantes , lorsqu'il est employé devant certains mots :*
1° Grand *est suivi d'un trait d'union* (-) *dans* grand-père, grand-papa , grand-oncle ;
2° *Il est suivi d'une apostrophe et d'un trait d'union dans* grand'-maman , grand'-mère ; *mais il n'a pas de trait d'union dans* grand'erre ( *allure* ), grand'chose , grand'merci , *et* grand'messe.

*Suite de* AN, *par* ENT, *adj. et noms.*

précédent*. prééminent. présent. *un* président*. prudent. pulvérulent. purulent. quotient. récent*. récipient. réfringent. régent. relent*, *n.* restringent. sanguinolent. sarment. sédiment. sentiment. sergent. serment. serpent. souvent. subséquent. succulent. talent. tempérament. torrent*. tourment. tournoiement. transparent. trident. turbulent. urgent. vent*. violent*. vif-argent. virulent, *et tous les noms terminés en* ment, *comme* gouvernement, *etc. Voyez les finales* MENT, AMMENT, EMMENT.

...ENT, *adverb.*

*Nos* 800 *adverbes sont terminés en* ment *avec un* E, *comme* bonnement. confidentiellement. répréhensiblement. solennellement (*pron.* sola). véhémentement, *etc. Voyez la finale* AMENT, *où ils sont classés en* AMMENT *par* A, *et en* EMMENT *par* E.

7 *Verbes.*

*A la* 3e *pers.* il ment. il dément. il consent. il ressent. il sent. il pressent. il se repent.

...ANT, *participes.*

*On termine par* ANT *le part. prés. de tous nos* v., *tels sont :* abhorrant. adhérant*. aimant. apostrophant. appréhendant. arrhant*. chantant. comptant* (*supputant*). contant (*racontant*). commençant. fatiguant*. fréquentant. lithographiant. mangeant. orthographiant. paraphant *ou* parafant. philosophant. plaisantant. récompensant. suppléant. triomphant, *et tous les participes en* ANT; *plus, les* 120 *mots suivans, qui ne sont pas des part. présens.*

.....ANT, *noms et adjectifs.*

Adjudant. adragant (*gomme*). aimant* (*pierre*). amant*. ambiant. ambulant. appétissant. arrogant. ascendant. attenant. attrayant. auparavant. *adv.* autant*. avant*. avenant. béant. belligérant. bienfaisant. bienséant. bienveillant. brabant. cathédrant. cependant. cerf-volant. chant*. clinquant. coïndicans, *adj. m. pl.* commandant. concomitant. consonnant. constant. contondant. convainquant. culminant. déchant *ou* discant (*t. de mus.*). délinquant. devant. diamant. dirimant. discordant. dissonant. dissolvant. distant. dorénavant. élégant. éléphant. enfant, *n. m. et* f. excitant. exorbitant. expectant. extravagant*. exubérant. fabricant*. fainéant. fatigant*, *adj.* fébricitant. flagrant. fringant*. galant. gant*. garant. géant. impétrant. important. incombant. inconstant. inconvenant. indépendant. infamant. infant. insignifiant, v. insouciant. insuffisant. instant. intempérant. intendant. intéressant. interrogant. intrigant*. jussant. lancinant. lieutenant. litigant. manant. maintenant. malséant. malveillant. méchant. mécréant. messéant. mendiant. mordicant. moyennant, *prép.* néant. nécromant. négociant. nonchalant. nonobstant. octant (*t. de math.*). odorant. odoriférant. ordinant*. pacant. pantelant. passavant, *n.* pédant. pétulant. pimpant. plant*. poignant. ponant. pourtant, *adv.* prédicant. prégnant. prépondérant. protubérant. puissant. quant à... radiant. raréfiant. récalcitrant. redondant. réfrigérant. rescindant. sanglant. savant. séant*. sémillant. sous-lieutenant. stagnant. suffragant. tant*. transcendant. triomphant. vacant*. vaillant, *n. et adj.* vigilant. valant (*part. du v. valoir*). équivalant*, *et tous les part. en* ANT.

....ANCE, *tous féminins.*

Abondance. accointance. aisance. allégeance. alliance. ambulance. appartenance. arrogance. ascendance. assistance. assonance. assurance. avance. balance. bienfaisance. bienséance. bienveillance. bombance. bysance. g. chance. circonstance. clairvoyance. complaisance. concomitance. concordance. condescendance. condoléance. confiance. connaissance. consistance. consonnance. constance. contenance. convenance. correspondance. coutances, g. créance. croissance. croyance. déchéance. décroissance. défaillance. défiance. délivrance. dépendance. déplaisance. dérogeance. descendance. désobéissance. désobligeance. je ou *il* devance, *v.* disconvenance, *n.* discordance. dissemblance. dissonance. distance. doléance. durance (*riv.*). échéance. *je ou il* élance, *v.* élégance. enfance. engeance. équipondérance. espérance. excroissance. extravagance. exubérance. faisance. finance. france. garance*. ignorance. importance. impuissance. inadvertance. inconstance. inconvenance. indépendance. inobservance. insignifiance. insouciance. instance. insuffisance. intempérance. intendance. intolérance. jactance. jouissance. laitance. lance, *n. et v.* lieutenance. litispendance. malfaisance. malveillance. manigance, *n. et v.* méconnaissance. médisance. méfiance. mésalliance. méséance. mouvance. muance. naissance. nonchalance. nonjouissance. nuance, *n. et v.* numance, *g.* obéissance. observance. ordonnance, *n. et v.* outrance. persévérance. pétulance. pitance. plaisance. portance (*t. de mar.*). préconnaissance. prépondérance. préséance. prestance. prévenance. prévoyance. protubérance. puissance. quittance, *n. et v.* rance, *adj.* reconnaissance. récréance. redevance. redondance. réjouissance. *je ou il* relance, *v.* remontrance. renaissance. répugnance. résistance. ressemblance. ressouvenance. romance. séance. sécance. *je ou il* s'élance, *v.* souffrance. souvenance. stance. subsistance. suffisance. surabondance. surintendance. surséance. surveillance. survenance. survivance. *je ou il* tance, *v.* tempérance. tendance. tolérance. transcendance. usance. vacance. vaillance. vengeance. vétérance. vigilance. vraisemblance.

Absence. abstinence. acescence. adhérence. adolescence. affluence. agence. alcalescence. apparence. audience. cadence. carence* (*t. de pal.*). circonférence. clémence. coalescence. co-existence. coïncidence. *il* commence, *v.* compétence. concupiscence. concurrence. conférence. confidence. connivence. conscience. conséquence*. considence. continence. contingence. convalescence. convergence. corpulence. crédence. décadence. décence. déférence. déliquescence. délitescence. démence. deshérence. désinence. détumescence. différence. diligence. dissidence. divergence. effluence. effervescence. éloquence. éminence. *il* ensemence, *v.* équipollence. équivalence. essence. évidence. excellence. existence. exigence. expérience. faïence (*poterie*). fayence, (*ville*). féculence. florence. fréquence. fulgence, *n. propre m.* imminence. impatience. impénitence. impertinence. imprudence. impudence. incandescence. incidence. inclémence. incohérence. incompétence. inconséquence. incontinence. indécence. indéhiscence. indifférence. indigence. indolence. indulgence. inexpérience. influence. inhérence. innocence. insolence. intelligence. intermittence. intumescence. irrévérence. jouvence. jurisprudence. licence. ligence, (*qualité d'un fief*). magnificence. mayence, *g.* mésintelligence. munificence. négligence. obédience. occurrence. omniscience. omnipotence. opulence. patience. pénitence. permanence. potence. précellence. prééminence. préexistence. préscience. présence. présidence. prominence. provence. providence. prudence. pubescence. purulence. quintessence. rarescence. *il* recommence, *v.* régence. réminiscence. résidence. résipiscence. réticence. révérence. sapience. science. semence. sentence. séquence. silence. spinescence. térence, *n. p. m.* transparence. turbulence. turgescence. urgence. valence, *g.* véhémence. vence, *g.* vicence, *g.* violence. virulence.





Anse *d'un pot, etc.* hanse. contredanse. danse, *n. f.* (*de danser*). ganse. panse*, (*ventre*). transe, (*frayeur*).



Acense*, *n. f. il* acense*, *v. il* accense, *v.* cense, *n. f.* (*métairie*). *il* compense, *v.* défense. dense*, *adj.* (*épais*). dépense, *n. f. et v.* dispense, *n. f. et v. il* encense, *v. il* condense. hortense, *n.* immense, *adj.* impense, *n. f.* (*t. de pal.*). intense, *adj.* offense, *n. f. et v. il* pense*, *v. il* recense, *v.* récompense, *n. f. et v.*

..ENS, *son* ENCE. Cens*, *n. m.* ( *rente* ). sens*, *ville de ce nom.* ens, *n. m. g.*

---

....ANCER.
....ANSER.
....ENCER.
....ENSER.

*Voyez à la finale* CER *les verbes en* CER, *tels que* : commencer, récompenser.

---

....ANCIR *et*
....ANSIR.

Chancir, *v.* rancir, *v.* sancir, *v.*
Transir, *v.*

---

....ANCIPER.

Emanciper, *v.* (*de émancipation*).

---

....ANCHE *et*
....ANCHER.

Anche*, *n f.* (*d'un haut-bois, etc.*). avalanche, *n. f.* avranches, *g.* dame-blanche, (*sorte de voiture*). branche, *n. f.* blanche, *adj. f.* il déhanche, (*t. de chir.*). il désanche, *v.* (*le haut-bois*). il démanche, *v.* dimanche, *n. m.* il ébranche, *v.* éclanche, *n. f.* il s'endimanche, *v.* il emmanche, *v.* il épanche, *v.* il étanche, *v.* franche-comté, *g.* hanche, *n. f.* (*partie du corps*). mallebranche, *n. m.* manche *, *n. f.* planche, *n. f.* il remmanche, *v.* revanche, *n. f. et v.* sanche, *n. pr.* tanche, *n. f. et v.* taranche, *n. f.* tranche, *n. f. et v.* villefranche, *g.*

....ENCHE *et*
....ENCHER.

Déclencher, *v.* clinche *ou* clenche, *n. f.* il penche, *v.* pencher, *v.* pervenche, *n. f.* (*plante*).

---

....ANCRE *et*
....ANCRER.
....ENCRE.

Ancre*, *n. f. et v.* il désancre, *v.* (*il lève l'ancre*). cancre, *n. m.* chancre, *n. m.* il échancre.
Encre, *n. f.* (*pour écrire*).

---

....ANDE *et*
....ANDER.

*Il* achalande, *v.* achalander. *il* affriande, *v.* allemande, *n. f.* amande*, *n. f.* (*fruit*). bande, *n. f.* plate-bande, *n. f.* il brelande, *v.* brigande. il caimande, *v.* calmande, *n. f.* chalande, *n. f.* commande, *n. f. et v.* contrebande, *n. f.* il contremande, *v.* demande, *n. f. et v.* qu'il épande, *v.* il faisande, *v.* finlaude, *n. f. g.* flamande, *n. f.* friande, *adj. f.* girande, *ou* girandole, *n. f.* glande, *n. f.* gourmande, *adj. f.* guirlande, *n. f.* hollande, *g.* houppelande, *n. f.* irlande. islande, *g.* jurande, *n. f.* lande, *n. f.* lavande, *n. f. b.* limande, *n. f.* il mande, *v.* marchande, *n. f. et v.* multiplicande, *n. m.* normande, *f.* offrande, *n. f.* propagande, *n. f.* il recommande, *v.* qu'il répande, *v.* réprimande, *n. f. et v.* samarcande, *g.* il varande, *v.* viande, *n. f.* zélande, *g.*

....ENDE *et*
....ENDER.

Amende, *n. f.* (*punition*). amender, *v.* (*modifier*). *les* calendes grecques, *n. f. pl.* componende, *n. f.* dividende, *n. m.* légende, *n. f.* mende*, *g.* prébende, *n. f.* proverde, *n. f.* il apprehende, *v.* apprehender. qu'il vende, *v.* qu'il revende, *v.*, *et tous les autres verbes en* ENDRE, *à la* 1re *et à la* 3e *pers. du subj.*, *excepté les* 2 *v.* épandre *et* répandre, *qui ont un* A.

....ENDAIRE.

Récipiendaire, *n. m.* référendaire, *n. m.*

---

....ANDRE *et*
....ANDRER.

Alexandre, *n. pr.* calandre, *n. f. et v.* cassandre, *n. pr.* clitandre, *n. pr.* coriandre, *n. f. b.* diandre, *b.* esclandre, *n. m.* filandre, *n. f. et v.* flandre, *g.* malandre, *n. f.* (*crevasse au genou d'un cheval*). méandre, *g.* salamandre, *n. f.* scaphandre, *m.* silvandre, *n. pr.*; *plus, les* 2 *v.* épandre *et* répandre.

....ENDRE *et*
....ENDRER.

Cendre, *n. f.* gendre, *n. m.* engendrer, *v.* scolopendre, *n. f. b.* attendre, *v.* apprendre, *v.* défendre, *v.* fendre, *v.* descendre, *v.* pendre, *v.* ... pourfendre, *v.* ... prendre, *v.* rendre, *v.* tendre, *adj. m. et v.* vendre, *v.* et *tous les v. en* ENDRE, *excepté* épandre *et* répandre.

....ANDRIE.
....ENDRIE.     } *Voyez à la finale* RIE ; *on y trouve les noms en* ERIE.
...ANDERIE.

---

....ANE.
Anc*, *n. m.* anglomane, *adj.* cabane, *n. f.* crassane, *f. b.* frangipane, *f.* louisiane, *g.* ottomane. persane. pyrophane, *adj.* trajane. tisane. tramontane, *et tous les autres par un seul* N ;

...ANNE.
*Excepté les suivans :* sainte - anne, *n. pr.* banne, *n. f.* canne*, *n. f.* dame-jeanne. manne*. panne. paysanne. *il* tanne, *v.* vanne*. faonne, *n. f. et v.* paonne*, *n. f. et v.* (*pron.* anne).

..ANE *par* AMNE.
*Il* condamne, *v. il* damne, ( *v.* damner *et* condamner ).
Nota : *on écrit et on prononce* AIN *dans* indemne, indemniser, indemnité.

---

....ANGE *et*
....ANGER.
*C'est par* A *que l'on termine les mots de ce son, excepté* venger, *v. et* harengère*, *n. f.; tels sont :* ange. archange, *m. il* essange, *v. il* louange, *v.* louange, *n. f. il* mange, *v.* mélange, *n. m. et v.* mésange, *n. f.* orange *n. f. il* range, *v.* vendange, *n. f. et v.* vidange, *n. f. et v.*, *etc.*

....ENGE *et*
....ENGER.
*Il* venge, *v.* venger, ( *de vengeance* ). harengère (*marchande de harengs* ( *de haranguer* ou harenger, *v.* ).

---

....ANGLE *et*
....ANGLER.
*Il* dessangle, *v. il* étrangle, *v.* récipiangle, *n. m.* rectangle, *m.* sangle, *n. f. et v.* triangle, *n. m.* angle, *n. m.*

---

....ANGRES.
Langres, *g. langrois*, *adj. et n. m.*

---

....ANGUE.
....ANGUER.
....ENGUER.
Carangue, *n. f.* ( *poisson* ). harangue, *n. f. du v.* haranguer (*discourir*). langue, *n. f.* stangue, *n. f.* varangue, *n. f. et v.* varanguer.
*Aucun.*

---

..ANLE *et* ANLER.
...ENLE, ENLER.
Chambranle, *n. m. il* ébranle, *v.* ébranler.
*Aucun.*

---

....ANQUE.
Banque, *n. f. il* débanque, *v. il* efflanque, *v. il* flanque, *v.* franque, *adj. f.* (*dérivé de* franc : *la langue* franque). manque, *n. m. et v.* palanque, *n. f.* salamanque, *g.* saltimbanque, *m.* vademanque, *n. f.*

....ANCK.
Faltranck, *n. m.* ( *t. de méd.* ).

---

....ANQUER.
Efflanquer, *v.* flanquer, *v.* manquer, *v.* banquier, *n. m. prend un* I.

---

....ANS, ANT,
ENT.
} *Voyez à la finale* AN.

---

..ANSIF *et* ENSIF.   *Voyez à la finale* ENSIF *par* E, *ou à la finale* SIF.

---

....ANSION.
....ENSION.
....ENTION.
} *Voyez à la finale* ENSION *par* E, *ou à la finale* SION : appréhension. compression. expansion, *etc.*

---

....ANT.   *Voyez la finale* AN.

---

...ANTE.
Accablante, *adj. f.* adiante, *n. f. b.* aimante, *adj. f.* alicante, *g.* aliquante, *adj.* amante, *n. f.* ambulante, *adj.* amiante, *n. f.* andante*, *ou* andanté, *n. m.* ante*, ( *pilastre* ). athalante, *n. pr.* athlante*,

**Suite de ANTE.**
(*statue*). bacchante, *n. f.* beuvante, *n. f.* brillante, *adj. f.* brocante, *n. f. et v.* cinquante. corybante, *n. m.* co-sécante, *n. f.* ( *t. de géom.* ). courante. dominante, *n. et adj. f.* épouvante, *n. f. et v.* expectante, *adj. f.* forfante, *n. m.* gigante, (*t. de mar.*). gouvernante, *n. f.* grand'-tante, *n. f.* il hante*, *v.* infante, *n. f.* jante, *n. f.* (*d'une roue*). lépante, *g.* mante*, *n.* méchante. médiante, *n. f.* mendiante. natante. nonante, (*v. m.*). octante, (*v. m.*). otrante, *g.* parante*, *adj. f. du v.* parer. pédante, *n. f.* plante, *n. f.* probante, *adj. f.* ( *t. de pal.* ). pseudamante. quarante. ravissante, *adj. f.* rossinante, *n. m.* sécante, *n. f.* septante, *n. f. et adj.* servante*. soixante. surintendante, *n. f.* sycophante, *n. m.* tante*, *n. f.* variante, *n. f.* zante, *g.* ; *plus, le fém. des adj. m. en* ANT *par* A; *ajoutez-y la* 1re *et la* 3e *pers. de ce son, dans les v. ci-dessous en* ANTER *par* A.

**....ANTES.**
Mantes et nantes, (*villes de ce nom*). pseudamantes, (*pierres fausses*). *Ajoutez-y la* 1re *pers. sing. de ce son, dans les v. ci-dessous en* ANTER *par* A; *voyez* ANTER.

**....ANTHE.**
Acanthe *ou* branche-ursine, *n. f. b.* aganthe, *n. m. b.* amaranthe, *f. b.* athamanthe, *f. b.* céranthe, *n. m. b.* érymanthe, *g.* mélianthe, *m. b.* ménianthe, *m. b.* périanthe, *m. b.* poliacanthe, *adj.* radamanthe, *n. m.* zoanthe, *m. b.*

**....AMPTE.**
Acampte, *adj.* ( *t. d'optique; qui ne réfléchit pas la lumière* ).

**....ENTÉ.**
Agrigente, *g.* assiente, *n. f.* attente, *n. f.* charente, *g.* charpente, *n. f. et v.* décente*, *adj. f.* descente, *n. f.* détente, *n. f.* diligente, *adj. f.* efficiente, *adj. f.* endente*, *n. f.* ente*, (*greffe*). entente, *n. f.* fente, *n. f.* fiente, *n. f.* fréquente, *adj. f. et v.* innocente, *adj. f. et v.* lente, *n. et adj. f.* qu'il mente, *v.* mévente, *n. f.* parente*, *n. f.* patente, *n. et adj. f.* pénitente, *adj.* pente, *n. f.* récente*, *adj. f.* rente, *n. f.* revente, *n. f.* révérente*. sente, *n. f. et v.* soupente, *n. f.* sous-entente, *n. f.* tangente, tarente, *g.* tente*, *n. f. et v.* tourmente, *n. f. et v.* trente, vente*, *n. f.* *Ajoutez-y les adj. fém. dont le masc. est en* ENT; ( *voyez à la finale* AN ); *plus, la* 1re *et la* 3e *pers. de ce son dans les* 44 *autres v. ci-après en* ENTER *par* E, *et en* ENTIR *par* E; *excepté*, alentir, ralentir *et* retentir.

**..ENT, son ENTE.**
Gent*, *n. f.* ( *se pron.* gente, *dans la* gent* *au nez pointu, la* gent *moutonnière, etc.* ).

**....ENTES.**
ENTES *est la finale du pl. des noms ci-dessus en* ENTE, *et celle de la* 2e *pers. dans les* 44 *v. en* ENTER *et en* ENTIR, *par* E.

**....EMPTE.**
Exempte, *adj. f. de* exempt; *il* exempte, (*v.* exempter).

**....ENTHE.**
Menthe*, *n. f.* ( *plante dont on fait les pastilles de menthe* ).

---

**...ANTÉ *et* ENTÉ.**
*C'est la finale du participe m. des v. ci-après en* ANTER *et* ENTER; *plus, de* polyanthé, *adj. m. b.* parenté, *n. f.*, *etc. Voyez la finale* TÉ.

---

**....ANTER,** *verbes.*
Aimanter, *v.* brillanter. brocanter. chanter. clinquanter. déchanter. décanter. déganter. déplanter... ébouillanter. enchanter. enfanter. ensanglanter. épouvanter. fainéanter. ganter. hanter*, ( *fréquenter* ). implanter. pédanter. plaisanter. planter. replanter. soixanter. supplanter. transplanter, *et* vanter*, (*flatter*).

**....ENTER.**
ENTER *commence par* E *dans la finale des* 44 *autres v. dont l'inf. est en* ENTER, *et en* MENTER; *tels sont :* absenter. alimenter. attenter. charpenter. commenter*. contenter. édenter. endenter. éventer*. exempter. expérimenter. fermenter. fienter. fréquenter. impatienter. innocenter. intenter. lamenter. patienter. présenter. serpenter. sustenter. tenter. tourmenter. venter, (*faire du vent*). violenter, *et tous les autres, excepté les suiv. :*

**....EMPTER.**
Exempter, *v.* (*rendre exempt, ou exempte*).

**...ANTHÈRE.**
Panthère, *n. f.* anthère, *n. f. b.*

---

| | |
|---|---|
| ...EMPTION. | Exemption, *n. f.* péremption, *n. f.* rédemption, *n. f.* ( *de rédempteur*). |

| | |
|---|---|
| ....ANTION.<br>....ENSION.<br>....ENTION. | *Tous par un* E, *excepté:* expansion , *n. f.* ( *épanchement* ). *Voyez-les à la finale* ENSION. |

| | |
|---|---|
| ....ANTIR, v. | Anéantir, *v.* appesantir, *v.* garantir, *v.* nantir, *v.* dénantir, *v.* empuantir, *v.* |
| ....ENTIR, v. | Alentir, *v.* ralentir. assentir. consentir. démentir. mentir. pressentir. *se repentir, v.* repentir, *n. m.* ressentir. retentir. sentir. |

| | |
|---|---|
| ....ANTRE.<br>....ENTRE, *et*<br>....ENTRER. | Antre*, *n. m.* ( *caverne* ). chantre. grand-chantre. diantre, ( *t. pop.* ).<br>Centre, *n. m.* il concentre, *v.* entre*, *prép. et v.* il éventre, *v.* éventrer. il rentre, *v.* rentrer. bas-ventre, *n. m.* ventre, *n. m.* |

| | |
|---|---|
| ...AON, *son* AN. | Faon, *m.* ( *petit d'une biche* ). faonner, *v.* laon, g. paon, *m.* paonne, *n. f.* paonneau. taon, *m.* ( *grosse mouche* ). |

| | |
|---|---|
| ....AP. | Cap*, *n. m. de* pied en cap. ( *loc.* ). gap, g. hanap, *n. m.*, et jalap , *n. m. b., sont prononcés comme s'il y avait un* E; *mais* drap, *n. m.*, *et* sparadrap, *n. m., se prononcent comme s'il n'y avait pas de* P. |
| ....APPE. | *Il* échappe, *v. il* frappe, *v.* grappe, *n. f. il* happe, *v. il* jappe, *v.* nappe, *n. f.* mappe-monde , *n. f.* trappe, *n. f.* |
| ....APE. | Attrape, *n. f. et v.* cape, *n. f.* chausse-trape, *n.f. il* drape, *v.* pape, *n. m.* soupape, *n.f.* jemmapes, g., *et tous les autres.* ( *Voyez les v. en* PER. ) |

| | |
|---|---|
| ....APS. | Laps, *n. m.* relaps, *adj.* |
| ....APSE. | Apse, ( *riv.* ). capse, *n. f. espèce de boîte qui sert au scrutin.* chordapse, *m.* ( *colique* ). ( *pron. kor.* ). |

| | |
|---|---|
| ....APT.<br>....APTE. | Apt *, g. rapt, *n. m.* ( *enlèvement* ).<br>Apte*, *adj. il* adapte, *v. il* capte, *v.* |

| | |
|---|---|
| .AQUE *et* ACQUE. | *Voyez* AC. |

| | |
|---|---|
| ....AR. | Aar*, ( *riv.* ). balthazar. bar*, ( *ville* ). bazar, *n. m.* bolivar. caudahar, g. calemar *ou* calmar, *n. m.* car*, *conj.* calencar. cauchemar. césar, *n. pr.* char. choucar. colmar, g. colcotar, ( *t. de chimie* ). coquar*, ( *oiseau* ). coquemar. czar. dollar. éléazar. escobar. gaspar. gibraltar, g. hangar *ou* angar. bépar*, *n. m.* hypothénar. hospodar. instar ( *à l'*). jaguar, *n.,* *ou* jacar. liquidambar, *b.* macassar, g. madagascar, g. malabar, g. montélimar, g. mortemar, g. nectar. nénuphar. par*, *prép.* putiphar. réalgar. rémolar. sannaar, g. schakespear, *n. pr.* ( *pron. chespire* ). réalgar, ( *poison* ). thénar. var*, g. veimar, g. vismar, g. zaphar, *n. m.* |
| ....ARC. | Arc, *n. m.* ( *pron. ark* ). marc*, *du café, poids, etc. Voyez* ARQUE. |
| . ..ARD.<br>*n. et adj. m.* | Abeilard, *n. pr.* babillard, *adj.* bard*. bâtard, *adj.* bavard, *adj.* bayard, *n. pr.* beccard*, *n. m.* bernard. bézoard. billard, *m.* binard. blafard. bocard*. boïard *ou* boyard, *n. m.* boulevard. bouvard. braillard. brancard. brassard. brocard*. brouillard. cafard. caguard. camard. campagnard. canard. chat-ard. chevillard. colin-maillard. corbillard. cornard. couard. criard. cuissard. dard. égard*. égrillard. épinards, *m. pl.* étendard. fard*. frétillard. fuyard. gadouard. gaillard. gazouillard. goguenard. guépard. gueulard. hagard. hasard. homard*. huard. hussard. isard. javard. lard*. léopard. lézard. liard. mignard. milliard*. minguard, *m. b.* montagnard. montbard, g. mouffetard, g. mouchard. musard*. nard*. nasillard. papelard. patard. pélard. pendard. pétard. pillard. piaillard. pinsard. placard. plantard |

| | |
|---|---|
| *Suite de* ARD. | poignard. poissard. porte-étendard. *inv.* puisard, *n.* raguenard. regard. reguard, *n. pr.* ( *pron.* rei-guard, *son doux* ). renard , *n.* retard. richard. ringard. roche-chouard, *g.* stuttgard , *g.* tard, *adv.* tranche-lard. vaugirard, *g.* vantard , (*pop.*). vétillard. vieillard. |
| ....ARE. | *Il* accapare, *v.* are*, ( *mesure* ). avare. barbare. briare , *g.* bulgare. carare, *n.* centiare, *n. m.* cigare, *m.* cithare, *f.* ( *lyre* ). il compare, *v.* il déclare , *v. il* dépare *, *v. il* désempare , *v.* déciare , *n. m. il* effare, *v. il* égare, *v. il* s'empare. épingare, *n. m.* fanfare, *n. f.* ferrare, *g.* gabarre, *n. f.* gare, *n. f. et v.* gemmipare, *adj.* guitare, *n. f.* hectare, *n. m.* hydrocanthares, *m. pl.* icare, *n. m.* ignare, *adj. et n.* lares*, *m. pl.* lazare, *m.* mare*, *n. f.* (*d'eau*). milliare*, *n. m.* ovipare, *adj.* pindare. *n. pr.* phare*, *g. il* parc*, ( *v.* parer. ). *il se* rempare, *v. il* répare*, *v.* réparer. *il* sépare, *v.* tarare, *g.* tare, *n. f. et v.* tartare. ténare, *g.* tiare , *n. f.* tyndare, *n. pr.* vivipare, *adj.* |
| ..AR, *par* ARN. | Béarn, *g.* ( *On pron.* béar ). |
| ....ARRE. | Amarre, *n. f. et v.* bagarre, *n. f.* barre *, *n. f. et v.* bécarre*, *m. il* bigarre, *v.* bizarre, *adj.* carré*, *n. f. et v. il* contrecarre, *v. il* chamarre, *v. il* éjarre, *v.* escarre, *n. f.* jarre*, *n. f. il* narre*, *v.* navarre, *n. g. il* rembarre, *v.* simarre, *n. f.* tintamarre, *n. m.* varre*, *n. f. et v.* varrer, ( *harponner* ). |
| ....ARRHE. | *Je ou il* arrhe*, *v.* (*arrher*), *et* arrhes*, *n. f. pl.* catarrhe , *n. m. j'*enarrhe , *v.* ( *enarrher* ). |
| ....ARS. | Ars*, *n. m. pl.* épars*, *adj. m.* échars, *adj.* jars *, *n. m.* mars, (*pron.* mar-ce). thouars , *g. je* pars, *v.* (*partir*). villars, *n. pr.* |
| ....ART. | Art*, *n. m. à* part. brocart*. *n. m.*, (*étoffe*). broquart*, *n. m.* (*animal*). boulevart *ou* boulevard, *n. m.* champart, *n. m.* cliquart. coquart*. cuissart. départ*, *n. m.* épart*, *n. m.*, (*jonc*). écart. *n. m. les* essarts, *g.* hansart, *m.* hart, *n. f.* jaquemart, *n. m.* javart, *n. m.* malart, *n. m.* part *, *n. f.* (*portion*). *il* part *, *v.* plupart, *n. f.* poupart*, *m.* (*crabe*). quart*, *n. m. et adj.* rempart* *ou* rampart, *n. m. il* repart*, ( *v.* repartir). sart*, *n. m. b.* stuart, *n. pr.* |

| | |
|---|---|
| ....ARCE. | Farce, *n. f.* (*herbes ou viandes hachées, et scène bouffonne*). |
| ..ARS, *son* ARCE. | Mars, *n.*, (3ᵉ *mois de l'année* ), *et* mars, ( *dieu de la guerre* ). |
| ....ARSE. | Barses, *n. f. pl.* (*boîtes*). écharse, *adj. f.* éparse, *adj. f.* métatarse, *n. m.* tarse *, *n. m.* (*coude-pied* ). tharse, *g.* |

| | |
|---|---|
| ....ARDE. | Corps-de-garde, *n. m. inv.* écharde, *n. f.* hallebarde, *n. f.* garde*, *n. m. et f.* guimbarde, *f.* moutarde , *f.* péricarde, *m.* sauve-garde, *n. f.* *Plus , les fém. en* ARDE , *dont le masc. est terminé en* ARD. |

| | |
|---|---|
| ....ARGE. | Litharge, *f.* surcharge, *f. et v. Les* 11 *autres n'ont aucune difficulté.* |

| | |
|---|---|
| ....ARN. | Béarn, ( *on pron.* béar ). tarn, *g.* ( *pron.* tarne ). |
| ....ARNE. | Carne, *n. f.* lucarne, *n. f.* marne, *n. f. et v. Plus, les* 4 *v. : il* s'acharne. *il* décharne. *il* s'incarne, *et il* marne. |

| | |
|---|---|
| ....ARQUE. | Aristarque, *n. m. il* arque, *v.* contre-marque, *n. f. et v.* exarque , *n. m.* marque *, *n. f. et v.* monarque, *n. m.* parque, *n. f. et v.* plutarque, *m. il* embarque, *v. il* rembarque, *v.* |
| ARC *et* ARCK. | Arc*, *n. m.* marc, *n. pr.* parc*, *n. m.* dancmarck, *g.* |

| | |
|---|---|
| ARTE *et* ARTRE. | *Ne confondez pas* tarte, *n. f.* (*pâtisserie*), *avec* tartre, *n. m.* (*acide*). montmartre, *g.* |

| | |
|---|---|
| ...AS, AT. | *Voyez la finale* A. |

| | |
|---|---|
| ....ASE. | Anastase, *n. m.* antipéristase, *n. f.* antiphrase, *n. f.* antonomase, *f.* athanase, *m.* base *et* embase, *n. f.* case, *n. f. et v.* caucase, *m. g.* chrysoprase, *f.* diastase, *f.* emphase, *f.* extase, *f.* gymnase, *n. m.* hase*, *n. f.* métastase, *n. f.* paraphrase, *f.* périphrase, *f.* pégase, *n. m.* phase, *n. f.* phrase*, *f.* prase, *f.* rase, *adj. f.* ( *de ras* ). stase, *n. f.* topase, *n. f.* ukase, *m.* ( *édit* ). vase, *n. m.* vase, *n. f.* ( *bourbe* ). |
| ..ASE, *par* ASSER. | Kirsch-wasser, ( *pron. kirche-vase* ). |
| AS, *son* ASSE. | *Voyez à la finale* ACE. |
| ....AZ. | Gaz*, *n. m.* ( *t. de chimie* ). gaz *hydrogène*, etc. |
| ....AZE. | Gaze, *n. f.* ( *sorte d'étoffe* ). topaze *ou* topase, *n. f.* |

| | |
|---|---|
| ....ASSE *et* ASSÉ. | *Voyez les finales* ACE, *et* ACÉ. |

| | |
|---|---|
| ....ASTHME. | Asthme, *n. m.* |
| ....ASME. | Cataplasme, *n. m.* enthousiasme, *n. m.* méloplasme, *m.* métaplasme, *m.* miasme, *m.* pléonasme, *m.* sarcasme, *m.* spasme, *m.* |

| | |
|---|---|
| .AT, *son doux.* | *Voyez à la finale* A. |

| | |
|---|---|
| ....ATH, *dur.* | Apalath, *n. m.* ( *plante* ). goliath, *n. pr.* spath*, *n. m.* ( *pierre* ). |
| ....ATHÉ. | Polymathe, *n. m.* spathe*, *n. f.* ( *l'enveloppe d'une fleur* ). |
| ....ATE, *long.* | Hâte, *n. f. et v.* pâte*, *n. f.* il bâte, *v.* il gâte, *v.* il empâte, *v.* il mâte, *v.* il tâte. |
| ....AT, *son dur.* | Des exéat, *inv.* ab-intestat, *inv.* fat, *adj.* immédiat, *adj. m.* mat*, *adj. m.* immédiat, *adj. m.* opiat *ou* opiate, *n. m.* transéat, *n. inv.*, et vivat, *n. inv.* |
| ....ATTE. | Baratte, *n. f.* batte*, *n. f.* chatte, *n. f.* datte*, *n. f. b.* il dénatte, *v.* il flatte, *v.* il gratte, *v.* jatte, *n. f.* latte, *n. f. et v.* matte*, *n. f. b.* natte, *n. f. et v.*, et patté *ou* pate*, *n. f.* |
| ....ATE. | Acrobate, *m.* agate *ou* agathe, *n. f.* annate, *n. f.* aromate, *n. m.* autocrate, *n.* cantate, *n. f.* date, *n. f.* ( *époque* ). disparate, *adj.* écarlate, *n. f.* hécate, *n. pr. f.* hippocrate, *n. pr. m.* hyperbate, *n. f.* mithridate, *m. et f. b.* muriate, *m.* nitrate, *m.* omoplate, *n. f.* ouate*, *n. f.* patate, *n. f. les* pénates, *m. pl.* pirate, *m.* plate-bande, *n. f.* phosphate, *m.* rate, *n. f.* savate, *f.* socrate, *m.* sonate, *f.* spartiate, *n.* stylobate, *m.* sulfate, *m.* tomate, *n. f.* scélérate, *adj. f.* vulgate, *n. f.*, et *tous les noms fém. et adj. fém. de ce son.* |

| | |
|---|---|
| ....ATION. | *Voyez à la finale* SION. |

| | |
|---|---|
| ....ATRE. | Quatre, *n. m. et adj. inv.* in-vingt-quatre. vingt-quatre. |
| ....ATTRE. | Abattre, *v.* battre, *v.* combattre, *v.* débattre, *v.* ébattre, *v.* embattre, *v.* rabattre, *v.* rebattre, *v.* |
| ...ATRE, *long.* | Acariâtre, *adj.* albâtre, *n. m.* amphithéâtre, *m.* âtre, *m.* blanchâtre, *adj.* bleuâtre. douceâtre. emplâtre, *m.* folâtre, *adj.* gentillâtre. grisâtre. idolâtre. jaunâtre. marâtre, *n. f.* mulâtre, *n. et adj.* noirâtre. olivâtre. opiniâtre. pâtre, *m.* plâtre, *m. et v.* il replâtre, *v.* rougeâtre, *adj.* roussâtre. saumâtre. théâtre, *n. m.* verdâtre, *adj.* |
| ....ATHRE. | Barathre, *n. m.* ( *gouffre* ). clathre, *n. m.* ( *sorte de champignon* ). |

| | |
|---|---|
| ...AU. | Agiau*, ( *pupitre de doreur* ). aloyau. arrau, *g.* au, ( *art. m. composé* ). à-vau-l'eau, *ou* à vaux-l'eau. bacaliau ( *morue* ). bau*, *n.* ( *solive d'un tillac* ). boyau. coïau *ou* coïer, *n.* chevau-léger, *n. m.* corbivau. étau. |

**Suite de AU.**
fabliau. fléau. gluau. gruau. hoyau. joyau. la plau, g. landau, n. noyau. pilau, (*riz*). préau. qu'au, (*pour que au*). sarrau. senau, (*petit navire*). tau, (*t. de blason*). tayau, (*cri*). truau. tuyau. unau, (*quadrupède*), *et quelques noms de villes, tels sont :* burgau. eylau. landernau. mittau. pau*, (*en béarn*).

**,...EAU.**
Agneau, ( a-gnô, *mouillez le* g ). anneau. appeau. arbrisseau. arceau. aisseau*. baleineau. baliveau. bandeau. bandereau. barbeau. bardeau*. barreau*, bâtardeau. bateau. beau*. bécasseau. bedeau. berceau. bigarreau. biseau. blaireau. bluteau. boileau. boisseau. bordereau. bouleau. bourreau. bureau. cadeau. cailleteau. chaudeau. carpeau. carreau. casseau. caveau. cerceau. cerneau. cerveau. chalumeau. chameau. chapeau. chapiteau. château. chevreau, ( *malgré* o *dans* chevrotiner *et* chevrotin ). ciseau. copeau. corbeau. cordeau. côteau. couleuvreau. couverseau. couteau. créneau. cuveau. damoiseau. dideau*, ( *sorte de filet* ). dindonneau. dizeau. doubleau. drapeau. eau*, *n. f.* à-vau-l'eau, ( *loc.* ). écheveau. écriteau. éfourceau. escabeau. esseau. étourneau. faisandeau. faisceau. fardeau. fauconneau. flambeau. fléau. fontainebleau. fourneau. fourreau. fricandeau. friponneau. fuseau. gâteau. godelureau. godiveau. grimpereau, grumeau. gurneau. hameau. harpeau. hobereau. javeau. jouvenceau. jumeau. lambeau. lapereau. larronneau. linteau , ( *t. de menuiserie* ). lionceau. liteau, (*serviettes à* liteaux ). louveteau. manceau, *ou* manseau, ( *du maine*, g. ). manteau. maquereau. marceau. marmenteau. marteau. meneau, ( *t. d'archit.* ). méreau. moineau. monceau. morceau. naseau. niveau. nouveau. oiseau. oripeau. panneau. paonneau*. passereau. pastoureau. peau*. perdreau. pigeonneau. pinceau. pipeau. plateau. plumasseau. pommeau. ponceau. porreau *ou* poireau. porte-drapeau , *inv.* poteau. pourceau. préau. pruneau. radeau*. rameau. ramereau. râteau. renardeau. renouveau. réseau. reverseau, rideau. rinceau. rondeau. rouleau. roseau. rousseau. ruisseau. saumonneau. sautereau. sceau*. seau*. serdeau. serpenteau. soliveau. souriceau. sureau. tableau. tasseau. taureau. tombeau. tombereau. tonneau. tourangeau. tourteau. tourtereau. traîneau. trémeau. tréteau. troupeau. trousseau. trumeau*. tuileau. vaisseau. vanneau. veau*. vermisseau. verseau*. vipereau. ypréau.

**,,AUX au sing.**
Bordeaux, g. caux*, g. chaux*, *n. f.* clairvaux, g. carme-déchaux, *n.* faux*, *adj. m.* ( *de fausse*). meaux*, g. mousseaux*, g. sceaux*, *et* taux*. (*taxe*). *Ajoutez-y* :

**...AUX.**
1° *Le pl. des noms ci-dessus en* au, *et en* eau : *un* aloyau. *des* aloyaux, *etc., excepté des* chevau-légers, *n. pl.* (*cavaliers*);
2° *Le pl. des* 10 *mots en* ail, *dont le pl. est en* aux. (*Voyez à la finale* AIL);
3° *Le pl. des mots dont le sing. est en* al , (*voyez* AL ), *se change en* AUX *au pluriel : un* caporal, *des* caporaux. *un* cheval, *des* chevaux.
4° *Les* 12 *mots ci-après qui n'ont pas de sing. : les* apparaux , ( *t. de mar.* ). *les* choraux*, *ou enfans de chœur. les* échaux, (*fossés*). *les* gémeaux. *les* carteaux*, (*cartes*). *les* marsupiaux. marmenteaux. *les* psaumes pénitentiaux. paraphernaux. rayaux. sapientiaux. *les* 5 *uni-versaux, (*t. de logique*). et les* vitraux. *Hors de là, on dit au pl. m. : les* appareils. *les objets* matériels , *pénitentiels et* universels.
5° *Je ou tu* vaux, *je ou tu* équivaux. *je* prévaux, *tu* prévaux ( 1re *et* 2e *pers. sing. dans les* 3 *v.* valoir, équivaloir *et* prévaloir).

**,. .AUD.**
Artichaud *ou* artichaut. badaud. baud*, ( *chien* ). rebaudir, *v.* cabillaud*. chaud*, *adj.* clabaud. courtaud. crapaud. échafaud. faraud*. finaud. grimaud. lourdaud. maraud. mauricaut, *et mieux* moricaud. nigaud. noiraud. pataud. penaud. quinaud. ravaud. réchaud. rougeaud.

**Suite de AUD.** { rustaud, (*rusire*). saligaud. soulaud, (*pop.*). sourdaud. taraud*. trigaud, (*pop.*). verdaud, *adj.*

**....AUGHT.** Connaught, g.

**....AULD.** Larochefoucauld, *n. pr. et g.*

**....AULT.** { Boursault, *n. pr.* fontevrault, g. hérault*, g. quinault, *n. p.* marsault, ( *arbre* ).

**....AULX.** { Aulx *ou* aux. (*pl. d'ail, plante*). faulx *ou* faux*, *n. f.* ( *outil pour faucher* ). paraphernaux, *adj.* ( *il n'a pas de singulier* ).

**....AUT.** { Artichaut *ou* artichaud. assaut. boucaut. brifaut. chatellerault, g. chicambaut, (*pièce de bois*). défaut. escaut, g. il faut, *v.* goussaut, (*cheval court*). grenaut, (*poisson*). gerfaut. hainaut, g. haut* ( *haute* ). héraut ( *d'armes* ). hurhaut, (*t. de charretier*). levraut. monaut, *m.* moussaut*, *adj.* panicaut. quartaut*. saut*, *n.* (*de sauter*). ressaut. soubresaut. sursaut. taïaut, (*t. de chasse*). il faut. il vaut. il équivaut. il prévaut. ( 3ᵉ *pers. des* 4 *v.* falloir, équivaloir, prévaloir *et* valoir.)

**....AUX.** *Voyez après* AU.

**....O.** { ô*. (*signe d'apostrophe*). ho, (*cri de blâme, ou pour appeler*). hoho*, ( *cri d'ironie* ). oh! ( *cri de surprise* ). agio*. adagio. albugo, *n. f.* allégro, *m.* allégretto. alto. apoco. aviso. azébro. bacho *ou* bachot. banco. baraco. bilbao, g. bonifacio, g. bobo. boucaro. bravo. cacao. calao. calypso, *n. f.* campo. caraco. cartero. cattaro, g. cicero. clio, *n. f.* clotho, *n. f.* coco. congo, g. coquerico. crédo. curaçao, g. *et liqueur.* dodo. domino. duo. écho*. écheno. embargo. érato, *n. f.* ergo. ex-abrupto. ex-professo. ex-voto. folio. forté-piano. franco. gogo. goharo. hecto. hoho*! imbroglio. incognito. indigo. in-folio, *inv.* in-quarto. in-octavo. in-petto. ino. *in statu* quo. io. ipso-facto. jéricho, g. kanguroo, ( *animal* ). kilo. largo. lavabo. loto. saint-malo, g. memento, (*pron. main*). mezzo-terminé. mezzo-tinto. morio. numéro. octavo. oratorio. ordo, (*lithur.*). piano. populo. presto. quasimodo. *des* quiproquo. recto. sapho *ou* saphos, *n. pr. f.* silo. solo. trio. verso*. vertigo. vespétro. virago, *f.* zéro, ycoco, g., *et quelques autres noms de pays.*

**....ô *long.*** ô* mon Dieu, (*signe d'invocation*). pô, ( *fleuve* ). saint-lô, (*ville*). *Nota.* ô, *dans l'intérieur d'un mot,* Voyez o.

**....AU *par* OC.** { Accroc, bloc, croc, escroc et raccroc, *sont les seuls noms dont on ne prononce pas le c final.* Voyez *tous les autres mots en oc, que l'on prononce oque, à la finale* OQUE.

**....OD.** Palinod. lods, *n. pl.* (*redevance*): *les* lods-et-ventes.

**....OH.** { Oh*! et oh! oh! *sont des cris séparés, et d'une surprise douloureuse; mais, lorsqu'on les commence par* h *comme dans:* ho! ho, ho, *ce sont des signes, soit pour blâmer, soit pour appeler, soit pour faire arrêter.*

**....OP.** Galop, *n.* sirop, *n.* trop*, ( *adv. d'excès* ).

**....OS.** { Ados*, *n. m.* ( *terre en talus* ). campos. chaos*, (*confusion*). clos, *adj* clos*, ( *île* ). dispos, (*pop.*). dos. éclos. enclos. forclos. gros. héros*. nos. os*. propos. repos. chakos. suros*, ( *tumeur* ). vos*, ( *adj. possessif* ).

**....os, *son* AUCE.** { Argos, g. athos, g. atropos, *f.* azigos. délos, g. lemnos, g. lesbos, g. mérinos. minos, *m.* monocéros. naxos, g. paphos, g. paros, g. pathos. rhinocéros. samos *et* scyros, g. *On les retrouve à la finale* AUCE, *dont ils ont le son.*

**....OT.** { Abricot. bachot. bardot, ( *mulet* ). barriquot *ou* barrico. berlingot. bigot. billot. blot*. pied-bot*. brûlot. cabillots*, *m. pl.* cachalot, (*poisson*). cachot. cagot. cahot*, (*secousse*). caillot. camelot. canot. capot.

| | |
|---|---|
| *Suite de* AU, *par* OT. | chabot*. chaillot, g. chariot. chicot. complot. coquelicot. cuissot. culot. dabot. dévot. dot, f. ( *on prononce* dote ). didot, n. p. écot*. écharbot. ergot. escarbot, escargot. esquipot. fagot. falot. flibot. flot. frot. galipot. garrot. gigot. godenot. goulot. grelot. haricot. huguenot. idiot. îlot. jabot. javelot. larigot. lingot. linot. loriot. lot*. magot. maillot. manchot. margot. marmot. matelot. mélilot. mignot. minot. miquelot. mot*. mulot. nabot. paquet-bot *ou* paque-bot, *ou* paquebot. pavot. persicot. picot. pied-bot*. pivot. pot*. pouliot. poulot. puchot. rabot. ragot. rot*. sabot. sanglot. sot*. subrécot. tarot*, ( *de taroter*). tripot. trot*, n. turbot. vignot. vieillot. vougeot, g. yvetot, g. |
| ....ÔT. | Aussitôt. bientôt. ( *On termine par un* t : dépôt. entrepôt *et* impôt, *quoique ces* 3 *derniers mots viennent des v.* déposer, entreposer *et* imposer*). plutôt*. prévôt. rôt*. suppôt. sitôt. *Ajoutez-y*, il clôt. il éclôt. il déclôt. il réclôt. |
| ....OTH. | Goth*. ostrogoth. visigoth. |

| | |
|---|---|
| ....OX. | Ériox, n. m. (*poisson de ce nom*). |
| ....OXE. | *Voyez la finale* OXE. |

| | |
|---|---|
| ....AUBE. | Aube, n. f. et g. daube, n. f. et v. la ferté-sur-aube, g. |
| ....OB. | Jacob, n. pr. job. rob*, n. m. (*sorte de sirop*). |
| ....OBE. | Antilobe, n. f. arrobe, n. f. épilobe, m. b. garde-robe, n. f. globe, n. m. gobe, n. et v. hydrophobe, n. lobe, m. orobe, m. b. probe, adj. robe*, n. f. (*vêtement*). |

| | |
|---|---|
| ....AUC, AUQUE. | *Voyez aux finales* OC *et* OQUE. |

| | |
|---|---|
| ....AUCE. | Beauce, n. f. (*province*). sauce, n. f. et v. il exauce* ( *il accorde* ). |
| ....AUSSE. | Chausse, n. f. et v. fausse*, adj. f. et v. (*fausser*). hausse, n. f. et v. il déhausse. il exhausse* (*il élève*). gausse, n. f. |
| ....OCE, *bref*. | Atroce, adj. cappadoce, g. féroce, adj. négoce, n. m. noce, f. précoce, adj. sacerdoce, n. m. véloce, adj. |
| ....OSSE. | Ankyloglosse, m. bosse*, n. f. brosse, n. f. et v. buglosse, n. f. b. carrosse, m. colosse, m. cosse, n. f. crosse, f. écosse, n. f. et v. drosse, n. f. il embosse, v. il endosse, v. fosse*, n. f. grosse, adj. f. et n. losse, n. f. rosse, n. f. |
| .AUSE, *son doux*. | Apothrause, f. (*fracture*). cause, n. f. et v. clause*, n. f. ( *condition* ). pause*, n. et v. (*repos*). |
| ....OSE. | Alose, n. f. amaurose, n. f. (*maladie de l'œil*). anamorphose, f. ankilose, f. apothéose, f. couperose, n. f. chose, n. f. (m. *dans* quelque chose *est arrivé*). dose, f. ecchymose, f. (ki). emphytéose, n. f. exostose, f. hélose, f. laurose, f. b. métamorphose, f. métempsycose, f. pose*, n. f. (*place*). prose, f. phlogose, f. synévrose, f. il ose, il suppose, et *tous les autres noms et verbes de ce son*. |
| ....OS, *son rude*. | Argos, g. azigos ( t. *de chir.* ). athos, g. atropos, f. délos, g. lemnos, g. lesbos, g. mérinos, n. m. monocéros. minos. naxos. paphos. paros. pathos. rhinocéros. samos *et* scyros. |

| | |
|---|---|
| .AUCER *et* OSSER. | *C'est la finale des v. ci-dessus, à l'infinitif. Voyez les verbes en* CER. |

| | |
|---|---|
| ....AUCHE. | Débauche, n. f. et v. ébauche, n. f. et v. embauche, v. fauche, n. f. et v. gauche, adj. auch*, (*ville*). |
| ....OCHE. | Accroche, v. anicroche, n. f. arroche, f. b. approche, n. f. et v. bancroche, adj. broche, n. f. et v. hoche, n. f. et v. sacoche, n. f., *et tous les autres*. |

| | |
|---|---|
| .AUDE *et* AUDER. | Aude* ( *riv.* ). baguenaude, *n. f. et v.* blaude *ou* blouse. il bretaude, *v.* chaude, *adj. f. et n.* chiquenaude, *n. f.* il clabaude, *v.* claude, *m.* échafaude, *v.* il échaude, *v.* émeraude, *n. f.* fraude, *n. f. et v.* il galvaude. gaude, *n. f.* maraude, *n. f. et v.* il minaude, *v.* il miraude, ravaude, *v.* main-chaude, *n. f.* nigaude, *n. f. et v.* reine-claude, *f.* il sabrenaude, *v.* il taraude, *v.* il trigaude, *v.* ; *plus, le féminin des noms m. en* AUD. |
| ....AUDES. | Laudes, *n. f. pl.* ( *il n'a pas de singulier* ). |
| ....OD. | Ephod, *m.* ( *étole* ). |
| ....ODE *et* ODER. | Apode, *m.* antipode, *m.* il accommode, *v.* il raccommode, *v.* il brode, *v.* commode, *adj. et n. f.* code, *n. m.* custode, *n.* diacode, *adj. et n. m.* épisode, *m.* épode, *f.* incommode, *adj. et v.* exode, *m.* lycopode, *m.* méthode, *f.* mode*, *n.* monopode, *m.* ode, *f.* pagode, *f.* période*, *n.* polypode, *m. b.* rapsode, *n. et v.* rhode, *g.* synode, *m.* il rôde, il corrode, *v.* |

| | |
|---|---|
| .AUDIE, AUDIER. | *Aucun.* |
| ....ODIE , ODIER. | *Voyez à la finale* ODIE. |

| | |
|---|---|
| ....AUF. | Chauf, *n. m.* ( *soie de Perse* ). réchauf, *n. m.* ( *fumier* ). sauf, *prép. et adj. m.* ( *f.* sauve ). |
| ....AUFFE. | Auffe ( *jonc* ). je ou il chauffe, *v.* je ou il échauffe, *v.* je ou il réchauffe, *v.* |
| ....OF. | Lof, *n. m.* ( *t. de mar.* ). azof, *g.* |
| ....OFFE. | Étoffe, *n. f. et v.* étoffer. |
| ....OPHE. | Antistrophe, *f.* apostrophe, *n. f. et v.* catastrophe, *n. f.* christophe, *m.* limitrophe, *adj.* philosophe, *n. et adj.* strophe, *f.* |

| | |
|---|---|
| .AUGE *et* AUGER. | Auge, *n. f.* bauge, *m.* jauge, *n. f. et v.* il patauge, *v.* sauge, *n. f. b.* |
| ..OGE *et* OGER. | Allobroge. doge, *m.* éloge, *m.* eucologe, *m.* horloge, *n. f.* loge, *n. f.* martyrologe, *m.* nécrologe, *m.* paragoge, *f.* toge, *n. f.* — *Verbes :* abroger. arroger. déloger. déroger. interroger. loger. proroger. subroger. |

| | |
|---|---|
| ..AUL , AULE, OLE *et* AULER. | *Voyez la finale* OL. |

| | |
|---|---|
| .AUME *et* AUMÉ. | *Voyez à la finale* OME. |

| | |
|---|---|
| ....AUNE. | *Voyez à la finale* ONE. |

| | |
|---|---|
| ....AUPE. | *Voyez à la finale* OP. |

| | |
|---|---|
| ....AUQUE. | *Voyez à la finale* OC. |

| | |
|---|---|
| ....AUR *et* AURE. | *Voyez à la finale* OR. |

| | |
|---|---|
| ..AUSE, AUSSE , *et* AUSSER. | *Voyez* AUCE ; *et pour l'infinitif des verbes en* AUSSER, *voyez à la finale* CER. |

| | |
|---|---|
| ....AUSITÉ. | *Aucun. Tous par un* o : animosité. défectuosité. porosité. piquosité, *et tous les autres. Voyez* OSITÉ *par* o. |

| | |
|---|---|
| ....AUSTE. | *Voyez à la finale* OSTE. |

| | |
|---|---|
| . AUTE *et* AUTÉ. | *Voyez aux finales* OTE *et* OTÉ. |

| | |
|---|---|
| ....AUTION. | Caution. précaution. *Tous les autres par* o. |
| ....AUTRE. | *Voyez la finale* OTRE. |
| ....AUVE. | *Voyez la finale* OVE. |
| ....AVAN, AVEN. | *Voyez à la finale* VAN. |
| ....AX. | Ajax, *n. pr.* anthrax (*sorte de bouton*). astianax. ax* (*ville*). borax. climax, *m.* dax, *g.* dropax. opopanax (*gomme*). scolopax, *adj.* storax, *b.* syphax. thorax. |
| ....AXE. | Araxe, *g.* axe*, *m.* parallaxe, *n. f.* saxe, *g.* surtaxe, *f.* syntaxe, *f. et* taxe, *f.* |
| ....AYER, 22 *verbes.* | Aiguayer* *le linge* (*c'est le baigner dans une aiguière ou aiguade*). balayer, *v.* bayer* *ou* béer, *v.* (*aux corneilles*). bégayer. brayer*. cartayer. déblayer. défrayer. délayer. effrayer. égayer*. enrayer. essayer. étayer. frayer, *v.* métayer, *n.* monnayer *ou* monnoyer, *v.* payer, *v.* rayer. relayer. régayer. remblayer (*de remblai*). |
| ....EYER, 6 *verbes.* | Barbeyer, *v.* (*t. de mar.*). grasseyer, *v.* langueyer, *v.* plancheyer *ou* planchéier. poteyer *et* dépoteyer. |
| ....AILLER, 47 *verbes.* | Avitailler. bailler* (*donner à bail*). batailler. brailler*. bretailler. cailler. chamailler. chocailler. cisailler. coailler. criailler. débrailler. détailler. écailler*. émailler. empailler. encanailler. enfutailler. entailler. épailler. érailler. ferrailler. fouailler. godailler. grailler. grenailler. grisailler. gueusailler. hourailler. jouailler*, *v.* limailler. mailler. mitrailler. morailler. pailler, *n. m.* piailler. poulailler, *n. m.* râiller*. ravitailler. rempailler. retailler. rimailler. routailler. sonnailler. tailler. tenailler. tirailler. tournailler. travailler. |
| ....âiller, *v.* | Bâiller*, *v.* (*ouvrir la bouche*). brâiller*, *v.* |
| ....AILLIER. | Clincaillier*. écaillier*. joaillier*, *n.* médaillier. quincaillier *. |
| ....AHIER. | Cahier, *n. m.* |
| ALIER *et* ALLIER. *son dur.* | Allier*, *v.* (*réunir*). pallier*, *v.* hallier, *m.* (*buissons, haies*). écalier*, *n.* |
| ....EILLER. ....EILLIER. ....ELLIER. ....ELIER. | *Comme ces finales en* ciller *n'ont pas le son de* ailler, *voyez* ciller *à la suite de la finale* EIL. |
| ....AZ. | Gaz*, *n. m.* (*fluide hydrogène, oxigène, etc., t. de chimie*). |
| ....AZE. | Gaze, *n. f.* topaze, *n. f.* |
| ....ASE. | *Voyez la finale* ASE, *à la suite du son* ARQUE. |
| ....B. | B, *dans l'intérieur d'un mot, ne se double que dans* abbacadabra, abbatial, *adj.* abbaye. abbé. abbesse*. abbeville. gibbar. gibbon. gibbeux. gibbosité. rabbin. rabbinage, *m.* rabbinique. rabbinisme. rabbiniste. sabbat. |
| ...BA, BAS, BAT. | *Voyez à la finale* A. |
| ....BAI. | Bai*, *adj. m.* je tombai, *v.* je prohibai, *v.; plus, les* 21 *autres v. en* BER, *au passé défini,* 1re *pers. sing.* |
| ....BAIE. | Baie*, *n. f.* (*golfe*). |
| ....BAIS. | Rabais, *n.* je tombais, *v.* je prohibais, *v.; plus, les* 21 *autres v. en* BER, *à l'imparfait,* 1re *et* 2e *pers. sing.* |

| | |
|---|---|
| *Suite de* BAI, *par* ....BAIT. | *Finale des* 23 *v. ci-dessus en* BER, *à la* 3e *pers. sing., du même temps.* |
| ....BAIX. | Roubaix, *g.* |
| ....BAY. | Bombay*, *g.* botany-bay, *g.* |
| ....BÉ. | Abbé*, *m.* bombé*. daubé. galoubé *ou* galoubet. prohibé. regimbé. succombé. |
| ....BÉE. | Bée*, *n. f.* machabée, *m.* scarabée, *m.; plus, le part. fém. des v. en* BER. |
| ....BÈS. | Tabès. |
| ....BET. | Alphabet, *m.* babet, *f.* barbet, *m.* débet. quolibet. sorbet. thibet, *g.* |
| ....BEY. | Bey (*chef, gouverneur en Égypte*). mangabey, *m.* (*singe*). |

| | |
|---|---|
| ....BAIN *et* BIN. | *Voyez la finale* AIN. |

| | |
|---|---|
| BAL, BALLE, *etc.* | *Voyez la finale* AL. |

| | |
|---|---|
| ....BAN. ....BLAN. ....BRAN, *etc.* | *Voyez à la finale* AN. |

| | |
|---|---|
| ....BAN. | BAN *intérieur : tous par* A, *comme dans* abandonner, saltimbanque, *etc.* |
| ... BEN. | BEN *intérieur par* E *dans les mots :* prébende, *n. f.* prébendier *et* térébenthine, *n. f.* |

| | |
|---|---|
| ...BAUD, BEAU. | *Voyez à la finale* AU. |

| | |
|---|---|
| ...,BAR. | *Voyez à la finale* AN. |

| | |
|---|---|
| ...BERGUE, *par* BERG. | Kœnisberg, *g. etc. Voyez* ERGUE. |

| | |
|---|---|
| ....BI. | *Voyez à la finale* I. |

| | |
|---|---|
| ...BOT. | *Voyez à la finale* AU, *et les homonymes.* |

| | |
|---|---|
| ....BOL. | *Voyez à la finale* AUL. |

| | |
|---|---|
| ....BREN, BRIN. | *Voyez aux finales* AN, AIN, *etc.* |

| | |
|---|---|
| ....BRO, BU, ....BRU, *etc.* | *Voyez les finales* AU, U, *etc.* |

| | |
|---|---|
| ....BRUTE. | *Voyez à la finale* UTE. |

| | |
|---|---|
| ....C. | *La lettre* C, *pouvant être prise pour l'une des* 5 *lettres :* S, K, Q, T *et* X, *offre des difficultés dans plus de* 22 *mille mots. Voyez-les, comme ci-après, suivant l'espèce et la place de la difficulté du son.—Quant aux initiales par un* C *ou par un* S, *etc., voyez aux initiales.* |

| | |
|---|---|
| ...*finale* CA. | Cériaca. hoca* (*jeu*). inca. pica*. oca*, *b.* rébecca, *f.* ramcanca, *m.* spica. |
| ....CAS. | Fracas *et* cas*. |
| ....CAT. | Altercat. avocat. canonicat. certificat. ducat. patriarcat. syndicat. |
| ...CA *par* CHA. | Exarchat. calchas, (*pron. calkáce*). |
| ....KA. | Kamtschatka, *g.* pika*. sénéka. |

| | |
|---|---|
| *Suite de* CA, *par* ....QUA*. | Reliquat *ou* reliqua, *n. m. il* appliqua, *v. il* attaqua, *il* disloqua, *il* escroqua, *etc.*, 3ᵉ *pers. dans les* 122 *v. en* QUER. *Voyez après* CAIRE, *ou voyez la conjug.* |
| ....ÇA. | Ah-ça. çà-et-là. en-deçà. or-ça. (*loc.*). *Ajoutez-y la* 3ᵉ *pers. de ce son dans le prétérit défini des v. en* CER, *tels sont : il* acquiesça, *il* agaça, *il* commença, *il* plaça. *Voyez les v. en* CER, *et leur conjugaison.* |
| ....ÇAS. | *Tu* acquiesças. *tu* plaças. *tu* commenças, *et tous les autres v. en* CER, *à la* 2ᵉ *pers. de ce son.* |
| ....ÇAT *et* çât. | *Un* forçat, *n. m. qu'il* acquiesçât. (*au subj.*). *Voyez la conjugaison des v. en* CER. |
| ....SA. | Canapsa, *et sa* (*la sienne, pron. poss. f.*). *Ajoutez-y : il* pensa*, *il* récompensa, *et tous les autres v. en* SER, *lorsqu'ils sont à la* 3ᵉ *pers. du prét. déf.* |
| ....SAS. | Sas*, *n.* (*tamis*). *tu* pensas, *tu* récompensas, *et tous les autres v. en* SER, *à la* 2ᵉ *pers. de ce son. Voyez* CER *et la conjug. de ces verbes.* |
| ....CABLE. | *Il* accable, *v.* applicable, *adj.* cable, *n. m.* communicable, *adj.* convocable. confiscable. évocable. explicable. impeccable. implacable. impraticable. inapplicable. inexplicable. inextricable. invocable. irrévocable. multiplicable. peccable. praticable. prédicable. révocable. sécable (*qui peut être coupé*). |
| ....QUABLE. | Attaquable. critiquable. immanquable. inattaquable. remarquable. risquable. |
| ....GABLE. | *Voyez par* G. |
| ....ÇABLE. | Commerçable. effaçable. ineffaçable. |
| ....SSABLE. | Bannissable. chérissable. condensable. connaissable. guérissable. haïssable. inguérissable. impérissable. indéfinissable. indispensable. insaisissable. intarissable. inversable. méconnaissable. périssable. reconnaissable. saisissable. tarissable. |
| CAGE *et* QUAGE. | Bocage. blocage. *il* encage, *v.* pacage. parcage. placage. saccage *et* caquage. |
| ....CAIL. | Bercail, *n. m.* |
| ....CAILLE. | Blocaille, *n. f.* caille, *n. f. il* chocaille, *v.* clincaille, *n.* écaille, *n. f. et v.* quincaille, *n. f.* rocaille, *n. f.* |
| ....CAIN. | Africain. américain. dominicain. franciscain. lucain. marocain*, (*h. du maroc*). mexicain. publicain. républicain. vulcain. |
| ....KAIN. | Lekain, *n. p.* |
| ....KIN. | Nankin. pékin. kurakin, *n. pr.* |
| ....QUIN. | Arlequin. baldaquin. bauquin. bouquin. brodequin. casaquin. coquin. faquin. frusquin. mannequin. marasquin. maroquin. mesquin. palanquin. pasquin. ransequin. requin*. sequin. taquin*. tarquin. troussequin. tonquin, *g.* ver-coquin. vil-brequin *ou* villebrequin, *ou* virebrequin. |
| ....QUINT. | Lequint* *et le* requint*. charles-quint, *n. pr.* |
| ....CAINE. | *C'est la finale féminine des masc. ci-dessus en* CAIN. |
| ....CAIRE. | Apothicaire, *n. m.* beaucaire, *g.* bibliothécaire. caire, *g.* calcaire*, *adj.* hypothécaire*, *adj.* précaire. persicaire, *b.* rubricaire, *n. m.* sicaire, *m.* urticaire, *f.* verrucaire, *n. f. b.* vicaire. |
| ....QUAIRE. | Antiquaire, *n.* reliquaire, *n. m.* |

| | |
|---|---|
| *Suite de* CAIRE, *par* ....QUER. | QUER *est la finale des* 122 *v. en* QUER ; *les moins faciles sont :* alambiquer. appliquer. attaquer. authentiquer. bivaquer. bloquer. calquer. choquer. chroniquer. colloquer. communiquer. confisquer. critiquer. croquer. disséquer. disloquer. efflanquer. essuequer, *v.* estomaquer. expliquer. extorquer. hypothéquer*, *v.* inculquer. maquer. métaphysiquer. *se* moquer. offusquer. *se* requinquer. revendiquer. sophistiquer. suffoquer. trinquer. troquer. vaquer. *Voyez la conjugaison.* |
| ....QUERRE. | Équerre, *n. f.* |
| ....QUIERS, *verbes.* | *On en prononce l'i dans les trois verbes :* j'acquiers, je conquiers, je requiers ; *il* acquiert, *il* conquiert, *il* requiert ; *que* j'acquière, *que je* conquière, *que je* requière, ( 1^re *et* 3^e *pers. dans les v. terminés en* QUÉRIR ). *Voyez la conjugaison.* |

| | |
|---|---|
| ....CAISSE *et* ....CAISSER. | *Je* décaisse, *v.* j'encaisse, *v.* je rencaisse, *v.* décaisser. encaisser, *etc.* |
| ....QUIESCE *et* ....QUIESCER. | J'acquiesce, *v.* acquiescer. |
| ....QU'EST-CE. | Qu'est-ce* ? qui est-ce* ? |

| | |
|---|---|
| ....CAL, CALE. ...CALLE, CHAL. | *Voyez à la finale* AL. |

| | |
|---|---|
| ....CAN. | Anglican. boucan. bouracan. cancan*. carcan. encan. gallican. pacan. pélican. toscan. vatican. volcan. |
| ....CANT. | Coïndicant*, *adj.* confiscant*. convaincant*, *adj.* fabricant*, *n.* prédicant. vacant, *adj.* |
| ...QUAND. | Quand*, *lorsque.* |
| ....QUANT. | Quant-à.... choquant. clinquant. délinquant ; *plus, les participes des v. en* QUER, *tels sont :* en alambiquant. *en* appliquant. *en* confisquant. *en* convainquant. *en* fabriquant. *en* indiquant. *en* piquant *et en* vaquant*, *etc. Voyez* QUER. |
| ....QUENT. | Conséquent*. éloquent. inconséquent. fréquent. subséquent, *et* saint-quentin, *g.* |

| | |
|---|---|
| ...QUENTATION. | Fréquentation. |

| | |
|---|---|
| ....CANTE. | Alicante*, *g.* il brocante, *v.* il décante, *v.* une fabricante*. confiscante*, *adj.* convaincante*. diatragacanthe, *m.* (*t. de méd.*). prédicante. sécante. vacante*. |
| ...QUANTE. | Aliquante, *adj.* cinquante. croquante ; *plus, le fém. du part. des v. en* QUER. |
| ....QUANTES. | Toutes fois et quantes, ou toutes et quantes fois, ( *t. de palais* ). |
| ...CHANTE. | *Cette finale est prononcée* kante *dans* bacchante. |
| ....QUENTE. | Fréquente, *adj. f. et v.* conséquente*. éloquente. inconséquente *et* subséquente. |

| | |
|---|---|
| ....CANTER. | Décanter. brocanter, *v.* |
| ...QUENTER. | Fréquenter, *v.* ; *mais* clinquanter, *v.*, *est par* A. |

| | |
|---|---|
| ...ÇANT. ...CENT. ...SANT. ....SENT. | *Voyez la finale* CENT, *pag.* 111, *et les homonymes.* |

| | |
|---|---|
| ....ÇANTE.<br>....CENTE.<br>....SANTE.<br>....SENTE. | *Voyez la finale* CENTE. |

| | |
|---|---|
| ....CAR, CARD.<br>....CARRE, CART.<br>.QUART, QUARD. | *Voyez à la finale* AR. |

| | |
|---|---|
| ....CATEUR.<br>....QUATEUR. | Falsificateur. indicateur. mystificateur. versificateur, *et tous les autres,* excepté équateur, (*prononcez écouateur*). *Voyez à la finale* EUR. |

| | |
|---|---|
| ....CATIF.<br>....CATIVE. | Communicatif, *adj. m.* dessicatif. dulcificatif. indicatif. justificatif. modificatif. qualificatif. réduplicatif. sicatif, *n. m.* significatif. vocatif, *n. m.* |
| ...QUATIF.<br>....QUATIVE. | Colliquatif, *adj. m.* ( *collikouatif* ). colliquative, *f.* ( *kouative* ). |

| | |
|---|---|
| ....CATION. | Altercation, *n. f.* application, *f.* communication. démarcation. déprécation. dessication. coïndication. explication. fabrication. prévarication. revendication. suffocation. *Voyez* SION. |
| ...QUATION. | Équation *et* colliquation ( *kouation* ). |

| | |
|---|---|
| ....CAU.<br>....CHO.<br>....QUO. | *Voyez* CO , *ou la finale* AU. |

| | |
|---|---|
| ....CE. | *La finale* CE* *est écrite avec un* C, *lorsqu'elle termine les mots qui viennent des verbes en* CER *par* C. *Voyez la finale* CER. |
| ....SE. | *La finale* SE* *est écrite par un* S, *lorsqu'elle termine les mots qui viennent des verbes en* SER *par un* S. *Voyez-les à la suite de la finale* CER. |
| | *Mais, pour ne pas nous répéter ici, disons seulement qu'on trouve en même temps tous les mots par* C *et par* S, *en les cherchant, suivant leur double son final, aux finales en* ACE, ARCE, ANCE, AISSE, ERCE, ICE, INCE, AUCE, ORCE, UCE, URCE, *etc.* |
| ....CEUX.<br>....SEUX. | *Voyez à la finale* CEUX. |

| | |
|---|---|
| ....CCE, *par* EX,<br>EXE, AIX. | *Voyez à la finale* EX. |

| | |
|---|---|
| ....CÉ. | On termine par CÉ le part. passé de tous les v. en CER; *tels sont :* acquiescé, (*du v.* acquiescer). agacé, (*du v.* agacer). commencé, (*du v.* commencer). renforcé, etc. *Voyez la finale* CER; *plus, les* 17 *masculins suivans, quoiqu'ils ne viennent pas de ces verbes :* abécé. crustacé. circé*, *n. f.* cavecé, *adj.* coriacé, *adj.* crustacé. facé. faïencé. foliacé. froumentacé. herbacé. incaticé. ostracé. poracé. testacé. verglacé. in-pacé, *n. m. et loc.* |
| ....CÉE. | CÉE *est la finale du féminin des mots ci-dessus; plus, du part. f. dans les v. en* CER. *Voyez* CER. *Ajoutez-y :* alcée*, *n. f. b.* caducée, *n. m.* cétacée. circée, *n. f.* ( *plante* ). jacée, *f.* lycée, *m.* panacée, *f.* rosacée, *b.*, *et tous les autres noms fém. de la famille des plantes; tels sont :* liliacée, rubacée, *etc.* |

| | |
|---|---|
| *Suite de* CÉ, *par....* SÉ. | Censé*, *adj.* ( *réputé* ). sensé. insensé. controversé. compulsé. convulsé. lampassé. fossé, *n. m.* récépissé, *n. m. Plus, le part.* en SÉ *des v. en* SER *par* S; *tels sont :* récompensé, *du v.* récompenser. *Voyez* SER *après la finale* CER. |
| ....ÇAI. | ÇAI *est la finale de la* 1re *pers. du passé défini des v. en* CER. *Voyez cette conjugaison, ou voyez les finales* AI *et* AIS. |
| ....ÇAIS. | *Finale de la* 1re *et de la* 2e *pers. du sing. de l'imparf. des v. en* CER. |
| ....ÇAIT. | *Finale de la* 3e *pers. du sing. dans les mêmes v. en* CER. |
| ....SAI. | Essai, *n. m. je* pensai*. *je* récompensai, *etc. Voyez les v. en* SER, *après la finale* CER, *ou voyez la conjugaison.* |
| ....SAIE *et* SEIE. | Saie*, *n. f.* saussaie*, *n. f.* j'essaie. *que* j'essaie. *je* grasseie*, *v.* |
| ....SAIS.<br>....SAIT.<br>....SES.<br>....SET.<br>....CET.<br>....XÈS. | *Voyez les homonymes au mot* CES, *et la finale* AI. |
| ....CEAU.<br>....SEAU.<br>.....SOT. | *Voyez les homonymes, et la finale* AU. |
| ....SE *et* CE. | *Voyez la finale* SE *ou* CE. |
| ....CÉDANT. | Accédant. cédant*. concédant. décédant. excédant*. intercédant. précédant*. prédécédant. procédant. recédant. succédant; *c'est la finale du participe en* ANT *des v. ci-après en* CÉDER *par* C. |
| ....CÉDENT. | Antécédent. excédent*, *n. m.* précédent*, *n. m. et adj.* |
| ....SÉDANT. | Dépossédant, possédant *et* obsédant. *Excepté* sedan, g. |
| ....CÉDÉ. | *L'*a, b, c, d, *ou l'abécédaire.* procédé, *n.* accédé, *etc.; ce sont les part. passés m. des* 14 *v. ci-dessus en* CÉDER. |
| ....SÉDÉ. | Possédé, dépossédé *et* obsédé. |
| ....CÉDER, *verbes.* | Abcéder. accéder. céder*. concéder. décéder. excéder. intercéder. précéder. prédécéder. procéder. recéder. succéder. |
| ....SÉDER, *v.* | Déposséder, *v.* posséder, *v.* obséder, *v.* superséder, *v.* ( *surseoir* ). |
| ....CÉDAIRE. | Abécédaire, *n. m.* |
| ....SEIL. | *Son dur : un* conseil, *n. m.* grand-conseil, *n. m.* |
| ....SEILLE. | *Je* conseille, *v. je* déconseille, *v.* marseille. g. scille, *n. f.* |
| ....SEILLER. | Conseiller, *n. et v.* déconseiller, *v.* |
| ....CEL. | Cancel, *n. m.* jouvencel ( *ou* jouvenceau ). |
| ....CÈLE. | Bronchocèle, *m.* entérocèle, *n. f.* épiplocèle, *f.* hydrocèle, *f.* gastrocèle, *f.* histérocèle, *f.* isocèle, *adj.* omphalocèle, *f.* porocèle, *f.* sarcocèle, *m.* sphacèle, *m.* stéatocèle. *Plus, les* 13 *v. :* il amoncèle. il cèle*. ( *il cache* ). il décèle*. il chancèle. il ensorcèle. il désensorcèle. il étincèle. il ficèle. il déficèle. il harcèle. il morcèle. |
| ..CELLE, *fém.* | Celle*, *pr. fém.* bancelle. crécelle. escarcelle. étincelle. ficelle. jouvencelle. mancelle. nacelle. parcelle. pucelle. sarcelle, *f.* syncelle, *m.* vermicelle, *m.* violoncelle, *m. Plus, les* 2 *v. :* il excelle. il précelle. |
| ...SCEL. | Scel, *n.* ( *sceau* ). contre-scel. |

| | |
|---|---|
| *Suite de* CEL, *par* ....SEL. | Cassel, g. missel. sel ( *à saler* ). à-mi-sel. universel, *adj. m.* texel, g. ussel, g. uzel, g. wesel, g. |
| ....SELLE. | Aisselle, *n. f.* filoselle, *n. f.* selle *à tous chevaux.* vaisselle, *n. f. Plus,* il desselle ( *le cheval* ); il le resselle. il ruisselle. |
| ....CELAINE. | Porcelaine. |
| ....CÉLÉ et ....CÉLER. | Célé, *participe du v.* céler ( *cacher* ); *c'est aussi la finale du part. des v. suivans :* amonceler. déceler*. recéler. chanceler. ensorceler. désensorceler. étinceler. ficeler. déficeler. harceler. morceler. |
| ....CELLER. | Exceller, *v.* préceller, *v.* |
| ....SCELLER. | Sceller, *v. par* SC, *signifie mettre le sceau, cimenter ou affermir.* |
| ....SELER. | Bosseler, *v.* ( *de bosselage* ). paisseler, *v.* ruisseler, *v.* |
| ....SELLER. | Seller, *v.* ( *un cheval* ). le desseller, *v.* le resseller, *v.* |
| ...CELLAIRE. | Procellaire, *n. m.* ( *oiseau qui annonce la tempête* ). |
| CELEUR, *etc.* | Déceleur. ensorceleur. ficeleur. harceleur. paisseleur. receleur, *etc.; ce sont les n. m. dérivés des v. ci-dessus en* CELER, *etc.* |
| ....CELET. | Bracelet, *n. m.* tiercelet, *n. m.* ( *oiseau* ). |
| ....SELET. | Corselet. osselet, *etc. Voyez-les à la suite de la finale* AI. |
| ....CELLIER. | Cellier *ou* célier, *n.* ( *serre à vin* ). ficellier, *n. m.* ( *dévidoir* ). |
| ....SELIER. | Boisselier, *n. m.* |
| ....SELLIER. | Sellier, *n. m.* ( *carrossier, etc.* ). |
| ....CELLERIE. *et* SELLERIE. | Chancellerie. sellerie, ( *où l'on place les selles et les harnais* ). boissellerie. sorcellerie. *mais* céleri, *m. b. ne prend qu'un* L. |
| ...CEMENT. | CEMENT *s'écrit par* C *dans les mots dérivés des v. en* CER, *comme* acquiescement, *etc.* |
| ....SEMENT. | SEMENT *s'écrit par* S *dans les dérivés des v. en* SER *et en* IR, *comme* adoucissement, *d'adoucir.* bouleversement, *de bouleverser.* empressement, *d'empresser; tels sont aussi :* encaissement. pansement. enhardissement. expressément, *etc. Voyez* CER *et* IR. |
| ...CEMMENT. | Décemment. indécemment. innocemment. récemment, ( *adv.* ). |
| ....CENAIRE. | Mercenaire, *adj. des* 2 *genres.* |
| ....CENS. | Encens*, *n.* encensoir, *n. m.* cens*, *n. Voyez les homonymes, et le son intérieur* SAN *par un* S, *pour les médiales de ce son.* |
| ....CENT. | Accent, *n. m.* acescent, *adj.* adjacent. adolescent. alcalescent. convalescent. décent*. effervescent. incandescent. indécent. innocent. indéhiscent. jacent. lactescent. marcescent. pubescent. récent*. (*Le fém. prend un* E). |
| ....SENT. | Il sent, ( *v. sentir* ). présent, *n. m. et adj.* il consent, *v.* il pressent, ( *v. pressentir* ). il ressent, ( *v. ressentir* ). |
| ....ÇANT. | ÇANT *est la finale du part. des v. en* CER; *tels sont :* commençant. commerçant. menaçant, *etc. Voyez les v. en* CER. ( *Le fém. prend un* E). |
| ....SANT. | Appétissant. puissant. *Les autres mots terminés en* SANT *sont le part. des v. en* SER, CIR, *etc. Voyez aux finales* CER, CIR, CISSANT, ISSANT, *ou les conjugaisons; plus, les homonymes de* CENT. |
| CEN *intérieur :* | *voyez à la finale* SAN. |

....CENCE.  
....CENSE.  
....SANCE.  }  *Voyez aux finales* ANCE *et* ENCE.  
....SENCE.  
....SENSE.  

....CENSÉ. { Acensé*, *part. du v.* acenser*. censé*, censée, *adj.* ( *cru ou réputé* ). recensé, *part. du v.* recenser.  
....SENSÉ.　　Insensé, *adj. m.* sensé, *adj. m.* sensée, *adj. f.* ( *qui a du sens* ).

....CENCIÉ *et*  
....CENCIER. } Licencié, *n. et adj. m.* licencier, *v.* ( *prendre ou donner licence* ).

....CENCIEUX.　Licencieux, *adj. m.* licencieuse, *adj. f*, licenciement , *n.*

....CENDANT.　Ascendant. condescendant. descendant. transcendant.  
....*et* CENDRE.　Cendre, *n. f.* descendre , *v.* condescendre, *v.*

....CENDIE *et*  
....CENDIER. } Incendie, *n. m.* incendié, *adj.* incendiaire, *adj. et n.* incendier, *v.*

....CENÉ.　　　Forcené , *n. et adj. m.* forcenée , *adj. f.*  
....SENER.　　Asséner, *v.* asséné, *adj. m.*

....CÈNE.  
....SCÈNE.  }  *Voyez à la finale* AINE, *et les homonymes.*  
....SEINE.  
....SAINE.  

....CÉNITÉ.　Obscénité, *n. f.*

....CENNAL.　Décennal, *adj.* vicennal, *adj.* ( *tous les vingt ans.* )  
....SENAL.　　Arsenal , *n. m.*

....CENSION.  
....SENSION. } Ascension, *n. f.* descension, *n. f.* dissension, *n. f.*

....CENTER *et* { Innocenter, *v. Les autres sont par un* s : absenter, *v.* présenter, *v.* représenter.  
....SENTER.

....SENTIMENT.　Pressentiment, *n.* ressentiment, *n.* sentiment, *n.* assentiment, *n. m.*

....SENTIR.　Consentir, *v.* assentir, *v.* pressentir, *v.* ressentir, *v.* sentir, *v.*

....CENTE.  
....ÇANTE.  } *Voyez à la finale* ANTE, *ou à la page* 111, *les mots masc. qui sont terminés en* CENT, SENT, ÇANT, SANT, *auxquels on ajoute un* E *pour le fém.*  
....SENTE.  
....SANTE.  

....CENTRE *et* } Centre, *n. m.* il concentre, *v.* concentrer.  
....CENTRER.

....CEPT.　　Concept, *n. m.*  
....CEPTE.　{ *Il* accepte, *v.* accepter. *il* excepte, *v.* excepter, *v. il* intercepte, *v.* intercepter. précepte, *n. m.*  
....CEPTER.

....CEPTIBLE. {Imperceptible, *adj. de* imperceptibilité, *n. f.* susceptible , *adj. de* sus-
....CEPTIBILITÉ. { ceptibilité, *n. f.*

....CEPTION. {Acception, *n. f.* conception. déception. exception. interception. perception. réception. *la* non-réception. susception, (*t. sacerdotal*).

....SEC *et* SÈQUE. *Il* dissèque , *v.* extrinsèque, *adj.* intrinsèque, *adj.* obsèques, *n. f. pl.*
....SÉQUER. Disséquer, *v.*

....CER. Cancer, *n. m.* spencer, *n. m.* (*pron. spain.*)

....CÈRE. {*Il* acère, (*v. acérer.*) il exulcère, *v.* il incarcère, *v.* il lacère, *v.* il macère, *v.* sincère, *adj.* ulcère, *n. m.* viscère, *n. m.*

....CERT. Concert, *n. m.* concerts, *n. pl.*

....SAIRE. {Adversaire, *n. m.* anniversaire, *n. m.* commissaire, *n. m.* corsaire. il
désaire*, *v.* (*déplacer*). dispensaire*. émissaire. faussaire*. glossaire,
*n. m.* janissaire, *m.* nécessaire, *n. m. et adj.* pessaire, *m.*

....SERRE. {Désert*, *n. m. et adj.* dessert, *n. et v.* (*desservir*). il ressert, *v.* (*resser-
....SERT. vir*). il desserre, *v.* desserrer. disert. *adj.* il insère, *v.* (*insérer*). il enserre, *v.* enserrer.

...CER, *verbes à l'infinitif.* {Acquiescer, *v.* agacer. agencer. amorcer. annoncer. avancer. balancer.
bercer. cadencer. commencer. commercer. cancer, *n. m.* (*c'est le seul
nom en* CER). courroucer. délacer. décontenancer. dénoncer. dépiécer.
dépécer. déplacer. devancer. effacer. efforcer. émincer. enfoncer. en-
goncer. enlacer. énoncer. ensemencer. entrelacer. épicer. épucer. espa-
cer. évincer. exaucer*. exercer. farcer. fiancer. financer. foncer. forcer.
froncer. gercer. glacer. grimacer. grincer. immiscer. influencer. lacer
(*avec un lacet*). lancer. manigancer. menacer. nuancer. percer. pincer.
placer. policer*, (*de police*). poncer. prononcer. quittancer. rapiécer.
recommencer. rebalancer relancer. rengoncer. remplacer. renfoncer.
renforcer. renoncer. replacer. retracer. rincer. saucer. sucer. tancer.
tiercer. tracer. transpercer. verglacer.

....SCER, *verb. à l'infinitif.* {Acquiescer *et* immiscer, *v.*

....SER, *verbes.* {Accenser, *v.* acenser*. bouleverser. compenser. compulser. condenser.
contrepenser. converser. danser. débourser. dépenser. déverser. dispenser. disperser. éclipser. embourser. encenser. expulser. herser. mal-
verser. magnétiser. offenser. panser *une plaie.* penser, (*réfléchir*).
recenser. récompenser. rembourser. renverser. reverser. tergiverser.
traverser. valser. verser.

....SER *par* ZER, *verbes.* {Bronzer, *v.* gazer, *v.*

....SSER, *verb.* {Abaisser, *v.* adosser. adresser. affaisser. amasser. apetisser. avocasser.
baisser. blesser. boësser. brasser. brosser. cadenasser. caresser. casser.
cesser. chasser. chausser. classer. clisser. closser, (*glousser*). coasser.
compasser. concasser. confesser. cosser. crevasser. crisser. croasser.
crosser. cuirasser. damasser. débarrasser. débosser. décaisser. décha-
lasser. déchasser*. déchâsser. déchausser. décrasser. défausser. dégraisser. délasser*. délisser. dépasser. déplisser. dépresser. désembarrasser.
désintéresser. désosser. détrousser. dresser. drosser. échalasser. écla-
bousser. éclisser. écosser. écuisser. embarrasser. embosser. embrasser.
émousser. empoisser. s'empresser. encaisser. enchâsser. encrasser. encui-
rasser. enculasser. endosser. engraisser. épisser*, (*entrelacer, t. de mar.*).
entasser. essourisser, (*t. de maréchal*). esquisser. exhausser*. fausser.
fesser. finasser. fracasser. fricasser. froisser. *se* gausser. glisser. glous-

| | |
|---|---|
| *Suite de* CER, *par* ...SSER, *v.* | ser. graisser. harasser. hausser. hérisser. housser. intéresser. laisser. lambrisser. lasser*, (*fatiguer*). lavasser. lisser. masser*. mâsser. matelasser. mousser. oppresser. *outre*-passer. palisser, ( *attacher des branches contre un mur*). paperasser. passer. pâtisser. pisser. poisser. polisser, ( *avec un polissoir*). pourchasser. pousser. prélasser. presser. professer. quiosser. rabaisser. ramasser. rapetasser. rapetisser. ratisser. rabaisser. reteousser. rechasser. rechausser. redresser. rehausser. rembrasser. rentasser. repasser. repousser. ressasser. retrousser. rêvasser. rimasser. rosser. sasser. surpasser. tapisser. tasser. terrasser. tirasser. tisser. tousser. tracasser. transgresser. treillisser, (*treillis*). trémousser. trépasser. tresser. trousser. vernisser. vesser. visser. |
| ...XER, *verbes.* | Annexer, *v.* boxer. fixer. luxer. malaxer. relaxer. taxer. retaxer. surtaxer. vexer. |
| ....ZER. | Bronzer *et* gazer, *v.* |

---

| | |
|---|---|
| ....CÉRAL. | Viscéral, *adj. m.* |

---

| | |
|---|---|
| ...CÉRATIF. | Exulcératif, *adj. m.* (*t. de méd.*). |

---

| | |
|---|---|
| ...CÉRATION. | Exulcération, *n. f.* incarcération. incération, (*t. de cirier*). lacération. macération. ulcération. |

---

| | |
|---|---|
| .....CÈRE, SAIRE, ....SÈRE. | *Voyez la finale* CER, *ou la finale* AIRE. |

---

| | |
|---|---|
| ..CÉRÉ *et* CÉRER. | Acéré, *du v.* acérer. incarcérer, *v.* exulcérer, *v.* lacérer, *v.* macérer, *v.* ulcérer, *v.* |
| ..SÉRÉ *et* SÉRER. | Inséré, *adj. du v.* insérer. il insère, *v.* |
| ....SERRÉ *et* ....SERRER. | Serrer, *v.* desserrer, *v.* resserrer, *v.* il serre, *v.* il desserre, il resserre, *v.* |

---

| | |
|---|---|
| ....CERIE. | Agacerie, *n. f.* chéveccrie. épicerie. faïencerie. grimacerie. mercerie. princerie *ou* primicerie. |
| ....SSERIE. | Brasserie. gresserie, (*carrière de grès*). finasserie. huisserie. mégisserie. pâtisserie. série. suisserie. tousserie. tracasserie. |

---

| | |
|---|---|
| ....CÉRITÉ. | Sincérité, *n. f.* |

---

| | |
|---|---|
| ....CERNE *et* ....CERNER. | Cerner, *v.* décerner, *v.* concerner, *v.* discerner, *v.* lucerne, *g.* |

---

| | |
|---|---|
| ....CERTE *et* ...CERTER. | Concerter, *v.* déconcerter, *v.* certes, *adv. il se* déconcerte, *v.* |
| ....SSERTE *et* ....SSERTER. | Desserte, *n. f.* disserter, *v.* disserte, *n. f. et v.* |

---

| | |
|---|---|
| ...SERTION. | Assertion, *n. f.* désertion, *n. f.* insertion, *n. f.* |

---

| | |
|---|---|
| ....SERVER. | Conserver, *v.* préserver, *v.* réserver, *v. et leurs dérivés.* |
| ....SERVIR. | Servir, *v.* resservir, *v.* asservir, *v.* desservir, *v. et leurs dérivés.* |

---

| | |
|---|---|
| ....CÈS. | Abcès, *n. m.* accès, *n. m.* ces*, *adj. dém.* décès, *n. m.* prédécès. excès, *n. m.* procès, *n. m.* succès, *n. m.* |

| | |
|---|---|
| *Suite de* CES *par* ....ÇAIS. | { Français, *n. et adj.* j'acquiesçais, *v. Plus, la* 1<sup>re</sup> *et la* 2<sup>e</sup> *pers. de ce son dans l'imparf. des v. en* CER : je forçais. *Voyez* CER. |
| ....SAIS. | { Je sais, *v. savoir, (pron.* SÉ *); plus, la* 1<sup>re</sup> *et la* 2<sup>e</sup> *pers. de ce son dans l'imparfait des v. en* SER. *Voyez après* CER. |
| ....CET. | Éparcet. foncet*. lacet*. placet, *n. m.* tacet. tiercet*. |
| ....SET. | { Basset, *n. m.* corset, *n. m.* creuset, *m.* fausset, *m.* gousset, *m.* graisset*, *m.* grasset*. gresset, *n. pr.* verset. sept*, *n. de nombre.* |

....CESSAIRE. Nécessaire, *adj. et n.* nécessairement, *adv.*
....CESSER. Décesser, *v. ( il ne décesse ).*

| ....CÈSE. ....SÈSE. ....SEIZE. | } *Voyez la finale* AISE. |
|---|---|

...CESSE *et* SESSE. *Il cesse, v. il ne décesse, v.* grossesse, *n. f.* princesse, *f.* sans cesse.

....CESSEUR. Intercesseur. prédécesseur. successeur.
....SESSEUR. Assesseur, *n. m.* possesseur, *n. m.*

....CESSIBILITÉ. Inaccessibilité, *n. f.*

....CESSIBLE. Accessible, *adj.* immarcessible. inaccessible. incessible.

| ....CESSIF, ....CESSIVE. | } Excessif, *adj. m.* processif, *adj.* successif, *adj. m.* rétrocessif, (D.). |
|---|---|
| ....SESSIF, ....SESSIVE. | } Possessif, *adj. m.* possessive, *adj. f.* |

| ....CESSION. | { Accession, *n. f.* cession*, ( fin ). concession. intercession. précession. procession. rétrocession. succession. |
|---|---|
| ....SESSION. | Dépossession. insession*. possession. session* ( séances ). |

....CESSITÉ. Nécessité, *n. f. et participe du v.* nécessiter.
....CESSITER. Nécessiter, *v.*

....CESSITEUX. Nécessiteux, *adj. m.*

| ....CESSOIRE. ....SESSOIRE. | { *Voyez la finale* OIR, *ou la finale* ÇOIR. |
|---|---|

....CESTE. Alceste, *n. pr.* ceste, *n. m.* inceste, *n. m.* incestueux, *adj. m.*

....CETÉ. Méchanceté, *n. f.*
....SETÉ. Écharseté*, *n. f.* épousseté, *adj. m.* fausseté, *n. f.*
....SSETER. Épousseter, *v.*

....CET *et* SET. Cet*, *adj. m. Les autres ont le son doux, voyez la finale* CES.
..CÈTE *et* CETTE. { Ascète, *n. m.* cette, *adj. f. ( de* cet*, *m.* ) doucette. garcette. facette. lancette. pincette. poucette*. recette.
| ....SETTE. | { Bassette. boissette. bossette. boursette. cassette. chaussette. crossette. époussette. fossette. poussette*, ( jeu ). rosette. roussette, *etc.* |
| ....ZETTE. | Gazette, *n. f.* |

| ....CETTI. | *Des concetti, n. m. inv.* |
|---|---|

| ....CÉTIQUE. | Ascétique, *adj. de* ascète, *n. m.* |
|---|---|

| ....CEUIL. | *Aucun.* |
|---|---|
| ....SEUIL. | *Le seuil de la porte.* |

| ....CEUL. | Linceul, *n. m.* |
|---|---|
| ....SEUL. | *Un* seul, *m. une seule, f. les seuls, m. pl. les seules, f. pl.* |

| ....CUEIL *et* ....CUEILLIR. | *Voyez après la finale* çu... |
|---|---|

| ....CEUR. | Balanceur, *m.* douceur, *n. f.* épinceur, *m.* farceur, *m.* menaceur, *m.* noirceur, *n. f.*, *et tous les mots en* CEUR *qui viennent des v. en* CER *par* c; (*voyez* CER). |
|---|---|
| ....SEUR. | Agresseur, *m.* assesseur, *m.* belle-sœur, *n. f.* blanchisseur, *m.* brasseur, *m.* brunisseur, *m.* casseur, *m.* censeur, *m.* chasseur, *m.* compulseur, *m.* confesseur, *m.* confiseur, *m.* défenseur, *m.* dégraisseur, *m.* écarriseur *ou* équarrisseur, *m.* enceuseur, *m.* enchérisseur, *m.* envahisseur, *m.* enfouisseur, *m.* épaisseur, *n. f.* extenseur, *m.* farcisseur, *m.* (*qui farcit*). feseur *ou* faiseur, *m.* fesseur, *m.* garnisseur, *m.* gausseur, *m.* intercesseur, *n. m.* noircisseur, *m.* offenseur, *m.* oppresseur, *m.* ourdisseur, *m.* pervertisseur, *m.* possesseur, *m.* précurseur, *m.* prédécesseur, *m.* professeur, *n. m.* ravisseur, *m.* repasseur, *m.* régisseur, *m.* rousseur, *n. f.* sœur*, *n. f.* successeur. thésauriseur, *m. Plus, tous les noms en* SEUR *qui viennent des v. en* SER *par un* s, *ou des v. en* IR, *comme* penseur, (*de penser*). *et* fournisseur, (*de fournir*). |
| ....XEUR. | Boxeur, *n. m.* |

| ....CEUX. | Ceux*, *pron. m. pl.* (*fait au fém. celles*). chanceux, *adj. m.* chanceuse, *adj. f.* (*pop.*). |
|---|---|
| ...SEUX, *doux*. | Boiseux, *adj. m.* caséeux *ou* caseux, *adj. m.* glaiseux, *adj.* oiseux, *adj. m.* vaseux, *adj. m.* gazeux *ou* gaseux, *adj. m.* |
| ...SEUX, *dur*. | Gypseux, *adj. m.* |
| ....SSEUX. | Angoisseux, *adj. m.* crasseux, *adj.* graisseux, *adj. m.* mousseux, *adj. m.* osseux, *adj. m.* paresseux, *n. et adj. m.* |

| ....CEUSE. | Balanceuse, *adj. f.* chanceuse. épinceuse. farceuse, *etc.; c'est le fém. de quelques noms ci-dessus en* CEUX *et en* CEUR. |
|---|---|
| ....SEUSE. | Blanchisseuse, *etc.; c'est le fém. de quelques mots ci-dessus en* SEUR. |

| ....CEVABLE. | Concevable, *adj.* inconcevable. percevable. recevable. |
|---|---|

| ....CEVANT | Concevant. décevant. recevant. percevant. apercevant, *part.* |
|---|---|

| ....CEVOIR. | Concevoir, *v.* décevoir, *v.* recevoir, *v.* percevoir, *v.* apercevoir, *v.* |
|---|---|

| ...CH *médial.* | CH *médial a le son ou d'un* c, *ou d'un* k, *ou de la lettre* Q *dans certains mots, comme* anachorète. bacchanale. bacchante. écho. eucharistie. catéchumène. orchestre, *n. m.* technique, *etc. Voyez-les à la lettre* Q *médial, suivant le son des difficultés* ca, ké, qui, co, cal, can, *etc. soit initiales, soit finales; ou voyez* CH *dur, à....* u *nul intérieur.* |
|---|---|

| CHANT, CHANTE, *son doux.* | *Voyez les finales* ANT *et* ANTE. |
|---|---|

| | |
|---|---|
| ....CHOIR. | *Voyez la finale* OIR. |

| | |
|---|---|
| ....CI. | *Participes masc. des* 18 *verbes en* CIR *par* C: Accourci. adouci, *m.* aminci. chanci. durci. éclairci. endurci. étréci. farci. noirci. obscurci. raccourci. radouci. ranci. rendurci. renoirci. rétréci. sanci. *Ajoutez-y* ci*, *adv.* ci-dessous, *etc.* ceci. celui-ci. celle-ci. ceux-ci. ici. couci-couci. merci*. *à la* merci *de.* souci*, *n. m. un* sans-souci, *n.* voici, *prép.* |
| ....CIE, *partic. et verbes.* | CIE *termine,* 1° *le fém. des* 18 *participes ci-dessus en* CI; 2° *la* 1re *et la* 3e *pers. des* 19 *v. en* CIER : *je ou il* apprécie. il associe. *il* bénéficie. il circonstancie. *il* déprécie. il différencie. il disgracie. il gracie. il justicie. il licencie. il négocie. il officie. il préjudicie. il remercie. il scie. il sentencie, soucie, supplicie et vicie. |
| *Noms fémin.* | 3° *les noms fém.* alopécie. *n. f.* aricie. *n. pr.* autarcie. bradypepsie (*digestion lente*). chiromancie, (*pron. ki.*). cilicie, *g.* diœcie, *b.* esquinancie. gallicie, *g.* lycie, *g.* malacie*, *n. f.* monoécie, *b.* murcie, *g.* myrmécie. nécromancie. pharmacie. phénicie. phonascie. porcie, *n. pr.* psydracie. scie. *n. f.* (*du v.* scier). superficie. triœcie, *b.* turcie. uromancie. |
| ....CIL *et* SIL, *son* CI. | Persil, *m. b.* sourcil, *n. m.* (*de* sourciller). |
| ....CIS. | Cacis, *n. m. b.* circoncis, *adj.* coccyx, *n. m.* concis, *adj.* froncis, *n. m.* glacis, *n. m.* indécis, *adj.* lacis, *n.* (*réseau*). occis, *adj.* parcis, *n. pl.* (*idolâtres*). précis, *adj. m.* poncis, *n.* (*dessin piqué*). |
| ....CIT. | Récit, *n. m. Plus, la* 3e *pers. du sing. dans les verbes en* CIR, *dont le participe ci-dessus est en* CI. |
| ....CY. | Landrecy, *g.* montmorency, *g.*, *et autres noms de villes.* |
| ....SI. | Si*, *conj.* ainsi,*adv.* aussi,*adv.* bussi, *g.* dégrossi, *adj. m.* épaissi, *adj. m.* réussi, *part. inv.* reversi, *n. m.* roussi, *n. et adj. m.* transi*, *adj. m.* |
| ....SIE. | Acatalepsie, *f.* apepsie, *f.* autopsie, *f.* cassie*, *f. b.* catalepsie, *f.* chassie*, *n. f.* circassie, *g.* dyspepsie, *f.* ecclampsie, *f.* épilepsie, *f.* malvoisie, *g.* messie, *n. m.* paralysie, *f.* pseudoblepsie, *f.* thlipsie, *f.* (*compression*). vessie, *n. f. Plus, le fém. des* 4 *part. masc. en* SI. (*Voyez-les ci-dessus*). |
| ....SIS. | Assis, *adj.* (*assise, f.*). chassis*, *n. m.* plessis, *g.* ramassis, *n. m.* rassis, *n. et adj. m.* (*rassise,f.*). sis, *adj.* (*sise,f.*). sursis, *n. m. Plus, la* 1re *et la* 2e *pers. des verbes en* SIR. |
| ....SIT. | Transit, *n. m.* (*pr.* zite). *Plus, la* 3e *pers. des verbes en* SIR. (*Voyez à la finale* CIR). |
| ...TIE, *son* CIE. | *Prononcez* CIE *dans* anapétie,*f.* aristocratie,*f.* argutie. il balbutie, *v.* béotie, *g.* bureaucratie,*f.* calvitie, (*chauveté*). croatie, *g.* dalmatie, *g.* démocratie,*f.* diplomatie,*f.* facétie,*f.* galatie, *g.* (*en asie*). gastromantie. helvétie, *g.* impéritie. ineptie, *f.* inertie, *f.* il initie, *v.* leucophlegmatie, *n. f.* minutie,*f.* néphritie. nigritie, *g.* onirocratie *ou* oniromantie. pancratie péripétie. péritie. polycratie. primatie. prophétie. rhinoptie, *f.* sarmatie, *g.* scotie, *f.* (*t. d'arch.*). stratocratie. suprématie. théocratie. théomantie, *n. f. il* transsubstantie. tutie *ou* tuthie, *n. f.* (*chaux de zinc, ou fleur de cuivre*). *Voyez* TIE, *son dur, à la finale* TIE. |
| ....XIE. | Anorexie,*f.* (*dégoût des alimens*). apoplexie,*f.* apyrexie, asphyxie,*f.* ataraxie,*f.* ataxie,*f.* cachexie, cataplexie, épistaxie,*f.* euexie,*f.* galaxie. (*voie lactée*). hétérodoxie, *f.* hémiplexie, *n. f.* orexie. (*appétit*). orthodoxie,*f.* inorthodoxie. prophylaxie,*f.* pseudorexie,*f.* |
| ....XIS. | Rhexis, *n. f.* épistaxis *ou* épistaxie, *f.* |
| ....ZI. | *Un* lazzi. *des* lazzi. piazzi, (*planète*). |

| | |
|---|---|
| ....CIA *et* SIA. | Hortensia, *n. f.* etc. *Voyez à la finale* A; *quant à ce son final dans les verbes, voyez les v. en* CIER, *et leur conjug.* |

| | |
|---|---|
| ...CIABILITÉ. | Sociabilité, *n. f.* insociabilité, *n. f.* |
| ...TIABILITÉ. | Insatiabilité, *n. f.* |

| | |
|---|---|
| ....CIABLE. | Appréciable, *adj.* inappréciable. graciable. insociable. justiciable. négociable. préjudiciable. sociable. |
| ....TIABLE. | Insatiable, *adj.* ( *de insatiabilité*, *n. f.*). |

| | |
|---|---|
| .CIAIRE, TIAIRE. | *Voyez à la finale* AIR, *ou à la finale* CIÈRE. |

| | |
|---|---|
| ...CIAL. | Bénéficial, *adj. m.* crucial, *adj.* glacial. official, *n. m.* provincial, *adj.* social. solsticial. spécial; *ajoutez-y un* E *au fém.* |
| ..SIAL. | Paroissial, *adj. m.* paroissiale, *adj. f.* |
| ....TIAL. | Abbatial, *adj. m.* impartial. initial. martial. nuptial. partial. primatial. *Ajoutez un* E *au fém.* |
| ....XIAL. | Equinoxial, *adj. m.* équinoxiale, *adj. f.* |

| | |
|---|---|
| ....CIALAT. | Provincialat, *n. m.* |

| | |
|---|---|
| ....CIALITÉ. | Spécialité, *n. f.* officialité. *n. f.* |
| ....TIALITÉ. | Martialité, *n. f.* partialité, *n. f.* impartialité, *n. f.* |

| | |
|---|---|
| ....CIANT. | Appréciant. associant. insouciant. négociant, *et les autres mots en* ciant *des v. en* CIER. |
| ....CIENT. | *A ton* escient. *à bon* escient (*ce mot signifie* sciemment). |
| ....TIANT. | Balbutiant. initiant, *part. prés. des 2 v.* balbutier, initier. |
| ....TIENT. | Impatient, *adj. m.* patient, *adj. m.* |

| | |
|---|---|
| ....CIANTE, TIENTE, *etc.* | *Ce sont les finales du fém. des mots ci-dessus.* |

| | |
|---|---|
| ....CIANCE. | Insouciance, *n. f.* |
| ...SCIENCE. | Conscience, *n. f.* omniscience, *n. f.* prescience, *n. f.* science, *n. f.* |
| ....TIENCE. | impatience, *n. f.* patience, *n. f.* |

| | |
|---|---|
| ....CIATIF *et* ....CIATIVE. ....TIATIF. | Appréciatif, *adj. m.* appréciative, *adj. f.* dépréciatif, *adj. m.* dépréciative, *adj. f.* énonciatif, *adj. m.* énonciative, *adj. f.* initiatif, *adj. m.* initiative, *n. et adj. f.* |

| | |
|---|---|
| ....CIATION. | Annonciation, *n. f.* appréciation, *f.* association, *f.* dénonciation, *f.* dépréciation. énonciation, *f.* prononciation, *f.* renonciation, *n. f.* |
| ....TIATION. | Initiation, *n. f.* consubstantiation. propitiation. transsubstantiation. |

| | |
|---|---|
| ....CIATURE. | Internonciature, *n. f.* nonciature, *n. f.* |

| | |
|---|---|
| ....CIBILITÉ. | Invincibilité, *n. f.* irascibilité, *n. f.* miscibilité, *n. f.* |
| ....SIBILITÉ. | Compréhensibilité, *n. f.* compressibilité, *n. f.* expansibilité, impassibilité, *n. f.* impossibilité, *n. f.* inaccessibilité, incompréhensibilité, *n. f.* insensibilité, *n. f.* ostensibilité, *n. f.* passibilité, *n. f.* possibilité. réversibilité. sensibilité. |
| ....XIBILITÉ. | Flexibilité, *n. f.* inflexibilité, *n. f.* |

....CIBLE. — Cible, *n. f.* coercible *ou* coërcible, *adj.* incoercible. concupiscible, fermentescible, *adj.* indicible, *adj.* invincible, *adj.* irascible, *adj.* miscible*, *adj.* (*propre à-être mélangé*). vitrescible *ou* vitrifiable, *adj.*

....SIBLE, *adj.* — Accessible, *adj.* admissible. compréhensible. compressible. conversible. défensible. expansible. extensible. fusible. immarcescible. impassible. impossible. inaccessible. inadmissible. incessible. incompréhensible. insensible. irrémissible. irrépréhensible. offensible. passible. possible. rémissible. répréhensible. réversible. sensible. transmissible. visible.

....XIBLE. — Flexible, *adj.* inflexible, *adj.*

....CICE. — Exercice, *n. m.*

....CISSE. — Abscisse, *n. f.* narcisse, *n. m. b.* saucisse, *f. ; ajoutez-y le subj. des* 18 *verbes en* CIR; *tels sont :* que j'accourcisse, *que j'*adoucisse, *que je* noircisse, *etc. Voyez ou* CIR, *ou sa conjugaison.*

....SISSE. — Que je m'assisse, (*v. s'asseoir*), *que je me* rassisse, (*v. se rasseoir*), *que je* sursisse, (*v.* surseoir ). *Ajoutez-y le subj. des verbes en* CIR. ( *Voyez la conjug.*).

....CID. — Le cid, (*nom propre*).

....CIDE. — Acide, *adj.* (*acidulé*). alcide, *n. p.* chalcide, *m.* (*pron. kal.*). il décide, *v.* déicide, *n. m.* coïncide, *v.* fratricide, *n. et adj.* homicide, *n. et adj.* infanticide, *n.* liberticide, *n.* lucide, *adj.* matricide, *n.* parricide, *n.* placide, *n.* régicide, septicide, *adj.* (*t. de b.*). sororicide. suicide. tyrannicide.

....XIDE. — Oxide *ou* oxyde, *n. m.* (*oxidé, adj. oxigène, n. m. oxigéné, adj. m.*)

....SIDE, *dur.* — Subside, *n. m.*

....CIDANT. — Coïncidant*, *part.* décidant. homicidant. suicidant. oxidant, (*qui oxide*).

....CIDENT. — Accident, *n. m.* coïncident *, *adj. m.* incident, *n. m.* occident*, *n. m.*

SIDANT, SIDENT, *son doux.* — *Voyez à la finale* ANT *et* ENT, *ou voyez les verbes en* CIDER.

....SSIDENT. — Dissident.

....CIDER. — Coïncider, *v.* décider, *v.* homicider, suicider, *v.*

....XIDER. — Oxider *ou* oxyder, *v.*

..SIDÉRABLE. — Considérable, *adj.* considération, *n. f.* considérablement, *adv.*

....SIDÉRER. — Considérer, *v.* considéré, *adj.* inconsidéré, *adj.* inconsidérément, *adv.*

....SIDIAIRE. — Subsidiaire, *adj.* subsidiairement, *adv.*

....SIDIEUX. — Insidieux, *adj.* insidieusement, *adv.*

....CIDITÉ. — Flaccidité, *n. f.* lucidité, *n. f.* rancidité, *n. f.*

....CIDIVE. — Récidive, *n. f.* (*de récidiver, v.*).

....CIDU...
....SSIDU. — Acidule, *adj. m.*
Assidu, *adj. m. de* assiduité, *n. f.*

....CIE, SIE, TIE. — *Voyez après la finale* CI, *et les dérivés des v. ci-dessous en* CIER, SIER, TIER, *et leur conjugaison.*

....CIÉ. — Apprécié, *adj. m.* associé, *m.* licencié, *m.* négocié, *adj.* remercié, *adj,* etc. *Ce sont les adj. dérivés des* 19. *v. ci-dessous en* CIER.

| | |
|---|---|
| *Suite de* CIÉ *par* ....SIED. | Il s'assied, *v.* il se rassied, *v.* il messied, *v.* il sied, *v. subj :* qu'il messiée. qu'il siée. *Voyez la conjugaison.* |
| ..TIÉ *et* TIÉE. | Tié *a le son* CIÉ *dans* balbutié, *adj. m.* initié, *n. et adj. m.* (*fém.* balbutiée, initiée). |
| ...CIER, *noms.* | Acier, *n. m.* artificier, *m.* audiencier, *m.* balancier, *m.* bénéficier, *m.* bésacier, *m.* créancier, *m.* devancier, *m.* épicier, *m.* faïencier, *m.* financier, *m.* foncier, *m.* glacier, *m.* grimacier, *m.* haut-justicier, *m.* mercier, *m.* nourricier, *m.* officier*, obédiencier. pénitencier. redevancier. romancier. saucier. sorcier. survivancier. tenancier. |
| ..CIER, *verbes.* | Apprécier, *v.* associer, *v.* bénéficier, *v.* circonstancier. déprécier. désassocier. différencier. disgracier. gracier. justicier. licencier. négocier. officier, *v.* préjudicier. quintessencier. remercier. scier. rescier. sentencier. *se* soucier. supplicier, *v.* vicier, *v.* |
| ....SIER, *dur. noms.* | Boursier. caissier. carnassier. carrossier. cassier, *b.* censier. coignassier *ou* cognassier, *b.* coursier. cuirassier. dépensier. dossier. écrivassier. fessier. finassier. grossier. huissier. matelassier. massier. mégissier. messier*. paperassier. pâtissier. peaussier. plumassier. poussier. tapissier. tracassier. traversier, *adj.* (*fém.* traversière). |
| ...SIER, *doux.* | Arquebusier, *n.* extasier, *v.* fraisier, *n.* phrasier, *n.* rassasier, *v.* sotisier, *n.*, *et tous ceux qui ont ce son final doux. On ne peut s'y tromper.* |
| ..TIER, *son* CIER. | Argutier, *v.* (*pop.*). balbutier, *v.* initier*, *v.* transsubstantier, *v.* |
| ....XIER. | Asphyxier, *v.* |

| | |
|---|---|
| ...CIÈRE. ...SIÈRE. ...CIAIRE. ...SIAIRE. | *C'est la finale du fém. des mots masc. ci-dessus en* CIER, TIER. *Voyez ci-dessus, ou voyez à la suite de la finale* AIRE. |
| ....TIAIRE. | Initiaire, *n.* plénipotentiaire, *n. et adj.* rétiaire, *n. m.* |

| | |
|---|---|
| ....CIEL. | Ciel, *n. m.* arc-en-ciel, *des* arcs-en-ciel. *un* ciel-de-lit, *des* ciels-de-lit. *de beaux* ciels, (*t. de peint.*). circonstanciel, *adj. m.* fiduciel, *adj.* officiel, *adj. m.* préjudiciel, *adj.* superficiel, *adj.* ( *On change la finale* el *en* elle *pour le fém.*) |
| ....TIEL, *adj.* | Confidentiel, *adj. m.* consubstantiel. désinentiel. différentiel. essentiel. exponentiel. obédientiel *ou* obédienciel. pénitentiel. pestilentiel. potentiel, *adj.* substantiel, *adj.* (*Le fém. est en* ELLE.) |

| | |
|---|---|
| ....CIEMENT. | CIEMENT *est la finale des noms formés des v. en* CIER : licenciement, *n.* remerciement, *etc.* (*Voyez* CIER). |

| | |
|---|---|
| ....CIEN, *mas.* | Alsacien. académicien. ancien. arithméticien. dialecticien. fabricien. languedocien. logicien. lucien. magicien. mathématicien. mécanicien. méthaphysicien. milicien. musicien. opticien. patricien. périscien. praticien. péripatéticien. pharmacien. platonicien. physicien. pythagoricien. rhétoricien. stoïcien. tacticien. théoricien. |
| ....SIEN. | Le sien, *pron. m.* parisien. pharisien. paroissien. prussien. russe *ou* russien. |
| ....TIEN. | Béotien. capétien. dioclétien. domitien, *n.* égyptien. gratien. helvétien. le titien, *n. pr.* vénitien. tribunitien. *Pour* TIEN *dur, voyez* TIEN. |

| | |
|---|---|
| ....CIENNE. | *Cette finale est la terminaison féminine des mots ci-dessus en* CIEN. |
| ....SIENNE. | Sienne, *g.* persienne, (*abat-jour*). la sienne, *pron. f.* parisienne. pharisienne. paroisienne. prussienne. |
| ....TIENNE. | Béotienne. capétienne. égyptienne, helvétienne. vénitienne. |

| | |
|---|---|
| ....CIENCE.<br>....TIENCE. | *Voyez à la finale* CIANCE. |

....SCIENCIEUX. Conscciencieux , *adj. m.* consciencieuse, *adj. f.* consciencieusement, *adv.*

| | |
|---|---|
| ..CIER, SIER,<br>....TIER. | *Voyez la finale* CIÉ , *ou la finale* AI. |

| | |
|---|---|
| ....CIÈRE. | Gibecière , *n. f.* parcière. saucière. souricière. *Plus , le fém. des noms en* CIER. |
| ....SIÈRE. | Brassière , *n. f.* carnassière. pâtissière, *n. f.* peaussière. *Plus , le fém. des noms en* SIER ; *voyez* CIER. |
| ....CIAIRE.<br>....SIAIRE. | *Voyez à la suite de la finale* AIRE : fiduciaire, judiciaire, *etc.* |
| ....TIAIRE. | Initiaire, *n. m.* plénipotentiaire, *n. et adj.* rétiaire, *n. m.* |

....CIÉRÉ. Aciéré , *adj. m.* aciérée , *adj. f.*

....CIERGE. Cierge , *n. m.* concierge , *n. m. et n. f.* conciergerie , *n. f.*

....SIERGE. *Aucun.*

| | |
|---|---|
| ....CIÉTÉ. | Société , *n. f.* |
| ....SSIETTÉE. | Assiettée , *n. f.* |
| ....TIÉTÉ. | Satiété , *n. f.* |
| ....XIÉTÉ. | Anxiété , *n. f.* |

| | |
|---|---|
| ....CIEUX , *m.*<br>CIEUSE, *f.* | Artificieux, *adj.* astucieux. audacieux. avaricieux, *t. pop.* capricieux. cieux, *n. m.* (*pl. de* ciel : *mais on dit des* ciels-de-lit, *et* ciels, *t. de peint.* ). consciencieux. délicieux. disgracieux. fallacieux. gracieux. judicieux. licencieux. malicieux. officieux. pernicieux. précieux. révérencieux. sentencieux. silencieux. soucieux. spacieux. spécieux. vicieux. *On change la finale* cieux *en* cieuse *pour le fém.* |
| .SIEUX , SIEUSE. | Chassieux, *adj. m.* chassieuse, *adj. f. des* essieux, ( *n. au pl.* ). |
| .TIEUX , SIEUSE. | Ambitieux, *adj. m.* captieux. contentieux. dévotieux. facétieux. factieux. minutieux. pestilentieux, (*au sens fig.* ). prétentieux. séditieux. superstitieux. *Tous ces noms sont terminés en* EUSE *au fém.* |

| | |
|---|---|
| ..CIF *et* CIVE. | Lascif, *adj. m.* lascive, *adj. f.* cive, *n. f.* gencive, *n. f.* |
| ..SIF *et* SIVE. | *Tous les autres , par un* s : abstersif, *adj. m.* abstersive, *adj. f.* appréhensif, *m.* appréhensive, *f.* compressif. convulsif. expulsif. offensif. inoffensif. massif. poussif. révulsif. subversif, *etc. Voyez à la finale* SIF, *où ils sont tous reportés.* |

| | |
|---|---|
| ....CIFER *et*<br>....CIFÈRE. | Lucifer, *m.* vélocifère, *m. Voyez les autres à la finale* FAIRE, *ou après la finale* AIR. |

....CIFIX *et* SIFI. Crucifix, *n. m.* salsifi, *n. m.*, ( *des salsifis* ).

| | |
|---|---|
| ....CIFIER.<br>....SIFIER. | Crucifier, *v.* dulcifier, *v.* pacifier, *v.* spécifier, *v.*<br>Diversifier, *v.* falsifier, *v.* ossifier, *v.* versifier, *v.* |

| | |
|---|---|
| ....CIFICATEUR.<br>....SIFICATEUR. | Pacificateur, *n. m.* spécificateur, *n. m.*<br>Falsificateur, *n. m.* versificateur, *n. m.* |

| | |
|---|---|
| ....CIFICATION. | Pacification, *n. f.* spécification, *n. f.* |
| ....SIFICATION. | Falsification, *n. f.* versification, *n. f.* |

| | |
|---|---|
| ...CIGNE, SIGNE.<br>....SIGNATION. | *Voyez après la finale* si, *par un* s. |

| | |
|---|---|
| ....CIL. | Cil*, *n. m.* sourcil, *n. m.* ( *On prononce sourci.* ) |
| ....SIL, *s. dur.* | Sil*, *n. m.* persil, *n. m. b.* ( *On pron. persi.* ) |
| ....SILE. | Ustensile, *n. m.* |
| ..CILE *et* CILLE. | Cécile, *n. pr. f.* bacile*, *m. b.* codicille, *m.* (*pron. cile*). concile, *n. m.* il décille*, ( *ôter les cils*). difficile, *adj.* docile, *adj.* domicile, *n. m.* facile, *adj.* imbécille, *n. et adj.* indocile, *adj.* faucille, *n. f. et v.* (*ll mouill.*). focile*, *m.* lucile, *n. pr. f.* il oscille, *v.* (*pron. cile*). sicile, *g. il* vacille, *v.* (*pron. cile*). verticille, *n. m.* (*ll mouill.*) |
| . SSILE *et* SILLE. | Bassile, *n. f. b.* il dessille*, *v.* (*il désabuse*). fossile*, *n. m. et adj.* sessile, *adj. il* sille, *v.* (*t. de mar.*). |

| | |
|---|---|
| ....CILIABLE. | Conciliable, *adj.* irréconciliable, *adj.* réconciliable, *adj.* |

| | |
|---|---|
| ....CILIABULE. | Conciliabule, *n. m.* |

| | |
|---|---|
| ..CILIATEUR. | Conciliateur, *n. m.* conciliatrice, *f.* réconciliateur, *n. m.* |
| ...CILIATION. | Conciliation. *n. f.* réconciliation, *n. f.* |

| | |
|---|---|
| ....CILIÉ.<br>...CILLÉ.<br>....SILLÉ. | *Voyez ci-dessous les v. dont ces adj. dérivent.* |
| ....CILIER. | Concilier, *v.* réconcilier, *v.* domicilier, *adj. m.* sourcilier*, *n. m.* |
| ....CILLER. | Ciller*, *v.* déciller*, *v.* fauciller, *v.* osciller, *v.* (*pron. cil-ler*). vaciller, *v.* (*pron. cil-ler*). sourciller, *v.* verticillé, *adj. m.* |
| ....SILLER. | Boursiller, *v.* brésiller, *v.* dessiller, (*détromper*). siller, *v.* (*t. de mar.*). persillé, *adj. m.* |

| | |
|---|---|
| ..CILLATION. | Oscillation, *n. f.*, et vacillation, *n. f.* (*pron. cil-lation.*). |

| | |
|---|---|
| ....CILITÉ. | Docilité, *n. f.* facilité, *n. f.* gracilité, *n. f.* imbécillité, *n. f.* indocilité, *n. f. Aucun n'est en* silité *par un* s. |

| | |
|---|---|
| ..CIME *et* CIMER. | Cime, *n. f.* décime, *n. m. et v.* (*décimer*). il écime*, *v.* écimer, ( *couper la cime* ). |
| ..SIME *et* SIMER. | Il ensime, ( *v.* ensimer ). il essime, *v.* essimer, ( *amaigrir* ). amplissime, *adj.* éminentissime, *adj.* excellentissime, *adj.* généralissime, *n. m.* grandissime, *adj.* habilissime, *adj.* illustrissime, *adj.* nobilissime, *adj.* révérendissime, *adj.* savantissime, *adj.* sérénissime, *adj.* |
| ....XIME. | Maxime, *n. f. il* approxime, *v.* |

| | |
|---|---|
| ....CIMENT *ou*<br>CIEMENT. | *Écrivez ces 2 finales avec un* c, *dans les mots qui viennent des v. en* cier : licenciement. remerciment, *etc. Voyez* CIER *ou* IMENT. |
| ....TIEMENT. | Balbutiement, *n.* ( *de balbutier, v.* ). |

| | |
|---|---|
| ....CIN. | Capucin, *n. m.* clavecin, *n. m.* farcin, *n. m.* larcin, *n. m.* médecin, *n. m.* pumicin, *m.* ricin, (*huile*). succin*, ( *ambre jaune* ). vaccin, *n. m.* |
| ....CINCT. | Succinct, *adj. m.* (*bref*). succincte, *adj. f.* |
| ....CINQ. | Cinq. *les cinq sens*, ( *la vue, l'ouïe, le toucher, etc.* ). |
| ....CEINT. | Ceint*, *adj. m.* ceinte, *adj. f.*, (*entouré*). |

| | |
|---|---|
| *Suite de* CIN *par* SAIN. | Sain*, saine, *adj.* (*salubre*). malsain, malsaine. *du* sain-doux, (*graisse de porc*). |
| ....SAINT. | *La* toussaint, *n. f.* saint*, sainte, *adj.* (*de sainteté*). |
| ....SEIN. | *Le* sein *de la terre*, etc. *un* dessein*, (*projet, résolution*). |
| ....SEING. | *Un* sous-seing *privé. un* blanc-seing, *des* blanc-seings. |
| ....SIN. | Assassin, *n. et adj.* bassin. brassin. cousin. coussin (coussinet). crapoussin. dessin, (*esquisse*). fantassin. marcassin. matassin, (*bouffon*). organsin. poussin. roussin. spadassin. tournassin. tocsin. traversin. |
| .....XIN. | Pont-euxin, *g.* vexin, *g.* |

---

| | |
|---|---|
| ....CINAL. | Circinal, *adj.* officinal, *adj.* médicinal, *adj.* racinal, *n.* vicinal, *adj.* |

---

| | |
|---|---|
| ....CINATION. | Calcination. fascination. vaccination. |

---

| | |
|---|---|
| ..CINDÉ, CINDER. | Rescindé, *adj. du v.* rescinder. |

---

| | |
|---|---|
| ...CINE *et* CINER. | Auspicine, *n. f. il* calcine, *v.* calciner. capucine, *n. f. il* déracine, *v.* déraciner. *il* doucine, *v.* douciner. *il s'*enracine, *v.* enraciner. fascine, *n. f. et v.* fasciner. lucine, *n. propre fém.* médecine, *n. f. et v. il* patrocine, *v.* patrociner. piscine, *n. f.* racine, *n. f.* vaccine, *n. f. et v.* vacciner. |
| ....SINE *et* SINER. | Assassine, *adj. f. et v.* assassiner. bassine, *n. et v.* bassiner. bécassine, *n. f.* branche-ursine, *f. b.* cassine, *n. f. il* dessine, *v.* dessiner. euphrosine, *n. pr. f.* houssine, *n. f.* mnémosine, *n. f.* moissine, *n. f.* tournassine, *n. f.* usine, *n. f.* voisine, *n. et adj. f.* |

---

| | |
|---|---|
| ..SINUÉ, SINUER. | Insinué, *adj. m.* insinuer, *v.* (*d'*insinuation, *n. f.*). |

---

| | |
|---|---|
| ....CINELLE. | Coccinelle, *ou bête-à-dieu, n. f.*, (*genre d'insectes*). |

---

| | |
|---|---|
| ....CION.<br>....XION.<br>....SION.<br>....SSION.<br>....TION. | *Voyez* SION. |

---

| | |
|---|---|
| ...CIPAL. | Municipal, *adj. m.* principal, *n. et adj. m.* |

---

| | |
|---|---|
| ...CIPALITÉ. | municipalité, *n. f.* principalité, *n. f.* |

---

| | |
|---|---|
| ....CIPATION. | Anticipation, *n. f.* émancipation, *n. f.* dissipation, *n. f.* participation, *n. f.* |

---

| | |
|---|---|
| ....CIPAUTÉ. | Principauté, *n. f.* |

---

| | |
|---|---|
| ...CIPE, SIPE. | *Il* accipe, *v.* cippe, *n. m.*, (*t. d'archit.*). *il* anticipe, *v. il* émancipe, *v. il* excipe, *v.* participe, *n. et v. il* dissipe, *v.* |

---

| | |
|---|---|
| ....CIPER.<br>....SIPER. | Acciper, *v.* anticiper, *v.* émanciper, *v.* exciper, *v.* participer, *v.* Dissiper, *v.* dissipation, *n. f.* dissipateur, *n. et adj. m.* |

---

| | |
|---|---|
| ...SIPIDE, *etc.* | Insipide, *adj.* insipidité, *n. f.* insipidement, *adv.* |

---

| | |
|---|---|
| ....CIPIENDAIRE. | Récipiendaire, *n. m.* |

| | |
|---|---|
| ....CIPITÉ,<br>....CIPITER. | Ancipité, *adj. m.* (*t. de b.*). précipité, *n. m. et adj.* précipiter, *v.* |
| ...CIPITATION. | Précipitation, *n. f.* |
| ....CIPLE.<br>....SIPLE. | Disciple, *n. m.* (*discipliner, v.*) condisciple, *n. et adj.*<br>*Aucun.* |
| .....CIPUT. | Occiput, *n. m.* préciput, *n. m.* sinciput, *n. m.* |
| ....CIR, *verbes.* | Accourcir, *v.* adoucir. amincir. chancir. durcir. éclaircir. endurcir. enforcir. étrécir. farcir. noircir. obscurcir. raccourcir. radoucir. rancir. rendurcir. renoircir. rétrécir. sancir. |
| ....SIR, *verbes.* | Épaissir, *v.* grossir. répaissir. réussir. ressaisir. roussir. saisir. transir, (*pron. trancir*). |
| ....CIRE. | Cire, *n. f.* circoncire, *v.* occire, *v.* chauffe-cire, *n.* poncire, *n. b.* |
| ....SIRE. | Sire, *n. m.* (*roi*). messire, *m.*, *et* messire-jean, *n. m. b.* |
| ....XIR. | Élixir, *n. m.* |
| ....CIS, CIT.<br>....SIS, SIT. | *Voyez à la finale* CI. |
| ....CISE. | *Il* exorcise, *v. il* francise, *v. il* grécise, *v. il* incise, *v. il* précise, *v.* Plus, *le fém. des adj. m. en* CIS : concis, concise, *etc.*, *voyez* CI. |
| ....SISE. | Assise, *n. et adj. f.* rassise, *adj. f.* |
| ....CISER.<br>...SISER. | Exorciser, *v.* franciser, *v.* gréciser, *v.* inciser, *v.* préciser, *v.*<br>*Aucun.* |
| ...CISIF, CISIVE. | Décisif, *adj. m.* incisif, *adj. m.* décisive, *adj. f.* incisive, *adj. f.* |
| ....CISION. | *Tous par* CISION : circoncision, *n. f.* concision. décision. incision. indécision. précision. rescision. |
| ....CISME, *m.* | Accisme, *m.* anatocisme, *m.* anglicisme, *m.* atticisme. catholicisme. exorcisme. gallicisme. grécisme. métacisme. ostracisme. scepticisme. solécisme. stoïcisme. |
| ....SISME, *doux.* | Molinosisme, *n. m.* spinosisme, *n. m.* |
| ....XISME. | Odaxisme, *n. m.* paroxisme, *n. m.* |
| ....CISSE.<br>....SISSE.<br>...SICE. | *Voyez à la finale* CICE. |
| ....CISSANT *et*<br>....SISSANT. | *C'est la finale du participe présent des v. en* CIR ; *voyez* CIR. |
| ...CISSITUDE. | Vicissitude, *n. f.* |
| ...CISSEMENT. | Adoucissement, *n. m.* éclaircissement, *n.* endurcissement, *n.* obscurcissement, *n.* rétrécissement, *n.*, *et tous les mots de cette finale, lorsqu'ils viennent des v. en* CIR, *par* C. *Voyez* CIR. |
| ....SISSEMENT. | Épaississement *et* saisissement (*de* épaissir *et* saisir, *v.*). |
| ....CISTE. | Ciste, *n. f. b.* publiciste, *n. m.* exorciste, *n. m.* |

| | |
|---|---|
| *Suite de* CISTE *par* SISTE *et* ....SISTER. | *Il* assiste, *v*. assister. *il* consiste, *v*. consister. controversiste, *n. et adj. il* insiste, *v.* insister. *il* persiste, *v.* persister. *il* subsiste, *v.* subsister. désister, *v.* décistère, *n. m.,* ( *dixième du stère* ). |
| ...CISSEUR. | *Voyez à la finale* CEUR. |
| ....CISSURE. ....SISSURE. | Chancissure, *n. f.* farcissure, *n. f.* ( *action de farcir* ). noircissure, *n. f.* Moisissure , *n. f.* |
| ....CISTANCE. ....CISTENCE. ..SISTANCE, *etc.* | *Voyez à la finale* ANCE. |
| ....CITATIF. | Excitatif. récitatif, *n.* |
| ....CITATION. | Citation, *n. f.* sollicitation, *n. f.* félicitation , *n. f.* oscitation, *n. f.* |
| ....CITE. | Ascite, *n. f. il* cite, *v.* chalcite, *n. m.* (*pron. cal*). *il* excite, *v.* (*il incite*). explicite , *adj.* hiéracite, *n. f.* (*pierre*). hystricite, *m.* implicite , *adj.* illicite, *adj.* licite, *adj. il* félicite, *v.* plébiscite, *n. m. il* ressuscite, *v. il* récite, *v. il* sollicite, *v. il* suscite, *v.* tacite, *n.* m. *et adj.* déficit, *n. m.* (*pron.* CITE). |
| ....CYTE. | Cocyte, *n. m.* ( *fleuve de l'enfer* ). |
| ....SITE. | Marcassite , *n. f. il* nécessite, *v.* réussite, *n. f. un* accessit, (*pron.* CITE). |
| ...ACITÉ, *fém. Pour les noms.* | Atrocité. authenticité. bénédicité, *n. m.* caducité. compacité. canonicité. capacité. catholicité. causticité. cécité. cité*. complicité. domesticité. duplicité. édacité. efficacité. élasticité. électricité. œcuménicité. excentricité. excité, *adj. m.* félicité, *n. f. et adj. m.* férocité. hérédicité. immondicité. implicité. impudicité. incapacité. incité, *adj. m.* indocilité. inefficacité. lubricité. licité, *adj. m.* loquacité. mendicité. modicité. mordacité. mysticité. opacité. périodicité. perspicacité. précité, *adj. m.* précocité, *n. f.* publicité. pudicité. rapacité. raucité. réciprocité. récité, *adj.* ressuscité, *adj.* rusticité. sagacité. siccité. simplicité. sincérité. sollicité, *adj.* sphéricité. suscité, *adj.* ténacité. vélocité. véracité. véridicité. verticité, *f.* vivacité. voracité. *Plus , les participes de ce son dans les v. en* CITER. *Voyez* CITER. |
| ....SITÉ, *n. f.* | Adversité. animosité, ( *zi* ). densité. diversité. immensité. intensité. nécessité. perversité. porosité, ( *zi* ). rugosité, ( *zi* ). sérosité, ( *zi* ). tortuosité , ( *zi* ). tubérosité, ( *zi* ). université. ventosité, ( *zi* ). verbosité, ( *zi* ). |
| ....XITÉ. | Connexité. convexité. complexité. fixité. perplexité. prolixité. |
| ...CITER *et* SITER. | Citer *, *v.* exciter, *v.* féliciter, *v.* inciter, *v.* réciter, *v.* ressusciter, *v.* solliciter, *v.* susciter, *v.* nécessiter, *v.* |
| ...SITEUX. | Nécessiteux, *adj. m.* nécessiteuse, *adj. f.* |
| ....SITIF *et* ....CITIVE. | Coërcitif, *adj. m.* coërcitive, *adj. f.* |
| ....SITIF *et* ....SITIVE. | Sensitif, *adj. m.* sensitive, *n. et adj. f.* |
| ....CITRE *et* ....CITRER. | *Il* récalcitre, *v.* récalcitrer, ( *être récalcitrant* ). |

....CITUDE. — Sollicitude, *n. f.*

....SSITUDE. — Lassitude, *n. f.* vicissitude, *n. f.*

---

....CIVE. — Cive, *n. f. b.* gencive, *n. f.* lascive, *adj. f.*

....SIVE. — Lessive, *n. f.* missive, *n. f.* censive, *n. f.* défensive, *n. f.* offensive, *n. et adj. f. Ajoutez-y le fém. des 36 adj. en* SIF, *dont le fém. est en* SIVE. *Voyez* SIF.

---

....CIVIL *et*
....CIVILE. — Civil, *adj. m.* civile, *adj. f.* incivil, *adj. m.* incivile, *adj. f...*

....CIVILITÉ. — Civilité, *n. f.* incivilité, *n. f.*

---

....CO *et* KO.
....QUO. — Banco, *n. inv.* co, *n. f. b.* coco, *n. m.* jocko, *etc.* Statu-quo, *n. inv.* quiproquo, *n. inv., etc.* } (*Voyez à la finale* AU. )

---

....COA *et* COI. — Coa *, *n. f. b.* coi *, *adj. m.* (*stupéfait*). coie *, *adj. f.*

....COUA. — Écouailles, *n. f. pl.* écouailler, *v.* coua *, *n. m.*, ( *coucou d'Afrique*).

....KOUA. — Parrakoua, *n. m.* ( *sorte de faisan*).

....QUA,
*son* COUA. — Aquarelle, *n. f.* aquatile, *adj.* aquatique. colliquatif, *adj. m.* colliquation, *n. f.* équateur, *n. m.* équation, *n. f.* loquace, *adj.* loquacité, *n. f. des* in-quarto. quinquagésime. *Quant aux* 21 *initiales par* QUA, *que l'on prononce* COUA, *tels sont :* quadragésime, quadrature, *etc.; voyez* QUA *initial, ou voyez* QUOI *final.*

....QUOI. — Quoi *. pourquoi *, *adv.* quoique *, *conj. Voyez aux homonymes.*

....QUOIS *et*
....COUET. — Carquois. iroquois. souriquois. couet, *n. m.* (*t. de mar.*)

---

....COIR.
....QUOIR. — Marquoir *et* taquoir *sont les seuls par* QUOIR. *Voyez la finale* OIR.

---

....ÇOIR *et* SOIR. — *Voyez la finale* OIR.

---

....COMME. — *Voyez à la finale* OME.

---

....COMPTE *et*
....COMPTER. — Escompte, *n. m.* escompter, *v.* décompte, *n. m.* décompter, *v.* compte *, *n. m.* compter, *v.* (*supputer*). il recompte, *v.* recompter, *v.*

....CONTE *et*
....CONTER. — Il conte *, *v.* conter, (*narrer*). il raconte, *v.* raconter. il reconte *son* conte, (*son histoire*).

....COMTE. — Comte, *n. m.* comtesse, *n. f.* franche-comté, *g.*

....CHONTE. — Archonte, *n. m.* archontat, *n. m.*, ( *dignité d'archonte, premier magistrat des rép. grecques*).

---

....SON *par* ÇON. — Caleçon. garçon. façon. leçon, *etc. Voyez à la finale* SON.

---

....C *dur suivi de* ON *ou* OND. — Accon, (*bateau*). balcon. catholicon, *m.*, (*t. de pharm.*). chicon, *b.* fécond, *adj.* faucon, *n. m.* fécond, *adj. m.* flacon, *n. m.* mâcon, *g.* montfaucon, *g. et n. pr.* second, *adj. m.* (*pron.* gond ).

....CONDE. — Faconde, *adj. f. et n.* féconde, *adj. f. et v.* golconde, *g.* joconde, *n. pr.* seconde, *n. et adj. f.*

---

....CONDER. — Seconder, *v.* secondaire, *adj.* secondement, *adv., voyez* GONDE.

---

....COR. — *Voyez les homonymes, et la finale* OR; *c'est là qu'est la difficulté.*

....COTE *et*
....QUOTE. } *Voyez les homonymes et la finale* OTE.

....COU.  *Voyez les homonymes et la finale* OU.

....COUA.  Ecouailles, *n. f.* écouailler, *v. Voyez aux finales* COI *et* QUA.

....CRO *et* { *Voyez au son final* AU. *Quant à* CRO *intérieur par* CHRO, *voyez à l'*II
....QUEREAU. { *intérieur nul.*

....ÇU *et* SU.  *Voyez à la finale* SU.

....CUEIL.  Accueil, *n. m.* cercueil, *n. m.* écueil, *n. m.* recueil, *n. m.*
....CUEILLE.  J'accueille, *v. tu* accueilles, *v. je* recueille, *v. tu* recueilles, *v.*

....CUEILLIR.  Cueillir, *v.* accueillir, *v.* recueillir, *v. Voyez la conjugaison.*

....CULTÉ.  Difficulté, *n. f.* faculté, *n. f.*

...CUN *et* CUNE.  Aucun, aucune. chacun, chacune. lacune, *n. f.* pécune, *n. f.* rancune, *n. f.*
....QU'UN *et* { Quelqu'un, quelqu'une; *pl.* quelques-uns, *m.* quelques-unes, *f.* qu'un
....QU'UNE. { seul, qu'une *seule.*

....CUR *et* CURE.  Obscur, *adj. m.* obscure, *adj. f...* cure, *n. f. il* procure, *v. il* récure, *v.*
....QURE.  Piqûre, *n. f. ou* piquure.

....ÇURE *et* SUR.  *Voyez aux finales* SUR *et* UR. *Et voyez les homonymes.*

....DA, DAS,
....DAT. } *Voyez à la finale* A.

....DAIRE, DER.  *Voyez à la finale* AIRE.

...DAL, DALE,
....DALLE. } *Voyez à la finale* AL.

....DAM.  Adam, *n. pr.* dam*, *n. m.*, ( 2 villes de ce nom ).
....DAN.  Dourdan, *g.* éridan, *n. m.* gévaudan, *g.*
....DANS.  Dans*, *prép.* dedans, *n. m. et adv.*

....DANT.  { Adjudant, *n.* ascendant, *n. et adj.* cependant, *adv.* correspondant,
{ *n. m. et adj.* intendant, *n.* pédant. pendant*, *prép.* sous-intendant.
{ sur-intendant. transcendant, *et tous les part. en* AN *des v. en* DER *et*
{ DRE; *comme :* correspondant. excédant*. président*, *qui viennent des*
{ *v.* correspondre, excéder *et* président.

....DENT.  { Accident, *n. m.* antécédent, *n. et adj.* ardent, *adj.* brèche-dent *ou* brèche
{ dent. chiendent, *n. m. b.* confident, *n. et adj. m.* cure-dent, *n. m.* dissident.
{ excédent*. évident*, *adj. m.* imprudent, *n. et adj. m.* impudent. inci-
{ dent. intercadent. occident*, *n. m.* précédent*. président*, *n.* prudent,
{ *adj. m.* résident*, *n.* surdent, *n. f.* trident, *n. m.*

....DEN,  { Accidentel, *adj. m..* cadencer, *v....* condensé, *adj..* dividende, *n. m.* évi-
*intérieur.* { demment, *adv.* identifier, *v...* identique, *adj...* identité, *n. f.* identi-
{ cité, *n. f.* indemniser, *v...* indemnité, *n. f..* pendentif. rédempteur, *n. m.*
{ rédemption, *n. f.* sédentaire...

....DANCE,
...DANSE, *etc.* } *Voyez la finale* ANCE.

....DANTE *et*
...DENTE. } Correspondante. présidente, *etc. Voyez à la finale* ANTE, *ou à la finale* DANT *dont le fém. est en* DANTE.

....DEAU, DO,
...DOT. } *Voyez à la finale* AU.

...DÉ, DAI, *etc. Voyez à la finale* AI, *et les homonymes.*

...DI, DIE, *etc. Voyez à la finale* I, *et les homonymes.*

....DIRE. { 9 *verbes en* DIRE, *avec un* E : 1° *les trois v.* dire, redire *et* s'entredire *font au présent :* vous dites, vous redites, vous vous entredites; *mais les 6 autres v. composés de* dire, *qui sont :* contredire, dédire, interdire, médire, maudire *et* prédire, *font au présent :* vous dédisez, vous contredisez, vous interdisez, vous médisez, vous maudissez, vous prédisez; *ce n'est que pour exprimer un temps passé, que l'on dit :* vous vous dédîtes, *etc. ( Voyez la conjugaison de ces v. )*

....DIR. { *Les* 22 *autres verbes ont l'infinitif en* DIR, *sans* E : abâtardir. abalourdir. abasourdir. applaudir. approfondir. s'attiédir. enhardir. roidir, *etc. ; voyez à la finale* IR.

....DIRENT. { DIRENT *est la finale de la 3ᵉ pers. pl. dans les v. de ce son. Voyez les conjugaisons.*

...DO, DOT, *etc. Voyez à la finale* AU.

....DRAP.
....DRAT. Drap, *n. m. et* sparadrap, *n. m.*
Cédrat*. quadrat*.

..DRI, DRIX, *etc.* Attendri, *adj. m.* perdrix, *n. f., etc. Voyez à la finale* I.

....DU, DUE. *Voyez à la finale* U.

....DUC, *etc. Voyez à la finale* UC.

...E *muet final.* { *Le son de l'*E *muet à la fin des verbes* y *est écrit de quatre manières :* E, ES, ENT, EUT. ( *Voyez-les à la conjugaison des verbes. )* E *muet termine aussi la plupart des noms et des adjectifs sing., dont la finale a le son de l'*E *muet; mais il* y *a des mots dont la finale a le son trompeur, c'est-à-dire que l'on* y *prononce l'*E *muet sans qu'il* y *en ait un; tels sont :* une dot, un fat, une cour, une sœur, *etc. On lève cette difficulté, en cherchant ces mots aux finales,* ATE, OUR, OIR, AL, EL, IL, OL, OTE, UL, ACE, OCE, EUR, UCE, AR, IX, *etc., suivant le son final du mot qui embarrasse.*

*Noms fém. sans* E *muet final.* { *Toutefois, voici tous les noms féminins qui n'ont pas d'*E *muet final :* Agnès, arachné, aglaé, atropos, *la* brebis, *la* bru, cérès, *la* chair*, *la* chaux*, chloris, *la* clef, cloé *ou* chloé, *la* cour, *une* croix*, *à la* croque-au-sel, *la* cuiller, *une* demi-portion, (demi *est invariable devant un nom).* une dot, une dent, épistaxis ( *saignement de nez*), eucharis, *une* faux ( *à faucher*); *la* foi (*croyance*), *une* fois*, *la* fourmi (*insecte*), gastritis (*inflammation de l'estomac*), *la* glu, *la* hart (*lien*), hébé, *une* hortensia, b.; *une* houry (*femme turque*), hydatis, b.; hypothénar, jérusalem, g. iris, *une* lady, *une* laideron, laïs,

| | |
|---|---|
| *Suite des noms fémin. sans* E *muet final.* | une loi, main*, mer*, *à la* merci *de.* Mi *et* nu *sont invariables dans :* à la mi-août, à la mi-septembre, à mi-marge, *etc.*, nu-jambe *et* nu-tête; milady, *la* mort, *la* nef, *une* noix, *une* nonnain, *la* nuit, *la* paix*, *la* part (*ou portion*), *la* paroi, parésis, *une* perdrix, phébé, *de la* poix, pneumopleuritis, *la* rhapontic, *la* siriasis, *une* sœur*, *la* belle-sœur, *la* soif, *la* souris, *une* tour, *la* toux, *une* tribu juive, *etc.*; *une* vénus, *la* vertu, *une* vis (*à visser*), *la* voix (*le son*), *et* zoé, *n. pr. Ajoutez-y les noms fém. terminés en* ON; *voyez-les aux finales* ON *et* SION; *plus, tous les noms fém. en* EUR, *excepté les* 15 *qui sont avec un* E; *on les trouve à la finale* EURE. |
| ....E *muet par* ...EUX, ES, EUS, ....EUT. | *Voyez-les à la suite de la finale* EU. |

| | |
|---|---|
| ....É *aigu.* | *Voyez à la finale* AI *les* 45 *manières de terminer les mots de cette finale. Tout y est classé suivant l'ordre alphabétique de ces* 45 *difficultés. Quant aux participes qui sont constamment invariables en* É, *voyez-les après la règle des participes.* |
| ....É *aigu.* | SON INFLUENCE: *L'accent aigu, mis sur l'*É, *change souvent la signification du mot :* répondre, *c'est* répliquer; *mais* repondre, *c'est* pondre *une seconde fois;* réformer, *c'est* annuler; reformer, *c'est* former de *nouveau;* répartir, *c'est* distribuer; repartir, *c'est* partir de nouveau; *enfin* celui *qui* aime *n'est pas toujours* celui *qui est* aimé. *Quoique nous ayons déjà porté à la finale* AI *les* 33 *noms masc. qui ont deux* É, *les voici de nouveau :* |
| ....ÉE, *noms masculins.* | Anthée, apulée, apogée, asmodée, athée, borée, briarée, caducée, céphée, cétacée, colisée, coryphée, élysée, empyrée, d'emblée (*locution*), énée, galilée, hyménée, lycée, lygée (*insecte*), machabée, mausolée, morphée, musée, périgée, périnée, pigmée, pompée, protée, prytanée, rez-de-chaussée, scarabée, thésée, trophée, tyrtée. |
| ....ÉE, *noms féminin.* | *Tous les féminins de ce son ont deux* ÉE : *une* échauffourée, *la* maréchaussée, *une* mijaurée, *etc. On en excepte les noms fém. en* TÉ; *tels sont :* l'animosité, l'authenticité, *la* bonté, *la* cécité, *la* cité, *la* difficulté, *la* fierté, *la* gaieté, *la* municipalité, *la* nécessité, *la* nouveauté, *la* papauté, *la* parenté, *la* principauté, privauté, société, *la* vérité, *la* véracité, *la* voracité, *etc. Voyez-les à la syllabe qui embarrasse; mais les* 22 *noms fém. suivans sont en* TÉE *ou en* THÉE, *par* 2 ÉE; *ce sont :* amalthée, *n. pr.*, aphytée, *b.*, assiettée, bâtée, bractées, *b.* (*feuilles*), brouettée, charretée, *une* dictée, *une* dentée, dorothée, *une* frottée, *une* hottée, jattée, *une* jetée, voie lactée, montée, nuitée, pâtée, pelletée, platée, portée *et* potée. |
| ...É, EI, AI, ÈS, ..ET, EY, EZ, *etc.* | *La finale* AI *s'écrit de* 45 *manières, sans compter le pl.; voyez-en toutes les difficultés en* E, ÉE, ÉÉE, EI, ER, ES, EY, EZ, AI, AIX, AY, HAI, *etc., à la finale* AI, *où elles sont placées par ordre alphabétique à chacun de ces sons.* |

| | |
|---|---|
| ....EAU. | *Voyez à la finale* AU *par* A. |

| | |
|---|---|
| ....EB. | Mahaleb, *n. m.*, (*bois de Sainte-Lucie*). |
| ....ÈBE. | Èbe, *n. f.*, (*reflus de la marée*). éphèbe, *n. m.* érèbe, *n. m.*, (*les enfers*). thèbes, *g. et tous les autres.* |

| | |
|---|---|
| ....EC. | Avec, *prép.* d'avec (*loc. pop.*). bec, *n. m.* blanc-bec. caudebec, *g.* chébec. échec, *n. m.* un grec. lautrec, *g.* marquesec (*filet*). orbec, *g.* pec*, *n. m.* québec, *g.* rebec (*violon*). salamalec, *n. m.* (*révérence profonde*). sec, *adj.* martin-sec, *b.* trec, *n. m.* (*langage du Pégu*). y-grec, *n. m.* |

| | |
|---|---|
| ....ÉCH. | Melchisédech, *n. pr.* sabech. varech *et* utrecht, g. |
| ....ECK *et* EK. | Bifteck. leck ( *riv.* ). lubeck, g. vareck, *b.* |
| ....ECQUE. | La mecque, g. pecque, *n.f.* ( *se dit d'une femme sotte et impertinente* ). |
| ....ÈQUE. | Bibliothèque, *n. f.* extrinsèque, *adj.* intrinsèque, *adj.* une grèque *ou* grecque, *n. et adj. f.* hypothèque, *n. f. et v.* obsèques, *n. f. pl. il dis-* sèque, *v. il se* rebèque. sénèque, *n. pr. m.* |
| ....ÉQUE. | Archevêque, *n. m.* évêque, *n. m.* pont-l'évêque, g. |

---

| | |
|---|---|
| ....ÈCE *et* ESSE. | *Voyez à la finale* AISSE. |

---

| | |
|---|---|
| ....ECT, *son doux.* | Aspect, *n. m.* circonspect, *adj. m.* conspect, *n. m.* respect, *n. m.* suspect, *adj. m.* |
| ....ECT, *son dur.* | Abject, *adj. m.* correct, *adj. m.* direct, *adj. m.* indirect, *adj. m.* in- fect, *adj. m.* intellect, *n. m.* |
| ....ECTE. | Abjecte, *adj. f.* architecte, *n. m.* circonspecte, *adj. f.* collecte, *n. f.* correcte, *adj. f.* dialecte, *n. m.* directe, *adj. f.* indirecte, *adj. f.* in- fecte, *adj. f.* insecte, *n. m.*, *et tous les fém. de ce son; plus, les* 12 *v. en* ECTER , *comme* affecter , humecter, *etc.*, *qui font : il* affecte, *il* humecte, *il* injecte, *il* inspecte, *il* objecte, *il* suspecte , *il* respecte, *etc.* |

---

| | |
|---|---|
| ....ÈDE. | *Voyez à la finale* AIDE. |

---

| | |
|---|---|
| ....EF. | Bief, *n.* bref, *adj. m.* cerf, *n.* chef, *n.* clef *ou* clé, *n. f.* ( *pron.* clé ). *de* rechef. fief, *n.* grief, *n. m.* nef*, *n. f.* nerf, *n. m.* relief, *n. m.* |
| ....EFE. | Guelfe ( *nom de parti* ). |
| ....EFFE. | Greffe, *n. m.* ( *d'un tribunal* ). greffe, *n. f.* ( *du v.* greffer ). |
| ...EPH *et* ÈPHE. | Joseph, *n.* delphes, g. synalèphe, *n. m.* télèphe, *n. pr. m.* |

---

| | |
|---|---|
| ....ÈGE. | Allège, *n. f. et v.* barège, g. collège, *n. m.* le corrège*, *n. pr.* cortège, *n. m.* liège, *n. m.* manège, *n. m.* norwège, g. piège, *n. m.* sacrilège, *n. m. et adj.* siège, *n. m. et v.* sortilège, *n. m.* spécilège, *m.*; *plus, les* 5 *verbes :* j'abrège, j'allège, j'assiège, *il* manège, *il* protège. |
| ....EIGE. | Beige, *n. f.* neige, *n. f. et v.* neiger. |

---

| | |
|---|---|
| ....EIGNE. | *Voyez* AIGNE. |

---

| | |
|---|---|
| ....ÈGLE. | *Voyez à la finale* AIGLE. |

---

| | |
|---|---|
| ...ÈGUE. | *Voyez à la finale* AIGUE. |

---

| | |
|---|---|
| ....ÈGRE. | *Voyez à la finale* AIGRE. |

---

| | |
|---|---|
| ....EIL , *masc.* | Appareil, *n.* chepteil *ou* cheptel, *n.* conseil*, *n.* corbeil*, g. éveil*, *n. m.* méteil, *n.* nompareil, *adj. m.* œil ( *pl.* yeux ). orteil, *n.* pareil, *adj. m.* pueil, *n.* réveil*, *n.* soleil, *n.* sommeil*, *n.* vermeil*, *n. et adj. m.* vieil *ou* vieux, *adj. m.* |
| ...EILLE, *fém.* | Abeille , *n.* bouteille, *n.* corbeille, *n.* corneille*, *n.* groseille, *n.* mer- veille, *n.* nompareille, *n. et adj. f.* oreille, *n.* oseille, *n.* pareille, *adj. f.* salsepareille, *n. b.* scille, *n.* surveille, *n.* teille, *n. et v.* treille, *n.* veille, *n. et v.* veiller. vieille, *adj. f. de* vieux. |
| ...EILLE, *verbes.* | *Les* 8 *v. en* EILLER, *sont :* j'appareille, je conseille, je m'émerveille, j'é- veille, je réveille, je sommeille, je surveille *et je* veille. |

---

| | |
|---|---|
| ..EILLER , *noms et verb.* | Appareiller. dépareiller. conseiller, *n. m. et v.* émerveiller. éveiller. un orciller. réveiller. sommeiller*. surveiller. teiller. veiller. |

....EILLIER.　　Groseillier, *n. m. b.*
....ELLIER.　　Cannellier, *n. m.* ( *arbre* ).
....ELIER, *n. m.*　{ Batelier. bélier. boisselier. bourrelier. chamelier. chancelier. chandelier. chapelier. cordelier. coutelier. sommelier* *et* tonnelier.

---

....EYER.
....AYER.
....AILLER.　　} *Voyez à la finale* AYER, *à la suite de la finale* AX.
....ALLIER.
ILLER, ILLIER.　*Voyez la finale* ILLER.

---

....ËL.　　{ *Le son final* EL *offre, dans la finale des mots, les* 8 *difficultés suivantes :*
1° *On termine par* ël, *avec un tréma*, noël. ismaël. israël. raphaël, *et quelques autres noms propres;*

....EL, *noms et adj. masc.*　{ 2° *Par* EL, *presque tous les noms et adj. m. Les moins faciles sont :* abel, *n.* accidentel, *adj. m.* actuel, *adj.* additionnel. aludel, *n.* annuel, *adj.* appel, *n. m.* archipel, *g.* artificiel, *adj.* ascensionnel. attel*, *n.* autel*, *n. m.* ( *d'église*). hôtel (-*dieu*), *n. m.* babel; *n.* bel, *adj. m.* (belle, *f.*). cansel, *n.* carrousel, *n.* cartel, *n.* cheptel. ciel, *n.* colonel, *n. m.* conditionnel. constitutionnel. consubstantiel. contre-scel, *n.* conventionnel. conventuel. correctionnel. dégel*, *n.* duel, *n.* essentiel. éventuel. fiel, *n.* hydromel, *n.* hôtel, *m.* (*maison*). immortel*, *adj.* impersonnel. inconstitutionnel. industriel. insurrectionnel. intentionnel. jésabel, *n.* lambel, *n.* lequel, *m.* maternel, *adj. la* saint-michel, *n. f.* missel, *n. m.* obédientiel. originel. particl. pastel, *n.* pénitentiel. pluriel, *n. et adj.* potentiel. préjudiciel. processionnel. proportionnel. quel*, *m.* lequel. rappel*, *n.* rationnel. sacramentel *ou* sacramental. saint michel, *n. m.* scalpel, *n.* sel* ( *à saler*). scel *ou* sceau. sempiternel (*pron. sain*). sensuel. solennel (*pron. sola*), spirituel. substantiel. superficiel. tel*. temporel. textuel. universel. véniel. visuel.

....ÈLE, *noms m. et f.*　{ Adèle, *n. f.* bronchocèle, *m.* cautèle, *n. f.* clientèle, *n. f.* cybèle, *n. f.* entérocèle, *f.* épiplocèle, *f.* érysipèle, *m.* fidèle, *adj. des deux genres.* gastrocèle, *f.* isocèle, *adj.* hydrocèle, *n. f.* hydrophysocèle, *f.* hystérocèle, *f.* marc-aurèle, *n. pr. m.* modèle, *m.* omphalocèle, *f.* parallèle, *m. et f.* philomèle, *f.* poèle *ou* poîle*, *m. et f.* praxitèle, *n. m.* prêle, *n. f.* sarcocèle, *m.* sphacèle, *m.* stéatocèle, *m.* zèle, *m.*

....ÈLE *ou* ELLE, *à la fin des v.*　{ 1re *et* 3e *pers. de tous les v. en* ELER *et* ÉLER : *je ou il* amoncèle, *il* cèle*. *il* chancèle, *il* décèle* *et* recèle*, *il* ensorcèle, *il* étincèle, *il* fèle, *il* ficèle, *il* gèle, *il* harcèle, *il* morcèle, *il* pèle*, *etc. C'est suivre l'ancienne orthographe, que de conjuguer ces v. avec* 2 L; *plusieurs grammairiens modernes, qui n'aiment pas perpétuer les difficultés sans raison, disent que, pour éviter les erreurs dans les v., on ne doit mettre* 2 L *que dans les* 19 *v. dont l'infinitif est en* ELLER *par* 2 L; *voyez - les ci-dessous à la finale* ELLER.

....ÈLE.　　{ *Noms et adj. :* Frêle *et* grêle, *m. et f.* pêle-mêle, *adv.* poêle *ou* poèle, *m. et f. Voyez les homonymes.*
*Verbes : il* hêle, *il* démêle, *il s'*emmêle ( *v.* emmêler ), *il s'en* mêle. (*v.* mêler ), *il* entremêle, *il* mêle, *il* fêle, *il* grêle, *elle* vêle.

....ELL.　　Arondell, *g.* cromwell, *n. m.* guillaume-tell, *n. m.* kell, *g.*

....ELLE.　　{ 9 *masc. en* ELLE ; *tels sont :* granitelle. libelle. polichinelle. rebelle. sitelle (*oiseau*). spinelle. syncelle. vermicelle, ( *le peuple prononce* vermichel). violoncelle, ( *quelques artistes prononcent* violonchelle).
84 *fém. en* ELLE; *tels sont :* aisselle*. alumelle. bancelle. citronnelle. coccinelle. crécelle. donzelle. escarcelle. étincelle. ficelle. fraxinelle, *b.* haridelle. jouvencelle. jumelle. kyrielle. laquelle, lesquelles, *f. pl.* made-

| | |
|---|---|
| *Suite de* ELLE, | moiselle. mancelle. margelle. moelle. nacelle. ombelle, *b.* ombrelle. parcelle. pelle *et pincettes.* pimprenelle. ribambelle. sarcelle. sautc-relle. selle*. semelle. soutanelle. telle*, *adj. f.* tonnelle. vaisselle. veille. vielle (*instrument*). voyelle, *etc.* |
| ....ELLES. | Apelles*, *n. pr. m.* bruxelles, *g.* |
| ....ESLE. | Nesle, *g.* |
| ....AÎLE. | A tire-d'aîle. aîle (*d'oiseau*). *les* aîles (*d'un moulin*), *etc.* |

| | |
|---|---|
| ....ÉLER, ÊLER, | Bêler, *v.* céler (*cacher*). décéler (*découvrir*). démêler. emmêler. entre-mêler. mêler. fêler. grêler. hêler. recéler. révéler. vêler. |
| ...ELLER, 19 *v.* | Canceller, *v.* contre-sceller, *v.* desceller, *v.* (*détacher*). desseller, *v.* (*ôter la selle*). emmieller, *v.* exceller, *v.* flageller, *v.* interpeller, *v.* libeller, *v.* mieller, *v.* peller, *v.* (*avec une pelle, et non* PELER, *ôter le poil*). quereller, *v. se* rebeller, *v.* resceller, *v.* (*remettre la selle*). ruis-seller *ou* ruisscler, *v.* rueller (*la vigne*). sceller, *v.* (*mettre le sceau*). seller, *v.* (*mettre la selle*). vieller, *v.* (*jouer de la vielle*). |
| ....ELER. | Appeler. harceler, *et tous les verbes en* ELER *muet.* (*Voyez la conju-gaison en* ELER, *et l'observation après la finale* ÈLE, *pour les v.*) |

| | |
|---|---|
| ....ELPHE. | Philadelphe, *adj.* delphes, *g. Voyez* ÈPHE, *à la finale* EF. |

| | |
|---|---|
| ...ÈME *et* EIME. | *Voyez à la finale* AIME. |

| | |
|---|---|
| ...EMENT, *noms.* | Aboiement. abonnement. abouement. accroissement. adoucissement. af-fleurement. apitoiement. arrhement, *n.* (*action d'arrher*). asservisse-ment. assujettissement. atermoiement. attendrissement. balbutiement. braiement. bégaiement. bouleversement. broiement. caillement. chevro-tement. consentement. contentement. coulement. crucifiement. décroisse-ment. dégravoiement. déblaiement. déménagement. dénouement. dénue-ment. déracinement. désensorcellement. désappointement. désintéresse-ment. désœuvrement. développement. dévoiement. dévouement. discerne-ment. éboulement. ébrouement. échouement. embellissement. embrâse-ment. embrassement. emménagement. emplacement. enchifrènement. enfoncement. engouement. enjouement. enseignement. ensorcellement. enterrement. entrelacement. envahissement. épaississement. équarrisse-ment. exhaussement. ferrement*. fléchissement. foudroiement. fournis-sement*. fourvoiement. frissonnement. grasseyement. habillement*, *n.* licenciement. maniement. miaulement. nantissement. nettoiement. nivè-lement. ondoiement. paiement. pansement. passement. placement. rac-commodement. raccordement. raccourcissement. raisonnement*. raf-fermissement. rafraîchissement. rajeunissement. ralentissement. rallie-ment. rançonnement. rassasiement. recueillement. redressement. re-rehaussement. rejaillissement. remaniement. remboursement. remercie-ment. repoussement. résonnement*. recensement. resserrement. rétrécis-sement. revêtement. serrement* (*de serrer*). soulagement. supplément. tâtonnement. tressaillement. tutoiement *ou* tutoîment. vieillissement. vomissement.<br>Nota. *Les autres noms sont en* MENT, *comme* tempérament, *etc. Pour ne pas nous répéter ici, voyez-les aux finales* MENT, AMENT, CEMENT, CIEMENT *et* CISSEMENT, *suivant la difficulté.* |
| ....EMENT, *adv.* | Aveuglément*. censément*. commodément. communément. conformé-ment. confusément. décidément. délibérément. déréglément*. désespé-rément. déterminément. diffusément. effrontément. énormément. ex-pressément. figurément. fixément*. forcément. immensément. immodé-rément. importunément. impunément. incommodément. inconsidéré- |

| | |
|---|---|
| *Suite de* <br> ÉMENT, *adv.* | ment. indéterminément. inopinément. isolément*. modérément. momentanément. nommément. obscurément. obstinément. opiniâtrément. outrément. posément. passionnément. précisément. prématurément. privément. profondément. profusément. sensément*. séparément. spontanément. serrément*. uniformément. |
| ....AIMENT. | Gaîment *ou* gaiement, *adv.* vraiment, *adv.* |
| ....EMENT, *adv.* | *Tous les adv. terminés en* EMENT (*son muet*) *sont formés du fém. des adj. dont le masc. est terminé par une consonne.* (*Voyez ces adj. suivant la difficulté.*) *Ainsi* actif *fait* activement; ambitieux *fait* ambitieusement; aucun, aucunement; avantageux, avantageusement; bon, bonnement; civil, civilement; consciencieux, consciencieusement; correct, correctement; cruel, cruellement; dévotieux, dévotieusement; hypothétique, hypothétiquement; ignominieux, ignominieusement; imperceptible, imperceptiblement; *ainsi des autres* (*excepté* gentil, *qui fait* gentiment *et non pas* gentillement). |

OBSERVATION : *mais, lorsque l'adj. est terminé en* ANT *ou en* ENT, *ces deux finales se changent en* AMMENT, *ou en* EMMENT, *pour former leur adv.; tels sont :* exorbitant, *qui fait* exorbitamment; fréquent, *qui fait* fréquemment; *ainsi des autres. Mais les trois adj.* lent, *présent et* véhément *sont les seuls en* ENT, *dont l'adv. soit en* ENTEMENT; *tous les autres sont en* AMMENT, *ou en* EMMENT. *Voyez aux finales* AMANT, AMMANT, CEMENT, CIEMENT, CISSEMENT, IMENT, MENT, *etc., suivant la difficulté qui embarrasse; ou voyez à la finale* MENT, *l'observation sur les difficultés dans la formation des adv. en* MENT.

| | |
|---|---|
| ....EMME. | Lemme, *n. m.* (*t. de mathém.*). *Pour les 8 autres manières d'écrire cette finale, voyez la finale* AIME. |
| ....EMME, *son* <br> ....AME. | Femme, *n. f.* sage-femme. femmelette (*petite femme*). |
| ....EMPS, EMPT <br> *et* EMPTER. | Long-temps, *adv.* printemps, *n.* temps *ou* tems. les quatre-temps. exempt, *adj. m. et n.* exempter, *v. Voyez après* AMPRE. |
| ....EMPTION. | Péremption, *f.* exemption, *f.* rédemption, (*de rédempteur*). |
| ....EN, ENT *et* <br> ....IENT, *sons* <br> ....AN *et* IANT. | *Voyez à la suite des 2 finales* AN *et* IANT. |
| ....EN, *son* IN. | *Voyez à la suite de la finale* AIN. |
| ....EN *et* AN... <br> *Intérieur.* | *Cherchez ce son par la lettre qui précède; tels sont :* CENS, SEN, DENT, FAN, MAN, NAN, PAN, RAN, TAN, VAN, *etc.* |
| ....ENCE, ANSE, <br> ....ENSE. | *Voyez à la finale* ANCE. |
| ...ENCÉ, ENCER, <br> ...ENSÉ, ENSER. | *Voyez à la finale* CÉ, *ou à la finale* CER : commencer, penser*, récompenser, *etc.* |
| ....HENDE *et* <br> ....HENDER. | Appréhender, *etc. Voyez aux finales* ANDE *et* ANDER. |
| ....ENDRE *et* <br> ....ENDRIER. | *Voyez aux finales* ANDRE *et* ANDRER *par* A. |

| | |
|---|---|
| ...ÈNE, ENNE,<br>....EINE. | *Voyez après la finale* AINE. |
| ....ENSIBLE. | Répréhensible, *adj.* compréhensible... *et* incompréhensible... |
| ....ENSIF, ANSIF. | Appréhensif, *adj. m.* défensif. expansif. inoffensif. offensif. ostensif. pensif *et* suspensif. |
| ....ENSIVE. | *On change* IF *en* IVE, *pour le fém.* |
| ....ENSION *et*<br>....HENSION. | Appréhension, *n. f.* ascension, *n. f.* compréhension. descension. dimension. dissension. distension. extension. intension*, (*force, t. de phys.*). pension. propension. répréhension. suspension. |
| ....ENTION. | Attention, *n. f.* contention. convention. détention. intention, *n. f.* (*dessein*). invention, *n. f.* mention. prétention. prévention. rétention. subvention. tention. |
| ....ANSION. | Expansion*, *n. f.* |
| ....ENTE, ENTÉ,<br>....ENTER. | *Voyez aux finales* ANTE *et* ANTER *par* A; 16 *y sont écrits par un* A, *et* 44 *par un* E. |
| ....EP, ÊPE.<br>....EPPE. | Alep, *g.* cep*, *n. m.* julep, *n. m.* salep, *n. m. b.* crêpe*. guêpe, *n. f.*<br>Dieppe, *g.* |
| ....EPS.<br>....EPSE. | Biceps, *m.* forceps, *m. et* seps*, (*lézard*).<br>Métalepse, *n. f.* prolepse, *n. f.* syllepse, *n. f.* |
| ....ÈQUE, ÊQUE. | *Voyez à la finale* EC. |
| ....ER, ÈRE,<br>....HÈRE. | *Voyez à la finale* AIRE. |
| ....ERRE, *son médial.* | ERRE *dans* aberration. atterrer, *v.* derrière. enterrement, *n.* guerrier, *n. et adj.* guerroyer, *v.* méditerranée, *n. f. g.* pierre. resserrement, *n.* serrement*. terrain. terrestre, *adj.* terreur. terrible. je reverrai, *etc.* *Voyez les autres au son de la syllabe qui embarrasse.* |
| ....ERAI, ERRAI.<br>....EREZ,<br>....ERREZ, *etc.* | *C'est plus particulièrement la finale des verbes dont l'infinitif est en* ER, *comme* chanter. *Voyez après la finale* RÉ, *ou voyez les conjugaisons.* |
| ...ERCE, ERCER. | Commerce, *n. et v.* il berce. (*v.* bercer). il exerce, *v.* il gerce, *v.* il perce, *v.* quinquerce, *n.* (*pron.* kincuerce). sesterce, *m.* tierce, *n. f. et v.* il transperce, *v.* |
| ...ERSE, ERSER. | Adverse, *adj.* averse, *n. f.* controverse, *n. f. et v.* diverses, (*f. pl. de l'adj. m.* divers). inverse, *n. et adj.* une herse. perse, *g.* perverse, *adj. f.* traverse, *n. f. et v.* verse, *adj. et adv.* *Plus, les v.* il bouleverse, *il* converse, *il* déverse, *il* disperse, *il* herse, *il* malverse, *il* renverse, *il* reverse, *il* tergiverse, *il* verse. |
| ....ERGUE.<br>....ERG. | Bergues, *g.* exergue, *n. m.* rouergue, *g.* vergue, *n. f.* ( *t. de mar.* ).<br>Amberg, *g.* berg-op-zoom, *g.* kœnisberg, *g.*, *et autres villes en* berg. |
| ...ERIE *et* RIE. | *Les deux finales en* ERIE *et* RIE, *dont la prononciation est presque la même, sont au son final* RIE. |

| | |
|---|---|
| ....ERTE. | {Couverte, *n. et adj. f.* desserte, *n. f.* entr'ouverte, *adj. f. il disserte, v.* offerte, *n. f.*, etc. |
| ....ERTES. | {Certes*, *adv. tu* concertes, *v. tu* dissertes, *v. des* dessertes, *n. f.* pl., etc. *Voyez-les par la difficulté.* |

| | |
|---|---|
| ....ÈS. | {*Voyez à la suite de la finale* AI ; *mais* ES *se prononce* AIS, *dans tu* es, *v.* des*, (*mis pour de les*). Plus, *dans les 3 adj. possessifs* mes*, tes*, ses*, *et* ces, *adj. dém. pl.* |

| | |
|---|---|
| ....ESON. | *Aucun. Voyez à la finale* AISON. |

| | |
|---|---|
| ....ESQUE. | {Arabesque, *adj.* arabesques, *n. f. pl.* barbaresque. chevaleresque. fresque, *n. f.* gigantesque. grotesque. moresque. pédantesque. presque, *adv.* soldatesque, *n. f.* tudesque, *adj.* |
| ....ESC. | Lambesc, *g.* |

| | |
|---|---|
| ...ESSE *et* ÈCE. | *Voyez à la finale* AISSE. |

| | |
|---|---|
| ....ESTE. | {*Les moins faciles sont :* digeste. immodeste. indigeste. malepeste, *n.* modeste. sieste. *n. f. et* zeste, *m.* ( *écorce* ). |
| ....EST, *son* ....ESTE. | {Brest, *g.* sud-est, *vent d'est.* le lest ( *d'un navire* ). ouest. zist-zest, *adv.* |

| | |
|---|---|
| ...ESTRE. | {Alpestre, *adj.* bourgmestre, *n. m.* clytemnestre, *n. f.* équestre, *adj.* ( *pron. écuestre* ). hypermnestre, *f.* mestre, *m.* ( *vieux mot* ). orchestre, *m.* ( *pron. orkestre* ). palestre, *n. f.* pédestre, *adj.* semestre , *n. m.* séquestre, *n. m.* sylvestre, *m.* terrestre, *adj.* trimestre, *n. m.* vaguemestre, *m.* |

| | |
|---|---|
| ....ET. | *Voyez à la suite de la finale* AI. |

| | |
|---|---|
| ....ÈTE, ÉTE, ....ETTE. | {*Voyez à la finale* AITE. |

| | |
|---|---|
| ....ETER *et* ....ETTER. | {*Voyez à la finale* AITER. |

| | |
|---|---|
| ....ÈTRE. | *Voyez à la finale* AITRE. |

| | |
|---|---|
| ....EU. | {Adieu, *n. et adv.* aleu. franc-aleu, *n.* aveu, *n.* boute-feu, *n. inv.* bleu*. caïeu. camaïeu. cheveu. désaveu. dieu. enjeu. essieu. fesse-mathieu. feu*. *un* hébreu. *des* hébreus*. jeu*. lieu*. milieu. morbleu. moyeu. neveu. parbleu. peu*, *adv.* peu-à-peu. pieu*, *n.* richelieu. verveu *ou* verveux. vœu*. |
| ....EUX. | {Ambitieux. anfractueux. audacieux. avantageux. avaricieux. aventureux. aïeux, *n. pl.* ( *ancêtres* ). *les* aïeus, ( *les 2 grands-pères* ). bilieux, *adj.* catarrheux, *adj.* ceux, ceux-ci, ceux là, ceux-même. dédaigneux. deux. doucereux. gibbeux. haineux. hargneux. hernieux. heureux. incestueux. insidieux. malheureux. mieux. moelleux. mucilagineux. mystérieux. preux. queux*, *m.* (*cuisinier, et pierre à aiguiser*). soupçonneux. squammeux. squirrheux. sourcilleux. yeux, ( *pl. d'œil* ). verveux *ou* verveu. vétilleux. vicieux. vieux, *et tous les adj. en* EUX, *dont le fém. est en* EUSE; *ajoutez-y les deux v.* je *ou* tu peux, *et* je *ou* tu veux; *plus, le pluriel des noms masc. en* EU; *tels sont : les* adieux, *les* aveux, *les* vœux, *etc. Exceptez-en* bleu *et* feu, *adj.* |

| | |
|---|---|
| *Suite de* EUX. | ( *défunt* ), *lesquels prennent un* s *au pluriel* : *les* bleus, *mes* feus parens. |
| ..OEU *et* OEUD. | *Un* nœud*, *des* nœuds ; *un* vœu*, *des* vœux. |
| ..OEU *intérieur dans* | Bœuf, *n. m.* cœur*, chœur ( *d'église* ); désœuvré, *adj.* désœuvrement, *m.* manœuvre*. mœuf. mœurs*, *n. f. pl.* œuvre*. *des* chefs-d'œuvre. belle-sœur. |
| ....OE *initial.* | *Voyez au son initial* OE *par* O. |
| ....EUE. | Banlieue, *n. f.* bleue, *adj. f. ma* feue grand'-mère; ( *mais on écrit sans* E : feu *ma* grand'-mère): lieue, *n. f.*, ( *espace de chemin* ); queue, *n. f.*, *ce n'est pas le* que* *conjonctif ou relatif.* |
| ...EU *par* EUR. | Monsieur *et* messieurs. |
| ....EUS. | *Cette finale n'a le son* E *muet qu'à la fin des* 2 *premières personnes de ce son dans les* 2 *v.* je *ou* tu émeus, je *ou* tu meus; ( *v.* émouvoir *et* mouvoir ). *Ajoutez-y le pl. des* 2 *mots* bleu *et* feu, *adj.* ( *défunt* ), *lesquels prennent un* s *au lieu d'un* x *au pl.* |
| ....EUT. | *Cette finale n'a le son de l'*E *muet que dans les* 5 *v.* il émeut, il meut, il peut, il pleut *et* il veut. (3e *pers. des* 5 *v.* émouvoir, mouvoir, pouvoir, pleuvoir *et* vouloir ). |
| OBSERVATIONS *sur* E *muet.* | E *muet à la fin des v. est écrit de* 4 *manières* : E, ES, ENT, EUT ; *voyez la conjugaison.* <br> E *muet termine aussi la plupart des noms et adj. au sing.* <br> *Toutefois, il y a des mots dont la terminaison a le son de l'*E *muet, sans qu'il y en ait un; on lève cette difficulté en cherchant ces mots par la prononciation de leur finale. Voyez aux finales* ACE, AQUE, OCE, OQUE, OTE, OUR, OIR, AL, EL, IL, I, ICE, IT, IX, OL, UL, EUR, AR, *etc. , suivant la difficulté; d'ailleurs voyez à l'*E *muet final, les noms fém. qui sont terminés sans* E *muet.* |
| ....EU *par* ES. | ES *muet est la finale du pl. de tous les noms et adj. dont le singulier est terminé par un* E *muet; tels sont* : *un* homme aimable, *une* femme aimable ; *pl., des* hommes aimables, *des* femmes aimables. *Il n'y a que* certes, *adv., et quelques noms d'hommes et de pays; tels sont* : Charles, démosthènes, jacques, michel-cervantes*, étampes, mantes*, malines, nantes, mézières, nîmes, rennes, rhodes, troyes (*en Champagne*), valenciennes*, versailles *et* vincennes, *qui sont invariablement terminés par* ES, *quoiqu'étant au singulier.* <br> ES *termine aussi la* 2e *pers. pl. des v. qui ne sont pas en* ES; *tels sont* : *les* 3 *v.* vous dites, vous redites *et* vous vous entredites ; *mais les* 6 *autres composés de* DIRE, *sont terminés en* RSEZ : *vous* dédisez, *vous* contredisez, *vous* interdisez, maudissez, médisez *et* prédisez. *Voyez le v.* DIRE, *ou la finale* ITES, *ou voyez les conjugaisons.* |
| ...EU *par* ENT. | ENT, *son* EU, *est la finale des v. à la* 3e *pers. du pl.; tels sont* : *ils* aiment, *ils* jugent, *ils* mangent, *etc. Voyez la conjugaison.* |
| ....EUF. | Elbeuf, *g.* éteuf, *n.* veuf *et* neuf; *mais on ne prononce pas l'*F *final dans le mot* neuf, *s'il est suivi d'un mot qui commence par une consonne; exemple* : *les* neuf grâces. |
| ....OEUF. | Bœuf. mœuf. œuf. paimbœuf, *g.* quilbœuf, *g.; mais on ne fait pas sonner l'*F *au pl. dans les deux mots* : *des* bœufs, *des* œufs. |
| ....EUIL. | Arcueil, *g.* argenteuil, *g.* auteuil, *g.* bouvreuil *n. m.* breuil, *n. m.* chèvre-feuil *ou* chèvre-feuille, *n. m. b.* deuil. écureuil. fauteuil. seuil, treuil. verneuil, *g.* |
| ...EUILLE. | *il* effeuille, *v.* feuille, *n. f.* mille-feuille, *f. b.* porte-feuille, *n. m. qu'il* veuille, *v.* |

| | |
|---|---|
| *Suite de* EUIL, *par* UEIL. | *Un* accueil. bourgueil, g. cercueil, écueil, orgueil, *m.* recueil*, *n.* |
| ....UEILLE. | *Il* accueille, *v. il* cueille, *v. il* recueille, *v.* |
| .....OEIL. | { *Un* œil, *fait au pl. les* yeux; *mais on dit des* œils-de-bœuf, (*ouvertures en rond*). œillade, *n. f.* œillet, *n. m.* œillère, *n. f.* |

| | |
|---|---|
| ....EUL. | { Aïeul, *m.* ( *pl.* aïeuls; *mais le pl.* aïeux *signifie* ancêtres). bisaïeul, *n. et adj. m.* épagneul, *n. et adj. m.* filleul, *n. m.* glaïeul, *b.* ligneul. linceul. seul, *adj. m.* tilleul , *b.* trisaïeul, *n. et adj. m.* |
| ....EULE. | { *Dans les* 9 *fém.* aïeule, bisaïeule, trisaïeule, bégueule, épagneule, éteule. filleule, gueule, meule; *plus*, veule, *adj. des* 2 *genres.* |

..EURE, *masc.*  
...EURE, *fém.*  
....EUR, *masc. et fém.*

*De nos* 788 *mots terminés en* EUR, 23 *ont un* E *muet final ; ce sont:*
1° *les* 6 *noms masculins :* beurre. babeurre. eure* ( *départ. de l'* ). feurre (*paille*). leurre*, *m.* (*tromperie*), *et* soleure, g. ;

2° *les* 6 *noms fém.* chantepleure. demeure. heure* (*de* 60 *minutes*). plateure, (*t. de mine*). seure (*ville*). la seurre*, (*riv.*); 3° *les* 11 *adj. suivans, qui ne prennent un* E *qu'au fém.; ce sont :* antérieure. citérieure. extérieure. inférieure. intérieure. une majeure. une mineure. meilleure. postérieure. supérieure *et* ultérieure.

*Tous les autres mots en* EUR, *soit masc., soit fém., sont terminés sans* E, *excepté les adjectifs auxquels on ajoute un* E *pour le féminin. On les trouve en les cherchant par leur difficulté. Toutefois les moins faciles sont :* acquéreur, *m.* aigreur, *f.* antérieur, *adj. m.* assesseur, *m.* auteur*. belle-sœur, *f.* blancheur, *f.* berceur. *m.* bonheur*, *m.* candeur. *f.* clabaudeur, *m.* chaleur, *f.* chandeleur. chou-fleur, *m.* ciseleur, *m.* clameur, *f.* cœur*, *m.* coiffeur, *m.* complimenteur, *m.* compositeur, *m.* composteur, *m.* contempteur, *m.* contrôleur, *m.* criailleur, *m.* défenseur, *m.* offenseur, *m.* dégraisseur, *m.* déshonneur, *m.* honneur, *m.* dessinateur, *m.* détenteur, *m.* dissipateur, *m.* douceur, *f.* douleur, *f.* enjoleur, *m.* envahisseur, *m.* ensorceleur, *m.* épaisseur, *f.* équateur, *m.* (*on pron.* coua). erreur, *f.* essayeur, *m.* falsificateur, *m.* farceur, *m.* fleur, *f.* ferrailleur, *m.* fossoyeur, *m.* fourreur, *m.* fureur, *f.* garnisseur, *m.* hauteur*, *f.* heur*, *m.* harangueur*, *m.* horreur, *f.* imposteur, *m.* imprimeur, *m.* ingénieur. inférieur, *adj. m.* intérieur, *adj. m.* interlocuteur, *m.* intercesseur, *m.* inventeur, *m.* jeûneur, *m.* jaugeur, *m.* langueur*, *f.* largeur, *f.* leur*, (*pron.*). liqueur, *f.* longueur, *f.* maraudeur, *m.* maigreur, *f.* majeur, *adj. m.* malheur, *m.* malfaiteur *ou* malfecteur, *m.* maréyeur, *m.* meilleur, *adj.* mineur, *m. m.* monsieur *et* messieurs, (*on n'y prononce pas l'*r). mystificateur, *m.* nourrisseur, *m.* odeur, *f.* pacificateur, *m.* payeur, *m.* pesanteur, *f.* percepteur, *m.* piailleur, *m.* placeur, *m.* plaqueur, *m.* piqueur, *m.* possesseur, *m.* prédécesseur, *m.* prévaricateur, *m.* provocateur. puanteur, *f.* quêteur, *m.* questeur, *m.* (*pro.* cuest...*) querelleur, *m.* receleur, *m.* rédempteur, *m.* restaurateur, *m.* rigueur, *f.* roideur *f.* (*pron. rai.*). rongeur, *m.* rougeur, *f.* sacrificateur, *m.* sculpteur, *m.* seigneur*, *m.* spécificateur, *m.* spéculateur, *m.* splendeur, *f.* successeur. supérieur, *m. adj. et n.* tailleur, *m.* terreur, *f.* thésauriseur, *m.* triomphateur, *m.* ultérieur, *adj. m.* usurpateur, *m.* vaccinateur, *m.* vendangeur, *m.* vendeur, *m.* vérificateur, *m.* versificateur, *m.* vidangeur, *m.* vociférateur, *m.* voyageur, *m.* et tous les autres par* EUR, *excepté les suivans :*

| | |
|---|---|
| ...OEUR. | { Cœur*, *m.* chœur, *m.* (*d'église*). sœur, *n. f.* belle-sœur, *n. f.* mœurs*, *n. f. pl.* (*on pron.* mœurce). |
| ...EUR. | { *Cette finale termine les* 4 *mots suivans :* ailleurs. d'ailleurs. pleurs, *m. pl.* plusieurs; *plus, le pl. des mots ci-dessus.* |
| ....EURT. | Heurt, *m.*, (*cahot*). il meurt*, (*v.* mourir). |

18

| | |
|---|---|
| ....EURER. | Demeurer, *v*. beurrer, *v*. leurrer, *v*. pleurer, *v*. |
| ....EURTE.<br>....EURTHE. | *Je* heurte, *tu* heurtes, *il* heurte, *ils* heurtent, (*v*. heurter). aheurter, *v*.<br>Meurthe, *n. f.*, (*riv. et départ. de ce nom*). |
| ....EUSE. | *Tous par* EUSE : macreuse. meuse, *g*. mangeuse, *adj. f.* scabieuse, *b.*<br>veilleuse, vielleuse, yeuse, *n. f. b.*, etc. *Voyez le m. en* EUR *et en* EUX. |
| ....EUVE *et*<br>EUVER. | *Il* abreuve, *v*. abreuver. abreuvoir. *qu'il* meuve, *v*. (mouvoir). *ils* peuvent,<br>(*v*. pouvoir). preuve, *n. f.* |
| ....EUVRE.<br>....OEUVRE. | Couleuvre, *n. f.* (*serpent*). couleuvrine *ou* couleuvrine, (*arme à feu*).<br>OEuvre*, *n. m. et f.* un chef-d'œuvre, des chefs-d'œuvre. *un* ma-<br>nœuvre, *m. une* manœuvre*, *n. f. un* hors-d'œuvre. *des* hors-d'œuvres. |
| ....EUX. | Hargneux. hernieux. heureux. squirrheux, etc. *Voyez à la finale* EU. |
| ....EX.<br>....EXE.<br>....AIX. | Index, *m*. gex, *g*. murex. silex, *m*. sphex. thex, *b*. vertex. vitex, *m. b.*<br>Annexe, *n. f. et v.* circonflexe, *adj.* complexe. connexe. convexe. in-<br>complexe. perplexe. sexe, *n.*, *et il* vexe, *v*.<br>Arrière-faix. aix-la-chapelle, *g*. aix (*en provence*). huile d'aix, *g*. ,<br>(*haute-vienne*); *mais on pron.* ais *dans* karaix, *g*. morlaix, *g*. rou-<br>baix, *g*. porte-faix, *et* surfaix, *n.*, (*sangle*). |
| ....EXTE. | Bissexte, *adj.* prétexte, *m*. sexte, *n. f.* texte, *n. m.* |
| ...EYER *et* AŸER. | *Voyez à la finale* AYER, *à la suite du son* AX. |

OBSERVATION *sur la lettre* F.

*La lettre* F *offre les 3 difficultés suivantes dans les mots :* F *simple*,
FF *double, et* F *par* PH. *On met* 2 F *dans les mots qui sont composés
ou dérivés de noms plus simples, dont l'initiale est en* AFF, EFF, OFF,
DIFF, SUFF *et* SOUFF; *tels sont :* inaffection *qui vient de* affecter; ineffa-
çable, *de* effacer; insuffisance, *de* suffire; *et* souffrance *de* souffrir. *On
en excepte :* afilager, *v*. afin que, afrique, *g*. africain. éfaufiler, *v*.
éfourceau, *m*. soufrière *et* soufre*, *du v.* soufrer.
*Écrivez aussi par* 2 FF *les mots suivans et leurs dérivés :*
Biffer, *v*.... bouffer, *v*... bouffi... bouffon... buffet... buffle... chauffer, *v*...
chiffonner, *v*... chiffrer, *v*... coffrer, *v*... coiffer... ébouriffer... engouffrer...
étoffer... étouffer... fieffer... gouffre. greffer, *v*. greffe*, *n. f.* griffer...
griffonner... joufflu... piaffer... piffrer... pouffer... raffermir... raffoler...
siffler... souffler... souffrir... taffetas, *n*. truffer *ou* trufer, *v*... touffe, *n. f.*
*Hors les mots ci-dessus et les* 6 *sons* AFF, EFF, OFF, DIFF, SUFF *et*
SOUFF, *écrivez par un seul* F *l'intérieur de tous les mots; tels sont :*
défendre... défenseur... défaut. défaillance. gaufrer, *etc.*, *à moins que
le mot où est la difficulté ne soit représenté par* PH; *alors voyez* PH
*intérieur, ou* PH *final à la suite des sons par* F.

| | |
|---|---|
| ....FA. | Fa, *n. m.* (4e *note de la gamme*). *il* attifa, *v*. *il* brifa, *v*. *il*<br>tarifa. |
| ....FFA. | Caffa, *g*. jaffa, *g*. *il* agraffa *ou* agrafa, *v*. *il* coiffa, *v*., etc., 3e *pers. du*<br>*prétérit défini dans les v. en* FER. *Voyez ci-après :* |
| ....PHA. | *Il* apostropha, *v*. *il* parapha. *il* philosopha. scapha, *n. m.* sopha *ou*<br>sofa, *n. m.* *il* triompha, *v*. |

| | |
|---|---|
| *Suite de* FA, *par* PHAT. | *La vallée de* josaphat. *Voyez à* PH *intérieur, après les sons par* F, *la réunion de tous les mots qui ont* PH. |
| ....FAIRE. | Affaire*, *n. f.* faire*, *v.* contrefaire, *v.* défaire, *v.* méfaire, *v.* parfaire, *v.* satisfaire, *v.* surfaire, *v.* |
| ....FER. | Fer*, *n.* enfer, *n.* et lucifer, *n.* — 4 *v. par un* F : attifer. brifer. tarifer. trufer *ou* truffer. |
| ....FFER. | 18 *verbes :* agraffer *ou* agrafer. biffer*, *v.* bouffer, *v.* chauffer. coiffer. décoiffer. dégraffer. échauffer. ébouriffer. épousser. étoffer. étouffer. fieffer. greffer, *v.* regreffer, *v.* griffer, *v.* piaffer. pouffer. réchauffer. |
| ....FÈRE. | Calorifère, *m.* célérifère, *m.* chylifère, *m.* crucifère, *adj.* la-fère, *g.* lactifère, *adj.* lanifère, *n.* mammifère, *adj. et n.* léthifère. mortifère, *adj.* planisphère, *n. m.* séminifère, *adj.* somnifère, *adj.* soporifère, *adj.* sudorifère, *adj.* thurifère, *n. m.* vélocifère, *n. m., et tous les nouveaux mots dont la finale* FÈRE *signifie qui porte ; tels sont :* accélérifère. bifère*, *adj.*, etc. *Voyez à la finale* AIR. *Ajoutez-y la* 1re *et la* 3e *pers. des v. en* FÉRER, *comme* différer, *lorsqu'ils sont terminés par ce son ; tels sont : je ou il* défère*. je ou il* diffère. *je ou il* transfère. |
| ....FERT. | *Un* transfert, *n. m. et les* 3 *participes* mésoffert, offert *et* souffert. |
| ., PHER, *verbes.* | Apostropher, *v.* parapher. philosopher. triompher. *Mais on dit* lithographier. orthographier. sténographier. |
| ....PHAIRE. | Chirographaire, (*pron.* ki ). |
| ....PHÈRE. | Atmosphère, *f.* hémisphère, *m.* planisphère, *m.* sphère, *f.* |
| ....FAIT, FET, ....FFET. | *Voyez à la finale* AI ; *mais pour* PHÉ, *Voyez ci-dessus les v. en* PHER, *ou la finale* FÉ. |
| ....FAGE. | Chauffage. |
| ....PHAGE. | Anthropophage. œsophage. icthyophage *et* sarcophage. |
| ...FAL, PHAL. | *Tous par* PHAL *et* PHALE : triomphal, *adj. m.* acéphale, *m.* bucéphale, *m.* encéphale, *m.* énomphale, *f.* ( *tumeur* ). épiplomphale, *f.* épiplosarcomphale, *f.* philosophale, *f.* |
| ....FAN. ....FENT. ....FEND. ....FAON. | *Voyez à la finale* AN, *et les homonymes au mot* FAN. |
| ....FANT. | Enfant, *n. m. et f.* infant, *m.* (infante, *f.*) *Plus, le participe des* 21 *v. ci-dessus en* FER, *dont* 18 *sont en* FFER *par* 2 F. |
| ....PHANT. | Apostrophant. éléphant, *n.* paraphant. philosophant. triomphant ; *mais on dit :* calligraphiant. lithographiant. orthographiant. |
| ....FAN *par* PHAN *intérieur.* | *Voyez la réunion des* PH. *intérieurs, après les sons par* F. |
| FAN *intérieur.* | Forfanterie, *f.* infanterie, *f.* infanticide, *adj. et n.* |
| FEN *intérieur.* | Réfendre. défendre. inoffensif. offenser, *et leurs dérivés.* |
| ....FAR. | *Voyez à la finale* AR. |
| ....PHAR. | *Voyez la réunion des* PH. *à la suite des sons par* F. |
| ....FAUT, FAUD. | *Voyez à la finale* AU ; *et, pour* PHO, *voyez* PH. |

| | |
|---|---|
| ....FAUSSE et ....FOSSE. | *Voyez à la finale* OSSE, *et les homonymes.* |
| ....FAUTE. | *Voyez à la finale* OTE. |
| ....FE et PHE. | *Voyez à la suite des finales* AF. EF. IF. OF. UF. *Mais les moins faciles par* PH *sont :* antistrophe, *f.* apostrophe, *f.* autographe. calligraphe. catastrophe, *f.* cénotaphe, *m.* christophe, *m.* épitaphe, *f.* épigraphe, *f.* limitrophe, *adj.* lithographe, *m.* orthographe, *f.* paragraphe, *m.* paraphe *ou* parafe, *m.* pasigraphe. philosophe. sténographe, *m.* strophe, *f.* tachigraphe. télégraphe, *m.* topographe. typographe. triomphe*. *Voyez les autres à* PH *intérieur.* |
| ....FÉ et PHÉ. | *Pour* PHÉ, *voyez* PH. *Les autres mots sont écrits par* FÉ, *comme* café, *n. m.* une fée, *n. f. Voyez la finale* AI ; *plus, les participes des 3 verbes en* FER, *et des 18 verbes en* FFER. *Voyez ci-dessus ces 21 v. après* FAIRE. |
| ....PHÉE. | Coryphée, *m.* morphée, *m.* céphée, *f.* orphée, *m.* trophée, *m.* ; *plus, le fém. des deux participes* apostrophé *et* paraphé, *mais* philosophé *et* triomphé *n'ont pas de fém.* |
| . ..PHER. | *Voyez ci-dessus, après la finale* FAIRE. |
| ....FI. | Bouffi, *adj. m.* défi, *n.* saisifi *ou* salsifis, *m. b.* suffi, *participe inv.* |
| ....FIE. | Bouffie, *adj. f. Ajoutez-y la* 1re *et la* 3e *pers. de ce son, dans les v. en* FIER ; *tels sont :* il se fie. il se défie. il amplifie. il crucifie. |
| ... PHIE, *fém.* | Atrophie. bibliographie. biographie. cacographie. calligraphie. chorégraphie. cosmographie. eutrophie. géographie. iconographie. ichnographie. lexigraphie. lexicographie. lithographie. orphie, *f.* orthographie, *n. f. et v.* pasigraphie. philosophie. polygraphie. psélaphie. sophie. sténographie. tachygraphie. topographie. typographie. uranographie. zoographie. |
| ....PHYE. | Aphye, *n. m.* |
| FIS et FIT. | Je fis*, tu fis, il fit, ( *v.* faire ). je suffis, tu suffis, il suffit, ( *v.* suffire ). Plus, tous les *v.* de ce son. *Voyez les conjugaisons.* |
| ....FIX. | Crucifix, *n. m.* |
| ....FI. | *Intérieur par* PH. *Voyez* PH *intérieur.* |
| ....FIC. | *Voyez à la finale* IC. |
| ...PHIQUE. | *Voyez à la finale* IC, *ou le son d'un mot de sa famille, ou le* PH. *intérieur.* |
| ....FICE. ....FISSE. | *Voyez à la finale* ICE. |
| ....FIER. | Fier*, *adj. m. et v.* fier. greffier, *n. Ajoutez-y les 62 v. en* FIER. *Les moins faciles sont :* amplifier. certifier. crucifier. diversifier. falsifier. identifier. mystifier. ossifier. pacifier. personnifier. qualifier. signifier. simplifier. spécifier. substantifier. versifier. |
| ....PHIER. | Lithographier, *v.* orthographier, *v.* sténographier, *v.* ; *mais on dit* philosopher, *v.* |
| ....FIR, PHIR. | *Voyez à la finale* IR ; *et, pour* PHIR, *voyez le* PH. *intérieur.* |
| ....FITE, PHYTE. | Néophyte *et* zoophyte. *Tous les autres noms, par* T, *comme* pierrefite, *g.* confite, *etc. Voyez la finale* ITE. |

| | |
|---|---|
| ....FIX *et* FIXE. | Préfix , *adj. m.* préfixe, *adj. f.* fixe , *adj. m. et f.* il fixe , *v. fixer.* |

| | |
|---|---|
| ...FON, FOND, ....FONDS, *etc.* | *Voyez à la finale* ON, *et aux homonymes.* |

| | |
|---|---|
| ....FOR , PHORE. | *Voyez à la finale* OR, *et aux homonymes.* |

| | |
|---|---|
| ....FOSE. | *Aucun. Voyez à la finale* OSE. |
| ....PHOSE. | Métamorphose , *n. f. et v.* |

| | |
|---|---|
| ....FFRE. | *Il* soufre, *v. souffrir.* |
| ....FRE. | Goinfre, ( *v. goinfrer* ). goufre, *n. m.* soufre, *n. m. et v.* soufrer. |
| ....PHRE *et* ....PHRER. | Camphre, *n. m.* camphrer, *v.* |

| | |
|---|---|
| ....FRÉ. ....FRAI. ....FRAIS. ....FRAIT. ....FRET. ....PHRÉ. | *Voyez à la finale* AI, *et les homonymes.* |

| | |
|---|---|
| ....FRAN. | *Voyez à la finale* AN. |

| | |
|---|---|
| ....FRER. ....FFRER. ....FRÈRE. | *Voyez après la finale* AIR , *et les homonymes.* |

| | |
|---|---|
| ....FROI *et* ....FROID. | *Voyez à la finale* OI. |

| | |
|---|---|
| ...FFU *et* FUT. | Touffu*. *Voyez à la finale* U , *et aux homonymes.* |

| | |
|---|---|
| ....FUR *et* FURE. | *Voyez à la finale* UR , *et aux homonymes.* |

## RÉUNION de tous les mots où la lettre F se rend par PH.

### F *par* PH INITIAL.

| | | |
|---|---|---|
| Phacoïde, *adj.* | Phaleuque, *adj.* | Pharmacolithe, *f.* |
| Phaéton , *m.* | Phalsbourg, *g.* | Pharmacologie , *f.* |
| Phaétuses , *n. f. pl. b.* | Phanérogame, *adj.* | Pharmacopée, *n. f.* |
| Phagédénique, *adj.* | Pharamond, *n. pr.* | Pharmacopole, *n. m.* |
| Phalange, *n. f.* | Pharaon , *n. m.* | Pharsale, *f. g.* |
| Phalanger, *n. m.* | Phare*, *n. m.* | Pharyngé, *adj.* |
| Phalangère, *n. f.* | Pharisaïque, *adj.* | Pharyngo-staphylin. |
| Phalangite, *n. m.* | Pharisaïsme, *n. m.* | Pharyngotome, *n. m.* |
| Phalangose, *n. m.* | Pharisien, *m.* | Pharyngotomie, *n. f.* |
| Phalaris, *n. m.* | Pharmaceutique, *adj.* | Pharynx, *n. m.* |
| Phalarope, *n. m.* | Pharmacie, *n. f.* | Phascolome, *m.* |
| Phalène, *n. m.* | Pharmacien, *m.* | Phase, *n. f.* |
| Phalérie, *n. f.* | Pharmacochymie, *n. f.* | Phasie, *n. f.* |

## Suite de F par PH INITIAL.

Phasme, *n. m.* ( *insecte* ).
Phasque, *m. b.*
Phatagin , *m.*
Phébé, *n. f.* ( *la lune* ).
Phébus, *n. m.*
Phellandre, *m. b.*
Phelloplastique, *n. f.*
Phène*, *f.* ( *oiseau* ).
Phénicoptère, *n. m.*
Phénigme, *n. m.*
Phénicien, *n. m.*
Phénix, *n. m.*
Phénomène, *n. m.*
Phérécrate, *n. m.*
Phialithe, *n. f.*
Philadelphie, *g.*
Philanthe, *m.*
Philanthrope, *m.*
Philanthropie, *n. f.*
Philanthropique, *adj.*
Philellène, *n. et adj.*
Philharmonique, *adj.*
Philautie, *n. f.* (*cie*).
Philippe, *n. m.*
Philippeville, *g.*
Philippines, *n. f. pl. g.*
Philippique, *n. f.*
Philistin, *n. m.*
Phillyrée, *f. b.*
Philologie, *n. f.*
Philologique, *adj.*
Philologue, *m,*
Philomatique, *adj.*
Philomèle, *n. f.*
Philosophale, *adj. f.*
Philosophe, *n. et adj.*
Philosopher, *v.*

Philosophie, *n. f.*
Philosophique, *adj.*
Philosophisme, *n. m.*
Philotechnique, *adj.*
Philtre, *m.* ( *breuvage* ).
phlasme *ou* phlasis, *m.*
Phlébographie.
Phlébotome, *n. m.*
Phlébotomie, *n. f.*
Phlébotomiser, *v.*
Phlébotomiste, *m.*
Phlégéton, *m. g.*
Phlegmasie, *n. f.*
Phlegmatique, *adj.*
*ou* flegmatique.
Phlogistique, *n. m.*
Phlogose, *n. f.*
Phlomis, *m. b.*
Phloscope, *n. m.*
Phlyctène, *n. f.*
Phœnicure, *n. m.*
Pholade, *n. m.*
Phonascie, *n. f.*
Phonomètre, *n. m.*
Phoque, *n. m.*
Phosphate, *n. m.*
Phosphite, *n. m.*
Phosphore, *n. m.*
Phosphorescence, *n. f.*
Phosphoreux, *adj.*
Phosphorique, *adj.*
Phosphure, *n. m.*
Photomètre, *m.*
Phrase*, *n. f.*
Phraser*, *v.*
Praséologie, *n. f.*
Phrasier, *n. m.*

Phrygane, *n. f.*
Phrygie, *f. g.*
Phrygien, *n. m.*
Phtisie *ou* phthisie, *f.*
Phthiriase, *n. f.*
Phthisiologie, *n. f.*
Phthisique, *adj.*
Phygéthlon, *n. m.*
Phyllanthe. *m. b.*
Phyllie, *n. f.*
Phyllis. *n. f. b.*
Phyllopodes, *m. pl.*
Phyllostome, *n. m.*
Phyma, *n. m.*
Physale, *n. f.*
Physalie, *n. f.*
Physcocéphale, *n. m.*
Physétère, *n. m.*
Physicien, *m.*
Physico-mathématique.
Physiognomonie, *n. f.*...
Physiographie, *n. f.*
Physiologie, *n. f.*
Physiologique, *adj.*
Physiologiste, *n. m.*
Physionomie, *n. f.*
Physionomiste, *adj.*
Physionotrace, *n. m.*
Physique, *n. et adj.*
Physiquement, *adv.*
Physocèle, *n. f.*
Physophore, *n. m.*
Phytolithe, *n. f.*
Phytologie, *n. f.*
Phytotome, *n. m.*

## F par PH INTÉRIEUR ET FINAL.

Acanthophage, *n. et adj.*
Acéphale, *adj.*
Acridophage, *adj.*
Adénographie, *n. f.*
Adolphe, *n. pr. m.*
Alexipharmaque.
Alphabet, *n. m.*
Alphabétique, *adj.*...
Alphée, *n. m. g.*
Alphonse, *n. pr. m.*
Amphibie, *n. et adj.*
Amphibologie, *n. f.*
Amphibologique, *adj.*

Amphictyons, *n. m. pl.*
Amphigouri, *n. m.*
Amphisciens, *n. pl.*
Amphithéâtre, *n. m.*
Amphitrion, *n. m.*
Amphitrite, *n. f.*
Amphore, *n. f.*
Anaphore, *n. f.*
Anaphyse, *n.*
Antiméphytique, *adj.*
Antiphonaire, *m.*
Antiphonie, *n. f.*
Antiphrase, *n. f.*

Anthropophage.
Antiphlogistique.
Antisiphylitique.
Antistrophe, *n. f.*
Aphélie, *n. f.*
Aphérèse, *n. f.*
Aphis, *m.* ( *insecte* ).
Aphonie, *n. f.*
Aphorisme, *n. m.*...
Aphrodisiaque, *adj.*
Aphrodite, *adj. et n.*
Aphronatron, *m. sel mural.*
Aphte *ou* aphthe, *n. m.*

## Suite de F par PH INTÉRIEUR ET FINAL.

Aphylle, *adj. b. (ile).*
Aphytée, *n. f. b.*
Apocryphe, *adj.*
Apophyge, *n. f.*
Apophyse, *n. f.*
Apophyllite, *n. f.*
Apophtegme, *m.*
Apostrophe, *n. f.*
Apostropher, *v.*
Aristophane, *n. pr.*
Asphalite, *n. m.*
Asphalte, *n. m.*
Asphodèle, *n. m.*
Asphyxie, *n. f.*
Asphyxier, *v.*
Atmosphère, *n. f.*
Atmosphérique, *adj.*
Atrophie, *n. f.*

Bellérophon, *n. pr.*
Bibliographe, *m.*
Bibliographie, *n. f.*
Bibliophile, *n. et adj.*
Biographe, *n. m.*
Biographie, *n. f.*
Biographique, *adj.*
Blasphême, *n. m.*
Blasphêmer, *v.*
Blasphêmateur, *m.*
Blépharique, *adj.*
Bosphore, *m. g.*
Bucéphale, *n. m.*

Cacographie, *n. f.*
Cacophonie, *n. f.*
Caïphe, *n. m.*
Calligraphe, *n.*
Calligraphie, *n. f.*
Calligraphier, *v.*
Camphre, *n. m.*
Capharnaon, *g.*
Catastrophe, *n. f.*
Cénotaphe, *n. m.*
Céphale, *m.*
Céphalique, *adj.*
Céphalalgie, *n. f.*
Céphalogie, *n. f.*
Céphalotomie, *n. f.*
Céphée, *n. f.*
Chirographaire ( ki ).
Chorégraphe, *m.* (ko).
Chorégraphie, *n. f.* ( ko ).
Christophe, *n. m.*

Colophane, *n. f.*
Coryphée, *n. m.*
Cosmographie. *f.*
Crotaphite, *adj.*


Daphné, *n. f.*
Dauphin, *n. m.*
Dauphine, *n. f.*
Dauphiné, *g.*
Delphes, *g.*
Delphine, *n. f.*
Diaphane, *adj.*
Diaphénie, *n. f.*
Diaphorétique, *adj.*
Diaphragmatique.
Diaphragme, *n. m.*
Diphthongue, *n. f.*


Éléphant, *n. m.*
Éléphantin, *n. m.*
Éléphantiasis, *n. f.*
Emphase, *n. f.*
Emphatique, *adj...*
Emphysémateux, *adj.*
Emphractique, *adj.*
Emphysème, *n. f.*
Emphytéose, *n. f.*
Emphytéote, *n. et adj.*
Emphytéotique, *adj.*
Encéphale, *adj.*
Entomophage, *adj.*
OEsophage, *n. m.*
Éphèbe, ( *pubère* ).
Éphèdre, *n. m. b.*
Éphélides, *n. f. pl.*
Éphémère, *adj.*
Éphémérides, *n. m. pl.*
Éphèse, *g.*
Éphialte, *n. m.*
Éphidrose, *n. f.*
Éphippium, *m.*
Éphod, *n. m.*
Éphores, *n. m. pl.*
Épigraphe, *n. f.*
Épiphanie, *n. f.*
Épiphénomène, *n. m.*
Épiphyse, *n. f.*
Épiphonème, *n. m.*
Épiphore, *n. f.*
Épiplomphale, *n. f.*
Épistaphylins, *m. pl.*
Épitaphe, *n. f.*
Euphémie, *n. f.*

Euphémisme, *n. m.*
Euphonie, *n. f.*
Euphonique, *adj.*
Euphorbe, *n. m.*
Euphrate, *m. g.*
Euphrosine, *n. f.*
Exomphale, *n. f.*
Exophtalmie, *n. f.*


Galactophage, *n. et adj.*
Galactophore, *adj.*
Graphie, *n. f.*
Graphique, *adj. et tous les composés de* GRAPHE.
Géographie, *n. f.*
Géographe, *m.,* etc.
Graphomètre, *m.*


Hématomphalocèle, *n. f.*
Hémisphère, *n. m.*
Hermaphrodite, *adj.*
Hétérophylle, *adj. m. b. (ile).*
Hiérophante, *n. m.*
Héxaphylle, *adj. ( ile ).*
Hiéroglyphie, *n. f.*
Hiéroglyphique, *adj.*
Holopherne, *n. pr. m.*
Homophage, *n. m.*
Homophonie, *n. f.*
Hydrocéphale, *n. f.*
Hydrographique, *adj....*
Hydrophobie, *n. f.*
Hydromphale, *n. f.*
Hydrophobe, *adj.*
Hydrophtalmie, *n. f.*


Ichnographie, *n. f.*
Iconographie, *n. f.*
Ichtyophage, *n. et adj.*
Iphigénie, *n. pr. f.*


Japhet, *n. pr. m.*
Joseph, *n. pr. m.*
Josaphat, *g.*


Kératophillon, *m. b.*


Leucophlegmatie, *n. f.*
Lexigraphie, *n. f.*
Limitrophe, *adj.*
Lithographiant.
Lithographier, *v.*
Lithographie, *n. f.*

*Suite de* **F** *par* **PH** INTÉRIEUR ET FINAL.

Lithophage, *n. m.*
Lithophanie, *n. f.*
Logogriphe, *n. m.*
Logographique, *adj.*
Lymphatique, *adj.*
Lymphe, *n. f.*

Méphytique, *adj.*
Méphytisme, *n. m.*
Métamorphose, *n. f.*
Métamorphoser, *v.*
Métaphore, *n. f.*
Métaphrase, *n. f.*
Métaphysique.
Métapyhsicien, *m.*
Monophylle, *adj. (ile).*
Morphée, *n. m.*
Morphine, *n. f. b.*

Naphte, *n. f.*
Nénuphar, *n. m.*
Néographisme, *n. m.*
Néographie, *n. f.*
Néophyte, *n. et adj.*
Néphralgie, *n. f.*
Néphrétique, *adj.*
Néphrotomie, *n. f.*
Nephthali, *n. m.*
Nymphe, *n. f.*
Nymphomanie, *n. f.*

Omphale, *n. f.*
OEsophage, *n. m.*
Omphalocèle, *n. f.*
Omphalode, *n. m.*
Ophite, *n. m.*
Ophtalgie, *n. f.*
Ophthalmie, *n. f.*
Ophthalmographie, *f.*
Ophthalmologie, *n. f.*
Orphée, *n. m.*
Orphelin, *e, adj.*
Orphie, *n. f.*
Orthographe, *n. f.*
Orthographiant.
Orthographie, *n. f.*
Orthographier, *v.*
Orthographique, *adj.*
Orthographiste, *n.*

Pamphile, *n. m.*
Pamphlet, *n. m.*
Pamphlétier, *n. m.*

Pamphylie, *n. f.*
Paphos, *g.*
Paragraphe, *n. m.*
Paranymphe, *n. m.*
Paraphe *ou* parafe, *m.*
Parapher *ou* parafer, *v.*
Paraphernal, *adj.*
Paraphernaux. *m. pl.*
Paraphrase, *n. f.*
Paraphraseur, *m.*
Paraphrénésie, *n. f.*
Pasigraphie, *n. f.*
Pentaphylle, *adj. (il).*
Périphérie, *n. f.*
Périphrase, *n. f.*
Pétropharyngien, *m.*
Philadelphe, *m.*
Philanthrope, *adj...*
Philosophe.
Philosophie, *n. f.*
Philosopher, *v.*
Phosphate.
Phosphore....
Phosphorique, *adj.*
Planisphère, *m.*
Poliphème, *n. pr.*
Porphire, *m.*
Prophète, *m.*
Prophétesse, *f.*
Prophétie, *n. f. (cie).*
Prophétique, *adj.*
Prophétiser, *v.*
Prophilactique, *adj.*
Prophylaxie, *n. f.*
Psélaphie, *n. f.*
Psorophthalmie, *n. f.*
Putiphar, *n. pr.*
Pyrophane, *adj.*
Pyrophore, *n. f.*

Quadriphylle, *adj. (ile).*

Raphaël, *n. pr. m.*
Raphé, *m. ( t. d'anat. ).*
Rhypographe, *n. m.*

Saphène, *n. f.*
Saphir, *n. m.*
Sapho *ou* saphos, *n. f.*
Saphique, *adj.*
Sarcophage, *n. m.*
Scapha, *n. m.*
Scaphoïde, *adj.*

Scaphandre, *m.*
Scrophuleux, *ou*
Scrofuleux, *adj. m.*
Séraphin, *n.*
Séraphique, *adj.*
Siphon, *m. ( tuyau ).*
Sopha *ou* sofa, *m.*
Sophie, *n. pr. f.*
Sophisme, *n. m.*
Sophiste, *n. m.*
Sophistiquer, *v.*
Sphacèle, *n. m.*
Sphax, *n. m.*
Sphénoïde, *n. m.*
Sphénoïdal, *adj. m.*
Sphère, *n. f.*
Sphéranthe, *n. f. b.*
Sphéricité, *n. f.*
Sphérique, *adj.*
Sphéristique, *adj.*
Sphérocarpe, *n. m.*
Sphéroïdal, *adj. m.*
Sphéroïde, *n. m.*
Sphérome, *n. m.*
Sphex, *n. m.*
Sphinx, *n. m.*
Staphyle, *n. f. ( luette ).*
Staphylin, *adj. m.*
Staphylôme, *n. m.*
Staphisaigre, *n. f. b,*
Sténographe, *m.*
Sténographiant.
Sténographier, *v.*
Sténographie, *n. f.*
Strophe, *n. f.*
Sycophante, *n. m.*
Sylphide, *n. f.*
Symphise, *n. f.*
Symphonie, *n. f.*
Synalèphe, *n. f.*
Syphax, *n. m.*

Tachygraphe, *n. m.*
Tachygraphie, *n. f...*
Taphien, *n. m.*
Télèphe, *n. pr. m.*
Téléphore, *n. m.*
Télégraphe, *n. m.*
Télégraphique, *adj.*
Théophilanthrope.
Théophilanthropie, *n. f.*
Théophile, *n. pr. m.*
Topographie, *n. f.*

### Suite de **F** par **PH** INTÉRIEUR ET FINAL.

| | | |
|---|---|---|
| Topographique, *adj.* | Typhus, *n. m.* | Xérophagie, *n. f.* |
| Triomphateur, *n. m.* | Typhon, *n. m.* | Xérophthalmie, *n. f.* |
| Triompher, *v...* | Typographe, *n. m.* | Xiphoïde, *adj. m.* |
| Triphane, *adj. m.* | Typographie, *n. f.* | Zaphar, *n. m.* |
| Triphylle, *adj.* ( *il* ). | Typographique, *adj.* | Zéphir*, *n. m.* ( *vent* ). |
| Triphthongue, *n. f.* | Tyromorphite, *n. f.* | Zéphyre, *n. m.* ( *fabul.* ). |
| Trophée, *n. m.* | Uranographie, *n. f.* | Zoographie, *n. f.* |
| Typhode, *adj.* | | Zoophorique, *adj...* |
| Typhomanie, *n. f.* | Westphalie, *n. f. g.* | Zoophyte, *n. m.* |

**FINALES.**

---

**....G.** — *On sait que le* G *devant* A, O, U, *fait prononcer rudement les syllabes, comme dans* gala. gogo. goguette. guitare. orgueil, *etc.; mais que, pour donner au* G *le son doux du* J, *on est convenu de mettre un* E *entre le* G *et* A, O, U, *comme dans* mangea, pigeon, rongeur, *etc.*
*Voyons maintenant les circonstances difficiles où le* G *ne peut être remplacé par un* J :

**Emploi du G.** — 1° *Écrivez par* G *tous les mots qui commencent par* GI, *comme* giroflée. girouette. gimblette, *etc., ou qui, finissant par* GÉ, GENT* *et* GENCE, *dérivent des v. terminés en* GER, GIR, GÉRER *et* GENDRER, *comme dans* jugement (*de* juger), agent (*de* agir), *et* suggestion (*de* suggérer).

**Emploi du J.** — 2° *Écrivez par* J *tous les mots qui dérivent ou de l'un des six v.* jaser, jouer, jouir, joindre, jeter *et* assujétir; *tels sont :* abject, objet, sujet, sujétion, trajet, conjecture, adjoint, déjection, injection *et* assujétissement; *ou de l'un des 5 mots :* jambe, jarret, jeune*, *n. m.* majeur *et* majesté. *Voici tous les mots par* J, *qui ne dérivent pas des 5 mots ci-dessus par* J : cucuje (*insecte*), je (*moi*), jaunisse, jéhovah, jéricho, g. jersey, g. jérusalem, g. jésabet, *n. pr.* jeudi. jésus. jésuite. jérémiade, *n. f.* jocko. jujube. mijaurée, *n. f.* mijoter, *etc. On les trouve tous au* J *initial et au* J *médial, suivant la place de la difficulté. Voyez aussi les homonymes, aux 2 mots* jais *et* jean.

---

**...G final.** — Berg, g. berg-op-zoom, g. *et autres villes en* berg; bourg, g. Augsbourg, g. hambourg, g. *et autres villes en* bourg; Bokking, *adj.* (*t. de commerce, se dit des harengs salés et fumés*). calembourg. *n. m.* coing*, *n. m.* doigt*, *n. m.* (*de* doigter, *v.*). étang*, *n. m.* faubourg, *n. m.* ginseng, *m. b.* hareng*, *n. m.* joug*, *n. m.* legs*, *n. m.* loing* (*rivière*). long*, *adj. m.* marboroug, *n. pr.* oblong, *adj. m.* orang-outang, *n. m.* parpaing, *n. m.* (*pierre*). poing*, *n. m.* pouding*, *n. m.* rang*, *n. m.* sang*, *m.* schelling, *n. m.* seing*, *n. m.* et sous-seing. sterling, *n. m.* vingt*. vieux-oing*, *m.* young, *n. pr.* et zig-zag. *inv.*; *mais, si l'on ne fait qu'un mot de* zigzag, *on y ajoute un* s *au pluriel.*

**...GG intérieur.** — Agglomération, *n. f.* agglomérer, *v.* agglutiner, *v.* agglutination. aggravant. aggrave, *n. m.* aggraver *ou* agraver, *v.* couagga, *n. m.* suggérer, *v.* suggestion*, *n. f.*, *et leurs dérivés.*

---

**....GA.** — Aga, *n. m.* couagga. malaga, g. riga, g. volga, g. *Plus, écrivez par* GA, *dans tous les mots de ce son dur; tels sont :* allégation, *n. f.* délégation, *n. f.* langage, *n. m.* longanimité, *n. f.* obligation, *n. f.* régaler, *v.*, *etc., excepté dans la conjug. des v. en* GUER, *comme* alléguer. *On y écrit* gua. *Voyez la conjugaison.*

| | |
|---|---|
| *Suite de* GA *par* ....GAT. | { Agrégat, *n. m.* dégât, *n. m.* interrogat, *n. m.* légat*, *n. m.* nougat, *n. m.* renégat, *n. m.* seringat*, *m. b.* |
| ....GUAS *et* GUA. | { *Tu* alléguas, *il* allégua, 2e *et* 3e *personne du prétérit dans les* 115 *v. en* GUER, *comme* alléguer. (*Voyez à la finale* GUER.) |
| ....guât. | 3e *pers. dans le subj. des* 115 *v. en* GUER. |

..GEA, *son doux.*   *Voyez à la finale* GEA *ou* JA.

....GABLE.     Infatigable, *adj.* navigable, *adj., et tous les autres mots de ce son.*

| | |
|---|---|
| ....GAI *dur.* | *Voyez les homonymes, au mot* GAI, *et la finale* AI, *pour les autres mots.* |
| .GEAI, *son doux.* | JET. *Voyez les homonymes, au mot* J'AI, *et la finale* AI. |
| ....GUAY. | *Voyez à la finale* AI. |
| ....GUAI, ....GUAIS, *etc.* | { *Finales dans l'imparfait et dans le prétérit des* 115 *verbes ci-dessous en* GUER. |
| ....GUER. | { *Finale de l'infinitif des* 115 *v. en* GUER, *comme* alléguer, baguer*, droguer*. (*Voyez la finale* GUER *à la suite de* GUE, *et les homonymes, au mot* GAI.) |
| ....GUÉ, GUÉE. | { *Finales du participe passé des* 115 *verbes ci-dessus en* GUER. *Voyez aussi les homonymes.* |
| ....GUET. | *Voyez à la suite de la finale* AI. |
| ....GUIER. | Baguier*, *n. m.* droguier*, *n. m.* figuier, *n. m. b.* |

....GAISON.     Cargaison, *n. f.* conjugaison, *n. f.* harengaison, *n. f.*

| | |
|---|---|
| ...GAN *et* GAND. | *Voyez les homonymes au mot* GANT, *ou voyez à la finale* AN. |
| ....GUENT. | Onguent, *n. m.* |
| ....GUANT. | { *Finale du participe présent des* 115 *v. en* GUER, *comme* alléguant, (*v.* alléguer). briguant*, (*v.* briguer); *mais ne confondez pas les participes en* GUANT *avec les* 11 *mots suivans en* GANT *sans* U : |
| ....GANT. | { GANT, *sans* U, *dans un* arrogant*. un brigand*, *n.* élégant. un extravagant*. fatigant*, *adj.* fringant*. gant*, *n. m.* interrogant*. un intrigant. litigant et suffragant. |

| | |
|---|---|
| ....GATEUR, GATIF, GATION. | { *Terminez sans* U *tous les mots qui finissent par l'une de ces trois finales.* (*Voyez les finales* EUR, IF *et* SION.) |

....GE *et* GÉ.     *Voyez après la finale* GEANT.

| | |
|---|---|
| ....GEA. ....GEAS. ....geât. | { *Finales dans les* 158 *v. en* GER : *il* jugea, *tu* jugeas; *subj. qu'il* jugeât. *tu* mangeas, *il* mangea; *subj. qu'il* mangeât. (*Voyez la conjug. des v. en* GER.) |
| ....GEAT. | Abigeat, *n. m.* orangeat, *n. m.* orgeat, *n. m.* |
| ....JA, JAT. | *Voyez à la finale* A, *ou à la finale* JA *par un* J. |

| | |
|---|---|
| ....GEANT. | { *Finale du participe présent dans les* 158 *v. en* GER ; *tels sont* jugeant, mangeant, *etc., dans les v.* juger, manger, *etc. Voyez ces v. à la finale* GER. *Du reste, voyez la finale* AN, *et les homonymes, aux* 2 *mots* gent *et* négligent. |
| ....GENT. | { La gent moutonnière. ces bonnes gens. ces gens sont bons. abstergent. agent*, *n. m.* argent, *n. m.* argenterie, *n. f.* astringent, *n. et adj.* contingent, *n. m.* convergent, *adj.* détergent. diligent*, *adj.* divergent, *adj.* émergent, *adj.* émulgent, entregent*, *n. m.* indigent, *n. et adj.* indulgent. intelligent. négligent*, *adj.* régent, *n. m.* réfringent, *adj.* restringent, *adj.* sergent, *n. m.* sergent-major, *n. m.* |
| JAN, JEAN, J'EN. | *Voyez les homonymes et la lettre initiale* J, *ou la finale* AN. |

| | |
|---|---|
| ...GE, JE, JEU. | *Excepté* cucuje, *m.* (*insecte*), je (*moi*), *et les deux noms* jeu *et* enjeu, *tous les autres mots de ce son final sont terminés avec un* G, *comme dans* âge, *n. m.* bailliage. concierge. juge, *n. m.* litharge, *n. f.* prodige, *n. m.* village, *n. m., etc. Du reste, voyez à la finale* G *la manière de distinguer le* G *du* J *dans l'intérieur de tous les mots ; ou voyez les finales* AGE, AI-JE, ANGE, AUGE, *etc., suivant la difficulté.* |
| ....GEUX. | Avantageux, *adj.* courageux, *adj.* ombrageux, *adj., et tous les adj. m. dont le fém. est en* geuse. *Voyez* EUX *et* EUSE. |
| ....GÉ. | Congé, *n. m.* hommagé*, *adj. m. et* usagé, *adj. m. Ajoutez-y les participes m. en* GÉ, *des v. en* GER, *comme* obligé (*du v.* obliger). |
| ....GÉE. | Apogée, *n. m.* périgée, *n. m.; les autres mots sont fém. Voyez le participe des v. en* GER. |
| ....GER, *noms et adj.* | Alger, *g.* berger, *n. m.* boulanger, *m.* danger, *n.* étranger, *n. m. et adj. des* garde-manger, *m. inv.* hommager*, *n.* horloger, imager, *n.* léger, *adj. m.* lignager, *n. et adj. m.* linger, *n. m.* ménager, *n. m., adj. et v.* mensonger, *adj.* messager, *n. m.* oranger, *n. m. b.* passager, *n. et adj.* péager, *n. et adj.* potager, *n. et adj.* verger, *n. m.* usager, *adj.; leur fém. prend un* E, *comme dans* boulangère, ménagère. (*Voyez la finale* AIR.) |
| ...GER, *verbes.* | *Les* 158 *v. en* GER *ont un* G *; les moins faciles sont :* abréger, *v.* abroger, *v.* adjuger. affliger. alleger. allonger *ou* alonger, arranger*, *v.* arroger. assiéger. avantager. corriger. dédommager. déménager. désenger. emménager. endommager. fourrager. gager. jauger. juger. interroger. manger, *n. et v.* mélanger, *v.* neiger. obliger. pacager. patauger. plonger. rallonger. ranger. saccager. siéger. transiger. vendanger. venger. vidanger *et* voyager. |
| ...GÈRE *et* GERS. | *Excepté* gers, *g., tous les noms de ce son final sont terminés en* GÈRE *par un* E, *comme une* étrangère, *une* harengère, orangère *et* mégère. (*Voyez la finale* AIR.) |
| ..GEAIS, GEAIT. | *Finales dans les* 158 *verbes ci-dessus en* GER. *Voyez-en la conjugaison et les homonymes.* |
| ....GET. | Auget, *n. m.* budget, *n. m.* rouget, *n. m.* |
| ....JET. | Objet, *n. m.* jet*, *n. m.* jet-d'eau. projet, *m.* rejet, *n. m.* sujet, *n. m. et adj.* surjet, *m.* taujet, *n. m.* trajet, *n. m.* (*Voyez les homonymes au mot* JAIS.) |
| ....JECT. | Abject, *adj. m.; prononcez-le comme son fém.* abjecte. |
| ....GEAISON. | Démangeaison. harengeaison, *et mieux* harengaison (*du hareng*). |
| ....GEANCE. ....GENCE. | *Voyez à la finale* ANCE, *pour ne plus nous répéter.* |
| ...GEOIS. | *Voyez à la finale* OI, *et les homonymes au mot* JOIE. |
| ....GEOIR. | *Un* bougeoir. *un* égrugeoir. *une* saugeoire, *etc. Voyez à la finale* OIR. |
| ....GEON. ....GEONS. | *Voyez à la finale* JON *par un* J, *comme dans* Dijon. |
| ...GEOT. ....GEAU. | *Voyez à la finale* AU *pour les finales, et à l'initiale* GEO *pour les initiales.* |

....GÉRER *et*  { *Tous les composés de* GÉRER *sont avec un seul* G, *excepté* suggérer, *v.*,
....GESTIF.  { *et* suggestion, *n. f., qui ont deux* G.

....GESTION.  { *Les dérivés du v.* gérer : digestion, *n. f.* gestion, *n. f.* indigestion, *n. f. et*
  { suggestion, *n. f.*
....JÉTION.  Sujétion, *n. f. dérivé de sujet, prononcez* SION.
....JECTION.  { *Dérivé de* jeter, *dans les* 6 *noms :* abjection, *n. f.* déjection, *f.* indéjec-
  { tion, *f.* injection, *f.* objection, projection, *f.*

....GEUR *et*  { *Excepté l'adj.* majeur, *m.* (majeure, *f.*), *qui a un* J, *et dont le fém. est*
....JEUR.  { *terminé par un* E, *les autres mots de ce son final sont par un* G, *et*
  { *sans* E *final; tels sont :* chargeur. fourrageur. gageur. grugeur. jaugeur.
  { logeur. louangeur. mangeur. nageur. pataugeur. rongeur. rougeur, *n. f.*
  { vendangeur. vengeur. vidangeur. voyageur, *etc.*

...GEURE, *son*  { *Aucun mot de cette finale commençant par* G *ne se prononce en* EURE,
  JURE.  { *mais bien en* URE; *tels sont :* chargeure (*t. de blason*), égrugeure, *n. f.*
  { envergeure, *n. f.* (envergure, *t. de mar.*). gageure, *n. f.* mangeure,
  { *n. f.* rongeure, *f., et* vergeure, *n. f.*
....JURE.  { JURE *est la finale des mots composés du v.* jurer; *ce sont : il* abjure,
  { *il* adjure. *il* conjure. *il* jure. parjure, *n. adj. et v.*

....GEUSE.  { Chargeuse, *n. f.* gageuse, *f.* mangeuse, *f., et tous les fém. de ce son final.*
  { *Aucun n'est par un* J.

...GI, GIE,  { *Voyez à la finale* I. *Remarquez toutefois que* GI *termine les mots*
....GIS, GIT.  { *masc., et que* GIE *termine tous les fém. ; tels sont :* la battologie, la
  { pathologie, chirurgie, effigie, hémorrhagie, léthargie, orgie, zoologie, *etc.*

....GIEUX.  { Contagieux, *adj. m.* irréligieux, *adj. m.* litigieux, *adj. m.* prodigieux,
  { *adj.* religieux, *n. et adj.* spongieux, *adj. m.*
....GIEUSE.  { Contagieuse, *adj. f.* irréligieuse, *adj. f.* religieuse, *n. et adj. f.* pro-
  { digieuse, *etc.*

....GISSE.  *Voyez à la finale* ICE.

....GN, *son dur*  { *On prononce* GUE *la lettre* G, *lorsqu'elle est suivie de* N, *comme dans*
  *intérieur.*  { agnat (*pron.* aguenat). agnation. agnatique. agnus. cognat, *n.* diagnosti-
  { que. gnome. gnostique. igné. ignicole. ignition. inexpugnable. récogni-
  { tif. régnicole. stagnant. stagnation. stagner. GN *est mouillé ou doux,*
  { *dans tous les autres mots, comme dans* agneau, ignare, ignominieux,
  { magnanime, magnifique, compagnie, compagnon, *etc.*

.GNA, *son doux.*  { *Il* accompagna, *v., etc.* (GNA *doux est toujours sans* I, *comme dans*
  { *les v. ci-dessous en* GNER, *et dans leurs dérivés*).
..GNAT, *son doux.*  *Un* assignat. *un* auvergnat*. agnat, *n. m.* (*pron.* ague-nat).

..GNABLE, *son doux.* Assignable, *adj.* contraignable, *adj.* impréguable, *adj.*
...GNABLE, *son dur.* Expugnable, *adj.* inexpugnable, *adj.*

....GNEAU.  Agneau, (*pron.* a-gniau). *Voyez à la finale* AU.

...GNE, *doux.*  { Allemagne, *g.* auvergne, *g.* besogne, *f.* borgne, *adj.* bourgogne, *g.* ci-
  { gogne, *n. f.* gascogne, *g.* ivrogne, *adj.* signe*, *m.* trogne, *n. f.* ver-
  { gogne, *n. f., et tous les autres; on les trouve par leur difficulté.*

| | |
|---|---|
| ...GNÉ *et* GNER, *g doux.* | Accompagner, *v.* assigner, *v.* baigner. barguigner. coguer*, *v.* consigner. daigner. dédaigner. dessaigner ( *les cuirs* ). éloigner. empoigner. enseigner. épargner. flâgner, (*pron.* flâner, *niaiser* ). gagner. guigner*, *v.* hogner. imprégner. peigner. régner. ressaigner. saigner. signer. soigner. soussigner, *et tous les autres v. en* GNER ; *ils ont le participe en* GNÉ. |
| ...GNER, *g dur.* | Stagner, *v.* ( *en stagnation*, *être stagnant* ). |

| | |
|---|---|
| ....GNIER. | Guignier, *n. m.* ( *arbre à guignes* ). |
| ..NIER *et* NNIER. | Sans G. *Voyez à la finale* NNIER *les mots de ce son, qui ont deux* N. |
| ....GNET. | *Voyez à la suite de la finale* AI, *comme dans* beignet, *n. m.* |
| ..GNET, *son* NET. | *Dans* signet, *n. m.* ( *petit ruban, pron.* sinet ). |

| | |
|---|---|
| ....GNEUR. | Baigneur, *n. m.* barguigneur, *n. m.* flâgneur, *m.* (*pron.* flâneur). gagneur, *m.* grogneur, *m.* lorgneur. peigneur. saigneur ( *celui qui saigne*). seigneur, monseigneur. |
| ....GNEUX. | *La finale* GNEUX *par* G *n'a pas d'*I : cagneux, *adj.* dédaigneux, *adj.* grogneux. hargueux. ligneux. rogneux. saigneux. soigneux. teigneux, *et* vergogneux. |
| ....NIEUX. | *La finale* NIEUX *avec un* I *n'a pas de* G ; *tels sont :* harmonieux, hernieux, ignominieux, parcimonieux, sanieux. |

| | |
|---|---|
| ....GNON. | Avignon, *g.* bourguignon. brugnon, *n. m.* champignon, *n. m.* chignon. compagnon, *n. m.* grognon, *n. et adj.* lumignon, *n. m.* maquignon, *n. m.* mignon, *adj.* moignon, *n. m.* oignon *ou* ognon, *n. m.* pagnon, ( *drap* ). pignon, *n. m.* rognon, *n.* tignon, *n.* |
| ....GNONS. | *Finale de ce son dans les v. en* INDRE *et en* GNER, *à la* Ire *pers. du pl. au présent et à l'impératif; tels sont :* nous craignons, nous feignons; peignons. saignons. signons. *Voyez* GNER, *ou voyez les conjugaisons de ces verbes.* |
| ....GNIONS. | GNIONS, *avec un* I, *indique la* Ire *pers. dans l'imparfait de l'indic. et dans le prés. du subj. des verbes en* INDRE *et en* GNER. *Voyez la conjugaison.* |
| ....NION. | Opinion, *n. f.* communion, *n. f.* union, *n. f.*, *etc.* |

| | |
|---|---|
| ..GAU, GO, GOT. | *Voyez à la finale* AU. |

| | |
|---|---|
| ....GON. | Arpagon. arragon, *g.* dragon, *n. m.* estragon, *n. m. b.* jargon, *m.* parangon, *n. m.*, *etc. Voyez à la finale* ON. |
| ....GOND. | Gond, *n. m.* ( *de fer* ). |
| ..GOND, *par* C. | *Dans* facond, *adj.* fécond, *adj.* second, *adj.*, *et* secondement, *adv.* |

| | |
|---|---|
| ....GONDE. | Gonde, *n. f.* ( *sorte de muid*). cunégonde, *n. f.* frédégonde, *n. f.* radégonde, *n. f.* |
| ..GONDE, *par* C. | *Dans* faconde, *adj. f.* féconde, *adj. f.* golconde, *g.* joconde, *n. m.*, *et* seconde, *f.* il me seconde ( *v.* seconder* ). |

| | |
|---|---|
| ....GRA, GRÉ, GRI, GRO, GRU. | *Voyez suivant les finales* A, E, I, O, U. |
| | *Nota. Ne confondez pas le* G *avec le* C, *dans* secret, *n. m.* secrétaire, *n. m.* secrétariat, *n. m.* |

| | |
|---|---|
| ....GU. | Aigu, *adj. m.* ambigu, *n. et adj.* bégu, *m.* contigu, *adj. m.* exigu, *m.* pégu, *g.* |
| ....GUË. | *Avec* 2 *points sur l'*ë, *dans les fém. :* aiguë, *adj. f.* ambiguë, *adj.* béguë, *adj.* besaiguë, *n.* ciguë, *n.* contiguë, *adj.* exiguë, *adj.*, *et dans* j'arguë, *tu* arguës, *il* arguë, *ils* arguënt ( *v.* arguer ). |

| ....GUANT. | *Voyez à la finale* GAN. |

| ,...GUE.<br>....GH. | Collègue, *n. m.* épilogue, *n. m. et v.* harangue*, *n. f.* langue, *n. f.* pro-<br>digue, *adj. et n.* seringue, *n. f.* vague, *adj.*, *etc.*, *et les dérivés des v.*<br>*ci-dessous en* GUER.<br>Ranelagh, *n. m.* |

| . ..GUËR. | *Les deux points sur l'ë de la finale* guër *indiquent que l'on doit pronon-*<br>*cer* gu-er, *comme dans* arguër, *v.* ; *mais, comme au participe passé ,*<br>*l'*E *est aigu, on transpose les points sur* U (güé), *pour que l'on ne*<br>*prononce pas* argué, *au lieu de* argü-é. |

| ....GUER.<br><br>....GUÉ. | GUER *est la finale de l'infinitif des* 115 *verbes en* GUER ; *les moins fa-*<br>*ciles sont :* alléguer, conjuguer, déléguer, distinguer, divaguer, écan-<br>guer, épiloguer, extravaguer, fringuer, haranguer (*discourir*), haren-<br>guer *ou* barenger (*du hareng*), homologuer, léguer, liguer, reléguer,<br>seringuer, subdéléguer, vaguer, voguer et guéer, *v.*<br>*Finale des participes passés des v. ci-dessus en* GUER. *Voyez les ho-*<br>*monymes, au mot* GAI. |

| ..GUÈRE *et* GUERRE. Aiguière, *n. f.* guère*, *adv.* guerre, *n. f.* ( *combat* ). |

| ....GUET. | *Un* guet-à-pens, *des* guets-à-pens. *Pour ne plus répéter, voyez à la fi-*<br>*nale* GAI, *ou à la finale* AI, *et les homonymes, au mot* GAI. |

| ....GUEIL. | Bourgueil, *g.* orgueil, *n. m.* |

| ....GUEUR. | Langueur, *n. f.* longueur, *f.* rigueur, *f.*, *et* vigueur. *Ajoutez -y les n.*<br>*masc. en* GUEUR, *qui sont formés des v. en* GUER ; *tels sont :* brigueur,<br>écangueur, épilogueur, harangueur, ligueur, vogueur. |

| ...GUI, *son* GHI *intérieur.*<br><br>..GUI, *son* GU-I *intérieur.* | Aiguière, *n. f.* aiguiérée, *n. f.* anguille, *n. f.* étranguillon. marguillier,<br>*n. m.* guise*, *n. f.* (*façon*). guillocher, *v.* *etc.*, *excepté les suivans :*<br>Aiguillade, *n. f.* aiguille, *n. f.* aiguillée, *n. f.* aiguillière, *n. f.* aiguillette,<br>*n. f.* aiguilletier, *n. m.* aiguillier, *n. m.* aiguillon, *n. m.* aiguillonner, *v.*<br>aiguiser, *v.* aiguisement, *n...* consanguinité, *f.* guise, *g. et n. pr.* |

| . ..GULTÉ. | *Aucun. On écrit et on prononce* CULTÉ *dans* faculté, *n. f.*, *et* diffi-<br>culté, *n. f.* |

| *Observations*<br>*sur* H.<br><br><br>...H, *dans*<br>PH, TH.<br><br><br>....H *intérieur*<br>*nul.* | *On distingue deux sortes d'*H : *l'*H *muet et l'*H *aspiré.* 1º H *initial*<br>*muet, comme dans* l'homme, les hommes ; l'héritier, les héritiers<br>( *voyez à* H *initial muet*). 2º H *initial est aspiré ou dur, comme dans*<br>le héros, les héros; le haricot, les haricots. ( *Voyez aux* H *initiaux*<br>*aspirés, à la suite de l'*H *muet.*)<br>*Tous les mots qui sont écrits par* PH, *soit initial, soit intérieur,*<br>*comme* philosophie, blasphème, hydrocéphale, *etc.*, *sont réunis à la*<br>*finale* F. ( *Voyez* F *final, ou voyez les sons* FA, FE, FI, FO, FU, FER,<br>FOR, *etc.* ) *Quant à l'*H *nul, précédé d'un* T (TH), *voyez* TH *initial,*<br>*ou* TH *intérieur et final, suivant la place de la difficulté.*<br>*L'*H *intérieur est nul dans la prononciation des mots suivans, et dans*<br>*leurs dérivés :*<br>Abraham, *n. pr.* abhorrer, *v...* achores*, *m. pl.* acanthe, *m. b.* achro-<br>bate, *n.* achromatique, *adj.* achronique, *adj.* adhérant*... (*part. du* |

v. adhérer). adhérent*, *n. et adj. m.* adhésion, *n. f.* abeurter, *v...* ahurir, *v...* algorithme, *n. m.* almanach, *m.* anacharsis, *n. pr.* anachorète, *n.* anachronisme, *m.* antechrist, *m.* anthelmintique, *adj.* apathie, *n. f.* apathique, *adj.* apothéose, *n. f.* appréhender, *v.* appréhensif, *adj.* appréhension, *n. f.* archaïsme, *m.* archange, *m.* archangel, *g.* archonte, *m.* arrher, *v.* arrhes, *n. f. pl.* arrhement, *n. m.* aujourd'hui, *adv.* authenticité, *n. f.* authentique, *adj...* bacchanal*, *n. m.* bacchus, *n. m.* béthune, *g.* bibliothécaire, *n.* bibliothèque, *n. f...* bohême, *g...* bonheur*, *n. m.* bothnie, *g.* bréhaigne, *n. f.* bronchocèle, *m.* brouhaha, *m.* buhot, *m.* buhottier, *n. m.* cahin-caha, *inv.* cahos* ou chaos, *m.* cahot*, *m.* (*secousse*). cahutte, *n. f.* catachrèse, *n. f.* catarrhe, *n. m.* catarrheux, *adj.* cathécumène, *n. et adj.* cathétérisme, *n. m...* catholique, *n. et adj...* chalasie, *n. f.* chalcographie, *n. f...* chaldée, *g.* chaldéen, *m.* chanaan, *g.* chat-huant, *m.* chloé, *n. f.* chlorose, *f.* chlorures, *pl.* chorège*, *m.* chorégraphie, *n. f...* choriste, *m.* chorographie, *n. f...* chorus, *m.* saint-chrême, *m.* chrêmeau, *m.* chrétien, *m.* chrétienne, *f.* chrétienté, *n. f.* chrie, *n. f.* christ, *n. m.* christianisme, *m.* christophe, *n. pr.* chromatique. chrome, *m.* chromique, *adj.* chronique, *n. f.* chroniqueur, *m.* chronogramme, *m.* chronographie, *n. f...* chronologie, *n. f...* chronologiste, *m.* chronomètre, *n. m.* chrysalide, *n. f.* chrysocolle, *n. f.* chrysostôme, *n. pr.* cirrhe*, *m.* clotho, *n. f.* cochléaria, *m. b.* cohabiter, *v...* cohabitation, *n. f.* cohérence, *n. f...* cohésion, *n. f.* cohibition, *f.* cohorte, *n. f.* compréhensible, *adj.* compréhension, *n. f.* déharnacher, *v...* désenrhumer, *v.* déshabiller, *v.* déshabituer, *v...* déshériter, *v...* déshonneur, *m.* déshonorer, *v...* diarrhée, *n. f.* dichotome, *adj.* dithyrambe, *n. m.* ébahir, *v...* écho*, *m.* éhonté, *adj. m.* égohine, *n. f.* éherber, *v.* enarrher, *v...* enhardir, *v...* enharmonique, *adj.* enrhumer, *v...* enthousiasmer, *v...* envahir, *v...* épicharis, *n. pr. f.* eucharis, *n. pr. f.* eucharistie, *n. f.* exhalaison, *n. f.* exhaler, *v.* exarchat, *n. m.* exhausser*, *v...* exhéréder, *v...* exhérédation, *f...* exhiber, *v.* exhibition, *n. f...* exhortation, *n. f.* exhorter, *v...* exhumer, *v...* gomorrhe, *g.* gothique, *adj...* halotechnie, *n. f.* helmintique, *adj.* hémorrhagie, *n. f.* hémorrhoïdal, *adj. m.* hémorrhoïde, *n. f...* hispahan, *g.* hypothèse, *n. f.* hypothétique, *m.* hypothèque, *n. f.* hypothéquer, *v.* hypothécaire, *adj.* ibrahim, *n. m.* ichnographique... ichtyocolle, *n. m.* ichtyologie, *n. f.* ichtyophage, *m.* incohérent... incompréhensible, *adj...* indéhiscent, *adj...* inhabileté, inhabilité*. inhabité, *adj.* inhérent, *adj...* inhiber, *v...* inhumain, *m...* inhumation, *n. f.* inhumer, *v...* ipécacuanha, *n. m. b.* irrépréhensible, *adj...* isochrone, *adj.* jéhovah. jésus-christ. lichen, *m.* (*pron.* liken). lithocolle, *n. f.* lithographe, *n.* lithographie, *n. f.* lithographier, *v.* loch*, *m.* logarithme, *m.* machabée, *m.* mahon, *g.* mahomet, *n. pr.* malheur, *m.* mathématique, *adj. et n.* melchisédech, *n. pr.* méthatèse, *n. f.* misanthrope, *adj. et n.* misanthropie, *n. f.* missolonghi, *g.* myrrhe*, *n. f.* (*encens*). myrrhis, *m. b.* nabuchodonosor, *n. pr.* orthographe, *n. f.* orthographie... orthographier, *v.* orthodoxe, *adj...* ostrogoth. pathos, *m.* patriarchal, *adj.* philharmonique. philhellène. polytechnique. posthume, *n. et adj.* prohiber, *v.* prohibition, *n. f...* prud'homie *ou* prud'hommie, *n. f.* pyrotechnique. pyrotechnie, *f.* pyrrhique, *n. f. et adj.* pyrrhonisme, *m...* pythagore. redhibition, *n. f.* redhibitoire, *adj.* réhabiliter, *v...* réhabilitation. rehanter, *v.* rehausser, *v.* répréhensible, *adj...* rhabdoïde, *adj.* rhacose, *n. f.* rhabiller, *v...* rhagades, *n. f. pl.* rhagoïde, *adj.* rhamnoïdes, *f. pl. b.* rhapontic, *n. f.* rhe*, *g.* rheteur. rhétoricien. réthorique, *n. f.* rhéxis, *n. f.* rhias, *m.* rhin, *g.* rhinenchite, *n. f.* rhingrave, *n. m.* rhinocéros, *m.* rhinoptie, *n. f.* (*cie*). rhisagre, *m.*

| | |
|---|---|
| *Suite de* H,<br><br>*par* H *intérieur nul.* | rhisolithes, *n. m. pl.* rhisophage, *m.* (*qui vit de racines*). rhodes, *g.* rhodomel, *n. m.* rhombe, *m.* (*losange*). rhomboïde, *m...* rhône, *g.* rhubarbe, *n. f. b.* rhum *ou* rum, *n. m.* (*liqueur*). rhumatisme, *n. m.* rhumatismal, *adj.* rhume, *n. m.* rhypographe, *m.* rhythme, *m.* (*cadence*). rhythmique, *adj.* rhythmopée, *n. f.* ( *t. de musique* ). saint-roch. scholastique, *adj. et n.* scholiaste, *n. m.* souhait*, *n. m.* souhaiter, *v...* squirrhe, *n. m...* synchrône, *adj...* synthèse, *n. f.* technique, *adj...* terpsichore, *n. f.* thésauriser, *v.* thésauriseur, *m.* trahir, *v.* trahison, *n. f.* uhlan *ou* hulan, *m.* véhémence, *f.* véhément, *adj.* véhémentement, *adv.* véhicule, *n. m.* visigoth. zacharie, *n. m.*<br>*Quant aux autres mots où l'u est également nul, ils sont tous par* TH; *voyez-les à* TH *initial, et à* TH *final; et, pour les mots avec* PH, *voyez après la finale* F, *ou même par le son final du mot qui embarrasse.* |

| | |
|---|---|
| ...HA, HÉ, HO, HU, *etc.* | *Voyez ces finales, par le son de la voyelle qui suit.* |

| | |
|---|---|
| ...HI, *masc.* | Brouhi, *n. et adj.* ébahi, *adj.* (*ébaubi*). envahi, *adj.* trahi, *adj.* |
| ....I. | Abri, *n. m.* accompli*, *adj.* ainsi, *adv.* albi, *g.* alcali, *n. m.* alibi, *n.* ami*, *m.* amphigouri, *n. m.* api, *n. b.* apprenti*, *n.* appui, *n.* aujourd'hui, *adv.* aussi. autrui, *n. m. inv.* bailli, *n. la* saint-barthélemi. béni*, *adj.* biribi, *n.* bistouri, boudi*; brouillamini, *n.* brui*. cabri, *n.* candi*, *adj.* cati, *adj.* catimini, *adv.* ceci. ceux-ci. celui-ci. celle-ci. céleri, *n. b.* charivari, *n.* colibri, *n.* cri*, *n.* décri*, *n.* défi*, *n.* défini, *adj.* démenti*, *n.* demi*. ébaubi, *adj.* émeri, *n.* enfui, *adj.* ennemi, *n. m.* ennui, *n.* épi, *n.* à l'envi*, (*loc.*). essui*, *n.* étui, *m.* favori, *n. m.* (*de favorite*). fi*, *adv.* fini, *adj. m.* fourmi, *n. f.* fui, *adj. m.* (*de suie*). gui, *n. b.* haïti, *g.* henri, *n.* henri-quatre. honni, *adj.* hourvari, *n.* ici*, *adv.* infini. izari, *b.* juri, *n.* jeudi. kali, *b.* lazzi, *n.* lui*. lundi. maki, *n.* mardi. mari*, *n.* marri, *adj.* (*fâché*). merci*, *n. f. et adv.* (à la merci de). mercredi. mi*, à mi-marge, à la mi-août. midi, *n. inv.* mississipi, *g.* missoloughi, *g.* montlhéri, *g.* muphti, *n.* ni*, *conj.* nenni, *adv.* noddi, *m.* (*sorte d'hirondelle*). obi, *g.* oubli*, *n.* oui*, *adv.* pari*, *n.* parmi, *prép.* paroli, *n.* parti*, *m.* pilori, *n.* phi*, poli. pot-pourri, *n.* quasi, *adv.* qui*. rabougri, *adj.* remi*, *n. pr.* repli, *n.* reversi, *n.* rôti, *n. m.* roussi, *n.* salsifi, *b.* salmi, *n.* samedi. séséli, *b.* si*. sinapi, *n.* souci*, *n.* taïti, *g.* torticoli, *n.* tripoli, *n.* thlaspi, *n.* vendredi. verni*, *adj. et n.* vichi, *g.* wiski. vieilli, *adj.* voici, *prép.* zizi (*oiseau*). |
| ..I (*part. inv.*). | *I est la finale des* 45 *participes invariables en* I; *ce sont :* abouti. agi. baudi. blêmi. boudi. clapi. clati. compati. dépéri. défailli. désobéi. dormi. entre-nui. frémi. faibli. fraîchi. gémi. glapi. gravi. henni, (*pron.* ha). jailli *et* rejailli. joui. langui. lui *et* relui. maigri. menti. molli. mugi. nui. pâli. pâti. péri. réagi. resplendi. retenti. réussi. ri. rugi. sévi. suffi. surgi *et* tressailli. |
| ....ï. | Aï, *g.* bihaï, *b.* haï, *adj. m.* (*haïe, f.*). brouï, *n. m.* ouï*, *adj. m.* ouïe, *n. et adj. f.* mont-sinaï, *g.* |
| ..IC, ICT, *son* I. | Arsenic, *n. m.* amict, *n. m.* (*linge*). |
| ....ID, *son* I. | Muid, *n. m.* nid, *n. m.; mais on prononce le* D *dans le* cid, david, *et* madrid, *g.* |
| ....IE, *masc.* | Allasie, *n. m. b.* amphibie, *n. et adj.* aphélie, *n.* bain-marie, *n.* brocolie, *n.* élie, *n. pr.* génie, *n.* incendie, *n.* impie, *adj.* pie*, *adj.* (*pieux*). messie, *n.* parapluie, *n.* périhélie, *n.* silésie, *m.* (*drap*). |
| ....IE, *fém.* | Antipathie, *n. f.* amie, *n. f.* manie. m'amie*. asphyxie, *n.* autopsie, *n.* bonhommie. brie*, *g.* candie, *g.* colonie. comedie. hie*. encyclopédie. |

*Suite de* IE,

*par* IE *féminins.*

die*, g. lithophanie. lydie, g. maladie. malvoisie, g. normandie, g. numidie. mélodie. mie*. orthopédie. palinodie. parodie. perfidie. picardie, g. pie*, *n.* pie-grièche, *n.* phthisie, polysynodie. prosodie. prud'-hommie. psalmodie. rapsodie. silésie, g. tragédie. utopie. zizanie, etc. *On trouve les autres noms fém. en* IE, *aux finales* CIE, FIE, PHIE, MIE, RIE, THIE, *etc.*

. .J *par* IL.

Avril, *n.* babil, *n.* baril, *n.* brésil, g. chenil, *n.* coutil, *n.* fenil, *n.* fournil*, *n.* fusil, *n.* gril*, *n.* gentil ( L *est muet dans des* gentils-hommes; *mais cet* L *est mouillé au sing. dans an* gentil-homme, *un* gentil enfant). grésil, *n.* ménil, *n.* nombril. outil. persil. sourcil.

....IS, *masc.*

Abatis, *n.* abénevis, *n.* acquis*, *adj.* alexis, *n. pr.* anis, *n.* ancenis, g. apostis, *n.* ( *t. de mar.* ) appentis, *n.* arrachis, *n.* assis, *adj.* avis, *n.* bis*, *adj.* bis, *adv.* (*pron. bice*). barbouillis, *n.* boutis, *n.* brebis, *n. f.* bris-de-scellé, *n.* brisis. *n.* buis, *n. b.* cacis *ou* cassis (*fruit*). cadis*. cambouis, *n.* chablis*, g. châssis*, *n.* chamaillis, *n.* chauve-souris, *n. f.* chenevis, *n.* chervis, *b.* circoncis, *adj.* cliquetis, *n.* coccis *ou* coccix, *n.* colis, *n.* coloris, *n.* commis, *n. et adj.* compromis, *n. et adj.* concis, *adj.* compris, *adj.* conquis, *adj.* couchis, *n.* coulis, *n.* courlis, *n.* croquis, *n.* denis*, *n. pr.* débris, *n.* depuis, *prép.* dervis, *n.* devis, *n.* éboulis, *n.* enthlasis, *n. f.* épistaxis, *n. f.* exquis, *adj.* fidéi-commis, *n.* fils*. fondis, *n.* foncis, *n.* froncis, *n.* gâchis, *n.* gastritis, *n. f.* gaulis, *n.* gazouillis, *n.* glacis, *n.* grenetis, *n.* gris*, *adj.* guillochis, *n.* hachis, *n.* hormis, *prép. à* huis-clos. hydatis, *n. f.* indécis. indivis. lambris, *n.* lattis, *n.* lavis, *n.* lys *ou* lis*, *n.* logis, *n.* louis, *n.* machicoulis, *n.* maïs, *n. b.* margouillis, *n.* marquis, *n.* mépris, *n.* métis, *adj. m.* mis*, *adj.* myrrhis, *m. b.* nolis, *n.* occis, *adj.* omis, *adj.* palis*, *n.* panaris, *n.* paradis, *n.* paris*, *g.* parulis, *n.* parvis, *n.* pâtis*, *n.* patrouillis, *n.* pays, *n.* permis, *n. et adj.* pertuis, *n.* pilotis, *n.* pis* *et* tant-pis, *adv.* poncis, *n.* pont-levis, *n.* pouillis*, *n.* pourpris, *n.* précis, *adj.* pressis*, *n.* pris*, *adj.* puis*, *adv.* rachitis, *n.* radis, *n.* rassis, *adj.* requis, *adj.* retroussis, *n. le* ris *ou* rire, *n.* rossolis, *n.* roulis, *n.* rubis, *n.* salmi-gondis, *n.* salmis, *n. des* salsifis, *n. pl.* semis, *n.* sis*, *adj.* (*situé*). soumis, *adj.* souris *ou* sourire, *n. une* souris, *n. f.* stachis, *b.* surplis, *n.* surpris, *adj.* sursis, *n. et adj.* tabis, *n.* taillis, *n.* tamis, *n.* tandis que, *conj.* tapis*, *n.* taudis, *n.* torchis, *n.* torticolis, *n.* treillis, *n.* troussis, *n.* vernis*, *n.* vert-de-gris, *n.* viandis, *n.* vis-à-vis, *adv.;* *plus, tous les adj. en* IS *dont le fém. est en* ISE; *tels sont :* admis, admise; promis, promise, *etc.*

....IS, *son* ICE.

*On prononce l's à la fin des* 19 *mots suivans :* adonis, *n. m.* anacharsis, *n. m.* apis, *n. m.* bis, *adv. et n.* cypris, *n. f.* gratis, *adv.* iris, *n. f.* isis, *n. f.* jadis, *adv.* lachésis, *n. f.* lis*, *m.* métis, *adj. m.* pâris, *n. pr.* phalaris, *n. pr.* pubis, *n.* tanaïs, *g.* thémis, *n. f.* thétis, *n. f.* tourne-vis, *m.* vis, *n. f.* ( *à visser*). *On trouve également à la finale* ICE *les mots ci-dessus en* IS *que l'on prononce* ICE.

....IST.

Antechrist *et* jésus-christ; *mais, si le mot* christ *n'est pas après le mot* jésus, *on le prononce* christe.

..IT, *tous masc.*

Acabit, *n.* aconit, acquit*, *n.* appétit, *m.* hardit, *n.* bénit* (*bénite*). biscuit, *n.* bruit*, *n.* châlit, *n.* circuit, *n.* conduit. confit, *adj.* conflit, *n.* crédit, *n.* cuit, *adj.* débit, *n.* dédit, *n.* délit, *n.* dépit, *n.* discrédit, *n.* écrit, *n. et adj.* édit, *n.* érudit, *adj.* esprit, *n.* fruit, *n.* gagne-petit, *n. inv.* granit, *n.* habit, *n.* hanscrit, *n.* lit*, *n.* masulit, *n.* manuscrit, *n.* maudit, *adj.* médit. (*part. inv.*). minuit, *n. inv.* nuit, *n. f.* obit*. petit-à-petit, *adv.* pissenlit, *n. b.* profit, *n.* proscrit, *n. et adj.* prurit, *n.* quasi-délit, *n.* récit, *n.* réduit, *n. et adj.* répit, *n.* rescrit, *n.,*

| | |
|---|---|
| *Suite de* I, *par* IT, *tous m.* | *et tous les adj.* en IT *dont le fém. est en* ITE; *tels sont :* conscrit, conscrite; instruit, instruite. *Terminez également par* IT *la finale des v. de ce son, à la* 3ᵉ *pers. du sing.; tels sont :* il fit, il finit, il vainquit, *etc.* (*Voyez la conjugaison.*) |
| ....ÎT. | *Ci-gît. Mettez aussi un accent circonflexe sur la finale* ît *dans les v. de ce son, à la* 3ᵉ *pers. de l'imparfait du subj.; tels sont :* je voudrais qu'il finît, qu'il fît, qu'il vainquît. |
| ...IT, *son* ITE. | *Dans les masculins :* accessit. déficit. prétérit. subit. transit, *etc.* (*Voy. à la finale* ITE.) |
| ....ÏTS. | *Un* puits*, *n. m.* |
| ....IX. | Coccix, *n.* crucifix*, *n.* dix* francs, *etc.* six* francs, *etc.* perdrix, *n. f.* prix*, *n. m.; mais on prononce fortement* x *dans* cadix, *g.* félix, *n.* larix*. préfix, *adj. m.* phénix, *etc.* (*Voyez-les à la finale* IXE.) |
| ....IZ. | Riz*, *n. m., plante.* |
| ....Y. | *Le son final* ı *par un* y *ne termine que quelques noms propres et des noms de pays; tels sont :* berry. chambly. chambéry. château-thierry. chantilly. *de* wailly, *n. pr.* gentilly. marly. magny. méry. neuilly. pondichéry. wailly, *g.* wassy, *etc.* |
| ....YE. | Abbaye, *n. f.* (*pron.* abéie). aphye, *n. m.* (*sorte de poisson*). |
| ....YS. | Pays (*pron.* péi), denys, *n. pr.* *Voyez au son* ICE *les finales en* IS *que l'on prononce* ICE. |
| ....Y *intérieur.* | Y, *son intérieur : Voyez à l'*x *final; les mots qui ont un* x, y *sont reportés.* |

| | |
|---|---|
| ....IAND. | Friand, *n. et adj. m.* |
| ....IANT. | Confiant. défiant. expédiant*. initiant. lithographiant. mendiant. négociant, orthographiant. radiant. suppliant, *et tous les participes en* IANT *des v. en* IER, CIER, FIER, MIER, *etc.* |
| ....YANT. | Aboyant. asseyant. attrayant. bayant* (*pron.* béant). bruyant. croyant. ennuyant. employant. essayant. essuyant. grasseyant. fuyant. plancheyant. payant. voyant, *et tous les participes des v. en* AYER, EYER, OYER, UYER. (*Voyez ces finales, et la conjugaison.*) |
| .IENT, *son* IANT. | Client, *n.* escient, *n.* expédient*, *n.* émollient, *n. et adj.* impatient, *adj.* patient, *n. et adj.* inconvénient, *n.* ingrédient, *n.* orient, *n.* récipient, *n.* |

| | |
|---|---|
| ....IARD *et* IARE. | Criard, *adj.* liard, *n.* milliard*, *n.* milliare, *n. et* briare, *g.* |
| ....YARD. | Bayard, *n. pr.* boïard *ou* boyard, *n.* fuyard, *n. et adj.* |

| | |
|---|---|
| ..IAU, YAU, *etc.* | *Voyez à la finale* AU. |

| | |
|---|---|
| ....IB. | IB *ne termine que quelques noms propres, qui ne sont d'aucune utilité.* |
| ....IBE. | Caraïbe, *n.* il exhibe, *v.* il imbibe, *v.* il inhibe (*pron.* i-nhibe). polybe, *n. pr.* il prohibe, *v.* scribe, *n.* scribe, *n. pr.* antibes, *g.* |

| | |
|---|---|
| ....IBLE. | Infaillible. invincible. horrible. terrible, *etc.; voyez* CIBLE. |

| | |
|---|---|
| ...IC, *son* IQUE. | Agaric, *n. b.* alambic*, *n. m.* arsenic*, *n.* (*pron.* ni). aspic, *n. m.* basilic*, *m.* cric, *n.* déclic, *n.* diagnostic, *m.* fic, *m.* (*verrue*). le hic, *n.* fisc, *n.* mastic*, *n.* ombilic, *n.* pic*, *n. m.* polytric, *n. b.* porc-épic *ou* porc-épics, *n.* public, *adj. m.* pronostic, *n.* repic*, *n.* (*t. de jeu*). rhapontic, *n. f. b.* ric-à-ric, *adv.* syndic, *n.* tic*, *n.* trafic*, *n.* vic, *g.* |
| ....ICH, *son* IC. | Dantzich, *g.* zurich, *g.* munich, *g.* |

....ICK.

Brick*, *m.* (*navire*). carrick *ou* carrique, *n. m.* léipsick, *g.* pachalick.
Les 415 autres mots sont en IQUE; on les trouve à la finale qui embarrasse. Les moins faciles sont : achromatique, *adj.* achronique, *adj.* acoustique, *n.f.* analytique, *adj.* angélique, *n. f.* anthelmintique, *adj.* antisyphilitique, *adj.* antipathique, *adj.* apathique, *adj.* apologétique, *adj.* aquatique, *adj.* arithmétique, *n. f.* arthritique, *adj.* ascétique, *adj.* ascitique, *adj.* ( *t. de méd.* ). asthmatique, *n.* atlantique, *adj.* athlétique, *adj.* ataxique, *adj.* athmosphérique, *adj.* aurifique, *adj.* authentique, *adj.* barrique, *n. f.* basilique*, *n. f.* bourrique, *n. f.* brique*, *n.f.* britannique. cacique*, *n. m.* calligraphique, *adj.* calorique, *n. m.* cantique, *n. m.* cassique*, *n. m.* caustique, *adj.* céphalique, *adj.* chromatique, *adj. et n.* civique, *adj.* cirque, *n. m.* colérique, *adj.* comique, *n. et adj.* concentrique, *adj.* dialectique, *n.f.* distique, *m.* dytique, *m.* diurétique, *adj.* dramatique, *adj.* dynamique, *n.f.* ecclésiastique, *n. et adj.* éclectique, *adj.* ( *phi.* ). élastique, *n. et adj. m.* électrique, *adj.* emphytéotique, *adj.* épizootique, *adj.* euphonique, *adj.* excentrique, *adj.* gothique, *adj.* gymnastique, *adj.* gymnique, *adj.* helminthique, *adj.* hémisphérique, *adj.* hippiatrique, *n. f.* hexandrique, *adj. b.* hydraulique, *n. f. et adj. Mais tous les autres mots composés de* hydro *font* hydro *par* o, *comme* hydrochlorique, hydropique, *etc.* hypothétique, *adj.* identique, *adj.* incivique, *adj.* jamaïque, *g.* laïque, *m.* (*frère lai*). léthargique, *adj.* lexique, *adj. et n. m.* leucoflegmatique, *adj.* magnifique, *adj.* mathématique*, *adj.* mélancolique, *adj.* mésaraïque, *adj.* méphytique, *adj.* métaphysique, *n. f. et adj.* méthodique, *adj.* mexique, *g.* mnémonique, *n.f.* mosaïque, *n. f. et adj.* moustique, *n. m.* obélisque, *n. m.* odontalgique, *adj.* panégyrique, *n. m. et adj.* paralytique, *n.* pathétique, *n. m. et adj.* pathologique, *adj.* pléthorique, *adj.* pharmaceutique, *adj.* philanthropique, *adj.* philippique, *n. f.* philharmonique, *adj.* philosophique, *adj.* phosphorique, *adj.* physique, *n. et adj.* phthisique, *adj.* psychtique, *adj.* pique-nique, *n. m. inv.* polytechnique, *adj.* publique, *adj. f.* ( *de public*, *m.* ). pyrotechnique, *adj.* pyrrhique, *n. f. et adj.* rhétorique, *n. f.* sciatique, *n. f. et adj.* scholastique, *n. f. et adj.* scientifique, *adj.* sceptique, *adj.* sicilique, *n. m.* spécifique, *n. et adj.* sophistique, *adj.* stoïque, *adj.* stomachique, *adj.* supplique, *n. f.* symbolique, *adj.* sympathique, *adj.* synallagmatique, *adj.* synodique, *adj.* synonymique, *adj.* synoptique, *adj.* synthétique, *adj.* syphilitique, *adj.* systématique, *adj.* tabifique, *adj.* tachygraphique. traumatique. technique. télégraphique. théologique. thérapeutique, *n. f. et adj.* thermantique. toxique, *n. m.* typographique, *adj.* tyrannique. véridique, *adj.*, *etc.*

---

....ICHT.　Maestrich *ou* Mastricht, *g.*

....ICT.　{ Amict*, *n. m.*, *linge* (*pron. ami*). district, *n. m.* strict, *adj. m.* verdict, *n. m.*

....ICTE,　Je dicte ( *v. dicter*). stricte, *adj. f.* vindicte, *n. f.*

---

....ICE.　Accusatrice, *n. f.* actrice, *n. f.* adulatrice, *f.* appendice, *n. m.* armistice, *n. m.* artifice, *m.* auspice*, *m.* aruspice, *m.* avarice, *f.* bénéfice, *m.* calice, *m.* caprice, *m.* cicatrice, *f.* cilice, *m.* complice, *adj.* comices*, *m. pl.* conductrice, *f.* curatrice, *f.* délice, *m. les* délices, *f. pl.* dentifrice, *n. m.* directrice, *n. f.* dispensatrice, *f.* donatrice, *f.* édifice, *m.* épice*, *n. f.* examinatrice, *f.* exercice, *m.* expultrice, *adj. f.* factice, adj. factrice, *f.* frontispice, *m.* génératrice, *f.* hélice, *f.* hospice*, *m.* ( *hôpital*). immondice, *n. f.* impératrice, *n. f.* indice*, *n. m.* injustice, *n. f.* institutrice, *f.* instigatrice, *f.* interstice, *m.* jus-

| | |
|---|---|
| *Suite de* ICE. | tice, *f.* lectrice, *f.* lice*, *n. f.* maléfice, *m.* malice, *f.* matrice, *f.* maurice, *n. pr. m.* milice, *n. f.* motrice, *f.* nice, *g.* notice, *f.* nourrice, *f.* novice, *adj.* obreptice, *adj.* office*, *m.* orifice, *m.* patrice, *m.* paind'épices, *m.* police*, *n. f. et v.* précipice, *m.* préjudice, *m.* prémice*, *f.* propice, *adj.* productrice, *f.* protectrice, *f.* sacrifice, *m.* service*, *m.* sévices, *n. m. pl.* solstice, *m.* spéculatrice, *f.* spoliatrice, *f.* subreptice, *adj.* sulpice, *n. m.* supplice, *m.* tutrice, *f.* varice, *f.* vénéfice, *n. m.* vice*, *m.* ( *défaut* ). versificatrice, *etc.* |
| ...ICE *par* IS *et* ïs. | Adonis, *n.* agasillis, *n. b.* amadis, *n. m.* anacharsis, *n. pr.* apis, *n.* berbéris, *m. b.* bis*, *adv.* cacis. coccis. cypris, *n. f.* ecchantis, *m.* ( *pron. can* ). éleusis, *g.* eucharis, *n. pr. f.* fils*. genlis, *g.* gratis, *adv.* iris, *f.* isis, *f.* judis, *adv.* lachésis, *f.* lapis, *m.* laïs, *n. pr.* maïs, *n. m.* lys *ou* lis*, *b.* métis, *adj. m.* pâris*, *n. pr.* pneumopleuritis, *n. f.* pubis, *m.* phalaris, *m.* sémiramis, *f.* senlis, *g*, siphilis, *n. f.* tanaïs, *g.* thémis, *n. f.* thétis, *n. f.* tunis, *g.* tourne-vis, *n. m. inv.* unguis. vis* *à visser*, *n. f.* zeuxis ( *peintre grec* ). |
| ...ISE, *son deux.* | Louise, moïse, *etc. Voyez* ISE (page 164). |
| ....ISCE. | *Il* s'immisce, *v...* |
| ...,ISSE, *noms.* | Abscisse, *n. f.* bâtisse, *n. f. et v.* bysse *ou* bisse*, *n. f.* céropisse, *n. f.* clisse, *n. f. et v.* coulisse, *f.* cuisse, *f.* cyparisse, *n. m.* éclisse, *n. f. et v.* écrevisse, *f.* esquisse, *n. f. et v.* gémisse, *f.* jaunisse, *f.* jectisses, *n. f. pl.* jocrisse, *n. m.* larisse, *g.* lisse, *n. f. et v.* mélisse, *adj. f.* mélisse, *n. f.* narcisse, *n. pr. m.* pelisse, *n. f.* prémisse, *n. f.* ( *t. de rhét.* ). pythonisse, *n. f.* réglisse, *n. f. b.* saucisse, *n. f.* suisse, *n. m.* suisse, *f. g.* ulysse, *n. pr. m.* |
| *Verbes.* | 1° *verbes en* ISSE *dont l'infinitif est en* ISSER, *comme* appétisser : *je ou il* apetisse. *je* rapetisse. *je* clisse. *je* crisse. *je ou il* palisse (*v. palisser*). *il* pâtisse ( *v. pâtisser* ). pisse. *il* polisse* ( *de polisser* ). *il* ratisse. *elle* replisse. *il* revisse. ( *v. revisser* ). *il* tapisse. *je ou il* tisse, *v. il* treillisse ( *v. treillisser* ). *il* vernisse ( *v. vernisser* ). *il* visse ( *v. visser* ). <br> *Plus, la finale dans le subj. de ce son pour tous les v. en* IR, CIR, NIR, *etc.* ( *Voyez la conjugaison* ) ; *tels sont :* que j'acquisse, que j'assisse, que je disse, que je bénisse, que je compatisse, que j'entrevisse, que je lisse, fournisse, haïsse, naquisse, pâtisse ( *v. pâtir* ). polisse ( *v. polir* ), que je prévisse, puisse, refisse, revisse ( *v. revoir* ), subisse, sursisse, vieillisse, et que je visse ( *v. voir* ), *etc.* |
| ....YS, *son* ICE. | Botrys, *n. m. b.* érynnis, *n.* ( *myth.* ). *un* lys; *mais on prononce* LI , *et non pas* LICE *dans* fleurs-de-lys, *n. f. pl.* |
| ....IX, *son* ICE. | Dix *et* six ; *mais on prononce* di *et* si *devant une consonne :* dix *pieds*, six *mots*, *etc.* |

---

| | |
|---|---|
| ..ICER, ISSER. | *Voyez à la finale* CER. |

---

| | |
|---|---|
| ....ICEUR, ICIER, *etc. Voyez aux finales* CEUR, CIER , *etc., par* c. | |

---

| | |
|---|---|
| ....ID , *son* IDE. | Billebulgarid, *g. le* cid, *n. pr.* david. madrid. *g.* valladolid , *g.* ; *mais on ne prononce pas le* D *dans* muid, nid , *n. m.* |
| ....IDE. | Acaride, *n. m.* acéride, *n. m.* alcide, *n. pr. m.* atlantide, *n. f. g.* fratricide, *n. et adj.* homicide, *n. m. et adj.* insipide, *adj.* infanticide, *n.*, *etc.* *Tous ces mots se trouvent par la lettre qui embarrasse.* |

---

| | |
|---|---|
| ....IE. | *Voyez à la finale* I. |

---

| | |
|---|---|
| ....IÈME. | *Voyez à la finale* AIME. |

| | |
|---|---|
| ....IEN, YEN. | *Tous par un* E. *Voyez-les à la suite de la finale* AIN. |

| | |
|---|---|
| ...IENT, *son* IANT. | *Voyez à la finale* IANT. |

| | |
|---|---|
| ....IER, *son* IÉ. | *Voyez à la finale* AI. *Les moins faciles sont :* amandier, *n. m. b.* banquier, *n.* bigarreautier, *n. b.* boutiquier, *n.* braconnier, *n.* cafier, *n. b.* cafetier, *n.* cahier, *n.* châtaignier, *n. b.* coïer, *n.* cordonnier, *n.* damier, *n.* drapier, *n.* droguier, *n.* épicier, *n.* ébénier, *n. b.* éperonnier, *n.* échiquier, *n.* fusilier*, *n.* groseillier, *n. b.* huissier, *n.* jujubier, *b.* joaillier*, *n.* layetier, *n.* marguillier, *n.* mercier, *n.* obusier, *n.* officier, *n. m. et v.* perruquier *n.* quincaillier, *n.* rancunier, *adj.* semainier, *n.* serrurier, *n.* sorcier, *n.* sourcilier*, *n. m.* terrassier. *Plus, l'infinitif des v. en* IER, *comme* salarier, se fier, se défier, *etc. Voyez aux finales* AI, AYER, NIER, OYER, UYER, *etc.* |
| ....IERS. | Volontiers, *adv.* |
| ....IED. | Pied, *n. m.* cou-de-pied. *L'académie écrit* coude-pied : *donner un coup de* pied *sur le* coude-pied. |
| ....YER. | *Pour les verbes, voyez les finales* AYER, OYER, UYER ; *on les trouve même réunis à la finale* YER. *Mais pour les noms, comme* écuyer, loyer, plaidoyer, métayer, *etc., voyez ces noms à la suite de la finale* AI. |
| ....IEZ. | Biez, *n. m.* saint-diez, *g. Ajoutez-y la* 2ᵉ *pers. pl. dans tous les v. réguliers de ce son :* vous riez, vous défiez, *etc. ( Voyez la conjugaison. )* |
| ....IIEZ. | 2ᵉ *pers. des verbes en* IER, *à l'imparfait et au subjonctif :* vous riiez, vous défiiez, *etc.* |
| ....ïEZ. | 2ᵉ *pers. de l'imparf. et du subj. des v. en* UER : *vous* diminuïez, *vous* remuïez, *etc.* |
| ....YEZ. | 2ᵉ *pers. du présent dans les v. en* AYER, EYER, OYER, UYER. *Voyez-en la conjugaison ; ajoutez-y les* 14 *v. suivans :* asseyez. ayez (*v. avoir*). soyez (*v. être*). croyez. déchoyez. distrayez. envoyez. essayez. extrayez. fuyez. pourvoyez. soustrayez. revoyez. sursoyez. trayez, *et* voyez. |
| ....YIEZ. | 2ᵉ *pers. des v. ci-dessus, à l'imparfait de l'indicatif, et au présent du subjonctif ; exceptez-en* ayez (*v. avoir*), *et* soyez (*v. être*), *qui, ne prenant point de* I *après l'*Y, *font à l'imparfait :* vous aviez, vous étiez. |

| | |
|---|---|
| ....IÈRE. | Bière, *n. f.* braisière, *n. f.* brassière, *n. f.* nourricière, *etc. Voyez à la suite de la finale* AIR. |
| ....YÈRE. | Bruyère, *n. f.* gruyère, *n. m.* cloyère, *n. f.* métayère, *n. f.* |
| ....IER, *dur.* | Fier*, *adj. m.* ( fière, *adj. f.* ). hier, *adv.* avant-hier, *adv.* |

| | |
|---|---|
| .IETTE *et* YETTE. | *Voyez à la suite de la finale* AITE. |

| | |
|---|---|
| ...IEU, IEUX, <br> ....YEUX. | *Voyez à la finale* EU, *ou à la finale* CIEUX, *suivant le son final.* |

| | |
|---|---|
| ....IEUR, YEUR. | *Voyez à la finale* EUR. |

| | |
|---|---|
| ...IEUSE, YEUSE <br> *et* CIEUSE. | *Voyez à la finale* EUSE. |

| | |
|---|---|
| ....IEZ. | *Voyez à la finale* IER. |

....IF, *masc.*

*On termine en* if *tous les adj. m. dont le fém. est en* ive : abréviatif , *adj.* abstersif. abstractif. abusif. accélératif. accusatif, *n.* actif , *n. et adj.* adjectif , *n. et adj.* administratif. adoptif. adventif. affectif. affirmatif. afflictif. agglutinatif. apéritif. appellatif. appétitif. appréciatif. appréhensif. approbatif. attentif, attractif. auditif. augmentatif. canif, *n.* causatif, *adj.* coërcitif, *adj.* coactif. collectif. colliquatif ( *pron.* koua ). commémoratif. communicatif. commutatif. comparatif, *n. et adj.* conjonctif. consécutif. consomptif. contemplatif. contentif, ( *t. de chir.* ). convulsif. correctif, *adj. et n.* corrélatif. corrosif, *n. et adj.* corroboratif. corruptif. craintif. datif, *n.* déceptif. décisif. décursif. défectif défensif. dépréciatif. désopilatif. dessicatif. détersif. digestif, *adj. et n. m.* discussif. disjonctif. dispensatif. effectif, *n. et adj.* énonciatif. esquif, *n.* éversif, *adj.* excessif. excitatif, *n. et adj.* exécutif. exhortatif. expansif. expressif. expulsif. extinctif. exulcératif. fermentatif. fictif. fixatif. fomentatif. fréquentatif. génératif. génitif, *n.* gérondif, *n.* if, *n. m. b.* immersif. impératif, *n. et adj.* impulsif. incisif. indicatif, *n. et adj.* infinitif, *n.* inflictif. initiatif. interrogatif. intransitif. inventif. lascif. laxatif. lénitif, *n.* massif, *n. et adj.* motif, *n.* modificatif, *n. et adj.* naïf. négatif. nuncupatif. objectif. obstructif. offensif. oisif. oppositif. oppressif. palliatif. passif, *n. et adj.* pendentif, *n.* pensif. perceptif. perspectif. plaintif. ponsif, *n.* positif, *n. et adj.* possessif. poussif. présomptif. préventif. processif. progressif. prohibitif. pulsatif. pungitif. purgatif, *n. et adj.* rébarbatif. récif *ou* ressif, *n.* récitatif, *n. et adj.* répercussif. répréhensif ( *qui réprimande*). représentatif, *n. et adj.* répressif. répulsif. respectif. responsif. restauratif. restreintif. restrictif. résumptif. rétentif. rétroactif. rétrocessif. révulsif. rosbif, *n.* schérif, *n.* sédatif, *n. et adj.* sensitif. significatif. subjectif. subjonctif, *n.* soporatif. substantif, *n.* subversif. successif. suif, *n.* superlatif. suppositif. suppuratif , *n. et adj.* suspensif. tarif, *n. m.* tardif, *adj.* tensif. tentatif. vif, *n. et adj.* vindicatif. vocatif, *n.* vomitif, *n. et adj.*

..IFE *et* IFER. — Brife, *n. f.* calife, *n. m.* pontife, *n. m. il* tarife ( *v.* tarifer ). *elle* s'attife ( *v.* attifer, *acad.* ). *il* ensuife ( *v.* ensuifer ).

...IFFE *et* IFFER. — Il biffe, *v.* biffer. *il se* rebiffe, *v.* chiffe, *n. f.* escogriffe, *m.* griffe, *n. f. et v.*

....IPHE. — Caïphe, *n. pr. m.* logographe, *n. m.*

....YPHE. — Apocryphe, *adj.* diglyphe, *n. m.* glyphe, *m.* hiéroglyphe, *n. m.* triglyphe, *n. m.* sylphe, *n. m.*

----

....IFRE. — Fifre, *n. m.*

IFFRE *et* IFFRER. — Chiffre, *n. m. et v.* chiffrer. *il* déchiffre, *v. il* empiffre. galiffre, *n. m.* piffre, *m.* quatre-de-chiffre ( *piège* ).

----

....IGME. — Énigme, *n. f.* paradigme, *n. m.* plénigme, *m.* ( *remède* ).

....YGME. — Borborygme, *n. m.* ( *bruit dans les intestins* ).

----

....IGNE. — Interligne, *n. m.* arrière-ligne, *n. f.* tire-ligne, *m.* consigne, *n. f.* guigne, *n. f. il* aligne, *v. il* soussigne , *v. etc.*

----

....IGUE. — Bec-ligue, *m.* bigue, *n. f.* brigue, *n. f.* fatigue, *n. f.* ligue, *n.* intrigue, *n. f.* ligue, *n. f.* prodigue , *adj.* sarigue, *n. m.*, *etc.*

----

....IL, *son dur, que l'on pron.* ILE. — *Dans les* 24 *mots masculins :* alguasil, *n.* ( *goua.* ) avil, *b.* bissextil, *adj.* cil*, *n.* civil, *adj.* exil, *n.* fil (*à coudre*). grémil, *n. b.* incivil, *adj.* mil*, *adj.* morfil, *n.* nil*, *g.* péril, *n.* pistil, *n.* pontil, *n.* profil, *n.* puéril, *adj.* sil* ( *terre* ). sextil, *adj.* stil* ( *de grain* ). subtil, *adj.* vil, *adj.* viril, *adj.* volatil , *adj.*

**....IL, son i.**
Avril, *n.* babil, *n.* baril, *n.* brésil, *g.* chenil, *n.* coutil, *n.* fenil, *n.* fournil*, *n.* fusil, *n.* gril*, *n.* gentil, *adj.* grésil, *n.* ménil, *n.* nombril, *n.* outil, *n.* pénil, *n.* persil, *n. b.* sourcil, *n.*

**.... ILLE *non mouillé* ( son ILE ).**
1° *Dans les* 14 *masc. suivans:* Abbeville, *g.* aphylle, *adj. et n. b.* achille, *n. pr.* belleville, *g.* calville, *n. b.* codicille, *n. m.* fibrille, *n.* gille, *n.* hétérophylle, *adj. m. b.* imbécille, *adj.* lille, *g.* mille*. pupille. tranquille, *adj.* triphylle, *adj. b.* vaudeville, *n.*
2° *Dans les* 3 *noms fém.* idylle. sibille*. ville ( *cité* ).
3° *Dans les* 6 *v.* il distille, *il* instille, *il* oscille, *il* scintille, *il* titille, *il* vacille, *et dans leurs dérivés.*

**..ILLE *mouillé*.**
Drille, *n. m.* quadrille, *n. m.*, *etc. Les moins faciles sont :* aiguille, *n. f.* ( *pron. gui* ). anguille, *f.* ( *pron. ghi* ). apostille, *n. f.* bastille, *n. f.* béquille, *n. f.* bisbille, *n. f.* camomille, *n. f.* cannetille, *n. f.* cédille, *n. f.* coquille, *n. f.* écoutille, *n. f.* esquille, *n. f.* estampille, *n. f.* famille, *f.* faucille, *f.* flotille, *f.* gentille*, *adj. f.* grille, *n. f.* guenille, *f.* jantille*, *n. f.* jonquille, *n. f.* lentille, *n. f.* mandille, *n. f.* mandrill, *m.* ( *singe* ). morille, *n. f. b.* nille*, *n. f.* pacotille, *f.* pastille, *f.* peccadille, *f.* quadrille, *m.* roquille, *f.* souquenille, *f.* squille, *n. f.* torpille, *n. f.* vanille, *n. f.* verticille, *n. m.* vétille, *f.* volatille*, *n. f.* ( *oiseau* ). vrille, *n. f. et v.* ; *plus, dans les v. en* ILLER, *comme* habiller, ( 2 *ll mouillés* ). *Voyez ci-après à la finale* ILLER.

**....YLE.**
Chyle, *n. m.* dactyle, *n. m.* éolipyle, *n. m.* épistyle, *n. f.* eustyle, *n. m.* hétérophylle, *adj.* pentastyle, *n. f. b.* péristyle, *n. m.* prostyle, *adj. m.* pycnostyle, *n. m.* quadriphylle. spontyle. style*. *les thermopyles,* *f. pl.*

**....YLLE, *dur.***
Hétérophylle, *adj. b.* quadriphylle, *adj. b.* triphylle, *adj. b.* sibylle, *f.*

**....ILE *dur*.**
*Terminez par* ILE *tous les autres mots; tels sont :* agile, *adj.* amphismile, *m.* aquatile, *adj.* argile, *n. f.* asile, *n. m.* bacile, *m. b.* bazile, *n. pr.* bibliophile, *n. m.* concile, *n. m.* crocodile, *n. m.* difficile, *adj.* docile, *adj.* domicile, *n. m.* évangile, *m.* facile, *adj.* févrile, *adj.* fertile, *adj.* fossile, *n. et adj.* fragile, *adj.* habile, inhabile, *adj.* immobile, *adj.* indocile, *adj.* inutile, *adj.* mal-habile, *adj.* pamphile, *n. m.* projectile, *adj. et n. m.* presqu'île, *n. f.* reptile, *n. m.* saxatile, *adj.* sébile*, *n. f.* serrefile, *m.* servile, *adj.* sessile, *adj.* sicile, *n. f. g,* ustensile, *n. m.* versatile, *adj.* volatile*, *adj. f.* zoïle, *n. m. Ajoutez-y les fémin. des* 10 *adj. ci-dessus en* IL; *plus, les* 28 *verbes en* ILER *: il* affile, *il* faufile. ( *Voyez ci-après les v. en* ILER, ILLER. )

---

**....ILER.**
28 *verbes :* affiler. annihiler. assimiler. défiler. effiler. faufiler. piler. compiler, *et* 20 *autres qui n'offrent aucune difficulté.*

**....ILLER, ll *mouillés.* *Verbes.***
Apostiller, *v.* babiller. boursiller. brandiller. briller. cheviller. ciller. conseiller, *n. et v.* croustiller. déciller* ( *ôter les cils* ). dessiller ( *détromper* ). déshabiller. écarquiller, *v.* écheniller. effeuiller. entortiller. éparpiller. estampiller. étriller. fauciller. fouiller. fretiller. fusiller*, *v.* gaspiller, *v.* grapiller. griller. habiller, houspiller. nasiller. outiller. persiller. pétiller. piller*. pointiller. quiller*. rhabiller. roupiller. recoquiller. recoqueviller ( *acad.* ). sautiller. sourciller *, *v.* tortiller. vétiller. vriller.

**....ILLER, ll *non mouillés.***
*Dans les* 6 *v.* distiller. instiller. osciller. scintiller. titiller. vaciller.

**....ILIER.**
Boisilier, *n. m.* ( *bûcheron* ). concilier, *v.* familier, *adj.* fusilier*, *n. m.* résilier, *v.* sourcilier*, *n. m.* ( *muscle du sourcil* ).

**....ILLIER, ll *mouillés.***
Aiguillier, *n. m.* boutillier, *n.* clincaillier*, *n.* (*marchand de clinquant*). cochenillier, *n.* coquillier. écaillier *ou* écailler*. groseillier, *n. b.* joaillier*, *n.* mancenillier, *n.* marguillier, *n.* médaillier, *n.* millier, *n.* ll *durs.* mourcillier, *n. b.* quillier, *n.* quincaillier, *n.* vanillier, *n. b.*

| | |
|---|---|
| ....ILIÈRE.<br>....ILLIÈRE. | *C'est le fém. de quelques masc. ci-dessus :* joaillière, quincaillière, serpillière, *etc.* |
| ...YER, AILLER,<br>..EILLER, ELIER,<br>*etc.* | *Pour ne pas nous répéter ici, voyez les finales* AILLER, EILLER, *et* YER. |
| ....ILLION. | Billion*, *ou* milliard. million, *n.* trillion*, *n. m.* rébellion, *n. f.* stellion, *n. m.* tabellion, *m.* |
| .ILLON, *masc.*<br>LL *mouillés.* | Aiguillon, *n.* (*pron.* gu-illon). *Les moins faciles sont :* ardillon, *n.* aureillon*, *n.* barbillon, *n.* bataillon, *n.* billon*. bouillon, *n.* châtillon, *g.* corbillon, *n.* cotillon, *n.* court-bouillon, *n.* crémaillon, *n.* durillon, *n.* échantillon, *n.* écouvillon, *n.* étranguillon, *n.* (*pron.* ghill). faucillon, *n.* goupillon, *n.* grapillon, *n.* graillon, *n.* grillon, *n.* haillon, *n.* médaillon, *n,* négrillon, *n.* oisillon, *n.* oreillon*, *n.* papillon, *n.* pavillon, *n.* penaillon, *n.* postillon, *n.* réveillon, *n.* roidillon, *n.* (*pron.* ré). roussillon, *g.* sillon, *n.* taillon*, *n.* (*impôt*). tatillon, *n.* tortillon, *n.* tourbillon, *n.* tourillon, *n.* vermillon, *n.* |
| ....ILON. | Aquilon, *n. m.* diachylon, *n. m.* filon*, *n. m.* (*veine*). pilon*, *n. m.* talion*, *n. m.* |
| ....IMBE. | Nimbe, *n. m.* limbe, *n. m.* il regimbe, *v.* regimbette, *n. f.* |
| ....IME *par* IM. | Intérim, *n. m.* ibrahim, éphraïm, sélim *et* solim (*n. propres*). |
| ....IME *et* IMER. | Centime, *n. m.* décime, *n. m.* (*v. décimer*). excellentissime, *adj.* illustrissime. magnanime, *adj.* maxime, *n. f.* millésime, *n. m.* pantomime, *adj. et n. f.* pusillanime, *adj.* sérénissime, *adj. Ajoutez-y les* 41 *verbes en* IMER; *tels sont :* il approxime. il exprime. il opprime. il prime. il supprime. *Les autres n'ont aucune difficulté.* |
| ....ÎME, ÎMER. | Abîme, *n. m. et v.* abîmer. cîme, *n. f.* dîme, *n. f. et v.* dîmer. |
| ....ÎMES. | Nîmes, *g. Ajoutez-y la* 1ʳᵉ *pers. du plur. dans les v. de ce son; tels sont :* nous fîmes. nous dîmes. nous partîmes. nous prîmes. nous vîmes. nous prévîmes. (*Voyez la conjugaison.*) |
| ....YME. | Anonyme, *n. et adj.* azyme, *adj.* cacochyme, *adj.* épithyme, *n. m. b.* homonyme, *n. m. et adj.* parenchyme, *n. m.* pseudonyme, *adj.* solyme, *g.* synonyme, *n. et adj.* hymne, *n. f.* (*cantique*). hymne, *n. m.* (*poème*). |
| ...IMENT, *noms.* | Assentiment. assortiment. bâtiment. châtiment. compartiment. pressentiment. poliment, *n. et adv.* régiment. ressentiment. rapatriment. sentiment. |
| ....IMENT, *adv.* | Infiniment. gentiment. joliment. hardiment. poliment, *adv. et n.* uniment. |
| ..IEMENT, *noms.* | Licenciement. maniement. ralliement. rassasiement *ou* rassasîment. remaniement (*ou* îment). remerciement (*ou* cîment). *Voyez à la finale* MENT *l'observation sur les difficultés dans la formation des adv.* |
| ....YMPHE. | Lymphe, *n. f.* nymphe, *n. f.* paranymphe, *n. m. Aucun mot n'est en* INFE. |
| ....IN, AIN, *etc.* | *Voyez à la finale* AIN *les mots terminés en* IN, IEN, INC, ING, INS, INT, *etc.* |
| ..INCE *et* INCER. | *Il* émince (*v. émincer*). il épince. il évince (*v. évincer*). il grince, *v.* mince, *adj.* pince, *n. f. et v.* province*, *n.* il rince, *v.* |

| | |
|---|---|
| *Suite de* INCE *par* ....INSSE. | *C'est la finale dans le subj. des v. composés de* TENIR *et de* VENIR : *que je* tinsse, *que je* continsse, *que je* vinsse, *que je* devinsse, *que je* provinsse*, survinsse, *etc.* ( *Voyez la conjugaison.* ) |
| ....INSE *par* ENS. | Le Camoens, *n. pr. m.* rubens, *n. pr. m.* ( *peintre flam.* ). reims, *g.* ( *pron.* rince ). |

---

| | |
|---|---|
| ....INCHE. | Clinche, *n. f.* ( *d'une porte, malgré* déclencher, *v.* ). guinche, *n. f.* ( *outil* ). |

---

| | |
|---|---|
| ....INCTE. | Distincte *et* succincte, *adj. f. de* distinct *et de* succinct, *adj. m.* |

---

..INCRE *par* AINCRE. *Dans* vaincre *et* convaincre. *Aucun mot n'est en* INCRE.

---

| | |
|---|---|
| ..INDE *et* INDER. | *Il* blinde, *v.* blinder, clorinde, *n. f.* dinde, *n. f.* poule-dinde, *n. f.* coq-dinde, *m.* poulet-dinde. guinde, *n. f.* ( *du v.* guinder ). inde, *g.* pinde, *g. il* scinde, *v. il* rescinde, *v.* |

---

| | |
|---|---|
| ....INDRE. | *Voyez à la finale* AINDRE. |

---

| | |
|---|---|
| INE *et* INER. | Bassine, *n. f. et v.* bassiner. bruine, *n. f.* (*pron.* bru - ine *en poésie*), *v.* bruiner, *et tous les noms f. en* INE, *dont le masculin est en* IN ; *tels sont :* cousin, cousine; divin, divine; enclin, encline, *etc.* ( *On les trouve par leur difficulté.* ) *Les moins faciles sont :* angine, *n. f. il* affine, *v. il* assassine, *v. il* baragouine. bassine, *n. f. et v.* bécassine, *n. f.* bottine, *n. f. il* calcine*, *v.* capucine, *n. f.* cassine, *n. f.* cochinchine, *g.* colline, *f.* caroline, *f.* coraline ( *vermifuge* ). cornaline ( *pierre* ). couleuvrine. crapaudine. czarine. dauphine, *n. il* décline, *v. il* dessine, *v.* discipline, *n. f. et v. il* doucine, *v.* égohine (*petite scie*). églantine. érine* *ou* érigne, *n. f.* errine, *n. f.* fascine, *n. et v.* guillotine, *n. f.* houssine, *n.* jautbine, *n. f. b.* lettrine, *f.* lucine, *n. pr.* maline* ( *t. de mar.* ). médecine. messine, *g.* moissine, morphine, *n. f. b.* mousseline. *il s'obstine, v.* piscine, *n.* platine, *n. m.* ( *or blanc* ). platine, *n. f.* ( *d'un fusil, etc.* ). racine, *n. f. b. et n. pr. m. il* raffine, *v.* résine, *n. f.* ruine, *n. f. et v.* ( *mais en poésie on pron.* ru-ine ). sacristine, *n. f.* scarlatine, *adj. f.* térébenthine, *n. f.* visitandine, *n. f.* vaccine, *n. f. et v.* zibeline, *n. f.* |
| ....INE *par* EEN. | Spleen, *n. m.* ( *maladie, on pron.* spline ). |
| ....INES. | Malines*, *g.* matines, *n. f. pl.* (*prières*). philippines, *g.*, *et tous les noms ci-dessus au pl.* |
| ....YNE. | Androgyne, *n. m.* mnémosyne, *n. f.* (*déesse de la mémoire*). |

---

| | |
|---|---|
| INGLE, INGLER. | *Il* cingle ( *v.* cingler ). épingle, *n. f. et v.* tringle, *n. f. et v.* |

---

| | |
|---|---|
| ....INGRE. | Malingre, *adj.* |

---

| | |
|---|---|
| ....INGUE *et* ....INGUER. | Bastingue, *n. f. et v.* bastinguer. bastringue, *n. m.* berlingue, *n. f.* bringue, *n. f.* camerlingue, *n. m. il* distingue, *v.* saint-domingue, *g.* clingue, *n. m.* flessingue, *g. il* fringue, *v. il* gingue, *v.* groningue, *g.* meringue, *n. f.* norlingue, *g.* ramingue, *adj.* ( *qui résiste à l'éperon* ). seringue, *n. f. et v.* poudingue*, *n. m.* (*cailloux agglutinés*). |
| ....INQUE. | *Voyez* AINQUE. |

---

| | |
|---|---|
| ...INTE , YNTHE. | *Voyez à la finale* AINTE : crainte, enceinte, feinte, yacinthe, *etc.* |

---

| | |
|---|---|
| ÎNTRE, ÎNTRER. | Cintre, *n. m. et v. il* décîntre, *v.* décîntrer. peintre, *n. m.* |

....INX.　Sphinx, *n. m.* (*monstre marin*). syrinx, *n. f.* (*nymphe*).

....YNX.　Larynx, *n. m.* ( *nœud de la gorge* ). lynx, *n. m.* (*animal*). spharynx, *n. m.* (*orifice du gosier*).

....INZE.　Quinze, *n. de nombre inv.*

....ION.　*Pour les finales en* CION, SION, TION, XION, *voyez* SION; *mais pour les autres, voyez* GNON, ILLION, LION, *etc., suivant l'espèce de difficulté qui embarrasse.*

....ÏONS.　*C'est la finale de la* 1re *pers. pl. de l'impar. de l'indicatif, et celle du subj. des v. en* OUER *et* UER; *tels sont: nous* louïons, *nous* diminuïons. ( *Voyez les conjugaisons.* )

....IIONS.　*C'est la finale de la* 1re *pers. pl. de l'impar., et du subj. des v. en* IER: *nous* niions, *nous* orthographiions. (*Voyez cette conjugaison.*)

....YIONS.　*C'est la finale de la* 1re *pers. pl. de l'impar. et du subj. des v. en* AYER, EYER, OYER, UYER. (*Voyez ces conjugaisons.*)

....YON.　Alcyon, *n. m.* amphitryon, *n. m.* broyon*, *n.* clayon et crayon ( *pron.* clai *et* crai). embryon, *n.* hypopyon, *n.* lamproyon, *n.* lyon*, *g.* noyon*, *g.* pleyon, *n.* rayon, et sayon (*sorte d'habit; pron.* rai *et* sai). saintyon, *g. et n. propr.*

.. IPE *et* IPER.　*Il* anticipe (*v.* anticiper). constipe, *v.* dissipe, *v.* émancipe, *v.* excipe, *v.* œdipe, *n. m.* euripe, *g. il* fripe, *v.* participe, *n. m. et v.* pipe, *n. f. et v.* principe, *n. m.* tripe, *n. f.* tulipe, *n. f. b.*

....IPPE, IPPER.　*Il* agrippe (*v.* agripper). aristippe, *n. m.* cippe, *n. m.* grippe, *n. f. et v.* grippe-sou, *n.* lippe, *n. f.* nippe, *n. f. et v.* philippe, *n. pr. m.* xantippe, *n. pr.*

....YPE *et* YPER.　Archétype, *n. m.* ectype, *n. f.* monotype, *m.* polyamatype, *adj.* polype, *n. m. il* polytype, *v.* prototype, *n. m. et v.* type, *n. m.* stéréotype, *adj. n. et v.*

....IPLE.　Condisciple, *n.* disciple, *n.* multiple, *n. et adj.* triple, *n. et adj.*

....YPRE.　Cypre *ou* cypra ( *myth.* ). chypre, *g.* ypres, *g.*

....IPSE, IPSER.　Éclipse, *n. f. et v.* éclipser. ellipse, *n. f. et v.* paralipse, *n. f.* ips, *n. m.* ( *insecte; pron.* ipse ).

....YPSE.　Apocalypse, *n. f.* gypse, *n. m.* (*plâtre*).

....YPTE.　Crypte, *n. f.* ( *souterrain, fosse* ). égypte, *n. f. g.*

....IQUE　*Voyez la finale* IC.

....IR, *noms masculins.*　Aboukir, *g.* avenir*, *n. m.* casimir*, *n.* centumvir (*pron.* cein). cuir*, *n.* décemvir, *n.* déplaisir, *n.* désir*, *n.* dormir, *n. et v.* duumvir. elixir, *n. m.* émir. fakir. guadalquivir, *g.* (*pron.* gou-a). loisir. nadir. plaisir. repentir. ressouvenir. saphir. soupir*. souvenir. tir*, *n.* triumvir. visir. zéphir* (*vent*). shakespear *ou* shakspeare (*pron.* cheespire).

....IRE, *noms.*　Cachemire, *n. m. et g.* caquepire, *n. m. b.* cire*, *n. f.* (*à cacheter*). déjanire, *n. pr.* délire, *n. m.* (*fièvre*). dire, *n. m. et v.* empire, *n. m. et v.* épire, *g.* hégire, *n. f.* ire, *n. f.* messire, *n. m.* mire*, *n. f. et v.* navire, *n. m.* ouï-dire, *n. m.* (*inv.*). pire, *adj. m.* poncire, *n. m. b.* rire *ou* ris, *n. m.* satire *, *n. f.* sbire, *n. m.* sire, *n. m.* (*roi*). sourire *ou* souris, *n. m.* tire*, *n. f.* tire-lire, *n. f.* vampire, *n. m.*

....YR.　Martyr*, *adj. m.* tyr, *g.* zéphir*, *n. m. ou* zéphyr (*vent doux*).

*Suite de* IR *par* ....YRE.  { Apyre, *adj. m.* collyre, *n. m.* dialépyre, *f.* (*fièvre*). lyre*, *n. f.* martyre* (*supplice*). satyre, *n. m.* (*myth.*). zéphyre*, *n. m.* (*myth.*).

IRRHE *et* YRRHE.  { Cirrhe*, *n. m.* (*filament de la vigne*). myrrhe, *n. f.* (*gomme*). squirrhe, *n. m.*

..IRE, 54 *verb.*  { *On reconnaît qu'un verbe est en* IRE *avec un* E *, lorsque le participe est terminé en* YANT, IVANT OU SANT *doux, excepté* MAUDIRE, *qui fait maudissant :* bruire, *v.* circoncire. circonscrire. conduire, *v.* confire. construire. contredire. cuire*. déconfire. décrire. dédire. déduire. détruire. dire (*ce v. fait au présent, vous* dites (*voy.* ites.). éconduire. écrire. élire. enduire. s'entre-dire. frire. induire. inscrire. instruire. interdire. lire*. luire. maudire. médire. nuire. occire. prédire. prescrire. produire. proscrire. reconduire. reconstruire. récrire. redire. réduire. réélire. refrire. relire reluire. reproduire. rire. séduire. sourire. souscrire. suffire. suscrire. traduire *et* retraduire. transcrire *et* retranscrire ; *telle est aussi la finale de la* $1^{re}$ *et de la* $3^e$ *pers. du sing. dans les* 25 *v. en* IRER, *comme* admirer, *qui font :* j'admire. j'expire. j'inspire. je transpire.

....IRENT, *v.*  { *C'est la finale de la* $3^e$ *pers. pl. dans tous les verbes de ce son :* ils admirent (*v.* admirer). ils admirent (*v.* admettre). ils transpirent, *etc.* (*Voyez la conjugaison.*)

414 *verbes en* IR *sans* E.  { *On reconnaît qu'un verbe est en* IR *sans* E *final, lorsque le participe est terminé en* ANT *ou en* SSANT *rude, comme :* accueillant, finissant ; *excepté* FUIR *qui fait* FUYANT : finir. accueillir. acquérir. haïr, *etc.* (*Voy. les conjug.*) *Voici les 3 difficultés que peuvent offrir ces verbes en* IR *sans* E :

$1^o$ AN *est écrit par* A *dans les* 19 *verbes :* affranchir. amaigrir. anéantir. anoblir* (*une personne*). appesantir. aplanir. bannir. blanchir, *et ses composés ;* brandir. chancir. empuantir. franchir. garantir. grandir. languir. nantir. rancir. sancir *et* transir (*on pron.* TRANCIR).

$2^o$ EN *est écrit par* E *dans* 38 *autres verbes ; tels sont :* assentir. consentir. démentir. emmaigrir *ou* amaigrir. ennoblir (*une action*). enorgueillir. ensevelir. s'entre-haïr. entr'ouvrir. envahir. ralentir. *se repentir.* resplendir. ressentir. retentir. pressentir. sentir, *et les autres.*

$3^o$ *lorsque* A, *qui commence un v. en* IR, *est immédiatement suivi d'une des 6 lettres* C. F. P. R. S. T., *on double cette lettre comme dans* accueillir, affaiblir, appartenir, arrondir, assujétir, asservir, attendrir, souffrir, *excepté dans* acquérir, *où le* C *représente la lettre* Q. *Enfin, dans les autres v. en* IR, *si l'on éprouvait quelque autre difficulté, ce ne pourrait être que dans les suivans :* abâtardir. adoucir. ahurir. amincir. amollir. amortir. appauvrir. applaudir. approfondir. assaillir. assainir. assoupir. assouvir. attérir. bâtir. baudir. blenir. blottir. bouffir. bouillir. débouillir. courir. cucillir. dégauchir. désassortir. desservir. durcir. ébahir. s'ébaudir. éclaircir. embellir. enhardir. enlaidir. enorgueillir. épaissir. faillir. faiblir. farcir. gauchir. grossir. hennir (*pron.* anir). honnir. jaillir. maigrir. mésoffrir. mollir. mourir. noircir. nourrir. obscurcir. pourrir. pressentir. ressentir. rafraîchir. rajeunir. rebaudir (*t. de chasse*). recueillir. rejaunir. rembrunir. ressaisir. ressouvenir. rétrécir. réussir. roussir. saisir. secourir. sortir. souffrir. trahir. tressaillir. vieillir. vomir. (*Voyez les conjugaisons.*)

....HIR.  { HIR *à la fin des* 4 *v. :* brouhir *ou* brouïr, ébahir, envahir *et* trahir. *Du reste voyez la finale* DIRE, *ou la conjugaison.*

...IRCE *par* IRSE.  Thyrse, *n. m. Il n'y en a aucun en* IRCE.

| | |
|---|---|
| ....IS, *son doux.* | *Voyez à la finale* I. |
| ....IS, *son rude.* | *Voyez à la finale* ICE. |

| | |
|---|---|
| ....ISSANT. | Adoucissant. assoupissant. languissant. divertissant. finissant, *etc. C'est la finale des v. réguliers en* IR , CIR , *etc.* |

| | |
|---|---|
| ....ISE , *doux.* | Héloïse, *n. pr. f.* moïse, *n. pr. m.* |
| ....YSE *et* YSER. | Analyse, *n. f.* apophyse, *n. f.* cambyse, *n. pr.* diaphyse, *n. f.* il dépayse, *v.* épiphyse, *n. f.* symphyse, *n. f.* il paralyse (*v. paralyser*). |
| ....ISE, ISER. | *Il* aiguise, *v.* aiguiser (*pron.* gu-i). amphise, *et tous les autres de ce son, comme* amphrise, *g.* il baptise, *v.* cagnardise, *n. f.* il catéchise, *v.* céphise, *n. f.* il exorcise, *v.* fainéantise, *n. f. et v.* guise, *n. f. ; mais on prononce* gu-i *dans* guise, *n. m. g.* gourmandise, *n. f.* incise, *n. f. et v.* il indemnise, *v.* il martyrise, *v.* il préconise, *v.* il prophétise, *v.* un remise (*voiture*). remise, *n. et adj. f.* il solennise, *v.* (*pron.* sola ). il symétrise, *v.* il sympathise, *v.* il thésaurise, *v.* il tranquillise, *v.* il tympanise, *v.* il tyrannise, *v.*, *etc. Voyez par la difficulté.* |

| | |
|---|---|
| ..ISSE, *son rude.* | *Voyez à la finale* ICE. |

| | |
|---|---|
| ....ISQUE , ISC. <br> ...ISK *et* ISQUER. | Astérisque, *n. m.* (*et non pas* astérique). bisque, *n. f. et v.* (bisquer, *v.*). il confisque, *v.* disque, *n. m.* obélisque, *n. m.* odalisque, *n. f.* risque, *n. et v.* trochisque *ou* trochique, *n. m.* fisc, *n. m.* ( *droit fiscal*). wisk, *m.* ( *jeu de cartes ; on prononce* ouiske). |

| | |
|---|---|
| ...ISSEMENT. | Gémissement, vagissement, *et tous les mots qui ont ce son dur ; ils dérivent des v. en* IR , *comme* amollissement, assujettissement, envahissement, *qui viennent des v.* amollir, assujettir *et* envahir. *Quant aux mots terminés en* CISSEMENT *par* C *ou par un* S, *voyez à la finale* CISSEMENT. |

| | |
|---|---|
| ....ISSER. | *Voyez à la finale* CER. |

| | |
|---|---|
| ....ISSEUR *et* ISSEUSE. | *Voyez les finales* CEUR *et* CEUSE. |

| | |
|---|---|
| ....ISSIER *et* ISSIÈRE. | *Voyez les finales* CIER *et* CIÈRE , *ou la finale* AIR. |

| | |
|---|---|
| ....ISSION *et* ITION. | *Voyez à la finale* SION. |

| | |
|---|---|
| ....ISSON. | *Voyez à la finale* SON. |

| | |
|---|---|
| ....ISME *et* <br> ....ISTHME. | Accisme, *n. m.* anabaptisme, *n. m.* anachronisme, *n. m.* anatocisme, *n. m.* ( *l'intérêt des intérêts*). catéchisme, *n. m.* cathétérisme, *n. m.* catholicisme , *m.* ecclatisme, *n. m.* éclectisme, *m.* exorcisme, *m.* odaxisme, *m.* paroxisme, *m.* pédantisme. ptyalisme, *et tous les autres , excepté* isthme, *n. m.* ( *On les trouve par leur difficulté.* ) |

| | |
|---|---|
| ....ISTE. | Anabaptiste, *n. m.* aoriste, *n. m.* (*pron.* oriste ), *etc. ; les moins faciles sont :* baptiste*, *n. pr.* batiste, *n. f.* ( *toile*). choriste, *n. m.* chiste, *m.* (*pron.* kiste). duelliste, *m.* égoïste, *m.* exorciste, *m.* feudiste, *m.* lazariste* (*prêtre de Saint-Lazare*). libelliste. liquoriste. ornemaniste (*sculpteur d'ornemens*). panégyriste. pépiniériste. physionomiste. polythéiste ; *m.* pyroboliste. séminariste. sophiste. schiste. théiste. trappiste. trismégiste, *m.* ( *t. d'imp.*). |
| ....IST *rude.* | *Dans* zist-zest *et dans le* christ; *mais on ne prononce pas le* x *dans* jésus-christ. |

....YSTE. | Analyste* , *n. m.* améthyste, *n. f.*

---

....IT. | *Voyez la finale* I.

---

...ITE *et* ITER. | *Il* abrite, *v.* abriter. arthrite, *n. f.* ( *douleur* ). cucurbite, *n. m.* ermite, *n. et adj.* lazarite* ( *chevalier de Saint-Lazare* ). scénite, *et tous les autres, excepté les suivans :*

....ÎTE *et* ÎTER. | Gîte, *n. m. et v.* gîter; *mais on ne doit pas prononcer le* T *dans* ci-gît ( *ici repose* ).

...ITTE *et* ITTER. | *Il* acquitte, *v.* acquitter. *il* quitte, *v. il en est* quitte, *adj.* fritte *ou* frite, *adj. f. de* frit.

....ITES. | *Cette finale* ITES, *sans accent, ne s'emploie au présent de l'indicatif que pour les 3 v. en* DIRE : *vous* dites, *vous* redites, *et vous vous en-tre-dites; mais les 6 autres verbes qui sont formés du v.* dire, *ont le présent en* isez : *vous* dédisez, *vous* contredisez, *vous* interdisez, *vous* maudissez, *vous* médisez *et vous* prédisez.

....ÎTES. | *Cet accent circonflexe sur* ÎTES *désigne la* 2 *pers pl. du prét. défini dans tous les verbes de ce son final ;* EX. : *hier vous* dîtes, *vous* fîtes, *vous* prédîtes, *etc.* ( *Voyez la conjugaison des v. terminés en* DIRE. )

....ITE, *par*<br>....IT , *masc.* | Accessit, *n. m. inv.* aconit, *n.* déficit, *n. inv.* granit ( *pierre* ). huit, *inv. et* dix-huit ( *on n'en prononce pas le* T *devant une consonne* ). in-dix-huit, *inv.* introït, *n. m.* prétérit, *n.* prurit, *n.* rit *ou* rite, *n.* transit ( *passavant* ). subit, *adj. masc.* ( subite, *adj. f.* ).

....ITH. | Judith, *n. pr. f.* turbith, *n. m. b.* zénith ( *t. de sphere* ).

....ITHE. | Chrysolithe, *n. f.* ( *pierre* ). hippolithe, *n. f.* ( *pierre* ). lapithe, *n. m.* oolithe, *n. m.*... ( *coquille pétrifiée* ). scythe ( *peuple* ). zéolithe, *n. f.* zoolithe, *n. m.* ( *pierre* ).

....YTE. | Acolyte, *n.* botryte, *m.* cocyte, *n. m.* hippolyte, *n. pr.* lithopophyte, *m.* néophyte, *n.* prosélyte, *n. et adj.* zoophyte, *n. m.*

---

....ITME , YTHME. | Algorithme, *n. m.* logarithme, *n. m.* rythme, *n. m.*

---

....ITZ. | Austerlitz , *g.* strélitz, *n. m. pl.* ( *ancienne infanterie moscovite* ).

---

....ITRE *et* ÎTRE. | Bélître, *n. m.* épître, *n. f.* pupitre, *n. m.* huître , *n. f. Les autres sont sans accent :* décalitre, *n. m.* décilitre, kilolitre, hectolitre, *etc.; on les trouve par leur difficulté.*

---

....IVE *et* YVES. | Saint-yves, *n. pr. ; tous les autres par* IVE, *comme :* gencive *et* lessive. ( *Voyez la finale* CIVE , *etc.* )

---

....IX , *son* IS. | *Voyez à la finale* I.

---

...IX, *son rude.* | Alix, *n. pr.* anthélix, *n. m.* béatrix, *n. f.* cadix , *g.* cérambix, *n. m.* ( *insecte* ). cocatrix, *n. m.* ( *basilic* ). érix, *n.* félix, *n. pr.* larix *ou* laix, *m. b.* phénix, *n. m.* préfix, *adj. m.* scandix, *n. f. b.* six *et* dix ( *on pron.* ICE, *lorsqu'ils sont seuls ; mais on prononce* IS, *lorsqu'ils sont suivis d'un autre mot* ).

....IXE. | Fixe, *adj.* prolixe, *adj.* préfixe, *adj. f.* ( *de* préfix, *m.* ) rixe, *n. f.*

....YX. | Coccyx, *n.* ( *t. de chir.* ). onyx, *n. m.* ( *pierre* ). oryx, *n. m.* styx, *m.* ( *fleuve* ).

---

....J *par* G.<br>....G *par* J. | *Voyez-en l'explication à la finale et à l'initiale* G, *pour ne pas nous répéter ici.*

| | |
|---|---|
| ....JA. | Aglaja, *n. m. b.* déjà (*adverbe*). quoja, *g.* (*roy. en Afrique*). |
| ....JAS. | Jas, *n. m.* (*2 pièces de bois pour soutenir l'ancre d'un vaisseau*). |
| ....JAT. | Goujat, *n. m.*, et margajat, *n. m.* (*t. populaire*). |
| ....GEAS. | *C'est la finale des* 158 *v. en* GER, *à la* 2ᵉ *pers. de ce son; tels sont : tu jugeas, tu mangeas.* (*Voyez la conjugaison des v. en* GER.) |
| ....GEA. | *C'est la finale de la* 3ᵉ *pers. de ce son dans les mêmes verbes.* |
| ...GEAT et GEÂT. | *Excepté dans* abigeat, *n.* orangeat, *n. et* orgeat, *n., la finale* geât *ne termine que les v. en* GER, *à la* 3ᵉ *pers. de l'imparfait du subjonctif.* Ex : *je voudrais qu'il* jugeât, *qu'il* mangeât, *qu'il* obligeât. *Voyez la conjugaison des v. en* GER. |
| ....GEABLE. | *Echangeable,* mangeable, *etc.; aucun n'est par* JABLE. *Voyez* gable, *son rude.* |
| ....JARS. | Jars, *n. m.* (*oie mâle*). jarre, *n. f.* (*cruche*). j'arrhe (*v.* arrher). |
| ....JE. | Je* ou moi (*pronom de la* 1ʳᵉ *pers.*), *et* cucuje, *n. m.* (*genre d'insectes*), *sont les* 2 *seuls mots terminés par* JE. |
| ....JEU. | Jeu, *n. m.* enjeu, *n. m.* |
| ....GE. | *On termine par* GE *tous les autres mots de ce son; tels sont :* je juge, jugé-je? je mange, mangé-je? je préjuge, préjugé-je? |
| ...GEUX, GEUSE. | *Tels sont :* avantageux, avantageuse... courageux, courageuse... *et tous les adj. m. dont le fém. est en* geuse. *Voyez les finales* EUX *et* EUSE. |
| ....JÉ. | *Aucune* finale par JÉ. |
| ....GÉ et GER. | *Noms : La finale* GER *termine* 24 *noms masc. :* danger, boulanger, *n.* lignager. verger, *n.*, *etc. Voyez-les après la finale* AI.<br>*Verbes : Les* 158 *v. en* GER, *et leur participe en* GÉ, *sont écrits avec un* G ; *les moins faciles sont :* abréger, allonger, adjuger, assiéger, déménager, emménager, endommager, juger, manger, rallonger, prolonger, transiger, vendanger, voyager. (*Voyez les finales* GÉ *et* GER, *à la lettre* G.) |
| ....JEAN et JEN. | Trajan, *n. pr. Voyez les homonymes, au mot* GENS. |
| .GEANT et GENT. | *Voyez à la finale* GENT *par* G, *ou à la finale* AN. |
| ....J et G intérieurs. | *Excepté* gingembre, *qui n'a pas de dérivés, tous les autres mots où il y a un* J *ou un* G *conservent ce* J *ou ce* G, *suivant les mots plus simples dont ils sont formés; tels sont :* assujettissement, assujettir... (*dérivés de sujet*). projection, projeter.... (*dérivés de projet*). bajoire, bajoue (*dérivés de joue*). mugissement (*de mugir*). enjambement, enjamber, jambon (*dérivés de jambe*). préjugé, jugement, *etc.* (*dérivés de juger*). réjouissance, réjouir, *etc.* (*de joie*); *tels sont également :* adjoint, adjonction, injonction, *de joindre;* majesté, majestueux, major, majorat, majordome, *et* majorité; mijorée *ou* mijaurée (*de mijoter*); réjaugeage, réjauger, *de jauge; ainsi des autres. Voyez aux initiales et aux finales par* G *ou par* J, *suivant la difficulté; ou voyez l'explication détaillée sur les difficultés de* G *et de* J, *à la finale* G. |
| ....JEANNE. | *Voyez à la finale* ANE. |
| ....JET, GET, GEAI, GEAIT. | *Voyez aux finales* GÉ *et* AI, *ou les homonymes au mot* J'AI. |

| | |
|---|---|
| ...JEUR *et* GEUR. | *Excepté* majeur, *n. et adj. m.*, *et* majeure, *n. et adj. f.*, *les* 22 *autres mots sont en* GEUR *avec un* G *sans* E *final, comme* mangeur. *Voyez-les à la finale* GEUR. |

| | |
|---|---|
| ....JEUX. | *Des* jeux, *des* enjeux, (*pl. de un* jeu*, *un* enjeu); *tous les autres sont en* GEUX. *Voyez-les finales* GE *et* E, *ou la finale* EU *après la finale* ETER. |

....JOIE, GEOIS, JOUET. *Voyez à la finale* OI, *et les homonymes.*

| | |
|---|---|
| ....JON. | Arpajon, *g.* bijon, *n. m.* (*gomme.*) dijon, *g.* donjon, *n.* goujon, {*et* jonc, *n.* (*du v.* joncher). |
| ....GEON *et* ....GEONNER. | Badigeon, *n.* (*de* badigeonner, *v.*). bourgeon, *n....* drageon, *n...* escourgeon (*espèce d'orge*). esturgeon (*poisson*). pigeon, *n...* plongeon, *n.* sauvageon, *n.* surgeon, *n.* vingeon, *n. m.* (*canard*). |
| ....GEONS. | *Finale du pl. des noms ci-dessus; plus, celle de la* 1re *pers. de ce son, dans les v. en* GER; *tels sont : nous* mangeons, *nous* jugeons, *etc.* (*Voyez la conjugaison des v. en* GER.) |

| | |
|---|---|
| ....JI. | *Aucun. Tous par* GI; *tels sont :* mugi, mugir, mugissant, *etc.* |
| ....IJ *intérieur.* | Mijorée *ou* mijaurée, *n. f.* mijoter, *v.* quadrijumeaux, *n. pl...* bijoutier... bijou... *n.* bijon, *b.* dijon, *g. Voyez-les à l'initiale et à la finale.* |

| | |
|---|---|
| ....JOU. | *Voyez à la finale* OU, *et les homonymes.* |

| | |
|---|---|
| ....JURE , JURER. | *Il* abjure, *v.* abjurer. *il* adjure, *v. il* conjure, *v.* goujure, *n. f. il* jure, *v.* parjure, *n. et v.* |
| GEURE, *son* JUR. | Gageure, *n. f.* chargeure, *f.* (*t. de blason.*) égrugeûre, *n. f.* envergeure, *n. f.* (envergure, *t. de mar.*) mangeure, rongeure, *n. f.* vergeûre, *n. f.* |

| | |
|---|---|
| ....GNER. | Assigner, consigner, *et tous les v. en* GNER. |

| | |
|---|---|
| ....K *intérieur.* | *Par* KA, KAI, KEI, KO, *etc. Voyez les finales* A, AI, I, AU, IC, ISQUE, OC, *etc.; ou voyez la lettre* Q *final.* |

....LA, LÉ, LI, LO, LU, LARD, *etc. Voyez aux finales* A, AI, I, AU, U, ARD, *etc.*

| | |
|---|---|
| ....*Double* L. | 2. LL *à l'intérieur : voyez les initiales et les finales en* ALL, ELL, ILL, OLL, ULL, *etc.; les moins faciles sont :* allonger... allouer... allumer... balloter... billon*. bulle. bulletin. capillaire. calligraphie... collection... collége... collègue. collerette... collier*, *n.* corollaire, *n. m.* ébullition. excellence... falloir, *v.* gallicisme... hallebarde... hellène. helléniste. hellénisme. hollande, *g...* imbécille *ou* imbécile... interpellation... intervalle... *m.* libelle... *m.* rebelle, *m....* malléable. million... miellleux... moelleux... mollesse. molleton. mollir, *v.* nullité... pusillanimité... rallonger... solliciter... tranquille... tranquillité... vallée. vallon... vacillation... village..., *et quelques autres. On les trouve tous par la syllabe qui embarrasse. Voyez les finales* ELLE, ILLE, ELLER, ILLER, LIER, ALLE, OLLE, ULE, *etc. Quant aux deux* L *mouillés, tels que dans* bouillon, enfantillage, échantillon, papillon, postillon, tourbillon, vermillon, *le son de ces* 2 L *n'offre aucune difficulté; d'ailleurs voy. la finale* ILLON. |

| | |
|---|---|
| ....LAN. | Brelan, *n. m.* clan, *n.* castillan, *n.* catalan, *n.* ceylan, *g.* chambellan, *n.* chambrelan. coriolan. flan* (*tarte.*) merlan. palan. plan* (*projet.*) *Voyez la finale* AN. |

| | |
|---|---|
| *Suite de* LAN *par* ....LAND. | Chaland, *adj. et n. m.* gland, *n.* groënland, *g.* jutland, *g.* mariland, *g.* northumberland , *g.* osterland, *g.* roland , *n. pr.* rutland , *g.* |
| ....LANT. | Cervolant*, *n.* galant, *n. et adj.* pétulant , *adj.* plant*, *n.* appelant , *et tous les participes en* lant *des v.* en LER. |
| ....LENT. | Corpulent, *adj.* dolent, *adj.* équivalent*, *adj. et n.* excellent*, *adj.* indolent, *adj.* insolent , *adj. et n.* lent*, *adj.* opulent , *adj.* succulent , *adj.* talent, turbulent, *adj.* violent*, *adj.* virulent , *adj.* |
| ....LANDE *et* ....LENTE. | *Ce sont les finales du fém. des mots ci-dessus. Voyez aux finales* ANDE *et* ANTE. |
| ..LAN *intérieur.* | Achalander, *v*... alambic*, *n. m.* atlantique, *adj.* avalange, *n. f.* balancer, *v*... boulanger, *n. m*... calambour* (*bois*). calandrer, *v*... calandrerie... esclandre, *n. f.* filandreux... guirlande. hollande, *g*... irlande, *g*... islande, *g*... houppelande, *n. f.* malandreux... mélancolie... mégalanthropogénésie. mélancolic... mélanger, *v*... overlande. palanquin. philanthropie *ou* philantropie... phalange. phalangose. relancer, *v*... taillandier, *n. m*... vaillanterie (LL *mouillés*). zélande, *g*... |
| ..LEN *intérieur.* | Alentour*, *n.* calembredaine , *n. f.* calembour *ou* calembourg*. les calendes ( *grecques* ). calender, *n. m.* calendrier, *n. m.* calenture, *n. f.* excellence , *n. f*... excellentissime, *adj.* malencontreux, *adj*... malentendu, *n. m.* pestilentiel, *adj. m.* ralentir, *v*... silence, *n. m.* silencieux... solenniser, *v.* solennité... (*pron.* sola). *Voyez aux finales* ANCE, ANDE, ANTE, *etc.* |
| ....LIER , *noms.* | Atelier, *n. m.* azerolier, *m. b.* bélier, *m.* boisselier, *m.* boisilier (*t. de mar.* ). bourrelier, *n.* cellier*, *m.* sellier*, *m.* chancelier, *m.* chandelier, *m.* fusilier*, *m.* mobilier, *m.* néflier, *b.* palier*, *m.* peuplier, *m. b.* poêlier, *m.* roulier*, *m.* sommelier*, *m.* soulier*, *m.* tablier, *m.* templier, *m.* tuilier, *m.* voilier, *m.* ; *les moins faciles sont à la finale* AI. |
| ..LLIER , *noms.* | Boutillier, *m.* clincaillier (*marchand de clincailles*). quincaillier*, *m.* cochenillier, *m. b.* coquillier, *m.* dallier, *m.* écaillier *ou* écailler*, *m.* groseillier, *m.* joaillier*, *m.* mancenillier, mallier, *m.* (*cheval de brancard*). marguillier, *m.* médaillier, *m.* millier, *m.* quillier, *m.* |
| ..LIER , LLIER *et* ..ILLER , *verb.* | *Verbes :* boursiller, *v.* conseiller, *n. et v.* concilier, *v.* dessiller, *v.* écarquiller, *v.* mailler*, *v.*, *etc. Voyez tous ces v. aux finales en* EILLER, ILLER, EILIER, ELLER , *etc. ; suivant la difficulté.* |
| ....LION. | Galion, *m.* rebellion, *m.* stellion, *m.* tabellion, *m.* pygmalion, *m. Voyez les autres aux finales* ON , SION , ILLION , *etc., suivant la difficulté.* |
| ....LO , LON , LU , LURE , *etc.* | *Voyez aux finales* ON , U , UR , *etc.* |
| ....MA, MAR, MAI, ME, MER, MU , MI, MEAU, *etc.* | *Voyez les homonymes, et les finales* A , AR , AI , EU , AIR , I , AU , U , *etc.* |
| ....MAIN , MEN , MIN. | *Voyez la finale* AIN , *et les homonymes.* |
| ...MAINE, MÈNE. | *Voyez la finale* AINE , *et les homonymes.* |
| ....MAÎTRE, MÈTRE, METTRE. | *Voyez la finale* AÎTRE , *et les homonymes.* |
| ....MAL. | *Voyez la finale* AL , *et les homonymes.* |
| ....MAN *et* MEN. | ( *Dans l'intérieur des mots.* ) *Voyez après la finale* MENTIR. |

| | |
|---|---|
| ....MAN. | Aman*, *n. pr.* bosseman , *n.* (*t. de mar.* ). caïman, *n. m.* doliman. drogman. esquiman. firman. iman, *n. m.* maman, *n. f.* ottoman, *m.* roman*. talisman. trucheman, *n. m.* |
| ....MAND. | Allemand. command*, *n.* flamand*. gourmand. normand. *le* mans, *g.* |
| ....MANT. | Aimant*, *n. m.* (*métal*). amant*, *n. m.* calmant*, *n. et adj.* diamant, *n.* nécromant, *n.; plus,* diffamant, infamant, aimant, *et tous les participes en* MANT *des v. dont l'infinitif est terminé en* MER, *excepté les suivans :* |
| ....MMANT. | Assommant, consommant, dénommant, enflammant, gommant, nommant, pommant*, renommant, sommant *et* surnommant ( *adj. et part. des v. en* MMER ). |
| ...MENT , *noms.* | *Tous les autres noms terminés en* MENT *sont par* E ; *tels sont :* abaissement. accablement. accroissement. acquiescement. adoucissement. aheurtement. arrhement. bégaiement. calament, *n. b.* casernement. ciment. commencement. commandement. consentement. démembrement. dénombrement. dévoiement. dévouement. enchifrènement. ferrement*. habillement. hennissement. licenciement. moment. pansement. paiement. régiment. sédiment. serment. véhément, *adj., etc. On les trouve par leur difficulté.* ( *Voyez les finales* CEMENT, CIEMENT, CISSEMENT, EMENT , *etc.*) |
| ....MENT , *adv.* (1). | *Excepté les* 9 *adv. en* ANT *par un* A ( *voyez-les après* AN ), *tous les autres adv. sont terminés en* MENT *par* E, *comme :* académiquement. accidentellement. ambigument. comment*. congrûment. consciencieusement. dûment. éperdument. gaîment. grammaticalement. habilement. hardiment. humblement. imminemment. incompréhensiblement. indûment. joliment. lamentablement. obligeamment. processionnellement. promptement. répréhensiblement. sciemment. véhémentement. vilainement. violemment. vraiment, *et tous les autres. Voyez-les, suivant leurs difficultés, en* AMMENT, ÉMENT, *etc.* |

| | |
|---|---|
| ..MANCE, MENCE *et* MENSE. | Romance, *n. f.* clémence, *n. f.* inclémence, *f. il* commence, *v. il* recommence, *v.* démence, *n. f.* semence, *n. f. il* ensemence, *v. il* ressemence, *v.* immense, *adj.* véhémence, *n. f.* |

____

....MENCÉ, MENCER. Commencer, *v.* ensemencer, *v.* ressemencer, *v.* recommencer, *v.*

____

(1) OBSERVATION. *Tous ces adv. en* MENT *sont formés des adj. , d'après les quatre règles suivantes :*

1º *Quand l'adv. dérive d'un adj. terminé par une consonne, comme* BON *, on le forme du fém., auquel on ajoute* MENT : *ainsi, de l'adj.* bon *, on fait l'adv.* bonnement ; *de* actif *, on fait l'adv.* activement ; ambitieux, ambitieusement ; aucun, aucunement ; avantageux, avantageusement ; civil, civilement ; consciencieux, consciencieusement ; correct, correctement ; cruel, cruellement ; dévotieux, dévotieusement ; hypothétique, hypothétiquement ; ignominieux, ignominieusement ; imperceptible, imperceptiblement : *ainsi des autres* ( *excepté* gentil, *qui fait* gentiment, *et non pas* gentillement ).

2º *Quand l'adv. dérive d'un adj. terminé par l'une des trois lettres* E , I , U *, on forme cet adv. de l'adj. masc. sing., auquel on ajoute* ment : *ainsi* ambigu *fait* ambigument, effronté *fait* effrontément, *infini* fait infiniment ; séparé, séparément ; *cependant l'usage veut que* impuni *fasse* impunément.

3º *Tous les adv. qui dérivent des adj. terminés en* ANT *ou en* ENT *changent ces deux finales en* amment *et en* emment : *ainsi,* constant *fait* constamment, diligent *fait* diligemment ; éminent, éminemment, *etc. ; mais les trois adj.* lent *,* présent *et* véhément *, sont les seuls de cette finale* ENT *dont l'adv. soit terminé en* ENTEMENT : lentement, présentement et véhémentement.

*Quant aux adv. en* ement *et en* ément *, voyez la finale* EMENT ; *voyez également aux finales* cement, ciement, cissement, iment, *etc., suivant la difficulté.*

....MANCIE. | Mancie *ou* mance *signifie divination :* chiromancie, *n. f.* (*pron. ki*), ( *divination d'après l'inspection de la main* ). nécromancie, *n. f.* ( *divination par les morts* ), *et* uromancie ( *par les urines* ).

...MANCIPER. | Émanciper, *v.* ( *d'émancipation, n. f.* ).

....MANDE. | Allemande, *f.* amande, *n. f. b.* ( *d'amandier* ). il caimande *ou* il quémande, *v.* calmande, *n. f.* commande, *n. f.* demande, *n. f. et v.* il contremande, *v.* flamande, *f.* gourmande, *f.* limande, *n. f.* il mande, *v.* normande, *f.* il recommande, *v.* réprimande, *n. f. et v.*

....MENDE. | Amende*, *n. f.* ( *punition* ). il émende, *v.* mende, *g.*

....MANDÉ, ...MANDER, *v.* | Mander, *v.* caimander *ou* quémander, *v.* ( *mendier* ). commander. demander. redemander. gourmander. recommander. réprimander.

....MENDÉ, ....MENDER. | Amender ( *rendre meilleur* ). émender. mendier, *v.* mendiant. mendicité.

....MANTE *et* ....MENTE. | *Voyez ci-dessous les v. en* MANTER, *ou voyez la finale* ANTE, *ou la finale des mots en* ANT *dont le féminin est en* ANTE.

....MANTER, *v.* | Aimanter *est le seul verbe en* MANTER *par* A.

....MENTER, *v.* | Alimenter*, *v.*... argumenter, *v.*... assermenter... augmenter... cimenter... commenter*... complimenter... expérimenter... fermenter... fomenter... lamenter... passementer, *v., et* tourmenter, *v.*

....MENTIR. | Mentir, *v.* démentir, *v.*

*Il est essentiel de se rappeler ici que les deux sons* MAN *et* MEN *dans l'intérieur des mots sont ou par* A *ou par* E, *suivant le mot plus simple dont ils sont formés :*

....MAN *intérieur par* A. | Aimantant ( *d'aimanter* ). amandier ( *d'amande** ). chiromancie, *et tous les mots terminés en* mancie. commandant. commandement, *n.* commander, *v.* commandeur, *n.* commanderie, *n. f.* commanditaire... commandite, *n.* démanchement. démanger, *v.* démangeaison. démanteler. démantibuler. dimanche. émanciper. émancipation. emmancher. emmanchement... emmannequiner. gourmander... germandrée. himantope. immangeable. immanquable... quémandeur, *n. et adj*... redemandant. recommander... remanger. remmancher... réprimander... romantique, *à cause de leur racine* roman, manquer, *etc*.

....MEN *intérieur par* E. | Amende* ( *peine* ). amendement, *n*... amentacée, *b*. argumentation... augmentation... commencer, *v*... commencement. commentaire*, *n. m.* commentateur, *n. et adj.* commensal, *adj. et n.* commensalité, *n. f.* complimenteur, *adj.* démembrer... démence. dimension. élémentaire. émender... ensemencement ( *d'ensemencer, v.* ). expérimental, *adj. m.* fermenter, *v*... fomentation... fondamental, *adj. m.* immensité. incommensurable ( *pron.* man ). lamentation. lamentable. marmenteaux ( *bois* ). momentané, *adj*... nomenclature... passementerie... sacramentel, *adj*... semence... tourmentant, *adj*... véhémentement, *adv., à cause de leur racine* véhément, sacrement, *etc.*

....MEAU. | *Voyez à la finale* AU, *et les homonymes.*

...ME *par* MME. | Bonhomme*. comme*, *adv. et conj.* femme. flamme. *un* gentil-homme. *des* gentils-hommes. gomme, *n. f.* homme. prud'homme. squamme, *f.* *etc. Voyez ces mots en* MME, *suivant leur finale :* AMME, EMME, OMME, *etc.*

....MER, MAIRE, *etc. Voyez à la finale* AIR , *et aux homonymes.*

....MMER, *verb.* { Anagrammer, *v.* assommer. consommer*. dénommer. enflammer. gommer. nommer. pommer*. renommer. sommer*. surnommer. *Voyez les autres mots à la finale* AIRE.

....MI. { Ami*, *m.* demi* (*est inv. devant un nom*): *une* demi-heure, 2 demi-heures, *à la* mi-août. mie*, *n. f.* ennemi, *m.* fourmi, *n. f.* parmi*, *prép., etc.*

....MIE. { Amie, *n. f.* anémie *ou* anoémie, *n. f.* bonhomie *ou* bonhommie, *n. f. une* demie*. *deux heures et* demie. ennemie, *n. et adj. f.* m'amie, *n. f.* composé. ophthalmie, *n. f.* prud'hommie, *n. f., et tous les autres fém. en* MIE , *comme* bigamie, eupbémie, polygamie.

....MIS. Hormis, *prép. Voyez les autres à la finale* I.

...MISCE, MISSE. *Voyez à la finale* ICE.

....MIN, MON, MOR, MU, *etc. Voyez aux finales* AIN, ON, OR, U, *etc., et les homonymes.*

....NA, NAI, NÉ, NI, NO, NU, NANT, *etc. Voyez aux finales* A, AI, I, AU, U, AN, *etc., et les homonymes.*

....NAL. { Automnal, *adj. m.* national, *adj. m.* vicinal, *adj. m. Voyez les autres à la finale* AL.

....NNAL. { Biennal, *adj. m.* (*tous les deux ans*). confessionnal, *n.* décennal, *adj. m.* (*tous les* 10 *ans*). duennal, *adj. m.* (2 *ans*). triennal, *adj. m.* (3 *ans*). quatriennal, *adj. m.* (4 *ans, pron. ca*). septennal, *adj. m.* (*tous les* 7 *ans*). vicennal, *adj. m.* (*tous les* 20 *ans*).

....NAN. Dinan*, *g.* draguignan, *g.* nanan. perpignan, *g.*

....NANT. { Attenant. condamnant. damnant. déjeûnant. dînant. manant, *et tous les participes présens des v. en* NER, *comme* amener : amenant, ramenant, emmenant *et* remmenant.

....NNANT. { Actionnant. étrennant, *du v.* étrenner. empannant*. empennant. écussonnant, *et tous les participes des v. en* ONNER, *excepté* 3. (*Voyez* NNER.)

....NENT. { Abstinent, *adj.* continent, *n. et adj.* incontinent, *adj. et adv.* déponent, *adj.* éminent, *adj.* immanent, *adj.* imminent, *adj.* impertinent, *adj. et n.* permanent, *adj.* pertinent, *adj.* prééminent, *adj.*

....NAN *intérieur par* A. { Esquinancie, *n. f.* finance, *n. f.* financier, *n. m.* œnanthe, *n.* rhinantoïdes, *b.* somnambule, somnambulisme, *et tous les autres, excepté les suivans :*

....NEN *intérieur par* E. { Éminence, *n. f.* éminentissime, *adj.* éminemment, *adv.* imminemment, *adv.* nenni, *adv.* rhinenchyte, *n. f.* (*Voyez à la suite des finales* ANT *et* ANCE, *les mots terminés en* NENT *et en* ENCE.)

....NNÉ. { Complexionné, *adj.* doyenné, *n. b.* inné, *adj.* intentionné, *adj.* étrenné. *Ajoutez-y le part. passé des v. en* ONNER.

....NEL. { Colonel, *n. m.* colonelle, *n. f.* criminel, *adj. m.* lunel, *g.* occasionel *ou* occasionnel, *adj. Voyez à la finale* EL.

..NNEL, *adj. m.* { Additionnel, *adj. m.* anticonstitutionnel. conditionnel. constitutionnel, *n. et adj.* conventionnel, *n. et adj.* correctionnel. inconstitutionnel. intentionnel. occasionnel *ou* occasionel. personnel. processionnel. proportionnel. rationnel. solennel (*pron. solanel*). traditionnel.

| | |
|---|---|
| ...NNELLE. | *C'est la finale du féminin des adj. ci-dessus.* |

| | |
|---|---|
| ....MNER. | Condamner *et* damner, *v. On n'y prononce pas l'*M. |
| ....NER *et* NNER. | *Excepté les* 4 *v.* aumôner, détrôner, occasionner *ou* occasioner *et* prôner, *on écrit avec* 2 N *tous les v. en* ONNER, *tels sont :* actionner, *v.* additionner. affectionner. aiguillonner (*pron.* gu-i). ambitionner. approvisionner. chiffonner. commissionner*, *v.* crayonner. donner. empoisonner*. empoissonner. empanner ( *t. de mar.* ). empenner ( *garnir de plumes* ). étançonner. étrenner. façonner. griffonner. harponner. mixtionner. occasionner *ou* occasioner. pardonner. polissonner. précautionner. questionner. raisonner*. rançonner. ramonner. sonner. résonner*. soupçonner. tanner. tonner*, *v.* vanner. |
| ....NNAIRE. | Commissionnaire, *n.* concessionnaire, *adj.* dictionnaire, *n.*, *etc. Voyez à la finale* -AIR. |

| | |
|---|---|
| ....NÉ *et* NET. | *Voyez à la finale* AI, *et les homonymes.* |
| .GNET, *son* NET. | Signet ( *petit ruban* ). |

| | |
|---|---|
| ....NNIE. | Bannie, *adj. f.* baronnie, *n. f.* honnie, *adj. f.* tyrannie, *n. f.* |
| ....NIE, *fém.* | *Tous les autres par un seul* N ; *tels sont :* colonie. châtellenie. épiphanie. euphonie. parcimonie*. simonie. symphonie. vilenie. zizanie, *et tous les autres.* |

| | |
|---|---|
| ....NIS, NIT. | *Voyez la finale* I , *et les homonymes.* |

| | |
|---|---|
| ....NIER. | 5 *noms en* ONIER *par un* N : antiphonier *ou* antiphonaire ( *livre d'église noté* ). aumônier, limonier, pontonier *et* timonier. |
| ....NNIER. | *Écrivez avec deux* N *tous les autres mots en* ONNIER, *comme :* chiffonnier. cordonnier. éperonnier. pigeonnier. |
| ....GNER. | *Voyez la finale* GNER. |

| | |
|---|---|
| ....NNEUR. | Honneur, *n. m.* déshonneur, *n. m. ; plus, tous les mots de ce son, qui viennent des v. en* NNER *et* ONNER ; *tels sont :* donneur, questionneur. |

| | |
|---|---|
| ..NION *et* GNON. | Opinion, *n. f.* pignon, *n. m. Voyez à la finale* GNON. |

| | |
|---|---|
| ...O, OS, OP, OT. | *Voyez à la finale* AU, *et les homonymes.* |

| | |
|---|---|
| ....ô *intérieur.* | ô *intérieur avec un accent circonflexe dans :* alcôve, *n. f.* ancône, g. apôtre, *n. m.* arôme, *n. m.* atôme, *n. m.* saint-côme, *n. pr. et* g. côné, *n. m.* chrôme, *m.* (*demi-métal*). côte, *n. f.* chrysostôme, *n. m.* dôme, *n. m.* drôme, g. épitôme, *n. m.* fantôme, *n. m.* jérôme, *n. m.* hôte*, *n.* hôtel*, *n. m.* maltôte, *n. f. le* nôtre, *pr. m. le* vôtre, *pr. m.* patenôtre, *n. f.* pentecôte, *n. f.* prône, *n. m.*, *et v.* rôder, *v.* rhône, *m.* g. saône, *f.* g. sodôme, g. symptôme, *n. m.* trône, *n. m.* vendôme, g. |

| | |
|---|---|
| ....OB *et* OBE. | *Voyez à la finale* AUBE. |

| | |
|---|---|
| ....OC. | Bloc*, *n. m.* choc*, *n. m.* estoc, *m.* froc, *m.* hoc ( *jeu* ). ad-hoc, *adv.* languedoc, g. manioc, *b.* maroc, g. médoc, g. ploc, *n.* soc* (*de charrue*). roc*, *n.* siroc (*vent, terme de mar.*). stoc, *n.* tic-toc. troc *, *n. m.* |
| ...OC, *son de* AU. | *Dans les* 5 *noms :* accroc. broc. croc. escroc *et* raccroc. |
| ....OCH. | Saint-roch, *n.* loch*, *m.* ( *t. de mar., instrument de bois* ). |

....OK *et* OKE. { Lok *ou* look, *m.* ( *électuaire, sorte de médicament*). yapock, *m.* (*sorte de sarigue*). coke, *m. charbon de terre épuré.*

....OQ. Coq*. *des* coq-à-l'âne, *n. inv.*

....OCQUE. Socque, *n. m.* ( *chaussure en bois, qui diffère d'un socle, piédestal*).

....OQUE. { Baroque, *adj.* bicoque, *n. f.* breloque, *n. f.* colloque, *n. m. et v.* coque, *n. f.* (*enveloppe*). défroque, *n. f.* époque, *n. f.* équivoque, *n. f. et adj.* loque*, *n. f.* (*chiffon*). pendeloque, *n. f.* réciproque, *adj.* salicoque, *n. f.* soliloque, *n. m.* toque, *n. f. et v.* univoque, *adj.* ventriloque, *n. et adj.; plus, les verbes en* oquer, *à la* 1re *et à la* 3e *pers.*

....AUCT. Bidauct, *n. m.* ( *suie de cheminée, pour teindre en brun*).

....AUQUE. Rauque, *adj.* ( *enroué*). glauque, *adj.* ( *t. de b.* ).

....OQUER. { Croquer, *v.* moquer, *v., et les autres verbes de ce son. Voyez-les à la finale* CAIRE.

..OCION , OTION. *Voyez* SION.

...OCLE. *Tous par* ocle: monocle, *n. m.* thémistocle, *m.* socle*, *m.*, *etc.*

....OCE , OSSE , OSE. *Voyez à la finale* AUCE.

....ODE. *Voyez la finale* AUDE, *et les homonymes.*

..ODIE *et* ODIER. { Il amodie, *v.* amodier. mélodie, *n. f.* palinodie, *n. f.* parodie, *n. f. et v.* parodier. polysynodie, *n. f.* prosodie, *n. f.* psalmodie, *n. f. et v.* psalmodier. rapsodie, *n. f. et v.* rapsoder.

...OE *intérieur.* { OE *dans* bœuf, *n. m. des* chefs-d'œuvre. chœur ( *d'église, etc.* ). cœur (*viscère*). cœcum , *n.* désœuvré, *adj.* désœuvrement, *n.* diœcie *et* triœcie, *n. f.* (*t. de bot.*). fœne, *n. m.* (*insecte*). fœtus *ou* fétus, *n.* manœuvre*... manœuvrier*. mœuf, *n. m.*.(*t. de gramm.*). mœurs, *n. f. pl.* monœcie, *n. f.* (*t. de b.*). nœud, *n.* œcophore, *m.* ( *insecte* ). œcumène. œcuménicité, *n. f. de l'adj.* œcuménique. œdème, *n. m.* œdémateux, *adj.* (*enflé*). œdipe, *n. pr. m.* œgilops (*ulcère à l'œil*). œil, *n. m.* ( *au pl.* yeux). *des* œils-de-bœuf (*ouverture*). œillade, *n. f.* œillet, *n. m.* œillère *ou* œillière, *n. f.* œilleton, *m.* œnanthe, *f. b.* œnas, *n. m.* œnéléum, *m.* œnomel, *n.* ( *vin de miel* ). œsipe *ou* suint, *n. m.* œsophage, *n. m.* (*canal du gosier à l'estomac*). œstre, *m.* (*insecte*). œuf (*on ne pron. pas l'*F *dans des* œufs). œuvé, *adj. m.* œuvre*, *m. et f.* œuvrer, *v.* œuvré, *adj. un* hors-d'œuvre, *n. m.* sœur*, *n. f.* belle-sœur *n. f.* vœu, *n. m.*

....OF *et* OPHE. *Voyez à la finale* AUF.

....OGE. *Voyez à la finale* AUGE.

.OGNE *et* OGNER. { Besogne, *n. f.* bologne, *g.* boulogne, *g.* bourgogne, *g.* charogne, *n. f.* cologne, *g.* corogne, *g.* gascogne, *g.* il grogne, *v.* il hogne, *v.* ivrogne, *n. adj. et v.* vergogne, *n. f.* vigogne, *n. f., etc.*

.OGUE *et* OGUER. { Apologue, *m.* cacagogue , *adj. et n.* ( *onguent* ). catalogue, *m.* cholagogue, *adj. et n.* décalogue, *m.* dialogue, *n. m. et v.* emmenagogue, *adj. et n.* ( *t. de méd.* ). il homologue, *v.* monologue, *m.* ( *scène où l'acteur parle seul*). pédagogue, *m.* prologue, *m.* synagogue, *n. f.; les autres n'ont aucune difficulté.*

...OI. { Aboi*, *n. m.* aloi*. arroi, *n.* beffroi, *n.* charroi*, *n.* coi*, *adj.* convoi, *n.* désarroi, *n.* effroi, *n. m.* émoi, *n. m.* ( *vieux mot*). emploi*, *n. m.*

*Suite de* OI. — envoi*, *n. m.* foi*, *n. f.* fontenoi, *g.* loi*, *n. f.* moi*, *pr.* octroi, *n. m.* orfroi, *n. m.* palefroi, *m.* paroi, *n. f.* pied-de-roi, *n. m.* pourquoi*, *adv.* quoi*, *pr.* remploi, *n. m.* renvoi*, *n.* roi*, *n.* soi*, *pr.* toi*, *pr.* tournoi*, *n.* vice-roi, *n.*

....OUA *et* UA. — *Dans l'intérieur des mots, voyez à la finale* OUA.

....OID. — Froid, *n. et adj. m. de* froide.

....OIDS. — Poids *et* contrepoids, *n. m.*

....OIE. — Charmoie, *n. f.* courroie, *n. f.* foie*, *n. m.* joie*, *n. f.* lamproie, *n. f.* montjoie, *g.* oie, *n. f.* ormoie, *n. f.* proie, *n. f.* savoie *ou* savoye, *g.* soie*, *n. f.* troie* *ou* troye (*ville de phrygie*). voie*, *n. f.* (*chemin*). je broie, *v.* j'emploie, *v.* j'envoie*, *v.* je tutoie, *v.* que je voie (*subj. du v.* voir), *et tous les v. en* OYER, *à la* 1ʳᵉ *et à la* 3ᵉ *pers. de ce son.*

....OYES. — Troyes, *g.* (*en champagne*).

....OIGT. — Doigt, *n. m.* (*à cause de* doigtier).

....OIS. — Alénois, *adj. inv.* (*cresson alénois*). angoumois, *g.* anchois, *m.* autrefois*, *adv.* auxerrois, *adj.* auxois, *g.* (*pron. soie*). blois, *g.* bois, *n.* bourgeois, *adj. et n.* carquois, *n.* cauchois, *adj.* chamois, *m.* courtois, *adj.* empois, *n. m.* une fois*, *n.* françois, *n.* franc-comtois, *n. et adj. m.* gaulois. gravois, *n.* grégeois. grivois, *adj.* guingois, *inv.* iroquois. matois, *adj.* maintefois. minois, *n.* mois*, *n.* parfois, *adv.* pantois, *adj. m.* patois, *n.* pavois, *n.* pois*, *n. m.* (*légume*). putois, *n.* souriquois, *adj.* sournois, *adj.* (*en tapinois*). quelquefois*, *adv.* toutefois*, *adv.* toutes-fois et quantes (*loc.*). tapinois (*loc.*). trois*. tournois*, *n.* vaudois, *adj.* villageois, *n. et adj., et tous les adj. en* OIS *dont le fém. est en* OISE; *tels sont:* hambourgeois (*de hambourg*), liégeois, danois, danoise, *etc. Plus, la* 1ʳᵉ *et la* 2ᵉ *personne des verbes en* OIR *et en* OIRE.

....OIT. — Adroit, *adj.* détroit, *n.* le doit, *n.* (*débit d'un compte*). droit, *n. et adj. m.* endroit*, *n.* étroit, *adj.* exploit, *n.* mal-adroit, *adj. des* passe-droit, *n. inv.; plus, la* 3ᵉ *pers. des v. en* OIR; *tels sont:* il aperçoit, il boit*, il croit*, il doit, il voit*, qu'il soit*, se conçoit-il que, *etc.* (*Voyez la conjug. des verbes.*)

....OÎT. — Benoît, *n. pr.* un surcroît. un toît*; *plus, il* accroît, il croît, il décroît (*v.* accroître, croître *et* décroître).

....OIX. — *Des* casse-noix, *n. inv.* choix*, *n.* croix*, *n. f.* foix*, *g.* noix*, *n. f.* poix*, *n. f.* (*gomme*). *des* porte-croix. *des* porte-voix. voix*, *n. f.* (*parole*).

....OIENT. — *Finale de la* 3ᵉ *pers. du pl. de ce son dans les v.; tels sont: ils* noient, qu'ils soient, ils emploient, ils voient, *etc.* (*Voyez la conjugaison.*)

....OUET. — Jouet, *n. m.* rouet, *n. m.* (*Voyez-les à la finale* AI.)

---

....OIF. — Soif, *n. f. inv.*

....OIFFE. — Coiffe, *n. f.* (*coiffure*). elle se coiffe, *v.* elle se décoiffe, *v.* elle se recoiffe, *v.*

---

....OIGNE *et* ....OIGNER. — *Il* soigne, *v.* soigner. *Plus, dans les v. en* OINDRE: qu'il adjoigne, déjoigne, disjoigne, *etc.*

---

....OIL. — Poil*, *n. m.* contre-poil *et* passe-poil, *n. inv.*

....OILE. — Étoile, *n. f.* poile* *ou* poêle, *n. f.* (*à frire*). poêle, *n. m.* (*lieu chaud*). toile, *n. f.* voile, *n. m.* (*étoffe*). voile, *n. f.* (*d'un navire*).

..OILLE (*ll m.*). — Oille, *n. f.* (*sorte de potage*).

....OELLE. — *Voyez la finale* EL.

....OUAILLE. — *Voyez la finale* AIL.

---

**... OIN.** — Aubifoin, *b.* benjoin, *n. b.* besoin, *n.* coin, *n.* foin, *n.* groin, *n.* loin*, *adv.* pingoin, *n.* recoin, *n.* sainfoin, *b.* soin, *n.* talapoin, *n.* témoin, *n. m.* (*ceux ou celles qui sont ou témoins, ou pris à témoin, inv.*).

**....OING.** — Coing *ou* coin (*fruit*). loing*, *riv.* poing*, *poignet*, vieux-oing, *n.*

**....OINS.** — Moins, *adv. et n.* néanmoins, *adv. Ajoutez-y la* 1re *et la* 2e *pers. des v. en* OINDRE.

**....OINT.** — Adjoint, *n. et adj.* appoint, *n. m.* conjoint, *adj.* déjoint, *adj.* disjoint, *adj.* embonpoint, *n.* enjoint, *adj.* joint, *n. et adj.* oint, *adj. m.* (*ointe, adj. f.*). l'oint* *du seigneur.* point, *n. et adv.* pourpoint, *m.* rejoint, *adj.*

**....OUEN.** — Saint-ouen, *n. pr. et g.*

**....OUIN.** — Babouin, *n.* baragouin, *n.* bédouin, *n.* chafouin, *n. et adj. m.* malouin (*de saint-mâlo*). maringouin, *n.* marsouin, *n.* pagouin, *n.* tintouin, *n.* milouin, *n.* (*espèce de canard*).

**...OIN.** — *Intérieur dans* gouinfre, *etc.*

---

**....OINDRE.** — *Voyez à la finale* AINDRE.

---

**....OINE.** — Antimoine, *n. m.* antoine, *n. pr.* avoine, *n. f.* brioine, *n. f. b.* chanoine, *n. m.* chalcédoine (*pronon. cal.*). macédoine, *n. f.* moine, *m.* patrimoine, *m.* péritoine, *m.* pivoine, *n. f. b.*

---

**....OUENNE.** — Couenne, *n. f.*

---

**....OINTE.** — Pointe, *n. f. et v., etc. Voyez la finale* AINTE.

---

**....OUINE.** — *Finale du fém. des noms ci-dessus en* OUIN, *tels sont :* baragouin, baragouine ; chafouin, chafouine.

---

**...OIR , noms masc.** — Abreuvoir, *n. m.* accordoir. accotoir. accoudoir. affiloir. affinoir. arrosoir. aspersoir. assommoir. avoir*, *n. inv.* amorçoir. battoir. bonsoir, *n.* bouchoir. boudoir. bougeoir. bouilloir. boutoir. brossoir. brunissoir. chauffoir. comptoir. couloir. crachoir. cueilloir. découpoir. dépeçoir. désespoir. dévidoir. devoir. dortoir. dressoir. échaudoir. égrugeoir. embouchoir *ou* embauchoir. émouchoir. encensoir. entonnoir. épanchoir. épluchoir. équarrissoir. espoir. éteignoir. étendoir. étouffoir. éventoir. fermoir. frottoir. grattoir. gressoir, *outil de vitrier.* hoir* (*héritier*). houssoir. heurtoir. juchoir. laminoir. lavoir. loir*. MANOIR, *n.* marquoir. miroir. montoir. mouchoir. NOIR, *n. et adj. m.* (*c'est le seul adj. m. en* OIR *sans* E). ostensoir. ourdissoir. ouvroir. parloir. peignoir. perçoir. plantoir. plioir. polissoir*. pouvoir. pressoir. promenoir. racloir, *m.* reposoir. rasoir. raverdoir. repoussoir. réservoir. saloir. sarcloir. sautoir. savoir. séchoir. semoir. soir*. taquoir. terroir. tiroir. suspensoir. traçoir. tressoir. tranchoir. trottoir. versoir. vouloir, *n.,* *et* voussoirs *ou* voussceaux, *n. pl.*

**....OIR , verb.** — Apercevoir *ou* appercevoir, *v.* apparoir, *v.* (*il appert*). asseoir. avoir*, *v.* choir. comparoir. concevoir. déchoir. dépourvoir. devoir. échoir. émouvoir. entrevoir. équivaloir. falloir. mouvoir. percevoir. pleuvoir. pourvoir. pouvoir. prévaloir. prévoir. rasseoir. ravoir. recevoir. redevoir. rementevoir (*ce v. a vieilli*). revoir. seoir *ou* sier* (*vieux verbe*). savoir. surseoir. valoir. voir* *et* vouloir.

**....OIRE , verb.** — *Les 5 verbes en* OIRE, *par* E, *sont :* accroire, croire, décroire, boire *et* reboire (*boire de nouveau*).

**Suite de OIR,**

*Tous les autres mots de ce son final sont en* OIRE, *avec un* E *pour le masc. comme pour le féminin, excepté* NOIR, *qui ne prend un* E *qu'au féminin.*

*Les moins faciles sont :* accessoire, *n. et adj.* ambulatoire, *adj.* aratoire, *adj.* armoire, *n. f.* attentatoire, *adj.* attrapoire, *n. f.* avaloire*, *n. f.* auditoire, *n. m.* baignoire, *n. f.* bajoue, *n. f.* balançoire, *n. f.* bassinoire, *n. f.* blasphématoire, *adj.* boire, *n. m.* bouilloire, *n. f.* brandilloire, *n. f.* ciboire, *n. m.* coire, *g.* collusoire, *adj.* comminatoire, *adj.* compulsoire, *n. m.* conservatoire, *n. m.* consistoire, *n. m.* consolatoire, *adj.* contradictoire, *adj.* déboire, *n. m.* déclamatoire, *adj.* décisoire, *adj.* déclaratoire, *adj.* déclinatoire, *adj. et n. m.* décrottoire, *n. f.* (brosse). dédicatoire, *adj.* dépuratoire, *adj. et n. m.* dérisoire, *n. m.* dérogatoire, *adj.* diffamatoire, *adj.* dilatoire, *adj. et n.* dilatatoire, *n. m.* (t. de chir.). dimissoire, *n. m.* dînatoire, *adj.* discrétoire. *n. m.* distillatoire, *n. m.* (pron. TIL). échappatoire, *n. f.* écritoire, *n. f.* écumoire, *n. f.* élévatoire, *n. m.* eupatoire, *f.* (t. de b.). exécutoire, *n. m. et adj.* épilatoire, *adj.* expiatoire, *adj.* foire, *n. f.* frustratoire, *adj.* fumigatoire, *adj.* glissoire, *n. f.* gloire, *n. f.* grégoire, *n. pr.* grimoire, *n. m.* histoire, *n. f.* illusoire, *adj.* imprécatoire, *adj.* incisoire, *n. f.* inflammatoire, *adj.* interlocutoire, *adj.* interrogatoire, *m. m.* invitatoire, *adj.* invocatoire, *adj.* ivoire, *n. m.* laboratoire, *n. m.* lacrimatoire, *n. m.* lardoire, *n. f.* loire*, *g.* mâchoire, *n. f.* machicatoire, *n. m.* mangeoire, *n. f.* masticatoire, *n. m.* un mémoire, *n. m.* la mémoire, *f.* méritoire, *adj.* moire, *n. f.* monitoire, *adj. et n. m.* nageoire, *n. f.* noire, *n. f. et adj. f.* (de noir, m.). notoire, *adj.* obligatoire, *adj.* observatoire, *n. m.* offertoire, *n. m.* oratoire, *n. m.* oscillatoire, *adj.* (pron. cil). passoire, *n. f.* perçoire, *n. f.* péremptoire, *adj.* poire, *n. f.* polissoire, *n. f.* possessoire, *n. m.* pourboire, *n. m. inv.* préparatoire, *adj.* propitiatoire, *adj.* purgatoire, *n. m.* purificatoire, *n. m.* racloire, *n. f.* ratissoire, *n. f.* redhibitoire, *adj.* réfectoire, *n. m.* répertoire, *n. m.* réquisitoire, *n. m.* rescisoire, *n. m.* révocatoire, *adj.* rogatoire, *adj.* saugeoire, *n. f.* sécrétoire, *adj.* sternutatoire, *adj.* suspensoire, *n. m.* territoire, *n. m.* transitoire, *adj.* vacillatoire, *adj.* (pron. cil). vessicatoire ou vésicatoire, *n. m.* victoire, *n. f.* vomitoire, *n. m.* voire*, *adv. On trouve les autres par leur difficulté.*

**par OIRE, noms et adj.**

---

**...OISE et OISER.** Amboise*, *g.* ambroise, *n. pr.* j'emboise, *v.* bourgeoise. noise, *n. f.* toise, *n. f.* framboise, *n. f.* turquoise, *etc.*

**...OISSE, OISSER.** Angoisse, *n. f.* paroisse, *n. f.* il poisse, *v.* poisser. *qu'il accroisse, qu'il croisse*, *qu'il décroisse*. il empoisse, *v.* il froisse, *v.*

**....OICE.** *Aucun.*

---

**....OIT, OIE, OIX, OUET.** *Voyez à la finale* OI.

---

**....OITE.** Adroite, *adj. f.* il boite, *v.* il convoite, *v.* droite, *n. f. et adj. f.* il exploite, *v.* moite, *adj. des 2 genres.*

**....OÎTE.** *Une* boîte. elle emboîte, *v.*

**....OUATE.** Ouate, *n. f. et v.* ouater.

---

**....OÎTRE.** Cloître, *n. m.* goître, *n. m.* accroître, *v.* croître, *v.* décroître, *v.* recroître, *v.* surcroître, *v.*

**....OÎTRE, SON AÎTRE.** *Voyez la finale* AÎTRE.

---

**...OL.** Alcohol *ou* alcool, *n. m.* bémol, *n.* bol, *n. m.* (vase, *et petite boule*). caracol, *n. m.* (escalier). col*, *n. m.* dol*. entresol, *n. m.* espagnol, *m.*

| | |
|---|---|
| *Suite de* OL. | fol, *adj. m.* (*fou*). girasol, *m. b.* hausse-col, *m.* g-ré-sol, *n. m.* licol *ou* licou, *n. m.* mogol, *g.* mol, *adj. m.* (*mou*). parasol. rossignol, *n. m.* sol*, *n. m.* tournesol, *n. m.* viol*, *n. m.* vitriol, *n. m.* vol*, *n. m.* |
| ....OLE, *noms et adj.* | Agricole, *adj.* alvéole, *n. m.* aréole. *n. f.* auréole, *n. f.* azerole, *n. f. b.* babiole, *n. f.* banderole, *n. f.* bénévole, *adj.* bestiole, *n. f.* boussole, *f.* bricole, *f.* cabriole, *f.* camisole, *f.* capitole, *m.* caracole*, *n. f. et v.* carriole, *f.* casserole, *f.* cicérole, *f.* console, *f.* coupole, *f.* créole, *adj.* croquignole, *f.* dariole, *f.* dévole, *f.* diastole, *f.* école, *f.* éole, *m.* escarole, *f.* étole, *f.* faribole, *f.* faséole, *f. b.* féverole, *f. b.* fiole, *f.* frivole, *adj.* gingeole, *f.* girandole, *f.* gloriole, *f.* gaudriole, *f.* gondole, *f.* hyperbole, *f.* idole, *f.* ignicole, *adj.* liserole, *f. b.* malévole, *adj.* malléole, *f.* mausole, *n. pr.* mendole, *f.* métropole, *f.* monopole, *m.* obole, *f.* pactole, *g.* parabole, *f.* parole, *f.* péristole, *f.* périsystole, *f.* petite-vérole, *f.* pétrole, *m.* pétiole, *m.* pharmacopole, *m.* pistole, *f.* protocole, *m.* régnicole, *adj.* rigole, *f.* rissole, *f.* rocambole, *f.* rougeole, *f.* sole*, *f.* symbole, *m.* scarole, *f. b.* systole, *f.* variole *ou* vérole, *n. f.* virole, *n. f.* yole, *n. f.* (*bateau*). |
| ....OLE *et* OLER, *noms et verb.* | *Il* accole, *v.* accoler. *il* bricole, *v. il* cabriole, *il* cajole, *v.* caracole*, *n. f. et v.* carriole, *n. f.* console, *n. f. et v. il* désole, *v. il* dessole, *v.* ( *t. de maréchal*). *il* immole, *v. il* recole*. rigole, *n. f. et v. il* rissole, *il* viole, *il* vole. |
| ....ÔLE *et* ÔLER. | Contrôle, *n. m. et v.* contrôler. dôle, *g.* drôle, *n. et adj.* geôle, *n. f.* môle, *n. m.* pôle*, *n. m.* rôle, *n. m.* tôle, *n. f. il* enjôle, *v. il* enrôle, *v. il* trôle, *v.* |
| .OLLE *et* OLLER. | Bouterolle, *n. f.* colle, *n. f.* (*à coller*). je colle, *v.* coller. chrysocolle, *n. f.* je décolle, *v. il* équipolle, *v.* lithocolle, *f.* folle*, *n. et adj. f.* molle*, *n. et adj. f. il* recolle, *v. il* rafolle, *v.* trolle, *n. f.* |
| ....AUL. | Monaul, *n. m.* (*oiseau*). paul*, *n. pr.* saint-paul, *n. pr.* saint-vincent-de-paul. |
| .AULE *et* AULER. | Acaule, *adj.* amplexicaule, *adj.* épaule, *n. f. et v.* épauler. gaule, *n. f. et v.* gauler. mariaule, *n. m. il* miaule, *v.* miauler. paule* (*monn. et g.*). *il* piaule, *v.* riaule, *n. m.* saule, *n. m. b.* saint-françois-de-paule, *n. m.* sainte-paule, *n. f.* |

| | |
|---|---|
| ....OME, *bref.* | Agronome, *n. m.* apotome, *n. m.* astronome, *n. m.* axiome, *n. m.* condylome, *n. m.* (*excroissance charnue*). chrysocome, *n. f. b.* deutéronome, *n. m.* dichotome, *adj.* (*pron. co*). économe, *n. et adj.* gastronome, *n. m.* hippodrome, *n. m.* idiome, *n. m.* lithotome, *m.* (*t. de chir.*). majordome, *n. m.* monome (*t. de math.*). nome*, *n. m.* pentatome, *n. m.* (*insecte*). polynome, *n.* pharyngotome, *m.* rome*, *g.* tome*, *n. m.* sarcome, *n. m.* zygome, *n. m.* (*t. de chir.*). |
| ....OMME *et* ....OMMER. | Bonhomme, *n.* comme*, *conj.* gentilhomme, *n.* gomme, *n. f. et v.* gommer. homme*, *n.* pomme*, *n. f.* prud'homme, *n. m.* rogomme, *n. m.* somme, *n. m.* (*sommeil*). somme, *n. f.; plus les v. en* OMMER : *il* assomme, *v.* assommer. *il* consomme. *il* dénomme, *v. il* gomme, *v. il* nomme, *v. il* pomme, *v. il* renomme, *v. il* somme, *v. il* surnomme, *v.* |
| ...OM, *son* OME. | Epsom, *n. m.* ( *sel ou sulfate de magnésie*). hom* ! (*interjection*). |
| ..OOM, *son* OME. | Berg-op-zoom (*ville de ce nom*). |
| ..UM, *son* OME, *masculins inv.* | Album, *n. m.* (*cahier blanc, et recueil*). arum, *m. b.* asarum, *b.* balsamum, *b.* calcanéum. capharnaum, *g.* castoréum, *m.* chrysanthemum, *b.* cœcum, *m.* (*t. d'anat.*). compendium, *n.* (*abrégé*). componium, *m.* critérium, *n.* décorum, *n.* diabotanum. diaglaucium, *n.* diamorum (*sirop de mûres*). dictum, *n.* (*t. de pal.*). duodénum (*t. d'anat.*). éphippium (*coquillage*). épidémium, *n. b.* factum, *n.* factotum *ou* factoton, *n. m.* forum, *n.* galbanum *ou* galbanon, *n. m.* (*fausses es-* |

| | |
|---|---|
| *Suite de* OME, *par* UM, *son* OME, *masc. inv.* | pérances, et prison). garum, *n.* (*saumure*). géranium, *n. b.* géum, *n. b.* glaucium, *n. b.* halotrichum (*prononcez* com. ). jéjunum (.*t. d'anat.*). ladanum, *b.* (*gomme*). laudanum (*extrait d'opium*). leucoïum, *b.* marum*, *b.* maximum, *n.* méconium, *n.* medium, *n.* minimum. minium (*oxide*). muséum, *n.* opium, *n.* oxysaccharum. palladium, panicum. parfum (*pron. un*). pensum (*pron. pain*). post-scriptum, *n. inv.* quinquennium. rectum. retentum. rhum *ou* rum, *n.* sacrum. scrotum. septum. sérum. sensorium. sodium. solanum, *b.* sternum, *n.* targum, *n.* te-deum, *n.* ultimatum, *n.* vade-mecum. veni-mecum. variorum. visorium. xanthium, *b.* xylostéum, *b.* zythum (*boiss. d'orge*). |
| ...ÔME *et* ÔMER, *longs.* | Arôme, *n. m.* atôme, *n. m.* binôme, trinôme, *etc.* (*t. de math.*) chôme, *n. m.* (*repos*). il chôme*, *v.* chômer (*se reposer*). chrôme, *n. m.* (*pron. cro, demi-métal*). chrysostôme, *n. pr.* côme, *n. pr. m.* dôme, *n. m.* drôme, *f. g.* épitôme, *m.* fantôme, *m.* jérôme, *n. pr.* saint-côme, *n. pr.* sodôme, *g.* stéatôme, *m.* symptôme, *m.* vendôme, *g.* |
| ....AUME *et* ...AUMER. | Baume, *n. m.* chaume*, *n. m. et v.* chaumer*. il embaume, *v.* embaumer. encaume *ou* épicaume, *m.* (*marque d'une brûlure*). heaume, *n. m.* (*casque*). guillaume, *n. pr.* il empaume, *v.* empaumer. paume*, *n. f. et v.* psaume, *n. m.* royaume, *n. m.* |

---

..OMPE, OMPER, OMPHÉ, OMPHER. *Voyez-les après à la finale* ONTE.

---

. ..OMPTE *et* OMPTER. *Voyez à la finale* ONTER.

---

| | |
|---|---|
| ....ON *par* OM. | Billom*, *g.* condom, *g.* dom*. nom*. prénom. prête-nom. pronom. renom, *n.* riom, *g.* surnom. |
| ....OMB. | Plomb, *n. m.* aplomb, *n. m.* d'aplomb, *adv.* surplomb, *n.* cristophe-colomb*, *n. pr. m.* |
| ...UM, *son* ON. | Dictum, *n. m.* (*dispositif d'un arrêt*). parfum (*pron. un*). *Voyez ci-dessus tous les mots en* UM *que l'on prononce* OME. |
| ....OMPT. | Prompt, *adj. m.* (*prompte, adj. f.*). il corrompt, *v.* il interrompt, *v.* il rompt, *v.* |
| ....ONC. | Ajonc, *n. m. b.* (*genêt épineux*). jonc, *n. m.* tronc, *n. m.* |
| ....OND. | Blond, *adj. m.* bond*, *n. m.* ( *saut*). facond, *adj. m.* fécond, *adj. m.* fond*, *n. m.* profond, *adj. m.* furibond, *n. m. et adj.* gond, *n. m.* moribond, *n. m. et adj.* pharamond, *n. pr.* plafond, *n. m.* pudibond, *adj.* rond*, *n. et adj.* rubicond*, *adj.* second, *adj.* vagabond, *n. et adj. Ajoutez-y la* 3ᵉ *pers. de ce son dans les v. en* ONDRE; *tels sont :* il correspond, il confond*, il se morfond, il tond. (*Voyez la conjug.*) |
| ....ONDS. | *Un* fonds (*de commerce, ou de propriété; on dit aussi le* tréfonds *d'une affaire*); *plus, la* 1ʳᵉ *et la* 2ᵉ *pers. des v. en* ONDRE : *je* corresponds, je confonds, *etc.* (*Voyez la conjugaison.*) |
| ....ONG *et* UNG. | Long* *et* oblong, *adj.* young, *n. pr.* (*auteur anglais*). |
| ....HON. | Marathon, *g.* port-mahon, *g.*, *et* thon*, *n. m.* (*poisson*). |
| ....ONS. | Châlons, *g.* répons, *n. m.* à-reculons, *adv.* à-tâtons, *adv.* soissons, *g.*; *plus, la* 1ʳᵉ *pers. du pl. de ce son dans tous les verbes :* nous avons, nous chantons, nous mangeons, nous acquiesçons, nous remercierons. |
| ....ONT. | Affront, *n. m.* amont, *n.* (*t. de mar.*). dont*, *pronom inv.* chaumont, *g.* front, *n. m.* giraumont, *b.* hellespont, *g.* mont*, *n.* piémont, *g.* pont*, *n.* rodomont, *n. m.* (*fanfaron*); *plus, la* 3ᵉ *pers. du pl. de ce son dans tous les verbes :* ils ont, ils auront, ils sont*, ils joueront, ils apprécieront, ils appréhenderont, ils récompenseront, ils remercieront. |

| | |
|---|---|
| *Suite de* ON, *par* OON. | Laocoon, *n. pr.* épiploon, *m.* (*t. de chir.*). hypécoon, *m. b.* |
| | *On termine par* ON *tous les autres mots de ce son. On les trouve en les cherchant par la syllabe qui embarrasse. Voyez-les aux finales* AISON, ANSION, ILLON, SION, SON, *etc. Les moins faciles sont :* on*, *pronom inv.* accon, *n. m.* (*petit bateau plat*). action, *n. f.* abandon, *n. m.* addition, *f.* aiguillon, *n. m.* (*pron. égu-illon.*). appréhension, *n. f.* armon*, *n. m.* ascension, *f.* association, *f.* aveyron, *g.* ballon*, *n. m.* barbon, *m.* baryton, *n. et adj.* bellon, *n. m.* billon*, *m.* bouillon, *m.* bourgeon, *m.* brouillon, *n. m.* capharnaon, *g.* céron, *m.* chaperon, *m.* chiffon, *m.* ciron*, *n. m.* culeron. dicton*, *m.* discussion, *n. f.* dissension, *n. f.* esturgeon, *m.* gazon, *m.* glouteron, *m. b.* guidon*, *n. m.* goujon, *m.* laideron, *n. f.* laiteron, *m. b.* lamperon, *m.* lampion, *m.* larron, *m.* marron, *m.* million, *m.* miroton, *m.* moellon, *m.* molleton, *m.* odéon, *m.* oignon *ou* ognon, *m.* oscillation, *n. f.* opinion, *n. f.* pignon, *n. m.* paleron, *m.* pinçon*, *n. m.* pinson*, *n. m.* (*oiseau*). phaon, *n. pr.* pharaon, *n. pr.* parthénon, *g.* portion, *n. f.* (*pron. cion*). potion, *n. f.* (*pron. cion*). potiron, *n. m. des* qu'en-dira-t-on, *n. m. inv.* repolon*, *n. m. des* revenant-bon, *n. inv.* siphon, *n. m.* suggestion*, *n. f.* taquon, *n. m.* (*t. d'imp.*). tabellion, *n. m.* trait-d'union, *m.* (*voyez après les finales*). vacillation, *n. f.*, et tous les autres : voyez aux finales* GON, JON, GEON, ILLON, SION, TION, *etc.* |

---

| | |
|---|---|
| ....OMBE *et* ....OMBER. | Rhombe*, *n. m.* (*losange*). bombe, *n. f. et v.* bomber. catacombes, *n. f. pl.* colombe, *n. f.* hécatombe, *n. f.* tombe, *n. f. et v.* tomber. *il* succombe, *v.* trombe, *n. f. les* lombes, *n. m. pl.* |

---

| | |
|---|---|
| ....ONCE. | 14 *verbes :* il annonce, il défonce, il defronce, il dénonce, il enfonce, v., il engonce, il énonce, il fonce, il fronce, il ponce, il prononce, il renfonce, il renonce, il semonce. |
| | 10 *noms :* annonce, n. f. internonce, n. m. nonce, n. m. once, n. f. pierre-ponce, n. f. ponce, n. f. (*sachet de charbon pilé*). quinconce, n. m. raiponce*, n. f. (*plante*). ronce, n. f. semonce, n. f. |
| ....ONS, *son* ONCE. | Mons, g. mons, n. (*terme familier qui signifie monsieur*). |
| ....ONSE. | Alphonse, *n. pr. m.* réponse*, *n. f.* |
| ....ONZE, *doux.* | Bonze, *n. m.* bronze, *n. m.* onze, *n. et adj. inv.* (*on écrit le onze, et non pas l'onze ; au plur. on pron. les* onze, *et non pas les* zonze). |

---

| | |
|---|---|
| ...ONCER, *verb.* | Annoncer. défoncer. défroncer. dénoncer. enfoncer. engoncer. énoncer. foncer. froncer. poncer. prononcer. renfoncer. renoncer. semoncer. |
| ....ONSER. | *Aucun.* |

---

| | |
|---|---|
| ....ONCHE. | *Il* jonche, *v.* joncher. |
| ....UNCH. | Punch, *n. m.* |

---

| | |
|---|---|
| ....ONDE *et* ....ONDER. | *Il* abonde, *v.* abonder. aronde, *n. f.* (*queue d'aronde*). bonde, *n. f. et v.* faconde, *n. f.* féconde, *adj. f.* golconde, *g.* immonde, *adj.* joconde, *n. pr.* mappe-monde, *n. f.* nauséabonde, *adj.* sonde*, *n. f. et v.* seconde, *n. f. et v.; plus, le fém. des adj. masc. en* OND; *ajoutez-y la 1re et la 3e pers. des v. en* ONDER. |
| ....UND. | *Le* sund, *n.* (*détroit de ce nom*). |

---

| | |
|---|---|
| ....ÔNE *et* ÔNER. | Aumône, *n. f. et v.* aumôner. ancône, *g.* cône, *n. m.* prône, *n. m. et v.* rhône, *g.* saône, *f. g.* trône, *n. m.* zône, *n. f. il* détrône, *v.* détrôner. |

| | |
|---|---|
| *Suite de* ÔNE, *par* AUNE *et* AUNER. | Aune, *n. f. et v.* auner. beaune, *g.* béjaune, *n. m.* faune, *n. m.* jaune, *adj.* |
| ....ONE. | Amazone, *n. f.* alcione, *n. f.* anémone, *n. f. b.* antichthone, *n. et adj.* babylone, *g.* barcelone, *g.* bellone, *n. f.* carbone, *n. m.* colone*, *n. f.* (*de colon, m.*). dodone, *g.* gorgone, *n. f.* hexagone, *n. et adj.* isogone, *n. et adj.* lacédémone, *g.* latone, *n. f.* matrone, *n. f.* monotone, *adj.* nones*, *n. f. pl.* œnone, *n. f.* opsigone, *adj.* (*t. de méd.*). octogone, *adj. et n.* patrone, *n. f.* pentagone, *adj. et n.* polygone, *n. m.* pomone, *n. f.* synchrone, *m.* tisiphone, *n. f.* trombone, *n. m.* vérone, *g.* |
| ....OMNE, *son* ONE. | Automne*, *n. m.* |
| ....ONN. | Bonn, *g.* |
| ....ONNE *et* ....ONNER. | Auxonne, *g.* (*pron. auss*). baronne, *n. f.* bayonne, *g.* bonne*, *adj. f.* il baillonne, *v.* baillonner. carcassonne, *g.* colonne*, *n. f.* couronne, *n. f. et v.* cretonne, *n. f. et g.* il crayonne, *v.* il étançonne, *v.* il étonne, *v.* il façonne, *v.* friponne, *n. f. et v.* garonne, *g.* il griffonne, *v.* il harponne, *v.* mignonne, *adj. f. et n.* il moissonne, *v.* othonne*, *n. f. b.* personne, *n. f.* (*mais ce mot est masc., lorsqu'il signifie nul : personne n'est content*). il se précautionne, *v.* tonne, *n. f. et v.* il raisonne*, *v.* il ressonne, *v.* (*sonner de nouveau*). il résonne, *v.* (*retentir*). il sonne, *v.* sorbonne, *n. f.* il soupçonne, *v.* il taquonne, *v.* (*t. d'impr.*) yonne, *g.*; *plus, les* 173 *autres mots en* ONNE, *comme* nonne, dragonne, *etc.*; *ajoutez-y les v. en* ONNER, *comme* abandonner, donner, *etc., excepté les 4 suivans :* aumôner, *v.* détrôner, occasioner *ou* occasionner, *et* prôner. |

| | |
|---|---|
| .ONÉ, ONNÉ, *etc.* | Erroné, *adj.* saumoné, *etc.*; *les autres sont le participe des v. en* ONER *et* ONNER. *Voyez-les ci-dessus, ou voyez la finale* NER. |

| | |
|---|---|
| .ONGE *et* ONGER. | Allonge, *n. f. et v.* allonger. mensonge, *n. m.* mensonger, *adj.* plonger, *v.* rallonger, *v.* songer, *v.*, *et tous les v. de ce son.* |

| | |
|---|---|
| ....ONGUE. | Diphthongue, *n. f.* longue, *n. f. et adj.* triphthongue, *n. f.* |

| | |
|---|---|
| ....ONQUE. | Conque, *n. f.* onques, *adv.* quelconque*, *adj.* quiconque (*pronom inv. des 2 genres*). il tronque, *v.* |
| ....ONC. | Donc, *adv.* |

| | |
|---|---|
| ....ONTE *et* ....ONTER. | Archonte, *n. m.* conte*, *n. m. et v.* conter (*une fable*). amathonte, *g.* fonte, *n. f.* honte, *n. f.* ponte, *n.* tonte, *n. f.* il affronte, *v.* il monte, *v.* il raconte, *v.* il reconte, *v.* (*son histoire, etc.*). il remonte, *v.* il surmonte, *v.* |
| ....OMPTE *et* ....OMPTER. | Compte*, *n. m. et v.* compter (*supputer*). décompte, *n. m. et v.* escompte, *n. m. et v.* mécompte, *n. m. et v.* il recompte, *v.* (*son argent, etc.*). il domte *ou* dompte, *v.* (*dominer, etc.*). prompte, *adj. f.* |
| ....OMTE. | Comte, *n. m.*, et vicomte, *n. m.* (*dignités*). |
| ....UNTE. | Junte, *n. f.* (*assemblées délibérantes en Esp. et en Portugal*). |

| | |
|---|---|
| ...OMPE, OMPER *et* OMPRE. | Pompe, *n. f. et v.* pomper. trompe, *n. f. et v.* des trompe-l'œil, *n. m. inv.*; *qu'il* corrompe, *v.* corrompre. il détrompe, *v.* détromper. *qu'il* interrompe, *v.* interrompre. *qu'il* rompe, *v.* rompre. *qu'il* repompe, *v.* repomper. |

| | |
|---|---|
| ....OMPHE. | Triomphe*, *n. m. et f.* triompher, *v.* |

| | |
|---|---|
| .onze *et* onzer. | Bonze, *n. m.* bronze, *n. m. et v.* bronzer. *le* onze (*on ne dit pas* l'onze ). |

| | |
|---|---|
| ....OP, *son* o. | Galop, *n. m.* trop*, *adv. Voyez à la suite de la finale* au. |

| | |
|---|---|
| ...OOP. | Sloop, *n. m.* ( *navire ; on pron.* sloupe ). |
| ....OPE *et* OPER. | Apocope, *n. f.* calliope, *n. f.* cyclope, *n. m.* écope, *n. f. et v.* écoper. égilope, *n. f. b.* europe, *n. f. g. il* galope, *v.* galoper. héliotrope, *m. b.* hélioscope, *n. m.* héméralope, *n. m.* horoscope, *m.* hysope, *f. b.* lycanthrope, *m.* microscope, *m.* misanthrope, *n. et adj.* myope, *n. et adj.* nope, *n. f. et v.* noper. nyctalope, *n.* ostéocope, *m.* parthénope, *g.* philanthrope, *n. et adj.* syncope, *n. f. et v.* syncoper. télescope, *n. m.* théophilanthrope, *n. et adj. il* tope, *v.* toper. trope, *n. m.* (*t. de rhét.*). varlope, *n. f. et v.* varloper. |
| ..OPPE *et* OPPER. | *Il* choppe, *v.* chopper. échoppe, *n. f.* écloppe, *n. f. et v.* éclopper. enveloppe, *n. f. et v.* envelopper : *je ou il* développe, *v.* |
| ....OPS. | Égilops, *n. m. b.* éthiops, *n. m.* ( *fer oxidulé* ). |
| ....AUPE. | Taupe, *n. f.* |

| | |
|---|---|
| ....OPHE. | *Voyez à la finale* auf. |

| | |
|---|---|
| .OPTE *et* OPTER. | *Je ou il* adopte, *v.* adopter ; *je ou il* opte, *v.* opter. |

| | |
|---|---|
| ....OQUE. | *Voyez à la finale* oc. |

| | |
|---|---|
| ....OR. | Butor, *m.* ( *butorde, f.* ) castor. cor* ( *au pied, et* cor *de chasse* ). corrégidor, *n.* corridor, *n.* essor*, *n. m.* état-major, *n. m.* for* (*trib.*). fructidor, *n.* hector, *n. pr.* ichor, *n. m.* ( *sérosité* ). major. matador. médor. mentor (*pron. min*). messidor. minor. montabor, *g.* nestor, *n. pr.* nabuchodonosor, *n. pr.* or*. portor ( *marbre* ). quatuor ( *pron. coua* ). similor. sergent-major. stentor. ténor. thermidor. trésor. tricolor*, *m.* ( *plante* ). |
| ....ORC. | Porc*, *n. m.* porc-épics, *n. m.* |
| ...ORD, *noms.* | *Noms :* Abord*, *n. m.* accord*. bord. babord, *n.* bitord, *n.* ( *menues cordes à 2 brins* ). désaccord, *n.* discord, *n. et adj.* gord* (*pêcherie*). lord*. milord. nord. ord*, *adj. m.* (*sale*). périgord, *g.* plat-bord. rebord. réaccord. sabord. stribord *ou* tribord ; *plus les 6 verbes : il* démord, *il* détord, *il* mord, *il* remord, *il* retord, *il* tord. |
| ....ORDS. | *Le* remords, *n. m. ; plus, les noms en* ord *au pl. , et les 6. v. ci-dessus, à la* 1re *et à la* 2e *pers. de ce son.* |
| ...ORE, *noms et adj.* | *Les* açores, *f.* ( *îles* ). achore, *m.* ( *ulcère, pron.* cor ). anaphore, *n. f.* amphore, *n. f.* apore*, *m.* ascophore, *m.* aurore, *f.* baltimore, *g.* bosphore, *g.* carnivore, *adj.* cistophore. chlore, *m.* acide (*pron.* clore ). éléonore, *f.* ellébore, *m.* encore, *adv.* épiphore, *f.* éphore*. flore, *f.* frugivore, *adj.* fumivore, *adj.* herbivore. isidore, *n. pr.* madrépore, *m.* (*t. de mar.*) mandragore. matamore, *m.* more* *ou* maure. métaphore, *f.* météore, *m.* mirliflore. omnivore. pandore, *f.* pauciflore, *adj.* pécore, *f.* phosphore, *m.* pléthore, *f.* pore*, *m.* ( *de la peau* ). pylore, *m.* pyrophore, *m.* pythagore, *m.* sonore, *adj.* store, *m.* sycomore, *m. b.* terpsichore, *n. f.* théodore, *n. prop.* tricolore*, *adj.* zoophore, *m.* |
| ....ÔRE *et* ORE, *verbes.* | *Les 3 verbes :* clôre, déclôre, éclôre ; *plus, la* 1re *et la* 3e *pers. des* 40 *v. en* orer, *comme* décorer, *qui font : il* décore, *il* dore*, *il* fore*, *il* honore, *il* essore, *il* déshonore, *il* pérore. |

*Suite de* OR,

*par* HORRE, ORRE
*et* ORRHE. } *Je ou il* abhorre (*v.* abhorrer). bigorre, g. gomorrhe, g.

....ORS.
Alors. décors, *n.* dès-lors (*loc.*). cahors, g. dehors. hors, *adv.* détors, *adj. m. je* dors *et j'*endors, *v.* (*dormir*). fors*, *adv.* mors*, *n. m.* (*de bride*). recors, *n.* retors, *adj. et n. je* sors, *tu* sors, *v.* sortir. tors, *m. de* torse.

....ORPS.　Corps*, *n. m.* justaucorps, *n. m.* (*sorte de vêtement*).

....ORT.
Accort, *adj. m.* (*de accorte, f.*) amersfort, g. apport*, *n. m.* l'apport-paris. il dort*, *v.* (*dormir.*) il endort*, *v.* il sort*, *v.* effort*, *n. m.* fort*. malemort, *n. f.* mort*, *n. f. et adj. m.* ort*, *adv.* (*poids brut*). passeport, *n. m.* port*, *n. m.* raifort, *m. b.* rapport, *n. m.* reconfort, *n.* renfort, *n.* ressort, *n.* rochefort, g. roc-fort, g. (*fromage de*). sort*, *n. m. et v.* support, *n.* tort*, *n. m.* (*injustice*). transport, *n.*

....AUR.　Saur *ou* soret, *adj. m.* hareng-saur.

..AURE, AURER.
Saure*, *adj.* (*des 2 genres*). centaure, *n. m.* isaure, *n. pr. f.* laure, *n. f.* maure* *ou* more. minotaure, *m.* il restaure (*v.* restaurer). taure* (*génisse*).

---

....ORÉ, HORRÉ
*et* AURÉ.
....ORER, ORRER,
....AURER. } *Finales du participe et de l'infinitif des v. ci-dessus, sous les formes* ORE, ORRE *et* AURE; *ajoutez-y* mijorée *ou* mijaurée, *n. f.*

---

....ORCK.　Yorck, g. new-yorck, g.

---

....ORCE, ORCER.
Amorce, *n. f. et v.* amorcer. il désamorce, *v.* divorce, *n. m. et v.* écorce, *n. f. et v.* force, *n. f. et v.* il s'efforce, *v.* il renforce, *v.*

....ORSE.
Corse, g. détorse, *adj. f.* entorse, *n. f.* retorse, *n. et adj. f.* torse, *n. et adj. f.* ( Nota : *On pron. l's dans* lorsque.)

....ORZE.　Quatorze, *n. et adj. invariable.*

---

....ORDRE.　Ordre, *m.* sous-ordre, *n. m. et tous les autres par* o.

---

....ORGE *et* ORGER.
Coupe-gorge, *m.* gorge, *n. f. et v.* gorger. orge, *n. f.* (*mais on dit* orge *mondé et* orge *perlé*). rouge-gorge, *n. m.* on s'entr'égorge, *v.* forge, *n. f. et v.* il reforge, *v.* il regorge, *v.* george, *n. pr.*

---

.ORTE *et* ORTER.
Cloporte, *n. m.* sporte, *n. m.* aorte, *n. f.* (*t. d'anat.*) cohorte, *n. f.* colle-forte, *n. f.* escorte, *n. f.* feuille-morte, *n. f.* main-forte, *inv.* main-morte, *n. f. inv.* porte, *n. f.* sorte, *n. f.* vigorte, *n. f.* (*planche trouée*); *plus, les v.* j'apporte, j'exhorte, il importe, il transporte, qu'il sorte *ou* ressorte (*v.* sortir), *et les* 17 *autres v. en* ORTER *comme* exhorter.

---

....OS.　*Voyez à la suite de la finale* AU.

---

....OSE *et* OSER.
Alose, *n. f.* ankylose, *n. f.* anamorphose, *n. f.* antiptose, *n. f.* aponévrose, *n. f.* apothéose, *n. f.* chlorose, *n. f.* chose, *n. f.* (*il est m. après* quelque : quelque chose *est arrivé*). chilose, *n. f.* close*, *adj. f.* (*de clos, m.*). couperose, *n. f.* dose, *n. f.* ecchymose, *f.* éclose, *adj. f.* ecthymose, *n. f.* emphytéose, *n. f.* exostose, *n. f.* glose, *n. f. et v.* gloser. grandiose, *adj.* hélose, *n. f.* hématose, *n. f.* hypersarcose, *f.* métamorphose, *n. f. et v.* métempsycose, *n. f.* morose, *adj.* nécrose, *n. f.* névrose, *f.* nivose, *m.* il ose, *v.* oser. phlogose, *f.* pluviose, *m.* pose*,

| | |
|---|---|
| *Suite de* ..OSE *et* OSER. | *n. f. et v.* prose, *n. f.* rose, *n. f. et adj.* ventose, *m.* virtuose, *adj.* il pose*, *v.* il propose, *v.* il appose, *v.* il oppose, *v.* il arrose, *v.* il suppose, *et tous les v. en* OSER, *excepté* pauser*, *v.* (*signifiant appuyer*). et causer (*occasionner*). |
| ....OS, *son* ÔCE. | Argos, *g.* athos, *g.* atropos, *n. f.* délos, *g.* lemnos, *g.* lesbos, *g.* mérinos, *n. m.* naxos, *g.* paphos, *g.* pathos, *n. m.* paros, *g.* rhinocéros, *n. m.* samos, *g.* |
| ....AUSE, AUSER. | Apothrause, *n. f.* (*fracture*). cause, *n. f. et v.* causer. clause*, *n. f.* (*condition*). pause*, *n. f.* (*repos*). il pause (*v.* pauser*). |
| ....OOZ. | Booz (*nom d'homme*). |

---

| | |
|---|---|
| ....OSSE, OCE, AUSSE. | *Voyez à la finale* AUCE. |

---

| | |
|---|---|
| ..OSITÉ *et* OCITÉ, *noms fém.* | Anfractuosité, *n. f.* animosité, *n. f.* défectuosité. nodosité, *n. f.* piquosité. porosité. précocité. réciprocité, *et tous les autres avec un o.* |

---

| | |
|---|---|
| ...OSTE *et* OSTER. | *Il* accoste (*v.* accoster). il apposte, *v.* arioste, *n. pr.* périoste, *m.* poste*, *n. m.*, *f.*, *et v.* poster. *la* malle-poste, *les* malles-postes. riposte, *n. f. et v.* il déposte, *v.* il riposte, *v.* toste, *n. m.* (*pour boire à la santé*). |
| ...OST, *son* OSTE. | Alost, *g.* aost, *g. des* post-scriptum, *n. inv.* toast (*pron.* toste). |
| ....AUSTE. | Holocauste, *n. m.* |

---

| | |
|---|---|
| ....OT, *son* O. | *Voyez à la finale* AU. |

---

| | |
|---|---|
| .OTE *et* OTER. | Aliquote, *n. f. et adj.* anecdote, *n. f.* il annote, *v.* annoter. antidote, *n. m.* aristote, *n. pr.* asymptote, *n. f.* azote*, *n. m.* (*fluide*). bergamote, *n. f.* bigote, *n. et adj. f.* caillebote, *n. f.* cagote, *adj. f.* il cahote, *v.* camelote, *n. f.* il chuchote, *v.* compatriote. compote, *n. f.* cote* (*taxe*). dévote, *n. et adj. f.* il dorlote, *v.* il dote*, *v.* échalote, *n. f. b.* il emmaillote, *v.* emphytéote, *n.* il ergote, *v.* galiote, *n. f.* gargote, *n. f. et v.* gavote, *n. f.* gymnote, *n. f.* hérodote, *n. pr.* huguenote, *n. et adj. f.* idiote, *n. et adj. f.* marcote, *n. f.* marinote, *f.* matelote, *n. f.* il mijote, *v.* nabote, *n. f.* note, *n. f. et v.* il numérote, *v.* papillote, *n. f.* patriote, *n. et adj.* pelote, *n. f. et v.* pilote, *n. m. et v.* prote, *n. m.* quote-part, *n. f.* il rabote, *v.* il radote, *v.* ravigote, *n. f. et v.* redingote, *n. f.* ribote, *n. f. et v.* rote, *n. f. et v.* il assote, *v.* il rassote, *v.* il sanglote, *v.* il suçote, *v.* il tremblote, *v.* elle tricote, *v.* il tripote, *v.* il vivote, *v.* |
| ....OT *et* OTH, *son* OTE. | Azoth* (*mercure, t. de chim.*). une dot*, *n. f.* loth*, *n. pr.* sabaoth (*divinité*). |
| ..OTTE *et* OTTER. | Ballotte, *n. f.* il ballotte, *v.* (*ballotter*). botte, *n. f. et v.* il buvotte, *v.* caillebotte, *n. f.* calotte, *n. f. et v.* capotte, *n. f.* carotte, *n. f. b.* chenevotte, *n. f.* cotte* (*jupe.*) crotte, *n. f. et v.* culotte, *n. f. et v.* il emmenotte, *v.* épiglotte, *n. f.* flotte, *n. f. et v.* il frotte, *v.* il garrotte, *v.* gavotte, *n. f.* gélinotte, *n. f.* giblotte, *n. f.* il gigotte, *v.* glotte, *n. f.* il grelotte, *v.* il gringotte, *v.* griotte, *n. f.* grotte, *n. f.* hotte*, *n. f. et v.* huguenotte*, *n. f.* linotte, *n. f.* lotte*, *n. f.* marcotte *ou* marcote, *n. f. et v.* marotte, *n. f.* marmotte *ou* marmote, *n. f. et v.* menotte, *n. f.* motte, *n. f.* il picotte, *v.* polyglotte, *n. f. et adj.* quenotte, *n. f.* sotte *ou* sote*, *n. et adj. f.* (*de sot, m.*) trotte, *n. f. et v.* vieillotte *ou* vieillote, *n. et adj. f.* |
| ....ÔTE. | Côte*, *n. f.* entre-côte *ou* entrecôte, *n. m.* garde-côte, *n. m.* hôte*, *n.* maltôte, *n. f. et v.* pentecôte, *n. f.* je *ou* il ôte, *v.* ôter. |
| ..AUTE. | Aéronaute, *n.* argonaute, *n.* faute, *n. f.* haute*, *adj. f.* il saute*, *et* il ressaute (*v.* sauter *et* ressauter). |

| | |
|---|---|
| ....ÔTÉ. | ôté*, *part. m.* prévôté, *n. f.* |
| ....EAUTÉ. | Nouveauté, *n. f.* beauté, *n. f.* |
| ....AUTÉ. | Amirauté, *n. f.* communauté, *f.* cruauté, *f.* loyauté, *f.* déloyauté, *f.* papauté, *f.* primauté, *f.* principauté, *f.* privauté, *f.* royauté, *f.* ressauté et sauté, *part. m. des v.* sauter *et* ressauter. |
| ....OTER, OTTER *et* AUTER. | *C'est la finale de l'infinitif des v. ci-dessus en* OTE, OTTE *et* AUTE. |

| | |
|---|---|
| .OTION, AUTION. | *Tous par* o, *comme* dévotion, *excepté* caution *et* précaution. |

| | |
|---|---|
| ....OTRE. | Notre* *et* votre* (*adj. possessifs*). psilothre, *n. m.* psychôtre, *m.* (*pron.* kotre.) |
| ....ÔTRE. | *Le* nôtre, *la* vôtre. apôtre, *n. m.* patenôtre, *n. f.* |
| ....AUTRE *et* ....AUTRER. | Autre (*d'autre; pl. d'autres*). épeautre, *n. m.* peautre, *n.* peautré, *adj.* *il se* vautre (*v.* vautrer). |

| | |
|---|---|
| ....OU, *masc.* | Acajou, *n. m.* amadou*, *n. m.* anjou, *g.* bambou, *n. m.* BIJOU, *m.* brou*, *m.* cachou, *n. m.* CAILLOU, *m.* CHOU, *m.* chouchou, *n. m.* clou*, *n.* cou*, coucou, *n. m.* écrou*, *n.* filou, *n. m.* flou, *n.* (*t. de peint.*). fou, *n. et adj. m.* loup-garou. GENOU. glouglou, *n.* grigou, *n.* grippe-sou, *n. inv.* HIBOU, *n.* JOUJOU, *n.* licou, *n.* matou, *n.* mou*, *adj. m. et n.* où, *adv.* ou*, *conj.* padou*, *m.* pérou, *g.* pou*. prou*, *adv.* rocou *ou* roucou, *n. b.* sagou, *n. m.* sapajou, *n. m.* sou*, *n.* toutou, *n.* trou*, *n.* verrou, *n.* yacou, *n.* *Voyez ci-après à la finale* OUX, *les* 6 *mots ci-dessus en petites capitales, auxquels on ajoute un* x *au pl.* |
| ...OUB, *son dur.* | Radoub, *n. m.* (*réparation d'un navire*). doubs, *g.* (*pron. dous*). |
| ....OUD. | Saint-cloud, *n. pr. g. il* coud, *v. il* moud, *etc.,* 3ᵉ *pers. dans les verbes* MOUDRE, COUDRE, *et dans leurs composés.* (*Voyez les conjug.*) |
| ....HOULD. | Sainte-ménéhould, *ville.* |
| ...OUE *et* OUER. | Bajoue, *n.* boue*, *n. f.* capoue, *g.* cordoue, *g. il* écroue, *v.* écrouer. houe*, *n. f. et v.* (*pioche*). fagoue, *n. f.* (*glande*). gadoue, *n. f.* joue, *n. et v.* mantoue, *g.* moue*, *n. f.* padoue*, *g.* proue*, *n. f.* roue*, *n. f. et v.* toue*, *n. f.* (*bateau*); *plus, les v. en* OUER; *tels sont :* j'alloue, je bafoue, je noue, il tatoue, *v. Les autres n'ont pas de difficultés.* |
| ....OUG. | Joug*, *n. m.* (*fardeau*). marleboroug, *n. pr.* (*général anglais*). |
| ....OUL. | Saoul *ou* soûl*, *adj.* (*rassasié*). pouls*, *n. m. sing.* (*battement des artères*). vezoul *ou* vesoul, *g.* |
| ....OUP. | Beaucoup*, *adv.* cantaloup, *n. m.* (*melon*). coup*, *n.* contre-coup, *n.* croup, *n.* escoup, *n.* houp! *interj.* (*pron. houpe*). loup, *n. m.* |
| ....OUS. | Absous, *adj. m.* (*absoute, f.*). j'absous, *v.* andalous, *n. et adj.* je bous, *v.* dessous, *adv.* dissous, *adj. m.* (*dissoute, f.*). je dissous, *v.* un rendez-vous, *n.* je résous, *v.* nous, *pr.* vous, *pr.* tous *, *adj. m. pl. de tout.* sous*, *prép.; plus, les* 14 *mots suivans en* ou, *lorsqu'ils sont au pl. Ce sont : les* bambous, *les* chouchous, *les* cous*, *les* coucous, *les* filous, *les* matous, *les* écrous, *les* grigous, *les* licous, *les* mous, *les* sapajous, *les* sous, *les* toutous, *les* trous *et les* verrous. |
| ....OUX. | Courroux, *n. m.* doux*, *adj.* époux, *n. m.* gabeloux, *n. m.* houx, *m. b.* jaloux, *adj.* roux*, *adj. et n.* sain-doux, *n. m.* toux*, *n. f.* (*rhume*). trévoux, *g.; plus, le pl. des* 6 *mots suivans, dont le sing. est ci-dessus en* ou : *des* bijoux, *des* cailloux, *des* choux, *des* genoux, *des* hiboux, *des* joujoux. |

| | |
|---|---|
| *Suite de* OU, *par* OUT. | Atout, *n. m.* bout*, *n. m.* brout*, *n. m.* debout, *adv.* marabout, *n.* passe-partout, *n. inv.* surtout, *n. et adv.* tout*, *n.*, *adj. et adv.* va-tout, *n. inv.* vermout, *n.; plus, les* 4 *verbes :* il absout, il bout, il dissout, il résout. |
| ....OÛT. | Août, *n.* (*pron.* oût). coût*, *n. m.* (*dépens*). dégoût, *n. m.* égoût, *n.* goût, *n.* moût*, *n. la* mi-août, *n. f.* ragoût, *n. m.* |

| | |
|---|---|
| ...OUA *et* OUER. | Il alloua, *v.* allouer. il joua, *v.* il loua, *v.* il noua, *v.*, et il voua, *v.* vouer, 3e *pers. dans les v. en* OUER, *comme* louer, douer, nouer, *etc.* (*Voyez la conjug. des v. en* OUER.) |
| ..OUA *intérieur.* | Gouache. gadouard, *n.* (*vidangeur*). ouate*, *n. f. et v.* ouater. pouah ! |
| ..UA, *son* OUA, *intérieur.* | Alguasil, *n. m.* aquarelle, *n. f.* aquatique, *adj.* équateur, *m.* équation, *n. f.* lingual, *adj. des* in-quarto, *n. inv.* quadrupède, *n.* quadrupler, *v...* quatuor, *n. etc.* (*Voyez les finales* COI *et* QUA.) |

| | |
|---|---|
| ...OUAI, OUAIT, OI. | *Voyez les finales* AI *et* OI, *suivant le son.* |

| | |
|---|---|
| .OUBE *et* OUBER. | Caroube, *m. b.* il radoube, *v.* radouber. *Le* radoub *sans* E *est la réparation d'un navire.* |

| | |
|---|---|
| ....OUC. | Bouc, *n. m.* (*animal*). fernambouc, *g.* sambouc, *m.* (*sorte de bois*). |
| ....OUG. | Toug *ou* touc, *n. m.* (*demi-pique*). |
| ....OUQUE. | Bouque, *n. f.* (*t. de marine*). felouque, *n. f.* foulque *ou* morelle, *n. f.* touque, *g.* |
| ....OUK. | Kalmouk, *n.* mamelouk *ou* mameluk, *n.* |

| | |
|---|---|
| .OUCE *et* OUCER. | Douce, *adj. f.* taille-douce, *n. f.* il courrouce, *v.* pouce*, *n. m., gros* doigt. |
| ....OUSSE *et* ....OUSSER. | Gargousse, *n. f.* gousse, *n. f.* housse, *n. f. et v.* housser. mousse, *n. f. et v.* rousse, *adj. f. et n.* secousse, *n. f.* trousse, *n. f.* virevousse, *n. f.* (*t. de manège*). il détrousse, *v.* il émousse, *v.* pousse, *n. f. et v.* il rebrousse, *v.* il tousse, *v.* il trémousse, *v.* elle trousse, *v.* |

| | |
|---|---|
| ...OUEN *et* OINT. | *Voyez à la finale* OIN. |

| | |
|---|---|
| ....OUF. | Ouf! pouf! *interj.* pouf, *adj.* (*marbre* pouf, *qui s'égrène*). |
| ....OUFFE. | Je *ou* il bouffe, *v.* il étouffe, *v.* il s'époufle, *v.* il pouffe, *v.* touffe, *n. f. et verbe.* |

| | |
|---|---|
| ....OUFFLE *et* ....OUFFLER. | Je *ou* il boursoufle, *v.* boursouffler. il essouffle, *v.* souffle, *n. m. et v.* souffler. |
| ....OUFLE. | Je *ou* il emmitoufle, *v.* maroufle, *n. m.* moufle, *n. f., mitaine.* moufle, *m.* (*poulie*). pantoufle, *n. f.* |

| | |
|---|---|
| ....OUFRE *et* ....OUFRER. | Soufre*, *n. m. et v.* soufrer, il ensoufre, *v.* ensoufrer (*mettre du soufre*). il soufre (*v.* soufrer). |
| ....OUFFRE, ....OUFFRER. | Il souffre, *v.* (*souffrir*). il engouffre, *v.* engouffrer. gouffre, *n. m.* |

| | |
|---|---|
| ....OUGE. | Il bouge, *v.* bouger. gouge, *n. f.* rouge, *adj. et n. f.* |

| | |
|---|---|
| ....OUIL. | Fenouil, *n. m.* (*plante*). |
| ....OUILLE *et* ....OUILLER. | Il s'agenouille, *v.* s'agenouiller. andouille, *n. f.* bredouille, *n. f. et v.* brouille, *n. f. et v.* il chatouille, *v.* citrouille, *n. f.* cornouille, *n. f.* il débarbouille, *v.* dépouille, *n. f. et v.* douille, *n. f. et v.* il embrouille, *v.* fouille, *n. f. et v.* grenouille, *n. f.* gribouille, *n. m. et v.* houille, *n. f.* |

| | |
|---|---|
| *Suite de* OUIL, *par* OUILLE *et* OUILLER. | niquedouille, *n. m.* patrouille, *n. f. et v.* pouille, *g.* quenouille, *n. f.* rouille, *n. f. et v.* rouiller*. il souille, v. souiller*. il verrouille, v. verrouiller. déverrouiller, *et leurs composés.* |

....OUIN , OUEN *et* OIN. *Voyez à la finale* OUIN.

| | |
|---|---|
| ....OUL. | Capitoul, *n. m.* frioul, *g.* saint-papoul, *g.* raoul, *n. pr.* toul, *g.* vesoul, *g.* |
| .OULE *et* OULER. | Ampoule, *n. f.* ciboule, *n. f.* houle, *n. f. et v.* semoule, *n. f.* (*pâte*). soûle, *adj. f.* (*de soûl, masc.*), *et v.* soûler, *et tous les autres mots en* OULE. |

| | |
|---|---|
| .OUPE *et* OUPER. | J'attroupe, *v.* attrouper. coupe, *n. f. et v.* couper. chaloupe, *n. f.* croupe, *n. f.* il découpe, *v.* il empoupe, *v.* il entrecoupe, *v.* étoupe, *n. f.* fausse-coupe, *n. f.* guadeloupe, *g.* (*pr. goua*). groupe, *n. m. et v.* loupe, *n. f.* poupe, *n. f.* soucoupe, *n. f.* soupe, *n. f. et v.* troupe, *n. f.* |
| ....OUP , *sans* E. | Houp! (*interj.*). sloop (*sorte de navire, pron. sloupe*). |
| ....OUPPE. | Houppe, *n. f. et v.* houpper. |
| ..OUP, *son* OU. | Croup, *n. m.* (*maladie*). coup*, *n. m.* , *etc. Voyez à la finale* OU. |

| | |
|---|---|
| ....OUR. | Les abat-jour, *n. m. inv.* adour, *riv.* un alentour*, *n.* à l'entour de (*loc.*). amour, *n. m.* (*et fém. au pl., les affections*). arrière-cour, *n. f.* atour, *n. m.* autour, *adv.* basse-cour, *n. f.* belle-de-jour, *b.* bonjour, *n. m.* calambour* (*bois*). calembour* (*sorte de quolibet*). carrefour, *n. m.* cavalcadour*, *m.* chaufour, *n. m.* contour, *n. m.* cour*, *n. f.* un hors-de-cour, *n. m.* détour, *n. m.* entour, *n. m.* four, *n. m.* gour*, *n. m.* jour, *n.* labour*, *n. m.* mastigadour, *n. m.* pour, *prép.* pourtour, *n. m.* rambour*, *n. b.* retour, *n. m.* séjour, *n. m.* tambour, *n. m.* topinambour, *n. b.* un tour. une tour*. troubadour, *n. m.* vautour, *n. m.* |
| ....OURD. | Balourd, *n. et adj.* lourd*, *adj. m.* sourd, *adj. m. et* 3e *pers. du v.* sourdre (*jaillir*). il ressourd, *v.* (*rejaillir*). gourd, *adj. m.* (*de gourde, f.*). tourd (*poisson*). |
| ....OURE. | Bravoure, *n. f.* collioure, *g.* goure*, *n. f. et v.* (*drogue falsifiée*). il goure, *v.* (*t. pop.*). la loure* (*danse*). pandoure, *n. m.* il savoure, *v.;* plus, la 1re *et la* 3e *pers. du v.* courir *et de ses composés : que j'accoure, que je concoure, qu'il coure, qu'il discoure, qu'il encoure, qu'il parcoure, qu'il recoure, et qu'il secoure.* (*Voyez les conjugaisons.*) |
| ....OURRE *et* ....OURRER. | Bourre, *n. f. et v.* bourrer. tire-bourre, *n. m.* il fourre, *v.* mourre, *n. f.* (*jeu*); plus, les 8 v. en bourrer et en fourrer. *Nota. En termes de chasse,* courre *est nom, et v. à l'infinitif. On dit encore : au* courre *le cerf et le laisser* courre (*courir*). |
| ....OURG. | Ausbourg, *g.* bourg, *n. m.* bourg-la-reine, *g.* brandebourg, *n. et g.* édimbourg, *g.* faubourg, *n. m.* fribourg, *g.* gothembourg, *g.* hambourg, *g.* luxembourg, *g.* marienbourg, mecklinbourg, neubourg, pétersbourg, strasbourg, wurtzbourg, *et autres noms de villes, terminés en* bourg. |
| ....OURS. | Concours *, *n. et v.* un cours *, *n. m.* décours, *n. m.* discours*, *n.* nemours, *g.* ours*, *m.* (*pron. ourse*). oreille-d'ours, *b.* raccours, *n. et v.* rebours, *n. m.* à-rebours, *adv.* recours*, *n. et v.* secours*, *n. et v.* toujours*, *adv.* tours*, *g.* velours, *n. m.; plus,* la 1re *et la* 2e *pers. des* 8 v. *en* courir *: j'accours, je concours, j'encours, je parcours, etc.* |
| ....OURT. | Court*, *adj. m.* à-court, *adv.* il accourt, *v.* il concourt, *v.* il court*, *v.* il discourt, *v.* il encourt, *v.* il parcourt, *v.* il recourt, *v.* il secourt, *v.* (*Voyez les conjugaisons.*) |

| | |
|---|---|
| ....OURC. | *Aucun....* |
| ....OURCQ. | Ourcq, *n. m.* (*rivière*). *le canal d'ourcq ou de l'ourcq.* |
| ....OURCE. | *Il* bource, *v.* bourcer. (*terme de mar.*). chaource, *g.* source, *n. f.*, *et* ressource. |
| ....OURSE *et* ....OURSER. | Bourse, *n. f.* course, *n. f. il* débourse, *v. il* embourse, *v. il* rembourse, *v.* ourse, *n. f.* (*de* ours, *m. On le prononce de même*). |
| ....OURDE. | Falourde, *n. f.* gourde, *f.* happelourde, *n. f.* lambourde, *n. f.* sourde, *n. et adj. f.* |
| ....OURGE. | Courge, *n. f. b.* |
| ...OURGES. | Bourges, *g.* |
| ....OUSE. | Blouse, *n. f. et v.* bouse, *n. f. qu'il* couse, *v.* (*au subj.*). *qu'il* découse, *v.* (*au subj.*). épouse, *n. f. et v.* épouser. jalouse, *adj. f.* (*de jaloux*). pelouse, *n. f.* talmouse, *n. f.* toulouse, *g.*, *et* ventouse, *n. f.* |
| ....OUZE. | Bouze *ou* bouse. douze, *adj. et n. inv.* (*une douzaine*). |
| ....OUSSE. | *Voyez à la finale* OUCE. |
| .OÛTE *et* OÛTER. | Croûte, *n. f.* joûte, *n. f. et v.* joûter. voûte, *n. f. et v.* voûter; *plus*, *les* 9 *v. il* aoûte, *v.* (*pron.* a-oûte, *malgré* août *que l'on pron.* oût). *il* coûte. *il* écroûte. *il* encroûte. *il* goûte. *il* dégoûte. *il* joûte. *il* ragoûte. *il* voûte. |
| ....OUTTE *et* ...OUTTER. | *Il* dégoutte*, *v. il* égoutte, *v.* goutte à goutte ( *loc.* ). goutte, *n. f.* ( *maladie* ). |
| ....OUTE *et* ....OUTER. | Banqueroute, *n. f.* déroute, *n. f. et v.* dérouter. *il* ajoute, *v. il* doute, *v.* toute, *adj. f.*, *et tous les autres.* |
| ....OUX. | *Voyez la finale* OU, *et les homonymes.* |
| ....OVE *et* OVER. | Alcôve, *n. f. il* innove, *v.* innover. ove, *n. m.* (*t. d'archit.*). |
| ..AUVE *et* ....AUVER. | Chauve, *adj.* chauve-souris, *n. f.* fauve, *adj.* guimauve, *n. f. b.* mauve, *n. f. b.* sauve, *adj. f.* ( *de* sauf, *m.* ). *il* sauve, *v.* sauver. |
| ....OVRE. | Hanovre, *g.* ( *pays et ville d'allemagne* ). |
| ....AUVRE. | Pauvre, *n. et adj. des* 2 *genres*; pauvresse, *n. f.* (*t. familier* ). |
| ....OX. | Fox, *n. pr.* palafox, *n. pr.* |
| ....OXE *et* OXER. | *Il* boxe, *v.* boxer. équinoxe, *n. m.* hétérodoxe, *adj.* orthodoxe, *adj.* paradoxe, *n. m.* |
| ....OYER, *noms et v.* | Loyer, *n. m.* plaidoyer, *n. m.* voyer*, *n. m.; plus, les* 36 *v. en* OYER ( *voyez-les tous à la finale* YER ); *les moins faciles sont :* apitoyer, *v.* atermoyer. charroyer. châtoyer (*t. de lapidaire.*). corroyer. côtoyer. employer. ensoyer. envoyer*. fourvoyer. grossoyer. guerroyer. hongroyer. monnoyer *ou* monnayer. nettoyer. noyer* ( *pron. noa-yer* ). octroyer. ondoyer. ployer* (*fléchir*). remployer. renettoyer. rudoyer. tutoyer. verdoyer. ( *Voyez la conjugaison des v. en* YER. ) |
| ....OYÉ. | *Cette finale termine le participe masc. des v. en* OYER, *dont on retranche l'*R. |

....PA, PAS, PPA. { *Voyez à la finale* A , *et pour les 2* PP , *voyez les verbes à la finale* PPER.

....PAIN , PEINT, PIN. *Voyez à la finale* AIN , *et les homonymes.*

....PAIRE, PÈRE. *Voyez à la finale* AIRE , *et les homonymes.*

....PAN. { Pan*, n. ( *d'habit, etc.* ). chenapan, n. sapan, n. ( *bois du japon* ). trépan , n. tympan , n.

.PANDS *et* PAND. { J'épands, v. tu épands. il épand ( v. *épandre, de expansion, expansif* ). je répands , tu répands , il répand ( v. *répandre , éparpiller* ).

....PANT, *adj.* , *part.* { Coupant. estampant. jappant. occupant. participant. pimpant. préoccupant. rampant. trempant.

..PENDS *et* PEND. { Je dépends, il dépend ( v. *dépendre* ). je pends, il pend ( v. *pendre* ). je suspends , il suspend ( v. *suspendre* ).

....PENS. { Les dépens, n. pl. un guet-à-pens ( *des guets-à-pens* ). je me repens*, tu te repens ( v. *se repentir* ). en suspens ( *loc.* ).

....PENT. { Arpent , n. m. ( *de arpenter* ). serpent, n. ( *de serpenter* ). il se repent ( v. *se repentir* ).

PANDRE *et* PENDRE. *Voyez à la finale* ANDRE.

....PANSE.
....PANSER. { Panse*, n. f. ( *ventre* ). pansement, n. m. pansu, adj. panser*, v. ( *soigner* ).
....PENSE *et*
....PENSER. { Il pense, v. penser ( *réfléchir* ). il compense, v. dépense, n. f. et v. dispense, n. f. et v. impense, n. f. récompense, n. f. et v.

....PANTE *et* PENTE. *Voyez à la finale* ANTE.

....PANTER *et* PENTER. *Voyez à la finale* ANTER.

....PAN *intérieur par* A. { Épandre, v. épancher, v. épanchement, n. m. expansion*, n. f. expansif, adj. m. répandre*, v.

....PEN *intérieur par* E. { Acipensère, n. f. appentis, n. m. arpenter, v.. charpenter.. charpentier, n.. cependant*. compensation... compenser... dépense... dépenser, v... dépendance... dépendre, v. dispendieux... dispense... dispenser, v... épenthèse, n. f. ex-pension*... indépendant, adj... indépendamment. indispensable, adj... indispensablement, adv. impense, n. f. ( t. de pal. ). perpendiculaire, n. f. et adj. perpendiculairement. propension... récompense, n. f. récompenser, v... repentir*... scolopendre, f. b. serpenter*, v... serpentaire, f. b. stipendier*, v. stipendiaire, adj. suspendre... suspensif, adj... suspension... vilipender, v...

....PATHIE.
...PATHIQUE. { Antipathie, n. f. antipathique, adj. sympathie, n. f. sympathique, adj. ( *de sympathiser* ); *le reste est sans* H.

....PEAU , POS, POT. *Voyez à la finale* AU.

....PÉE. { Échappée, n. et adj. f. onomatopée, n. f. pompée, n. pr. , etc. *Voyez à la suite de la finale* AI.

....PELER.
....PELLER. { Appeler, v. peler , v. ( *ôter le poil* ). rappeler, v. Interpeller, v. peller, v. ( *avec une pelle* ).

....PPER, *verb.* — Agripper, *v.* chopper, *v.* développer, *v.* échapper. éclopper. égrapper, envelopper. frapper. s'entre-frapper. fripper. gripper. happer. huppé, *adj.* japper, *v.* lippée, *n. f.* réchapper, *v.* sapper, *v. et leurs dérivés.*

....PER, *verbes.* — Anticiper, *v.* attrouper. attraper. dissiper. émanciper. tromper, *et tous les autres v. en* PER, *par un seul* P.

....PH. — INTÉRIEUR *par* PHA, PHAL, PHE, PHI, PHER, PHO, PHAN, *etc. Voyez après la lettre* F *la réunion des* PH *intérieurs.*

....PLAN *in-térieur et final.* ....PLEN *in-térieur et final.* — Plan*, *n. m.* ( *du v. planer* ). plant, *n. m.* ( *du v. planter* ). implan-ter, *v.* supplanter, *v.* transplanter, *v.*, *et tous les autres sons en* PLAN, *excepté les suivans :* splendeur, *n. f.* splendide, *adj.* splendide-ment, *adv.* resplendir, *v.* resplendissant, *adj.* spleen, *n.* ( *maladie, pron.* spline ).

....PO, POS, *etc.* — *Voyez à la finale* AU.

..PONCE, PONSE. — *Voyez à la finale* ONCE.

.POUCE, POUSSE. — *Voyez à la finale* OUCE.

....PREN. — *Tous par* PREN, *tels sont :* apprendre, *v.* comprendre *v.* désapprendre, *v.* surprendre, *et leurs dérivés.*

....PSE *et* PSER. — Éclipse, *n. f. et v.* éclipser. ellipse, *n. f. et v.* ellipser. paralypse, *n. f.* apocalypse, *n. f.* gypse, *n. m.*

....PU, PUS, *etc.* — *Voyez à la finale* U.

Q *médial, par* CH. — Achante *et mieux* acanthe, *n. f.* achores*, *m. pl.* (*ulcères*). achro-matique, *adj.* achronique, *adj.* anacharsis, *n. pr.* anachorète, *n.* anachronisme, *n. m.* antéchrist, *n.* archaïsme, *n. m.* archange, *m.* archangel, *g.* archiépiscopal, *adj.* archoute, *n. m.* bacchanal*, *n. m.* bacchante, *n. f.* bacchus, *n. m.* catachrèse, *n. f.* catéchumène. *n. m. et adj.* cochléaria, *b.* dichotome, *adj.* écho*, *n. m.* épicharis, *n. f.* exarchat, *n. m.* eucharistie, *n. f.* lichen, *n. m.* melchior, *n. pr.* melchisédec, *n. pr.* michel-ange. nabuchodonosor, *n. pr.* orchestre, *n. m.* patriarchal, *adj.* synchrone, *adj...* technique, *adj.* terpsichore, *n. f.* zacharie. *n. pr.*

Q *médial, par* K. — Ankylose, *n. f.* enkysté, *adj.* franklin. *n. pr.* jockey, *n.* nankin. moka, *g.* shakespeare, *n.* ( *pron.* chespire ). tokai, *etc. Voyez les autres aux finales ci-après, ou suivant leur son final,* A, AU, AC, AI, EC, I, IC, O, OC, *etc., ou suivant leur initiale* CRA, CRÉ, CRI, CRO, *etc.*

....QU *et* CU. — *Tous par* CU, *comme* curucucu, *n. m.* ( *serpent du brésil* ). *Voyez la finale* U.

...QUA, QUAT *et* KA. *Voyez à la finale* CA.
..QUA, *son* QUOI. *Voyez à la finale* QUOI.

....QUABLE. — *Voyez à la finale* CABLE.

...QUAGE. — *Voyez à la finale* CAGE.

| | |
|---|---|
| ....QUAI. | Malaquai, *g.* quai, *n. m.*, et quayage, *n. m.* ( *pron. ké-iage* ); *plus, la* 1re *pers. du prétérit défini, dans tous les v. en* QUER. ( *Voyez-les à la finale* CAIRE. ) |
| ....QUAIS. | Laquais, *n. m.* j'appliquais, *v.* j'attaquais, *v.*, et *tous les autres v. en* QUER, *à l'imparfait,* 1re *et* 2e *pers. sing.* |
| ....QUAIT. | *Il* appliquait, *v. il* attaquait, *v.*, et *tous les autres v.* en QUER, *à la* 3e *pers. sing. de l'imparfait.* |
| ...QUÉ *et* QUER. | Appliqué, *part. du v.* appliquer; *plus, le part. de tous les autres v. en* QUER. ( *Voyez* CAIRE.) |
| ....QUET. | Banquet, *n.* baquet, *n.* bariquet. bilboquet, *n.* biquet, *n.* bosquet, *n.* bouquet, *n.* bourriquet, *n.* briquet, *n.* caquet, *n.* chouquet, *n.* coquet, *n. et adj. m.* criquet. croquet*. freluquet. haquet, *n.* hoquet, *n.* mousquet, *n.* paquet, *n.* parquet*, *n.* perroquet, *n.* quinquet, *n.* roquet. saupiquet, *n.* sobriquet, *n.* tourniquet, *n.* traquet*. trinquet*. triquet, *n.* |
| ....QUÊT. | Acquêt, *n. m.* ( *chose acquise* ). conquêt, *n. m.* ( *chose conquise* ). |
| ....QUIER. | Banquier, *n. m.* boutiquier, *n. m.* échiquier, *n.* perruquier, *n.* piquier*, *n.* |
| ....QUIET. | Inquiet, *adj. m.* ( *inquiète, adj. f. v.* inquiéter ). |
| ....KAI *et* KEY. | Tokai, *g.* bokey ( *sorte de voiture légère* ). boghei ( *cabriolet découvert* ). jockey, *n. m.* |

----

....QUAIN, QUAINE. *Aucun. Voyez aux finales* CAIN *et* CAINE.

----

QUAIRE, QUER *et* QUIERT. *Voyez à la finale* CAIRE.

----

| | |
|---|---|
| ....QUAND, ..QU'EN, QUENT, ...CAN *et* CAMP, ...CANT *et* KAN. | *Voyez les homonymes au mot* CAMP; *mais, pour les autres mots, voyez à l'initiale ou à la finale* CAN. |

----

| | |
|---|---|
| ....QUANTE, ....QUENTE, ....QUENTER, ....CHANTE, *son* ....CANTE. | *Voyez aux finales* CANTE *et* CANTER, *et les homonymes.* |

----

| | |
|---|---|
| ..QUEMMENT. *adv.* | Conséquemment. éloquemment. inconséquemment. fréquemment *et* subséquemment. |

----

| | |
|---|---|
| ...QUENTATION. | Fréquentation, *n. f.* fréquentable, *adj.* fréquentatif, *n. m. et adj.* |

----

| | |
|---|---|
| ...QUENTER. | Fréquenter, *v.* |

----

| | |
|---|---|
| ....QUATEUR. | Équateur, *n. m.* ( *pron. écoua* ). *Voyez les autres à la finale* CATEUR. |

----

| | |
|---|---|
| ....QUATION. | *Voyez à la finale* CATION. |
| ....QUATION. | *On pron.* COUATION *dans* équation, *n. f.*, et colliquation. |

----

| | |
|---|---|
| ....QUE*. | Lorsque, *conj.* ( *pron. lor-sque* ). *Quant aux finales en* BRAQUE, BRIQUE, BROQUE, BRUQUE, *etc.*, *voyez-les aux finales* AC, EC, IC, OC, UC, *etc.* |
| ....QUEUE. | Queue*, *n. f.* |
| ...QUEUX, *m.* | Aqueux, *adj.* belliqueux. muqueux. visqueux, *etc. Voyez* EUX. |
| ....QUEUSE, *f.* | QUEUSE *est la finale du fém. des adj. ci-dessus.* |

| | |
|---|---|
| ....QUEL. | Lequel, laquelle, qu'elle; *voyez les homonymes.* |
| ....KEL. | Nickel, *n. m.* (*métal*). kehl, g. |

| | |
|---|---|
| ..QUENTER. | Fréquenter, *v.* fréquentation, *n. f.* fréquentable, *adj.* fréquentatif, *m.* |
| ....CANTER. | Décanter (*verser doucement une liqueur qui a déposé*). |

...QUER, QUAIRE *et* QUIERT. *Voyez à la finale* CAIRE.

| | |
|---|---|
| ...QUESTRE. | Séquestre, *n. m.* ( *du v. séquestrer* ); mais, *dans* équestre, *pron.* ékuestre. |
| ....CHESTRE. | Orchestre, *n. m.* ( *prononcez* orkestre). |

....QUETTE *et* QUIÈTE. Moquette. inquiète, *etc. Voyez après la finale* AITE.

| | |
|---|---|
| ....QUEUR. | Liqueur, *n. f.* chroniqueur, *n. m.* escroqueur, *n. m.* marqueur, *m.* moqueur. piqueur. plaqueur. pronostiqueur. trafiqueur. troqueur. vainqueur. |
| ....COEUR. | Cœur, *n. m.* ( *courage, etc.*). chœur, *n. m.* ( *d'église ou de musique* ). |

| | |
|---|---|
| ....QUI *et* KI. | Qui*. créqui, *n. pr.* saqui, *n. pr.* assaki, *n. f.* poniatowski *et* sobieski, *n. pr.* wiski, *n. m.* |

| | |
|---|---|
| ....QUIER. | Banquier, *n. m.* boutiquier, *n.* échiquier, *n.* perruquier, *n. m.* piquier*, *n.* |

...QUIN, KIN, *etc. Voyez à la finale* CAIN.

| | |
|---|---|
| ...QUINE, KINE. | *C'est la finale du fém. des mots en* QUIN *et en* KIN. *Voyez à la finale* CAIN. |

...QUO, KO, CO *et* QUAUT. *Voyez à la finale* AU.

| | |
|---|---|
| ....QUOI. | Quoique*, *conj.*, et quoi que en 2 mots. pourquoi*, *adv.*, et pour quoi en 2 mots. (*Voyez les homonymes.* ) |
| ....QUOIS. | Carquois*, *n. m.* iroquois, *n. et adj.* souriquois, *adj.* |
| ..QUOI *par* QUA. | Aquarelle, *n. f.* (*pron.* acoua). aquatile, *adj.* aquatique, *adj.* équation, *n. f.* colliquation, *n. f.* colliquatif, *adj.* ( *t. de méd.*). équateur, *n. m.* loquace, *adj.* loquacité, *n. f.* quadragénaire, *n. et adj.* quadragésime, *n. f.* quadrature*, *n. f.* ( *t. de math.*, mais pron. ka en *t. d'horl.*). quadrupède, *n. m.* quaker *ou* quacre, *n.* quaterne, *n. m.* in-quarto, *n. inv.* quinquagésime, *n. f.* |
| ...COA *et* COUA. | Coa*, *n. m.* b. coua*, *n. m.* ( *coucou d'Afrique*). parrakoua, *n. m.* ( *faisan de la Guiane* ). |
| ...COI *et* COUET. | Coi*, *adj. m.* ( *stupéfait*, coie, *adj. f.* ) couet, *n. m.* ( *t. de mar.*). |

| | |
|---|---|
| ....QUOIR. | Marquoir, *n. m.* taquoir, *n. m.* (*t. d'impr.*). |
| ....COIRE. | Coire (*ville de ce nom.*) |

| | |
|---|---|
| ....QUOTE. | *Voyez à la finale* OTE, *et les homonymes au mot* COTE. |

| | |
|---|---|
| ....QÛRE. | Piqûre, *n. f.*; *autrefois on écrivait* piquure *par 2 u.* |
| ....CUR, CURE. | *Voyez à la finale* UR. |

....QU'UN.      Quelqu'un, *m.* quelqu'une, *f.* ( *au pl.* quelques-uns , *m.*, quelques-
....QU'UNE.     unes , *f.* ).

....CUN, CUNE.    Aucun, *m.* aucune, *f.* chacun, *m.* chacune, *f.* lacune, *n. f.* rancune, *n. f.*

---

....R.           R *se double dans* abhorrer, *v.* arrher, *v.* arrhes, *n. f. pl.* énarrher, *v.* interrogation , *n. f.* interrompre , *v.* interruption, *n. f.* il acquerra, *v.* il pourra , *v.* il reverra , *etc. Voyez les autres mots par leur son initial, ou par leur son final , suivant la syllabe qui embarrasse.*

....RA.          Bassora , *g. des* et cœtera ( *loc. inv.* '. égra, *g.* jura, *g.* marmara, *g.* opéra, *n. m.* rémora. sara, *n. pr.* sumatra, *g.* ultra. zara, *g.*; *plus , tous les v. à la 3e pers. de ce son ; tels sont : il défiera , il se gara , il se garera , il créera , il recréera , etc. (Voyez la conjugaison.)*

....RRA.         *Il* accourra, *il* acquerra, *il* barra, *il* concourra, *il* conquerra, *il* courra, *il* décherra, *il* discourra, *il* écherra, *il* encourra, *il* enverra, *il s'en*querra , *il* mourra, *il* parcourra, *il* pourra , *il* recourra, *il* requerra , *il* secourra, *il* verra. *Pour les autres verbes, voyez aux finales* RRÉ *et* RREZ.

....RRHA.        *Il* arrha , *v. il* énarrha , *v.*

....RAS.         Bourras, *n. m. ou* bure , *n. f.* bras , *n. m.* coutras, *g.* embarras , *n.* fatras, *n.* gras. haras*, *n.* arras, *g.* madras, *n. des* opéras, *n. m. pl.* ras , *adj. m.* ( *de* rase , *f.* ); *plus , tous les v. à la 2e pers. de ce son ; tels sont : tu* auras, *tu* défieras, *tu* garas, *tu* seras; *etc. (Voy. la conjugaison.)*

....RAT.         Carat*, *n. m.* cérat*, *n. m.* contrat, *n. m.* décemvirat, *n.* doctorat, *n.* duumvirat, *n.* électorat, *n.* ingrat, *adj.* magistrat, *n.* majorat, *n.* murat, *g.* nacarat, *n. et adj. inv.* odorat, *n.* pastorat, *n.* patrat, *n.* préceptorat, *n.* priorat, *n.* professorat, *n.* quérat, *n.* ( *t. de mar.*). rat*, *n.* scélérat, *n. et adj.* stathoudérat, *n.* triumvirat, *n.* verrat*, *n. m.*

---

....RAI.         *Voyez les homonymes; mais pour la finale des noms plus longs, voyez à la finale* AI. *Quant aux verbes terminés en* RAI, *etc., voyez la conjugaison; quant aux participes en* RÉ *ou en* RRÉ, *voyez ci-après; on y ajoute un* R *pour en former l'infinitif.*

..RÉ, *part.*<br>*n. et adj. m.*     Accaparé, *adj.* accéléré, *adj.* acéré, *adj.* adhéré. acré*. affairé*. airé. amarré. ambré. ancré. andré, *n.* arrhé, *adj.* assuré. attiré. azuré. balafré. beaupré, *n.* beurré, *n. et adj.* cabré. cadré. calandré. calfeutré. cambré*. camphré. cendré. censuré. cîntré. coffré. cloîtré. comparé. concentré. confédéré. conjecturé. conjuré. considéré. coopéré. corroboré. curé. cylindré. déchiffré. déclaré. dégénéré. degré, *n.* désancré. désemparé. désenivré. déshonoré. désœuvré. différé. éclairé. édulcoré. effaré. effondré. émigré. emparé. empêtré. empiffré. cuivré (*pron. an-ivré*). évaporé. fédéré. flairé. galiffré. garé. goinfré. gré*, *n.* honoré. illettré. immodéré. incarcéré. inconsidéré. juré. lettré. lacéré. *un* liseré, *n. et adj.* macéré. malgré , *inv.* maniéré. manœuvré. miséréré, *n.* modéré. obéré. obtempéré. œuvré. paré. poiré, *n. m.* pré, *n.* préféré. pressuré. quarré *ou* carré. ré*, *n.* récalcitré. référé, *n. et adj.* réméré, *n.* rentré. restauré. saupoudré. sauré. séquestré. soufré (*de soufrer*). suggéré. taré. tempéré. timbré. ulcéré. vautré. vinaigré. vociféré.

....RÉE.         *C'est la finale du féminin des participes ci-dessus en* RÉ ; *ajoutez -* r cendrée, *n. f.* germandrée, *n. f. b.*, *et tous les féminins de ce son.*

| | |
|---|---|
| .RRÉ *et* RRÉE, *participes.* | *Par* 2 R *dans les participes suivans des* 29 *verbes en* RRER : abhorré. amarré. atterré. barré. beurré. bigarré. billebarré. bourré. carré. chamarré. contrecarré. contrebarré. débarré. débourré. déferré. démarré. desserré. éjarré. enterré. erré. ferré. fourré. leurré. narré. rembarré. rembourré. resserré. serré. terré. varré. ( *On ajoute un* E *pour le fém.* ) |
| ...RHÉ *et* RHÉE. | Arrhé*, *adj. m.* rhé, g. rhée *ou* rhéa, *n. f.* diarrhée, *n. f.* gonorrhée, *n. f.* |
| ....RER. | *C'est la finale de l'infinitif des verbes dont le participe passé est ci-dessus en* RÉ *avec un seul* R , *comme* accaparé ( *du v.* accaparer ), aérer, *v.* ( *donner de l'air* ), airer, *v.* ( *faire son nid* ). *Voyez la finale* RÉ. |
| ....RRER. | *C'est la finale de l'infinitif des* 29 *v. en* RRER, *dont le participe passé est ci-dessus terminé en* RRÉ *avec* 2 R. *Voyez* RRÉ. |
| ....RRHER. | Arrher, *v.* ( *donner des arrhes* ). enarrher, *v.* |

---

| | |
|---|---|
| ....RET *masc.* | Apprêt*, *n.* arrêt*, *n.* baret, *n.* cabaret, *n.* coffret , *n.* concret, *adj. m.* cotret*, *n.* coupe-jarret, *n.* compéret, *n.* décret, *n.* discret, *adj.* duret, *adj.* forêt*, *n. f.* foret, *n. m.* fret*, *n.* furet, *n.* goret, *n.* guéret, *n.* guilleret, *adj.* houret, *n.* jarret, *n.* indiscret, *adj.* intérêt, *n.* laneret, *n.* lavaret, *n.* lazaret, *m.* livret, *n.* milleret, *n.* nazareth, *g.* pauvret, *adj.* regret*, *n.* secret, *n. et adj. m.* soret*, *adj.* tabouret. tiret, *n.* touret , *n.* |
| ....RETS *et* RETZ. | Un rets* ( *réseau.* ) retz ( *nom d'un pays et du cardinal de ce nom* ). |
| ....REZ. | Rez-de-chaussée, *n. m.* rez-terre ( *loc. inv.* ); rez ( *ville en Autriche* ); *plus, vous* défierez, *vous* emploierez, pourvoirez, prévoirez, *v. vous* récréerez, *et tous les autres v. à la* 2e *pers. du pl. de ce son.* |
| ....REZ *par* EREZ. | *Terminez ainsi la* 2e *pers. pl. dans le futur des* 3935 *v. en* ER , *comme* aimer, abhorrer, agréer, créer, jouer, défier, *etc. , qui font au futur :* vous aimerez, *vous* abhorrerez, *vous* agréerez, *vous* créerez, *vous* dévouerez, *vous* jouerez, *vous vous* défierez, *vous* emploierez, *vous* paierez, remercierez, *etc.; plus, les* 4 *v. en* IR, *comme* cueillir, *qui font :* vous cueillerez, *vous* accueillerez, *vous* recueillerez, *et vous* tressaillerez. |
| .RREZ , *verbes.* | RREZ *est écrit par* 2 RR *dans la finale des* 19 *verbes suivans, à la* 2e *pers. pl. du futur; tels sont : vous* accourrez, *vous* acquerrez, *vous* concourrez, *vous* conquerrez, *vous vous* enquerrez, *vous* courrez, *vous* décherrez, *vous* discourrez, *vous* encourrez, *vous* enverrez , *vous* mourrez, *vous* parcourrez, *vous* pourrez, *vous* recourrez, *vous* renverrez, *vous* requerrez, *vous* secourrez, *vous* verrez, *vous* reverrez; *plus, les* 29 *verbes ci-dessus en* RRER, *comme* abhorrer, *etc., qui font à la* 2e *pers. du présent :* vous abhorrez, *vous* barrez; *et au futur :* vous abhorrerez, *vous* barrerez, *etc.* ( *Voyez* RRER, *ou sa conjugaison.* ) |
| ....RRHEZ. | *Vous* arrhez , *vous* enarrhez; *v.* |

---

| | |
|---|---|
| ..RRAI, *verbes.* | *Terminez* RRAI *avec* 2 R *dans les* 19 *v. ci-dessus , à la* 1re *pers. du futur; tels sont :* j'accourrai, j'acquerrai, *je* pourrai, *je* verrai, *je* décherrai, *etc. ; plus, le passé défini des* 29 *v. en* RRER, *à la* 1re *pers. ; ce sont :* j'abhorrai, *je* barrai, *je* déferrai, *etc. ; voyez ci-dessus les v. en* RRER. |
| ..ERAI, *verbes.* | *On termine par* ERAI *la* 1re *pers. du futur dans les* 3935 *v. en* ER, *comme* aimer, abhorrer, agréer, créer, jouer, défier, *lesquels font :* j'aimerai, j'abhorrerai, j'agréerai, *je* créerai, j'arrherai, *je* jouerai, *je* défierai, *je* desserrerai, *etc. ; plus, les* 4 *verbes* j'accueillerai, *je* cueillerai, *je* recueillerai, *je* tressaillerai. ( *Voyez la conjugaison.* ) |

| | |
|---|---|
| *Suite de* ...RAI, *verbes.* | *Cette finale* RAI *n'est pas précédée de* E *dans le futur de tous les autres verbes; tels sont : je finirai, je faillirai, je prévoirai, je vêtirai, je re-vêtirai, etc. (Voyez la conjugaison.) Quant aux noms terminés en* RAI, RAIS, RAIE *et* RAIT, *voyez la finale* AI. |
| ....RAIS *et* RRAIS *longs, verbes.* | *Terminez ainsi la* 1<sup>re</sup> *et la* 2<sup>e</sup> *pers. du conditionnel de tous les v.; tels sont : j'aimerais, je jouerais, je cueillerais, j'acquerrais, tu ai-merais, tu jouerais, tu cueillerais, tu acquerrais. Voyez ci-dessus les v. qui prennent* 2 R. |
| ...RAÎT, *verbes.* | *Le nouveau Dictionnaire de l'Académie termine par* AÎT, *avec un ac-cent circonflexe, la finale des* 5 *verbes suivans, à la* 3<sup>e</sup> *pers. du temps présent: il* apparaît, *il* comparaît, *il* disparaît, *il* paraît, *il* reparaît, *que l'on prononce comme il* paît *(v. paître).* |
| ...RAIT *et* RRAIT, *verbes.* | RAIT *termine la* 3<sup>e</sup> *pers. sing. du conditionnel dans tous les verbes: il* aimerait, *il* jouerait, *il* acquerrait, *il* remercierait. *Voyez ci-dessus les v. qui prennent* 2 R. |
| ....RAIENT *et* .RRAIENT, *verb.* | *Terminez ainsi la* 3<sup>e</sup> *pers. du pl. du l'imparfait et du conditionnel dans tous les v. de ce son, comme : ils* seraient, *ils* aimeraient, *ils* joueraient, *ils* acquerraient, *etc. Voyez ci-dessus les* 29 *verbes qui prennent* 2 R. |
| ....RAIN *masc.* | Airain, *n.* contemporain, *n. et adj.* forain. grain, *n.* quatrain, *n.* rain, *n.* (*rameau*). refrain, *n.* riverain, *n. et adj.* souverain, *n. et adj.* su-zerain, *n. et adj.* |
| ....RRAIN. | Lorrain, *n. et adj.* merrain, *n.* parrain, *n.* souterrain, *n. et adj.* terrain *ou* terrein, *n.* |
| ....REIN. | Chanfrein, *n.* frein, *n.* rein* (*viscère*). serein*, *adj.* |
| ....RHIN. | Rhin* (*fleuve*). |
| ....RIN, RINT. | *Voyez* IN, *à la suite de la finale* AIN. |
| ...RAINE, RAÎNE, .REINE, RÈNE *et* ...RÊNE. | *Voyez à la finale* AINE, *et les homonymes.* |
| ....RRAINE. | Lorraine, *g.* marraine, *n. f.* souterraine, *adj. f.* la souterraine, *g.* |
| ...RAITE, RÈTE, RETTE. *Voyez à la finale* AITE. | |
| ....RETH. | Nazareth. |
| ....RAN *masc.* | Albran *ou* halbran, *n.* bougran, *n. m.* (*toile*). bran, *n.* cadran*, *n.* cor-moran, *n.* cran, *n.* écran, *n.* guitran, *n.* safran, *n.* séran*, *n.* trantran, *n.* tyran*, *n.* vétéran, *n.* |
| ....RAND. | Grand, *adj.* tisserand, *n.* (*de tisseranderie, n. f.*). |
| ...RANG. | Arang*, *n.* (*t. d'imp.*) rang*, *n.* (*ordre*). orang-outang, *n. m.* |
| ....RENG. | Hareng*, *n.* (*saur, soret, pec, guais, ou salé*). |
| ....RANT. | Garant. belligérant. intolérant. odorant. abhorrant, *et tous les partici-pes en* RANT *des v. en* RER *et* RRER. (*Voyez la finale* RER.) |
| ....RENT, *noms et adj.* | Adhérent*, *n. et adj.* afférent, *adj.* apparent, *adj.* concurrent, *n.* défé-rent*, *n. et adj.* différent*, *n. et adj.* indifférent. incohérent. inhérent. irrévérent. parent*, *n.* transparent, *n. et adj.* torrent, *n.* |
| ....REND. | Révérend*, *n. m.* (révérende, *n. f.*); *plus, la* 3<sup>e</sup> *pers. des v. en* EN-DRE; *tels sont : il* apprend, *il* désapprend, *il* entreprend, *il* prend, *il* rend, *il* comprend, *il se* méprend, *il* surprend. |

....RANTE *et*　　*C'est la finale du fém. des mots masc. ci-dessus en* RANT. *Quant*
....RENTE.　　　　*aux autres mots, voyez à la finale* ANTE.

....RANCE.　　　　*Voyez à la finale* ANCE.

..RAN *intérieur.*　Aramber, *v.* arranger, *v...* déranger, *v...* amaranthe. cérante, *m. b*
charançon. garance*, *b.* garantir, *v...* haranguer*, *v...* girandole. jurande, *f.* nairangie, *n. f.* orange... parangonner, *v...* quarante... ro-
morantin, *g.* sérancer, *v...* tisseranderie... varander, *v.*, *et* varangue.

..REN *intérieur.*　Charente, *g.* conférence, *et tous les mots en* FÉRENCE *et en* FÉREM-
MENT. différencier, *v...* hareng-saur. harengère. haranguer, *v.* (*faire la*
harengaison). parenté... parenchyme. parenthèse. péremptoire. péremption. référendaire. révérendissime. tarente, *g.* tarentule. *Voyez*
*aux finales en* ANCE, ENCE *et* ENDRE.

....RAU.　　　　　Sarrau, *n. m.* giraumont, *n. m. b.*
....REAU, ROT, *etc. Voyez à la finale* AU.

...RANDEUR.　　　*Voyez à la finale* EUR.

...RENDAIRE.　　Référendaire, *n. m.*

...RET *et* RAI.　　*Voyez à la finale* AI *pour les noms, et à la finale* RAI *pour les*
*verbes.*

....RREUR.　　　　Erreur, *n. f.* horreur, *n. f.* ferreur, *n. m.* fourreur, *n. m.* terreur, *n. f.*
....REUR.　　　　Accapareur, *n. m.* acquéreur, *m.* aigreur, *n. f.* fureur, *f.* maigreur, *f.*
éclaireur, *m.*

...RLR, RAIRE, *etc. Voyez à la finale* AIRE, *ou à la finale* RÉ.

....RI, RRI, RIS, RIZ. *Voyez à la finale* I, *et les homonymes.*

....RIBLE.　　　　*Voyez à la finale* IBLE.

...RICE *et* RISSE. *Voyez à la finale* ICE.

....RIE.　　　　　*Voici les mots équivoques en* RIE *f.*, *qui ne sont pas en* ERIE : alexan-
drie. *g.* armoirie, *n. f.* caféirie, *n. f.* confrérie. douairie. frairie *ou*
frérie. grairie. gynandrie. hoirie (*héritage*). hongrie. idolâtrie. industrie. latrie, *n. f.* (*culte*). librairie. mairie. métairie. pairie. plaidoirie.
prairie, *f.* rye*, *f.* seigneurie. soirie *ou* soierie. vicairie. voirie. symétrie. syrie*, *g. et* assyrie, *g.* ; *plus, la* 1re *pers. de ce son dans les v. en*
RIER. *Les moins faciles sont* : *j'apparie, j'approprie, je parie, j'in-*
*ventorie* ; *et le fém. des adj. m. en* RI, *comme* : *ahuri, m.*, ahu-
rie, *f.* ; *aguerri, m.*, aguerrie, *f.* ; *attendri, m.*, attendrie, *f.* ; meur-
trie, nourrie *et* pourrie.

...RIE *par* ERIE,　Afféterie. agacerie. apothicairerie. argenterie. aumônerie. badauderie.
*tous n. fém.*　baratterie. batterie. béguéulerie. bimbeloterie. bijouterie. bizarrerie.
boissellerie. bonneterie. borderie (*petite métairie*). boulangerie. bras-
serie. briqueterie. broderie. buanderie. cachotterie. cafrerie, *g.* cajo-
lerie. caqueterie. causerie. cellérerie (*emploi claustral*). chancellerie.
chapellerie. charcuterie (*autrefois on disait* chaircuiterie *et* charcui-

|  |  |
|---|---|
| *Suite de* RIE, *par* ERIE, *tous noms fém.* | terie ; *plusieurs personnes instruites préfèrent dire, comme autrefois,* CHAIRCUITERIE, *au lieu de* charcuterie ). charlatanerie. charpenterie. chaufferie (*t. de forge*). chicanerie. chuchoterie. clabauderie. commanderie. conciergerie. confiserie. coterie. criaillerie. cricrie. décandrie (*t. de b.*) dinanderie. draperie. dyssenterie. ébénisterie. épicerie. escobarderie. escroquerie. essayerie. factorerie. faïencerie. faisanderie. fenderie (*t. de forge*). féerie. ferronnerie. flatterie. fonderie, *f.* forfanterie. franc-maçonnerie. fruiterie. gaucherie. gentilhommerie. gendarmerie. goinfrerie. gresserie ( *de grès* ). hôtellerie. imprimerie. infanterie. joaillerie. laiterie. lienterie. lingerie. marqueterie. menterie. menuiserie. mercerie. messagerie. mitoyerie. minauderie. momerie ( *affectation*). niaiserie. nigauderie. orfévrerie. paneterie. papeterie. pâtisserie. passementerie. peausserie. pelleterie. pénitencerie. piaillerie. picoterie. plaidoierie. polissonnerie. provisorerie. pruderie. quincaillerie. ravauderie. rouennerie. rubannerie. savonnerie. scierie*. secrétairerie. sellerie*. sénatorerie. sensiblerie (*affectation*). serrurerie. soierie *ou* soirie. sorcellerie. tapisserie. tisseranderie. tracasserie. trésorerie. trigauderie (*t. pop.*). tromperie. truanderie. trufferie, *tromperie* ( *t. pop.*). tuerie. tuilerie. vacherie. vanterie. vénerie. verrerie. vetillerie. vieillerie. vinaigrerie. volerie. *Voyez les autres à la suite de la finale* I. |

| | |
|---|---|
| ....RICIER. | *Voyez la finale* CIER. |

| | |
|---|---|
| ....RIME *et*<br>....RIMER. | *Il* arrime, *v. il* exprime. monorime, *n. m. il* opprime. *il* imprime. *il* supprime. *il* rime, *etc.* |

| | |
|---|---|
| ....RIN. | *Voyez à la finale* RAIN. |

| | |
|---|---|
| ....RINCE.<br>....REIMS.<br>....RYNX. | *Il* grince, *v.* grincer. prince, *n. m. il* rince, *v.* rincer.<br>Reims, *g.*<br>Larynx *et* pharinx; *on en prononce fortement la finale.* |

| | |
|---|---|
| ....RIR, RRIR, RIRE. | *Voyez à la finale* IR. |

| | |
|---|---|
| ....RISSE, *etc.* | *Voyez à la finale* ICE, *etc.* |

| | |
|---|---|
| ....RRISSON. | Nourrisson*, *n. m.* ( *qui est en nourrice* ). |

| | |
|---|---|
| ....RRON. | Charron, *n.* larron, *n.* marron, *n.* perron, *n.* serron*, *n.* |
| ...RONS, ERONS,<br>...ERRONS, *etc.* | *Ces sortes de finales avec un* s *désignent la* 1re *pers. du pl. dans les v. aux différens temps de ce son : voyez la finale des verbes en* RER, *ou voyez la conjugaison.* |
| ...RONT, ERONT,<br>...ERRONT, *etc.* | *Ces sortes de finales avec un* T *désignent la* 3e *pers. pl. des verbes aux différens temps de ce son ; voyez la conjugaison.* |
| ....ROMPS,<br>....ROMPT. | J'interromps, *tu* interromps, *il* interrompt ( *v. interrompre*); *je* romps, *tu* romps, *il* rompt (*v. rompre*); *je* corromps, *tu* corromps, *il* corrompt ( *v. corrompre*). |
| ....RON, ROND, *etc.* | *Voyez aux finales* OM *et* ON. |

| | |
|---|---|
| ....RU, *noms et participes.* | Accru. accouru. apparu. aperçu. bourru. bru, *n. f.* comparu. concouru. congru. cru*. disparu. écru. féru. incongru. malotru, *n.* parcouru. paru. recouru. recru. reparu. ru* (*petit ruisseau*). secouru. ventru. |
| ....RUE, *fém.* | RUE *termine les fém. ci-après :* accrue, *adj. f.* bourrue, *n. et adj. f.* charrue, *n.* congrue, *adj. f.* courue, *adj. f.* coquesigrue ( *coquillage*). crue*, *n. et adj. f.* écrue. grue. incongrue, *adj.* malotrue. morue, *n.* recrue, *n.* rue*, *n. f. et v.* ruer. ventrue, *adj. f.* verrue, *n. f.* |

| | |
|---|---|
| ....RUS *et* RUT. | Intrus, *n. m.* des brus, *n. f. pl.* je crus, tu crus, *il* crut* (*v.* croire); je parus, tu parus, *il* parut (*v.* paraître); *plus, les autres verbes de ce son, dont le participe ci-dessus est en* RU. |
| ...RURE, RRURE. | Parure, *n. f.*, *et tous les autres mots en* RURE *par un* R, *excepté les suivans :* fourrure, *n. f.* ferrure, *n. f.*, *et* serrure, *n. f.* |
| ....S. | OBSERVATIONS *sur la lettre* s *au commencement, au milieu et à la fin des mots :* <br> s *initial; voyez aux initiales.* <br> s *médial et final (sons durs); voyez aux finales* ÇA, CE, CI, ÇO, ÇU, CER, CÉDANT, CÉDER, CENT, CIEN, CIN, CIBLE, CILIER, *etc., suivant leur difficulté.* |
| ....S *doux.* | *Toutefois,* s *entre 2 voyelles se prononce comme un* z *dans tous les mots; tels sont :* magasin, misère, rose, ruse, *etc.* |
| ....S *dur entre 2 voyelles.* | *Excepté dans les* 10 *mots suivans, où l's a le son dur :* coquesigrue, désuétude, entresol *ou* entre-sol, méséance *ou* messéance, monosyllabe, polysyllabe, *et autres mots composés de* sylla; *plus, dans* parasol, préséance, présupposer, resacrer, vraisemblable, vraisemblablement, vraisemblance, *et ses composés.* |
| ....S, *son du* Z. | s, *précédé d'une consonne, a le son d'un* z *dans les* 10 *mots suivans :* alsace, balsamine, balsamique, presbytère, transiger, transaction, transition, transit*, *n.* transitoire, intransitif. *Hors les trois cas précités, la lettre* s *est toujours rude, comme dans* conserver, contorsion, obséder, questure, persécuter, superséder, verser, *etc. On les trouve par leur difficulté.* |
| ....S *final, nul.* | *Voyez aux finales* A, AI, I, AU, U, OR, AIN, AN, *etc.* |
| ...SA, SAS, SAT, ..ÇA, ÇAS, ÇATS. | *Pour ne plus répéter les mots terminés en* SA, SAS, *etc., voyez-les à la suite de la finale* ÇA. |
| ...SAI, SAIS, ...SAIT, SET, *etc.* | *Voyez à la finale* AI, *ou à la finale* CÉ. |
| ...SAINT, SAIN, ...SEIN, SEING, ...CEINT, CINQ. | *Pour tous ces* SAIN, *voyez-les à leurs homonymes* CINQ *ou* SAIN, *et pour les mots plus longs, voyez à la finale* AIN, *ou à la finale* CIN. |
| ...SAINE, SEINE, ...SCÈNE, CÈNE. ..XAINE, ZAINE. | *Voyez les homonymes, et la finale* AINE. |
| ....SAINTE. ....CEINTE. | *Voyez les homonymes, et pour les autres mots plus longs, voyez à la finale* AINTE. |
| ....SAIRE *et* ...SERT. | *Voyez à la finale* AIRE, *si c'est un nom; mais voyez à la finale* CER, *si c'est l'inf. d'un verbe, comme* contumacer, *v.* |
| ...SAN, SANG, ...SANS, SANT, ...SENS, SENT, ...CENT, ÇANT. | *Voyez leurs homonymes à la finale* CEN, *et pour les mots plus longs qui ont cette finale, voyez à la suite de la finale* AN, *ou à la finale* CENT, *pag.* 111. |

| | |
|---|---|
| ...SANTE, CENTE et SENTE. | *Voyez aux 2 finales* ANTE *et* CENTE, *ou voyez à la page* 111 *les mots masc. terminés en* CENT, SENT, ÇANT *et* SANT, *dont le fém. est en* SANTE. |
| ....SAURISER. | Thésauriser, *v.* (*être thésaurisant, thésauriseur, ou thésauriseuse*). |
| ...SCEAU, SEAU, ...SOT, CEAU. | *Voyez les homonymes, et pour les mots de cette finale, voyez à la finale* AU. |
| ....SC *médial ou intérieur.* | Acquiescer... adolescence... alcalescence... ascendant. ascension... ascète, *m.* ascétique. asciens, *n. pl.* ascite, *n. f.* concupiscence... condescendance... convalescence... conscience. crescendo, *adv.* déliquescence... descendre... discerner... disciple. discipliner... dyscinésie. effervescence... efflorescence... escient. faisceau. fasciner... hétérosciens, *n. pl.* immiscer.. incandescence.. intumescence. irascible... lascif. lasciveté. miscible*... obscène... oscillation... osciller (*pron. cil-ler*). piscine. plébiscite. réminiscence. rescinder. rescision. rescisoire. résipiscence. ressusciter. spinescence. susceptible... susciter... transcendant... vesce (*graine*), et viscère... *On les trouve tous par leur difficulté.* |
| ....SE *et* SÉ. | *Voyez aux finales* CE *et* CÉ. *Mais, si c'est pour la finale d'un verbe, voyez à la finale* CER, *où ils sont tous réunis.* |
| ....SER *et* CER. | *Voyez à la finale* CER, *si c'est pour la finale d'un verbe; mais, si c'est pour un nom, voyez à la suite des finales* AIR, AINCE, AISSE, ERCE, OCE, ICE, UCE, *etc., suivant la difficulté.* |
| ....SÉ *intérieur.* | Obséder. persécuter. persécution. persévérer. persévérance. préséance, *etc. Voyez tous les mots qui ont sé dur, aux initiales* CONCÉ, DÉCÉ, PRÉCÉ, *etc., ou à la finale du mot qui embarrasse.* |
| ....SÉCUTIF. | Consécutif, *adj. m.* consécutive, *adj. f.* consécutivement, *adv.* |
| ....SÉDANT. | *Voyez à la finale* CÉDANT, *ou à la finale* DANT. |
| ....SÉDER. | *Voyez à la finale* CÉDER. |
| ....SEIL *et* ....SEILLER. | Conseil, *n.* conseiller, *n. et v. Voyez aux 2 finales* ELIER *et* ILIER, *pour les mots qui approchent de cette finale, comme* boisselier, *n.* boisilier, *n., etc.* |
| ....SEIN. | *Voyez les homonymes, et la finale* AIN. |
| ...SEL *et* SELLE. | *Voyez à la finale* EL, *et les homonymes de* SCEL. |
| ....SELER. | *Voyez à la finale* CELER. |
| ....SELET. | *Voyez à la finale* CELET. |
| ...SENCE, SENSE, ...CENSE, SANCE. | *Voyez à la finale* ANCE. |
| ...SAN *intérieur.* | Appesantir, *v.*... chrysanthémum, *b.* consanguin (*pron. gain*). consanguinité (*pron. gu-i*). ensanglanter, *v.*... essanger, *v.*... faisances. faisandeau. faisander, *v.*... losange, *m.* mésange, *f.* mésangère, *f.* palixandre, *m. b.* plaisanter, *v.* plaisanterie...; *plus, voyez aux finales* ANCE, ANDE, ANTE, *etc.* |

**...SEN** *intérieur.*
Assembler, *v*... assentir, *v*... consentir, *v*... désenger, *v*. désenlacer, *v*. désenrhumer, *v*. désensorceler, *v*., *etc.* dissemblable. dissension. dyssenterie... dissentiment... ensemble. essence. essentiel... insensible... mésentère, *m.* mésentéritis, *n. f.* pissenlit, *b.* présenter... présentir *ou* pressentir, *v*... rassembler, *v*... ressembler, *v*... ressemblance... ressentir, *v*... vraisemblable... vraisemblance... *Voyez à la suite des finales* ANCE *et* ANTE.

**...CEN** *intérieur.*
Accenser, *v.* accentuer, *v.* ascendant. ascension... condescendre, *v*... concentrer, *v*... descendre, *v*... décembre. descente*. incendie, *m.* incendier*, *v*... indéhiscence, *n. f.* innocenter, *v*... licencier, *v.* licenciement... paracentèse, *n. f.* précenteur, *n. m.* recenser, *v.* recensement. *Voyez à la suite des finales* ANCE, ANDRE, *etc.*

---

**....SER** *doux.*
*Excepté* bronzer, *v.*, *et* gazer, *v.*, *tous les autres sont par un* s ; *tels sont :* autoriser. indemniser. léser. magnétiser. martyriser. thésauriser, *v.* viser, *etc. Voyez à la difficulté.*

**..SER** }
**..SAIRE** } *rudes.* } *Voyez à la finale* CER.

---

**...SÉRATION.** *Voyez* CÉRATION, CÉRATIF, *etc.*

---

**....SÉRER.** *Voyez à la finale* CÉRER.

---

**....SERIE.** *Voyez à la finale* CERIE.

---

**...SES** (*à soi*). *Voyez ses homonymes.*
**...SÈS** *et* CET. *Voyez à la finale* CÈS , *ou à la suite de la finale* AI.

---

**...SEISE, ÇAISE.** *Voyez à la finale* AISE.

---

**....SETTE.** *Voyez à la suite de la finale* CETTE : *époussette, etc.*
**....ZETTE.** Gazette.

---

**...SEUIL.** *Le seuil de la porte.*

---

**....SEUL.** *Lui seul, elle seule ; pl. eux* seuls, *m., elles* seules *, f.*
**....CEUL.** Linceul, *n. m.*

---

**....SEUR** *et*
**....SSEUR.** } *Voyez à la finale* CEUR, *où ils sont réunis.*

---

**....SEUSE.** *Voyez à la finale* CEUSE.

---

**....SI, SIE,**
**....TIE, XIE.** } *Ayant tous le son* CI *et* CIE, *voyez-les à la finale* CI , *où ils sont réunis.*

---

**...SIA.** Hortensia, *f. Voyez les verbes à leur finale* CIER *par un* C, *ou à la finale* A.

---

**...SIAL.** Paroissial, *adj. m. Voyez les autres à la finale* CIAL *par* C.

---

**....SIANT.** *Voyez à la finale* CIANT.

---

**..SIBLE, XIBLE.** *Voyez à la finale* CIBLE.

---

**...SIBILITÉ, XIBILITÉ.** *Voyez à la finale* CIBILITÉ.

....SIDE.      Subside, *n. m. Tous les autres sont par un* c ; *voyez* CID.

....SIDANT, SIDENT. *Voyez les finales* DANT *et* DENT.

....SIDER *et* SIDÉRER. Présider. résider. considérer. *Voyez les autres par* CIDER.

....SIDU, SIDUITÉ. *Voyez la finale* CIDU.

....SIÉ *et* SIER.      *Voyez aux finales* CIÉ *et* CIER.

....SIEL.      *Aucun. Voyez à la finale* CIEL.

....SIEN.      *Voyez à la finale* CIEN.

....SIER.      *Voyez la finale* CIER.

....SIÉTÉ.      *Aucun. Voyez par* CIÉTÉ.

....SIEUX.      *Voyez à la finale* CIEUX , *où ils sont réunis.*

.SIF, *adj. masc.* Abstersif, *adj. m.* abusif. appréhensif. compressif. convulsif. corrosif. cursif. détersif, *n. et adj.* décursif. discursif. discussif. éversif. excessif. expansif. expressif. expulsif. impulsif. immersif. inoffensif. massif, *n. et adj.* offensif. oppressif. ostensif. passif, *n. et adj.* pensif. possessif. poussif. processif... progressif. répercussif. répréhensif (*qui réprimande*). répressif. répulsif. responsif. révulsif. subversif. successif. suspensif. tensif.

....CIF.      Lascif *et* récif *ou* ressif *sont les* 2 *seuls mots en* CIF *par un* C.

....SIFICATEUR.      Falsificateur. versificateur. *Les autres par un* C ; *voyez* CATEUR.

....SIFICATION.      Falsification. versification. *Les autres par un* C ; *voyez* CIFICATION.

....SIFIER, CIFIER. *Voyez à la finale* CIFIER.

...SIGNE *et* ....SIGNER. *Il* assigne, *v.* assigner. consigne, *n. f. et v.* consigner. *il* contre-signe, *v. il* désigne, *v.* insigne, *n. et adj. m. il* réassigne, *v. il* signe*, *v. il* soussigne , *v.*

....SIGNATION.      Assignation. consignation. désignation. réassignation. résignation.

....SIL , SILLE.      *Voyez à la finale* CIL.

....SILLIER, SILLER. *Voyez à la finale* CILIER.

....SSIME.      *Voyez à la finale* CIME.

....SIN , SAINT, *etc. Voyez à la finale* CIN , *et les homonymes au mot* SAIN.

....SINE *et* SINER. *Voyez aux finales* CINE *et* CINER.

....SINUÉ , SINUER. Insinué, *adj. m. et part. du v.* insinuer (*insinuation, n. f.* ).

| | |
|---|---|
| ....SION<br>par CION.<br>....CYON. | Cion*, *n. m.* exsuccion, *n. f.* succion, *n. f.* (*sucement*). scion, *m.* (*rejeton*). suspicion, *n. f.* phocion, *n. pr. m.*<br>Alcyon, *n. m.* (*oiseau de mer*). procyon (*constellation*). |

**....SION, *tous noms fém.***

Abstersion, *n. f.* adhésion. allusion. animadversion. appréhension. ascension. aspersion. aversion. circoncision. cohésion. collusion. compréhension. concision. conclusion. contorsion. contusion. conversion. convulsion. corrosion. décision. détorsion. descension. dimension. diffusion. discursion. dispersion. dissension. dissuasion. distension. distorsion. diversion. divulsion. effusion. émersion. émulsion. éversion. évulsion. excursion. expansion*. expulsion. extension. extorsion. immersion. impulsion. incision. indécision. incursion. intension* (*force*). interversion. inversion. lésion. occasion. ostension. pension. perversion. précision. prévision. profusion. propension. provision. pulsion. réclamation. répréhension. répulsion. rescision. rétorsion. réversion. révision. révulsion. sion* (*ville*). submersion. subversion. suspension. tension. transfusion. version.

**...SSION, *fém.***

Abscission. accession. admission. agression. cession* (*fin*). commission. compassion. compression. concession. concussion. confession. démission. dépossession. dépression. digression. discussion. émission. excussion. expression. fidéjussion. impression. incession (*démarche*). insession (*demi-bain*). ingression. intercession. intermission. intromission. jussion. mission. obsession. omission. oppression. passion. percussion. permission. possession. précession. pression. prétermission. procession. profession. progression. réimpression. rémission. répercussion. répression. rétrocession. scission* (*division*). session* (*séances*). soumission. succession. suppression. transgression. transmission.

**....XION.**

Annexion. complexion. connexion. crucifixion. déflexion. flexion. fluxion. génuflexion. inflexion. irréflexion. ixion, *n. pr. m.* préfixion. réflexion.

*Nota. Les 67 autres mots de ce même son final sont en* CTION; *les moins faciles sont :*

**....XION *par* ....CTION, *noms fém.***

Abjection. abstraction. action. adjonction. affection. affliction. attraction. bénédiction. coaction. coction. collection. componction. confection. contradiction. contrefaction. conviction. décoction. défection. déjection. disjonction. dissection. distinction. éviction. exaction. extinction. extraction. extrême-onction. faction. fiction. fonction. fraction. indéjection. induction. infection. injection. injonction. inspection. insurrection. interjection. jonction. objection. perfection. prédiction. prédilection. projection. réaction. rédaction. réduction. réélection. résurrection. sanction. section, *et tous les autres.*

**....STION, *son* CION.**

Digestion. indigestion. gestion. suggestion.

*Après les mots ci-dessus, tous les autres sont en* TION *par un* T. (*Ils sont tous féminins.*)

**...TION *doux.***

Abdication. aberration. abjection. abjuration. ablution. abolition. abomination. absolution. absorption. abstention. abstraction. accélération. acceptation. accusation. acquisition. acquit-à-caution, *n. m.* action. addition. adduction. ademption. affectation. affection. affliction. agglutination. allégation. allitération. allocation. allocution. altération. altercation. annonciation. anticipation. apparition. application. appréciation. approximation. argumentation. arrestation. assertion. assignation. association. assomption. attention. attraction. attribution. augmentation. calcination. caution. circonspection. classification. coaction. coction. coemption. coercition. cohabitation. coïndica-

*Suite de* SION,

*par* TION *doux.*

tion. collection. colliquation (*pron. coua*). collocation. commémoration. commination. commisération. commotion. communication. commutation. comparution. compensation. compilation. complication. concentration. conception. conciliation. condamnation (*pron. condana*). condensation. confection. confirmation. confiscation. congellation. conscription. consécution. conservation. considération. consignation. consommation. consomption. constellation. consubstantiation. contemplation. contention. contradiction. contravention. contribution. conversation. conviction. convocation. coopération. cooptation. correction. corrélation. corruption. cristallisation. damnation. déception. décoction. défalcation. démarcation. dénonciation. dépréciation. désignation. dessication. détention. détonation. détraction. dévotion. diminution. disjonction. dislocation. disparition. dispensation. dissection. dissipation. donation. ébullition. éducation. élocution. émancipation. embarcation. équation (*coua*). équitation (*cui*). éruption. évolution. exaction. exaltation. exception. excrétion. exécration. exécution. exemption. exhalation. exhérédation. exhibition. exhortation. exhumation. explication. exsudation. extinction. extraction. fabrication. falsification. fascination. fermentation. fiction *. fomentation. fréquentation. gemmation. germination. habitation. homologation. implantation. imprégnation. inccération (*t. de cirier*). incinération. inculcation. inculpation. indication. indéjection. indigestion. inflammation. infliction. inhumation. initiation. insertion. insinuation. instigation. insurrection. intention*. interception. interpellation. interrogation. interruption. intonation. invention. irruption. justification. lacération. lamentation. licitation. liquéfaction (*pron. kué*). liquidation (*ki*). lixiviation. location. locution. luxation. mention. modification. motion. mystification. natation. nation. négociation. objection. obsécration. observation. obstination. obtention. ondulation. option. oscillation (LL *non mouillés*). oscitation. ostentation. ostention. ovation. pacification. pagination. participation. partition. perception. pérégrination. péremption. persécution. plantation. portion. potion. précaution. prédiction. précipitation. préconisation. prédication. prédiction. prédilection. préoccupation. présentation. présomption. prétention. prévarication. prévention. prohibition. projection. prononciation. propagation. propitiation. pulsation. qualification. réaction. réalisation. réassignation. réconciliation. rédaction. reddition. rédemption. redhibition. réduction. réduplication. réédification. réédition. réélection. réhabilitation. relaxation. renonciation. répétition. réputation. réquisition. résignation. résiliation. résolution. résurrection. rétention. revendication. révocation. sanction. sécrétion. section. sécularisation. signification. sollicitation. souscription. spécification. subvention. suffocation. suggestion. sujétion (*dépendance*). superstition. supplantation. supplication. supposition. suppuration. suscription. transaction. transcription. transition. translation. transplantation. transpiration. transsubstantiation. vacation. vaccination. vacillation (IL *durs*). versification. vexation. vocalisation. vocation. vocifération, *et tous les autres par* TION *doux, excepté les* 7 *mots suivans qui ont le son dur :*

..TION, *son dur.* { Bastion, *n. m.* congestion, *n. f.* exhaustion, *n. f.* immixtion, *n. f.* mixtion, *n. f.* amphictyons, *n. m. pl.* question, *n. f.*

....SIPE *et* SIPER. *Voyez aux finales* CIPE *et* CIPER.

....SIPIDE. Insipide, *adj.* insipidité, *n. f.* insipidement, *adv.*

....SIR, SIRE *et* CIRE. *Voyez à la finale* CIR.

..SIRIE, CIERIE. {*Voyez à la finale* CIERIE *ou à la finale* RIE, *suivant la difficulté qui embarrasse.*

....SIS, SISE. *Voyez aux finales* CIS, CISE.
....SISSE. *Voyez à la finale* CISSE.

...SISTE, SISTER. *Il assiste, v.* assister, *etc. Voyez aux finales* CISTE *et* CISTER.

...SITE, SITÉ *et* SITER. *Voyez aux finales* CITE, CITÉ *et* CITER.

....SITEUX. Nécessiteux, *adj. m.* nécessiteuse, *adj. f.*

...SITIF, SITIVE. Sensitif, *adj. m.* sensitive, *n. et adj. f. Voyez* CITIF.

...SITUDE. *Voyez* CITUDE.

....SIVE, *fém.* {Cursive, *n.* défensive, *n.* offensive, *n.* lessive, *n.*, *et* missive. *Plus, le fém. des adj. masc. en* cif, *comme* passive, poussive, *et tous les autres. Voyez* SIF *ou* IF.
...CIVE. Gencive, *n. f.* cive, *n. f.*, *et* lascive, *adj. f.*

...SIVEMENT. {*C'est la finale des adv. formés des adj. en* sif *et* sivé. *Voyez la finale* SIF.

....SOI, SOIE, ...SOIS, SOIENT, .SOIT, ÇOIS, *etc.* {*Voyez-en les homonymes au mot* SOI ; *plus, la conjug. des v. en* cevoir, *comme* recevoir, *ou bien voyez les finales* OI *et* OIR.

....SOIF. *La* soif, *n. f.* (*avoir* soif).

....SOIR, *masc.* {*Voyez à la finale* OIR, *où ils sont tous réunis ; mais les plus difficiles sont :* aspersoir, *n. m.* s'asseoir, *v.* encensoir, *n.* épissoir, *n. m.* équarrissoir, *n.* gressoir (*outil de vitrier*). houssoir, *n.* ostensoir, *n.* polissoir*, *n. m.* pressoir, *n.* rasseoir, *v.* repoussoir, *n.* le soir*, *n.* seoir *ou* sier*, *v. unipersonnel.* surseoir, *v.* suspensoir, *n. m.*

....SOIRE {Accessoire, *adj. et n. m.* dimissoire, *n. m.* glissoire, *n. f.* passoire, *n. f.* possessoire, *adj. m. et n.*

...ÇOIR. Traçoir, *n. m.* perçoir, *n. m.* (*foret*).
....ÇOIRE. Balançoire, *n. f.* perçoire, *n. f.* (*sorte de vrille*).

....SON (*dur*). {Échanson, *n. m.* hudson, *g.* ourson, *n. m.* pinson*, *n. m.* (*oiseau*). samson, *n. pr.* son, *adj. poss.* son*, *n.* (*bruit*), *et tous les autres, excepté les suivans.*

....SON (*doux*). {Arrière-saison, *n. f.* blason, *n. m.* cargaison, *n. f.* cervaison, *n. f.* cloison, *n. f.* combinaison, *n. f.* conjugaison, *n. f.* contre-poison. démangeaison. déraison. échauffaison. effeuillaison, *f.* exhalaison, *f.* fenaison*, *f.* feuillaison, *f.* floraison, *f.* flottaison, *f.* foison, *f. inv.* garnison. grenaison. grison. guérison. jason, *n. pr.* harengaison. liaison. livraison. lunaison. maison. nervaison. nuaison. oison. olivaison. pamoison. pendaison. péroraison. poison* (*venin*). prison, *n. f.* tison, *n. m.* toison, *n. f.* tondaison, *f.* trahison. venaison, *et les autres mots en* AISON. *Voyez* AISON.

| | |
|---|---|
| *Suite de* SON, *par* ZON. | Diapazon, *m.* gazon, *m.* horizon, *m.* scazon. *m.* ( *iambe boiteux, vers latin* ). |
| ....ÇON, *noms* (ç *doux* ). | *Dans* alençon, *g.* arçon, *n.* besançon, *g.* briançon, *g.* caleçon, *m.* caparaçon, *m.* charançon, *m.* colimaçon, *m.* contrefaçon*, *f.* écoinçon, *m.* estramaçon, *m.* étançon, *m.* façon, *f.* franc-maçon, garçon, glaçon, hameçon, *m.* leçon, *f.* limaçon, *m.* luçon, *g.* montluçon, *g.* maçon, *m.* pinçon*, *m.* poinçon, *m.* rançon, *f.* seneçon, *m. b.* soupçon, *m.* suçon*, *m.* tierçon*, *m.* tronçon, *m.* |
| ...SSON, *noms.* | Aisson, *n. m.* alysson, *b.* aubusson, *g.* basson, *m.* boisson, *f.* buisson, *m.* cavesson, *m.* chausson, *m.* clisson, *m.* cosson, *m.* cresson, *m.* cuisson, *n. f.* écusson, *m.* frisson, *m.* hérisson*, *m.* moisson, *f.* mousson*, *m.* nourrisson, *m.* paillasson, *m.* paisson, *m.* poisson, *m.* polisson. plisson*, *m.* saucisson, *m.* taisson* ( *blaireau* ). tesson ( *têt* ). à l'unisson ( *loc.* ). |
| ....ÇONS. | *Nous* menaçons, *etc.*, 1ʳᵉ *pers. pl. dans les verbes en* CER. |
| ....SONS. | *Nous* dansons, *etc.*, 1ʳᵉ *pers. pl. dans les verbes en* SER. |
| ....SSONS. | *Nous* pressons, *etc.*, 1ʳᵉ *pers. pl. dans les verbes en* SSER. |
| ....XONS. | *Nous* boxons, *etc.*, 1ʳᵉ *personne pl. dans les verbes en* XER. |

*Voyez* CER.

| | |
|---|---|
| ....XON, XONNE. | Saxon, saxonne ( *qui est de saxe, g.* ). auxonne, *g.* ( *prononcez aussonne* ). |

---

..SOT, SAUT, *etc. Voyez à la finale* AU, *et les homonymes.*

---

...SOTE, SAUTE. *Voyez à la finale* ÔTE.

---

| | |
|---|---|
| ..SU, *par* ÇU. | Aperçu, *m.* conçu, *m.* déçu, *m.* insçu *ou* insu, *n. m. inv. à* l'insu *de...* perçu. reçu, *m.* sçu *ou* su ( *part. du v. savoir* ). |
| ...SUE, *par* ÇUE. | Aperçue, *adj. f.* conçue, *adj. f.* déçue, *adj. f.* perçue, *adj. f.* reçue, *adj. f.* |
| ....SUS, SUT. | *Voyez à la finale* U. |

---

| | |
|---|---|
| ....SUR. | *Voyez les homonymes au mot* SUR; *plus, la finale* UR, *et les mots ci-après:* |
| ...SSURE, *fém.* | Blessure, *n.* bouffissure, *n.* brouissure, *n.* brunissure, *n.* cassure, *n.* chaucissure, *n.* chaussure, *n.* crépissure, *n.* éclaboussure, *n.* élargissure, *n.* enchâssure, *n.* épissure, *n.* étrécissure, *n.* fissure, *n.* flétrissure, *n.* fourbissure, *n.* fressure, *n.* froissure, *n.* meurtrissure, *n.* moisissure, *n.* noircissure, *n.* plissure, *n.* ratissure, *n.* salissure, *n.* sertissure, *n.* vernissure, *n.* voussure, *n.* |
| ....SURE. | Censure, *n. f. et v.* embrasure. masure. morsure. tonsure, *et tous les fém. dont le son est doux, excepté les suivans:* |
| ....ÇURE. | Effaçure, *n. f.* enfonçure, *n. f.* enlaçure, *n. f.* fronçure, *n. f.* gerçure, *n. f.* pinçure, *n. f.* rinçure, *n. f.* |
| ....XURE. | Luxure, *n. f.* |

---

| | |
|---|---|
| ...T *sonore sans* E *à la fin des masc.* | Abject, *adj. m.* brut*. *le* christ. contact, *n. m.* correct, *adj. m.* direct, *adj.* district, *n.* exact, *adj.* fat, *n.* inexact, *adj.* intact, *adj.* rapt, *n.* sept*. strict, *adj.* toast *et mieux* toste, *etc.*, *et dans le nom fém.* dot*. *Voyez les autres aux finales* ATE, AITE, ITE, OSTE, OTE, UTE, *etc.*, *suivant le son final rude du mot qui embarrasse.* |
| ....T *par* TH. | *Voyez* TH. |

---

...TA, TAS, TAT. *Voyez à la finale* A.
...THA, THÉ, THI, THO, THU, *etc.*, *par* TH. *Voyez* TH.

---

....TAI,
....TAIE, TAIS, } *Voyez à la finale* AI.
....TET, TÈT.

..TÉ, *n. masc.* { Andanté, *adv.* (*t. de musique*). aparté, *n.* arrêté, *n.* bénédicité. comité. comté*, *n.* côté*. doigté, *n.* été*. léthé*. pâté*. polyanthé, *adj.* (*à plusieurs fleurs*). précipité, *n. et adj.* thé*, *n.* (*plante*). truité, *adj.*, etc. *Voyez pour les participes en* TÉ *et* TTÉ *la finale des verbes en* ANTER, MANTER, TER *et* TTER.

.TÉE, *n. masc.* { *Les* 6 *noms masc. en* TÉE *par deux* E *sont :* anthée, *n. pr.* athée. dialthée (*onguent*). prométhée. protée. tyrtée.

...TÉE, *n. fém.* { *Les* 22 *noms fém. en* TÉE *sont :* amalthée. aphytée. *une* assiettée. *une* bâtée. *des* bractées, *b.* (*feuilles*). *une* brouettée. charretée. dentée. dictée. dorothée. frottée. hottée. jattée. jetée. lactée. montée. nuitée. pâtée. pelletée. platée. potée, *et une* portée ; *plus, le féminin des adj. masculins en* TÉ.

....TÉ *f.* { *Tous les autres noms fém. en* TÉ *n'ont qu'un* É ; *tels sont :* animosité. atrocité. authenticité. bonté. cécité. *une* cité (*ville*). clarté. difficulté. faculté. facilité. félicité. identité. immensité. insatiabilité. insensibilité. insociabilité. intensité. loquacité. méchanceté. nouveauté. obséquiosité. papauté. prévôté. privauté. simplicité. sûreté. tranquillité. véracité. vérité. vivacité. voracité, etc. *On les trouve à la* difficulté *qui embarrasse.*

....TE *muet par* / *Dans* certes, *adv., et dans le sing. de quelques noms propres et de*
....TES. / *pays.* (*Voyez* E *muet final.*) *Les autres noms en* TES, *son muet, sont des noms au pluriel. Quant aux verbes, voyez la conjugaison. Toutefois, remarquez que les* 3 *v.* DIRE, REDIRE *et* S'ENTRE-DIRE *font au présent :* vous dites, vous redites, vous vous entre - dites ; *mais que les* 6 *autres v. qui sont formés de* dire *font* isez *au présent :* vous dédisez, vous contredisez, vous interdisez, vous maudissez, vous médisez, vous prédisez.

....TÉ *intérieur par* THÉ. *Voyez-les à* TH *final.*

.TTÉ, TTER, *etc.* { *Voyez aux finales* AI, AIR, *etc., pour les noms, et à la finale* TER, *pour les v. en* TTER.

---

...TAIME *et* THÊME. *Voyez à la finale* AIME, *et les homonymes.*

---

....TAIN, TIN, TINT, *etc. Voyez à la finale* AIN.

---

....TAINE, TEINE, THÈNE. *Voyez à la finale* AINE.

---

..TAIRE, TÈRRE. { Commanditaire, *n. m.* commendataire, *n. m. Voyez à la finale* AIRE, *et pour l'infinitif des v. en* TTER, *voyez ci-dessous.*

---

....TAISE, TÈSE *et* THÈSE. *Voyez à la finale* AISE.

---

....TAITE, TÊTE, TETTE. *Voyez à la finale* ETTE.

---

....TAN,
....TANT,
..TEMPS, } *Voyez les homonymes, et la finale* AN.
....TEND, *etc.*

---

....TANCE, TENCE, *etc. Voyez à la finale* ANCE.

---

..TANTE, TENTE. *Voyez la finale* ANTE.

---

.TAN *intérieur.*

Constantin. constantinople, g. estampe, f. estamper, v... estampiller, v...
étamper, v. étampes, g. étancher, v... étançon... étanfiche. étangue, f.
heptandrie. intangible. octandrie. pitance. prétantaine. prytanée.
rectangle... septante. ( *Voyez aux finales* ANCE, ANTE, *etc.* )

.TEN *intérieur.*

Attendre, v... attendrir... attentat. attention... authenticité. authentique...
contempler, v... contemporain... contempteur... contenter, v... conten-
tieux... contention... détendre, v. détention... distension... entendre, v.
étendard. étendre, v... existence... extension. hortense, n. pr. hortensia, f. b. inattention... intempestif... intempérie... intense... intension*
( t. *de physique*). intensité, n. f. intenter, v... intention, f. intentionnel,
adj. manutention. métempsycose. métemptose, f. obtempérer, v... os-
tende, g. ostensible... ostensoir. ostentation. otenchyte, n. f. patente...
plénipotentiaire. potence. potentat. préexistence... prétendre... prétentaine ou prétantaine. prétention. rétention... retentir, v... sentence...
septembre... septentrion... septente ou septante. sustenter, v. ustensile, n. m.

....TAR , TARD , TARE. *Voyez à la finale* AR.

....TAU , TEAU , TOT. *Voyez à la finale* AU ; TO *intérieur par* TH, *voyez* TH *intérieur.*

..TAUDE , TODE. *Voyez à la finale* AUDE.

....TAUR , TOR, TORS , TORT. *Voyez à la finale* AUR.

....TEC , TÈQUE, THÈQUE. *Voyez à la finale* EC.

....TECHNIQUE.   Polytechnique, *adj.* pyrotechnique, *adj.* technique, *adj.*

RÉCAPITULATION *des mots par* TH.

....TH *initial.*

Thé, m. théière , f. thésauriser, v. thon. théiste. thème. thèse, *etc.*
*Voyez aux initiales* TH.

...TH *intérieur.*

Absinthe, n. f. b. acanthe, f. b. agathe, n. pr. f. algorithme, m. amaranthe, n. f. et adj. amathonte, g. améthyste, n. f. amphiarthrose, f.
amphibiolithe, m. amphithéâtre, m. anathême, m... anacathartique.
anesthésie, f. anthelmintique, adj... anthère, f. b. anthéric, m. b. au-
thèse, f. anthie, f. anthocère, f. b. anthologie, f. anthracite, m. anthrax, m. anthropologie, f. anthropophage. antipathie, n. f... an-
tithèse, f. apathie, n. f. apathique, adj. apothéose, f. apophthegme.
apothicaire, m... apothrause, n. f. aréthuse, n. f. argenthal, g. arithmétique, n. f... arthrite; n. f. arthritique, adj. arthrodie, n. f. ar-
throdinie, f. asthénie, f. asthme, n. m. asthmatique, adj. athamante,
m. b. athanase, n. pr. athanasie, f. athanor, m. ( *fourneau* ). athée ,
n. m. athéisme, m. athénée, n. m. athènes, g... athérine, f. athérome,
m. athlète, m. athlante, m. et f. athlétique, adj. athos, g. authenticité,
n. f. authentique , adj... autocthone, m. balthazar, n. pr. barathre, m.
( *gouffre.* ) barthélemi, n. pr. bérécynthe, g. béthléem, g. béthune, g.
bibliothécaire, n. bibliothèque, n. f. bithynie, f. g. borysthène, m.
g. bothnie, f. g. cacopathie, n. f. cacothymie, n. f. cantharides, n. f.
pl. canthène, m. carinthie, f. g. carthage, f. g... carthagène, g. car-
thame, m. b. catha, n. m. b. cathares*, m. pl. (*secte*). cathédrale , n.
f. cathédrant, m. cathérétique , adj. catherine, n. pr. f. cathète, n. f.
cathétérisme, m. catholicon, m. catholicisme, m. catholicité, n. f.

*Suite de* TH.

catholique... cerinthe, g. chrysanthème, *n. m.* clathre, *m. b.* clotho, *n. f.*
corinthien, *adj.* corinthe, *g.* cothurne, *n. m.* crithe, *n. m.* cynanthro-
pie, *n. f.* cythise, *n. m. b.* cythère, *g.* cythérée, *n. f.* démosthène, *n. pr.*
dialthée, *n. m.* diarthrose, *n. f.* dipthongue, *n. f.* dithyrambe, *n. m.*
dorothée, *n. f.* drontheim, *g.* eccanthis, *n. m.* eccathartique, *adj.*
échinophthalmie, *n. f.* ecthèse, *n. f.* ecthymose, *n. f.* ecthlipse, *f.*
ecthropion, *n. m.* élisabeth, *n. pr. f.* emprosthotonos, *n. m.* énar-
throse, *n. f.* enthousiasme, *m.* enthousiaste... enthymème, *n. m.* épi-
thalame, *n. m.* épithème, *n. m.* épithète, *n. f.* épithyme, *n. m. b.*
éréthisme, *m.* érythème, *m.* érythrine, *f. b.* érythroxylon, *m.* éthar-
que, *m.* éther, *m.* éthéré, *adj.* éthiopie, *n. f.* éthiopique, *adj.* éthiops,
*m.* éthique*, *n. f.* ethmoïdal, *adj. m.* ethnarque, *m.* ethnique, *adj.*
éthologie, *n. f.* éthopée, *n. f.* exanthème, *m.* exophthalmie, *n. f.* ga-
léopithèque, *m.* galimathias. *n. m.* goliath, *n. pr. m.* gotha, *g.* go-
thard, *g.* gothlande, *g.* gothenbourg, *g.* gothique, *adj...* goths, *n.*
*pl. m.* grapholithe, *n. f.* gynanthrope, *n. f.* héliantbème, *m. b.* hyacinthe, *f.* hydrocanthares, *m. pl.* hydrophthalmie, *n. f.* hypothénar, *m.*
hypothèque, *n. f.* hypothéquer*, *v.* hypothécaire, *adj.* hypothétique,
*adj.* hypothèse, *n. f.* ichthyocolle, *n. m.* inorthodoxie, *n. f.* isthme, *m.*
ithaque, *g.* judith, *n. pr. f.* jon-thlaspi, *m. b.* labyrinthe, *n. m.* lapithe,
*n. m.* léthargie, *n. f.* léthargique, *adj.* léthé*, *n. m.* ( *riv. fab.* ). lipothymie, *f.* litharge, *f.* lithocolle, *n. f.* lithocromie, *f.* lithographe.
lithographie, *f.* lithographier, *v...* litholabe, *n. m.* lithologie, *n. f.*
lithologue, *m.* lithontriptique, *adj.* lithophage, *m.* lithophanie, *n.*
*f.* lithophyte, *n. m.* lithotomie, *n. f.* logarithme, *n. m.* logarithmi-
que, *adj.* luthérien, *m.* luthier, lycanthrope, *m.* lycanthropie, *n. f.* marathon, *g.* marthon, *f.* mathématique, *adj. et n.* mathieu, *n. pr. des*
fesse-mathieu, *inv.* malthilde, *n. f.* mathurin, *n. pr.* mathusalem, *n.*
*pr.* menthe*, *n. f. b.* métathèse, *n. f.* méthode, *n. f.* méthodique, *adj.*
méthodiste. misanthrope, *n. et adj.* misanthropie, *n. f.* mithridate,
*n. pr. m. et sorte de plante.* mythologie, *n. f.* mythologique, *adj.*
nephtali, *n. m.* northumberland, *g.* olynthe, *g.* oolithe, *n. m.* ophthalmologie, *f.* ornithologie, *f.* orthodoxe, *adj.* orthodoxie, *n. f.* or-
thodromie, *n. f.* orthogonal, *adj.* orthogone, *adj.* orthographe, *n.*
*f.* orthographie, *n. f.* orthographier, *v.* orthographiste. orthologie,
*n. f.* orthopédie, *n. f.* orthopnée, *n. f.* ostrogoth, *m.* panthéologie,
*n. f.* panthéon, *n. m.* panthère, *n. f.* parenthèse, *n. f.* parthénope, *g.*
pathétique, *adj.* pathétisme, *m.* pathognomonique, *adj.* pathologie,
*n. f...* pathos, *m.* philanthrope, philanthropie, *n. f.* phthisie, *n. f.*
phthisique, *adj.* pléthore, *n. f...* plinthe, *n. f.* ( *t. de menuiserie*).
polyacanthe, *adj.* polyanthéa, *m.* polyanthé, *adj.* polymathie, *f.*
polythée, *n. m.* polythéisme, *m.* posthume, *adj.* procathartique, *adj.*
prométhée, *n. pr. m.* prosthèse, *n. f.* psorophthalmie, *n. f.* pythagore, *n. m.* pythie, *f.* python*, *n. m.* pythonissse, *n. f.* radamanthe,
*n. m.* rhythme *ou* rythme, *n. m.* rhythmique, *adj.* scythe, *n.* spath*,
*n. m.* spathe, *n. f. b.* spathique, *adj.* spinthère, *n. m.* stathouder, *n.*
*m.* sympathie, *n. f.* sympathique, *adj.* sympathiser, *v.* synarthrose,
*n. f.* synthèse, *n. f.* synthétique, *adj.* térébinthe, *m. b.* térébenthine,
*n. f.* thé*, *n. m. b.* thrace*, *g.* thuya, *m. b.* tithon, *n. m.* triphthon-
gue, *n. f.* visigoth, *n.* zoolithe, *n. f.*

*...*TH *intérieur.*

*....*TH *final.*
{ *Cherchez par le son des finales :* ATH, ETH, ITH, OTH, UTH, AINTE, *etc. ;*
{ *tels sont :* goliath, élisabeth, zénith, *etc.*

---

*...*TTER, *verb.*
{ Acquitter, *v.* ballotter, *v.* baratter. botter. brouetter. butter. carotter.
{ chatter. contre-latter. crotter. débotter. décrotter. dégoutter * (*couler*).

| | |
|---|---|
| *Suite de*<br><br>..TTER , *verb.* | délatter*. dénatter. égoutter. émietter *ou* émier. emmenotter. émotter. endetter. facetter. flatter. flotter. fouetter. frotter. garrotter *ou* garroter. gigotter. gobelotter. gratter. grelotter. gringotter. guetter. hutter. jabotter. latter. lutter. marcotter. marmotter. motter. natter. quitter. racquitter. regratter. regretter. renetter (*t. de maréchal*), *et* trotter. *Pour les dérivés, voyez aux finales* ATTE, ETTE, ITTE, OTTE, UTTE, AIR, *etc. suivant la difficulté.* |
| ....TER , *verb.* | *Tous les autres verbes en* TER *n'ont qu'un* T ; *tels sont :* aheurter, *v.* allaiter, *v.* compter*. escompter. conter*. raconter. déshériter. exempter. fréquenter. impatienter. mijoter. plaisanter. sculpter. souhaiter, *etc. ; on les trouve à la syllabe qui embarrasse.* |

---

| | |
|---|---|
| ....TEUR. | Rédempteur, *etc. Voyez à la finale* EUR. |

---

| | |
|---|---|
| ....TI. | Apprenti*, *n. m.* concetti, *n. inv.* haïti, *g.* taïti, *g.* ; *plus, le participe masc. des v. en* TIR ; *les moins faciles sont :* abruti. abouti. appesanti. applati. assenti. assorti. assujetti. bâti. consenti. converti. démenti. dénanti. départi. désassorti. dévêti. empuanti. englouti. garanti. mati. menti. nanti. parti. pâti. pressenti. ralenti. rebâti. repenti. ressenti. ressorti. retenti. revêti. rôti. senti. sorti. travesti. vêti. |
| ...TIE , *n. fém.* | Amnistie , *n. f.* angustie. carditie (*inflammation du cœur.*) charte-partie. dynastie. eucharistie. épizootie. garantie. hostie. modestie. ortie. partie, *n. f.* repartie, *n. f.* (*réplique*). rôtie. sacristie. sortie. tutie *ou* tuthie. *Plus , le féminin des participes masc. en* TI. |
| ....TIE , *son* CIE. | *Voyez à la finale* CIE. |
| ...THIE , *n. fém.* | Antipathie. apathie. corinthie, *g.* cupathie. polymathie. pythie. scythie. sympathie. |
| ..TIS , *n. masc.* | Abatis. appentis. boutis. cliquetis. cystitis. gratis (*pron. ice*). grenetis. métis. patis*, *n.* pilotis. rachitis ; *plus , la* 1re *et* 2e *personne de ce son dans la conjugaison des verbes en* TIR. |
| ....TIT. | Appétit, *n. m.* petit, *adj. m.* gagne-petit , *n. m. inv. Plus, la* 3e *pers. de ce son dans les v. en* TIR. |
| ....TÎT. | *La finale* TÎT, *avec un accent circonflexe, indique la* 3e *pers. de l'imparfait du subjonctif dans les v. en* TIR. |

---

| | |
|---|---|
| ....TIABLE. | Insatiable , *adj. Les autres sont en* CIABLE. |

---

| | |
|---|---|
| ....TIAL.<br>....CIAL. | *Voyez à la finale* CIAL, *ou à la finale* AL. |

---

| | |
|---|---|
| ....TIATIF. | *Voyez à la finale* CIATIF. |

---

| | |
|---|---|
| ....TIATION. | *Voyez à la finale* CIATION, *puisqu'elle en représente seule la prononciation douce.* |

---

| | |
|---|---|
| ....TIC, TIQUE , THIQUE. | *Voyez à la finale* IC. |

---

| | |
|---|---|
| .........TIANT | *a le son* CIANT *dans* balbutiant, initiant, *etc. Voyez les autres à la finale* CIANT. |

---

| | |
|---|---|
| .TICE, TISSE. | *Voyez à la finale* ICE. |

---

| | |
|---|---|
| .TIEL *et* SIEL. | *Voyez à la finale* CIEL. |

....TIEN , *dur.* { Anti-chrétien. chrétien, *n. et adj.* bastien, *n. pr.* bon-chrétien, *n. m. b.* corinthien, *adj.* entretien*, *n.* maintien*, *n.* pythien.　　soutien*, *m.* le tien*, *pr. m.*

.TIEN, *son* CIEN. { Béotien, *adj.* capétien, *adj.* dioclétien, *n.* domitien, *n. pr.* égyptien, *n. et adj.* gratien, *n. pr.* helvétien, *n. et adj.* le titien, *n. pr.* tribunitien. vénitien. *Voyez* CIEN.

...SIEN *et* CIEN. *Voyez à la finale* CIEN.

---

...TIENCE, *son* CIENCE. Impatience, *n. f.* patience.

---

....TIER , *son* CIER, *v.* { Argntier, *v.* balbutier, *v.* initier, *v.*, *et* transsubstantier. *Les autres sont par* CIER *et* SIER. *Voyez à la finale* CIER.

....TIAIRE, *son* CIER. Initiaire, *n. m.* plénipotentiaire, *n. et adj.* rétiaire, *n. m.*

...THIER *et* TIER, *son dur* : Châtier, *v.* charretier, *etc. Voyez* AI.

...TIÉ , *son dur* : Amitié, *n. f.* inimitié, *n. f.* moitié, *n. f.*, *et* pitié, *n. f.*

....TTIER. Bottier, *n. m.* brouettier, *n.* dattier, *n.* layettier, *n.*

---

....TIÉTÉ. Satiété, *n. f.*, *est le seul. Voyez la finale* CIÉTÉ.

---

....TIEUX. *Voyez* CIEUX.

---

...TINE , *n. fém.* { Argentine. bottine. cantine. chevrotine. clandestine. églantine. enfantine. intestine , *adj. f.* lévantine. mâtine. matines*, *n. f. pl.* platine*, *n. f.* platine, *n. m.* ( *métal* ). routine. scarlatine. sentine. serpentine. tétine. tontine. *il* trottine, *v. trottiner.*

---

....TION , SION. ....XION , CION. } *Voyez à la finale* SION ( *prononciation douce, et pron. dure* ).

---

....TIR , TIRE , TYR. *Voyez à la finale* IR.

---

..TISER *et* THISER. Attiser, *v.* baptiser, *v.* magnétiser, *v.* prophétiser, *v.* sympathiser, *v.*

---

..TISTE , THISTE. *Voyez à la finale* ISTE.

---

..TO *intérieur.* *Par* TNO, *voyez* TN, *et pour la finale, voyez* AU.

---

....TON. { *Voyez les homonymes et la finale* ON ; *les moins faciles sont :* bâton*, *n. m.* caneton, *n. m.* canton, *m.* centon*, *n.* charenton, *g.* clothon , *n. f.* croûton, *n.* dicton*, *n.* factoton *ou* factotum. feuilleton, *n.* hanneton, *n.* jeton*, *n.* laiton, *n.* marthon, *n. f.* marathon, *g.* menton. molleton. œilleton. peloton. phaëton. phlégéton. python ( *serpent* ). rejeton*, *n.* semi-ton, *n.* taon* ( *mouche, pron. tan* ). ton, *adj. poss.* à-tâtons (*loc.*). thon (*poisson*). tithon, *n.* toton, *n.* ( *dé à 4 faces* ).

---

....TOT *et* TROP. *Voyez à la finale* AU.

---

....TRAN. Guitran, *n. Voyez les autres à la finale* AN.

....TRAN *intérieur par* A. { Retrancher, *v...* étranger, *n...* étrangler, *v...* étranguillon, *n. m...* strangurie, *n. f.* otrante, *g.* retransplanter, *v...*

...TREM *intérieur par* E. { Retrembler, *v...* retremper, *v...* détremper, *v...*, *et leurs dérivés.*

---

....TTER. *Voyez les finales* TER *et* TTER *après la finale* TU.

....TURE.　　　*Voyez à la finale* UR.

---

....U (1), *noms et adj. masc.*

*Le son* U *est écrit par* EU *dans le v.* avoir : *j'*eus, *tu* eus, *il* eut, *il a* eu. ( *Voyez-en la conjugaison.* )

*Quatre noms fém. sont terminés en* U *sans* E : bru*. glu*. tribu*, vertu; *plus,* tu* ( *pronom sing. invariable pour les 2 genres).* Les autres sont masc. Quant aux adj., on y ajoute un E pour le féminin. Les moins faciles sont : abattu. accru. accouru. aigu. ambigu. appendu. aperçu. apparu. attendu. assidu. barbu. battu. bégu. bossu. bourru. combattu. conçu. copahu, *n.* contigu. convaincu. corrompu. cru*. curucucu, *n. m.* ( *serpent du brésil* ). débattu. déçu*, *adj.* défendu. dépendu. descendu. épandu. entendu. étendu. eu*, *part.* exigu. fétu*, *n.* fichu, *n.* francatu, *n. b.* jéhu, *n. p.* grenu. hurluberlu, *adj. et n.* impromptu, *n. inv.* inaperçu. inattendu. indu*. inconnu. à l'insu *de...* ( *loc. adv.* ). invaincu. interrompu. invendu. issu*, *adj. m.* lenturlu, *n.* ( *t. de jeu*). maintenu. malotru. moussu. mu*. à nu ( *loc. inv.* ). pansu. pattu. pelu. pendu. perdu, *adj.* perçu. prétendu. pu*. rabattu. reçu*. redescendu. rependu*. rendu. répandu. résidu, *n.* retendu. revendu. ru*. saugrenu. sous-entendu. su*. suspendu. tapecu, *n.* tendu. tissu. tortu. touffu. tu*. vaincu. vécu. velu. vendu. ventru. vêtu. voulu. vu*.

... û.

Crû ( *du v.* croître ), dû* ( *part. du v.* devoir ), *et* tû* ( *du v.* taire ), *ont un accent circonflexe.* ( *Voyez les homonymes.*)

....UE.

*Ce son final* U *avec un* E *sert à indiquer le fém. des mots ci-dessus en* U ; *plus, les fém.* barbue, *n. f.* herlue, *n. f.* à-la-boulevue ( *loc.* ). charrue. cohue. coquecigrue *ou* coquesigrue. hue*. issue, *adj. f. et n. f.* laitue. massue. sangsue. tortue. verrue, *et les* 45 *v. en* UER ; *les moins faciles sont :* il accentue. il afflue. il atténue. il attribue. il bossue. il déshabitue. il hue*. il insinue. il pue* ( *v.* puer ). il situe. il sue. il tue.

...uë, *fém.*

*On met un tréma sur l'*e *dans les* 6 *fém.* aiguë. ambiguë. bisaiguë *ou* besaiguë. ciguë. contiguë. exiguë ; *plus, dans le v.* arguer : *j'*arguë, *tu* arguës, *il* arguë, *ils* arguënt.

....UL, *son* U.

*Dans* cul-de-jatte, *n.* cul-de-lampe, *n.* cul-de-sac, *n.* pousse-cul, *n.* ( *recors* ).

....US, *masc.*

Abstrus, *adj. m.* abus, *n.* cabus, *adj. m.* camus, *adj.* confus. ci-dessus, *adv.* dessus, *n. et adv.* diffus. exclus, *adj. m.,* ou exclu, *adj. m.,* exclue, *f.* jésus, *n.* inclus, *adj.* infus, *adj.* intrus, *n. et adj.* jus*, *n.* obus, *n.* obtus, *adj.* pardessus *ou* par-dessus. perclus, *adj.* plus*, *adv.* pus*, *n.* reclus, *adj.* refus, *n.* rétus, *adj.* le surplus, *n.* en-sus ( *loc. adv.* ). je sus* ( *v.* savoir ). talus, *n.* verjus, *n. Voyez ci-dessous à la finale* US, *les mots en* US *que l'on prononce* UCE.

*Nota.* US, *à la fin d'un verbe, en désigne la* 1<sup>re</sup> *et la* 2<sup>e</sup> *pers.* ( *Voyez la conjug.* )

....UT, *masc.*

Attribut, *n. m.* azimut, *n.* belzébut, *n.* bahut, *n.* but*, *n.* camut*. chalut, *n.* début, *n.* induts, *n. pl.* ( *des porte-chape* ). institut*, *n.* préciput, *n.* rebut, *n.* rut*, *n.* salut*, *n.* scorbut, *n.* statut*, *n.* substitut*, *n.* tribut*, *n. m.* ; *plus, les* 33 *v. qui ont ce son à la* 3<sup>e</sup> *pers. du sing.* ; *tels sont :* il fut*. il eut*. il accourut. il aperçut. il apparut. il perçut. il put*. il sut*, *etc.*

---

(1) *Les participes invariables en* U *sont :* complu. concouru. démordu. dépendu ( *de* dépendance ). déplu. discouru. équivalu. eu. fallu. paru. plu. prévalu. provenu. recouru ( *avoir eu recours à* ). reparu. revécu. subvenu. survécu. valu. vécu *et* avenu ; *mais* avenu *est un adj. variable, lorsqu'il est après* non *: ils sont regardés comme non avenus. Quelques bons grammairiens en exceptent* VALU.

| | |
|---|---|
| *Suite de* U<br>*par* ût. | Affût, *n. m.*, *et un* fût (*futaille*). *Plus, la* 3e *pers. de l'imp. du subj. dans les* 33 *v. de ce son, comme dans :* je voudrais qu'il fût, qu'il eût, qu'il aperçût, qu'il pût*, qu'il sçût *ou* qu'il sût. (*Voyez la conjugaison.*) |
| ....UX. | Flux* *et* reflux*, *n. m.* |
| ....EU, *son* EUX. | *Voyez à la finale* EUX. |

| | |
|---|---|
| ....UANT. | Huant ( *du v.* huer ). chat-huant, *n.* gluant., *et tous les participes en* UANT. |
| ....UENT. | Confluent, *n.* congruent, *adj.* onguent, *n. m.* |

| | |
|---|---|
| ....UB. | ·Club, *n. m.* dub, *n. m.* ( *sorte de serpent* ). |
| ....UBE. | Bube, *n. f.* cube, *n. m.* danube, *g.* hécube, *n. f.* jujube, *n. f.* (*fruit du jujubier*). incube, *n.* marrube, *n. m. b.* tube, *n. m.* |

| | |
|---|---|
| ....UBLE. | *Il* affuble, *v.* chasuble, *n. f.* dissoluble, *adj.* indissoluble, *adj.* insoluble, *adj.* résoluble, *adj.* soluble, *adj.* |

| | |
|---|---|
| ....UC. | Aqueduc, *n.* archiduc, *n. m.* balaruc, *g.* bois-le-duc, *g.* caduc, *adj. m.* déjuc, *n.* duc, *n.* juc, *n.* luc, *n. pr.* stuc, *n.* suc, *n.* truc, *n. un* turc. |
| ....UQUE. | Caduque, *adj. f.* eunuque, *n. m.* heiduque, *n. m.* fétuque, *n. f. b.* moluques, *n. f. pl.* (*îles*). noctiluque, *n. et adj.* nuque, *n. f.* perruque, *n. f. il* reluque, *v.* sambuque, *n. f. une* turque. |
| ....UCQUES. | Lucques, *g.* |
| ....UCH *et* UCK. | Baruch, *g.* inspruck, osnabruck, *g.* mameluck *ou* mamelouck, *n. m.* |

| | |
|---|---|
| ....UCE. | Astuce, *n. f.* capuce, *n. m. il* épuce, *v.* puce*, *n. f. elle* suce, *v.* vespuce, *n. pr.* |
| ...US, *son* UCE,<br>*masc.* | US *a le son dur à la fin de* agnus ( *pron.* ag-nus ). angélus, *n. m.* antinoüs, *n. pr.* anus, *m.* argus, *n.* bacchus, *n.* bibus, *n.* blocus, *n.* brutus, *n. pr.* calus, *n.* chorus, *n.* coccus, *b.* (*kermès*). coléra-morbus, *m.* committimus, *n.* crésus, *n.* crocus, *b.* ( *safran* ). fœtus, *n.* fongus, *n.* garus, *n.* hiatus, *n.* janus, *n. pr.* momus, *n. pr.* mordicus, *adv.* motus, *adv.* obus, *n.* olibrius, *n.* omnibus, *n. m.* ( *sorte de carrosse* ). orémus, *n.* papyrus, *n.* phébus, *n.* picpus, *n.* plutus, *n. pr.* quitus, *n.* ( *ki* ). rasibus, *adv.* rébus, *n.* rémus, *n. pr.* romulus, *n. pr.* sanctus, *n.* sinus, *n.* spartacus, *n. pr.* talus, *n.* titus, *n. pr.* typhus, *n.* us*, *n.* (*usage*). utérus, *n.* vénus, *n. f.* virus, *n. m.* |
| ....USSE. | Aumusse, *n. f.* prusse, *g.* russe; *plus, l'imparfait du subj. dans les* 44 *v. qui y prennent la finale de ce son; tels sont :* que j'eusse, que tu eusses, qu'ils eussent, que je fusse, que tu fusses, qu'ils fussent ( 3e *pers. du plur.* ). *Voyez la conjugaison.* |
| ....eût-ce. | Eût-ce été? qu'eût-ce été? qu'eusses-tu été? qu'eussent-ils été? fût-ce, *etc.* |

| | |
|---|---|
| ....UD, *son dur.* | Sud, *n.* talmud, *n. Tous les autres par* UDE. |
| ...UDE, *n. fém.* | Amplitude, *n. f.* aptitude. attitude. certitude. étude. exactitude. inhabitude. lassitude. lippitude. longitude. promptitude. servitude. similitude. sollicitude. vicissitude. *Les autres n'ont aucune difficulté.* |

| | |
|---|---|
| ....UÉ *et* üé. | UÉ *est la finale du participe passé des verbes ci-dessous en* UER. |
| ....UER *et* üer. | UER *est la finale de l'infinitif de* 115 *verbes, comme* accentuer, bossuer, évacuer, exténuer, habituer, huer, s'infatuer, ponctuer, *etc.; il n'y a que le v.* arguër *qui prenne un tréma sur l'*e, *parce qu'on prononce* argu-er. ( *Voyez la finale* guer. ) |

| | |
|---|---|
| ....UF. | Tuf , *n. m.* ( *terre blanchâtre au-dessous de la bonne terre* ). |
| ....UFE. | Tartufe!, *n. et adj.* ( *de tartuferie* ), et truffe ou trufe, *n. f.* ( *v. truf-fer* ). |
| ....UFLE. | Mufle, *n. m.* buffle, *n. m.* |

| | |
|---|---|
| ..UGE *et* UJE. | *Tous par* UGE *, comme* juge, *n. m.* transfuge!, *etc., excepté* cucuje, *n. m.* ( *insecte* ). |

| | |
|---|---|
| ...UI, UIS, UIT. | *Voyez à la finale* I. |

| | |
|---|---|
| ....UIR *et* UIRE. | *Voyez à la finale* IR. |

| | |
|---|---|
| ....UL, *masc.* | Accul, *n.* calcul, *n.* consul, *n.* cul-de-sac. nul, *adj. m.* ( nulle, *f.* ). proconsul, *n.* recul, *n.* vice-consul, *n.* |
| ....ULLE. | *Il* annulle, *v.* bulle, *n. f.* nulle, *adj. f.* catulle, *n. pr. m.* tibulle, *n. pr. m.* trulle, *n. f.* |
| ULE *et* ULER. | *Il* accule, *v.* acculer. acidule, *n. m. et v.* animalcule, *n. m.* auricule, *f. il* brûle, *v. il* calcule, *v.* canicule, *n. f.* canule, *f.* capsule, *f.* cédule, *f.* cellule, *f. il* circule, *v.* conciliabule, *m.* crédule, *adj.* crépuscule, *m. il* démantibule, *v.* émule, *n. et adj.* espatule, *n. f.* fascicule, *m.* fécule, *f.* funambule. glandule, *f.* globule, *m. il* inocule, *v.* majuscule, *n. f. et adj.* mandibule, *f.* molécule, *f.* monticule, *m.* mule, *f.* noctambule, *n. et adj. m.* opercule, *m.* opuscule, *m.* ovule, *m.* panicule, *n. f.* panuicule*, *n. m.* pécule, *m.* pédicule, *m.* pellicule, *f.* pendule, *n. m.* ( *balancier* ). pendule, *n. f.* ( *horloge* ). pipuncule, *m.* préambule, *m.* pyxidule, *f.* pustule, *f. il* recule, *v.* régule, *m.* scrupule, *m.* somnambule, *n. et adj.* tarentule, *f.* tubercule, *m.* véhicule, *m.* veinule, *n. f.* ventricule, *n. m.* vésicule, *n. f., et tous les autres; ils n'offrent aucune difficulté.* |

| | |
|---|---|
| ....ULCE. | Bisulce, *adj.* ( *se dit d'un quadrupède à pieds fourchus* ). |
| ..ULSE *et* ULSER. | *Il* expulse, *il* compulse, *v.* expulser *et* compulser. |

| | |
|---|---|
| ....ULT. | Indult, *n. m.* ( *privilége accordé par une bulle* ). |
| ....ULTE. | Adulte, *n. et adj. m.* inculte, *adj.* insulte, *n. f. et v.* jurisconsulte, *m.* occulte, *adj.* sénatus-consulte, *m.* tumulte, *m.* |

| | |
|---|---|
| ...UM, *son* OME. | *Voyez à la finale* OME. |
| ....UM, *son* ON. | *Voyez à la finale* ON. |

| | |
|---|---|
| ....UME, HUME *et* HUMER. | *Il* désenrhume, *v.* désenrhumer. *il* enrhume, *v. il* hume, *v. il* exhume, *v. il* inhume, *v.* rhume, *n. m.* posthume, *adj., et tous les autres, mais ils sont en* UME *sans* H; *tels sont :* amertume , *n. f.* légume, *n. m. il* allume, *v.; les autres n'ont aucune difficulté.* |

| | |
|---|---|
| ....UN. | Aucun, *adj. m.* brun, *n. et adj.* chacun, *m.* commun. diaprun, *n.* à-jeun, *adv.* l'un ( *mis pour le un* ). importun, *adj. et n.* nerprun*, *n.* opportun, *adj.* quelqu'un; *pl.* quelques-uns. tribun, *n.* un*. vingt-un. trente-un, *etc.* *Nota. On doit dire* vingt-un chevaux, *trente-un ans accomplis, etc. On écrit des* un *sans* s ( *n. de nombre* ). |
| ....UN *par* UM. | Parfum, *n. m.* |
| ....UNT. | Défunt, *n. m. et adj.* emprunt, *n. m.* |

| | |
|---|---|
| ....UNE, *fém.* | Aucune, *adj. f.* chacune. commune, *n. et adj. f.* lune*. *n.* lacune, *n.* lune, *n.* l'une ( *pron. f., mis pour la* une ). importune, *adj. f.* pampelune, g. quelqu'une ( *pl.* quelques-unes ). rancune, *n.* tribune, *n.* |
| ...UPPE, UPPER. | Huppe, *n. f. et v.* hupper. |
| ....UPE, UPER. | Dupe, *n., adj. et v.* duper. jupe, *n. f. il* occupe, *v. il* préoccupe, *v.* |
| ....UR, *masc.* | Arthur, *n. m.* azur, *n. m.* clair-obscur, *n.* contre-mur, *n.* déléatur, *n. inv.* dur, *adj. m. au* fur *et à* mesure ( *loc.* ). exéquatur, *n. inv.* fémur, *n.* futur, *adj. m. et n.* impur, *adj. m.* mur* ( *muraille* ). namur, g. obscur, *adj. m.* pur, *adj. m.* saumur, g. sémur, g. sur *prép.* sûr*, *adj. m.* ( *certain, assuré* ). uzifur, *n. m.* |
| ....ûr, *masc.* | Mûr, *adj. m.* ( *en maturité* ). sûr ( *certain* ); *on y ajoute un* E *au fém.* |
| ....URE, *masc.* | Augure, *n. m.* carbure. hydrosulfure, *n.* mercure, *n.* murmure, *n. et v.* palinure, *n.* paliure, *n. b.* parjure, *n. et adj.* phénicure, *n.* phosphure, *n.* sulfure, *n.* tellure, *n.* ure ( *taureau sauvage* ). |
| ....URE, *noms féminins.* | Abréviature, *n. f.* accolure. acérure. agriculture. allure. ancrure. annelure. aventure. baisure. balayure. bigarrure. blessure. bonne - aventure. bosselure. bouffissure. boursoufflure. brûlure. bure. cadrature *ou* quadrature* ( *t. d'horlog.* ). cannelure. caricature. carrelure. carrure. cassure. ceinture. censure. césure. chargeure. chaussure. chevelure. ciselure. cléricature. clôture. coiffure. conjecture. conjoncture. contexture. crépissure. cure, *n. f. et v.* ( *curer* ). déchiqueture. demi-mesure. désenflure. denture. devanture. effaçure. égratignure. égrugeûre. émaillure. embouchure. emboîture. embrasure. embourrure. empaumure. enchevêtrure. enclouure. encoignure. enflure. enfonçure. engelure. engrenure. enrayure. envergure ( *t. de mar.* ). envergeure ( *t. de papet., etc.* ). éraillure. étamure. étrécissure. ferrure. fissure. fourrure. forfaiture. fortraiture. frayure. fressure. gageure. gerçure. hure*, *n.* luxure. mâchure. magistrature. mésaventure. moisissure. morsure. mûre*, *n. et adj. f.* monture. mouture. nomenclature. nonciature, *f.* parjure, *n. et adj. f.* pâture. peinture. pelure. piqûre. présure*. quadrature*, *n. f. t. d'astr.* ( *pron. coua* ). questure. rayure. rentraiture. rinçure. scissure. sciure. sculpture. sépulture. sertissure. souillure. texture. vêture. vernissure. voussure, *et tous les autres; on les trouve en les cherchant par la syllabe qui embarrasse.* |
| ....URRE. | Saburre, *n. f.* |
| ....URENT. | *Ils* eurent, *v. ils* furent. *ils* aperçurent. *ils* apparurent, *et tous les v. qui ont ce son final à la* 3e *personne du pl.* ( *Voyez la conjug.* ) |
| ....UHR. | Guhr, *n. m.* |
| ..US, *son* UCE. | *Voyez à la finale* UCE. |
| ....USC. | Busc, *n. m.* musc, *n. m.* |
| ....USQUE *et* USQUER. | Brusque, *adj.* mollusques, *n. et adj. m. pl.* ( *insectes* ). il brusque, *v.* il musque, *v. il* s'embusque, *v...* étrusque, g. jusques à... *ou* jusqu'à... ( *loc.* ). il offusque, *v.* offusquer. |
| ....USSE. | *Voyez à la finale* UCE. |
| ...USTRE. | Rustre, *n. et adj.* ( *grossier* ). |
| ...UT, *son* UTE. | UT, *son* UTE *dans* brut*, *n. et adj.* chut*! ( *interj.* ). comput, *n. m.* lut*, *n. m.* ( *mastic* ). occiput, *n. m.* sinciput, *n.* ut*, *n. m.* ( *note* ). |

| | |
|---|---|
| ....ûte *et* ûter. | Flûte, *n. f. et v.* flûter. |
| ...UTE *et* UTER. | Brute, *n. et adj. f.* bute*, *n. f. et v.* ( *outil* ). cajute*, *n. f.* chute, *n. f.* culbute, *n. f. et v.* culbuter. il exécute, *v.* il charcute, *v.* dispute, *n. f.* et *v.* lute*, *n. f. et v.* minute, *n. f. et v.* parachute, *n. m.* il persécute, *v.* il rebute, *v.* il suppute, *v.* volute, *n. f.*, et *les 29 autres v. en* UTER. |
| .UTTE *et* UTTER. | Butte*, *n. f. et v.* butter*. cahutte, *n. f.* clutte, *n. f.* ( *houille* ). gomme-gutte, *n. f.* lutte*, *n. f. et v.* lutter* ( *résister* ). |
| ....UTH. | Bismuth, *n. m.* luth, *n. m.* ( *de luthier* ). ruth*, *n. pr. f.* pruth, g. |

| | |
|---|---|
| .UX, *son* UXE. | *Sans* E *dans* pollux ( *nom d'homme* ). |
| ...UXE *et* UXER. | Luxe, *n. m.* ( *somptuosité* ). il luxe, *v.* luxer ( *t. de chirurgie* ). |

| | |
|---|---|
| ....UYER. | Appuyer, *v.* désennuyer, *v.* écuyer, *n. m.* ennuyer, *v.* essuyer, *v.* ressuyer, *v.* |

| | |
|---|---|
| ....VA *et* WA. | *La* moskowa, g. *la* neyva, g., *etc. Voyez à la finale* A. |

| | |
|---|---|
| ..VAIL *et* VAILLE. | *Voyez à la finale* AIL. |

| | |
|---|---|
| ...VAIN, VIN, VINGT, VINT. | *Voyez à la finale* AIN, *et les homonymes au mot* VAIN. |
| ....VAIN *et* VIN *intérieurs.* | Invincible, *adj.* invinciblement, *adv.; les autres sont par* AIN : convaincre. convaincant*, *adj. m.* convainquant, *part. inv.* convaincu, *adj.* invaincu, *adj.* |

| | |
|---|---|
| ....VAIR, VERRE, *etc. Voyez à la finale* AIR, *et les homonymes.* | |

| | |
|---|---|
| ...VAL, VALE, *etc. Voyez à la finale* AL, *et les homonymes.* | |

| | |
|---|---|
| .. .VAN. | Van *à vanner, n. m.* |
| ....VANT. | Apercevant, *part.* auparavant, *adv.* avant, *prép. les* avant-courriers, *n. pl.* concevant. devant. décevant. dissolvant. dorénavant, *adv.* passe-avant *ou* passavant, *n.* recevant. résolvant. savant, *n. et adj.* suivant. vivant, *n. et adj.*, *et tous les participes en* VANT. |
| ....VENT. | Auvent*, *n. m.* avent*, *n.* contrevent, *n.* couvent*, *n.* évent, *n.* ( *d'éventer* ). fervent, *adj.* paravent, *n.* souvent, *adv.* vent* ( *air* ). |
| ....VEND. | *Je* vends, *il* vend, *v. je* revends, *il* revend, *v.* revendre. |

| | |
|---|---|
| ....VANDRE. | Port-vandre, g. |
| ....VENDRE. | Revendre, *v.* vendre, *v.* |

| | |
|---|---|
| ....VANTER. | Vanter, *v.* ( *faire vanité* ). épouvanter, *v.* épouvante, *n. f.* |
| ...VENTER. | Venter ( *faire du vent* ). éventer*, *v.* inventer*, *v.* |
| ...VENTAIRE. | Éventaire*, *n. m.* ( *petit plateau d'osier* ). inventaire*, *n. m.* |

| | |
|---|---|
| ..VAN *intérieur.* | VAN *par* A *dans les mots suivans et dans leur famille; tels sont :* avancer, *v.* avancement, *n.* avantage, *n. m.* avantager, *v.* caravansérai, *n.* caravane, *n. f.* davantage, *adv.* désavantage, *n.* désavantager, *v.* devancer, *v.* devancier, *n. m.* épouvanter, *v.* épouvantail, *n.* épouvantable... évangéliste, *m.* évangile, *m.* lavande, *n. f. b.* lavandière, *n. f.* redevance, *n. f.* revanche, *n. f.* se revancher, *v.* revanner, *v.* savantissime, *adj.* vivandière, *n. f.* |
| ..VEN *intérieur.* | VEN *par* E *dans les mots suivans et dans leur famille; telles sont :* adventice, *adj.* aventure, *n. f.* aventurer, *v.* aventurier, *n. et adj. m.* aventurine, *n. f.* ( *pierre* ). connivence, *n. f.* convention, *n. f.* conven- |

| | |
|---|---|
| *Suite de* ..VEN *intérieur.* | tionnel, *adj. m.*... contravention, *n. f.* éventail, *n. m.* éventaire*, *n. m.* éventailler, *v.* éventer, *v.* éventuel, *adj. m.*... éventrer, *v.* intervention, *n. f.* invendable... inventaire, *n. m.* inventer, *v.* invention, *n. f.* inventorier, *v.* jouvenceau, *m.* mésaventure, *n. f.* mont-aventin, *g.* novembre, *n. m.* pervenche, *n. f. b.* prévention, *n. f.*... revendiquer, *v.*... revendre, *v.* revente, *n. f.* subvensif, *adj.* subvention, *n. f.* |
| ....VAR , VEAU, ...VER , VRAUT, ....VO, *etc.* | *Pour tous ces sons, voyez aux finales* AR , AIR , AU , *etc., parce que ce n'est pas la lettre* v *qui fait la difficulté, si ce n'est dans Cromwel, n. pr., et dans quelques autres noms étrangers.* |
| ....X *final.* | *Voyez aux diverses finales* AU , AI , AX , EU , EX , I , INX , OU , OX , UX , *etc.* |
| ...XAIN , XAINE. | *Voyez les finales* AIN , AINE. |
| ....XANT. | *Finale du participe en* ANT *des* 8 *v. ci-dessous en* XER : |
| ....XER *et* XÉ.. | Annexer, *v.* boxer. fixer. luxer. taxer. surtaxer. vexer. connexer, *v.* relaxé, *adj. m.* (*nerf relâché*). |
| ....XIE *et* XIER. | *Voyez aux finales* CI *et* CIER. |
| ....XIN. | Pont-euxin *et* vexin, *g. Voyez les autres après la finale* AIN. |
| .XION , CTION , TION. | *Voyez à la finale* SION. |
| ....XIR. | Élixir, *n. m.* |
| ....XISME. | Odaxisme, *n. m.* paroxisme, *n. m.* |
| ...Y *final.* | Y *qui a le son* I , *voyez à la finale* I. |
| ....YANT. | Employant. ayant , *etc.; voyez à la finale* IANT. *Quant aux participes en* YANT, *voyez ci-après les verbes en* YER : |
| ..YER *par* AYER, *verbes.* | Aiguayer* *le linge* (*c'est le baigner dans une aiguière ou aiguade*). balayer, *v.* bayer* *ou* béer, *v.* (*aux corneilles*). bégayer. bordayer. brayer*. cartayer. déblayer. défrayer. délayer. effrayer. égayer* (*rendre gai*). enrayer. essayer. étayer. frayer, *v.* métayer, *n. m.* monnayer *ou* monnoyer, *v.* payer. rayer. relayer. regayer. remblayer (*de remblai*). |
| ..YER *par* EYER, *verbes.* | 6 *verbes :* barbeyer, *v.* (*t. de mar.*). grasseyer, *v.* languéier, *v.* plancheyer *ou* planchéier, poteyer *et* dépoteyer. |
| ..YER *par* OYER, *noms et verb.* | Loyer, *n. m.* plaidoyer, *n. m.* noyer*, *n. m.* voyer, *n. m.* Aboyer, *v.* apitoyer, *v.* atermoyer, *v.* broyer, *v.* choyer, *v.* chatoyer (*t. de lapidaire*). convoyer, *v.* corroyer, *v.* coudoyer, *v.* côtoyer, *v.* déployer, *v.* dévoyer, *v.* ensoyer, *v.* envoyer. *v.* fétoyer, *v.* flamboyer, *v.* fossoyer, *v.* fourvoyer, *v.* giboyer, *v.* grossoyer, *v.* guerroyer, *v.* hongroyer, *v.* larmoyer, *v.* louvoyer, *v.* monnoyer *ou* monnayer, *v.* nettoyer, *v.* noyer*, *v.* octroyer, *v.* ondoyer, *v.* ployer, *v.* (*style figuré, mis pour plier*). rebroyer, *v.* remployer, *v.* (*faire un nouvel emploi*). renvoyer, *v.* reployer, *v.* (*style figuré*). rudoyer, *v.* soudoyer, *v.* tournoyer, *v.* tutoyer, *v.*, *et* verdoyer, *v.* |

..YER *par* UYER, { Appuyer, *v.* désennuyer, *v.* écuyer, *n. m.* ennuyer, *v.* essuyer, *v.* res-
*noms et verb.* { suyer, *v.*

....YEUR, YEUX { *Finales des mots qui dérivent des verbes en* YER, *comme* payeur (*de*
*et* YEUSE. { *payer*), aboyeur (*d'aboyer*), ennuyeux (*d'ennuyer*), *etc. Voyez*
YER *ci-dessus, ou voyez aux finales* EUR, EUX *et* EUSE.

....YEZ. { *Finale de la* 2ᶜ *personne de ce son dans le présent* } *Voyez les con-*
{ *des verbes ci-dessus en* YER. } *jug., ou voyez la*
....YIEZ. { *Finale de la* 2ᶜ *pers. de ce son dans l'imparfait* } *finale* IER.
{ *et dans le subjonctif des mêmes verbes en* YER. }

..YIONS, YONS. { *Voyez à la finale* ION, *ou voyez les conjugaisons, pour la finale de ce*
{ *son dans les verbes.*

....Y *intérieur.* { *Y intérieur après* TH, PH; *voyez* PH, TH.
*Quant aux mots en* YAL, YARD, YEN, YON, YR, *etc., on les trouve par*
*leur finale en* AL, ARD, AU, AIN, ON, I, IR, *etc., ou par leur son*
*initial, suivant la place de la difficulté.*
*Voyez toutefois les mots ci-après :* abbaye, *n. f.* (*pron.* a-bé-ie).
amygdales, *n. f. pl.* analyse, *n. f...* anonyme, *adj. et n.* apocryphe,
*adj.* (*douteux*). bruyère, *n. f.* chyle, *n. m.* chypre, *g.* cloyère, *n. f.*
clystère, *n. m.* clepsydre, *n. f.* (*horloge d'eau*). croyance, *n. f...* cy-
clope, *n. m.* cygne*, *n. m.* (*oiseau*). cylindre, *n. m...* cymaise, *n. f.*
(*t. d'arch.*). cymbale, *n. f...* cynisme, *n. m.* cynique, *adj. et n...* cy-
phose, *n. f.* (*t. d'anat.*). cypris, *n. pr. f.* cysthépatique, *adj.*
(*t. d'anat.*). cystique, *adj.* (*t. de méd.*). cystite, *n. f.* cystotomie, *n. f.*
cythérée, *n. pr. f.* cytise, *n. m. b.* dissyllabe, *n. m. et adj.* dryade, *n. f.*
dynamique, *n. f...* dynamomètre, *n. m.* dynastie, *n. f.* dyscinésie, *n. f.*
dyscole, *adj.* dyspepsie, *f.* dyspnée, *f.* dyssenterie, *f.* dysurie, *f...*
élysée, *n. m...* emphytéotique, *adj...* encyclopédie, *n. f...* érysipèle, *n.*
*m...* érythème, *n. m.* étymologie, *n. f...* gymnase, *n. m...* gymnastie,
*n. f...* gypse, *m...* hiéroglyphe, *n. m...* homonyme... hyacinthe...
(*voyez* HY *initial*). hydraulique, *adj., les autres par* HYDRO... hymen,
*n. m... tous par* HYPER... HYPO... *et* HYSTÉ... (*voyez* HY... *initial*).
ichtyologie, *n. f.* idylle, *n. f.* larynx, *m.* lipothymie, *f.* lymphe, *f...*
lynx, *n. m.* lycée, *n.* lyre*, *n. f.* lys*, *n. m.* martyrisé, *adj...* martyr*.
*le* martyre (*supplice*). moyeu... moyeu, *n.* myologie, *f.* myotomie, *f.*
myope. myopie, *n. f.* myriade, *n. f.* myriagramme, *m.* myriamètre, *m.*
myriare, *m.* myrobolan, *b.* myrrhe*, *n. f.* (*encens*). myrrhis, *n. m. b.*
myrte, *m. b.* mystère, *m...* mystifier, *v...* mythologie, *n. f...* noyon, *g.*
nyctalope (*voyez* NY... *initial*). oxygène, *m...* panégyrique, *m...*
paralysie, *n. f...* payeur... paysan... paysage... pérystile, *m.*
pharinx, *m.* physionomie, *n. f...* physiologiste... physique....
(*voyez à l'initiale* PHY). polyamatype, *adj.* polyanthée, *b...* polygamie,
*n. f...* polyglotte, *adj...* polype, *m.* polysyllabe, *n. f.* polygone. polytechnique, *adj.* polythéisme, *n. m.* polytyper, *v.* (*voyez* POLY).
porphyre, *n. m.* presbytère, *m...* prytanée, *m...* pygmée, *m.* pyramide,
*n. f...* (*voyez* PY). stéréotyper, *v...* sibylle*, *f.* style, *m...* styx, *m.*
sycomore, *m. b.* sycophante, *m.* syllabe, *n. f...* syllepse, *n. f.* syllogisme, *m...* symbole, *m...* symétrie, *n. f...* sympathie... symphise,
*n. f.* symphonie.... symptôme, *n. m...* synagogue, *n. f.* synallagmatique, *adj.* synalèphe, *f.* syncope, *n. f...* syndic... synode, *m...* syn-
érèse, *n. f.* syndérèse, *f.* synonyme... synoptique, *adj...* syntaxe, *n. f.*

| | |
|---|---|
| *Suite de*<br><br>....Y *intérieur.* | synthèse, *f.*... système, *m.*... systole, *f.* syzigie, *f.* (*voyez à l'initiale* CI). trissyllabe, *adj.* tympan... type, *n. m.* typhus, *m.* tyran *. tyrannie (*voyez* TI). zéphyre (*dieu de la fable*). zéphyr *ou* zéphir (*vent*). xylon, *m. b.* (*Voyez aussi les v. ci-dessus en* AYER, EYER, OYER, UYER, *et leurs composés.*) |
| ...X, *son du* Z, | Sixain, *n. m.* sixième, sixièmement; dixième, dixièmement; deuxième, deuxièmement. |
| ....ZER. | Bronzer, *v.*, *et* gazer, *v.* |
| .... Z, *final.* | Assez, *adv.* chez, *prép.* nez*, *n. m.* rez-de-chaussée, *n. m. inv.* riz*, *n. b.* rodez, *g.* saint-diez, *g.* coblentz, *g.*, *et quelques autres noms de pays.*<br>z *termine aussi la* 2ᵉ *pers. du pl. dans la conjugaison de tous les v. dont le son final est en* EZ; *tels sont : vous* avez, *vous* aurez, *vous* aimez, *etc. Voyez aussi les finales* RIZ, REZ, *etc.*<br>*Quant aux finales en* ZA, ZAN, ZE, ZÉ, ZI, ZIN, ZO, ZIR, ZUR, *etc.*, *voyez aux finales* A, AC, AN, AI, AIN, AR, IR, IT, SON, UR, *etc.* |
| ....Z *intérieur par* s. | *Voyez* s *intérieur, à l's final.*<br>*Toutefois, on écrit avec* z *tous les mots ci-dessous, ainsi que leurs dérivés :* |
| ....Z *intérieur.* | Abruzze, *g.* azerole, *f. b...* azyme, *n. m. et adj.* azimite, *n. m.* azimut, *n. m.* azote*, *m.* azur, *m.* azurer, *v.* alezan. alèze*, *n. f.* (*linge*). amazone, *n. f.* apozème, *m.* bazar, *m.* bézoard. bizarre, *adj.* bizarrerie, *f.* bonze, *m.* bronze, *m.*... colza, *b.* dizain, dizaine, *n. f.* donzelle. douze, *inv.* douzaine... gaze*, *n. f.* gazelle, *n. f.* gazette, *n. f.*... gazon, *m.* gazouiller, *v.*,. horizon, *m.*... lazare, *m.* lazaret, *m.*... lazariste*, *m.* lazzi, *n. m. inv.* (*quolibet*). lézard, *n.*... luzerne, *n. f.* mazette, *n. f.* ozène, *n. m.* (*ulcère*). piazzi (*planète de ce nom*). quatorze, *inv.* quinze... seize... treize..., *inv.* topaze, *n. f.* trapèze, *n. m.*... zizanie, *n. f.* zizi (*oiseau*). |
| ....Z *initial.* | *Initiales par* z, *voyez les initiales; tels sont :* zagaie, *n. f.* (*javelot*). zèbre, *m.* zébu, *m.* zèle, *m.* zénith, *m.* zéphir*, *m.* zéro; *m.* zeste*, *m.* zibeline, *f.* zig-zag, *m. inv.* zinzolin, *adj.* zizanie, *n. f.* zodiaque, *n. m.* zône, *n. f.* zoolithe, *n. m.* zoophyte, *n. m.* zygome *ou* zigome (*t. de chir.*), *etc. Voyez les autres aux initiales par* z. |

FIN DES INTERMÉDIAIRES ET FINALES.

# LISTE ALPHABÉTIQUE

# DES NOMS COMPOSÉS

## QUI SONT RÉUNIS PAR DES *TRAITS D'UNION* (1).

*Nota.* Le VERBE et la PRÉPOSITION y restent invariables; mais on indique dans la petite colonne du *pluriel*, le nombre de mots qui prennent *un S* au pluriel.

| SINGULIER. | PLURIEL. | SINGULIER. | PLURIEL. |
|---|---|---|---|
| Abat-faim, *m.* | invar. | Arrière-point, *m.* | d$^{er}$ var. |
| Abat-foin, *m.* | invar. | Arrière-saison, *f.* | d$^{er}$ var. |
| Abat-jour, *m.* | invar. | Arrière-vassal, *etc.* | d$^{er}$ var. |
| Abat-vent, *m.* | invar. | Avale-tout, *etc.* | invar. |
| Abat-voix, *m.* | invar. | Auto-da-fé, *m.* | invar. |
| Aide-de-camp, *m.* | 1$^{er}$ var. | Avant-bec, *m.* | d$^{er}$ var. |
| Aigre-douce, *f.* | d$^{er}$ var. | Avant-bras, *m.* | invar. |
| Aigue-marine, *f.* | 2 var. | Avant-corps, *m.* | invar. |
| Appui-main, *m.* | 1$^{er}$ var. | Avant-cour, *f.* | d$^{er}$ var. |
| Après-demain, *m.* | invar. | Avant-coureur, *m.* | d$^{er}$ var. |
| Après-dînée, *f.* | d$^{er}$ var. | Avant-courrière, *f.* | d$^{er}$ var. |
| Après-midi, *f.* | invar. | Avant-dernier, *m.* | d$^{er}$ var. |
| Après-soupée, *f.* | d$^{er}$ var. | Avant-dernière, *f.* | d$^{er}$ var. |
| Arc-boutant, *m.* | 2 var. | Avant-duc, *m.* (*t. d'architecture*). | d$^{er}$ var. |
| Arc-doubleau, *m.* | 2 var. | Avant-faire-droit, *m.* (*t. de palais*). | invar. |
| Arc-en-ciel, *m.* | 1$^{er}$ var. | | |
| Arrière-ban, *m.* | invar. | Avant-fosse, *f.* | d$^{er}$ var. |
| Arrière-boutique, *f.* | d$^{er}$ var. | Avant-garde, *f.* | d$^{er}$ var. |
| Arrière-corps, *m.* | invar. | Avant-goût, *m.* | d$^{er}$ var. |
| Arrière-garde, *f.* | d$^{er}$ var. | Avant-hier, *adv.* | invar. |
| Arrière-goût, *m.* | d$^{er}$ var. ou inv. | Avant-main, *m.* | d$^{er}$ var. |
| Arrière-ligne, *f.* | d$^{er}$ var. | Avant-mur, *m.* | d$^{er}$ var. |
| Arrière-main, *f.* | d$^{er}$ var. | Avant-pied, *m.* | d$^{er}$ var. |
| Arrière-neveu, *m.* | d$^{er}$ var. | Avant-pieu, *m.* | d$^{er}$ var. |
| Arrière-nièce, *f.* | d$^{er}$ var. | Avant-propos, *m.* | invar. |
| Arrière-petit-fils, *m.* | *petit* var. | Avant-quart, *m.* | d$^{er}$ var. |
| Arrière-petite-fille, *f.* | 2 d$^{ers}$ var. | Avant-scène, *f.* | d$^{er}$ var. |
| | | Avant-toit, *m.* | d$^{er}$ var. |
| Arrière-pensée, *f.* | d$^{er}$ var. | Avant-train, *m.* | d$^{er}$ var. |

(1) (-)Puisque les noms: *bienfait, bonheur, bonhomme, contrefaçon, contrescarpe, embonpoint, entregent, passavant, pissenlit, surtout, surjet, surfaix*, et tant d'autres, ne font plus qu'un seul mot, ne serait-il pas à désirer que l'on ôtât les traits d'union pour réunir en un seul mot les *autres composés*, lorsque la contraction n'en change pas la prononciation?

| SINGULIER. | PLURIEL. |
|---|---|
| Avant-veille , *f.* . . . . . | der var. |
| Ave-maria , *m.* . . . . . | invar. |
| Ayant-cause. . . . . . . | invar. |
| Ayant-droit. . . . . . . | invar. |
| Bain-marie, *m.* . . . . | 1er var. |
| Barbe-de-bouc, *f. b.* . . | 1er var. |
| Barbe-de-capucin , *f. b.* | 1er var. |
| Barbe-de-chèvre, *f. b.* | 1er var. |
| Barbe-de-jupiter , *f. b.* | 1er var. |
| Barbe-de-renard, *f. b.* | 1er var. |
| Barbe-de-moine, *f. b.* . | 1er var. |
| Bas-fonds , *m.* ( *terrain bas* ). . . . . . . . . | invar. |
| Bas-relief, *m.* . . . . . . | der var. |
| Bas-ventre , *m.* . . . . . | der var. |
| Basse-contre, *f.* . . . . | 1er var. |
| Basse-cour, *f.* . . . . . | 2 var. |
| Basse-fosse, *f.* . . . . . | 2 var. |
| Basse-lisse , *f.* . . . . . | 2 var. |
| Basse-taille, *f.* . . . . . | 2 var. |
| Basse-voile, *f.* . . . . . | 2 var. |
| Beau-fils , *m.* . . . . . . | 1er var. |
| Beau-frère, *m.* . . . . . | 2 var. |
| Beau-père, *m.* . . . . . . | 2 var. |
| Bec-d'âne ( *outil* ). *m.* . | 1er var. |
| Bec-de-cane, *m.* . . . . | 1er var. |
| Bec-de-corbin, *m.* . . . | 1er var. |
| Bec-de-grue , *m.* . . . . | 1er var. |
| Bec-figue , *m.* . . . . . . | der var. |
| Belle-dame , *f. b.* . . . . | 2 var. |
| Belle-de-jour, *f. b.* . . . | 1er var. |
| Belle-de-nuit, *f. b.* . . . | 1er var. |
| Belle-fille, *f.* . . . . . . | 2 var. |
| Belle-mère, *f.* . . . . . . | 2 var. |
| Belle-sœur, *f.* . . . . . . | 2 var. |
| Bien-dire, *m.* . . . . . . | invar. |
| Bien-être, *m.* . . . . . . | invar. |
| Blanc-bec, *m.* . . . . . . | var. *ou* invar. |
| Blanc-de-baleine, *m.* . | 1er var. |
| Blanc-manger, *m. b.* . . | invar. |
| Blanc-seing, *m.* . . . . . | der var. |
| Blanc-signé , *m.* . . . . . | der var. |
| Bon-chrétien ( *fruit* ). . | 2 var. |
| Bon-henri ( *fruit* ). . . | 2 var. |
| Bonne-aventure , *f.* . . . | 2 var. |
| Bonne-fortune, *f.* . . . | 2 var. |

| SINGULIER. | PLURIEL. |
|---|---|
| Bouche-trou, *m.* . . . . . | der var. |
| Bout-avant, *m.* . . . . . | 1er var. |
| Bout-d'aile, *m.* . . . . . . | 1er var. |
| Boute-en-train. . . . . | invar. |
| Bout-tout-cuire. . . . . | invar. |
| Boute-feu. . . . . . . . | invar. |
| Boute-lof, *m.* ( *t. de mar.* ). | 1er var. |
| Bout-rimé , *m.* . . . . . . | 2 var. |
| Branche-ursine , *f. b.* . . | 2 var. |
| Brèche-dents. . . . . . | invar. |
| Brise-cou, *m.* . . . . . . | invar. |
| Brise-glace , *m* . . . . . | invar. |
| Brise-raison, *m.* . . . . | invar. |
| Brise-scellé , *m.* . . . . . . | der var. *ou* inv. |
| Brise-tout. . . . . . . . | invar. |
| Brise-vent, *m.* . . . . . . | invar. |
| Brûle-tout, *m.* . . . . . . | invar. |
| Caille-lait , *m.* . . . . . . . | der var. *ou* inv. |
| Caillot-rosat, *m. b.* . . . . | 2 var. |
| Carême-prenant, *m.* . . . | invar. |
| Casse-cou, *m.* . . . . . . | invar. |
| Casse-tête , *m.* . . . . . . | invar. |
| Casse-cul , *m.* . . . . . . | invar. |
| Casse-motte, *m.* . . . . | invar. |
| Casse-noisettes , *m.* . . . | invar. |
| Casse-noix, *m.* . . . . . | invar. |
| *Un* cent-suisse, *m.* . . . | der var. |
| *ou un* cent-suisses, *m.* | invar. |
| Cerf-volant , *m.* . . . . . | 2 var. |
| Char-à-banc , *m.* . . . . . | 1er var. |
| ( *mais banc prend* s, *s'il y a plusieurs bancs au char* ). | |
| *Les* champs-élysées. . . | invar. |
| Chauffe-pieds , *m.* . . . | invar. |
| Chasse-chien , *m.* . . . | invar. |
| Chasse-coquin, *m.* . . . | der var. |
| Chasse-cousin ( *fleuret* ). | der var. |
| Chasse-marée, *m.* . . . | invar. |
| Chasse-mouches, *m.* . . | invar. |
| Chasse-poignée, *m.* . . | invar. |
| Chat-huant, *m.* . . . . . | 2 var. |
| Chauffe-cire, *m.* . . . . . | invar. |
| Chauffe-lit, *m.* . . . . . | invar. |
| Chausse-pied , *m.* . . . | invar. |
| Chauve-souris , *f.* . . . . | invar. |
| Chef-d'œuvre , *m.* . . . . | 1er var. |

| SINGULIER. | PLURIEL. | SINGULIER. | PLURIEL. |
|---|---|---|---|
| Chef-lieu, *m.* . . . . . | 2 var. | Contre-mine, *f.* . . . . | der var. |
| *Un* chevaux-légers. . . | | Contre-mur, *m.* . . . . . | der var. |
| Chèvre-feuille, *m.* . . . | der var. | Contre-ordre, *m.* . . . | der var. |
| Chien-loup, *m.* . . . . | 2 var. | Contre-pal, *m. (t. de bla-* | |
| Chien-marin, *m.* . . . . | 2 var. | *son*). . . . . . . . . . | der var. |
| Chou-fleur, *m.* . . . . | 2 var. | Contre-partie, *f.* . . . | der var. |
| Chou-navet, *m.* . . . . | 2 var. | Contre-police, *f.* . . . | der var. |
| Chou-rave, *m.* . . . . . | 2 var. | Contre-poinçon, *m.* . . . | der var. |
| Ciel-de-lit, *m.* . . . . . | 1er var. | Contre-point, *m.* . . . | der var. |
| Ciel-de-tableau, *m.* . . | 1er var. | Contre-poison, *m.* . . . | der var. |
| Clair-semé, *adj.* . . . . | der var. | Contre-porte, *f.* . . . . | der var. |
| Claire-voie, *f.* . . . . . | 2 var. | Contre-révolution, *f.* . . | der var. |
| Claque-oreilles, *m.* . . | invar. | Contre-révolutionnaire. | der var. |
| Clin-d'œil, *m.* . . . . . | 1er var. | Contre-ronde, *f.* . . . . | der var. |
| Co-associé, *adj. et n.*. | der var. | Contre-ruse, *f.* . . . . | der var. |
| Co-état, *m.* . . . . . . | der var. | Contre-scel, *m.* . . . . . | der var. |
| Co-évêque, *m.* . . . . | der var. | Contre-sens, *m.* . . . . . | invar. |
| Co-légataire, *etc.* . . . | der var. | Contre-temps, *m.* . . . . | invar. |
| Colin-maillard, *m.* . . . . . | 2 var. *ou* inv. | Contre-vérité, *etc.* . . . | der var. |
| Contre-allée, *f.* . . . . | der var. | Co-propriétaire. . . . . | der var. |
| Contre-amiral, *m.* . . | 'der var. | Co-religionnaire. . . . | der var. |
| Contre-appel, *m.* . . . | der var. | Coq-à-l'âne, *m.* . . . . . | invar. |
| Contre-approches, *n. f.* | | Cordon-bleu, *m.* . . . . | 2 var. |
| *pl.* . . . . . . . . . . | invar. | Corps-de-garde, *m.* . . . | invar. |
| Contre-basse, *f.* . . . . | der var. | Corps-de-logis, *m.* . . . | invar. |
| Contre-batterie, *f.* . . | der var. | Cou-de-pied *ou* coude- | 1er var. |
| Contre-charge, *f.* . . . | der var. | pied, *m.* . . . . . . . . | |
| Contre-chevron, *m.* . . | der var. | Coupe-gorge, *m.* . . . | invar. |
| Contre-clef, *f.* . . . . . | der var. | Coupe-jarret, *m.* . . . . | der var. |
| Contre-cœur, *m.* . . . . | der var. | Coupe-pâte, *m.* . . . . . | invar. |
| Contre-coup, *m.* . . . . | der var. | Coupe-tête, *m. (jeu)*.. . | invar. |
| Contre-danse, *f.* . . . . | der var. | Court-bouillon, *m.* . . . | 2 var. |
| Contre-échange, *f.* . . . | der var. | Courte-botte, *m. (petit* | |
| Contre-enquête, *f.* . . . | der var. | *homme*). . . . . . . . . | 2 var. |
| Contre-épreuve, *f.* . . . | der var. | Courte-paille, *f.* . . . . | 2 var. |
| Contre-espalier, *m.* . . | der var. | Courte-pointe, *f.* . . . . | 2 var. |
| Contre-fenêtre, *f.* . . . | der var. | Couvre-chef, *m.* . . . . . | invar. |
| Contre-fente, *f.* . . . . | der var. | Couvre-feu, *m.* . . . . . | invar. |
| Contre-finesse, *f.* . . . | der var. | Couvre-pieds, *m.* . . . . | invar. |
| Contre-fort, *m.* . . . . . | der var. | Crève-cœur, *m.* . . . . . | invar. |
| Contre-fugue, *f.* . . . . | der var. | Cric-crac, *m.* . . . . . | invar. |
| Contre-jour, *m.* . . . . | invar. | Croc-en-jambe, *m.* . . . | der var. |
| Contre-lettre, *f.* . . . . | der var. | Croque-notes. . . . . . | invar. |
| Contre-maître, *m.* . . | der var. | Cul-de-jatte, *m.* . . . . | 1er var. |
| Contre-marche, *f.* . . . | der var. | Cul-de-basse-fosse (*ca-* | |
| Contre-marée, *f.* . . . | der var. | *chot* ). . . . . . . . . | 1er var. |
| Contre-marque, *f.* . . . | der var. | Cul-de-lampe, *m.* ( *t.* | |
| | | *d'impr.*). . . . . . . . | 1er var. |

| SINGULIER. | PLURIEL. |
|---|---|
| Cul-de-sac, *m. (impasse)*. | 1er var. |
| Cure-oreilles , *m.* .... | invar. |
| Cure-dents , *m.* .... | invar. |
| Dame-jeanne, *f.* .... | 2 var. |
| Demi-aune , *f.* ..... | der var. |
| Demi-bouteille, *f.* ... | der var. |
| Demi-dieu, *m.* ..... | der var. |
| Demi-douzaine, *f.* .... | der var. |
| Demi-heure, *f.* ..... | der var. |
| Demi-pièce , *f.* ..... | der var. |
| Demi-quart. ...... | der var. |
| Demi-quarteron , *etc.* . | der var. |
| Doit-et-avoir, *n. m.* ... | invar. |
| Double-feuille , *f.* .... | 2 var. |
| Double-fleur, *f. b.* ... | 2 var. |
| Eau-de-vie, *f.* ..... | 1er var. |
| Eau-forte, *f.* ....... | 2 var. |
| Écoute-s'il-pleut , *m.* | invar. |
| Entr'actes, *m.* (sans -).. | invar. |
| Entre-colonnes, *m.* .. | invar. |
| Entre-côtes , *m.* .... | invar. |
| Entre-deux, *m.* ..... | invar. |
| Entre-lignes , *f.* .... | invar. |
| Entre-sourcils, *m.* ... | invar. |
| Entre-sol, *m.* ....... | invar. |
| *ou* entresol....... | s *final.* |
| Épine-vinette , *f.* ... | 2 var. |
| Essuie-mains, *m.* .... | invar. |
| État-major, *m.* .... | 2 var. |
| Ex-employé, *etc.*..... | der var. |
| Ex-voto. ........ | invar. |
| Fausse-braie, *f.* .... | 2 var. |
| Faux-fuyant, *m.* .... | der var. |
| Fesse-cahier, *m. (mauvais copiste )*. .... | invar. |
| Fesse-mathieu, *m.* .... | invar. |
| Fête-Dieu, *f.* ..... | 1er var. |
| Fier-à-bras. ...... | invar. |
| Folle-enchère , *f.* ... | 2 var. |
| Fouille-au-pot. .... | invar. |
| Fourmi-lion, *m.* .... | 2 var. |
| Franc-aleu, *m.* ..... | 2 var. |
| Franc-maçon, *m.* ... | 2 var. |
| Franc-maçonnerie, *f.* . | der var. |
| Franc-réal, *m. b.* .... | 2 var. |

| SINGULIER. | PLURIEL. |
|---|---|
| Fripe-sauce. ...... | invar. |
| Gagne-denier. ..... | invar. |
| Gagne-pain , *m.* .... | invar. |
| Gagne-petit. ...... | invar. |
| GARDE *doit prendre un s en parlant de plusieurs hommes :* | |
| Garde-champêtre , *m.* . | 2 var. |
| Garde-chassé, *m.* .... | 1er var. |
| Garde-côtes, *m.* ..... | 1er var. |
| Garde-forestier, *m.* .. | 2 var. |
| Garde-magasin , *m.* .. | 2 var. |
| Garde-magasin, *m. (mauvaise marchandise )*. , | invar. |
| Garde-malade. ..... | 2 var. |
| Garde-marine, *m.* .... | 1er var. |
| Garde-marteau , *m.* ... | 1er var. |
| Garde - française*, *m. et f.* ........ | 2 var. |
| Garde-nationale*, *f.* ... | 2 var. |
| Garde-national*, *m.*.. | 2 var. |
| Garde-royale*, *f.* .... | 2 var. |
| Garde-royal, *etc., m.*.. . | 2 var, |
| Garde-du-corps, *m.* .. | 1er var. |
| Garde-vente , *m.* .... | 1er var. |
| GARDE *est invariable en parlant des choses :* | |
| Garde - boutique , *m.* ( *mauvaise marchandise*)........... | invar. |
| Garde-feu, *m.* ..... | invar. |
| Garde-fous , *m.* .... | invar. |
| Garde-manger , *m.* ... | invar. |
| Garde-meubles , *m.* .. | invar. |
| Garde-notes, *m.* .... | invar. |
| Garde-robes , *f.* .... | invar. |
| Garde-vaisselle, *m.* ... | invar. |
| Garde-vue , *m.* .... | invar. |
| Gâte-métier, *m.* .... | invar. |
| Gâte-pâte, *m.* ...... | invar. |
| Gâte-sauce. ...... | invar. |
| Gobe-mouches. .... | invar. |
| Gomme-gutte , *f.* ... | 2 var. |
| Gomme-résine, *f.* ... | 2 var. |
| Goutte-crampe, *f.* ... | 2 var. |
| Grand-maître, *m.* .... | 2 var. |
| Grand'-mère , *f.* .... | der var. |

| SINGULIER. | PLURIEL. | SINGULIER. | PLURIEL. |
|---|---|---|---|
| Grand'messe, *n. f.* (*sans trait d'union*). . . . | d^er var. | Loup-cervier, *m.* . . . | 2 var. |
| Grand-oncle, *m.* . . . | 2 var. | Loup-garou, *m.* . . . . | 2 var. |
| Grand-père, *m.* . . . . | 2 var. | Loup-marin, *m.* . . . . | 2 var. |
| Grand'-tante, *f.* . . . . | d^er var. | | |
| Gras-double, *m.* . . . . | d^er var. | Main-levée, *f.* . . . . . | 2 var. |
| Gratte-cul, *m.* (*nèfle*). | invar. | Mal-aise, *m.* . . . . . . | invar. |
| Grippe-sou. . . . . . | invar. | ou malaise. . . . . . . | d^er var. |
| Gros-blanc, *m.* (*mastic*). | d^er var. | Mal-être, *m.* . . . . . | invar. |
| Gros-texte, *m.* (*t. d'im-pr.*). . . . . . . . . . | d^er var. | Maître-ès-arts, *etc.* . . | 1^er var. |
| Guet-à-pens, *m.* . . . . | 1^er var. | Martin-sec, *m. b.* . . . | 2 var. |
| | | Messire-jean, *m. b.* . . | 2 var. |
| Hausse-col, *m.* . . . . . | invar. | Meurt-de-faim. . . . . | invar. |
| Haut-à-bras, *m.* . . . . | invar. | Mezzo-termine, *m.* (*t. de musique*). . . . . . | invar. |
| Haut-bord, *m.* . . . . | 2 var. | Mi-août, *f.* (*pron.* oût.) | invar. |
| Haute-contre, *f.* . . . . | 1^er var. | Mi-carême, *f.* . . . . . | invar. |
| Haut-de-chausses, *m.* . . | 1^er var. | A mi-jambe (*loc.*). . . | d^er var. |
| Haut-le-corps, *m.* . . . | invar. | Mi-janvier, *f.*, *etc.* . . | invar. |
| Haut-le-pied, *m.* . . . . | invar. | Mille-feuilles, *f. b.* . . . | invar. |
| Haut-mal, *m.* . . . . . | invar. | Mille-fleurs, *f. b.* . . . | invar. |
| Haute-cour, *f.* . . . . . | 2 var. | Mouille-bouche, *f. b.* . . | invar. |
| Haute-justice, *f.* . . . . | 2 var. | | |
| Haute-lice, *f.* . . . . . | 2 var. | Nerf-ferrure, *f.* (*t. de maréchal*). . . . . . . | d^er var. |
| Haute-licier, *m.* . . . . | d^er var. | Non-paiement, *m.* . . . | d^er var. |
| Haute-futaie, *f.* . . . . | 2 var. | Non-valeur, *etc.*, *f.* . . | d^er var. |
| Haute-paie, *f.* . . . . . | 2 var. | Nu-jambes. . . . . . . | invar. |
| Haute-taille, *f.* . . . . . | 2 var. | Nu-pieds. . . . . . . . | invar. |
| Hors-d'œuvre, *m.* . . . | invar. | Nu-tête. . . . . . . . . | invar. |
| Hôtel-Dieu, *m.* . . . . | 1^er var. | | |
| | | OEil-de-bœuf, *m.* . . . | 1^er var. |
| In-folio, *m.* . . . . . . | invar. | Ortie-grièche, *f.* . . . . | 2 var. |
| In-quarto, *m.* . . . . . | invar. | Ouï-dire, *m.* . . . . . . | invar. |
| In-douze, *m.* . . . . . | invar. | | |
| In-huit, *m.* . . . . . . | invar. | Pain-de-coucou, *m.* . . . | 1^er var. |
| In-octavo, *m.* . . . . . | invar. | Pain-de-pourceau, *m.* . . | 1^er var. |
| In-seize, *m.* . . . . . . | invar. | Passe-avant. . . . . . . | invar. |
| In-dix-huit, *m.* . . . . | invar. | ou passavant. . . . . . | s *final.* |
| In-trente-deux, *etc.* . . | invar. | Passe-debout, *m.* . . . . | invar. |
| | | Passe-dix, *m.* . . . . . | invar. |
| Jet-d'eau. . . . . . . | 1^er var. | Passe-droit, *m.* . . . . . | invar. |
| | | Passe-parole, *m.* . . . . . | d^er var. ou inv. |
| Les jeunes-gens*, *m.* (*garçons*). . . . . . . | invar. | Passe-partout, *m.* . . . | invar. |
| Laissez-passer, *m.* . . . | invar. | ou passepartout, *m.* . . . | s *final.* |
| Lave-mains, *m.*, ou lave-main (s *au pl.*). . . . | invar. | Passe-passe, *m.* . . . . . | invar. |
| Laurier-rose, *m.* . . . . | 2 var. | Passe-pied, *m.* . . . . . | invar. |
| | | Passe-poil, *m.* . . . . . . | invar. |

| SINGULIER. | PLURIEL. | SINGULIER. | PLURIEL. |
|---|---|---|---|
| Passe-port , *m.* . . . . | d<sup>er</sup> var. | Porte-balle , *m.* . . . . | invar. |
| *ou* passeport. . . . . | s *final.* | Porte-chape ; *etc.* , *m.* . . | invar. |
| Passe-temps , *m.* . . . . | invar. | Porte-drapeau , *m.* . . | invar. |
| Passe-velours , *m.* . . . | invar. | Porte-crayon. . . . . . | invar. |
| Pater-noster , *m.* . . . | invar. | Porte-enseigne , *m.* , *etc.* | invar. |
| Perce-neige , *f. b.* . . . | invar. | Porte-feuille , *m.* . . . | d<sup>er</sup> var. |
| Perce-oreilles , *m.* . . . | invar. | Porte-manteau , *m.* . . | d<sup>er</sup> var. |
| Pèse-liqueurs , *m.* . . . | invar. | Porte-malheur , *m.* . . . | invar. |
| Petit-lait, *m.* . . . . . . | 2 var. | Porte-huilier , *m.* . . . | invar. |
| Petit-maître , *m.* . . . . | 2 var. | Porte-mouchettes , *m.* . . | invar. |
| Petite-maîtresse , *f.* . . | 2 var. | Porte-mousqueton , *m.* | invar. |
| Petit-neveu , *m.* . . . . | 2 var. | Porte-respect , *m.* . . . . | invar. |
| Petite-nièce , *f.* . . . . | 2 var. | Porte-vent , *m.* . . . . | invar. |
| Petit-pâté , *m.* . . . . . | 2 var. | Porte-verge *ou* porte- | |
| Petit-texte , *m.* . . . . . | 2 var. | baleine ( *bedeau* ), *m.* | invar. |
| Pied-à-terre , *m.* . . . . | invar. | Porte-faix , *m.* . . . . . | invar. |
| Pied-bot , *m.* . . . . . . | 2 var. | Porte-voix , *m.* . . . . . | invar. |
| Pied-d'alouette , *m.* . . | 1<sup>er</sup> var. | Post-scriptum , *m.* . . . | invar. |
| Pied-de-biche , *m.* . . . | 1<sup>er</sup> var. | Pot-à-fleur , *m.* . . . . | 2 var. |
| Pied-de-bœuf , *m.* ( *jeu* | | Pot-au-feu , *m.* . . . . | 1<sup>er</sup> var. |
| *d'enfant* ). . . . . . | invar. | Pot-de-vin , *m.* . . . . | 1<sup>er</sup> var. |
| Pied-de-chat, *m. b.*. . . | 1<sup>er</sup> var. | Pot-pourri , *m.* . . . . | 2 var. |
| Pied-de-cheval ( *huître* ). | 1<sup>er</sup> var. | Pour-boire , *m.* . . . . | invar. |
| Pied-de-chèvre , *m.* . . | 1<sup>er</sup> var. | Pousse-cul , *m.* . . . . | invar. |
| Pied-de-mouche , *m.* . . | 1<sup>er</sup> var. | Pousse-pieds , *m.* . . . | invar. |
| Pied-droit ( *t. d'archit.* ). | 2 var. | Prie-Dieu , *m.* . . . . . | invar. |
| Pied-de-roi ( *mesure de* | | Prud'homme ( *sans trait* | |
| 12 *pouces* ). . . . . . | 1<sup>er</sup> var. | *d'union* ). . . . . . . . | d<sup>er</sup> var. |
| Pied-fort , *m.* ( *modèle* | | | |
| *de monnaie* ). . . . . | 2 var. | Quatre-yeux*, *n. m.* . . | invar. |
| Pied-plat , *m.* . . . . . | 2 var. | Quasi-contrat , *m.* . . . | d<sup>er</sup> var. |
| Pied-poudreux , *m.* . . | 1<sup>er</sup> var. | Quasi-délit , *m.* . . . . | d<sup>er</sup> var. |
| Pie-grièche , *f.* . . . . . | 2 var. | Quartier-maître , *m.* . . | 2 var. |
| Pince-maille ( *avare* ). . | invar. | Quartier-mestre , *m.* . . | invar. |
| Pince-sans-rire. . . . . | invar. | Qu'en-dira-t-on ( *loc.* ). . | invar. |
| Pique-assiette , *n.* . . . | d<sup>er</sup> var. | Quatre-vingts* ans, *etc.*. | invar. |
| Pique-nique , *m.* . . . . | invar. | Quatre-vingt-un , *etc.* . | invar. |
| Plain-chant , *m.* . . . . | 2 var. | *Un* quinze-vingts , *m.* . | invar. |
| Plat-bord , *m.* . . . . . | 2 var. | Qui-va-là ( *loc.* ). . . . | invar. |
| Plate-bande , *f.* . . . . | 2 var. | | |
| Plate-forme , *f.* . . . . | 2 var. | Rabat-joie. . . . . . . | invar. |
| Plat-pied , *m.* . . . . . | 2 var. | Reine-claude , *f. b.* . . | 2 var. |
| Pleure-misère. . . . . . | invar. | Relève - moustache , *m.* | |
| Pont-neuf , *m.* . . . . . | 2 var. | ( *pince d'émailleur* ). . | invar. |
| Pont-levis , *m.* . . . . . | 1<sup>er</sup> var. | Relève-quartier , *m.* . . | invar. |
| Porc-épics , *m.* . . . . | 1<sup>er</sup> var. | Remue-ménage. . . . . | invar. |
| Porte-clefs. . . . . . . | invar. | Rez-de-chaussée , *m.* . . | invar. |
| Porte - aiguille , *m.* . . | d<sup>er</sup> var. | Réveille-matin , *m.* . . | invar. |
| *ou* porte - aiguilles.. . | invar. | Revenant-bon , *m.* . . . | invar. |

| SINGULIER. | PLURIEL. | SINGULIER. | PLURIEL. |
|---|---|---|---|
| Rose-croix , *m.* . . . . . | invar. | Taille-douce, *f.* . . . . | 2 var. |
| Rouge-gorge, *m.* . . . . | var. *ou* invar. | Tâte-vin, *m.* . . . . . . | invar. |
| | | Taupe-grillon, *m.* . . . | var. |
| | | Te-deum, *m.* . . . . . . | invar. |
| Sage-femme, *f.* . . . . | 2 var. | Terre-noix, *f. b.* . . . . | invar. |
| Saint-Augustin, *m.* ( *ca-* | | Terre-plein, *m.* . . . . | d<sup>er</sup> var. |
| *ractère d'imp.* ). . . . | 2 var. | Tête-à-tête , *m.* . . . . | invar. |
| Sainte-Barbe , *f.* . . . . | 2 var. | Tic-tac , *m.* . . . . . . | invar. |
| Sang-de-dragon, *m.* . . . | 1<sup>er</sup> var. | Tire-balle, *m.* . . . . . | d<sup>er</sup> var. |
| Sauf-conduit , *m.* . . . | 2 var. | Tire-botte, *m.* . . . . . | d<sup>er</sup> var. |
| Savoir-faire, *m.* . . . . . | invar. | Tire-bouchon, *m.* . . . | invar. |
| Savoir-vivre, *m.* . . . . | invar. | Tire-bourre , *m.* . . . . | invar. |
| Semi-double , *n. f. et* | | Tire-boutons, *m.* . . . | invar. |
| *adj. des 2 genres.* . . . | d<sup>er</sup> var. | Tire-fond, *m.* . . . . . | invar. |
| Semi-pension, *f.* . . . . | d<sup>er</sup> var. | Tire-ligne, *m.* . . . . . | invar. |
| Semi-preuve , *f.* . . . . | d<sup>er</sup> var. | Tire-moelle , *m.* . . . . | invar. |
| Semi-ton , *etc.* . . . . . . | d<sup>er</sup> var. | Tire-pied , *m.* . . . . . | invar. |
| Sénatus-consulte, *m.* . . | d<sup>er</sup> var. | Tire-lire , *f.* . . . . . . | invar. |
| Sergent-major, *m.* . . . | 2 var. | Tire-liard. . . . . . . . | invar. |
| Serre-file , *m.* . . . . . . | invar. | Tire-laisse, *m.* . . . . . | invar. |
| Serre-papiers , *m.* . . . | invar. | Tire-larigot , *adv.* . . . | invar. |
| Serre-tête, *m.* . . . . . | invar. | Tireur-d'or , *m.* . . . . | 1<sup>er</sup> var. |
| Serre-point, *m.* . . . . . | invar. | Tourne-feuillets. . . . . | invar. |
| Soi-disant. . . . . . . . | invar. | Tout-Puissant, *n.* (Dieu). | *sans* pl. |
| *ou* soidisant. . . . . . | var. | Toute-bonne, *f. b.* . . . | d<sup>er</sup> var. |
| Souffre-douleur. . . . . | invar. | Toute-épice, *f. b.* . . . | invar. |
| Sous-arbrisseau, *m.* . . | d<sup>er</sup> var | Toute-saine , *f. b.* . . . | d<sup>er</sup> var. |
| Sous-bail, *m.* . . . . . | d<sup>er</sup> var. | Tou-tou, *m.* . . . . . . | invar. |
| Sous-diacre, *m.* . . . . | d<sup>er</sup> var. | *ou* toutou ( *petit chien* ). | *s final.* |
| Sous-chef, *m.* . . . . . | d<sup>er</sup> var. | Tout-ou-rien ( *t. d'horlo-* | |
| Sous-entendu, *m.*, *etc.* | d<sup>er</sup> var. | *gerie* ). . . . . . . . | invar. |
| Sous-lieutenant, *m.* . . | d<sup>er</sup> var. | Tranche-lard , *m.* . . . | invar. |
| Sous-fermier , *m.* . . . | d<sup>er</sup> var. | Trente-et-un , *m.* . . . | invar. |
| Sous-locataire. . . . . . | d<sup>er</sup> var. | Tripe-madame, *f. b.* . . | 1<sup>er</sup> var. |
| Sous-maître. . . . . . . | d<sup>er</sup> var. | Trompe-l'œil, *m.* . . . . | invar. |
| Sous-maîtresse. . . . . | d<sup>er</sup> var. | Trou-madame , *m.* . . . | 1<sup>er</sup> var. |
| Sous-multiple. . . . . . | d<sup>er</sup> var. | Trouble-fête. . . . . . . | invar. |
| Sous-préfet, *etc.* . . . . | d<sup>er</sup> var. | Tu-autem , *m.* . . . . . | invar. |
| Sous-ordre *ou* sous-or- | | Tue-chien, *m. b.* . . . . | invar. |
| dres. . . . . . . . . . | invar. | | |
| Sous-pied. . . . . . . . | invar. | Vade-mecum, *m.* . . . . | invar. |
| Sous-seing privé. . . . | 2 var. | Va-et-vient, *n. m.* . . . | invar. |
| Sous-ventrière, *f.* . . . | d<sup>er</sup> var. | Va-nu-pieds. . . . . . . | invar. |
| Sur-arbitre , *m.* . . . . | d<sup>er</sup> var. | Va-tout, *m.* . . . . . . . | invar. |
| Sus-dominante, *f.* ( *t. de* | | Veni-mecum. . . . . . . | invar. |
| *musique* ). . . . . . . | var. | Ver-coquin, *m.* . . . . . | 2 var. |
| | | Vert-de-gris , *m.* . . . . | 1<sup>er</sup> var. |
| Tac-tac, *m.* . . . . . . . | invar. | Ver-luisant, *m.* . . . . . | 2 var. |

| SINGULIER. | PLURIEL. | SINGULIER. | PLURIEL. |
|---|---|---|---|
| Ver-à-soie , *m.* . . . . . | 1er var. | Vice-roi , *m.* . . . . . | der var. |
| Vice-amiral , *m.* . . . . . | der var. | Vide-bouteilles , *m.* . . . | invar. |
| Vice-consul , *m.* . . . . . | der var. | Vis-à-vis , *n. m.* ( *sorte* | |
| Vice-gérent , *m.* . . . . . | der var. | *de voiture* ) . . . . . | invar. |
| Vice-légat , *m.* . . . . . | der var. | Vole-au-vent, *m.* (*pâtis-* | |
| Vice-président , *m.* . . | der var. | *serie* ) . . . . . . . . | invar. |
| Vice-reine , *f.* . . . . . | der var. | Volte-face , *n. f.* . . . . | invar. |

FIN DES NOMS COMPOSÉS.

# HOMONYMES

## ET LOCUTIONS PRESQUE HOMONYMES,

OU MOTS QUE L'ON PRONONCE A-PEU-PRÈS DE MÊME, MAIS QU'IL FAUT ÉCRIRE DIFFÉREMMENT.

---

**HOMONYMES.**  **A.**

*A*, sans accent, 3<sup>me</sup> pers. dans le v. *avoir* : il ou elle *a* ; *a-t-il* dit ? *a-t-elle* parlé ? l'*a-t-on* dit ? les *a-t-il* vus ?

*À*, avec l'accent grave, est une préposition : *à* toi, *à* moi, *à* Paris, *à* Versailles, *à-présent*, etc.

*As-tu* ? tu *as*, 2<sup>me</sup> pers. dans le v. *avoir*.

*Ath*, n. m., ville de ce nom dans les Pays-Bas.

*Ah !* cri de douleur ou de surprise, qui fait respirer vivement.

*Ha !* signe de raillerie ou de joie.

*Hâ*, n. m. g., forteresse de ce nom.

---

*Aa*, n. m., rivière de ce nom dans le département du Pas-de-Calais, et t. de chimie.

*Haha*, n. m., ouverture au mur d'un jardin, avec un fossé pour en laisser la vue libre.

*Ah ! ah !* 2 cris involontaires de surprise.

*Ha, ha !* sont 2 cris involontaires, employés en bonne ou en mauvaise part.

*Ha, ha, ha,* éclats de rire brusques.

---

*Abaisse*, n. f., pâte qui fait le fond d'une pâtisserie.

*J'abaisse*, 1<sup>re</sup> pers. sing.
*Abaisses-tu* ? 2<sup>e</sup> pers. sing.
*Abaisse-t-il* ? 3<sup>me</sup> pers. sing.
*Abaissent-ils* ? 3<sup>me</sup> pers. pl. } du v. *abaisser*.

*Abbesse*, n. f., supérieure d'une abbaye ou d'un couvent.

---

*Abaissé*, m., *abaissée*, f., adj. et participe du v. *abaisser*.

*Abaissé-je* présentement ?
*Abaissais-je* tout-à-l'heure ?
*Abaissai-je* avant-hier ?

---

**HOMONYMES.**  **A.**

*Abaissez-vous*, 2<sup>me</sup> pers. pl. dans le v. *abaisser*.

*Abécé*, n. m. C'est l'*abécédaire* ou l'*a-b-c*.

---

*Abat*, n. m. Un *abat-jour*, n. inv., des *abat-jour*.

*Abats-tu* ? 2<sup>e</sup> pers. sing.
*Abat-il* ? 3<sup>me</sup> pers. sing. } verbe *abattre*.

*Aba*, n. m., sorte d'étoffe de laine en Turquie.

*À-bas*, adverbe : *à-bas* la cabale.

*Abas*, n. m., poids de Perse, pour peser les perles.

---

*Abbé*, n. m., supérieur d'une abbaye.

*Abée* ou *bée*, n. f., chûte d'eau sur la roue d'un moulin.

---

*Aboi*, n. m. aboiement, cri d'un chien.

*Abois*, n. m. pl., être aux *abois* ou à l'extrémité.

*Aboies-tu* ? 2<sup>me</sup> pers. sing.
*Aboie-t-il* ? 3<sup>me</sup> pers. sing.
*Aboient-ils* ? 3<sup>me</sup> pers. pl. } dans le v. *aboyer*.

---

*Abord*, n. m., accès.

*À bord*, en 2 mots, signifie au *bord*.

*Abhorres-tu* ? 2<sup>e</sup> pers. sing.
*Abhorre-t-il* ? 3<sup>e</sup> pers. sing.
*Abhorrent-ils* ? 3<sup>e</sup> pers. pl. } du v. *abhorrer*.

---

*Acampte*, adj., qui ne réfléchit pas la lumière.

*Acanthe*, n. f. b., plante de ce nom.

---

*Accenser*, v. donner ou prendre à cens, louer,

*Accenser*, v., réunir un bien ou une propriété à une autre.

*Accompli*, m., *accomplie*, f., adj. et participe.
*Accomplis*-tu? 2ᵉ pers. sing. 
*Accomplit*-il? 3ᵉ pers. sing. } v. *accomplir*.
Qu'il *accomplît*, imparfait 
　du subj.
*À complies*, à, préposition: *complies*, n. f.
　pl. (*le dernier office après vépres*.)

*Accord*, n. m., union.
*Accort*, *accorte*, adj., complaisant ( vieux
　mot ).
*Accore*, n. m., étai. (du v. *accorer*, étayer).
*Achores*, n. m. pl., petits ulcères.
*À cor et à cri* ( locution ).
*À corps* perdu ( locution ).

*Accoté*, m., *accotée*, f., adj. et part. du v. *ac-
　coter* ( appuyer ).
*À côté* de... ( près de ), locution prépositive.

*Accueil*, n. m., réception, ou bonne ou
　mauvaise.
*J'accueille*, 1ʳᵉ pers. sing. 
*Accueilles*-tu? 2ᵉ pers. sing. } dans le v.
*Accueille*-t-il? 3ᵉ pers. sing. } *accueillir*.
*Accueillent*-ils? 3ᵉ pers. pl. 
*Accueille*-les, impératif.

*Ache*, n. f. b., céleri ou persil sauvage.
*Hache*, n. f., cognée pour fendre le bois.
*Haches*-tu? *hache*-t-on? ils *hachent*, v.
　*hacher*.

*Acier*, n. m., fer trempé.
*À scier*, pour *scier*, ou pour être *scié*.
*Assieds*-tu? 2ᵉ pers. sing. } v. *asseoir*.
*Assied*-elle? 3ᵉ pers. sing. 
*Assieds*-toi? *s'assied*-elle? v. *s'asseoir*. On
　dit au subj. que j'*asseie*, que tu *asseies*.

*Acquérons* présentement. 
*Acquerrons*-nous demain? } v. *acquérir*.
　( son dur ). 
*Achéron*, n. m., l'un des 4 fleuves fabuleux
　de l'enfer. ( On y pron. plus ordi-
　nairement le *ch* doux. )

*Acquét*, n. m., chose acquise.
*Haquet*, n. m., espèce de petite charrette.

*Achores*. Voyez ACCORD.

*Acquis*, m., *acquise*, f., adj. et part. du v.
　*acquérir*.
*Acquit*, n. m., quittance : mettez-y votre
　*acquit*.
*Acquis*-tu? 2ᵉ pers. sing. } du v. *acquérir*.
*Acquit*-elle? 3ᵉ pers. sing. 
*Aqui*, ville de ce nom.
*À qui*, mis pour auquel, à laquelle, auxquels
　ou auxquelles.



*Acre*, n. m., ville de ce nom, et mesure de
　terre, d'un arpent et demi.
*Âcre*, adj., piquant au goût.

*Adhérent*, n. m., partisan; au f., *adhérente*.
*Adhérant*, consentant, part. inv. du verbe
　*adhérer*.

*Adieu*, n. m. sing., je te fais mes *adieux*.
*À Dieu*, en deux mots : *à*, prép., *Dieu*, n. m.
*Ah! Dieu*, double expression de surprise.

*Admis*, m., *admise*, f., adj. et participe.
*Admit*-il? *admit*-elle? 3ᵉ pers., v. *admettre*.
*À-demi*, adv., à moitié : *à-demi* savant.

*Ados*, n. m., terrain en talus (t. de jardinage).
*À dos*; il est monté *à dos*, c'est-à-dire, sans
　selle.

*Affaire*, n. f., occupation, procès, etc.; j'ai
　affaire à... je suis *affairé*...
*À faire* ou pour *faire* : j'ai *à faire* cela.

*Affluant*, participe du v. *affluer*.
*Affluent*, n. m. et adj. Se dit d'une rivière qui
　se jette dans une autre.

*Agate*, n. f., pierre précieuse.
*Agathe*, nom de femme.

*Agent*, n. m., *agente*, n. f., qui agit.
*À gens* : à gens soûls ne vous adressez pas.
*Ajan*, g., côte orientale d'Afrique.

*Aggrave*, n. m., censure ecclésiastique.
*Aggraves*-tu? n'*aggrave* pas, 2ᵉ pers. dans le
　v. *aggraver* ( rendre plus grief ).

*Agiau*, n. m., pupître de doreur.
*Agio*, n. m., t. de banquier; différence,
　bénéfice.

*Aï*. Voyez HAÏ.

*Ai*-je? les *ai*-je? vous *ai*-je? 1ʳᵉ pers. dans le
　v. *avoir*.
*Ais*, n. m., planche de clôture.
*Aie*-le, } 2ᵉ pers. dans l'impératif du v. *avoir*.
*Aie*-les, 
Que tu *aies*, qu'il *ait*, *ait*-on, qu'ils *aient*
　( v. *avoir* au subj. ).
*Haie*, n. f., clôture d'épines, et exclamation.
Je *hais*, tu *hais*, il *hait*, *hait*-on? v. *haïr*.
*Eh!* cri de surprise.
*Hé*, hé, hé, rire niais.
*Ès*, prép., bachelier-*ès*-lettres, maître-*ès*-arts.
*Es*-tu? tu *es*, 2ᵉ pers. sing. 
*Est*-ce? *est*-il? *est*-on? *est*-elle? } verbe *être*.
　3ᵉ pers. sing. 
*Et*, conj., vous *et* moi rions; lui *et* elle rient.

*Aide*, n. m., celui qui *aide*; *aide*, n. f., assistance, secours.
*Aides*-tu? *aide*-t-il? *aident*-ils? v. *aider*.

*Aideras*-tu? il *aidera*; *aidera*-t-il? v. *aider*.
*Hédra*, n. f., incision simple des os.

*Aiguayer*, v., passer le linge dans de l'eau claire, baigner les animaux.
*Égayer*, v. réjouir.

*Aigle*, n. m., oiseau de ce nom, et pupitre d'église.
*Aigle*, n. f., enseigne, étendard et constellation.

*Aiguillée*, n. f.: *aiguillée* de fil, de soie, etc.
*Aiguiller*, v., ôter la cataracte de l'œil.
*Aiguillier*, n. m., faiseur d'*aiguilles*, et étui.

*Ail*, n. m., espèce d'oignon; pl. des aulx.
*Ahie!* cri de douleur.
*Aïe*, cri des charretiers, qu'ils prononcent *a-ie*.
Que j'*aille*, que tu *ailles*, qu'ils *aillent*, v. *aller*, au subj.

*Aile*, n. f., ou *aile*, d'oiseau, de moulin, etc.
*Aile*, n. f., sorte de bière anglaise.
*Elle*, pronom f. de la 3e pers. *Elles*, f. pl.

*Ailé*, adj. m., *ailée*, adj. f. (qui a des *ailes*).
*Hélez!* (t. de marine), du v. *héler*, appeler.

*Aimé*-je à-présent? ou est-ce que j'*aime*?
*Aimai*-je hier? v. *aimer*, au prétérit défini.
*Aimais*-je? *aimait*-il? *aimaient*-ils? v. *aimer*, à l'imparfait.

*Aimé*, adj. m., *aimée*, adj. f. sing. et part. du v. *aimer*.
*Aimés*, adj. m. pl., *aimées*, adj. f. pl. et part. du v. *aimer*.
*Aimez* Dieu. L'*aimez*-vous? 2e pers. dans le même v.

*Aime*-t-il? *aimes*-tu? *aiment*-ils? v. *aimer*.
*Hem!* cri pour appeler.
*Edme*, nom propre masc.

*Ain*, rivière et département de ce nom.
*Haim*, n. m., crochet (t. de pêche).

*Aine*, n. f., une des jointures du corps.
*Aisne*, rivière et département de ce nom.
*Haine*, n. f., aversion.

*Aîné*, n. m., *aînée*, f., le plus âgé, la plus âgée.
*Énée*, m., nom d'un ancien prince troyen.

*Air*, n. m., façon: *air* du temps, d'une chanson, etc.
*Aire*, n. f., place: *aire* de vent; l'oiseau fait son *aire*. *Aire*, ville de ce nom.



*Ère*, n. f., époque fixe: l'*ère* chrétienne, etc.
*Erre*, n. f., allure, errement: aller belle *erre*; au figuré: il va grand'*erre*, il dépense trop. Suivre les *erres* de...
*Erres*-tu? *erre*-t-il? *errent*-ils? v. *errer*.
*Ers*, n. m., sorte de pois noir, nommé vesce.
*Haire*, n. f., chemisette de crin.
*Hère*, n. m., terme de mépris: pauvre diable.
*Airer*, v., faire sa place ou son nid.
*Errer*, v. (son dur). Aller çà et là.
*Aérer*, v., donner de l'air, sans homonyme.

*Aisselle*, n. f., creux sous le bras.
*Est-ce elle?* (loc.), est-ce bien *elle?*

*Aissette*, n. f., petite hache, asseau ou asceau.
*Essette*, n. f., petite esse d'une roue.

*Alan*, n. m., gros chien de chasse, et ville de ce nom.
*Aland*, île de ce nom.
*A l'en* croire (loc.), à croire lui ou elle.
*Allant* çà-et-là (cheminant partout), part.
*Halant*, tirant un bateau à soi.
*Hâlant*, desséchant au soleil.

*Alarmé*, *e*, part. du v. *alarmer* (effrayé).
*Alarmé*-je présentement?
*Alarmais*-je tout-à-l'heure? } v. *alarmer*.
*Alarmai*-je hier?
*À l'armée*, pl. aux *armées*.

*À l'eau*. Voyez HALO.

*Alène*, n. f., outil de cordonnier.
*Haleine*, n. f., respiration.
*Halen*, ville d'Autriche.
*À l'aine* sont trois mots dont *aine*, jointure, est le nom.

*Alentour*, adv., et non pas prép. (aux environs); il rejette tout régime.
*Alentours*, n. m. pl., lieux circonvoisins.

*Alèze*, n. f., sorte de bande, ou petite planche.
Il *alèse*, v., *aléser*, redresser.
Il *allèse*, v., agrandir le trou d'un canon.
*À l'aise* (loc. adv.), commodément.

*Alicante*, ville de ce nom.
*Aliquante*, adj. (t. de mathématiques).

*Allaiter*, v., nourrir de lait.
*Allaitèrent*-elles? 3e pers. dans le v.
*Haleter*, v., respirer avec peine.
*Haletèrent*-ils? 3e pers. pl. dans ce v.
Il *altère*, ils *altèrent*, 3e pers. dans le v. *altérer*.

*Allas*-tu? *alla*-t-il? v. *aller*, au prétérit défini.
*Halas*-tu? *hala*-t-il? v. *haler*, tirer à soi.
*Hâla*-t-il? fit-il du *hâle*, v. *hâler* (sécher).

*Allé*, m., *allée*, f., participe du v. *aller*.
*Allée*, n. f., chemin : des contre-*allées*, n. f. pl.
*Halé*, participe du v. *haler*, tirer à soi.
*Hâlé*, m., *hâlée*, f., part. du v. *hâler*, faire du *hâle*.

*Aller*, v. (cheminer).
*Haler*, v., tirer à soi un bateau, etc.
*Haller*, n. m. b., sorte d'arbrisseau, et nom propre.
*Hâler*, v., faire du *hâle*, sécher.
*À l'air*, ou au vent ; être *à l'air*.

*Allier*, rivière et département de ce nom.
*Allier*, v., faire une alliance.
*Hallier*, n. m., buisson, broussailles.
*À lier*, en 2 mots : *à*, prép., et *lier*, v.
*Allié*, n. m., *alliée*, n. f. et adj., parent, uni, confédéré, etc.
Où *alliez*-vous ? 2ᵉ pers. dans le v. *aller*, à l'imparfait.
Ne vous *alliez* pas, v. *allier* (unir), 2ᵉ pers. pl. au prés. de l'ind.
Vous *alliiez*-vous, v. *allier*, à l'imparfait.
*Haliez*-vous ce bateau ? v. *haler*, à l'imparf.
*Hâliez*-vous ? v. *hâler* (dessécher), à l'imparf.

*Allions*-nous ? v. *allier*, au présent ; et v. *aller*, à l'imparfait.
*Alliions*-nous ? v. *allier*, à l'imparfait.
*Halions*-nous ce bateau ? v. *haler* à l'imparfait.
*Hâlions*-nous ? v. *hâler* (dessécher), à l'imparfait.

*Aman*, nom propre d'un homme qui fut pendu par ordre d'Assuérus.
*Amant*, n. m., qui aime.
Saint-*Amand*, pays de ce nom.
*Amman*, n. m., dignité en Suisse.

*Amande*, n. f., fruit d'un *amandier*.
*Amende*, n. f., punition pécuniaire.
T'*amendes*-tu ? s'*amendent*-ils ? v. *amender* (rendre meilleur).

*Amener*, v., faire venir.
*Emmener*, v., faire sortir par force.

*Amen*, invar. Il répond jusqu'à *amen* (jusqu'à la fin).
*Amènes*-tu ? *amène*-t-il ? *amènent*-ils ? v.

*Ami*, n. m., *amie*, f.
*Amict*, n. m., petit linge bénit, à l'usage des prêtres.
*À mi*-jambe, à la moitié d'une jambe.
*À mi*-jambes, à la moitié des deux jambes.
*À mi*-marge, *à la mi*-septembre, *à la mi*-août, etc., locutions où *mi* signifie moitié.
*Ammi*, n. m., plante de ce nom.

*An*, n. m., *année*, n. f. (de 12 mois).
*En*, prép., *en* ville, *en* Italie, *en* deçà.
*En*, pronom : *en* veux-tu ? va-s-*en* chercher ; mais va *en* chercher est plus français.
*Ham*, ville de ce nom (on prononce *hame*).
*Han*, n. m., sorte de caravanserail ou caravanserai, et cri d'une respiration forcée.

*Ana*, n. m., recueil de bons mots.
*Anna*, n. f. (sainte Anne).

*Analyste*, n. m., celui qui analyse.
*Annaliste*, n. m., celui qui fait les annales.

*Anche*, n. f., languette au bec d'un hautbois, etc.
*Hanche*, n. f., partie du corps humain.

*Ancre*, n. f. (pour retenir un vaisseau).
*Encre*, n. f. (pour écrire).

*Andante*. Voyez ENDENTE.

*Âne*, n. m., sorte d'animal : l'*âne* de la fable.
*Anne*, nom propre féminin.

*Anil*, n. m., plante d'indigo (pron. l'L).
*Anille*, n. f., t. de blason et fer d'un moulin.

*Ânée*, n. f., charge, fardeau d'un *âne*.
*Année*, n. f., l'*année* est composée de 12 mois.

*Angar*, n. m., petit toît, appentis.
*Hangar*, n. m., grande remise pour les chariots.

*Anglais*, m., *anglaise*, f., nom de peuple.
*Anglet*, n. m., petit angle.

*Annulaire*, n. m., le 4ᵉ doigt, etc.
*Annuler*, v. rendre nul.

*Anoblir*, v., rendre noble une personne.
*Ennoblir*, v., rendre illustre une chose.

*Anse*, n. f., l'*anse* d'un panier, d'un pot.
*Hanse* ou *Anse*, confédération des villes Anséatiques, *Hanse*-teutonique.

*Anté*. Voyez ENTÉ.

*Ante* et *Anthère*. Voyez ENTE et ÉNTER par E.

*Antrain*, ville de ce nom.
*En train* (locution), être *en train* de....

*Antre*, n. m., caverne.
*Entre*, prép. *entre* eux ou *entr'*eux, *entre* autres, *entre* elles. Mais *entre* s'élide avant tout v. réciproque. Ex. : ils s'*entr'*aident, ils s'*entr'*écoutent.
*Entres*-tu ? *entre*-t-on ? *entre*-t-il ? *entrent*-ils ? v. *entrer*.

*Anvers*, n. , ville de ce nom.
*Envers*, prép. : *envers* et contre tous.
Un *envers* d'étoffe, c'est le côté le moins ap-
    prêté.
*En vers*, et non pas en prose.
*En vert* ou *en couleur verte*.
*En verre*, *en*, prép., *verre*, n. m. (cristal, etc.).

*Août*, n. m., 8e mois de l'année ( prononcez
    *oût* ). Voyez OU.

*À pareil* jour , et *à pareille* heure.
*Appareil*, n. m., préparatif, assemblage.
*Appareilles*-tu? )
*Appareille*-t-il? } verbe *appareiller*.
*Appareillent*-ils? )

*Appareilleur*, celui qui appareille.
*À pareille* heure (loc.).

*À pas* comptés (loc.), lentement.
*Appas* , n. m. pl., charmes.
*Appât*, n. m. sing., amorce, piége.

*Apore*, n. m., problême difficile (t. de géom.).
*Apport*, n. m., marché. L'*Apport*-Paris.
    Au pl. c'est ce qu'une femme apporte
    en mariage.

*À portée* de... à distance de... (loc.)
*Apporté*, m., *apportée*, f., part. du v. *ap-
    porter*.
*Apportez*-moi ce livre ( 2e pers. du v. ).

*Appel*, n. m., interjeter *appel*.
*Appelle*-t-on? 3e pers. sing. |
*Appelles*-tu? 2e pers. sing. } verbe *appeler*.
*Appellent*-ils? 3e pers. pl. |
*Apelles*, n. m., c'était le peintre d'Alexandre.

*Apprenti*, n. m., *apprentie*, n. f. ( qui est en
    apprentissage ).
*Apprend*-il? 3e pers. dans le v. *apprendre*.

*Appris*, m., *apprise*, f., adj. et participe du
    verbe.
*Apprit*-il? v., *apprendre*, 3e pers. sing.
*À prix* fixe , ou à valeur fixe.
Tu *as pris*, il *a pris*, v. *prendre*, au prétérit
    indéfini.

*Appui*, n. m., protécteur, soutien.
*Appuie*-t-on? 3e pers. sing. )
*Appuies*-tu? 2e pers. sing. } v. *appuyer*.
*Appuient*-ils? 3e pers. pl. )

*Après*, préposition ; à la suite de...
*Apprêt*, n. m. ; les *apprêts* d'une fête.
*Après*-dîner. Voyez DÎNER.

*Apte*, adj. , habile à , ou capable de...
*Apt*, ville de ce nom , en Provence.



*Aquilon* , n. m., vent du nord.
*À qui l'on* parle ( à celui que l'on ).

*Arang* ou *arrang*, mauvais ouvrier ( terme
    d'imprimerie ).
*Hareng*, frais ou salé, saur, pec ou guais ( 5
    qualités différentes ).

*Ara* ou *aras*, n. m., gros perroquet.
*À ras*, adv., mesurer *à ras* n'est pas combler.
*Arras*, ville de ce nom ( prononcez *arace* ).
*Arrhas*-tu? *arrha*-t-il? v. *arrher*.
*Haras*, n. m., lieu où l'on élève les chevaux.

*Arbitraire*, adj., despotique.
*Arbitrer*, v., faire un *arbitrage*.
*Arbitrèrent*-ils ?

*Arc*, n. m., arcade ; un *arc*-en-ciel, des
    arcs-en-ciel.
*Arc*-en-Barrois, ville de ce nom.
*Arques*, ville et rivière près de Dieppe.
*Arque*-t-on? *arque*-t-il? *arquent*-ils? verbe
    *arquer*.

*Archée*, n. f., chaleur interne de la terre.
*Archer*, n. m. ( on dit à-présent gendarme ).
*Archet*, n. m., sorte de petit arc pour jouer du
    violon.

*Arc*, n. m., nouvelle mesure agraire.
*Aar*, rivière de ce nom , en Suisse.
*Ars*, n. pl., veines aux jambes d'un cheval : le
    saigner des 4 *ars*.
*Art*, n. m., talent ; les beaux-*arts*.
*Hard*, n. f., outil de gantier.
*Hart*, n. f., lien fait avec de faibles branches.
*Ares*-tu, ils *arent*, v. *arer* ( t. de marine ).
*Arrhes*, n. f. pl., gages, assurance.
*Arrhes*-tu? *arrhe*-t-il? ils *arrhent*? v. *arrher*.

*Aéromètre*, n. m., instrument qui indique la
    densité de l'air.
*Aréomètre*, m., pèse-liqueur, sans homonyme.

*Arer*, v. (terme de marine), chasser sur les
    ancres.
*Arère*, n. m., axe de la roue ou du rouet d'un
    moulin.
*Arrher*, v., donner des *arrhes*, énarrher.

*Arête*, n. f., os de petit poisson , etc.
*Arrête* - toi. )
*Arrêtent* - ils ? } v. *arrêter*.

*Armet*, n. m., casque, armure de tête.
*Armais*-tu? 2e pers. sing. )
*Armait*-il ? 3e pers. sing. } v. *armer*.
*Armaient*-ils ? 3e pers. pl. )

*Arranger*, v., mettre en ordre.
*Harengère*, n. f., femme qui vend du hareng.
*À ranger*, v. ( à être rangé, ou pour ranger).

*Armon*, n. m., partie où l'on attache le timon
　　d'un carrosse.
*Armons*-nous ? v. *armer*, 1<sup>re</sup> pers. pl.

*Arome*, n. m., principe odorant des végétaux.
*Arum*, n. m., plante de ce nom.
*À Rome*, *à*, prép., *Rome*, ville de ce nom.

*Arsenic*, n. m., sorte de poison.
*Arsenique* ou *arsenical*, adj.

*As*, n. m., *as* de cœur, de pique, de trèfle, etc.
*A-ce été* ? cela a-t-il été ?
*Hase*, n. f., femelle du lièvre.

*Asseau* ou *asceau*, n. m., marteau de
　　couvreur.
*Assaut*, n. m., attaque de vive force, etc.
*À seaux* : la pluie tombe *à seaux*, c'est-à-
　　dire à-verse, et non pas *à Sceaux*,
　　pays de ce nom.

*À tant* l'aune, *à tant* pour cent : *à*, prép.,
　　*tant*, adv.
*À temps* : vous arrivez *à temps*, ou à propos.
*Attends*-tu ? 2<sup>e</sup> pers. sing. }
*Attend*-il ? 3<sup>e</sup> pers. sing. } v. *attendre*.
*À t'en* sont trois mots mis pour *à te en* : à t'en
　　parler franchement.

*A-t-elle* fini ? v. *avoir*, et pr. *elle*, employés par
　　interrogation.
*A telle* chose ; *à*, prép., et *telle*, adj. fém.
*Attel*, n. m., attelage d'une voiture.
*Attelle*, n. f., cheville servant à atteler.
*Attelles*-tu ? 2<sup>e</sup> pers. sing. }
*Attelle*-t-il ? 3<sup>e</sup> pers. sing. } v. *atteler*.
*Attellent*-ils ? 3<sup>e</sup> pers. pl. }

*Atelier*, n. m., lieu où l'on travaille.
*Atteliez*-vous les chevaux ? v. *atteler*, à l'imparf.

*Até*, n. f., déesse du mal.
*Athée*, n., qui nie l'existence de Dieu.
*Hâté*, m., *hâtée*, f., participe du v. *hâter*.
*Hâtez*-vous, 2<sup>e</sup> pers. dans le v. *hâter*.

*Au*, article composé, mis pour *à le*.
*Aux*, article composé, mis pour *à les*.
*Aulx*, n. m., pl. de *ail*, espèce d'échalotte.
*Haut*, *haute*, adj., élevé ( H aspiré ).
*Eau*, n. f. ( *eau* de pluie ou de rivière ).

*Ô*, signe d'invocation : *ô* mon Dieu.
*Oh !* cri de surprise : *oh !* mon Dieu.
*Oh ! oh !* sont 2 cris involontaires de surprise.
*Ho ! ho !* cris volontaires, et cris de blâme.
*Os*, n. m., partie la plus dure du corps.

*Aubain*, n. m., étranger non naturalisé.
*Aubin*, n. m., allure qui tient de l'amble et
　　du galop.



*Auch*, ville de ce nom.
*Hoche*, n. f., et v. *hocher*. Un *hoche*-pot, n. m.,
　　sorte de ragoût.

*Aude*, n. f., rivière et départem. de ce nom.
*Ode*, n. f., sorte de poésie en strophes.

*Aumaille*, adj. et n. ( t. de coutume ), bête à
　　cornes, errante.
*Au mail*, jouer *au mail*.

*Aulne* ou *aune*, m., arbrisseau.
*Aune*, n. f., mesure.

*Aunaie*, n. f., lieu planté d'*aunes*.
*Aunais*-tu ? *aunait*-on ? *aunaient*-ils ? v. *auner*.
*Auné*, adj. m., *aunée*, f., mesuré à l'aune.

*Auparavant*, adv. ( d'abord ).
*Au paravent* ; *au*, art. comp., *paravent*,
　　meuble.

*Aureillon*. Voyez OREILLON.

*Auspice*, n. f., divination, présage.
*Auspices*, n. m. pl., protection, présage.
*Hospice*, n. m., hôpital.

*Auster*, n. m., vent du midi.
*Austère*, adj., rigide.

*Autant*, adv. d'égalité dans la quantité com-
　　parée.
*Autan*, n. m., vent orageux du midi.
*Au temps* ; *au*, art. comp., *temps*, n. m.
*Au tan*, porter le cuir pour qu'on le tanne.
*Oh ! t'en* souviens-tu ? ( locution. )
*Ôtant*, participe prés. du v. *ôter*.
*Ô temps*, ô mœurs ( locution ).

*Autel*, n. m. ( d'église ), où l'on fait le sacrifice.
*Hôtel*-de-ville, *hôtel*-dieu, etc., n. m.
*Otelles*, n. f. pl. ( t. de blason ), bouts de fer de
　　lance.

*Auteur*, n. m., celui qui fait un ouvrage ou une
　　action.
*Hauteur*, n. f., élévation, orgueil, arrogance.
*Hotteur*, n. m., celui qui porte la hotte.

*Automne*, n. m., l'une des 4 saisons.
*Othonne*, n. f., sorte d'arbrisseau toujours vert.

*Autrefois*, adv., signifie jadis.
*Autre fois*, en 2 mots : une *autre fois*.

*Auvent*, n. m., sorte de volet.
*Au vent* ; ce sont 2 mots : jetez la paille *au*
　　*vent*.

*Auvergnat*, qui est d'Auvergne.
*Auvernat*, n. m., vin rouge d'Orléans.

*Aval*, n. m., en descendant ( t. de nég. et de batelier ).
*Avale-t-on ? avales-tu ? avalent-ils ?* v. *avaler.*

---

*Avant*, prép., *avant*-hier, adv. composé.
L'*avent*, n. m., temps qui précède Noël.
*À vent* ( moulin *à vent* ).

---

*Aveins*-tu ? *aveint*-il ? v. *aveindre.*
*À vingt* pas d'ici ( prép. et nom ).

---

*Aveine* ou *avoine*, n. f., sorte de grain.
*Avesnes*, ville de ce nom.

---

*Avenir*, n. m. ; l'*avenir* est incertain.
*À venir*, en deux mots : le temps *à venir.*

---

*Avoir*, n. m. et v., les doit et *avoir*, inv.
*À voir*, à être *vu*, ou pour *voir.*

---

*Avoué*, n. et adj. m., *avouée*, adj. f. ( du v. *avouer* ).
*Avouez*-le, convenez-en, v. à l'impératif.

---

*Azote*, n. m., gaz, fluide qui ne peut entretenir la respiration.
*Azoth*, n. m., principe des métaux, ou mercure.

---

## B.

*Bacchanal*, n. m., grand bruit, vacarme.
*Bacchanale*, n. f., orgie, débauche.

---

*Bacile*, n. m. b., perce-pierre ou crête-marine.
*Bassile*, n. f. b., plante dont les feuilles ressemblent au pourpier.

---

*Baguer*, v., arrêter des plis à grands points.
*Baguier*, n. m., coffret à bagues.

---

*Bai*, adj. m., rouge-brun ; cheval *bai.*
*Baie*, n. f., petit golfe.
*Bée*, n. f. et adj. ( ouverte ) : avoir la gueule *bée.*
*Bey*, n. m., chef, gouverneur en Egypte.

---

*Beignet*, n. m., tranche de fruit entouré de pâte frite.
*Baignais*-je ? *baignait*-il ? *baignaient*-ils ? v. *baigner*, à l'imparfait.

---

*Bail*, n. m., contrat d'une location ( pl. *baux* ).
*Bailles*-tu ? *baille*-t-il ? *baillent*-ils ? v. *bailler.*
*Bâilles*-tu ? *bâille*-t-on ? v. *bâiller* ( ouvrir la bouche ).
*Baye* aux corneilles ; y *bayent*-ils ? v. ( prononcez *beye* ).

---

*Bailler*, v., donner à bail ou à ferme.
*Bâiller*, v., ouvrir involontairement la bouche.



*Bayer*, v. ( autrefois *béer* ), on prononce *béié*, rester stupéfait, la bouche *béante.*
*Baillère*, n. f., plante de ce nom.

---

*Bailleur*, c'est celui qui donne à bail.
*Bâilleur*, c'est celui qui ouvre la bouche.
*Bayeur* ( prononcez *béyeur* ), c'est celui qui reste stupéfait.

---

*Bain*, n. m., prendre un bain.
*Ben*, n. m., arbre de ce nom.

---

*Bal*, n. m., assemblée où l'on danse.
*Balle*, n. f., sorte de boule ou de paquet.
*Bâle* ; ville de ce nom, en Suisse.

---

*Balai*, n. m., pour balayer.
*Balais*, n. m., sorte de rubis.
*Ballet*, n. m., danse d'opéra.
*Bats-les*, v. *battre*, et pronom *les.*

---

*Ban*, n. m., proclamation solennelle, exil, etc.
*Banc*, n. m., siége, banquette.
*Bang*, n. m. b., arbre de ce nom.

---

*Bannière*, n. f., étendard.
*Bagnères*, g., ville de ce nom.

---

*Bar*, nom de plusieurs villes.
*Bard*, n. m., civière à bras.
*Barre*, n. f. ( de fer, de bois, etc. ).
*Barres*-tu ? *barrent*-ils ? v. *barrer.*

---

*Bardeau*, n. m., planche à couvrir des cabanes.
*Bardot*, n. m., petit mulet.

---

*Barreau*, n. m., lieu où l'on plaide ; barre de fer, etc.
*Barraux*, forteresse de ce nom.
*Barot*, n. m., chien courant le cerf.
*Barrot*, n. m., terme de marine.

---

*Barèges*, g., eaux de *Barèges.*
*Barré*-je à présent, *barrais*-je, v. *barrer.*

---

*Bas, basse*, adj. ; et *bas*, chaussure.
*Bats*-tu ? *bat*-il ? v. *battre.*
*Bât*, n. m., selle, panneau.
*Bah !* exclamation.

---

*Basilic*, n. m., plante, et serpent fabuleux.
*Basilique*, n. f., grande église, temple.

---

*Bassinet* d'un fusil, n. m.
*Bassinait*-on ? *bassinaient*-ils ? v. *bassiner.*

---

*Batiste*, n. f., sorte de toile fine.
*Baptiste*, n. m., Jean-*Baptiste.*

---

*Bath*, ville de ce nom, en Angleterre.
*Batte*, n. f., maillet.
Que je *batte*, que tu *battes*, qu'ils *battent*, v.
Il *bâte*, v. *bâter* ( mettre le bât ou la selle ).

*Bâton*, n. m., sorte de canne.
*Bâtons*, 1re pers. pl. dans le v. *bâter*.
*Battons*-nous, v. *battre*.

*Bau* ou *barrot*, solive pour soutenir les tillacs.
*Baud*, n. m., chien *baud*, ou chien courant.
*Beau*, *bel*, adj. m., qui a de la *beauté* : un *beau*
　　chien, un *bel* oiseau.
*Baux*, n. m. pl. de *bail* : des *baux* emphytéo-
　　tiques.
*Bot*, adj. m., tout rond, contrefait : un pied
　　*bot*, n'est pas un *beau* pied.

*Bayer*, aux corneilles ; on prononce *béier*.
　　( Voyez BAILLER. )

*Béc*. Voyez BAI.

*Beaucoup*, adv. de quantité.
*Beau coup*, faire un *beau coup*.
*Beau cou*, joli *cou* ( on écrivait autrefois *col*).

*Baudet*, n. m., âne, ignorant.
*Beau dais*, ou joli *dais* d'église.

*Beauté*, n. f., belles formes, agrémens.
*Botté*, *bottée*, adj. et part. du verbe *botter*.
*Bottez*-vous ( v. *botter* ).

*Bécarre*, n. m., caractère de musique.
*Bécard* ou *beccard*, n. m., femelle du saumon.
*Bel* ou *beau*, { *bel* s'emploie devant une
adj. m. { voyelle, et *beau* devant
　　{ une consonne.
*Belle*, adj. f., *belle* maison.
*Belle* - de - nuit, n. f. ( plante ).
Les *belles* - lettres, avec un trait - d'union,
　　signifient la littérature.
*Bêles*-tu ? il *bêle*, *bêlent*-ils ? v. *bêler*.

*Belette*, n. f., petit animal de ce nom.
*Blette* ou *bette*, n. f., plante de ce nom.
*Blette*, adj. f. du masc. *blet*, qui est mollet.

*Ben*. Voyez BAIN.

*Béni*, *bénie*, adj., protégé de Dieu.
*Bénit*, *bénite*, adj., consacré : pain *bénit*, eau
　　*bénite*.

*Bête*, n. f., animal.
*Bette*, n. f. (poirée); *betterave* ( légume ).

*Beurré*, n. m. b. et part. du v. *beurrer*.
*Beurrée*, n. f. et part. f. du v.

*Bis*, *bise*, adj., moitié blanc : du pain *bis*.
*By*, n. m., fossé qui reçoit les eaux d'un étang.

*Biais*, n. m., couper de *biais*, de travers.
*Biez*, n. m., canal d'un moulin.

*Bienfait*, n. m., service rendu, bonne action.



*Bien fait*, *bien faite*, sont 2 mots séparés.

*Bière*, n. f., boisson de ce nom.
*Bierre*, n. f., cercueil ; on écrit aussi *bière*.

*Biffer*, v., effacer ce qui est écrit.
*Bifère*, adj., qui fleurit deux fois par an.

*Bile*, n. f., humeur.
*Bill*, n. m., projet de loi ; loi elle-même.

*Billion*, m., nom de nombre.
*Billom*, ville de ce nom.
*Billon*, n. m., monnaie de cuivre ou de *billon*.

*Binaire*, adj., signifie composé de deux.
*Biner*, v., faire ou dire deux fois.

*Bise*, n. f., vent du nord; aquilon.
*Bis*, adv., que l'on prononce *bice*, signifie 2
　　fois.
*Bise*, adj. f., croûte *bise*, toile *bise*.

*Bivac* ou *bivouac*, n. m., la garde autour d'un
　　　　camp.
*Bivaque*-t-on ? v. *bivaquer*.

*Blême*, adj., pâle.
*Bleime*, n. f., inflammation au sabot d'un
　　cheval.

*Bleu*, n. et adj. m. : du *bleu*, des yeux *bleus*.
*Bleue*, adj. f., une barbe *bleue*, couleur *bleue* ;
　　mais on dit : couleur *bleu* foncé, pour
　　signifier d'un *bleu* foncé.

*Bois* à brûler, arbres, forêts, etc.
*Bois*-tu ? *boit*-il ? *boit*-on ? v. *boire*.

*Boîte*, n. f., coffret.
*Boites*-tu ? *boite*-t-il ? *boitent*-ils ? v. *boiter*.

*Bombé*, adj. et participe du v. *bomber*.
*Bombay*, île de ce nom, en Asie.

*Bon*, *bonne*, adj., qui a de la bonté.
*Bond*, n. m., saut ( du v. *bondir*).

*Bonace*, n. f., calme de mer.
*Bonasse*, n. et adj. m., simple, sans malice.

*Bonheur*, n. m., prospérité.
Une *bonne heure*, de *bonne heure*.

*Bonn*, ville de ce nom.
*Bonne*, adj. fém. de bon.

*Bosse*, n. f., grosseur.
*Beauce* ou *Beausse*, contrée de ce nom.

*Bouché*, adj. m., *bouchée*, }
　　n. et adj. f. 　　　　　　} du v. *boucher*.
*Bouchez*-le, 2e pers. du pl. }
*Boucher*, n. m., celui qui vend la viande.

*Bouc*, n. f., crotte, fange.
*Bous-tu? bout*-il? v. *bouillir*.
*Bout*, n. m., extrémité.

*Boulaie*, n. f., lieu planté de bouleaux.
*Boulet*, n. m., grosse balle à canon.

*Bouilli*, n. m. et participe m. du v. *bouillir*.
*Bouillie*, n. f. et part. f.
*Bouillis-tu? bouillit*-il? v. *bouillir*.

*Bouilloir*, n. m. ( t. de monnaie ).
*Bouilloire*, n. f., cafetière.

Il *bource*, v. ( t. de marine ), signifie il cargue.
*Bourse*, n. f.; deux demi-*bourses*.

*Bourg*, n. m., bourgade.
*Bourre*, n. f., des tire-*bourre*.
Je *bourre, bourres*-tu? *bourrent*-ils? verbe
    *bourrer*.

*Brai*, n. m., goudron.
*Braie*, n. f., linge pour envelopper les enfans.
*Brait*-il? v. *braire*.
*Bray*, m., ville de ce nom.

*Brailler*, v., il braille, il crie.
*Brayer*, v., enduire de brai ou de goudron.

*Brest*, ville de ce nom.
*Breste*, n. f., chasse aux oiseaux avec de la
    glu et un appât.

*Brevetaire*, n. m., porteur de brevet.
*Breveter*, v., donner un brevet.

*Brie*, n. f., province de ce nom; fromage de...
*Bris*, n. m., fracture : *bris* de scellé, etc.

*Brigand*, n. m., scélérat.
*Briguant*, participe prés. du v. *briguer*.

*Brocard*, n. m., raillerie piquante.
Un *brocart* d'or et de soie, c'est un tissu.
*Broquart*, n. m., jeune sanglier.

*Brou*, n. m., écorce verte des noix.
*Brout*, n. m., sommités des jeunes branches.

*Brui* ou *bruit* ( part. inv. ); il signifie être
    bruyant.
*Brui, e* ( part. var. ), décati.
*Bruit*, n. m., renom, son, querelle.

*Brusc*, n. m., espèce de bruyère.
*Brusque*, adj., incivil, rude.
*Brusquent*-ils? 3e pers. pl. dans le v. *brusquer*.

*Brut*, adj. m., *brute*, adj. f., qui n'est pas
    façonné.
*Brute*, n. f., bête *brute*.



*Bu*, m., *bue*, f., part. passé du v. *boire*.
*Bus-je? bus-tu? but*-il? v. *boire*; qu'il *bût*.
*But*, n. m., point où l'on vise.

Se *busquer*, v., mettre son busc; acier *bus-*
    *qué*, etc.
*Busquière*, n. f., place vide où reste le busc.

*Bute*, n. f., outil de maréchal.
*Butte*, n. f., monticule.
*Butes-tu? bute-t-*il? *butent*-ils? v. *buter*.

# C.

*Ça*, pronom inv., qui signifie cela : ha-ça (loc.).
*Çà-et-là*, adv., de tous côtés.
*Ç'a été*, signifie *ce a été* ( expression fam. ).
*Sa* ( la sienne ), adj. poss. f. de la 3e pers.
*Sas*, n. m., espèce de tamis.

*Cabillaud*, n. m., morue fraîche.
*Cabillots*, n. m. pl., chevilles ( t. de mar. ).

*Cabriolet*, n. m., voiture suspendue, à 2 roues.
*Cabriolais-tu? cabriolait*-il? v. *cabrioler*.

*Caché*, part. m., *cachai-je* hier? v. *cacher*.
*Cachais-je? cachait*-il? *cachaient*-ils? v.
*Cachet*, n. m., pour cacheter ( je cachette, ils
    cachettent ).

*Cachos*, n. m., plante de ce nom.
*Cachot*, n. m., prison obscure.

*Cacique*, n. m., ancien prince du Mexique.
*Cassique*, n. m., espèce de loriot d'Amérique.

*Cadi*, n. m., magistrat turc.
*Cadix*, ville de ce nom (pron. *cadice*).
*Cadis*, n. m., gros tissu de laine.
*Qu'a dit* ton père? c'est-à-dire, qu'a-t-il dit?
    ( locution ).

*Cadran*, n. m., le *cadran* d'une montre.
*Cadrant* ou *quadrant*, part. prés., v. *cadrer*.

Il *cadra* ou il *quadra*, v. *cadrer*.
*Cadrat* ou *quadrat*, n. m., t. d'imprimerie.

*Cadre*, n. m., encadrement, ils *encadrent*, v.
*Cadre-t-*il? ou *quadre-t-*il? v. *cadrer*.

*Cahot*, n. m., saut que fait une voiture.
*Chaos* ou *cahos*, n. m., confusion de toute
    chose.

*Caillé*, adj., figé; lait *caillé*.
*Cahier* de papier, n. m.

*Caille*, n. f., oiseau; il *caille*, v. *cailler*.
*Cayes*, g.; les *Cayes* sont une contrée de Saint-
    Domingue.

*Caisse*, n. f., coffre, tambour.
*Qu'est-ce ?* s'emploie en parlant d'une chose.
*Qui est-ce ?* s'emploie pour parler d'une
    personne.

*Cal*, n. m., calus, durillon.
*Cale*, n. f., pour caler, et partie basse d'un
    navire.
*Cales*-tu ? *calent*-ils ? v. *caler*.
*Calle*, n. f., plante de ce nom.

*Calcul*, n. m., supputation.
*Calcules*-tu ? *calcule*-t-il? v. *calculer*.

*Calandre*, n. f., presse à cylindre.
*Calendes*, n. f. pl., premier jour du mois chez
    les Romains.

*Calambour*, n. m., sorte de bois des Indes.
*Calembourg* ou *calembour*, quolibet, jeu de
    mots d'un calembouriste.

*Calendrier*, n. m., tableau des jours et des
    mois de l'année.
*Calandriez*-vous? v. *calandrer* à l'imparfait.

*Calepin*, n. m., recueil.
*Canepin*, n. m., peau de mouton très-fine.

*Cana*, ville (Égypte).
*Canna*, animal de ce nom.
Saint-*Cannat*, ville (Bouches-du-Rhône).

*Calfas*, n. m., filasse enduite de goudron.
*Calfat*, n. m., c'est celui qui calfate un navire.

*Calquer*, v., tirer trait pour trait.
*Calcaire*, adj. (combiné avec de la chaux).

*Camp*, n. m., lieu où l'armée est campée.
*Caen*, ville de ce nom.
*Kan*, n. m., chef des Tartares.
*Kent*, ville de ce nom, en Angleterre.
*Quand*, conj. (lorsque), *quand* y irez-vous?
    (adv.) *quand* dira-t-on cela?
*Quant* à moi (pour ce qui me concerne).
*Qu'en*, mis pour *que en* : *qu'en* pensez-vous?
Un *qu'en* dira-t-on, n. m. inv.

*Cambré*, *cambrée*, adj. (du v. *cambrer*).
*Cambray*, ville de ce nom.

*Canaux*, n. m. pl., de canal.
*Canot*, n. m., petit bateau, chaloupe.

*Candi*, adj. m., cristallisé : sucre *candi*.
*Candy*, g., royaume de ce nom, et ville de
    l'île de Ceylan.
*Candie*, n. f., île de la Méditerranée.
*Qu'en dit*-il? mis pour *que en dit*-il?
*Quand dit*-il cela? (à qu'elle époque).



*Cane*, n. f., femelle du canard.
*Canne*, n. f., bâton; *canne* à sucre, etc.
*Cannes*, n. f., ville d'Italie où Annibal
    triompha.

*Canus*, n. m., poisson de ce nom.
*Canut*, n. m., oiseau de ce nom; sorte de
    vanneau.

*Cap*, n. m., ville et promontoire; de pied-en-
    cap (loc.).
*Cape*, n. f., manteau à capuchon; rire sous
    cape.
*Cappe*, n. f., croûte qui se forme sur le cidre.

*Capital*, n. m. et adj., un *capital*; crime
    capital.
*Capitale*, n. f. et adj. f., chef-lieu; somme
    capitale.

*Car*, conj.; je le dis, *car* je le pense.
*Carre*-toi, *carres*-tu? *carrent*-ils? v. *carrer*.
*Quart*, n. m., 4e partie d'un tout.
*Quartz*, n. m., sorte de pierre dure ou
    quartzeuse.
*Qu'art* (loc.), mis pour *que art* : tout n'est
    *qu'art* en ce métier.

*Caracol*, n. m., en limaçon; escalier en
    caracol.
*Caracole*, n. f., du verbe *caracoler*.

*Carantan*, ville de ce nom.
*Quarante ans*, ou 40 années.

Un *cardeur*, c'est celui qui carde.
Un *quart d'heure*, 4e partie d'une heure, ou
    deux demi-*quarts d'heure*. Un mauvais
    *quart d'heure*, c'est un mauvais instant.

*Carier*, v., cette dent se carie, se gâte.
*Carrier*, n. m., entrepreneur ou ouvrier d'une
    carrière.
*Carrière*, n. f., d'où l'on tire les pierres; lice.

*Carquois*, n. m., étui à flèches.
*Car quoi*, sont 2 mots; *car quoi* de plus clair?

*Carte*, n. f., *carte* de jeu, de restaurateur, etc.
*Quarte*, n. f. et adj. f., mesure, et fièvre *quarte*.

*Cartaux*, n. m. pl. (cartes marines).
*Quartaut*, n. m., mesure du quart.

*Cartier*, n. m., marchand de cartes.
*Quartier*, n. m., partie d'un tout.

*Cas*, n. m., occasion : faire estime ou *cas* de....
*Qu'à*, mis pour *que à* : *qu'à* Dieu l'on rend
    hommage.
*Qu'as-tu*, *qu'a-t-il*? mis pour *que as-tu*,
    *que a-t-il*?

*Case*, n. f., petite cabane.
*Cases*-tu ? *case*-t-on ? *casent*-ils ? v. *caser*.

*Casse*, n. f., médicament.
*Casses*-tu ? *casse*-t-il ? v. *casser*.

*Casseau*, n. m., t. d'imprimerie.
*Cassot*, n. m., t. de fabricant de papier.

*Cassie*, n. f. b., sorte d'acacia.
*Cassis*, ville de ce nom, en France.
*Cacis*, n. m., espèce de groseillier.
*Kacy*, m. b., grand arbre de ce nom.

*Catarrhe*, n. m., fluxion catarrhale.
*Cathares*, n. m. pl., anciennes sectes.

*Caton*, nom d'un ancien philosophe.
*Qu'a-t-on* dit ? *qu'a-t-on* fait ?
*Qu'a ton* frère ? (qu'a-t-il ?).

*Cause*, n. f., motif, affaire.
*Causes*-tu, v. *causer*.
*Qu'oses*-tu ? quelle chose *oses*-tu ?

*Caux*, ville de ce nom, et Pays-de-*Caux*.
*Coqs*, n. pl. de *coq*, mâle de la poule.
*Cos*, g., île de ce nom.
*Qu'au*, mis pour *que au* ; pl., *qu'aux*.

*Ce*, adj. démonstratif : *ce* livre, *cet* écrivain ;
  *c'est* lui, *ce* peut être lui : *ce* sont eux,
  *c'étaient* eux.
*Se*, soi, pron. pers. : il *se* fâche, *se* peut-il ? *se*
  conçoit-il que ? cela *se* conçoit ; il *se* peut
  que.
*Ceux*-ci, *ceux*-là, pron. dém. m. pl.

*Céans*, adv., signifie en ce lieu-ci.
*Séant*, *séante*, adj., convenable, qui siège
  habituellement.
*Séant*, n. et part. inv., être sur son *séant*.
*Seyant*, participe du verbe *il sied*.

*Cécile*, nom et prénom de femme.
*Sessile*, adj. (t. de botanique).

*Céder*, v. laisser, plier, abandonner.
*S'aider*, c'est s'assister. NOTA, *aider* quelqu'un,
  v. a., c'est l'assister de sa bourse.
Mais *aider* à quelqu'un ( v. n. ), c'est partager
  sa fatigue ou sa peine.

*Céderas*-tu ? *cédera*-t-il ? v. *céder*.
*S'aidera*-t-on ? v. *aider*, et pron. *se*.
*Cédrat*, n. m. b., espèce de citronnier.

*Ceint*. Voyez SAINT.
*Ceinte*. Voyez SAINTE.

*Ceignant*. Voyez SAIGNANT.



*Célant*, ou cachant, part. du v. *céler*.
*Ceylan*, île de ce nom, en Asie.
*Scélans*, sorte de poisson.
*Scellant*, part., fixant une empreinte.
*Sellant* le cheval, lui mettant la selle.

*Céler*, v. Voyez SCELLER.

*Céleri*, n. m., ou ache, n. f., plante.
*Sellerie*, n. f., lieu où l'on met les harnais.
*Selerie*, n. f., magasin où l'on serre le sel.

*Celle*-ci, *celle*-là, pro. f., de celui-ci, celui-là.
*Celles*, pro. pl. f., et ville de ce nom.
*Cèle*-t-on ? *cèles*-tu ? *cèlent*-ils ? v. *céler*, cacher.
*Sceel*, n. m., sceau, empreinte.
*Scelles*-tu ? *scelle*-t-on ? *scellent*-ils, v. *sceller*,
  empreindre.
*Sel*, n. m., qui sale ; *sel* attique ou satirique.
*Selle*, n. f., *selle* d'un cheval.
*Selle*-t-on ? *selles*-tu ? *sellent*-ils ? (mettre la
  *selle*).

*Cellier*, n. m., espèce de caveau.
*Sellier*, n. m., faiseur de selles.

*C'en*, mis pour *ce en* ; *c'en* est fait.
*Cens*, n. m., impôt : le *cens* territorial,
  dénombrement (v. m.).
Un *cent*, 2 *cents*, 3 *cent*-vingt. *Cent* est inv. au
  pl. devant un autre nombre, excepté
  à partir de millions, milliards, billions, etc.
*Sang*, n. m., qui coule dans les veines. Le *sang*-
  froid, n. m. : une *sangsue*.
*Sans*, prép., manquant de : *sans* argent, etc.
*S'en*, mis pour *se en* : *s'en* ira-t-il ? il *s'en* faut.
Je *sens*, tu *sens*, il *sent* ; v. *sentir*.
*Sens*, n. m., sentiment, opinion, côté,
  manière. Être de *sens* rassis ; être de
  *sang*-froid ; mettre tout
*Sens*-dessus-dessous ; à contre-*sens* ; les 5 *sens*
  de nature.
*Sens*, ville de ce nom, que l'on prononce
  *sense*.

*Cène*, n. f., dernier repas de J. C. avec ses
  apôtres.
*Saine* de corps et d'esprit, adj. f. de l'adj.
  *sain*.
*Seine*, n. f., fleuve de ce nom.
*Seine ou senne*, n. f., filet.
*Scène* théâtrale, et apostrophe imprévue.

*Cense*, n. f., métairie, (t. pop.).
*Cens*, n. m., rente : il paie le *cens* requis.
*Sens*, ville de ce nom ; on y prononce l's.

*Censé*, *censée*, adj., cru, présumé.
*Sensé*, *sensée*, adj., prudent, qui a du bon-
  sens.

*Censément*, adv., probablement.
*Sensément*, adv., d'une manière sensée.

*Censuel*, adj., droit *censuel;* soumis à l'imposition.
*Sensuel*, adj. m., enclin aux plaisirs des sens.

*Cent.* Voyez C'EN.

*Cent* ans, ou *cent* années.
*Sentant*, qui sent; pàrt. du v. *sentir.*
*Sans tant* de détours ( mis pour *sans autant* de ).
*Sans t'en* apercevoir (mis pour *sans te en* ).
*S'entend*-on? (mis pour *se entend*-on).

*Centaine*, n. f., nombre de cent.
*Sentène*, bout de l'écheveau à dévider.

*Centon*, n. m., fragmens de poésies.
*Santon.* n. m., sorte de moine turc.
*Sentons*, 1re pers. pl. dans le v. *sentir.*

*Cependant*, ou toutefois, conj.
*Ce pendant* d'oreille (adj. et n. ).
*Se pendant, pendant* soi , v. *pendre.*

*Cep*, n. m., pied d'une vigne.
*Seps*, n. m., sorte de lézard.
*Ces*, adj. dém. pl.; *ces* hommes, *ces* femmes, *ces* choses-là.
*Ses*, adj. poss., les siens ou les siennes.
*C'est*, mis pour *ce* ou cela *est;* c'est cela.
*S'est*, mis pour *soi est; s'est*-elle trompée?
*Sept*, nombre : le t. ne s'y prononce pas devant une consonne.
*Saie*, n. f., sorte de brosse.
*Sais-je? sais*-tu? *sait*-il? *sait*-elle? v. *savoir.*
*Séez*, ville de ce nom.
*Pont-de-Cé*, ville de ce nom.

*Cerf*, n. m., mâle de la biche.
*Serf*, espèce d'esclave; paysan asservi.

*Serre*-chaude, n. f.
*Serres*-tu? *serre*-t-il? v. *serrer.*
*Sers*-tu? *sert*-il? v. *servir.*

*Cérie*, n. f., genre d'insectes.
*Série*, n. f., division; 1re, 2e série, etc.

*Certes*, adv., certainement.
*Serte*, n. f., enchâssement des pierreries ( du v. *sertir* ).

*Cervolant*, n. m., écoufle.
*Cerf-volant*, insecte, scarabée.

*Ces, c'est, s'est.* Voyez CEP.

*Cession*, n. f., abandon , transport.
*Cessions*-nous? v. *cesser*, à l'imparfait.



*Session*, des chambres, ou totalité de leurs séances.
*Scission*, c'est lorsqu'on s'y divise ; dispute.

*Cet*, adj. dém. masc.; *cet* ami, *cet* enfant.
*Cette*, adj. f. : *cette* amie. *Cette*, ville de ce nom.
*Sept*, nombre : *sept* amis; dix-*sept* enfans.
*Seth*, 3e fils d'Adam et d'Ève.

*Cétacé*, m., *cétacée*, f., grand poisson vivipare.
*C'est assez* ( locution )., cela est assez.

*C'était* lui; *c'était* eux et moi; *c'était* nous; *c'étaient* eux; *c'étaient* elles toutes.
*S'était*-il vu? *s'étaient*-ils vus ?( soi ).

*Ceux.* Voyez CE.

*Cha.* Voyez CHAS.

*Chaîne*, f., pour enchaîner.
*Chêne*, n. m., arbre à gland.
*Schène*, n. m., ancienne mesure des Égyptiens.

*Chair*, n. f., substance , aliment.
*Chaire*, n. f., à prêcher; *chaire* d'un professeur.
*Cher*, adj. m., chéri, précieux; *cher* papa, *chère* maman.
*Cher*, adv., qui coûte beaucoup : ces étoffes coûtent *cher;* nous les avons payées *cher*, ou vendues *cher*.
*Chère*, n. f., régal : faire bonne *chère;* il n'est *chère* que l'appétit.
*Cher*, rivière et département de ce nom.

*Chancelier*, n. m., garde de sceaux.
*Chanceliez-vous?* v. *chanceler*, à l'imparfait.

*Chant*, inflexions musicales de la voix.
*Champ*, pièce de terre ; en plein *champ*.

*Chantier*, n. m., lieu où l'on dépose du bois.
*Chantiez-vous?* v. *chanter.*

*Chaos*, n. m., confusion, prou. *caos.*
*Cahot*, n. m., secousse.

*Charpi*, n. m., billot de tonnelier.
*Charpie*, n. f., filamens de vieux linges.

*Chas*, n. m., trou d'aiguille.
*Cha*, sorte d'étoffe de soie.
*Chat, chatte*, animal qui prend des souris, etc.

*Chat beau*, ce n'est pas français ; on doit dire : beau chat.
*Chabot*, n. m., poisson de ce nom.

*Châsse*, n. f., coffre où l'on met les reliques.
*Chasse*, n. f., action de chasser.
*Chasses* tu? *chasse*-t-il? v. *chasser.*

*Châssis*, n. m., encadrement en bois, ou en fer, etc.
*Chassie*, n. f., sorte de maladie des yeux.

*Châtier*, v., ils le châtièrent.
*Chatière*, n. f., trou d'un grenier.

*Chaud*, *chaude*, adj. et n., opposé au froid.
*Chaux*, n. f., pierre calcinée par le feu.

*Chaumer*, v., arracher le chaume, ou faire le chaumage.
*Chômer*, v., fêter, se reposer, être en chômage.

*Chaussé*, part. du v. *chausser*.
*Chaussée*, n. f., chemin élevé en digue.
Rez-de-*chaussée*, n. m. inv. : des rez-de-chaussée.

*Chef-d'œuvre*, n. m., des *chefs-d'œuvre* (Dieu seul fait des *chefs-d'œuvres*). D.

*Chenet*, n. m., ustensile de cheminée.
*Chénaie*, n. f., lieu planté de chênes.

*Cher*. Voyez CHAIR.

*Choc*, n. m., heurt.
*Choque-t-on*? *choques*-tu? *choquent*-ils? v.

*Choisi*, adj. m., *choisie*, adj. f.
*Choisis*-tu? *choisit*-il? v. *choisir*.
*Choisy-le-Roi*, petit bourg de ce nom.

*Chômage* et *chômer*. Voyez CHAUMER.

*Chorège*, n. m., directeur des spectacles chez les Grecs.
*Corrège* (le), ancien peintre célèbre.
*Qu'aurais-je* demain? *qu'aurais-je* si... ( loc.).

*Chrême*, n. m., le saint-*chrême*, huile consacrée.
*Crême*, n. f., la partie la plus grasse du lait.

*Chut*, ou paix-là! interjection.
*Chûte*, n. f., action de cheoir, cadence.

*Ci*, adv. de lieu : *ci*-gît; celui-*ci*, ceux-*ci*, par-*ci* par-là.
*Cie*, n. f., sorte de gomme de Chine.
*Si*, n. m., septième note de la musique.
*Si*, conj. de doute ; et *si*, adv., tellement.
*Scie*, n. f., instrument pour scier.
*Scies*-tu? *scie*-t-il? *scient*-ils? v. *scier*.
*Sis*, *sise*, adj., situé.
*Six*, nom de nombre. L'*x* ne s'y prononce pas devant une consonne : *six* francs, *six* livres.
*S'y*, mis pour *se y*, sont 2 pron : il *s'y* plaît.



*Cigne*. Voyez SIGNE.

*Cil*, n. m., les *cils*, poils des paupières.
*S'il*, pour *si il* : *s'il* vous plaît ; mais ET, placé avant SI, empêche l'élision, comme dans: *et si il est* bon.
*Sil*, n. m., sorte de minéral pour les couleurs.
*Scille* ou *squille*, n. f., plante de ce nom.

*Cimbalaire*, n. f., plante de ce nom.
*Cymbaler*, v., jouer des cymbales.

*Cinq*, nombre : 2 et 3 font *cinq*.
*Scinque*, n. m., genre de lézards de ce nom.

*Cinq cents*, sont 2 nombres composés. ( Voyez la règle de CENT.)
*Cinq cent*-treize. *Cent* est invariable devant un autre nombre.
Les *cinq sens* de nature : la vue, l'ouïe, le toucher, l'odorat et le goût.

*Cinq pairs* de France, sont cinq sénateurs.
*Cinq paires* de pigeons, de poulets, etc., sont cinq couples.
*Cinq pères*, n. m., sont cinq papas.
*Saint-Père*, n. m., le *Saint-Père* le pape.

*Cion*, n. m., luette enflée. Voyez SION.

*Ci-près*, adv. ( ci-contre ), locution.
*Si près* d'ici ; tellement près de..., etc.
*Si prêt* à... ; tellement disposé à..., etc.
*Cyprès*, n. m., arbre funéraire.

*Circé*, n. f., magicienne de ce nom.
*Circée*, n. f., plante de ce nom.

*Cire*, n. f. (à cacheter ou à frotter).
*Sire*, n. m., qualification de roi.
*Cirrhe*, n. m., filamens des plantes (t. de b.).
*Saint-Cyr*, village de ce nom.

*Ciron*, n. m., petit insecte.
*Cirons*, 1re pers. pl. dans le v. *cirer*.
*Scierons*-nous demain? v. *scier*.

*Cité*, n. f., ville.
*Cité*, *citée*, part. du v. *citer*, mander.

*Cite*-le, *cites*-tu? *cite*-t-on? *citent*-ils? v.
*Site*, n. m., situation pittoresque.
*Scythes*, n. pl., ancien peuple de l'Asie.

*Citeaux*, village et abbaye de ce nom.
*Sitôt*, adv. ( aussitôt ), n'est plus français.
*Si tôt* ou tard il vient ( locution ).

*Citer*, v., ils le *citèrent* en justice.
*Cythère*, n. f., île de la Méditerranée.

*Cigne*, et mieux *cygne*, m., sorte d'oiseau.
*Signe*, n. m., marque. Ils *signent*, v. *signer*.

*Civil*, m., *civile*, f. : le code *civil*; une guerre
　　*civile*.
*Si vil* ou si bas au fém., *si vile* ou si basse.
*Six villes*, sont 2 mots : six pays.

*Clac*, n. m., sorte de chapeau.
*Claque*, n. f. et v. *claquer*.

*Claie*, n. f., tissu d'osier, etc.
*Claye*, n. m., pays de ce nom.

*Clin*-d'œil, n. m., des *clins*-d'œil.
*Clain*, n. m., outil d'un tonnelier.

*Clair*, adj. m., *claire*, f., qui n'est pas troublé.
*Clair*, adv., clairement; elle y voit *clair* :
　　cheveux châtain - *clair*. Étoffe *clair*-
　　brune; ils sont *clair*-semés.
Sainte *Claire*, n. f.
*Clerc*, n. m.; *clerc* d'église; de *clerc* à maître
　　(locution).

*Clamp*, n. m. ( t. de mar., pièce de bois ).
*Clan*, n. m. ( tribu écossaise ).

*Clause*, n. f., condition d'un traité.
*Close*, adj. f. de *clos*, m., fermé : à huis *clos*,
　　ou portes *closes*.

*Clorre* ou *clôre*, v., faire une clôture.
*Chlore*, n. f., sorte de plante.

*Clincaillier*, n., marchand de clinquant, etc.
*Quincaillier*, marchand d'outils en fer, etc.

*Clou*, n. m., un petit *clou*, de gros *clous*.
Saint-*Cloud*, village de ce nom.
Je *cloue*, tu *cloues*, ils *clouent*, v. *clouer*.

*Coa*. Voyez COI.

*Coché*, *cochée*, part. du v. *cocher* (t. de pap.).
*Cocher* de fiacre, etc., n. m.
*Caucher*, n. m., assemblage, feuillets où l'on
　　met l'or battu .

*Coffret*, n., petit coffre.
*Coffrais*-tu? *coffrait*-il? *coffraient*-ils ? v.
*Qu'offrais*-tu ? mis pour que *offrais*-tu ,
　　v. *offrir*.

*Cogné*, adj. m.; *cognée*, adj. f. et part. du v.
　　*cogner*.
*Cognée*, n. f., sorte de hache.
*Cognez* fort, v. *cogner*, à l'impératif.
*Cogniez*-vous tout-à-l'heure, v. à l'imparf.
*Coignier* ou *coignassier*, n. m. b.

*Coi*, adj. m., *coie*, adj. f., stupéfait.
*Coa*, n. m., sorte de plante toujours verte.



*Coua*, n. m., coucou d'Afrique.
*Quoi*, pr., conj. et exclamation.
*Couet*, n. m., assemblage de 4 grosses cordes au
　　bas des voiles.

*Quoique*, conj.
*Quoi que* ( en 2 mots ), signifie quelque chose
　　que, et veut aussi le v. au subj.;
　　exemple : *quoi que* tu dises.

*Cœur*, n., le *cœur* me bat.
*Chœur*, n. m., d'église, ou de musique.

*Coïncidant*, part. du v. *coïncider*.
*Coïncident*, adj. m., *coïncidente*, adj. f.

*Coing*, n. m., fruit du coignassier.
*Coin*, n., encoignure, ou *coin* à fendre du bois.

*Col* de chemise, etc., n. m., un hausse-*col*.
*Colle*, n. f., de pâte; et *colle*-forte, n. f.
*Colles*-tu ? *collent*-ils? v. *coller*.

*Colère*, n. f. et adj., se mettre en *colère*.
*Coller*, v., mettre de la colle.

*Collet*, n. m., partie haute d'un habit, etc.
*Collais*-je, *collais*-tu ?　}
*Collait*-il? *collaient* ils?　} v. *coller*.

*Colon*, n. m., habitant d'une colonie, et intes-
　　tin de ce nom.
*Colomb*, Cristophe-*Colomb*, n. pr.
*Collons* vite ce papier, v. *coller*.

*Colorer*, v., donner de la couleur. Mensonge
　　*coloré*, fruit et teint *colorés*.
*Colorier*, v., employer les couleurs; c'est
　　peindre, enluminer.

*Coma*, n. m., affection soporeuse.
*Comma*, n. m., t. d'impr. et de musique.

*Combat*, n. m.; il *combat*, v.
Je *combats*, tu *combats*, v. *combattre*.

*Command*, n., celui qui chargé d'acquérir.
*Comment*, adv. ( de quelle manière ).

*Commande*, n. f., commission de fournir.
*Commende*, n. f., titre d'un bénéfice ecclé-
　　siastique donné par le pape.

*Commentaire*, n. m., éclaircissemens.
*Commenter*, v., amplifier un récit.

*Compacte*, adj. m., condensé, resserré.
*Compact*, n. m., convention faite avec le
　　pape.

*Compère* et *commère* (le parrain et la mar-
　　raine ). *Compère* signifie aussi com-
　　plice, rusé; et *commère*, bavarde.

*Compair*, n. m., t. de musique ( ton qui en accompagne un autre ).

*Complet*, n. et adj. m., *complète*, adj. f., achevé.
*Complaît*-il? v. *complaire*, 3e pers.

*Comtat*, n. m., titre d'une terre.
Tu *comptas*, il *compta*, v. *compter*, supputer.
Tu *contas*, il *conta*, v. *conter*, raconter.

*Comptant* son argent ( le supputant ).
*Contant* une histoire ( la racontant ).
*Content*, *contente*, adj. ( satisfait ).

*Compter* une somme, la calculer.
*Conter* une histoire, la raconter.

*Compte*, n. m., calcul.
Je *compte*, *comptes*-tu? *compte*-t-il? *comptent*-ils? v.
*Comte*, n. m., dignité; M. le *comte* de...
*Conte*, n. m., récit fabuleux.
Je *conte*, *contes*-tu? *conte*-t-il? v.

Je *confie*, *confies*-tu? *confie*-t-on? *confient*-ils? v. *confier*.
Je *confis*, tu *confis*, il *confit*, v. *confire*.

*Confisquant*, part. du v. *confisquer*.
*Confiscant*, adj. ( t. de palais ).

*Conseil*, n. m., avis, assemblée délibérante.
Je *conseille*, *conseilles*-tu? *conseille*-t-il? *conseillent*-ils, v. *conseiller*.

*Conséquent*, *conséquente*, adj. ( qui raisonne, qui réfléchit ).
Aucun bon dictionnaire ne lui fait signifier *grand*, *important*, *considérable*. On dit bien un homme *conséquent* ( raisonnable ); mais on ne doit pas dire : une chose *conséquente* ( elle ne raisonne pas ), ni une affaire ni une perte *conséquentes*; il faut dire : une affaire ou une chose *importante* ou *considérable*, suivant le cas. C'est donc une faute de dire : un domaine *conséquent*.
*Par-conséquent*, adv., conséquemment, en conséquence.
*Par conséquent* ( en 2 mots ), *par*, prép.
*Conséquent*, n. m., ⎨ t. de logique ; 2e prop. t. de mathé. ; 2e t. d'un rapport.

*Consommer*, v. accomplir, perfectionner.
*Consumer*, v. brûler, détruire, anéantir.
Cependant on dit *consommer* les vivres.

*Continu*, adj. m. ( non-interrompu ).
*Continues*-tu? *continue*-t-il? v. *continuer*.

HOMONYMES.        C.

*Contrefaçon*, fraude en contrefesant.
*Contrefaction*, n. f., contrefaire avec droit.

*Contumace*, n. f., défaut de comparaître en justice.
*Contumax*, n. et adj., celui qui a été condamné étant absent.

Je *convaincs*, tu *convaincs*, il *convainc*, v. *convaincre*, au présent.
Je *convins*, tu *convins*, il *convint*, v. *convenir*, au prétérit.
*Qu'on vînt*, ou que l'on *vînt*, v. *venir*, à l'imparfait du subj.

*Convaincant*, adj. m. ; convaincante, adj. f.
*Convainquant*, part. du v. *convaincre*.

*Convexe*, adj., bombé ( opposé à concave ).
*Qu'on vexe* ( mis pour *que l'on vexe*, v. ).

*Coq*, n. m., oiseau. *Coq*-dinde.
*Coq-à-l'âne*, n. inv.; méprise, réponse qui n'a nul rapport à la demande.
*Coque*, n. f., coquille, enveloppe.
*Coke* ou *cook*, n., charbon de terre épuré.
*Cook*, ancien marin de ce nom.

*Coquar*, oiseau qui provient d'un faisan et d'une poule.
*Coquart* ou *coquard*, coquet. Œuf.

*Cor*, n. m., durillon; *cor* au pied; *cor* de chasse.
*Corps*, n.; sain de *corps*; garde-du-corps.
*Cors*, n. m. pl., branches des cornes du cerf.
*Qu'or*, mis pour *que or* ( loc. ).

*Corbeil*, n. m., bourg de ce nom, près de Paris.
*Corbeille*, n. f., sorte de panier.

*Corneille*, n. f., sorte de corbeau. Bayer aux *corneilles*.
*Corneille*, n. m. inv. ( les 2 Corneille, poètes); mais ce nom est variable lorsqu'il sert à qualifier d'autres poètes: ce sont des *Corneilles*, c'est-à-dire, des poètes.

*Cornet* de papier, petite corne, etc.
*Cornais*-tu? *cornait*-il? *cornaient*-ils? v.
*Qu'ornais*-tu? *qu'ornait*-il? mis pour *que ornais*-tu? etc., v. *orner*.

*Corrège*. Voyez CHORÈGE.

*Cortès*, n. m. pl., députation des prov. Espag.
*Fernand-Cortez*, n. propre du conquérant du Mexique.

*Cos*, île de ce nom. Voyez CAUX.

*Cote*, n. f., marque d'ordre ; taxe.
*Côte*, n. f., os courbé, et montagne.
*Cotes*-tu ? *cote*-t-on ? *cotent*-ils ? v. *coter*.
*Qu'ôtes*-tu ? *qu'ôte*-t-on ? *qu'ôtent*-ils ? pron.
     *que*, et v. *ôter*.
*Cotte*, n. f., jupe. *Cotte* d'armes.
*Quote*-part, n. f., la part de chacun.

*Côté*, n. m., *côté* gauche et *côté* droit.
*Coté*, part. du v. *coter*, marquer.
*Cotez*-le (marquez-le), impér. du v. *coter*.
*Qu'ôtez*-vous ? mis pour *que ôtez*-vous.

*Côteret*, n. m., sorte de filet.
*Cotret*, n. m., menu bois. Huile de *cotret*.

*Cou*, n. m., partie du corps.
*Coût*, n. m., ce qu'une chose coûte ; le *coût*
     des dépens.
*Coup* de bâton, etc. *Coup* de langue. Tout-à-
     coup.
*Couds*-tu ? coud-elle ? v. *coudre*.

*Coua*. Voyez QUOI ou COI.

*Coude-pied*, ou *cou-de-pied*, partie supérieure
     du pied.
Un *coup de pied* ; recevoir des *coups de pieds*.
     Mais pied ne prend pas d's si les coups
     sont donnés d'un seul pied.

*Couet*. Voyez COI ou QUOI.

*Couloir*, n. m., passage, canal de la bile.
*Couloire*, n. f., terme de chimie ; vase percé.

*Couperet*, n. m., gros couteau.
*Couperais*-je ? *couperait*-il ? v. *couper*.

*Couple*, n. f., une paire de poulets, etc.
*Couple*, n. m., un beau *couple* (en parlant
     des 2 sexes).

*Cour*, n. f., enclos, et suite d'un roi, etc.
*Cours*, n. m. ; un *cours* d'études ; le *cours* de
     la vie, etc.
*Court*, *courte*, adj., peu long, peu durable.
*Cours*-tu ? court-il ? *courent*-ils ? v. *courir*.
Subj. que je *coure*, que tu *coures*, qu'ils
     courent.

*Courtisan*, n. m., homme de cour.
*Courtisant*, part. du verbe *courtiser*.

*Couvent*, n. m., monastère.
*Couvant*, part. du v. *couver* (cacher).

*Crac !* exclamation.
*Craque*-t-il ? *craquent*-ils ? v. *craquer* (hâbler,
     ou faire du bruit).

*Crachat*, n. m., salive ; croix brodée.
*Crachas*-tu ? *cracha*-t-il ? il *cracha*, v. *cracher*.



*Craint*, *crainte*, adj., redouté.
*Crains*-tu ? *craint*-il ? v. *craindre*.
*Crin* d'une crinière ; les *crins* d'un cheval.
Un *crin-crin*, c'est un mauvais violon.

*Créat*, n. m. ( t. de manège ), sous-écuyer de
     l'école.
Il *créa*, 3e pers. du v. *créer*.
Qu'il *créât*, imparf. du subj. dans ce v.

*Crême*, n. f., partie grasse du lait.
*Chrême*, n. m. ; le saint-*chrême* ( huile consa-
     crée ).

*Crêpe*, n. m., sorte de gaze.
*Crêpe*, n. f., sorte de pâte frite.

*Crest*, ville de ce nom.
*Craie*, n. f., sorte de pierre tendre.

*Crête*, n. f., sommet. *Crête* de coq, etc.
*Crète*, n. f., aujourd'hui île de Candie.

*Creuset*, n. m. g., et vase creux.
*Creusais*-tu ? *creusait*-il ? v. *creuser*.

*Cri*, n. m. ; cri de joie ou de souffrance.
*Cric*, n., machine pour soulever les fardeaux.
*Cries*-tu ? *crie*-t-il ? *crient*-ils ? v. *crier*.
Jésus-*Christ* ; mais, quand *Christ* est seul, on
     prononce *Christe*.
*Chrie*, n. f., amplification.

*Croc*, n. m., crochet ; un *croc-en-jambe*.
*Croq*, ville du départ. de la Creuse.
*Croques*-tu ? *croque*-t-il ? *croquent*-ils ? v.
     croquer.

*Crochet*, n. m., outil.
*Crochais*-tu ? *crochait*-il ? *crochaient*-ils ? v.
     crocher, à l'imparfait.

*Croix*, n. f. ( d'or, de bois, etc. ). On dit :
     porter sa *croix*, ou supporter ses
     peines.
*Crois*-tu ? *croit*-il ? *croient*-ils ? v. *croire*.
*Croîs*-tu ? *croît*-il ? v. *croître*.

*Croquet*, n. m., pain d'épices mince et sec.
*Croquais*-tu ? *croquait*-il ? *croquaient*-ils ? v.
     croquer, à l'imparfait.

*Cru*, *crue*, adj., non cuit, et part. du v.
     croire.
*Crû*, m., *crûe*, adj. f. et nom, du v. *croître*.
*Crus*-tu ? *crut*-il ? v. *croire* et v. *croître*.

*Cuir*, n. m., peau épaisse d'un animal.
*Cuire*, v., faire *cuire* quelque chose.
*Cuirent* ils ? v. *cuire*, au prét. défini.

*Culière*, n. f., sorte de sangle d'un harnais.
    Pierre plate et percée pour recevoir
    l'eau d'un tuyau.
*Cuiller*, n. f. ( à potage ), ou *cuillère*.

*Culier*, adj. m. ( pron. kulié ), boyau *culier*.

*Cycle* solaire , *cycle* lunaire ; période.
*Cicle* , m. , ancienne monnaie des Juifs.

*Cygne*. Voyez SIGNE.

*Cyrène* , mère d'Aristée , et ville de Lybie.
*Sirène*, n. f., poisson fabuleux.

# D.

*Dais* d'une église ; être sous le *dais*.
*Dé* , à coudre , *dé* à jouer.
*Des* , art. composé, mis pour *de les*.
*Dès* , prép., depuis, *dès* avant-hier.
*Dey* , dignité en Afrique : le *dey* d'Alger.

*Damas*-tu ? *dama*-t-il ? t. du jeu de dame.
*Damas* , n. m. , sorte de sabre.

*Damas*, n. propre. Prononcez *damace*.
Il *damasse* , 3e pers. dans le v. *damasser*.

*Dam* , n. m. , damnation ( ce mot a vieilli ).
*Dam* , il y a deux villes de ce nom.
*Dans*, prép., *dans* Paris , *dans* l'année.
*D'en* , mis pour *de en*, de cela: il vient *d'en*
    finir.
*Dent* , n. f. , de belles *dents*.

*Danse*, n. f., exercice du corps en cadence.
*Dense*, adj., épais, compacte ; l'air est *dense*.
*Danses*-tu ? *danse*-t-il ? *dansent*-ils ? v.

*Date* , n. f. , époque.
*Datte* , n. f. , fruit du dattier.
*Dates*-tu ? *date*-t-il ? *datent*-ils ? v. *dater*.

*Davantage* , adv., qui signifie plus.
*D'avantage*,.... en 2 mots, signifie de profit
    ou *de avantage*.

*Deçà* et en-*deçà* , adv.
*De sa*, sont 2 mots: *de*, prép., et *sa*, adj. f.

*Déceler* un secret (le révéler ).
*Desceller* un gond de fer.
*Desceller*, v., ôter les scellés.
*Desseller*, v., ôter la selle.

*Décent*, adj. m., modeste, qui a de la décence.
*Descends*-tu? *descend*-il? v. descendre.

*Descendre*, v., aller du haut en bas.
*Des cendres* : *des* , art., *cendres*, n. f. pl.



*Décente*, adj. f. de *décent* , modeste.
*Descente*, n. f., action de descendre.

Il *déchasse*, v., faire le contraire de chasser.
Il *déchâsse*, v., il ôte le châssis ou la châsse.

*Déciller*, v., ôter les cils.
*Dessiller* ou détromper (sens figuré).

Je *déceins*, v. *déceindre*. Voyez DESSIN.

*Décor*, n. m., le décorum, ornement.
*Décores*-tu ? *décore*-t-il ? *décorent*-ils ? v.

*Décri*, n. m., mauvais renom.
*Décrit*, *décrite*, adj. du v. *décrire*.
*Décries*-tu ? *décrie*-t-il ? v. *décrier*.
*Décris*-tu ? *décrit*-il? v. *décrire*.

*Déçu*, *déçue*, adj., détrompé, du v. *décevoir*.
*Dessus*, adv.; le *dessus*, c'est la surface.

*Défaire*, v., ôter, détruire.
Il *défère*, v., déférer, avoir de la déférence.
Il *déferre*, v., déférrer, ôter les fers.

*Défait*, *défaite*, adj., et part. du v. *défaire*.
*Défais*-toi de cela, s'en *défait*-on ?
*Défets*, n. m. pl. , feuillets au rebut (terme
    d'imp.).
*D'effets* précieux il s'était enrichi.

*Déférant* ( part. du v. *déférer* ), condescen-
    dant.
*Déférent*, n. et adj., t. d'astronomie et de
    monnaie. Marque qui indique le pays
    où elle a été frappée.
*Déferrant*, qui ôte les fers, participe du verbe
    *déferrer*.

*Déférer*, v., avoir de la déférence.
*Déferrer*, v., ôter les fers.

*Défi* , n. m., provocation.
Je *défie*, *défies*-tu ? *défient*-ils? v. *défier*.
*Défis*-tu ? *défit*-il? v. *défaire*, au prét.

*Dégoûtant*, adj., rebutant.
*Dégouttant*, tombant goutte à goutte.

*Dégoûter*, v. rebuter.
*Dégoutter*, v., tomber goutte à goutte.

*Delà*, adv., au-*delà*, par-*delà*.
*De là* : *de*, prép., et *là*, adv. ; *de là* il part.
*De la* en 2 mots sans accent, sont la prép. *de* et
    l'article f. *la* : *de la* tête aux pieds.

*Délacer*, v., défaire ou ôter un lacet.
*Délasser*, v., ôter la lassitude.
*Délacez*-vous, ôtez votre lacet.
*Délassez*-vous, reposez-vous.

*Délit*, n. m., faute, infraction contre la loi.
*Délies*-tu ce paquet ?
*Délie*-t-on ? *délient*-ils ? } verbe *délier*.
*Delhy* ou *déli*, ville de ce nom.

*Demi*-heure, n. f., 2 *demi*-heures ; 2 *demi*-
quarts d'heure.
Une *demie* ; 2 heures et *demie* ; 2 quarts
d'heure et *demi*.

*Des*. Voyez DAIS.

*Déni*, n. m., refus de rendre justice.
*Dénies*-tu ? *dénie*-t-il ? *dénient*-ils ? v. *dénier*.
*Denis*, n. pr., Saint-*Denis*, g.
*Denys*, n. pr., tyran de Syracuse.

*Denier*, n. m., petite monnaie.
*Dénié*, *déniée*, adj. (qui est nié).
*Déniez*-le, v. *dénier*.

Je *dépare*, tu *dépares*, v. *déparer*.
*Départ*, n. m., action de partir.

*Dépens*, n. m. pl., ce que l'on dépense.
*Dépens*-tu ? *dépend*-il ? v. *dépendre*.

Je *désaire*, tu *désaires*, v. *désairer* (faire
sortir).
*Désert*, adj. et n. m., solitude.

*Désir*, n. m., envie.
*Désires*-tu ? *désire*-t-il ? *désirent*-ils ? v.

*Dessein*, n. m., intention, résolution.
*Dessin*, n. m., esquisse, plan, graphie.
Je *déceins*, elle se *déceint*, v. (ôter la ceinture).

*Déteint*, *déteinte*, adj. et part. du v. *déteindre*.
Je *déteins*, elle *déteint*, v. *déteindre*, au
présent.
Je *détins*, tu *détins*, il *détint*, v. *détenir*, au
prétérit.

*Deuil*, n. m., affliction ; habit de *deuil*.
*Clin*-d'œil, coup-d'œil.

*Deux*, nombre : reçu *deux* cents francs.
*D'eux*, pour *de eux* : reçu *d'eux* cent francs.
*D'œufs*, mis pour *de œufs*.
La ville *d'Eu* est une ville de Normandie.

*Dicton*, n. m., quolibet en proverbe.
*Dictons*-lui sa lettre, v. *dicter*.

*Dieu*, m., le souverain être de tout.
*D'yeux*, mis pour *de yeux*, pl. d'œil.

*Différent*, *différente*, adj., dissemblable.
*Différend* ou *différent*, n., démêlé, querelle.
*Différant*, part. (en *différant* d'opinion).

*Die*, m., ville de ce nom (dépt. de la Drôme).
*Dix*, nombre ; *dix* mots ; soixante-*dix*, etc.



*D'y*, mis pour *de y* ; *d'y* penser je n'ai garde.
*Dis*-tu ? *dit*-il ? *dit*-on ? v. *dire*.

*Dideau*, n. m., sorte de filet.
*Didot*, nom pr. d'un imprimeur célèbre.

*Dinan*, ville de ce nom.
*Dînant*, part. du v. *dîner*.

*Dîner*, v., faire le principal repas.
*Dîné*, part. du v. : il a *dîné*.
Le *dîner*, n. m., en parlant de ce repas.
La *dînée*, n. f. ( temps du *dîner* en voyage ).
Toute *l'après-dînée* ( la plus grande partie de
la soirée ).
*Dînez*-vous ? 2e pers. pl. dans le v. *dîner*.
*Dix nez* sont deux mots séparés.

*Disant*, part. du v. *dire*.
*Dix ans*, ou dix années.

*Discours*, n. m., entretien, harangue.
*Discourt*-il ? *discourent*-ils ? v. *discourir*.

*Dispenser*, v., exempter, répandre.
*Dispensaire*, n. m., livre de formules médi-
cales.

*Dissyllabe*, adj. et nom de 2 syllabes.
*Dix syllabes* sont 2 fois 5 syllabes.

*Divers*, *diverses*, adj. pl. : *divers* fils, *diverses*
filles.
*D'hiver*, mis pour *de hiver*, prép. et n.

*Doigt*, n. m., *doigt* de la main ou du pied.
*Dois*-je ? *dois*-tu ? *doit*-il ? v. *devoir*.
Le *doit* et l'avoir ; les *doit* et avoir, inv.
*Douai*, ville de ce nom.
*Douais*-tu ? *douait*-il ? v. *douer*, à l'imparfait.

*Dol*, n. m., fraude, et ville en Bretagne.
*Dôle*, ville de ce nom, en Franche-Comté.

*Dolant*, part. du v. *doler*, unir.
*Dolent*, *dolente*, adj., triste.

*Dom*, m., qualification de certains moines.
*Don*, m., cadeau ; qualification en Espagne,
et fleuve de ce nom.
*Donc*, conj. adv., en conséquence : or *donc*.
*Dont*, pronom inv., mis pour duquel, de la-
quelle, desquels, ou desquelles.

*D'or*, mis pour *de or* ; une montre *d'or*.
*Dores*-tu ? *dore*-t-il ? *dorent*-ils, v. *dorer*.
*Dors*-tu ? *dort*-il ? v. *dormir*.

*Dot*, n. f., c'est ce qu'on donne en mariage.
Je *dote*, tu *dotes*, ils *dotent*, v. *doter*.

*D'où*, mis pour *de où* : *d'où* venez-vous ?
*Doubs*, n., rivière et dépt. de ce nom.

*Doues*-tu? *doue*-t-il? *douent*-ils? v. *douer*.
*Doux*, *douce*, adj., poli, agréable.

*Douer*, v. doter.
*Douaire*, n. m., biens assurés à la femme par le mari.

*Dragone*, n. f., espèce de lézard.
*Dragonne*, n. f., batterie de tambour et ornement d'une épée.

*Droguer*, v. *médicamenter*.
*Droguier*, n., magasin à drogues.

*Du*, mis pour *de le*; *du* pain, *du* vin, etc.
*Dû*, *due*, part. du verbe *devoir*.
*Dus*-je? *dut*-il? v. *devoir*; qu'il *dût*, subj.

*Dune*, n. f.; rocher près de la mer.
*D'une*, mis pour *de une*, art. comp.

*Dur*, *dure*, adj.; il est *dur* comme un roc.
*Dures*-tu? *dure*-t-il? *durent*-ils? v. *durer*.


# E.

*E*, *é*, *è*, *ê*, sont 4 sons différens.
*Eh !* cri d'étonnement.
*Hé*, *hé*, *hé !* sorte de rire.
*Es*, *est*, *ait*, *et*, etc. Voyez AI.

*Eau*. Voyez AU.

*Écailler*, v., ôter *l'écaille*.
*Écaillier*, n. m., *écaillière*, f. ( qui *écaille* ).
*Écalier*, qui ôte *l'écale*, ou qui *écale*.

*Écarrir*, v., tuer un cheval, et l'écorcher.
*Équarrir*, v., couper à angles droits.

*Écarrisseur*, n. m., écorcheur de chevaux.
*Équarrisseur*, qui coupe à angles droits.

*Échec*, accident, et jeu des *échecs*.
*Échet*-il? ou *échoit*-il? v. *échoir*; qu'ils *échéent*.
*Échée*, n. f., écheveau de fil.

*Écho*, n. m., son répété par un corps qui résiste.
*Écho*, n. f., nymphe changée en rocher.
*Écot*, n. m., quote-part; ce que chacun paie pour son repas.

*Écimer*, v., étêter, couper la cime.
*Essimer*, v., amaigrir ( t. de fauconnerie ).

*Éclair*, n. m., éclat subit d'une lumière.
*Éclaire*, n. f., plante de ce nom.
*Éclaires*-tu? *éclaire*-t-il? *éclairent*-ils? v.




*Éclat*, m., bruit, lueur, fragment.
*Hécla*, m., nom d'un volcan de l'Islande.

*Effort*, n. m., action faite avec force.
*Éphore*, magistrat qui inspectait à Sparte.

*Égard*, n. m., attention, déférence.
*J'égare*, *égares*-tu? *égare*-t-il? v. *égarer*.

*Égayer*, v., rendre *gai*.
*Aiguayer* ( ou du linge, ou un cheval ), le laver, le baigner.

*Élisez*-vous domicile? v. *élire*, choisir.
*Élysée*, n. m., les Champs-*Élysées*.

*Elle*. Voyez AÎLE.

*En*, prép. et pronom. Voyez AN.

*Enchère*, n. f., offre au - dessus d'une autre.
*En chair* et en os ( loc. ).
*En chaire*, prêcher en *chaire*.

*Encre*. Voyez ANCRE.

*Éminent*, adj., élevé, qu'il ne faut pas confondre avec *imminent*, qui menace.

*Empeser*, v., le linge; y mettre de l'empoi.
*En peser*, v. ( en 2 mots ), peser de cela.

*Emplâtre*, n. m., cataplasme.
*En plâtre*, avec du plâtre.

*Emploi*, n. m., occupation, usage.
*Emploies*-tu? *emploie*-t-il? *emploient*-ils? v.

*Employé*, m., *employée*, f., n. et adj. du v. *employer*.
*Employer* quelqu'un, etc., v. act., à l'infinitif.
*Employez*-vous? 2e pers. pl. du v., au prés.
*Employiez*-vous? 2e pers. pl. du v., à l'imparfait ou au subjonctif.

*Enceinte*, adj. f. et n. f. (circonférence ).
*En sainte*, ou comme une *sainte* (loc. ).

*Encens*, n. m., résine pour *encenser*.
*En cent*, et non en mille ( loc. ).
*En sens* divers, *en sens* contraires (loc. ).
*En sang*, être tout *en sang* (saignant).
*En sent*-il le prix? pr. et v. *sentir*.
*En s'en* allant, ou en partant.

*Encre*, n. f., pour écrire.
*Ancre*, n. f., d'un vaisseau, v. *ancrer*.

*Encore*, adv. ( de nouveau ).
*En corps* et en ame ( locution ).
*En cor* de chasse ( autre locution ).

*Endente*, n. f., liaison de 2 pièces de bois.
*Andante* ou *andanté*, m., t. de mus.

*Enfer*, n. m. (lieu inférieur), les *enfers*.
*En fer* ou en acier (locution).
*Enferre-toi, enferres-tu? s'enferre-t-il?* verbe
     *enferrer.*
*En faire* trop ou trop peu (loc.), pr. et v.

*Ennoblir*, v. Voyez ANOBLIR.

*Ennui*, n. m., langueur, dégoût de l'esprit.
*Ennuies-tu? ennuie-t-il?* v. *ennuyer.*

*Enseigné, enseignée*, adj. et part. du v.
*Enseigner*, v. à l'infinitif, instruire.
*En saigner* (loc.), saigner de cela.
*Enceignez*, 2e pers. dans le v. *enceindre.*

*Enseigne*, n. f., indice; à telle *enseigne.*
*Enseigne*, n. m., des porte-*enseigne*, etc.
Il *en saigne*, il saigne de cela.
Qu'il *enceigne*, subj. dans le v. *enceindre.*

*Ente*, n. f., greffe d'un arbre.
Il *hante*, v. (il fréquente).
*Ante*, n. m., les *antes* ou pilastres.

*Enter*, v. greffer.
*Anthère*, n. f., partie d'une fleur.
*Hanter*, v., fréquenter.

*Enté, entée*, adj., greffé, greffée.
*Entez-vous?* c'est-à-dire, greffez-vous?
*Hantez* les bons, c'est-à-dire, fréquentez-les.
*Antée*, n. m., brigand, géant fabuleux.

*Entours*, n. m. pl., circuit, et société.
*Entoures-tu? entourent-ils?* v. *entourer.*

*Entre.* Voyez ANTRE.

*En train* (locution), être *en train* de...
*Antrain*, ville de ce nom.

*Entregent*, n. m. (t. fam.), manière adroite de
     s'insinuer.
*Entre gens*, prép. et n. m. pl. (loc.).

*Entretien*, n. m., conversation, dépense.
*Entretiens-tu? s'entretient-il?* v.

*En vain*, adv., inutilement.
*En vin* et non pas en eau.
*En vingt* coups.
*En vint-il* à bout?
*En vains* efforts.

*Envers*, prép. Voyez ANVERS.

*Envi* (à l'*envi*, adv. comp.), avec émulation.
*Envie*, n. f., désir, et marque sur la peau.

*Envies-tu? envient-ils?* v. *envier.*
*En vie* ou vivant, prép. et n. f.

*Épars, éparse*, adj., en désordre, dispersé.
*Épart*, n. m., espèce de jonc.
*Hépar*, n. m., sulfure ou foie de soufre.

*Épi* de blé, etc., n. m.
*Épies-tu? épie-t-il? épient-ils?* v. *épier.*

*Épicer*, v., assaisonner d'épices.
*Épisser*, v., entrelacer plusieurs fils de cordes.

*Épier*, v., guetter; ils *épièrent*, 3e pers. du pl.
     dans ce v.
Il *épierre*, v. *épierrer*, ôter les pierres.

*Ère.* Voyez AIR.

*Ergo*, adv., qui signifie donc.
*Ergot*, n. m., petit angle pointu; les *ergots*
     d'un coq.

*Érine*, n. f., instrument pour disséquer.
*Errine*, n. f., remède pour les narines.

*Érisson*, m., ancre à 4 bras (t. de mar., etc.).
*Hérisson*, m., sorte d'animal qui se hérisse.

*Esse*, n. f., fer tortu en s pour fixer une
     roue.
*Est-ce* (loc.), mis pour cela est-il?

*Essor*, n. m., vol d'oiseau, début hardi.
*Essore-t-on? essorent-ils* le linge? v. *essorer.*

*Essui*, n. m., lieu où l'on fait sécher le linge.
*Essuie-mains*, m., pour essuyer les mains.
*J'essuie*, tu *essuies*, ils *essuient*, v. *essuyer.*

*Et, est, ait, haït*, etc. Voyez AI.

*Estaire*, ville de ce nom.
*Ester*, v., comparaître en justice.
*Estère*, n. f., natte de jonc.
*Esther*, n. f., reine de ce nom.

*Estance*, n. f., piliers (t. de mar.).
*Stances*, n. f. pl. (strophes).

*Esterlin*, m., poids de 28 grains 1/2.
24 livres *sterling* (inv.), monnaie anglaise. D.

*Étai*, n. m. (t. de mar.), gros cordage.
*Été*, n. m., saison. *Été*, part. inv. du v. *être.*
*Étaie*, n. f., soutien, pièce de bois, etc.
*Étais-tu? était-il? étaient-ils?* v. *être.*
*Étayes-tu? étaye-t-il? étayent-ils?* v. *étayer.*

*Étaim*, n. m., laine pour faire la chaîne d'un
     tissu.
*Étain*, m., métal (une cuiller d'*étain*)

*Éteint, éteinte,* adj. et part. du v. *éteindre.*
*Éteins*-tu ? *éteint*-il ? v. *éteindre.*

---

*Étal,* n. m. ( pl. , des *étaux* ); table et boutique
    de boucher.
*Étale,* adj. f. ( t. de mar. ); la mer est *étale* ( elle
    ne hausse, ni ne baisse ).
*Étales*-tu ? *étale*-t-il ? *étalent-ils* ? v. *étaler.*

---

*Étang,* n. m. , grand amas d'eau stagnante.
*Étant,* part. prés. du v. *être.*
*Étends*-tu ? *étends*-le ? *étend*-il ? v. *étendre.*

---

*Étaux,* pl. de *étal,* n. m.
*Étaux,* pl. de *étau,* n. m. , instrument de
    serrurier.

---

*Éther,* n. m. , liqueur très-volatile.
*Hétaire,* n. f. , courtisane grecque.

---

*Étique,* adj. , attaqué d'une fièvre lente.
*Éthique,* n. f. , philosophie morale.

---

*Être,* v. auxiliaire , et substantif m.
Les *êtres,* n. m. pl. , connaître les *êtres* d'un
    lieu.
*Hêtre,* n. m. b. , arbre à faînes.

---

*Étrier,* m. , espèce d'anneau (à franc *étrier,* loc.)
*Étriller,* v. , frotter avec une étrille.

---

*Eu* (prononcez *œu* ), ville de ce nom, en
    Normandie.
*Eux,* pronom pers. , m. pl. de elles.
*Œufs,* n. m. , pl. de *œuf* ( des *œufs* frais ).

---

*Eu, eue,* f. , part. passé du v. *avoir.*
*Eus*-je ? *eus*-tu ? *eut*-il ? v. *avoir.*
*Eût*-il, 3e pers. dans l'imparfait du subj.
*Hue !* cri de charretier (il signifie à droite).
*Hues*-tu ? *hue*-t-il ? *huent*-ils ? v. *huer.*
*U,* n. m. , des *u* ( 5e voyelle de l'alphabet ).

---

*Eûmes*-nous ? 1re pers. dans le v. *avoir.*
*Humes*-tu ? *hume*-t-on ? *hument*-ils ? verbe
    *humer.*

---

*Eure,* g. , pron. *œure.* Voyez HEURE.

---

*Eurent*-ils ? 3e pers. plur. dans le v. *avoir.*
*Hure,* n. f. , tête de sanglier.
*Ure,* n. m. , espèce de taureau sauvage.
*Ur,* ancienne ville de ce nom.

---

*Éveil,* n. m. , avis d'une chose à laquelle on ne
    pensait pas.
*Éveille*-toi ? *éveillent*-ils ? v. *éveiller.*

---

*Éventer,* v. , donner l'évent.
*Éventaire,* n. m. , sorte de petite claie.

---



*Ex,* prép. ( ci-devant ); *ex* - employé, *ex*-
    abbé, etc.
*Aix,* g. , villes de ce nom.

---

*Exaucer* une prière, c'est l'accorder.
*Exhausser,* c'est élever plus haut.
*Exocet,* n. m. , poisson volant ( t. d'hist. nat. ).

---

*Excédant,* participe inv. du v. *excéder.*
*Excédent, e,* adj. et n. ( le surplus ).

---

*Excellent, excellente,* adj. ( parfait ).
*Excellant,* part. inv. du v. *exceller.*

---

*Exceptez*-vous ? 2e pers. dans le v. *excepter.*
*Excepté,* inv. devant un nom, et var. après le
    nom.

---

*Exemple,* n. m. , action, soit à suivre, soit à fuir.
*Exemple,* n. f. , principes d'écriture.

---

*Exil,* n. m. , banissement.
J'*exile,* tu *exiles, exilent*-ils ? v. *exiler.*

---

*Expédiant,* part. prés. du v. *expédier.*
*Expédient,* n. m. , moyen bon ou mauvais.

---

*Expansion,* n. f. , dilatation.
*Ex-pension,* n. f. , ci-devant pension.

---

# F.

*Fabricant,* n. m. , qui fait fabriquer.
*Fabriquant,* part. prés. du v. *fabriquer;* c'est
    celui qui fabrique.

---

*Face,* n. f. , visage , être *face* à *face.*
*Fasce,* n. f. ( t. de blason ).
Que je *fasse,* que tu *fasses* ( v. faire ).
*Fassent* les hommes que.... ( locution ).

---

*Faïence,* n. f. , poterie fine.
*Fayence,* g. , ville de France et ville d'Italie.

---

*Faim,* n. f. , besoin de manger.
*Feins*-tu ? *feint*-il, v. *feindre.*
*Fin, fine,* adj. ; délié , rusé , adroit.
*Fin,* n. f. , but ou terme ; la *fin* de l'année.

---

*Faîne,* f. , fruit du hêtre.
*Fœne,* m. , nom d'un insecte.
*Phène,* n. f. , oiseau de proie.

---

*Faire,* v. , que faut-il *faire ?*
*Fer,* n. m. , métal ; mettre les *fers.*
La *Fère,* ville de ce nom.
*Ferre*-t-il ? *ferres*-tu ? *ferrent*-ils ? v. *ferrer.*

---

*Fais*-je ? *fait*-il ? *fait*-on ? v. *faire.*
*Fait,* action ( et part. du v. *faire* ).
*Faix,* n. m. , fardeau ; des porte-*faix,* ou
    porte*faix.*

*Faisan*, n. m., oiseau de ce nom.
*Fesant* ou *faisant*, part. du v. *faire*.

*Faîte*, n. m., sommet; le *faîte* d'un toît, etc.
*Faîte*, adj. f., de fait, adj. m., terminé.
*Faites-vous?* 2ᵉ pers. dans le v. *faire*.
*Fête*, n. f., solennité, réjouissance.

*Faner*, v. ( flétrir ); *faner* l'herbe, etc.
*Faonner*, v., mettre bas, en parlant des biches.

*Faon*, n. m., petit d'une biche.
*Fends-tu? fend-*il? *fend-*on? v. *fendre*.

*Faraud*, *faraude*, adj., glorieux, t. pop.
*Pharo*, n. m., sorte de bière double, boisson.

*Fard*, n. m., couleur artificielle; feinte.
*Phare*, fanal, tour éclairée pour guider les vaisseaux.

*Fatigant*, adj., ennuyeux, pénible.
*Fatiguant*, part. inv. du verbe *fatiguer*.

*Fauchet*, n. m., espèce de râteau.
*Fauchais-*tu? *fauchait-*on? v. *faucher*.

*Faucille*, n. f., outil pour scier le blé.
*Focile*, n. m., os du bras, ou de la jambe.
*Fossile*, n. et adj, substance pétrifiée.

*Fauque*, n. m., terme de savonnier....
*Phoque*, n. m., animal amphibie.

*Fau*, n. m., arbre d'une haute futaie.
*Faux*, *fausse*, adj., contraire à la vérité.
*Faut-*il? il *faut*, v. *falloir*.
*Faulx* ou *faux*, n. f. ( pour faucher ).

*Fausse*, adj. f. de faux, contraire à la vérité.
*Fausses-*tu? *fausse-t-*il? *faussent-*ils? v. *fausser*.
*Fosse*, n. f., creux fait dans la terre.

*Faussé*, m., *faussée*, f., part. du v. *fausser*.
*Faussez-vous* votre serment? 2ᵉ pers.
*Fossé*, n. m., creux en long dans la terre.
*Faussais-*tu? v. *fausser*, à l'imparfait.
*Fausset*, n. m., petite broche, et voix aigre.
Mais il est plus exact d'écrire *faucet*, t. de mus., et *fosset*, t. de tonnelier.
(Dict. de M. Castil-Blaze.)

*Feins.* Voyez FAIM.

*Fenton*, m., ferrure ( t. de maçon ).
*Fend-*on? est-ce que l'on *fend*? ( v. et pron. ).

*Fer*, métal, Voyez FAIRE.

*Férie*, n. f., jour de fête.
*Féerie*, n. f., enchantement, l'art des fées.



*Fermant*, participe du v. *fermer*.
*Ferment*, n. m., levain qui fait *fermenter*.
*Ferrement*, n. m., outil de fer.

*Ferret*, n. m., fer d'aiguillette.
*Ferrais-*tu? *ferrait-*il? *ferraient-*ils? v. *ferrer*.

*Fesces*, n. f. pl., terme de chimie; marc.
*Fesse*, n. f., partie du corps.
*Fesses-*tu? *fesse-t-*il? v. *fesser*.
*Fesse-mathieu*, n. m.; des *fesse-mathieu*.

*Fétu*, n. m., petit tuyau de paille.
*Fœtus*, m., animal à demi-formé.
*Fais-*tu ton devoir? v. *faire*, et pr. *tu*.

*Feu*, n. m., élément, éclat, vivacité; pl. des *feux*.
*Feu*, *feue*, adj., défunt : *feu* son père; *feu* sa grand'-mère.
La *feue* reine, mes *feus* parens.
On voit que l'adj. *feu* est inv. avant le nom, s'il n'est pas précédé d'un des art. ou adj. la, les, ma, mes, ta, sa, ses, etc.

*Fi !* cri de mépris ou de dégoût.
*Fils*, n. m., garçon; on ne prononce pas l's devant une consonne.
*Fie-t'y? t'*y *fies-*tu? s'y *fie-t-*on? s'y *fient-*ils? v. *fier*.
*Fis-je? fit-*il? v. *faire*, au prét. défini.

*Fichet*, n. m., petit morceau d'ivoire.
Je *fichais*, il *fichait*, ils *fichaient*, v. *ficher*.

*Fiction*, n. f., invention fabuleuse.
*Fixions-nous?* 1ʳᵉ pers. pl. dans le v. *fixer*.

*Fier*, adj. m., *fière*, adj. f., hautain, altier.
Un *fier-*à-bras; c'est un fanfaron.
*Fier*, v. : ils s'y *fièrent*.

*Fil* à coudre, *fil* de fer, etc.
*File*, n. f., rang; aller à la *file*.
*Files-*tu? *file-t-*il? *filent-*ils? v. *filer*.

*Filet* de *fil* ou de corde; retz ou réseau.
*Filais-*tu? *filait-*elle? v. *filer*.

*Filtre*, n. m., papier ou pierre à filtrer.
*Philtre*, n. m., breuvage.

*Fin.* Voyez FAIM.

*Flaire*, n. m., odorat d'un animal.
*Flaire-t-*il? *flairent-*ils? v. *flairer*.

*Flamand*, qui est de la Flandre.
*Flammant*, part. du v. *flammer*.

*Flan*, n. m., sorte de tarte, gâteau.
*Flanc*, côté; se battre les *flancs*.

*Fleur*, n. f. ( d'orange, de jasmin, etc. ).
*Fleurent*-ils ? v. *fleurer* ( exhaler une odeur. )

*Focile*. Voyez FAUCILLE.

*Foi*, n. f., croyance, fidélité.
*Sainte-Foi*, ville de ce nom.
*Foie*, n. m., viscère. Un *foie* de veau, etc.
*Fois*, n. f., une *fois*, 2 *fois*, *toutefois*, conj.
*Toutes fois* et quantes ( t. de pal.).
*Foix*, ville et comté de ce nom.

*Foué*, ville de la Basse-Égypte.
*Fouet* pour fouetter ( prononcez *foué* ).

*Folio*, n. inv., feuillet ; des *in-folio*.
*Foliot*, n. m., ressort de serrure.

*Foncé*, *foncée*, adj. : couleur *foncée*.
*Foncez*, 2e pers. pl. dans le v. *foncer*.

*Foncet*, n. m., sorte de grand bateau.
Je *fonçais*, il *fonçait*, v. *foncer*.

*Fond*, n. m., partie la plus creuse ou la plus
basse : le *fond* du puits.
*Fonds*, n. m., propriété : un *fonds* de com-
merce, un bien *fonds*, etc.
Je *fonds*, tu *fonds*, il *fond*, v. *fondre*.
*Font*-ils leur devoir ? v. *faire*.
*Fonts* baptismaux ( *fonts* de baptême ).

*For*, n. m., tribunal ( mot peu usité ) ; le *for*
intérieur, c'est la conscience.
*Fort*, n., adj. et adv. : homme *fort* ; de *fort*
bonnes gens.
Un *fort* ou forteresse, etc.
*Fores*-tu ? *fore*-t-il ? *forent*-ils ? v. *forer*, percer.
*Fors*, prép. ( excepté ) ; *fors* l'honneur ( ce
mot a vieilli ).

*Forçat*, n. m., galérien.
Tu *forças*, il *força* ; subj., qu'il *forçât*, v. forcer.

*Foret*, n. m., outil de fer pour percer.
*Forêt*, n. f., grande étendue de bois.
*Forais*-tu ? *forait*-il ? v. *forer*.
*Forez*, n. m., ancienne province de ce nom.

*Formas*-tu ? *forma*-t-il ? v. *former* ; subj., qu'il
*formât*.
*Format*, n. m., hauteur et largeur d'un livre.

*Foudre*, grand tonneau d'Allemagne.
*Foudre*, n. f., feu électrique, tonnerre.
*Foudre*, n. m., un *foudre* de guerre.

*Fossile*. Voyez FAUCILLE.

*Fourmilier*, n. m., qui vit de fourmis.
*Fourmilière*, n. f., retraite des fourmis.
*Fourmiller*, v., abonder, pulluler.



*Four*, n. m., *four* à cuire ; *four* à chaux.
*Fourre*-les ? 2e pers. dans le v. *fourrer*.

*Fournil*, n. m., lieu où est le four.
*Fourni*, m., *fournie*. f., part. } v. *fournir*.
*Fournis*-tu ? *fournit*-il ?

*Frai*, n. m., temps de la multiplication des
poissons, et frottement des monnaies.
*Frais*, *fraîche*, qui a de la fraîcheur.
*Frais*, n. m. pl., dépense ou dépens.
*Frayes*-tu ? *fraye*-t-il ? v. *frayer*.
*Frêt*, ou louage d'un vaisseau ; le fréter, l'é-
quiper.

*Frase*, n. m., outil d'acier.
Il *frase*, v. *fraser* ( t. de pâtissier ).
*Phrase*, n. f., sens complet, réunion de pro-
positions.

*Fraser* la pâte, lui donner le 2e tour.
*Phraser*, lier ou réunir les propositions d'une
phrase.

*Fuie*, n. f., petit colombier.
*Fuies*-tu ? *fuit*-il ? *fuient*-ils ? v. *fuir*.
Que je *fuie*, que tu *fuies*, subj. du v.

*Fumé*, *fumée*, part. et n. f. du v. *fumer*.
*Fumez*-vous ? 2e pers. dans ce v.

*Fûmes*-nous heureux, 1re pers. dans le v. être.
*Fume*-t-on ? *fumes*-tu ? *fument*-ils ?
*Fumer* une terre ; exhaler de *la fumée*, être
fâché.

*Fumet*, n. m., vapeur, odeur agréable.
*Fumais*-tu ? *fumait*-il ? v. *fumer*.

*Fusilier*, n., fantassin armé d'un fusil.
*Fusiller*, v. ; le peloton l'a fusillé.
*Fusillé*, *fusillée*, part. du v. *fusiller*.

*Fût*, n. m., futaille ; retenir *fût* et jus.
Je *fus*, tu *fus*, il *fut*, v. *être*.
Qu'il *fût* demain, subj. du v.

*Futaie*, n. f., petit bois, forêt.
*Futais*-tu ? *futait*-il ? v. *futer*.

*Futile*, adj., vain, frivole.
*Fut-il*, ou est-ce qu'il *fut* ? v. *être*.
*Fût-il*, ou quand même il serait.

# G.

*Gai*, adj. m. ; *gaie*, adj. f., joyeux.
*Guais*, adj. inv., hareng *guais*, qui n'a ni œufs
ni laite.
*Gué*, n. m., lieu où l'on peut passer une
rivière sans nager.

*Guéé, guéée*, part. du v. *guéer*, baigner.
*Guet*, n., action de guéter.
*Guet-à-pens*, n. m. (des *guets-à-pens*), em-
　bûche criminelle, préméditée.

*Gaieté* ou *gaîté*, n. f., belle humeur.
*Guetté, guettée*, part. }
*Guettez-le*, 2e pers., } du v. *guetter*, épier.

*Gale*, n. f., sorte de pustule, maladie.
*Galle*, n. f., noix de galle.
*Galles*, province de ce nom.

*Galée*, n. f. (t. d'impr.), planche à rebord.
*Galet*, n. m., sorte de caillou, et jeu.

*Galer*, v., se gratter.
*Galère*, n. f., vogue la *galère*; condamné aux
　galères.

*Galion*, n. m., grand vaisseau.
*Gaillon*, bourg de ce nom.
*Gallium*, caille-lait (on pron. l'*m*).

*Gand*, ville de ce nom.
*Gant*, n. m., mettre ses *gants*.

*Gard*, n. m., riv. et départ. de ce nom.
*Gare*, n. f.; ils se *garent*, 3 pers. dans le v. *garer*.
*Gare*, exclamation : *gare* les balles!
*Gars*, n. m., jeune garçon (v. m.).

*Garde*, n. m., les *gardes-du-corps*. Les
　*gardes*-magasins sont des hommes;
　mais les *garde*-magasin sans *s* sont des
　étoffes qui ne sont pas de défaite.
Des *garde-fous*, espèce de rampes.
*Garde*, n. f., la *garde*-malade. Les *gardes*
　nationales, n. f. (en parlant des compa-
　gnies). Les *gardes* nationaux, n. m.
　(en parlant des citoyens). La *garde*
　royale, c'est le corps de troupe. Un
　*garde* royal, c'est un militaire de ce
　corps.
*Gardes*-tu? *gardent*-ils? v. *garder*.

*Gaze*, n. f., étoffe très-légère.
*Gaz*, n. m., exhalaison inflammable, fluide.
*Gases*-tu? *gase-t*-on? v. *gaser*.

*Gaza*, ville de ce nom.
*Gazas*-tu? *gaza-t*-il? v. *gazer*.
Qu'il *gazât* (imparf. du subj.).

*Geai* et *jet*. Voyez J'AI.

*Gelé*, part. m. du v. *geler*.
*Gelée*, n. f., et part. f. du v. *geler*.
*Gelez*-vous? 2e pers. dans le v. *geler*.
*Je l'ai*, c'est-à-dire *j'ai lui* ou *elle*.

*Gemme*, sel *gemme*, le sel des mines.
*J'aime*, 1re pers. dans le v. *aimer*.



*Gêne*, n. f., contrainte.
*Gênes*-tu? *gênent*-ils? v. *gêner*.
*Gênes*, ville de ce nom.

*Genêt*, n. m., sorte d'arbuste de ce nom.
*Genet*, sorte de cheval d'Espagne.

*Gens*, n. f. pl., les bonnes *gens* sont aimés, etc.
*Gent*, n. f., *la gent* hébétée.
*Jan*, terme du jeu de tric-trac : petit-*jan*,
　grand-*jan*.
*Jean*, n. m.; à la Saint-*Jean*.
*J'en*, mis pour *je en* ( 2 pronoms).

*Gentille*, adj. f. de *gentil*, m.
*Jantille*, n. f., ais d'une jante de moulin.

*Gercer*, v., faire de petites crevasses.
*Gersée*, n. f., sorte de céruse.
*Jersey*, île de ce nom.

*Gers*, n. m., rivière et dépt. de ce nom.
*Je gère, gères-tu*? v. *gérer*, gouverner.
*J'erre*, mis pour *je erre*, v. *errer*.

*Gît*, v. *gésir* : *ci-gît*; tout *gît* en cela.
*Gîte*, n. m., retraite; le lièvre s'y *gîte*, v.
　*gîter*.

*Gy*, n. m., petite ville de ce nom.
*J'y* sont 2 pron. mis pour *je y*.

*J'y vais*, mis pour *je y vais*, v. *aller*.
*Givet*, ville de ce nom.

*Gobbe*, n. f., morceau empoisonné.
*Gobe*-mouches, musard.
*Gobent*-ils la pillule? v. *gober*.

*Goths*, anciens peuples du Nord.
*Go*, adv., tout de *go* (t. pop.), facilement.

*Godron*, n. m., sorte de pli, v. *godronner*.
*Goudron*, n. m., sorte de poix, v. *goudronner*.

*Gour*, n. m., creux plein d'eau.
*Gourd, gourde*, adj., engourdi; avoir les
　doigts *gourds*.
*Goure*, n. f., drogue falsifiée ( t. pop.).
Ils *gourent*, 3e pers. dans le v. *gourer*.

*Goutte* d'eau, etc.; la *goutte*, maladie.
*Goûtes*-tu? *goûte-t*-il? v. *goûter*.

*Grâce*, n. f., faveur, agrément, divinité; dire
　ses *grâces*; les 3 *grâces*.
*Grasse*, adj. f., de gras, m., et ville de ce nom.

*Grainelier*, marchand de blé en gros.
*Grenetier*, qui vend des grenailles, pois, ha-
　.ricots, paille, etc. Le peuple confond
　ces 2 mots.

HOMONYMES.  **G.**

*Grainier*, marchand de grain en détail : blé, froment, avoine, etc.
*Grenier*, n. m., lieu où l'on place les grains.

*Graisse*, n. f., substance grasse.
*Graisses-tu ? graisse-t-il ?* v. *graisser*.
*Grèce*, n. f., contrée de ce nom.

*Graissait-t-il ?* 3ᵉ pers. dans le v. *graisser*.
*Graisset*, n. m., petite grenouille.
*Gresset*, poète de ce nom.

*Grammaire*, n. f., règles du langage.
*Grand'-mère*, *grand'-maman*, aïeule.

*Grange*, n. f., bâtiment à gerbes.
*Grenge*, action de former le grain de la poudre
à canon.

*Grassai*, n. m., oiseau de passage.
Je *grasseie*, v. *grasseyer*.
*Grasset*, adj., un peu gras.

*Gré*, m., volonté ; bon gré, malgré.
*Gray*, m., ville de ce nom.
*Grès*, m., pierre de sable.

*Greffe*, n. m., bureau du greffier.
*Greffe*, n. f., ente de jardin ou de verger.
Ils *greffent*, 3ᵉ pers. dans le v. *greffer*.

*Gris*, *grise*, adj., noir mêlé de blanc.
*Gril*, n. m., ustensile de cuisine.

*Grillon*, n. m., insecte qui crie la nuit.
*Grillons-nous ?* v. *griller*.

*Gué* et *guetté*. Voyez GAI et GAIETÉ.

*Guère* ou *guères*, adv., peu.
*Guerre*, n. f., combat, différend.
*Guéer*, v., laver, baigner dans la rivière.

*Guet*. Voyez GAI.

*Guide*, n. m., qui conduit. Des *guide*-âne.
*Guide*, n. f. et v. *guider* ; *guide* de cuir.

*Guidon*, n. m., enseigne de cavalerie.
*Guidons-nous ?* v. *guider*, conduire.

*Guigner*, v., regarder du coin de l'œil.
*Guignier*, n., arbre à guignes.

*Gy*, n. Voyez après GIT.

*Guingamp*, ville de ce nom.
*Guingans*, n., sorte de toile de coton des
Indes.

# H.

*Ho*, *haha*. Voyez A.

HOMONYMES.  **H.**

*Habillement*, n. m., vêtement, habit ( 2 ll
mouillés ).
*Habilement*, adv., avec habileté.

*Habileté*, n. f., adresse, et non pas :
*Habilité*, n. f., droit, aptitude à succéder
( t. de palais ).

*Hache*. Voyez ACHE.

*Haï*, *haïe*, adj., détesté, qu'il *haït*, imparfait du subj. dans le v *haïr*.
*Aï*, pays de ce nom ; du vin d'*Aï*, et n. d'un
singe paresseux.

*Haie*, *ait*, *est*, *et*. Voyez AI.

*Haire*, *hère*, *erre*. Voyez AIR.

*Hâle*, n. m., impression de l'air ; le sec.
*Halle*, n. f., marché couvert.

*Hale*, *haler*. Voyez ALLÉ, ALLER.

*Haleine*. Voyez HALÈNE.

*Halo*, n. ( t. d'astronomie ), cercle lumineux
autour d'un astre.
*Halot*, trou de garenne fait par un lapin.
*A l'eau* ( locution ) ; crier *à l'eau*.

*Ham*. Voyez AN et AME.

*Hanse*. Voyez ANSE.

*Hante* et *hanter*. Voyez ENTE et ENTER.

*Haquet*, n. m., sorte de charrette.
*Acquêt*, acquisition.

*Hareng*, poisson de ce nom ; *hareng* saur, etc.
*Arrang* ( t. d'impr. ).

*Haranguer*, v., discourir.
*Harenguer* ou *harenger*, v., faire la harengaison

*Harangueur*, celui qui prononce le discours.
*Harengueur*, qui fait la harengaison.

*Harengère*, n. f., march. de harengs. Voyez
ARRANGER, v.

*Haro*, n. m., clameur de *haro*, faire *haro* sur.
*Arau*, ville de ce nom.

*Hart*, n. f. Voyez ART.

*Hase*. Voyez AS.

*Haute*. Voyez HÔTE.

*Hautain*, m. ; *hautaine*, f., fier, orgueilleux.
*Hautin*, m., petit poisson de ce nom.

*Hautesse*, n. f., titre qu'on donne au sultan.
*Hôtesse*, n. f., maîtresse d'un hôtel.

*Havet*, crochet.
Il *avait*, v. *avoir*.

*Hédra*. Voyez AIDRA.

*Hé*, *eh* ! Voyez AI.

*Hélas* ! exclamation.
Et *l'as*-tu ? ( *et*, conj., *l'*, pron., *as*, 2e pers.
    dans le v. *avoir*).
Et *l'a*-t-on su ? ( et a-t-on su cela? )
*Elle a* : *elle*, pron., *a* , 3e pers. du v. *avoir*.

*Hépar*, foie. Voyez ÉPARS.

*Hélène*, Sainte-*Hélène* , g. et n. pr. f.
*Hellène*, n. m., un grec.

*Hem* ! Voyez AIME.

*Hère*, m. Voyez AIRE.

*Héros*, n. m., militaire illustre.
*Héraut*-d'armes ( celui qui proclame ).
*Hérault*, rivière et département de ce nom.
*Héro*, f., ancienne prêtresse de ce nom.

*Hétaire*, n. f. Voyez ÉTHER, n. m.

*Heur*, n. m., bonne fortune ( vieux mot ): il
    n'est qu'*heur* ou malheur.
*Heure*, n. f. ( de 60 min.), une bonne *heure*.
A la bonne-*heure* (loc. adverbiale).
*Heurt*, n. m., choc ( du v. *heurter*).
*Eure*, n. f., rivière et département de ce nom.

*Hic*, n. f., instrument pour enfoncer les pavés.
*I*, n. m., 3e voyelle. On dit faire des *i*.
*Y*, adv. de lieu : *y* a-t-il? il *y* a, *y* allait-il ? *y*
    ira-t-il? *y* vas-tu? vas-*y*, ou va-s-*y*; va *y* por-
    ter ta tête.

*Hier* et avant-*hier* sont deux adv.
*Hièrent*-ils? v. *hier* (enfoncer les pavés avec
    une hic ).
*Hyères*, ville; les îles d'*Hyères*, g.

*Hile*. Voyez IL.

*Ho*. Voyez AU.

*Hobin*. Voyez AUBAIN.

*Hochet*, n. m., jouet d'enfant.
*Hochait*-il la tête ? v. *hocher* (secouer).

*Hoir*, n. m., héritier, qui a droit d'*hoirie*.
*Houer*, v., labourer avec une houe.

*Homard*, n. m., grosse écrevisse de mer.
*Omar*, ancien calife de ce nom.



*Hombre*. Voyez OMBRE.

*Hom* , cri d'exclamation.
*Homme*, n. m., être raisonnable.
*Heaume*, n. m., casque ( pron. ÔME).

*Hommagé*, adj., tenu en hommage.
*Hommager*, n. m. ( qui doit l'hommage).
*Homme âgé*, ou homme vieux.

*Hon* ! cri. Il dit *hon* ! ( il grogne ).
*On* , pron. des 2 genres: { on dit qu'*on* est beau. / on dit qu'*on* est belle.
*Ont*-ils ? 3e pers. pl. dans le verbe *avoir*.

*Honoraire*, n. m., rétribution honorable.
*Honorèrent*-ils? 3e pers. dans le v. *honorer*.

*Hors*, adv., au-delà ; *hors* de danger.
*Hors*, prép. (excepté ): *hors* lui.
*Or*, m., métal d'*or*.
*Or* donc, conj. conclusive.
*Ort*, adv. signifie brut, avec emballage.

*Hospice*, n. m., hôpital. Voyez AUSPICES.

*Hôte*, m., celui qui loge, ou qui est logé.
*Hotte*, n. f., panier ; porter la hotte.
*Haute*, adj. f. de *haut* : de *haute* taille.
*Ôte*-toi, *ôtes*-tu? *ôtent*-ils? v. *ôter*.

*Hôtel*, n. m., maison. Voyez AUTEL.

*Hôtesse*. Voyez HAUTESSE.

*Houe*. Voyez OU.

*Houette*. Voyez OUATE.

*Houetter*, v. Voyez OUATER.

*Hui* (vieux mot), aujourd'hui.
*Huis*, n. m., porte; juger à huis-clos, ou
    porte close.
*Huit*, n. de nombre (prononcez *huite*); mais
    le t ne s'y prononce pas devant une con-
    sonne : *huit* jours, *huit* haricots.

*Hune*. Voyez UNE.

*Huc*. Voyez EU.

*Hure*. Voyez EURENT-ils.

*Huron*, n. m., peuple de ce nom ( sauvage ).
*Huerons*-nous? *hueront*-ils? v. *huer*.

*Hutte*, n. f., petite cabane.
*Ut*, n. m., 1re note de la musique.

*Hypothécaire*, adj., qui assure garantie.
*Hypothéquer*, v., mettre une hypothèque.

# I.

*I.* Voyez HIE.

*Ici*, adv. de lieu et de temps : il est *ici* ; *d'ici*
à demain.
*Issy*, village de ce nom, près de Paris.

*Il*, pron. m. sing. de la 3e pers. *Il* y va.
*Ils*, pron. m. pl. de la 3e pers. *Ils* y vont, *ils* y
iront. On voit que le sujet *ils* force tous
les v. à se terminer par NT.
*Île*, n. f., terre entourée d'eau.
*Ille*, ville et rivière de ce nom.
*Hile*, n. f., ombilic, d'où sort le germe de la
graine.

*Imaginaire*, adj., illusoire.
*Imaginer*, v., inventer.
*Imaginèrent*-ils ? 3e pers. dans le v.

*Indu*, *indue*, adj. ( contre la règle ).
*Indut*, n. m., ecclésiastique qui sert de diacre.

*Influent*, adj. ( qui influe.)
*Influant*, participe inv. du v. *influer*.

*Inhabileté*, n. f., manque *d'habileté*.
*Inhabilité*, n. f., incapacité.

*Initier*, v., admettre à.
*Initiaire*, adj., qui initie ( inusité ).

*Institut*, n. m., académie.
*Institues*-tu ? *institue*-t-il ? v. *instituer*.

*Intension*, n. f., intensité, degré d'activité
et de force.
*Intention*, n. f., dessein, projet.

*Intercalaire*, adj., inséré.
*Intercaler*, v., insérer, ajouter dans.

*Inventaire*, n., dénombrement par écrit.
*Inventer* quelque chose, l'imaginer.
*Inventèrent*-ils la poudre ? v.
*Éventaire*, n. m. (plateau d'osier), et non pas
inventaire.

*Isolement*, n. m., être dans l'isolement.
*Isolément*, adv., d'une manière isolée.

*Issu*, *issue*, adj. ; *issu* de la race de....
*Issue*, n. f., sortie ; à l'*issue* de la grande
messe ou grand'messe.

*Ivoire*, n. m., dent d'éléphant mise en
œuvre.
*Y voir* (loc.) : il faut *y voir* clair. Va *y voir* est
mieux dit que vas-*y voir* ; mais on dit va-s-y



# J.

*J'ai*, pour *je ai* ( pron. *je* et v. *avoir* ).
Que *j'aie* ( 1re pers. dans le v. *avoir* ).
*Jais* ou *jayet*, m., fossile très-noir. On dit
noir comme du *jais*.
*Jet*, n. m., action de jeter : un *jet* d'eau.
*Geai*, n. m., oiseau de ce nom.

*J'ai eu* ( 1re pers. dans le v. *avoir*.)
*Jéhu*, nom propre masc.

*J'aime*, 1re pers. dans le v. *aimer*.
*Gemme*, adj., sel *gemme*, sel de mines.

*Jante*, n. f. ( d'une roue ).
*J'ente*, mis pour *je ente*, v. (greffer).

*Jars*, n. m., le mâle d'une oie.
*Jarre*, n. f., sorte de jatte.
*Jarre*, n. m., sorte de mauvaise lime.
*J'arrhe*, tu *arrhes*, il *arrhe*, v. arrher.

JE ou MOI, pronom de la 1re pers., force tout
verbe à finir par un S, lorsque ce v. n'est pas
terminé par un E muet, ou par AI, excepté
les cinq v. *je peux*, *je veux*, *je vaux*, *je prévaux*, et *j'équivaux*. ( Voyez la conjug. des
verbes. )
*Jeu*, n. m., amusement ( pl. , les *jeux*.)

*Jean*. Voyez GENS.

*J'en vois*, pour *je en vois*, v. *voir*.
*J'envoie*, mis pour *je envoie*, v. *envoyer*.

*Jet*. Voyez JAI.

*Jeune*, adj. ( peu avancé en âge ).
*Jeûne*, n. m., abstinence.
*Jeûnes*-tu ? *jeûnent*-ils tous ? v. *jeûner*.

*Je t'ai* vu, mis pour *je te ai* vu.
*Jeté*, *jetée*, part. du verbe *jeter*.
*Jetée*, n. f., amas de pierres.
*Jetez*-le, 2e pers. dans le v. *jeter*.

*Jetais*-tu ? *jetait*-il ? *jetaient*-ils ? v. *jeter*.
*Je tais* sa faute, v. *taire*.

*Jeton*, n. m. ( d'or, d'ivoire, etc. ).
*Jetons*-nous la balle, v. *jeter*.
*Je tonds*, v. *tondre*, et pron. *je*.

*Joie*, n. f., gaieté, moment heureux.
*Tu jouas*, il *joua*, v. *jouer*.

*Jouet*, joujou, être le *jouet* de la fortune.
*Jouait*-il ? *jouaient*-ils ? v. *jouer*.

*Joué*, *jouée*, part. du v. *jouer*.
Une *jouée*, n. f. : c'est l'épaisseur d'un mur
dans l'ouverture d'une fenêtre.

*Joaillier*, n. m., marchand de joyaux ou de
     bijoux.
*Jouailler*, v., c'est jouer à petit jeu, etc.

*Jonchais*-tu? *jonchaient*-ils? v. *joncher*.
*Jonchez*-le de feuilles, impér. du verbe.
*Jonché*, *jonchée*, part. du v. *joncher*.
*Jonchets* d'os ou de bois; jouer aux *jonchets*.

*Joug*, n. m., servitude; être sous le *joug*.
*Joue*, n. f., embrasser sur les deux *joues*.
*Joues*-tu? *joue*-t-il? *jouent*-ils? v. *jouer*.

*Juda*, ouverture faite exprès à un plancher.
*Judas*, c'est celui qui trahit J.-C.

*Jus*, n. m., suc; *jus* de réglisse, *jus* d'her-
     bes, etc.
*J'eus* (pour *je eus*), pronom *je* et v. *avoir*.

*Jugulaire*, adj. (qui appartient à la gorge).
*Juguler*, v., étrangler, tourmenter.

*Justaucorps*, n., espèce de corset.
*Juste au corps* (loc. en 3 mots).

# K.

*Kacy*, n. m., grand arbre. Voyez CASSIE.

*Kan*. Voyez CAMP.

*Kiell*, g. Voyez QUEL.

*Kermès*, n. m., insectes qui s'attachent en
     forme de boutons rouges sur les
     feuilles de chêne.
*Kermesse* ou *karmesse*, f., fêtes flamandes.

*Kion*, gonflement de la luette.
*Qui, on*, sont 2 pron.
*Qui ont*, pron. et v. *avoir*, 3e pers. du pl.

*Koa*, aucun. Voyez COA.

# L.

*La*, n. m., 6e note de la musique.
*La*, article f. et pronom fém.
*Là*, adv., ici: celui-*là*, celle-*là*; venez *là*.
*L'a*-t-il? *le*, pronom, et *a*, v. *avoir*.
*L'as*-tu dit? *le*, pr., et *as*, v. *avoir*, 2e pers.
*Lacs*, n. m., filets, lacets; se prendre dans le
     *lacs*.
*Las*, *lasse*, adj. (fatigué).

*Labour*, n. m., façon du labourage.
*Laboures*-tu? *labourent*-ils? v. *labourer*.
*La bourres*-tu? pr. *la*, et v. *bourrer*.



*Lac*, n. m., amas d'eau moins grand que la
     mer.
*Lack* de roupies, monnaie de compte, valant
     300 mille francs, ou environ.
*Laque*, n. f., gomme *laque*, résine.
*Laque*, n. m., beau vernis de Chine.

*Lacer*, v., serrer avec un lacet.
*Lasser*, v. (fatiguer).

*Lacère*-t-il? v. *lacérer*, déchirer.
*La serre*-t-il? pronom *la*, et v. *serrer* (pres-
     ser, enfermer).
*La sert*-il? pronom *la*, et v. *servir*.
*Lacert*, n. m., poisson de ce nom.

*Lacet*, n. m., cordon de fil ou de soie.
*Se laçait*-elle? v. *lasser*, serrer.
*Se lassait*-elle? v. *lasser*, fatiguer.

*Laceret*, n. m., petite tarière.
*Lacerait*-elle? v. *lacer*, serrer.
*Lasserait*-il, ou fatiguerait-il? v. *lasser*.
*La serait*-elle? *la*, pron. f. et v. *être*.

*L'affaire*, n. f., mis pour *la affaire*.
*La Fère*, g., ville de ce nom.
*La faire*, pronom *la* et v. *faire*.

*Lai*, adj. m., laïque; frère *lai*, qui n'est pas
     prêtre.
*Laid*, *laide*, adj., difforme.
*Laie*, n. f., femelle du sanglier.
*Lait*, n. m., laitage; petit-*lait*.
*Lais*, n. m., baliveau qu'on laisse.
*L'ais*, mis pour *le ais*, n. m., planche.
*L'ai*-je? mis pour *le ai*-je? est-ce que je *l'ai*?
     *le*, pron., *ai*, v. *avoir*.
*Que je l'aie*, que tu *l'aies*, qu'il *l'ait*, qu'ils
     *l'aient* (verbe *avoir* au subj., et
     pron. *le* ou *la*).
*Laye*, g., Saint-Germain-en-*Laye*.
*Lé*, n. m., lisière, largeur d'une étoffe.
*Legs*, n. m., don fait par testament.
*Les*, art. et pron., pl. des 2 genres.
*Lez*, et mieux *lès*, prép.: près de Passy-*lès*-
     Paris.
*L'es*-tu? *l'est*-il? est-ce que tu *l'es*? (loc.).

*Lesquels*, m. pl.; *lesquelles*, f. pl.; *les quels*?
     *les quelles*? (par interrogation).

*Laide*, adj. f. de l'adj. m. *laid*, difforme.
*L'aide*, n. m. quand il signifie celui qui secourt;
     n. f... quand il signifie l'assistance.
*L'aides*-tu? *l'aident*-ils tous? v. *aider*.
*Leyde*, ville de ce nom en Hollande.

*Lainé*, *lainée*, adj. et part. du v. *lainer*.
*L'aîné*, m., *l'aînée*, f., le plus âgé, la plus
     âgée.

HOMONYMES.      L.

*Laisses*-tu? *laisse*-t-il? *laissent*-ils? v. *laisser*; *laisse*-les.
*Lesse*, n. f., licol.
*L'est-ce?* (loc.); est-ce cela?

*Laise*, n. f., ou le *lé*, n. m., largeur d'une étoffe.
*L'aise*, être à *l'aise*, n'être pas gêné.
*Lèse*-majesté, crime contre le roi.

*Laité*, *laitée*, adj., poisson qui a une laitance.
*L'été*, pour *le été* (la plus chaude saison).
*Léthé*, fleuve d'oubli, suivant la Fable.

*Laite*, n. f., laitance. Hareng *laité*.
*L'êtes*-vous, mis pour *êtes-vous lui* ou *elle*?

*Lama*, n. m., prêtre tartare.
*Llama*, espèce de petit chameau (on prononce *l'iama*).

*L'amer*, n. m., mis pour *le amer*, l'amertume ou le fiel.
*La mer* Méditerranée, *la mer* des Indes, etc.
*La mère*, la maman.

*L'an*, *l'année*; *l'an* mil sept cent vingt-un *l'an* mil huit cent. D.
*L'en* sont 2 pr.: *l'en* priez-vous?
*Laon*, ville de ce nom.
*Lent*, *lente*, adj., qui a de la lenteur.

*Lance*, n. f., sorte de pique, arme.
*Lances*-tu? *lancent*-ils? v. *lancer*.
*L'anse* d'un panier (pour *la anse*).
*L'hanse*-teutonique, association des villes hanséatiques.

*Lampas*, étoffe de soie (pron. *lampasse*).
*L'an passe* et ne revient jamais (loc.).

*Lampassé*, *lampassée*, adj. (t. de blason).
*L'an passé*, ou l'année précédente.

*L'aperçu* d'un compte: à *l'aperçu* de.
*L'aperçus*-tu? *l'aperçut*-il? v. *apercevoir*.
*La perçus*-tu? *la perçut*-on? v. *percevoir*.

*Lard*, graisse d'un porc, d'une baleine.
*Lares*, n. pl., dieux domestiques des païens.
*L'art*, pour *le art*, industrie; *l'art* de plaire.

*L'arène*, pour *la arène*, menu sable, place où l'on combat.
*La reine*, c'est la femme qui règne.

*Larix*, n. m., arbre résineux.
*La rixe*, c'est-à-dire la dispute.

*Lasser*. Voyez LACER.

*La tension*, c'est la faculté d'être tendu.
*L'attention*, la faculté d'être attentif.

HOMONYMES.      L.

*Lavis*, n. m., manière de laver au dessin.
*L'avis*, pour *le avis*; *l'avis* est inutile.
*La vis*-je? *la vit*-on? v. *voir*, et pron. *la*.
*La vie* est courte; à *la vie* et à la mort.

*Langage*, n. m., idiôme.
*L'engages*-tu? *l'engage*-t-on? v. *engager*.

*Lazariste*, m., prêtre de l'ordre de Saint-Lazare.
*Lazarite*, chevalier de cet ordre.

*Le*, article m. sing. et pron.
*Leu*, n. m. g., pierre de Saint-*Leu*.

*Légat* et vice-*légat*, dignités ecclés.
Il *légua*, v. *léguer*; au subj., qu'il *léguât*.

*Lent*. Voyez L'AN.

*Leste*, adj., léger, agile.
*Lestes*-tu? *lestent*-ils tous? v. *lester*.
Le *lest* d'un navire, poids qu'on met au fond pour le tenir en équilibre.
*L'est*, ou l'orient: le vent d'*est*; on pron. le *t*.

*Lesquels*, m. pl., *lesquels* hommes.
*Lesquelles*, f. pl., *lesquelles* femmes.

*Lettre*, n. f., épître. { Les 26 belles *lettres* de l'alphabet ne sont pas les belles-*lettres*, la littérat.
*L'être* (mis pour *le être*, ou pour *la être*).

*Leu*, n. m. g. Voyez LE.

*Les*, art. et pronom. pl. Voyez LAI.

*Leur*, pron. mis pour à eux, à elles (il est inv. devant un verbe).
*Leurre*, n. m., tromperie; je *leurre*, tu *leurres*, v. *leurrer*.
*L'heure*, n. f., mis pour la *heure*; *l'heure* se divise en 60 minutes.
*L'Eure*, rivière et département de ce nom.

*Levier*, n. m., pour lever les fardeaux.
*Leviez*-vous les yeux? v. *lever*.
*L'évier*, mis pour *le évier*, petit canal: jetez l'eau dans *l'évier*.

*Lice*, n. f. { Lieu où l'on s'exerce à la course; sorte de tapisserie: haute ou basse-*lice*. Chienne de chasse.
*Lys* ou *lis*, n. m., fleur: on y prononce l'*s*; mais on ne l'y prononce pas dans fleur de *lys*, armoirie.
*Lisse*, adj., doux, uni; une peau *lisse*.

*Lier*, v., attacher, joindre.
*Lierre*, n. m. b.; *lierre* terrestre, etc.
*Lièrent*-ils conversation? v. *lier*.

*Lie*, n. f., vidange; boire le vin jusqu'à la *lie*.
*Lit* de plumes, etc., se mettre au *lit*.
*Lis*-tu ? *lit*-il ? v. lire.
*Lies*-tu ? *Lie*-t-il? *lient*-ils? v. lier.
*L'y*, pour *le y; l'y* trouve-t-on.
*Lys*, n. m., des fleurs de *lys*, armoirie; on
   n'y prononce pas l's.

*Lille*, ville et rivière de ce nom.
*L'île*, pour *la île* (terre entourée d'eau).

*Lieu*, n. m., place, endroit.
*Lieue*, n. f., distance de 2,400 toises ou en-
   viron.
*Lieux*, n. pl. de *lieu* : occuper les *lieux*.

*Lion*, *lionne* : fort comme *lion*.
*Lions-la-Forêt*, pays de ce nom.
*Lions-nous*, 1re pers. dans le v. lier.
*Liions-nous*, v. *lier*, à l'impar. et au subj.
*Lyon*, ville capitale de ce nom.

*Lire*, v., faire lecture.
*L'ire*, n. f., vieux mot qui signifie la colère.
*Lyre*, n. f., sorte d'instrument à cordes.

*Lierez-vous?* v. *lier*, 2e pers. pl. du futur.
*Lirez-vous?* v. *lire*, 2e pers. pl. du futur.

*Lierons-nous?* v. *lier*, au futur.
*Lirons-nous?* v. *lire*, au futur.

*Lissé*, *lissée*, adj., uni, poli.
*Lycée*, n. m., école, assemblée de ce nom.

*L'ivraie*, n. f. b., mis pour *la ivraie*.
*Livret*, n. m., petit livre.
*Livrais*-tu? *livrait*-il? *livraient*-ils? v. *livrer*.
*Livré*, *livrée*, adj. Porter la *livrée*, n. f.

*Livre*, n. m., volume; *livre*, n. f., 16 onces.
*Livres*-tu? *livre*-t-il? *livrent*-ils? v.

*Lô* (Saint-*Lô*), ville et saint de ce nom.
Les *lods-et-ventes*, rentes seigneuriales.
*Lot*, m., partage, et rivière de ce nom.
*L'eau*, mis pour *la eau*, n. f.
*L'os* à ronger, mis pour *le os*.

*Loch*, n. m., sonde, instrument de marine.
*Lok*, n. m., potion calmante; médicament.
*Lock*, philosophe anglais de ce nom.
*Loque*, n. f., haillon, lambeau.

*Loche*, n. f., sorte de poisson très-gras.
*Loches*, ville de ce nom.

*Loi*, n. f., la *loi*, les *lois*.
*Louas*-tu? il *loua*, v. *louer*.

*Loin*, adv.; *loin* de nous la paresse.
*Loing*, rivière de ce nom, près de Melun.
*L'oint*, pour *le oint; l'oint* du Seigneur.



*Loir*, n. m., rivière, et animal de ce nom.
*Loire*, n. f., rivière et département de ce nom.

*Long*, *longue*, adj., étendu en longueur.
*L'on*, mis pour *le on*. On ne commence pas
   une phrase par *l'on*, mais bien par *on*.
*L'ont*-ils dit? mis pour *le ont-ils dit* ( pronom
   et v. *avoir*).

*L'or*, mis pour *le or*, métal.
*Lord*, titre d'un seigneur en Angleterre.
*Lors*, adv., dès-*lors*; mais on prononce l's
   dans *lorsque*.
*Laure*, nom de femme.

*Lotte*, n. f., poisson de ce nom.
*Loth*, n. pr. ( neveu d'Abraham ).
*Lot*, n. m., rivière et département de ce nom;
   *Lot*-et-Garonne.

*Louis* d'or; saint *Louis*; *Louis* XIV, etc.
*L'ouïe*, n. f., mis pour *la ouïe*, organe, l'un
   des cinq sens.

*Loues*-tu? *loue*-t-il? *louent*-ils? v. *louer*.
*Loup*, n. m., mâle de la louve. *Loup* cervier.

*Lu*, *lue*, adj. et part. du v. *lire*.
Je *lus*, *lut*-il? v. *lire*; subj., qu'il *lût*.
Je *l'eus*, *l'eus*-tu? *l'eut*-il? subj., qu'il *l'eût*,
   v. *avoir*, et pronom *le* ou *la*.

*Luc*, nom d'un évangéliste.
*Lucques*, ville de ce nom, en Italie.

*Luce*, eau de *Luce*; Saint-Jean-de-*Luce*, g.
*Lusses*-tu? *lussent*-ils? v. *lire*.
*L'eusses*-tu? *l'eussent*-ils? v. *avoir* et pron.

*Lui* ou *elle*, pronom de la 3e pers.
*L'huis*, m. (vieux mot), porte ou issue.
*Luit*-il? v. *luire*; le soleil *luit*.

*Lune*, n. f., planète la plus proche de la terre.
*L'une* et l'autre personne, pron. f.

*Lut*, n. m., espèce de mastic (pron. *lute*).
*Luth*, n. m., sorte d'instrument à cordes.
*Lutte*, n. f., sorte de combat.
*Luttes*-tu? *lutte*-t-il? *luttent*-ils? v. *lutter*.
*Lutes*-tu? *lute*-t-il? *lutent*-ils? v. (enduire de
   *lut*).

*Luter*, v. enduire de *lut*, mastiquer.
*Luther*, n. d'un fameux chef de secte.
*Lutter*, v., s'exercer à la lutte.

*Lyon*. Voyez LION.

# M.

*Ma*, adj. f. de *mon*; *ma* quote-part ou la
   mienne.

*M'as*-tu parlé ? mis pour *me as-tu* (*me* pron., et *as*, v. *avoir*).

*M'a-t-il* parlé? *me* pron., et *a*, 3<sup>e</sup> pers. du v. *avoir*.

*Mât* d'un vaisseau, longue pièce de bois.

*Mat*, *mate*, adj., qui n'a plus d'éclat; or *mat* ( on pron. le *t* comme dans échec et *mat* ).

---

*Magister*, n. m., ancien maître d'école de village.

*Magistère*, n. m., grand-maître de Malte.

---

*Mai*, n. m., le 5<sup>e</sup> mois de l'année.

*Maie*, n. f., coffre où l'on pétrit.

*Mais*, conj.; *mais* y penses-tu?

Qu'il *m'ait*, qu'ils *m'aient*, *me*, pron., et v. *avoir*.

*Mes*, adj. poss. pl.; les miens ou les miennes.

*M'es*-tu cher? *m'est*-il cher? *me*, pron., et v. *être*.

*Mets*, n. m., nourriture; un *mets* exquis.

Je *mets*, tu *mets*, il *met*, 1<sup>re</sup>, 2<sup>e</sup> et 3<sup>e</sup> person. dans le verbe *mettre*.

---

*Mail*, n. m., battoir; jouer au *mail*.

*Maille*, n. f., petit anneau, *maille* d'un tricot et sorte de monnaie; n'avoir ni sou ni *maille*.

---

*Mailler*, v., faire des *mailles*.

*Mallier*, n. m., cheval de brancard.

*Maillet*, marteau de bois.

---

Il *m'aime*. Voyez MÊME.

---

*Main*, n. f., partie du bras; *main* de papier, etc.

*Maint*, adj. m. ( pron. *mainte*), *maint* jeu, *maintes* fois ( plusieurs ).

Le *Mein*, riv. de ce nom, en Allemagne.

---

*Maine*, n. m., province de ce nom.

*Mènes*-tu? *mène*-t-il? v. *mener*.

---

*Maintien*, n. m., contenance et conservation.

*Maintiens*-tu? *maintient*-il? v. *maintenir*.

---

*Maire*. Voyez MER.

---

*Maître*, n. m. ( qui commande ou qui enseigne ).

*Mestre-de-camp*, sorte d'officier.

*Mètre*, n. m., sorte de mesure.

*M'être*, pour *me être* (*me*, pron., *être*, v.).

*Mettre*, v.; *mettre* une lettre à la poste.

---

*Mal*, n. m. et adv. ( le contraire du bien).

*Mâle*, n. et adj., masculin, vigoureux.

*Malle*, n. f., coffre; les *malles*-postes.

---

*Malacie*, n. f., désir dépravé de certains alimens.

*Mal-assis*, *mal-assise*, adj.



*Malt*, n. m., orge préparée pour faire de la bière.

*Malte*, île de ce nom.

*Malthe*, espèce de bitume.

---

*Malines*, ville de ce nom, et dentelle de...

*Maligne*, que l'on prononce aussi *maline*, adj. f. de malin, rusé, etc.

*Maline*, n. f., temps de grandes marées.

---

*M'amie*, m'amour, pour *ma amie*, *mon amour*. *Ma mie* est l'opposé de *ma croûte*.

---

Je *mande*, *mandes*-tu? v. *mander*.

*Mende*, ville de ce nom.

---

*Man*, île de ce nom, en Irlande.

*Mens*-tu? *ment*-il? v. *mentir*; impér. *mens*.

Le *Mans*, ville de ce nom.

*M'en*, mis pour *me en*, sont 2 pronoms.

---

*Manche*, n. m. ( d'un couteau, etc.), *manche*, n. f. g.; *manche*, n. f. (d'habit, etc. ).

---

*Mânes*, n. m. pl., les ombres des morts.

*Mane*, n. f., mesure de Hongrie ( 100 liv. )

*Manne*, n. f., drogue, et panier de ce nom.

---

*Manière*, n. f., façon.

*Manier*, v., *tâter*, *administrer*.

---

*Manœuvre*, n. m., ouvrier ( aide à maçon ).

*Manœuvre*, n. f., mouvement des troupes.

---

*Manœuvrier*, adj., habile aux évolutions.

*Manouvrier*, ouvrier qui travaille de ses mains et à la journée.

---

*Mante*, n. f., manteau de femme, et insecte.

*Mantes*, ville de ce nom.

Que je *mente*, qu'il *mente*, ils *mentent*; v. *mentir*.

*Menthe*, n. f. b., pastille de *menthe*.

---

*Manuel*, adj. et n. m. ( fait à la main ).

*Manuelle*, adj. f.; mais une *manuelle* est un outil.

---

*Marc* du café, et poids de 8 onces; au *marc* le franc.

Saint-*Marc*, n. propre, et pays de ce nom.

*Mare*, n. f., petit amas d'eau dormante.

*Marre*, n. f., houe de vigneron.

*Mars*, dieu de la guerre, et 3<sup>e</sup> mois de l'année ( on prononce *marse* ).

---

*Marceau*, n. propre et faubourg St.-*Marceau*.

*Marsault*, n. m., saule de ce nom.

---

*Maraud*, *maraude*, coquin, fripon.

*Marot*, poète de ce nom.

*Marchand*, qui fait un commerce.
*Marchant*, part. prés. du v. *marcher*.

*Mari*, n. m., époux.
*Marie*, n. pr. f., *Marie*-Magdeleine ou Madeleine.
*Marie*-t-il? pl. *marient*-ils? v. *marier*.
*Marri; marrie*, adj., repentant ( v. mot ).

*Marrom*, g. pays de ce nom; on pron. l'*m*.
*Marron*, sorte de châtaigne, et nègre *marron* ( fugitif. )
*Marum*, plante stomacale (pron. *ome* ).

*Martyr*, adj. m., martyrisé.
*Martyre*, n. m., mort ou tourment non mérité.

*Mastic*, n. m., gomme de l'arbre nommé lentisque; mélange de craie et d'huile.
*Mastique*-t-il? v. *mastiquer*.

*Mat, mate*, adj., or *mat*, qui n'a pas d'éclat.
Se *mâte*-t-il? se *mâtent*-ils? v. *mâter*.

*Matin*, n. m., les premières heures du jour. On dit demain *matin*, mais on dit demain au soir.
*Mâtin*, gros chien de basse-cour.

*Mâtons*, 1re pers. pl. dans le v. *mâter*.
*M'a*-t-on dit cela? mis pour *me a*-t-on dit ( *me*, pronom, et *a*, v. *avoir* ).

*Maux*. Voyez MOT.

*Maur*. Voyez MORT.

*Mein*, g. Voyez MAIN.

*Même*, adj., pron. et adv., moi-*même*, nous-*mêmes*, adj., les *mêmes*, pron. Nous y allons *même*, adv. Les rochers *mêmes* et les bois; les bois, les rochers *même* ( aussi ).
*M'aimes*-tu? *m'aime*-t-on? v. *aimer*.

*Mémoire*, n. m., écrit, instructions.
*Mémoire*, n. f., faculté de se ressouvenir.

*Mène*. Voyez MAINE.

*Ment*. Voyez MAN.

*Menton*, n. m., le devant de la mâchoire inférieure.
*Ment-on*? est-ce que l'on *ment*? v. *mentir*.
*Mentons*-nous? v. *mentir*, 1re pers. pl.

*Menthe*, b. Voyez NANTES.

*Mer*, n. f., amas des eaux; la *mer* noire.
*Mère*, n. f., maman; ma grand'-*mère*.
*Maire*, n. m., magistrat.



*Merci*, n. m. et adv., de grands *mercis; merci*, n. m.; *merci*, n. f., miséricorde : être à sa *merci*.

*Mercantile*, adj. des 2 genres (de négoce ).
*Mercantille*, n. f. ( négoce ); 2 LL mouillés.

*Messe*, n. f., office; grand'*messe*, basse *messe*.
*Metz*, ville de ce nom.

*Métal*, n. m., minéral ( pl. des *métaux* ).
*Métail*, n. m., matière composée de métaux.

*Meunier*, n. m., qui fait valoir un moulin.
*Meniez*-vous? 2e pers. dans le v. *mener*.

*Mœurs*, n. f. pl., les bonnes *mœurs* (on prononce *meurce* ).
*Meurs*-tu? *meurt*-il? *meurent*-ils? subj., que je *meure*, v. *mourir*.

*Mi*, n. m., 3e note de la gamme.
*Mi*, adv. { qui, suivi d'un trait, signifie *à demi:* à *mi*-marge, la *mi*-août, la *mi*-carême, etc.
*Mie*, n. f., partie du pain opposée à la croûte.
*Mie*, n. f., expression enfantine ( mon amie ).
*Mye*, n. f., genre d'animaux à coquille.
*Mis, mise* ( placé ), adj., et part. du v. *mettre*.
*Mis*-tu? *mit*-il? v. *mettre*, subj. qu'il *mît*.
*M'y*, pour *me y*, 2 pron.; *m'y* voilà.

*Miel*, doux suc d'abeilles.
Saint-*Mihiel*, ville de ce nom.

*Mil*, adj., millième; l'an *mil*-huit-cent-un.
*Mil* ou millet, n. m., graine de ce nom.
*Mille*, n. de nombre inv.; deux *mille* francs.
*Mille*, n. m., mesure de chemin; à 4 *milles* d'ici, ou à 4,000 pas géométriques.

*Miliaire*, n. f., pustule et fièvre de ce nom.
*Milliaire*, n. f., borne qui marque les milles.

*Milliard*, dix fois cent millions.
*Milliare*, n. m., millième partie de l'are.

*Milord*, dignité en Angleterre.
*Milort*, serpent du Milanais, sans venin.

*Minerais*, n. m., métal brut, combiné.
Je *minerais*, il *minerait*, ils *mineraient*; v. *miner*.

*Mire*, n. f., petit bouton au bout du canon d'un fusil, pour mirer.
Ils *mirent*, 3e pers. dans le v. *mirer* et dans le v. *mettre*.
*Myrrhe*, n. f., résine odorante, encens.

*Mission*, n. f., charge, envoi.
*Mixtion*, ou *mixture*, mélange (prononcez *tion* dur).

*Mobilière*, adj. f. de *mobilier*, adj. m. ; contribution *mobilière*.
*Mobiliaire*, adj. des 2 genres.

*Mode*, n. f., c'est la *mode*.
*Mode*, n. m. ( t. de gramm. ).

*Moi*, pronom de la 1re pers.
*Mois*, n. m., douzième partie de l'année.
*Mouet*, n., sorte de mesure de ce nom.

*Moka*, pays de ce nom ; café *moka*.
Te *moquas*-tu ? se *moqua*-t-il ? v. *moquer*.

*Môle*, n. m., jetée de pierres ; digue.
*Molle*, n. f., et adj. f. de l'adj. m. *mou*.

*Molet*, n. m., gras de jambe.
*Mollet*, adj. m. du f. *mollette* ; qui est *mou*.

*Molière*, n. m., ancien poète de ce nom.
*Molières*, n. f., ville de France.
*Mollière*, n. f., terres grasses et maréca-
geuses.

*Mon*, adj. m., *Mon* est f. et mis pour *ma* devant un nom f. qui commence par une
voyelle.
*Mont*, n. m., montagne.
*M'ont*, mis pour *me ont* : *m'ont*-ils vu ?

*Moral*, adj. et n. m., but *moral*, chose *morale*.
*Morale*, n. f., science des mœurs.

*Mort*, adj. m. et n. f., un corps *mort* ; la *mort*.
Saint-*Maur*, pays de ce nom, et n. pr.
*Maure* ou *More*, peuple d'Afrique, etc. Se
battre de Turc à *More*.
*Mors*, n. m., le frein d'une bride.
*Mords*-tu ? *mord*-il ? *mords*-le, v. *mordre*.

*Mot*, n. m., parole ; dire un *mot*.
*Maux*, n. m., pl. de *mal*.
*Meaux*, ville de ce nom.

*Mou*, n. et adj. m. de *molle*, f., qui n'est pas
dur.
*Moue*, n. f., sorte de grimace faite par hu-
meur.
*Moût*, n. m., vin doux qui n'a pas bouilli.
Je *mouds*, il *moud*, v. *moudre*.

*Moule*, n. m., modèle creusé ; *moule* de
bouton.
*Moule*, n. f., sorte de coquillage ; manger de
bonnes *moules*.
*Moules*-tu ? *moulent*-ils ? v. *mouler*.

*Moulin*, n. m., machine qui moud.
*Moulins*, n. m., ville de ce nom.

*Mouron*, sorte de plante pour les oiseaux.
*Mourons*, v. *mourir* ; nous *mourrons* ; *mour-*
*ront*-ils ?



*Mousse*, n. m., jeune matelot.
*Mousse*, n. f., plante rampante.
*Moussent*-ils, v. *mousser*, 3e pers. pl.

*Moussaut*, adj., pain *moussaut* ou de gruau.
*Mousseaux*, pays de ce nom.

*Mu*, part. m. du v. *mouvoir*.
Je *mus*, tu *mus*, il *mut*, v. *mouvoir*.
*Mue*, n. f., maladie des oiseaux, v. *muer*.
Il *mue*, tous *muent*, 3e pers. du v. *muer*.
*M'eus*-tu ? *m'eut*-il cela ? *me*, pro., et *eut*,
v. *avoir*.

*Mur*, n. m., muraille.
*Mûr*, adj. m., *mûre*, adj. f. ( en maturité ).
*Mûre*, n. f., fruit du mûrier.
*Mures*-tu ? *mure*-t-il ? *murent*-ils ? v. *murer* au
présent de l'ind., et v. *mouvoir* au
prét. défini.
*M'eurent*-ils ? c'est-à-dire, eurent-ils moi ? *me*,
pro., et v. *avoir*.

*Musc*, n. m., parfum d'un animal de ce nom.
*Musques*-tu ? *musque*-t-on ? v. *musquer*.

*Musée*, n. m., académie, réunion de sciences.
*Musez*-vous ? 2e pers. dans le v. *muser*.

*Myrrhe*. Voyez MIRE.

# N.

*Naître*, v., prendre naissance, croître.
*N'être* pas sage, mis pour *ne être* pas (*ne*, adv.,
*être*, v. ).

*Né*, *née*, adj. du v. *naître*.
*Nez*, n. m. ; il a le *nez* long.

**DIFFÉRENCE ENTRE LE VERBE ÊTRE ET
LE VERBE AVOIR,**

Lorsqu'ils sont employés avec la négation *ne*, ou sans
la négation *ne*, ou qu'ils sont employés avec *on*.

**VERBE ÊTRE :**

*N'es*-tu pas fâché ? *n'est*-elle pas fâchée ?
*ne*, adv., et v. *être*.
*On est* fâché, on *n'est* pas fâché.
*On n'est* fâché que de cela.

**VERBE AVOIR :**

*N'aie* pas, que tu *n'aies* pas, qu'il *n'ait* pas,
qu'ils *n'aient* pas peur.
Qu'on *ait*, qu'on *n'ait* pas.
Qu'on *n'ait* que cela.
Je *nais*, tu *nais*, il *naît*, on *naît*. ⎫ v. *naître*.
*Nais*-tu ? *naît*-il ? *naît*-on ?       ⎭
*Net*, adj. et adv. ( propre, clair ) : ils sont *nets*,
nous y voyons *net*, parlons *net*. Voyez
N'ÊTES.

*Naguère*, adv. (autrefois).
*N'a guère*, mis pour *ne a guère* : *n'a guère*
    d'esprit, celui qui est sot.

---

*Nard*, n. m., parfum de ce nom.
*Narres*-tu ? il *narre*, v. *narrer*.

---

*Nèfle*, n. f., sorte de fruit de ce nom.
*Nef*, n. f., partie d'une église (le chœur).

---

*Négligent*, très-*négligent*, adj., insouciant.
*Négligeant*, part. prés. du v. *négliger*.

---

*Neige*, n. f., il *neige*, v. *neiger*,
*N'ai-je* pas ? mis pour *ne ai-je* pas.

---

*N'êtes*-vous pas ici ? v. *être*, et *ne* adv.
*Nette*, adj. f. de *net*, propre ou clair.
*Nèthe*, n. f. ( 2 rivières de ce nom ).

---

*N'être* pas, mis pour *ne être* pas.
*Naître*, v., venir au monde.

---

*Neuf*, nombre inv.; les *neuf* muses.
*Nœud*, n. m., enlacement.

---

*Nias*-tu ? *nia-t-il* ? v. *nier*, au prét. déf.
*N'y* a-t-il pas ? pour *ne y a* (v. *avoir* et pron.).

---

*Navet*, n. m., sorte de rave.
*N'avais-je* pas cela ? mis pour *ne avais-je*,
    v. *avoir*.

DIFFICULTÉS DANS LE VERBE AVOIR :

On *avait*; on *n'avait* pas.
On *avait* fait cela, on *n'avait* fait que cela.
Tous *n'avaient*-ils pas parlé ?

---

*Niais*-tu ? *niait*-il? *niaient*-ils? v. *nier*.
*Niais*, *niaise*, adj., badaud, simple.
Qu'on *n'y ait*, qu'il *n'y ait* rien, pour qu'il *ne*
    *y ait* ( *ne*, nég.; *ait*, v. *avoir* ).
*N'y est*-il pas? ( *ne*, nég., *est*, v. *être* ).

---

*Nid*, n. m., l'oiseau fait son *nid*.
*Ni*, conj. nég.; *ni* vous *ni* elle n'y étaient, ou
    *ni* vous *ni* elle n'y étiez.
*Nies*-tu ? *nie-t-il* ? *nient*-ils? v. *nier*.
*N'y* pour *ne y*; *n'y* pensons plus.

---

*Nil*, n. m., fleuve de ce nom.
*Nille*, n. f., filament d'une vigne.

---

*Noix*, n. f., fruit d'un noyer.
*Nouet*, n. m., linge noué.
*Noies*-tu ? *noie-t-il* ? *noient*-ils? v. *noyer*.
*Nouas*-tu ? *noua-t-il* ? v. *nouer*, au prét.

---

*Nierai-je*? je *nierai*.
*Nierez*-vous ? ( v. *nier* au futur ).

---

*N'irai*-je pas là? *n'irez*-vous pas là? v. *aller*;
    non je *n'y irai* pas; oui j'y *irai*; *n'y*
    *irez*-vous pas? *y irez*-vous ? non vous
    *n'y irez* pas ( l'y s'y fait peu sentir). De
    même on dit *ira-t-il* là, *y ira-t-il* ? ou
    *n'y ira-t-il* pas? *y iront-ils*? *n'y iront-*
    *ils* pas ? C'est ainsi que l'on met l'adv. *y*
    lorsqu'il y a une relation avec ce qui pré-
    cède. ( Fénélon et plusieurs gram.)

---

*Nom*, n. m., mot qui sert à nommer.
*Non*, adv. négatif.
*N'ont*-ils pas? ( pour *ne ont*-ils pas ).

---

*Nome*, n. m., poème ancien; loi, règle.
Je *nomme*, tu *nommes*, v. *nommer*.

---

*None*, partie de l'office catholique; l'une des
    7 heures canoniales.
*Nonne*, n. f., religieuse d'un couvent.
*Nones*, n. f. pl., noms de certains jours chez
    les Romains.

---

*Nomparcil*, adj. m., incomparable.
*Nompareille*, n. f., petit caractère d'impr., et
    sorte de petit ruban.

---

*Notaire*, n. m., officier qui passe les actes.
*Noter*, v., prendre des notes, et t. de mus.

---

*Notre*, adj. poss. devant un nom.
Le *nôtre*, la *nôtre*, pron. mis après un nom,
    ou sans le nom.
*Notre* dame, c'est la *nôtre*.
*Notre-Dame*, c'est la cathédrale du nom de la
    sainte Vierge.

---

*Nourrice*, n. f., celle qui nourrit.
Que je *nourrisse*, que tu *nourrisses*, qu'ils
    *nourrissent*, v. *nourrir*.

---

*Nourrisson*, n. m., enfant en nourrice.
*Nourrissons*, v. *nourrir*, 1re pers. pl.

---

*Nous*, pron. pers. pl.
*Nous*, pron. pers. sing. dans *nous*, le roi.
Je *noue*, *noues-tu* ? *noue-t-il* ? *nouent*-ils?
    v. *nouer*.

---

*Noyé*, *noyée*, part. passé du v. *noyer*.
*Noyer*, n., arbre qui produit des noix.
*Noyez* votre chagrin, 2e pers. dans le v. *noyer*.
*Noyiez*-vous, 2e pers. dans l'impar. et dans le
    subj. On prononce ces 4 mots : *noa-ïé*.

---

*Noyon*, ville de ce nom.
*Noyons*, v. *noyer*, prononcez *noa-ions*;
    *noyions*, imparf. et subj. du v.

---

*Nu*, *nue*, adj.; à *nu*, locution adv.
*Nue*, n. f., la *nuée*, le *nuage*.
*N'eus*-tu pas? *n'eut*-il pas? ( *ne* nég.; *eut*,
    v. *avoir* ).
On *eût*, on *n'eût* pas ( pour on *ne eût* ).
Qu'il *n'eût* pas (imparf. du subj.).

**Nuit**, n. f., obscurité, ténèbres.
**Nuits**, ville de ce nom ; vin de *Nuits*.
**Nuyes**, autre ville de ce nom.
**Nuis**-tu ? *nuit*-il ? v. *nuire*.
**Nui**, part. inv. ; elles se sont *nui*.

## O.

**Ó**, *oh ! os*, etc., voyez AU.

**Obit**, n. m., service ( t. de liturgie ).
**Oby** ou *obis*, fleuve de ce nom en Asie.

**Oca**, plante de ce nom.
**Hoca**, m., *jeu*.

**Occident**, n. m., septentrion.
**Oxidant** ou *oxydant*, qui oxide.

**Odieux**, *odieuse*, adj., haï.
**Au Dieu** du ciel rendez hommage.
**Ó Dieu**, invocation.
**Oh ! Dieu**, exclamation.

**Œuvre**, m., recueil, ouvrage ; pl., des chefs-
　d'œuvre.
**Œuvre**, n. f., action morale.

**Office**, n. m., devoir, fonction, assistance.
**Office**, n. f., endroit où l'on garde le des-
　sert, etc.

**Oing**, m., graisse de porc, vieux-*oing*.
**Oint**, *ointe*, adj., sacré.
**Saint**-*Ouen*, village et nom de ce saint.

**Olivète**, n. f., plante, dont la graine sert à
　faire de l'huile.
**Olivettes**, n. f. pl., danse des Provençaux, après
　la récolte des olives.

**Ombre**, n. f., obscurité ; ame séparée du corps.
**Hombre**, m., sorte de jeu de cartes.

**Omar**. Voyez HOMARD....

**On**, pronom indéfini, m., si l'*on* parle d'un
　homme, et f., si l'*on* parle d'une femme :
　*on* est beau, *on* n'est pas beau. *On* est
　belle, *on* n'est que belle.
　*Nota. On* veut le v. à la 3e pers. du sing.
**Ont**-ils ? 3e pers. dans le verbe *avoir*.

**Onglé**, *onglée*, adj., armé d'*ongles*.
**Onglée**, n. f., froid qui engourdit le bout des
　doigts.
**Onglet**, n. m., t. de relieur et de menuisier.

**Or**, métal, *or* donc, conj. conclusive.
**Ord**, *orde*, adj., vilain, sale ( ce mot a
　vieilli ).
**Ort**, adv., signifie brut, ou avec l'emballage.

**Hors**, adv., au-delà ; *hors*, prép. ( excepté ) :
　*hors* lui.
La sainte *Aure*, fête, t. de liturgie.

**Ordinand**, c'est celui qui se présente à l'évê-
　que pour être promu aux ordres
　sacrés.
**Ordinant**, évêque qui confère les ordres.

**Orgue**, instrument à vent, m. au sing., et
　fém. au pl. : un bel *orgue*, de belles
　*orgues*.

**Oreillons**, ou *orillons*, tumeurs.
**Aurcillon** d'un métier pour les étoffes de
　soie.

**Orion**, n. m., étoile australe, l'une des 15
　constellations.
**Oh ! rions** ; *oh !* exclamation, *rions*, v. *rire*.
**Horion**, n. m., coup au visage ( ce mot a
　vieilli ).

**Ótant**. Voyez AUTANT.

**Ormin**, n. m., plante de ce nom.
**Hors**-*main*, terme de maquignon.

**Osier**, n. m., sorte d'arbuste, saule.
**Osiez**-vous ? 2e pers. dans le v. *oser*.

**Ostie**, ville de ce nom.
**Hostie**, n. f., pain consacré.

**Óte**. Voyez HÔTE.

**Otelles**. Voyez AUTEL.

**Ou**, conj. de doute : l'un *ou* l'autre cheval
　vient.
**Où**, adv. de lieu : *où* aller, *où* est-il ?
**Houe**, n. f., hoyau, sorte de bêche.
**Hout**, n. m., tréteau de scieur-de-long.
**Houx**, n. m., arbre de ce nom.
**Août**, m. ; 8e mois de l'année : à la mi-*août*.

**Ouate**, n. f., coton gommé.
**Ouette** ; n. f., oiseau, sorte de chouette.
**Houette**, n. f., sorte d'outil, petite houe.

**Ouater**, v., garnir d'ouate, ou de ouate.
**Houetter**, v., piocher avec une houette.

**Oubli**, n. m., manque de souvenir.
**Oublie**, n. f., sorte de pâtisserie nommée
　plaisir.
**Oublies**-tu ? *oublie*-t-il ? *oublient*-ils ? v. *ou-
　blier*.

**Oui**, adv. d'affirmation : *oui*-dà.
**Ouï**, *ouïe*, part. du v. *ouïr*.
**Ouïe**, n. f., il a l'*ouïe* dure.
**Ouïs**-tu ? *ouït*-il, verbe *ouïr*.

*Ouille*, ou *oille*, n. f., sorte de potage.
*Houille*, n. f., sorte de charbon.

---

*Ours*, n. m., animal de ce nom.
*Ourse*, n. f. d'*ours*, et constellation de ce nom.
*Hourse*, t. de marine ( corde qui tient la
  vergue ).

---

*Oval*, n. m., sorte de poisson de ce nom.
*Ovale*, adj. et n. m., figure oblongue.

---

## P.

*Padou*, n. m., ruban de fil de ce nom.
*Padoue*, ville de ce nom.

---

*Pain*, n., aliment pétri.
*Pin*, n., arbre de ce nom ; sapin.
*Peint*, *peinte*, part. du v. *peindre*.
*Peins*-tu ? *peint*-il ? v. *peindre*.

---

*Pair*, adj. et n. m., égal : ils vont de *pair*, jouer
  à *pair* ou non.
*Pair*, n. m., dignité ; un *pair* de France ; son
  épouse est *pairesse*.
*Paire*, n. f., couple ; 2 poulets font la *paire*.
*Père*, celui qui a un ou plusieurs enfans.
*Perds*-tu ? *perd*-il ? v. *perdre*.
*Pers*, adj. m., *perse*, adj. f., des yeux *pers*
  ( couleur entre le bleu et le vert ).

---

*Pairie*, n. f., dignité d'un *pair* de France.
*Péri*, part. m. du v. *périr*.
*Péris*-tu ? *périt*-il ? v. *périr*.

---

*Paie*, ou *paye*, n. f., action de payer.
Je *paie*, *paies*-tu ? *paie*-t-il ? ils *paient*, v.
*Paix*, n. f., concorde, situation, tranquille ;
  *paix* ! ( silence. )
*Pais* mon agneau ; *paît*-il ? v. *paître*.
*Pet*, n. m., incongruité.

---

*Pairle*, m. ( terme de blason ).
*Perle*, n. f., globule ; collier de *perles*.

---

*Pal*, n. m., pieu aiguisé.
*Pâle*, adj., blême, un peu blanc.
*Palle*, ou *pale*, n. f., ce qui couvre le calice ;
  ce qui arrête l'eau d'un étang.

---

*Palais*, m., bel édifice et partie supérieure
  dans la bouche ; le *Palais* - Royal est
  un *palais* royal.
*Palès*, n. f., déesse des bergers païens ( pron.
  *èce* ).
*Palet*, n. m., pierre plate ; jouer au *palet*.

---

*Paillé*, adj. t. de blason ( diapré ).
*Paillet*, adj., vin *paillet* ( faible en couleur ).
*Palier*, adj. et n. ; marche *palière*.
*Pailler*, n., lieu où on laisse pourrir la paille.



*Pan*, n. m., partie d'un habit ou d'un mur, et
  dieu des bergers païens.
*Paon*, oiseau de ce nom.
*Pends*-tu ? *pend*-il ? v. *pendre*.
Un *guet-apens* ou *guet-à-pens*, des *guets-
  apents* (embûches).

---

*Panneau*, partie d'un lambris, et piége : donner dans le *panneau*.
*Paonneau*, le petit d'un paon ( pron. *pano* ).

---

*Panicule*, n. f., t. de b., espèce d'épi.
*Pannicule*, n. m., t. d'anat. ( membrane ).

---

*Penser*, v., réfléchir à : y *pensez*-vous ?
*Panser*, v., soigner : *panser* un cheval.
*Pansé*, soigné, part. du verbe *panser*.
Le *pansai-je* hier ? ( le soignai-je hier ? )
*Pansez-vous*, 2ᵉ pers. dans le même v.
*Pensé*, réfléchi, part. du v. *penser*.
*Pensée*, n. f., réflexion, et fleur de ce nom.
Y *pensai-je* hier ? est-ce que j'y réfléchis ?
*Pensez-vous* ? réfléchissez-vous ?

---

*Paonneau*, n. ( pron. *pano* ), petit paon.
*Panneau*, n., donner dans le *panneau*, et t.
  de sellier.

---

*Pâque*, n. f., les Juifs font la *pâque*.
*Pâques*, n. f. pl., les catholiques font leurs
  *pâques*, de bonnes *pâques* ; à *pâques*
  fleuries ; mais *pâques* est m., lorsqu'il
  désigne un terme : à *Pâques* prochain ;
  *Pâques* est venu.

---

*Par*, prép. ; *par* terre ou *par* mer ; *par-ci*,
  *par-là*.
*Part*, n. f., portion ou partie de...
*Pares*-tu ? *pare*-t-il ? *parent*-ils ? v. *parer*.
*Pars*-tu ? *part*-il ? v. *partir*, s'en aller.

---

Je *parais*, il *paraît*, v. *paraître*.
Je *parais*, il *parait*, imparfait dans le v. *parer*.

---

*Parallèle*, n. m., comparaison.
*Parallèle*, n. f et adj., tracé à égale distance :
  la ligne *parallèle* ou la *parallèle*.

---

*Parant*, *parante*, part. du v. *parer*.
*Parent*, m., *parente*, f., allié par le sang.
*Par an*, c'est-à-dire par année.

---

*Parc*, n. m., bois clos et lieu entouré.
*Parque*, n. f., divinité de la fable.
*Parque-t-il* ? *parques*-tu ? *parquent*-ils ? v.
  *parquer*.

---

*Parce que*, conj. : il rit *parce qu*'il est gai.
*Par ce que*, loc. en 3 mots séparés : *par ce que*
  je vois là, je pense que...

*Parcimonie*, n. f., épargne sordide, vilenie.
*Par simonie*, en 2 mots séparés, signifie par
    trafic des choses sacrées.

---

*Parer*, v.; *parer* un coup, *parer* au danger.
*Parer*, v., orner; *parer* de fleurs, etc.
*Parère*, n. m., avis sur le commerce.

---

*Paresse*, n. f., fainéantise.
Que je *paraisse*, ils *paraissent* tous, v. *pa-
    raître*.

---

*Pari*, n. m., gageure.
*Paris*, n. m., capitale de la France.
*Pâris*, berger de ce nom ( on pron. *pârice* ).
*Paries*-tu? *parie*-t-il? *parient*-ils? v. *parier*.

---

*Parlas*-tu? *parla*-t-il? v. *parler*.
*Par la*, sont 2 mots : *par*, prép., *la*, art. f.
*Par-là*, prép. et adv. de lieu : passez *par là*.

---

*Parquais*-tu? *parquait*-il? v. *parquer*.
*Parquet*, n. m., plancher, et t. de palais.

---

*Parti*, n. m., résolution, union, et part. m.
    du v. *partir*.
*Partie*, n. f., portion et divertissement.
*Partis*-je? *partit*-il? qu'il *partît*, v. *partir*.

---

*Partout*, adv. de lieu; il cherche *partout*.
*Par tout* ce que je vois, sont 2 mots.

---

*Pas*, n. m. et adv.; je ne fais *pas* un *pas*.
*Pat*, n. m., terme du jeu d'échecs.

---

*Pâte*, n. f., farine délayée et pétrie.
*Patte* ou *pate*, n. f., pied d'un animal.

---

*Pater*, n. inv. ( oraison ), des *pater* et des *ave*.
*Pâter*, v., t. de cordonnier.
*Patère*, n. f., espèce de vase, t. de tapissier.

---

*Pâté*, n. m., pâtisserie qui renferme de la
    viande.
*Pâtée*, n. f., sorte de pâte; la *pâtée* du chat.

---

*Pâtis*, n. m., pâturage communal.
Il *pâtit*, v. *pâtir*; qu'il *pâtît*, imparf. du subj.
*Pâti*, part. inv. du v. *pâtir*.

---

*Paul*, n. m.; saint *Paul*, Saint-Vincent-de-
    *Paul*.
*Paule*, ville d'Italie et monnaie de ce nom.
Sainte *Paule*, n. pr. f.; St-François de *Paule*.
*Pôle*, m., axe, l'un des deux bouts de la
    sphère; au nord, *pôle* arctique; au
    midi, antarctique.
*Pole*, n. f., poisson de ce nom.

---

*Paume*, n. f., le dedans de la main; jeu de
    *paume*; le maître du jeu est le pau-
    mier.
*Pomme*, n. f., fruit du pommier.



*Paumer*, v. Voyez POMMER.

---

*Pause*, n. f., suspension, retard, halte; demi-
    pause, t. de musique.
*Pose*, n. f. du v. *poser*, placer, position d'un
    modèle, etc; la *pose* des pierres, etc.,
    temps employé à les placer.

---

*Pauser*, v., cesser, faire halte.
*Poser*, v., placer; *poser* son paquet.

---

*Payerons*-nous? 1re pers. pl. dans le v. *payer*.
*Payeront*-ils? 3e pers. pl. dans le même v.
*Perron*, n. m., espèce d'escalier extérieur.

---

*Peau*, *Pau*. Voyez POT.

---

*Pec*, adj., fraîchement salé : hareng *pec*.
*Pecque*, n. f., terme injurieux : femme sotte et
    impertinente, qui fait l'entendue.

---

*Pécher*, v., faire le mal, enfreindre la loi divine.
*Péchez*-vous? 2e pers. dans le v. *pécher*.
*Péché*, n. m., mal : les 7 *péchés* mortels.
*Pêcher*, v., *pêcher* du poisson.
*Pêcher*, n. m., arbre qui produit des pêches.
*Pêchez*-vous à l'hameçon, 2e pers. dans le v.
*Péché*, *péchée*, adj. et part. du v. *pécher*.

---

*Pécheur*, n. m., *pécheresse*, f., qui fait des
    péchés.
*Pêcheur*, n. m., *pêcheuse*, f., dont le métier est
    de prendre du poisson.

---

*Peint*, adj. Voyez PAIN.

---

*Peinte*, adj. f., de *peint*, m. : maison mal
    peinte.
*Pinte*, n. f., ancienne mesure remplacée par
    le litre.

---

*Peigner*, v., démêler avec un peigne.
*Peignez*-vous? v. *peigner* et v. *peindre*.
*Peignier*, n. m., faiseur de peignes.

---

*Pelage*, n. m., action de peler.
*Plage*, n. f., rivage.

---

*Pèles*-tu? *pèle*-t-il? v. *peler*.
*Pelle*, n. f., la *pelle* et les pincettes.

---

*Pendule*, n. m., balancier, régulateur.
*Pendule*, n. f., horloge à balancier.

---

*Pêne*, n. m., verrou d'une serrure, etc.
*Peine*, n. f., inquiétude d'esprit, fatigue du
    corps.
*Peines*-tu? *peine*-t-il? *peinent*-ils? v. *peiner*.
*Penne*, n. f., grosse plume d'un oiseau de
    proie.

*Perces*-tu ? *percent*-ils ? verbe *percer*.
*Perse*, n. f., royaume, et belle toile de ce nom.

*Perçant*, adj. et part. prés. du v. *percer*.
*Persan*, né dans le royaume de *Perse*.

*Percé*, adj., m.; *percée*, n. et adj. f. du v. *percer*.
*Persée*, n. pr. m. et constellation.

*Père*. Voyez PAIR.

*Période*, n. m., le plus haut point possible.
*Période*, n. f., époque, révolution d'un as-
    tre, etc., et phrase de plusieurs
    membres.

*Perle*, n. f., globule.
*Pairle*, n. m., t. de blason.

*Peste*, n. f., maladie de ce nom.
*Peste*, adj.; un petit *peste* est un enfant malin.
*Pestes*-tu ? *pestent*-ils ? verbe *pester*.

*Peu*, adv., *peu-à-peu*, autre adv.
*Peux*-tu ? *peut*-il ? *peut*-on ? v. *pouvoir*.

*Peut-être*, adv. de doute : il viendra *peut-être*.
Il *peut être* là, v. *pouvoir* et v. *être*.

*Phrase*, n. f. Voyez FRASE, n. m.

*Pic*, pioche pointue, et rocher en *pic*.
*Pique*, n. m., as de *pique*, etc., des *pique*-
    assiettes, des *picque*-nique, n. m.
*Pique*, n. f., sorte d'arme, et brouillerie.
*Piques*-tu? *pique*-t-on? *piquent*-ils? v.

*Pica*, n. m., t. de méd., appétit dépravé.
*Pika*, n. m., lièvre de Sibérie.
*Piquas*-tu ? il *piqua*, v. *piquer*; imp. du subj.
    qu'il *piquât*.

*Pie*, n. f. et adj., oiseau, et œuvre *pie* (pieuse).
*Pis*, n. m., l'opposé de mieux, et adv. de l'adj.
    *pire*.
Tant-*pis*, le *pis*-aller; le *pis* de l'affaire; rien
    n'est *pis*; de mal en *pis*.
*Pis*, n. f., tétine d'une vache.

*Pied*-bot. Voyez BAU.

*Pieu*, n. m., morceau de bois long et pointu.
*Pieux*, adj. m., *pieuse*, f., qui a de la piété.

*Pilier*, n. m., poteau.
*Pillé*, *pillée*, adj. et part. du v. *piller*, voler
    ( LL mouillés. ).

*Pinçon*, n. m., marque où l'on a pincé.
*Pinçons*-nous ? 1re pers. dans le v. *pincer*.
*Pinson*, n. m., petit oiseau de ce nom.
*Pensum*, n. m., punition, surcroît de devoir
    ( on prononce *pinsomme* ).



*Pipeau*, n. m., flûte champêtre ( au pl., il si-
    gnifie gluaux ).
*Pipot*, n. m., tonneau de miel.

*Piton*, sorte de clou dont la tête est percée.
*Python*, serpent fabuleux.

*Pique*. Voyez PIC.

*Piqué*, *piquée*, adj. et part. du v. *piquer*.
*Piquier*, n. m., soldat armé d'une pique.
*Piquet*, n., petit pieu, et jeu de *piquet*.
*Piquais*-tu? *piquait*-il? v. *piquer*.

*Placet*, n. m., pétition pour obtenir justice,
    grâce, etc.
*Plaçais*-je ? *plaçais*-tu ? v. *placer*.
*Plaçait*-il? *plaçait*-on ton *placet*?

*Plage*, n. f., rivage.
*Pelage*, n. m., action de peler.

*Plaid* (vieux mot); plaidoirie.
*Plaie*, n. f., blessure, cicatrice.
*Plais*-tu ? *plaît*-il? s'il vous *plaît*, v. *plaire*.
*Pelais*-tu ? *pelait*-il? imparf. dans le v. *peler*,
    ôter le poil.

*Plain*, adj. m., uni, plat; de *plain*-pied (loc.).
*Plein*, adj. m., rempli.
*Plains*-tu ? *plaint*-il ? v. *plaindre*.

*Plaine*, n. et adj. f., qui est plate.
La *plaine* liquide ( la mer ); courir dans la
    *plaine* ( campagne ).
*Pleine*, adj. f., remplir à *pleines* mains.

*Plainte*, n. f. mécontentement, gémissement.
*Plinthe*, n. f., pièce de bois (t. d'archit.).

*Plaire*, v., être agréable.
*Peler*, v., ôter la pelure ( pron. *pe* ).

*Plan*, n. m., dessin, projet.
*Plant*, n. m. ( d'arbres, d'œillets, etc. ).

*Pleurs*, n. m. pl., larmes.
Je *pleure*, tu *pleures*, v. *pleurer*.

*Pli*, n. m., le *pli* d'une étoffe.
*Plie*, n. f., poisson de ce nom.
Je *plie*, tu *plies*, *plie*-t-il? *plient*-ils? v. *plier*.
    On se sert du v. *ployer* dans le style
    soutenu.

Je *plisse*, tu *plisses*, il *plisse*, v. *plisser*.
*Plisse*, n. f., sorte de lézard de ce nom.
*Pelisse*, n. f., manteau de femme.

*Plongeon*, n. m., sorte d'oiseau aquatique.
*Plongeons*-nous? v. *plonger*.

*Plu*, part. inv. des 2 v. *plaire* et *pleuvoir*.
*Plus* ou davantage, adv. de quantité.

*Plut*-il hier ? je voudrais qu'il *plût*, v. *plaire* et *pleuvoir*.
*Pelu*, *peluc*, adj., couvert de poil.

*Plumet*, n. m., touffe de plumes.
*Plumait*-il? 3ᵉ pers. dans le v. *plumer*.

*Plutôt*, adv., mieux, par préférence.
*Plus tôt*, en 2 mots, est l'opposé de plus tard.

*Pluvieux*, *pluvieuse*, adj., abondant en pluies.
*Plus vieux*, *plus* vieille, adj. ( plus âgé ).

*Poêle*, n. f., ustensile de cuisine, à frire, etc.
*Poêle* ou *poîle*, n. m., sorte de fourneau; chambre à *poêle*.
*Poêle*, n. m., espèce de drap ou de voile en ombrelle.
*Poil*, n. m., qui couvre les animaux.

*Poids*, n. m., pesanteur, autorité.
*Pois*, n. m., légume de ce nom.
*Poix*, n. f., sorte de résine gluante.
*Poa*, n. m. b., genre de graminée.
*Pouah!* interjection qui marque le dégoût.

*Poind* ou *point*, 3ᵉ pers. de l'ancien v. *poindre*; cela me *poind*, ou me pique.
*Poing*, n. m., main fermée (se battre à coups de *poings* ).
*Point* ou *pas*, adv. de négation : non, il n'y ira *point*; *point* en dit plus que *pas*.
*Point*, n. m. : mettre les *points* sur les *i*; le *point*-d'honneur; coudre à grands *points*.

*Poiré*, n. m., cidre de poires.
*Poirée*, n. f. b., sorte de bettes.

*Poison*, n., venin qui donne la mort.
*Poisson*, n. m., animal qui vit dans l'eau.
*Poissons*, 1ʳᵉ pers. pl. dans le v. *poisser*.

*Police*, n. f., ordre établi, et v. *policer*.
*Polisse*, subj., dans le v. *polir* : qu'il *polisse* son ouvrage (*polisser*, v., t. de polisseur ).

*Polissoir*, n. m., outil pour polir.
*Polissoire*, n. f., sorte de décrottoire douce.

*Pomme*, n. f., fruit du pommier.
*Paume*, n. f., sorte de jeu, et le dedans de la main.

*Pommer*, v., s'arrondir en pomme.
*Paumer*, v., empaumer, jouer à la balle.

*Pommier*, n. m., arbre à pommes.
*Paumier*, n., maître d'un jeu de paume.

*Pont*, n. m. ( de bois, de pierre, ou de fer ).
*Pont*-de-Cé, et *Pont*-Audemer ( 2 villes).



*Ponts*-et-chaussées, n. m. pl., *Pont*-Neuf, g.
*Pond*-elle, v. *pondre*.

*Porc*, n. m., pourceau; un *porc*-épic, animal.
*Port*, n. m., maintien; frais de transport, etc.
*Port*, n. m., *port* de mer, passe-*port*, etc.
*Pore*, n. m., ouverture imperceptible : les *pores* de la peau.

*Porte*, n. f., ouverture pour entrer et sortir.
*Porte*-faix, n. m.; des *porte*-mouchettes, n. m. pl.
*Portes*-tu ? *portent*-ils? v. *porter*.

*Pose*, n. f., action de poser : la *pose* d'un modèle ; la *pose* des pierres, etc.
*Pause*, n. f., cessation, suspension ; intervalle ou repos momentané de l'action.

*Poser*, v., action de placer sur.
*Pauser*, ce v. a vieilli; on dit faire une *pause*, c'est-à-dire suspendre, mettre un intervalle.

*Poste*, n. m., emploi, place, et v. *poster*.
*Poste*, n. f., la *poste* aux lettres; les malles-postes.
Le *post*-scriptum d'une lettre, c'est ce qu'on y écrit après l'avoir faite.

*Pô*, n. m., fleuve de ce nom.
*Pot*, n. m., vase, et papier-*pot*.
*Peau*, n. f., membrane, enveloppe.
*Pau*, ville de ce nom.
Des *pots* au feu (*pots* devant le feu ); des *pot* au feu sans *s* ( suivant quelques gram.), lorsqu'ils signifient la quantité de viande pour faire la soupe ); des *pots*-pourris ( t. de littérature ).

*Pou*, n. m., insecte de ce nom, vermine.
*Pouls*, n. m., battement des artères.

*Pouce*, n. m., le plus gros des doigts.
*Pousse*, n. f., sorte de maladie des chevaux.
*Pousses*-tu ?
*Pousse*-t-il ?          } verbe *pousser*.
*Poussent*-ils tous ? }

*Poucettes*, n. f. pl. ( pour lier les pouces).
*Poussette*, n. f., jeu d'enfans ( jouer à la).

*Pouding*, n. m., sorte de ragoût anglais.
*Poudingue*, n. m., cailloux agglutinés.

*Pouf!* sorte de cri et de coiffure.
Il *pouffe*, v. *pouffer*.

*Poupard*, n. m., grosse poupée.
*Poupart*, n. m., poisson nommé crabe.

*Pouille*, n. f., contrée de ce nom.
*Pouilles*, n. f. pl., injures ; chanter *pouilles*
(t. populaire ).

*Pouiller*, v. ( t. populaire ).
*Pouillier* ou *pouillis*, n. m. méchante hôtellerie.

*Pouillis*, n. m. , méchante hôtellerie.
*Pouilly*, ville de ce nom (vin de...).

*Pourtant*, conj. et adv. (néanmoins, cependant ).
*Pour tant*, ou pour prix indéterminé (loc.).

*Pourvoir*, v. a. et v. n., munir, garnir, établir
et intenter action.
*Pour voir*, ou pour être vu ( loc. ).

*Précédant*, part. inv. du v. *précéder*.
*Précédent*, adj. et n. m. ( ce qui précède ).

*Prémices*, n. f. pl., premières productions.
*Prémisses*, n. f. pl. (ce sont les 2 premières
prop. d'un syllogisme ).

*Près* de, prép. composée, sur le point de... : il
est *près* de mourir ; à cela *près* (loc. )
*Prêt*, adj., disposé à... ; il est *prêt* à mourir.

*Pressamment*, adv. (d'une manière pressante).
*Pressément*, adv., en hâte.
*Pressément*, n. m., pression.

*Pressant*, adj. m., qui presse.
Il *pressent*, v. *pressentir*, 3e pers. sing.

*Présure*, n. f., ce qui sert à faire cailler le lait.
Je *pressure*, tu *pressures*, etc. , v. *pressurer*.

*Prêtant*, qui prête, part. du v. *prêter*.
*Prétends-tu* ? *prétend-il* ? v. *prétendre*.

*Présidant*, part. prés. du v. *présider*.
*Président*, n. m., titre, dignité.

*Préteur*, n. m., sorte de magistrat.
*Prêteur*, n. m., c'est celui qui prête.

*Pressis*, n. m., suc de viande ou d'herbes.
*Précis*, *précise*, adj., fixe, précisé.

*Prévôté*, n. f., juridiction d'un prévôt. Ce mot
n'est pas l'homonyme de :
*Privauté*, excessive familiarité ou licence.

*Prier*, v., intercéder ; ils m'en *prièrent*.
*Prière*, n. f., demande à titre de grâce.

*Primas-tu* ? *prima-t-il* ?
*Qu'il primât*, 3e pers. du subj. } v. *primer*.
*Primat*, n. m., prélat au-dessus des archevê-
ques.



*Prix*, n. m., valeur, récompense.
*Pris*, *prise*, adj.; *pris-je*, *prit-il* ? v. *prendre*.
Je *prie*, *prié-je* ?
Tu *pries*, *pries-tu* ? } v. *prier*.
*Prie-t-on* ? ils *prient*,

*Pronostic*, n. m., jugement par conjecture.
Je *pronostique*, v. *pronostiquer*, prédire.

*Prosper*, prénom d'homme.
*Prospère*, adj., favorable.
Je *prospère*, *prospères-tu* ? v.

*Prou*, adv., beaucoup : j'en aurai ou peu, ou
*prou*.
*Prouc*, n. f., partie de l'avant d'un navire.

*Prouver*, v., donner la preuve.
*Prouvaires*, vieux mot qui signifiait prêtre. La
rue des *Prouvaires* (à Paris).

*Provin*, n., rejeton d'un cep de vigne *provigné*.
*Provins*, ville ; 1re et 2e pers. dans le v. *pro-
venir*.
*Provint-il* hier ? qu'il *provînt* demain, v. *pro-
venir*.

*Province*, n. f., contrée.
Que je *provinsse*, qu'ils *provinssent*, v. *pro-
venir*.

*Pu*, part. inv. du v. *pouvoir*.
Je *pue*, tu *pues*, il *pue*, ils *puent*, v. *puer*.
Je *pus*, tu *pus*, il *put*, v. *pouvoir*, au prét. déf.
*Pus*, n. m., matière corrompue.
Pique-*Pus*, rue et couvent de ce nom (s. dur).

*Public*, adj. m. : le cri *public* ; en *public*, adv.
*Publique*, adj. f. : la voie *publique* ( chemin );
voix *publique* ( le cri ).

*Puce*, n. f., petit insecte de ce nom.
Pique-*Pus*, couvent de ce nom ( s. dur ).
Que je *pusse*, que tu *pusses*, qu'ils *pussent*,
v. *pouvoir*, à l'imp. du subj.

*Puis*, adv. ( ensuite ) ; je *puis*, v. *pouvoir*.
*Puits*, n. m., où l'on puise de l'eau.
*Puy*, ville de ce nom : le *Puy*-de-Dôme.

*Pullulaire*, adj., qui multiplie.
*Pulluler*, v., multiplier en abondance ( se dit
des insectes ).

*Pyriques*, adj., feux d'artifices dans un lieu clos.
*Pyrrhique*, n. f., danse militaire ( t. d'antiq.).

# Q.

*Qu'a*. Voyez CAS.

*Quadrature*, n. f. (t. de mathém., prononcez
coua).
*Quadrature*, n. f. (t. d'horlog.), pron. ca.

*Quand.* Voyez CAMP.

Un *quanquam*, c'est un discours latin.
Un *quanquan* ou *cancan* (t. pop.), bavardage.

*Quantes*, adj. f. pl. : toutes fois et *quantes*.
*Qu'entes*-tu ? ( que greffes-tu ? ).

*Quart.* Voyez CAR.
*Quarte.* Voyez CARTE.

*Quartaut*, n. m., mesure du quart.
*Cartaux*, n. m. pl., cartes marines.

*Quartier.* Voyez CARTIER.

*Quatre-vingts* et *quatre* cents ; mais plusieurs
*vingts* et plusieurs *cents* sont
sans *s* devant un autre nom de
nombre, ou lorsqu'il s'agit de
l'année :
*Quatre-vingt*-treize, *quatre-cent*-seize et l'an
mil *quatre-vingt* ; mais on écrirait l'an deux mille *quatre-vingt*.

*Que*, pron. conj.
*Queue*, n. f. : tirer le diable par la *queue*.
*Queux*, vieux mot qui signifie cuisinier.
*Qu'eux*, mis pour *que eux* : on n'y voit
*qu'eux*.

*Quel* homme ; pl., *quels* hommes.
*Quelle* femme ; pl., *quelles* femmes.
*Qu'elle*, mis pour *que elle* : *qu'elle* seule
vienne ; pl., *qu'elles* toutes viennent.
*Kell*, g., forteresse de ce nom.
*Kiel*, ville de ce nom.

*Quelconque*, adj. des 2 genres.
*Quelconques*, adj. pl.
*Quelle conque* signifie *quelle* grande coquille.

*Quelque*, invariable devant un adj. suivi de *que :*
*quelque* exiguës *que* soient les arrhes.
*Quelques* chevaux ( plusieurs ), var. devant un
nom pl., et devant un adj. et un nom
qui sont au pl., non suivis du *que*
conjonctif.

*Quel que*,
*Quelle que*,
*Quels que*,
*Quelles que*,
en 2 mots. 1er var. lorsque le *que*
est suivi d'un verbe ; Ex. : *quelle*
*que* soit ou *quelle qu*'ait été la
vente ; *quelles que* soient ou
*quelles qu*'aient été les arrhes ;
*quels qu*'en paraissent les actes.

*Quelques-uns*, et *quelques un*. (Voyez UN.)

*Quelquefois*, adv. ( de fois à autre ou par fois),
on n'en fait qu'un mot.
*Quelques fois*, en 2 mots, signifie plusieurs
fois.



*Qu'est-ce ?* }
*Qui est-ce ?* } Voyez CAISSE.

*Quête*, n. f., action de quêter.
*Quiète*, adj. f. de *quiet*, calme, tranquille.

*Qui*, pron. conj. ; ne confondez pas *qu'y* avec
*qui y*, dans les deux phrases suivantes :
Ex. : *Qu'y* a-t-il ? c'est-à-dire *que* ou quelle
chose y a-t-il ? *Qui y* a-t-il vu ? c'est-à-
dire quelle personne ?
*Quis*, n. m., sulfure de cuivre, pour faire du
vitriol.
*Nota.* Les pronoms *qui* et *qu'il* offrent 4 difficultés homonymes dans
les quatre phrases suivantes :
1° *Qui* l'a compris, c'est-à-dire *qui* a
compris lui ou cela ?
2° *Qui* l'a comprise, c'est-à-dire *qui*
a compris elle ?
3° *Qui* la comprit, ou *qui* est-ce *qui*
comprit elle ?
4° *Qu'il* a compris, ou *qu'il* a comprise, c'est-à-dire *que* il a compris
ou comprise.

*Quincaillier*, n. m., qui vend la quincaillerie.
*Clincaillier*, marchand de clincailles ou de bric
broc.

Le *quint*, n. m., la cinquième partie d'une
chose.
*Le Kain*, n. propre d'un ancien acteur célèbre.
*Trousse-quin*, n. m., sorte de selle.

*Quinze*, n. inv. : dix et cinq font *quinze*.
Les *Quinze*-Vingts, hospice de ce nom.
Un *quinze-vingts*, n., un aveugle de cet hospice.

*Quoi*, inv. ; quelle chose. Tantôt il est conj., et
tantôt exclamation.
*Coa*, m., plante de ce nom.
*Coi*, adj. m., *coie*, adj. f., stupéfait.
*Coua*, n. m., coucou d'Afrique.
*Couet*, n. m., assemblage de 4 cordages ( t. de
marine ).
*Quoique* ou *encore que*, conj. qui veut le subj. ;
*quoiqu*'il vienne.
*Quoi que* ou *quelque chose que* sont 2 pron.
séparés, qui veulent le v. au subj.

*Qu'ont*-ils dit ? *qu'ont*-ils fait ? mis pour *que*
*ont* ( pron. conj, et v. avoir ).
*Qu'on* arrive tout de suite, ou *qu'on* n'arrive
que tard ( loc. mise pour *que l'on* ).

*Quote.* Voyez COTE.

# R.

*Race*, n. f., lignée.
*Rasse*, n. f., grand panier, sorte de corbeille.

*Radeau*, n. m., sorte de navire.
*Rat-d'eau*, petit animal amphibie.

*Radoub*, n. m., réparation faite à un navire.
Il *radoube*, 3e pers. dans le v. *radouber*.

*Raffes*, n. f. pl., rognures de peau.
*Rafle*, n. f. du v. *rafler*, n'est pas homonyme.
*Raphe*, n. f., poisson de ce nom.

*Raie*, n. f., trace, et sorte de poisson plat.
*Rais*, n. m., rayon : ce *rais* de roue sort de la jante.
*Ray*, n. m., filet en entonnoir.
*Retz*, pays de ce nom, et le cardinal de *Retz*.
*Rets*, n. m., filet à prendre des oiseaux.
*Ré*, 2e note de la gamme.
*Rhé*, île de ce nom.
*Rhée* ou *Rhéa*, nom d'une déesse de la fable.
*Rez*, tout contre : *rez*-terre, *rez*-de-chaussée.

*Rain*. Voyez REIN.

*Raine*. Voyez REINE.

*Rainette*, n. f., petite grenouille.
*Reinette*, pomme de ce nom.
*Rénette*, n. f., sorte d'outil de maréchal.

*Raiponce*, n. f., sorte de racine.
*Réponse*, n. f., ce qu'on répond.
*Raisiné*, n. m., confiture de raisins, etc.
*Résiné*, adj., enduit de résine.

*Raisonnement*, acte de raisonner.
*Résonnement*, répercussion du son.

*Raisonner*, v., se servir de sa raison.
*Résonner*, v., retentir ; un écho résonne.
*Ressonner*, v., sonner une deuxième fois, ou de nouveau.

*Ramener*, v., amener de nouveau.
*Remmener*, v., emmener ce qu'on avait amené.

*Rang*, n. m., place, ordre, file.
*Rends*-tu ? *rend*-il ? *rends*-le-lui, v. *rendre*.

*Rappel*, n. m., action de rappeler.
*Rappelles*-tu ? le *rappellent*-ils ? v.

*Ras*, *rase*, adj., *rasé* : une mesure *rase*.
*Rat*, n. m., petit animal de ce nom.

*Ratte*, n. f., espèce de souris de ce nom.
*Rate*, n. f., viscère : il a mal à la *rate*.
*Ratent*-ils ces fusils ? v. *rater*.

*Ray* et *ré*. Voyez RAIE.

*Rebec*, n., sorte de violon.
Je *rebèque*, v. *rebéquer*, répondre avec fiert...



*Récent*, *récente*, adj., arrivé nouvellement.
Je *ressens*, *ressent*-il ? qu'il *ressente*, v. *ressentir*.

*Recoler*, v., lire aux témoins leurs dépositions.
*Recoller*, v., coller de nouveau.

*Record*, n. m., répétition.
*Recors*, n. m., témoin qui accompagne un huissier pour saisir.

*Reçu*, n. m., et part. du v. *recevoir*.
Je *reçus*, tu *reçus*, *reçu*-t-il ? v. *recevoir*.
Je *ressue*, tu *ressues*, *ressue*-t-on ? v. *ressuer*.

*Recueil*, n. m., amas d'écrits.
*Recueilles*-tu ? il *recueille* ? v. *recueillir*.

*Recul*, n. m., mouvement en arrière.
*Recules*-tu ? *recule*-t-il ? v. *reculer*.

*Reflux* de la mer, mouvement en arrière.
*Reflue*-t-elle ? *refluent*-ils ? v. *refluer*.

*Régal*, n. m., mets favori.
*Régale*, n. m., un des jeux de l'orgue.
*Régale*, n. f., ancien droit royal, et t. de chimie : eau *régale*.
*Régales*-tu ? *régale*-t-on ? *régalent*-ils ? v...

*Réglet*, n. m., petite règle.
*Réglait*-il, v. *régler*.

*Rein*, n. m., viscère : mal aux reins ou aux lombes.
*Rain*. Ce mot a vieilli ; il signifie rameau.
*Rhin*, m., fleuve de ce nom.

*Relie*-t-il ? *relies*-tu ? v. *relier*.
*Relis*-tu ? *relit*-il ? v. *relire*.

*Reine*, femme d'un roi ; prune de *reine*-claude.
*Rêne*, n. f., courroie, guide, etc. ; les *rênes* de l'État.
*Raine*, n. f., espèce de grenouille.
*Renne*, n. f., espèce de cerf du Nord.
*Rennes*, ville de ce nom, en Bretagne.

*Reinette*. Voyez RAINETTE.

*Relan*, n. m., action de relancer.
*Relent*, n. m., mauvais goût.

*Remi*, n. pr. Saint-*Remi*.
*Remis*, *remise*, adj. du v. *remettre* ; il *remit*, v. *remettre*.

*Remmener*. Voyez RAMENER.

*Rémolade*, n. f., remède pour les chevaux.
*Rémoulade*, n. f., sauce piquante.

*Remords*, n. m., reproche de conscience.
Il *remord*, 3e pers. dans le v. *remordre*.

*Rempart*, n. m., levée de terre ; défense.
Il *rempare*, v. *remparer*, fortifier.
Il se *réempare*, v. se *réemparer*, s'emparer de
 nouveau.

*Rénette*. Voyez RAINETTE.

*Rentrer*, v., entrer de nouveau.
*Rentraire* ou *rentrayer*, v., faire une reprise
 ou rentraite, ou rentraiture.

*Renvoi*, n. m., action de renvoyer.
*Renvoies*-tu ? il *renvoie*, v. renvoyer.

*Repaire*, n. m., retraite de brigands, etc.
*Repère*, n. m., t. d'arts ; marque pour rassembler.

*Répandre*, v., verser, étendre au loin.
*Repeudre*, v., pendre de nouveau, etc.

*Répands*-tu ? *répand*-il ? v., éparpiller.
*Repends*-tu ? *repend*-il ? v., pendre de nou-
 veau.
Je me *repens*, il se *repent*, v. se *repentir*.

Il *répare*, v. *réparer* ; faire une réparation.
Il *repart*, v., c'est partir de nouveau.

*Repartir*, v., partir de nouveau ; je repars.
*Répartir*, v., faire une distribution ; je répartis.

*Repic*, n. m., coup de jeu de piquet.
*Repique*-t-il ? v., piquer de nouveau.

*Réponds*-tu ? *répond*-il ? v. répondre.
*Répons*, n. m. pl., sorte de chants d'église.

*Réponse*. Voyez RAIPONCE.

*Requin*, n. m., sorte de chien marin.
*Requint*, n. m. ; 5e partie du quint ; droit
 régalien et seigneurial.

*Résidant*, part. prés. du v. *résider*.
*Résident*, n. m., le *résident* est l'envoyé d'un
 souverain dans une autre cour.

*Résiné*, adj., enduit de résine.
*Raisiné*, confiture.

*Résonnement*. Voyez RAISONNEMENT.

*Restaur*, n. m., recours des assureurs, les uns
 contre les autres.
Je *restaure*, tu *restaures*, v. *restaurer*.

*Reteinte*, adj. f. ( v. *reteindre* ).
Il *retinte*, 3e pers. ( v. *retinter* ).



*Réveil*, n. m., action de réveiller.
Je *réveille*, tu *réveilles*, ils *réveillent*, v.

*Révérant*, part. du v. ( qui révère ).
*Révérend*, m., digne d'être révéré.

Je *revêts*, tu *revêts*, il *revêt*, v. *revêtir*.
Je *rêvais*, tu *rêvais*, il *rêvait*, v. *rêver*.

Je *revire*, ils *revirent*, v. *revirer*.
Ils *revirent*, 3e pers. pl. dans le v. *revoir*.

*Révolutionnaire*, adj., qui accélère les progrès
 de la révolution.
*Contre-révolutionnaire*, adj., celui qui s'y
 oppose, etc.
*Révolutionner*, v., mettre un état en révolution.

*Rheims*, ville de ce nom.
*Rinces*-tu ? *rince*-t-il ? *rincent*-ils ? v. *rincer*.

*Riche*, adj., celui qui a des richesses.
*Rich*, n. m., loup cervier.

*Rhombe*, n. m., losange, t. de géométrie.
*Rombe*, n. m., coquillage.
*Rumb*, m., aire de vent, t. de marine.

*Ri*, part. inv. du v. *rire* ; ils s'en sont *ri*.
Le *ris* ou le *rire*, n. m. ; *ris* de veau.
*Ris*-tu ? *rit*-il ? *rient*-ils ? v. *rire*.
Que je *rie*, que tu *ries*, qu'ils *rient* (subj. de ce
 verbe).
*Rits*, n. m. pl., coutume religieuse.
*Riz*, n. m., graine : paille de *riz*.
*Rye*, n. f., rivage de la mer ( t. de géog. ).

*Riom*, ville de ce nom.
*Riions*-nous à présent? v. *rire*.
*Riions*-nous il y a un instant? imparf. de l'ind.
 et subj. du v.

*Rob*, n. m., suc épaissi d'un végétal ; remède.
*Robe*, n. f., vêtement.

*Roc*, n. m., rocher, et pièce du jeu d'échecs.
*Rauque*, adj., voix *rauque*, enrouée.
*Roch*, nom propre ; Saint-*Roch*.
Je *roque*, tu *roques*, v., t. du jeu d'échecs.

*Rocher*, n. m., masse de pierres enracinées
 ( roche ).
*Rochet*, n. m., sorte de vêtement, surplis.

*Roi*, n. m., souverain d'un royaume.
*Roye*, ville de ce nom.
Tu *rouas*, il *roua*, prét. du v. *rouer*.

*Roman*, n. m., récit fictif d'aventures.
*Romand*, canton de ce nom, en Suisse.
*Romans*, ville de ce nom, département de la
 Drôme.

*Rome*, ville de ce nom.
*Romes*, n. f. pl., 2 pièces principales d'un métier de basse-lice.
*Rhum* ou *rum*, esprit tiré du sucre.

*Rombe* ou *rhombe*, m., losange, t. de géom.
*Rumb*, m., aire de vent; l'une des 32 parties de la boussole.

*Rond*, *ronde*, adj. et nom.
Je *romps*, *romps*-tu? *rompt*-il? v. *rompre*.

*Ros* ou *rot*, n. m., peigne de tisserand.
*Rot*, n. m., vapeur de l'estomac.
*Rôt*, n. m., rôti.

*Rosaire*, n. m., chapelet de dix dixaines.
*Roser*, v., t. de teinturier.

*Rouan*, adj., poil mêlé de gris, de noir et de rouge.
*Rouant*, part. du v. *rouer*, et adj., t. de blason.
*Rouen*, ville de ce nom.

*Roue*, n. f., et v. *rouer*.
*Roux*, *rousse*, adj. ( qui a de la rousseur ).

*Roué*, n. et part. passé du v. *rouer*.
*Rouet*, n. m., machine à roue servant à filer.
*Rouait*-il? ils *rouaient*, imparf. du v. *rouer*.

*Rouillé*, *rouillée*, part. passé du v. *rouiller*.
*Roulier*, n. m., charretier public.

*Ru*, m., ancien mot qui signifie ruisseau...
*Rue*, n. f., chemin dans un pays, et plante de ce nom.
*Rut*, n. m., terme de chasse.
*Rues*-tu? *rue*-t-il? *ruent*-ils? v. *ruer*.
*Ruth*, n. f. ( on y pron. le t. ), aïeule de David, et ville de ce nom en France.

*Rubicon*, n. m., rivière de ce nom en Italie.
*Rubicond*, *rubiconde*, adj., rouge foncé du visage.

# S.

*Sa*, pron. f., et *sas*, n. m. ( Voyez ÇA. )

*Saba*, ville de ce nom.
*Sabat*, n. m., bruit tumultueux.
*Sabbat*, dernier jour de la semaine chez les Juifs.

*Saie*, *ses*, etc. Voyez CES.

*Sagittaire*, nom de l'un des 12 signes du zodiaque.
*S'agiter*, v., se mouvoir, s'inquiéter.

*Saignant*, part. du v. *saigner*.
*Ceignant*, part. du v. *ceindre*, entourer.

*Saigner*, v., tirer du sang, ou le perdre.
*Saignez*-vous? *saignons* ( même verbe ).
*Saigné*, *saignée*, part. du v. *saigner*.
*Ceignez*, *ceignons*, etc., v. *ceindre*.

*Saigneur*, n. m., celui qui fait des saignées.
*Seigneur*, m., possesseur d'une terre seigneuriale.
*Sénieur*, n. m., le plus ancien dans certaines communautés.

*S'aime*. Voyez SEINE.

*Sain*, *saine*, adj., salubre.
*Saint*, *sainte*, adj. et n., consacré à Dieu, pur, etc.
*Sein*, n. m., milieu, mamelles; le *sein* de la terre, etc.
*Seing*, n. m., signature; { des sous-seings privés, écrits synallagmatiques.
*Sin*, ville et arbre de ce nom.
*Ceint*, *ceinte*, part. du v. *ceindre*, entouré.
*Cinq*, n. de nombre inv.; les *cinq* sens de nature.

*Saine*, adj, f. de *sain*, salubre.
*Scène* théâtrale, et apostrophe imprévue.
*Seine*, n. f., rivière; *seine* ou *senne* ( filet ).
*Cène*, n. f., dernier repas de J. C. avec ses apôtres.

*Sainte*, n. f., et adj. de *saint*.
*Xaintes* ou *Saintes*, ville de ce nom.

*Salaire*, n. m., payement d'un travail.
*Saler*, v., assaisonner avec du sel.
*Salèrent*-ils? v. *saler*.

*Sale*, adj., malpropre.
Je *sale*, tu *sales*; *sale*-t-on? v. *saler*.
*Salle*, n. f., salle à manger, salle de danse, etc.
Saint-François de *Sales*, château où il est né.

*Sandal*, n. m., sorte de bois jaune des Indes.
*Sandale*, n. f., sorte de chaussure.
*Cendale*, n. f., sorte d'étoffe pour les bannières.

*Sang*, *sans*, *sens*. } Voyez C'EN.
*Sent*, *cent*, etc. }

*Santé*, n. f., état de celui qui se porte bien.
*Sentez*-vous? 2e pers. dans le v. *sentir*.

*Santon*, n. m. Voyez CENTON.

*Sait-on ?* ou est-ce que l'*on sait ?* v. *savoir.*
*S'est-on* fâché ? (est-ce que l'*on s'est* fâché ?)
  pronoms et v. *être.*
*Séton*, n. m., petit cordon qu'on passe à travers les chairs.

*Sapan*, n. m., sorte d'arbre de ce nom.
*Sapant*, part. du v. *saper*, renverser.

*Sarre*, n. f., rivière de ce nom.
*Sart*, n. m., plante de ce nom.

*Sara*, n. f., femme d'Abraham.
*Saara*, n. m., désert de ce nom.

*Salut*, n. m., salutation, conservation, féli-
  cité éternelle.
Je *salue*, *salues*-tu ? *saluent*-ils ? v. *saluer.*
*Salus*, saint de ce nom.

*Satan*, n. m., démon ; renoncer à *Satan.*
*S'attend*-il à ? *s'attend*-on ? v. *s'attendre.*

*Satinaire*, n. m., celui qui fabrique le satin.
*Satiner*, v., donner l'apparence du satin.

*Satire*, n. f., ouvrage satirique, qui censure.
*Satyre*, n. m., demi-dieu des païens, etc.
*S'attire*-t-il ? *s'attirent*-ils ? pron. *se* et v. *at-
  tirer.*

*Sauçais*-je ? *sauçait*-il ? v. *saucer* à l'imparf.
*Saussaie*, n. f., lieu planté de saules.

*Saule.* Voyez SOL.

*Saumur*, ville de ce nom.
*Saumure*, n. f., liqueur de sel fondu.

*Sauner.* Voyez SONNER.

*Saunerie.* Voyez SONNERIE,

*Sauret*, hareng demi-salé et séché.
Je *saurais*, il *saurait*, imparf. du v. *saurer*,
  et conditionnel du v. *savoir.*

*Saur*, adj. m., hareng *saur* ou *sauret.*
*Saure*, adj. des 2 genres, jaunâtre : cheval
  *saure.*
*Saures*-tu ? *saurent*-ils ? v. *saurer.*
Je *sors*, *sors* donc, il *sort*, v. *sortir.*
*Sort*, n. m., destin.

*Saut*, n. m., action de sauter.
*Sceaux*, bourg de ce nom près de Paris.
*Sceau*, n. m., empreinte d'un grand cachet :
  le garde-des-*sceaux.*
*Seau*, n. m., vase de ce nom.
*Sos*, g., ville (Lot-et-Garonne ).
*Sot*, adj., sans jugement, sans esprit.



*Sautes*-tu ? il *saute*, v. *sauter.*
*S'ôte*-t-il, mis pour *se ôte*-t-il, v. *ôter*, et
  pron. *se.*
*Sotte*, adj. f. de *sot*, m., sans jugement.

*Sauter*, v. ( par terre, c'est y étant placé ;
  mais *sauter* à terre, c'est *sauter* de
  haut ).
*S'ôter* des embarras, c'est *se* les *ôter.*

*Se.* Voyez CE.

*Séant*, n. m., posture d'un homme assis dans
  son lit.
*Séant*, *séante*, qui sied, convenable, décent,
  qui réside.
*Céans*, ancien adv. qui signifie en ce lieu-ci.

*Seel* ou sceau, n. m., empreinte.
*Scelle*-t-il ? *scellent*-ils ? 3e pers. du v. *sceller*
  (empreindre).
*Sel*, n. m., *sel* pour saler ; *sel* attique, raille-
  rie fine.
*Selle*, n. f., siége ; *selle* à tous chevaux, etc.
*Sellent*-ils ? 3e pers. pl. dans le v. *seller* ( met-
  tre la *selle* sur ).
Je *cèle*, tu *cèles*, etc., v. *céler*, cacher.
*Celle*-ci, *celle*-là, pr. f. de celui-ci, celui-là.

*Scellé*, n. m., sceau apposé sur les portes, etc.
*Sellé*, *sellée.*    } Voyez ci-dessous ces 3 v.
*Célé*, *célée.*      }

*Sceller*, v., mettre une empreinte, un
  cachet.
*Seller* un cheval, lui mettre la *selle.*
*Céler*, v., cacher une chose, taire un dessein.

*Scierie*, n. f., moulin à scier des planches.
*Syrie*, n. f., contrée de ce nom.

*Scieur.* Voyez SIEUR.

*Scille*, n. f. b. Voyez CIL.

*Se* (soi). Voyez CE.

*Sébile*, n. f., petite jatte, vase.
*Sibylle*, n. f., prophétesse ( 2 LL non mouill.).

*Sçu* et *suc.* Voyez SU...

*Scytale*, n. m., serpent.
*Sytale*, n. f., chiffre pour écrire secrètement.

*Sellerie*, n. f., lieu où l'on met les harnais.
*Selerie*, n. f., grenier ou magasin à sel.
*Céleri*, n. m., plante de ce nom.

*Sellier*, n. m., harnacheur, marchand de selles.
*Cellier*, n. m., espèce de caveau.

HOMONYMES.     S.

*Secondaire*, adj., accessoire, en second.
*Seconder*, v., aider, favoriser.

---

*Seine.* Voyez CÈNE.

---

*Seime*, n. f., fente de l'ongle du cheval.
Il ou elle *s'aime*, v. *aimer*, et pron. *se*.
*Sem*, n. m., fils de Noé.
Je *sème*, tu *sèmes*, v. *semer*.

---

*Séjan*, n. pr.
Ces *gens-là* sont *ses gens* ( à lui ou à elle ).

---

*Selon*, prép. : *selon* les circonstances.
*Ce long*, sont 2 adj. : *ce long* bâton.

---

*Sem.* Voyez SEIME.

---

*Semis*, n. m., semences qui lèvent.
*Semi* ou *à demi* : *semi*-double, *semi*-preuve.

---

*Sermonnaire*, n. et adj., qui convient aux
    sermons.
*Sermonner*, v. faire des remontrances ( ce
    verbe se prend le plus souvent
    en mauvaise part. ).

---

*Sensé*, *sensée*, adj., prudent, qui a du
    jugement.
*Censé*, *censée*, adj., cru, présumé.

---

*Sens*, *cent*, etc. Voyez C'EN.

---

*Sensément*, adv., d'une manière sensée.
*Censément*, probablement.

---

*Sentène.* Voyez CENTAINE.

---

*Séparer*, éloigner.
*Se parer*, parer soi, de fleurs, etc.

---

*Sept.* Voyez CETTE.

---

*Septique*, adj. ( qui fait pourrir les chairs ).
*Sceptique*, qui doute de tout, qui examine.

---

Il *sera*, 3e pers. du futur, v. *être*.
Il *serra* hier, v. *serrer*.
*Cérat*, n. m., onguent fait avec de la cire.

---

*Séran*, n. m., outil pour préparer le lin.
*Serran*, n. m., poisson de ce nom.
*Serrant*, qui serre (v. *serrer*).

---

*Serre*, *sers*, etc. Voyez CERF.

---

*Serein*, *sereine*, adj., clair, calme, doux.
*Serin*, n. m., *serine*, n. f., oiseau des Ca-
    naries.

---

*Série*, n. f., suite d'objets, division.
*Cérie*, n. f., genre de mouches.

---

*Seringat*, n. m., arbrisseau de ce nom.
Il *seringua*, v. *seringuer*.

---

*Serment*, n. m., affirmation jurée.
*Serrement*, n. m., action de serrer.
*Serrément*, adv. (d'une manière serrée).
*Sarment*, n., rameaux souples de la vigne.

---

*Serron*, n. m., boîte à drogues.
*Serrons-nous*, v. *serrer*.
*Sérum* ( pron. *rome* ), sérosité.

---

*Serpentaire*, n. m., constellation ( f. plante ).
*Serpenter*, v., avoir un cours tortueux.

---

*Servante*, n. f., celle qui sert.
*Cervantes*, n. pr. m., Michel *Cervantes*.

---

*Service*, n. m., office, état militaire, etc.
Que je *servisse*, que tu *servisses*, qu'ils *ser-*
    *vissent*, imparf. du subj.
    dans le v. *servir*.

---

*Ses*, *ces*, *s'est*, *c'est*, etc. Voyez CEP.

---

*Session*, n. f., durée des séances d'une
    assemblée.
*Cession*, n. f., abandon, transport.
*Scission*, n. f., division d'opinions dans une
    assemblée.

---

*Seure.* Voyez SŒUR.

---

*Sévices*, n. m. pl., mauvais traitemens.
Que je *sévisse*, que tu *sévisses*, qu'ils *sé-*
    *vissent* ( subj. du v. *sévir* ).

---

*Si*, *scie*. Voyez CI.

---

*Scier*, v., couper avec une scie ou une faucille.
Il *sied*, ils *siéent*; subj. qu'il *siée*, ancien
    v. *scoir*.
*Sier*, v. ; cela ne peut vous *sier*, ou vous *aller*.

---

*Sibylle* ou *sibille*, n. f., prophétesse (t. d'antiq.).
*Sébile*, n. f., petite jatte de bois, vase.

---

*Sicle*, n. m., monnaie des Hébreux.
*Cycle*, n. m., cercle, période du soleil et de la
    lune.

---

*Sicile*, n. f., île de ce nom.
*Scissile*, adj., qui peut être fendu : l'ardoise
    est *scissile*.

---

*Sieur*, n. m., diminutif de *monsieur*.
*Scieur*, n. m., ouvrier qui scie.

---

*Sienne*, ville de ce nom et pronom.
*Sciène*, n. f., poisson de ce nom, fém.

*Signe*, n. m., marque, signature.
*Signes*-tu? *signent*-ils? v. *signer*.
*Cygne*, n. m., oiseau de ce nom.

---

*Signet*, n. m. (on pron. *siné*), petit ruban
que l'on trouve dans un livre...
*Signait*-il? v. *signer*, à l'imparfait.

---

*Sil*, n. m., sorte d'ocre pour les couleurs.
*S'il*, mis pour *si il*, conj. et pron. *il*; on peut
indifféremment conserver ou supprimer
l'*i* de *si* devant *il*, lorsque *si* est précédé
de *et*.
*Cil*, n. m.; les *cils* sont les poils des yeux.
*Scille* ou *squille*, n. f., plante de ce nom.

---

*Silice*, n. f., sorte de pierre métallique.
*Cilice*, n. m., tissu de crin, espèce de chemise.

---

*Scylla*, n. m., rocher fameux : de Carybde
en *Scylla*.
*S'il l'a*, ou s'*il ne l'a pas* (façon de parler).
*Sylla*, ancien consul romain, rival de Marius.

---

*Sin*. Voyez SAIN.

---

*Si net*, tellement *net*, aussi *net*.
*Signet*, n. m., petit ruban pour reconnaître la
page d'un livre.

---

*Sion*, n. f., ville et ancienne montagne de ce
nom.
*Cion*, n. m., luette enflée.
*Scion*, n. m., rejeton flexible d'un arbre.
*Scions*, 1re pers. pl. dans le v. *scier*.

---

*Sire*. Voyez CIRE.

---

*Sirtes*, n. f. pl., sables mouvans ( t. de mar. ).
*Cyrte*, n. m., genre d'insectes de ce nom.

---

*Sirène*, n. f., monstre marin.
*Cyrène*, nom d'une ancienne ville de la Lybie.

---

*Site*. Voyez CITE.

---

*Sitôt*, locution adv.; *aussitôt* est plus français.
*Cîteaux*, ancienne abbaye de ce nom.

---

*Si vil*. Voyez CIVIL.

---

*Soc*, n. m., fer tranchant de la charrue.
*Socque* ou *soque*, n. m. chaussure de ce nom.
*Socle*, n. m., t. d'arch., n'est pas homonyme.

---

*Sœur* d'un frère, etc.; une belle-*sœur*.
*Seure*, ville (département de la Côte-d'Or.)
*Seurre*, rivière de ce nom.

---

*Soi*, pron. poss.; on prend garde à *soi*.
*Soie*, n. f., ver à *soie* (*soierie*).
Que je *sois*, qu'il *soit*, qu'ils *soient*, v. *être*.

---

*Soit*, conj.; *soit* les uns, *soit* les autres.
*Souhait*, n. m., vœu, désir.

---

*Soir*, n. m., la dernière partie du jour.
*Seoir* ou *sier*, v. défectueux; cela vous *sied*-il?

---

*Sol*, n. m., terrain, et cinquième note de la
gamme.
*Sol*, et mieux *sou*, pièce de monnaie.
*Sole*, n. f., poisson, et le dessous du pied d'un
cheval.
*Saule*, n. m., arbre; un *saule* pleureur.

---

*Sommaire*, n. et adj., bref, succinct, extrait.
*Sommer*, v., citer, signifier dans la forme.
*Sommèrent*-ils? 3e pers. dans le v. *sommer*.

---

*Somme*, n. f., le total, et rivière de ce nom.
*Somme*, n. m., dormir un *somme* ( t. fam.).
*Sommes*-nous? 1re pers. dans le v. *être*.

---

*Sommet*, n. m., la partie la plus élevée.
Je *sommais*, il *sommait*, v. *sommer*.

---

*Sommeil*, n. m., j'ai *sommeil*, ou envie de
dormir.
Je *sommeille*, tu *sommeilles*, v. *sommeiller*.

---

*Sommeiller*, v., dormir; *sommeillez*-vous?
*Sommelier*, n. m., qui a soin des vivres, qui a
la sommellerie.

---

*Son*, sa, ses, adj. poss.; *son* ami, *son* amie.
On met *son* au lieu de *sa* devant un mot qui
commence par une voyelle.
*Son*, n. m.: les *sons* de la musique; du *son*
n'est pas de la farine.
Ils *sont*, *sont*-ils? 3e pers. dans le v. *être* : ce
*sont* eux qui se *sont* amusés.

---

*Sonde*, n. f., outil pour sonder; île de la
*Sonde*, g.
Je *sonde*, *sondes*-tu? ils *sondent*, v. *sonder*.
*Sund*, n. m., g., détroit du *Sund*.

---

*Sonner*, v., rendre un son.
*Sauner*, v., faire du sel.

---

*Sonnerie*, n. f., tout ce qui sert à sonner.
*Saunerie*, n. f., fabrique de sel à saler.

---

*Sonnet*, n. m., sorte de poésie en 14 vers.
Je *sonnais*, il *sonnait*, v. *sonner*.

---

*Sophi*, n. m., titre du roi de Perse.
*Sophie*, ville de ce nom, et sainte *Sophie*.

---

*Sora*, n. m., sorte de pustule.
Tu *sauras*, il *saura*, v. *saurer*, au prétérit,
et v. *savoir*, au futur.

---

*Sort*. Voyez SAUR.

*Sot.* Voyez SAUT.

---

*Sou* ou *sol*, n. m., vaut 5 centimes.
*Soûl*, *soûle*, adj., rassasié.
*Sous*, prép., signifiant dessous.

---

*Souci*, n. m., inquiétude, et fleur de ce nom.
T'en *soucies-tu?* je ne m'en *soucie* pas, v. *soucier*.

---

*Soudan*, sultan d'Egypte.
*Soudant*, part. du v. *souder*.

---

*Soufflet*, n. m., pour souffler, et claque sur la joue.
*Soufflais-je? soufflait-il?* v. *souffler*.

---

*Soufre*, n. m., du v. *soufrer* ( les allumettes ).
Il *souffre*, v. *souffrir*.

---

*Souhait.* Voyez SOI.

---

*Soulier*, n. m., chaussure.
*Souillé*, *souillée*, adj., v. *souiller* ( *ll* mouill.).

---

*Soupir*, n. m., respiration pénible.
Il *soupire*, v. *soupirer*.

---

*Sourciller*, v., remuer les sourcils.
*Sourcilier*, n. m., muscle du sourcil.

---

*Souri*, part. inv. du v. *sourire*.
*Souris*, n. f., petit animal de ce nom.
*Souris* ou *sourire*, n. m., rire doux.
*Souris-tu? sourit-on? sourient-ils?* v. *sourire*.

---

*Soutien*, n. m., appui, protection.
*Soutiens*-le, *soutient*-il? v. *soutenir*.

---

*Spalt*, n. m., pierre qui met en fusion les métaux.
*Spath*, n. m., sorte de pierres feuilletées.
*Spathe*, n. f., enveloppe d'une fleur.

---

*Spatule*, n. f., instrument de chirurgie.
*Espatule*, n. f., plante de ce nom.

---

*Spéculaire*, adj.; science *spéculaire*.
*Spéculer*, v., faire des projets, des observations sur.

---

*Stationnaire*, adj., qui fait station, qui n'avance pas.
*Stationner*, v., faire station.

---

*Statue*, n. f., figure de marbre, de plâtre, etc.
*Statuent-ils?* 3e pers. dans le v. *statuer*.
*Statut*, n. m., règle pour la conduite d'une compagnie.
Le *statu quo* d'une affaire, c'est lorsqu'elle reste dans le même état.

---

*Stil* de grain, n. m., sorte de couleur jaune.
*Style*, n. m., manière d'écrire, poinçon, aiguille.

---

*Statuaire*, n. m., artiste qui fait des statues.
*Statuer*, v., régler d'une manière stable.

---

*Strasse*, n. f., bourre ou rebut de soie.
*Stras*, n. m., composition qui imite le diamant. L's y est nul devant une consonne.

---

*Su*, *suc*, participe du v. *savoir*.
Je *sus*, tu *sus*, il *sut*, je voudrais qu'il le *sût*, v. *savoir*.
Je *suc*, tu *sues*, il *sue*, ils *suent*, v. *suer*.
*Sus*, adv.: courir *sus*.

---

*Suc* de viande ou de pomme n'est pas du sucre.

---

Il *succ*, ils *sucent*, 3e pers. dans le v. *sucer*.
Que je *susse*, que tu *susses*, v. *savoir*, à l'imparfait du subj.
En *sus* ou au-delà ( loc. adv.): le tiers en *sus*.

---

*Suaire*, n. m., linceul; le saint-*suaire*.
*Suer*, v., rendre une humeur par les pores.
*Suèrent*-ils? 3e pers. dans ce v.

---

*Substitut*, n. m., charge, dignité.
Je *substitue*, tu *substitues*, v. *substituer*.

---

*Succin*, n. m., ambre jaune.
*Succinct*, *succincte*, adj.; bref; discours *succinct*. Analyse *succincte*.

---

*Suggestion*, n. f., action de suggérer, instigation.
*Sujétion*, n. f., action d'assujétir, asservissement, dépendance.

---

*Suie*, n. f., matière noirâtre et épaisse, occasionnée par la fumée.
Je *suis*, 1re pers. dans le v. *être*.
Je *suis*, tu *suis*, il *suit*, il s'en *suit*, v. *suivre*.

---

*Sur*, prép.: je compte *sur* vous.
*Sur*, *sure*, adj.; acide, aigrelet ( t. fam.).
*Sûr*, *sûre*, adj., certain, assuré.

---

*Sureau*, n. m., arbre de ce nom.
*Suros*, n. m., tumeur aux jambes des chevaux.

---

*Surfait*, *surfaite*, part. du v. *surfaire*.
*Surfaix*, n. m., large sangle à l'usage du cheval.

---

*Sur-le-champ*, adv., aussitôt.
*Sur le chant*, concernant la chanson, etc.
*Sur le champ* (loc.), sur le terrain.

*Suspens*, adj. inv. : être en *suspens*, indécis.
Je *suspends*, tu *suspends*, *suspend*-il ? v.
    *suspendre*.

---

*Syrie*, n. f. g.
*Scierie*, n. f., moulin à scier.

---

# T.

*Ta* (la tienne), adj. poss. ; *ta* mère, ton amie.
*T'a*, mis pour *te a* ; *t'a*-t-il vu ? *t'a*-t-on écrit ?
*Tas*, n. m., amas, monceau.

---

*Tac*, n. m., maladie contagieuse des moutons.
*Tac-tac* et *tic-tac*, bruit répété à temps égaux.
*Tact*, n. m., manière de sentir, de juger.
Il *taque*, v. taquer, passer le taquoir ( t. d'im-
    primerie).

---

*Tache*, n. f., souillure, marque.
Je *tache*, *taches*-tu ? *tachent*-ils ? v. tacher.
*Tâche*, n. f., travail fixé pour un temps.
*Tâches*-tu ? *tâchent*-ils ? v. ( s'efforcer de... ).

---

*T'ai-je*, mis pour *te ai-je* ; *t'ai-je* vu ? pron.
    *te*, et v. *avoir* au prét. indéf.
*Taie*, n. f., enveloppe ; une *taie* d'oreiller ;
    *taie* sur l'œil.
Que je *t'aie*, qu'il *t'ait*, qu'ils *t'aient*, pron.
    *te*, et v. *avoir* au subj.
Je me *tais*, *tais*-toi, il se *tait*, v. *taire* au prés.
*Té*, n. m., fourneau pour faire sauter les
    mines.
*Tes*, pl. de l'adj. poss. *ton*, *ta* : *tes* amis.
*Tet*, rivière de ce nom.
*Têt*, n. m., tesson, morceau d'un vase ; le *têt*
    d'un pot.
*Thé*, n. m., feuilles d'un arbrisseau de ce
    nom.
*T'es*-tu amusé ? que *t'est*-il arrivé ? pron. *te* et
    v. *être*.

---

*Tain*, n. m., lame d'étain derrière les glaces.
*Teint*, n. m., coloris : il a le *teint* frais.
*Teint*, *teinte*, adj. et part. du v. *teindre*.
Je *teins*, tu *teins*, il *teint*, v. *teindre*.
Je *tins*, tu *tins*, il *tint*, prétérit du v. *tenir*.
*Thain*, ville de ce nom ( départ. de la Drôme ).
*Thym*, n. m., plante aromatique.
*Tin*, n. m. ; les *tins* sont des pièces de bois
    pour soutenir un vaisseau en construction.

---

*Taire*, v. Voyez TERRE.

---

Que je *taise*, v. Voyez *thèse*.

---

*Talion*, n. m., punition pareille à l'offense.
*Taillon*, n. m., imposition de deniers.
*Taillons*, 1re pers. du prés. dans le v. *tailler*.
*Taillions*, 1re pers. de l'imparf. et du subj. de
    ce verbe.

---

*Tant*. Voyez TEMPS.

---

*Tante*, n. f., sœur du père ou de la mère, ou
    femme de l'oncle.
*Tente*, n. f., espèce de pavillon tendu à
    l'armée.
*Tentes*-tu ? *tente*-t-il ? *tentent*-ils ? v. tenter.

---

*Tapi*, *tapie*, adj., caché.
*Tapis*, n. m., tapisserie sur laquelle on
    marche.

---

*Taque*. Voyez TAC.

---

*Tard*, adv., tôt ou *tard* ; si *tard*, aussi *tard*.
*Tare*, n. f. ( t. de commerce ), diminution sur
    le poids, vice, défaut.
*Tares*-tu ce ballot ? ils le *tarent*, v. tarer.

---

*Taraud*, n. m., pièce d'acier à vis.
*Tarot*, n. m., basson ; *tarots*, n. pl., cartes à
    jouer.

---

*Tarse*, n. m., le coude-pied, ou coup-de-pied.
*Tharse*, ville de ce nom.

---

*Tarte*, n. f., de frangipane, etc.
*Tartre*, n. m., acide de lie de vin, etc.

---

*Taupe*, n. f., petit animal de ce nom.
*Tope* ! interj., consens-y ( t. fam. ).

---

*Taure*. Voyez TORE.

---

*Teinte*, n. f., degré donné à la couleur.
*Teinte*, adj. et part. f. du v. *teindre*.
*Tintes*-vous parole ? 2e pers. dans le v. *tenir*.
*Tinte*-t-il ? *tintent*-ils ? *tintes*-tu ? v. *tinter*.

---

*Tel*, adj. m., *telle*, adj. f., pareil, semblable.
*Tell*, n. pr., Guillaume *Tell* vivait en 1308.

---

*Temps*, n. m., mesure de la durée des êtres.
*T'en* souviens-tu ? *t'en* sont 2 pr. mis pour
    *te en*.
Je *tends*, tu *tends*, il *tend*, v. *tendre*, dresser.
*Tan*, n. m., écorce de chêne, pour tanner.
*Taon*, n. m., grosse mouche qui a un aiguillon.
*Tant* et *autant*, adv. de comparaison.

---

*Tension*, n. f., état de ce qui est tendu.
*Tancions*-nous ? 1re pers. dans le v. *tancer*.

---

*Terme*, n. m., borne, fin, expression.
*Termes*, n. m. sing., insecte du Sénégal.
*Thermes*, n. m. pl., édifices pour les bains.

---

*Terre*, n. f. ; je *terre*, tu *terres*, etc., v. terrer.
*Taire*, v., ne pas parler de... ou ne pas faire de
    bruit.

---

*Tet* et *thé*. Voyez T'AI ou TAIE.

*Tête*, n. f., sommet, esprit, individu.
Je *tette*, tu *tettes*, ils *tettent*, v. *tetter*.
*Tette*, n. f., bout de la mamelle de la femelle
    des animaux.

*Têtu*, *têtue*, adj., entêté, obstiné.
*T'es-tu* fâché? mis pour *as-tu* fâché *toi*?

*Thème*, n. m., sujet, matière d'un dis-
    cours, etc.
Je *t'aime*, *t'aimes*-tu? *t'aime*-t-on? *t'aiment*-
    ils? v. *aimer*.

*Thèse*, n. f., question de droit, etc.
Que je *taise*, qu'ils se *taisent*, v. *taire* au subj.

*Thonaire*, m. Voyez TONNER.

*Thon*. Voyez TON.

*Tic*, n. m., maladie, habitude ridicule.
*Tiquent*-ils? v. *tiquer*, en parlant des chevaux.
*Tique*, n. f., petit insecte de ce nom.

*Tiens*-le, les *tient*-on? v. *tenir*.
Le *tien*, la *tienne*, pron. (qui est à toi).

*Tiers*, n. m., la 3e partie; le *tiers*-état, etc.
*Thiers*, ville de ce nom.

*Tiercelet*, n. m., oiseau, sorte de faucon.
*Tierce-les*, v. *tiercer*, et pron. *les*.

*Thym* et tin. Voyez TAIN.

*Thymbre*, n. m., ou *thymbrée*, n. f., plante
    odoriférante.
*Timbre*, n. m., son d'une cloche, etc.; marque
    sur le papier.

*Tinte*. Voyez TEINTE.

*Tir*, n. m., ligne suivant laquelle on tire le
    canon, etc.
*Tire*, n. f., voler à *tire* d'aile; tout d'une *tire*.
*Tyr*, ancienne ville de ce nom.
*Tire*-le, le *tirent*-ils? v. *tirer*.

*Tirant*, part. du v. *tirer*.
*Tyran*, n. m., usurpateur, maître cruel.

*Tiret*, n. m., petite ligne.
*Tirais*-tu à la cible? *tirait*-on? imparfait du v.
    *tirer*.
*Tiré*, *tirée*, adj. et part. de ce verbe.

*Toi*, pron. de la 2e pers.; c'est *toi* qui l'es, et
    qui l'as dit.
*Toît*, n. m., couverture d'un bâtiment.

*Tome*, n. m., volume d'un ouvrage.
*Tomme*, n. m., masse de caillé fermenté.



*Ton*, le *tien*, adj. poss. m.: *ton* enfant; mais
    *ton* est f., et mis pour *ta* devant un nom
    f. qui commence par une voyelle: *ton*
    épouse.
*Ton*, n. m., manière, inflexion de la voix.
*Thon*, n., gros poisson de ce nom; du *thon*
    mariné.
*Taon*, n. m., grosse mouche qui a un aiguillon.
    On prononce *tan*.
Je *tonds*, *tonds*-le, il *tond*, v. *tondre*.
*T'ont-ils* vu? mis pour *ont*-ils vu *toi*? pron. *te*
    et v. *avoir*.

*Tonner*, v.: le canon *tonna*; les orateurs *ton-*
    *nèrent*.
*Tonnerre*, n. m., la foudre, et ville de ce nom.
*Thonaire*, n. m., filet pour la pêche du thon.

*Toquet*, n. m., sorte de bonnet de ce nom.
Il *toquait*, imp. du v. *toquer*, toucher (v. m.).
*Tokai*, g.; vin de *Tokai*, en Hongrie.

*Touffu*, adj. m., épais.
*Tout fut* fait (loc.).
*Tout fût* (toute *futaille*).

*Tore*, n. m., moulure d'architecture.
*Tors*, *torse*, adj., qui est *tordu*.
*Tort*, n. m., dommage, opposé à la justice.
*Taure*, n. f., génisse, jeune vache.
Je *tords*, tu *tords*, il *tord*, v. *tordre*.

*Tortu*, *tortue*, adj., ce qui n'est pas droit.
*Tortue*, n. f., animal amphibie de ce nom.
*Tords-tu*? 2e pers. dans le v. *tordre*.

*Tortil*, n. m., diadème (t. de blason).
*Tortile*, adj. (t. de b.), détorsion spontanée.
*Tord-il*? 3e pers. dans le v. *tordre*.

*Tôt*, adv., l'opposé de tard; aussi*tôt*, tan*tôt*.
*Tau*, n. m. (t. de blason), figure d'un T.
*Taux*, n. m., la taxe, prix établi.

*Touc*, n. f., bateau de ce nom; action de *toucr*.
*Tout*, n. m. et adv., le *tout* considéré entière-
    ment.
*Tout*, *toute*, adj.: *tous* tant qu'ils sont (voyez
    les difficultés).
*Toux*, n. f., action de tousser, effet du rhume.

*Tousses-tu*? *tousse*-t-il? tous *toussent*, v.
*Tous*, adj. m. pl.; *tous* ont toussé.

*Toutefois*, conj. et adv., cependant, néan-
    moins.
*Toutes fois* et quantes (loc., t. de pal.).

*Toujours*, adv., continuellement.
*Tout jour* (en 2 mots), jour, quel qu'il soit.

*Tour*, n. m., circuit, rang, subtilité, etc.
*Tour*, n. f., bâtiment élevé en rond; la *tour*
    de Babel.

*Tourd*, n. m., poisson de mer de ce nom.
*Tours*, ville de ce nom.

---

*Tournoi*, n. m. ( t. d'antiq.), fête publique et
     militaire.
Je *tournoie*, tu *tournoies*, v. *tournoyer*.
*Tournois*, adj. inv.; une livre *tournois*, ou
     20 sous.

---

*Tournon*, ville de ce nom.
*Tournons*, 1re pers. dans le v. *tourner*.

---

*Trac*, n. m., allure d'un cheval.
*Traque*, n. f., action de traquer, t. de chasse.

---

*Trace*, n. f., et v. *tracer*.
*Thrace*, n. f., contrée, présentement la Ro-
     manie.

---

*Traille*, n. f., bac ( prononcez *tra*, et non pas
     *trei*, comme dans *treille*, *treillage* ).

---

*Trait* du visage, flèche, longe, etc.
Je *trais*, *trait*-on ? elles *traient*, v. *traire*.
*Très*, adv. du superlatif : *très*-beau, *très*-sage.

---

*Tranchet*, n. m., sorte d'outil de ce nom.
*Tranchait*-il ? v. *trancher*.

---

*Trans*, prép., au-delà, à travers (on le réunit
     au mot).
*Transe*, n. f., frayeur, peur violente.

---

*Transfert*, n. m., transport de rentes, etc.
Je *transfère*, tu *transfères*, v. *transférer*.

---

*Transi*, adj., morfondu (pron. *ci*).
*Transit*, n. m., passavant ( pron. *zite* ).

---

*Travail*, n. m., fatigue, occupation ( pl., *tra-
vaux*).
Des *travails* sont des machines (t. de maréch.).
Je *travaille*, tu *travailles*, v. *travailler*.

---

*Tremblaie*, n. f., lieu planté de trembles
     (arbres).
Je *tremblais*, tu *tremblais*, etc., v. *trembler*.

---

*Trembler*, v., avoir un tremblement.
*Tremblé*, part. du v. *trembler*.

---

*Tribu*, n. f., peuplade, classe de peuple.
*Tribut*, n. m., contribution.

---

*Tricolor*, n. m., plante de ce nom.
*Tricolore*, adj. des 2 genres ( de 3 couleurs).

---

*Trillion*, n. m., mille billions.
*Trions*-nous ? 1re pers. dans le v. *trier*, choisir.
*Trayon* (pron. *treiion* et non pas *trion*), bout
     du pis d'une vache.



*Triomphe*, n. m., victoire, cérémonie pomp.
*Triomphe*, n. f., sorte de jeu (jouer à la...).

---

*Troc*, n. m., échange.
Je *troque*, tu *troques*, *troque*-t-il ? verbe
     *troquer*.

---

*Trois*, n. de nombre.
*Troie*, ancienne ville de ce nom, dans l'Asie
     mineure.
*Troyes*, chef-lieu du département de l'Aube.

---

*Trombe*, n. f., colonne d'eau et d'air, mue par
     les vents.
*Thrombe* ou *thrumbus*, n. m., tumeur à l'en-
     droit de la saignée.

---

*Trompette*, n. f., sorte d'instrument.
*Trompette*, n. m., celui qui sonne de la trom-
     pette.
Il *trompette*, ils *trompettent*, v. *trompetter*,
     sonner de la trompette.

---

*Trop*, n. inv. et adv., qui marque l'excès (on
     prononce le *p* devant une voyelle ).
*Trot*, n. m., allure d'un cheval qui trotte.

---

*Trou*, n. m., ouverture, mauvais logis ( t.
     familier ).
*Troue*-t-il ? ils *trouent*, 3e personne dans le v.
     *trouer*.

---

*Trumeau*, n. m., glace, entre-deux de fenêtres.
*Trémeau*, n. m., partie d'un parapet, terminée
     par les deux autres parties.

---

*Tu*, pron. de la 2e pers., qui force le verbe à
     prendre un *s* finale : *tu* es, *tu* as, *tu* avais,
     *tu* chantes. On n'en excepte que les cinq
     verbes qui prennent un *x*; ce sont : *tu*
     peux, *tu* vaux, *tu* prévaux, *tu* veux, *tu*
     équivaux.
*Tu*, *tue*, adj. et part. du v. *taire*.
Je *tue*, tu *tues*, il *tue*, ils *tuent*, v. *tuer*, au
     présent.
Je *tus*, tu *tus*, il *tut*, prét. du v. *taire*.
Je *t'eus*, il *t'eut*; *te* pronom, et v. *avoir*.

## U.

*U*, cinquième voyelle. Voyez-en les homony-
     mes au mot *eu*.

---

*Un*, adj. m., et pronom ; pl., les *uns*.
*Un*, n. m. On écrit des *un* sans *s*, comme
     on écrit des *quatre*, des *cinq*, etc.
*Huns*, n. pl., ancien peuple de ce nom.

---

*Une*, adj. f., et pron. f.; pl., les *unes*.
*Hune*, n. f., sorte de guérite au haut d'un
     mât.

*Unisson*, n. m. inv., accord de 2 voix; à l'unisson.
*Unissons-nous*, 1ʳᵉ pers. dans le verbe *unir*, joindre.

*Ur*. Voyez EURENT.

*Urbain*, *urbaine*, adj. (de ville); maisons *urbaines*.
*Urbin*, ville de ce nom en Italie.

*Us*, n. pl.; les *us* et coutumes; les usages du pays.
*Eût-ce* été si (locution familière).
*Eusses*-tu? qu'ils *eussent*, *eussent*-ils? verbe *avoir*.

*Ut*, n. m., 1ʳᵉ note de la gamme (pron. *ute*).
*Eûtes*-vous? 2ᵉ pers. dans le v. *avoir*.
*Hutte*, n. f., petite loge faite avec de la terre ou du bois.

## V.

*Va*, impératif du v. *aller*.
*Va*-t'-en ou *va*-t'en, impératif du v. pronominal *s'en aller*.
*Va* y porter ta tête; *va*-s-y ou *vas*-y.
Tu *vas*, 2ᵉ pers. dans le v. *aller*.

*Vacant*, *vacante*, adj., qui n'est pas occupé.
*Vaquant*, part. inv. du v. *vaquer*.

*Vague*, n. f., flot ou lame de mer.
*Vague*, adj., sans borne fixe; discours *vague*.
*Vagues*-tu? *vague*-t-il? v. (errer à l'aventure).

*Vaillant*, n. et adj., courageux : c'est tout son *vaillant*.
*Valant*, part. du v. *valoir*.

*Vain*, *vaine*, adj., vaniteux, inutile; c'est en *vain*.
Je le *vaincs*, le *vainc*-t-il? il le *vainc* (verbe *vaincre*, et pronom *le*).
*Vin*, n. m., *vin* rouge, *vin* blanc, etc.
Je *vins*, y *vins*-je? *vint*-il hier? v. *venir*; qu'il *vînt* demain (imparf. du subj.).
*Vingt*, quatre-*vingts*, sans *s* au pl. devant un autre nom de nombre : quatre-*vingt*-treize.
*Vingt*-et-un ans accomplis, *vingt*-et-un chevaux. *Vingt*-un ne se dit ordinairement que du jeu.

*Vaine*, adj. f. de *vain*, inutile, orgueilleuse.
*Veine*, n. f. : le sang circule dans les *veines*.

*Vainqueur*, n. m., celui qui est victorieux.
*Vingt cœurs* sont 2 fois 10 cœurs. Voyez CŒUR.



*Vair*. Voyez VER.

Je *vais*, 1ʳᵉ pers. dans le verbe *aller*.
Je *vêts*, 1ʳᵉ pers. dans le verbe *vêtir*.

*Valet*, n. m., domestique : tel maître, tel *valet*.
*Valais*, g., rép. alliée des Suisses.
Tu *valais*, *valait*-il? *valaient*-ils? v. *valoir*.

*Van*, instrument d'osier pour vanner le grain.
Je *vends*, tu *vends*, *vend*-il? *vend*-on? verbe *vendre*.
*Vent*, n. m., air; jeter la paille au *vent*.

*Vanne*, n. f., espèce de porte pour arrêter l'eau.
*Vannes*, ville de ce nom.
Je *vanne*, ils *vannent*, v. *vanner*.

*Vantail*, n. m. (pl., *vantaux*), battant d'une porte.
*Ventail*, n. m., t. de blason (pl., *ventails*), partie inférieure d'un casque.

Je *vante*, tu *vantes*, v. *vanter*, louer par vanité.
*Vente*, n. f., débit, et v. *venter*.

*Vanter*, v. louer, priser.
*Venter*, v. faire du vent.

*Var*, n. m., riv. et département de ce nom.
*Vare*, n. f., mesure espagnole d'une aune et demie.
*Varre*, n. f., espèce de harpon, et v. *varrer*.

*Vaud*, g., contrée de ce nom, en Suisse.
*Vaux*, n. pl. de *val*; par monts et par *vaux*
A-*vau*-l'eau, adv. (t. familier), au courant de l'eau.
Je *vaux*, tu *vaux*, il *vaut*, v. *valoir*.
*Veau*, n. m., petit d'une vache.
*Vos*, adj. poss. pl. de *votre*; *vos* amis.

*Ver*, n. m., insecte long; *ver* à soie, etc.
*Vair*, n. m. (t. de blason), fourrure d'argent et d'azur.
*Verd*, n. m., l'herbe, la verdure; mettre un cheval au *verd*.
*Vert*, *verte*, adj., qui est de la couleur des herbes.
*Verre*, n. m., vase pour boire, et *verre* de vitres.
*Vers*, n. m., paroles mesurées, cadencées.
*Vers*, prép. de lieu; *vers* la mi-août, *vers* vous.

*Vairon*. Voyez VERRONS.

*Verdaud*, adj., acide; vin *verdaud*.
*Vert-d'eau*, n. m., signifie *vert*-de-gris.
*Un verre d'eau* n'est pas un *verre* de vin.

*Verdelet*, *verdelette*, adj., diminutif de vert, verte.
Un *verre de lait*, c'est du lait plein un verre.

*Vergée*, n. f., mesure de 358 toises carrées.
*Verger*, n. m., lieu clos et planté d'arbres.

*Vérine*, n. f., la meilleure espèce de tabac.
*Verrine*, n. f., verre mis devant les tableaux.
Les *Verrines* de Cicéron ( discours contre Verrès ).

*Vermeil*, n. m., argent doré; un couvert de vermeil.
*Vermeil*, adj., qui est d'un rouge plus foncé que l'incarnat.
*Vermeille*, n. f., pierre précieuse d'un rouge cramoisi.

Tu *verras*, il *verra*, v. voir, au futur.
*Verrat*, nom d'un pourceau.

Je *verrai*, verrai-je? 1re pers. du futur dans le v. *voir*.
Je *verrais*, il *verrait*, 1re et 3e pers. du conditionnel.
Le *verrez-vous*? 2e pers. du futur.
*Verrée*, n. f., plein un verre.
*Vairé*, *vairée*, adj. ( t. de blason ). Voyez VAIR.

*Verrier*, n. m., ouvrier qui fait le verre.
*Verriez-vous*? v. *voir*, au conditionnel.

*Verrons-nous*? verront-ils? v. voir.
*Vairon*, adj., œil *vairon*, entouré d'un cercle blanchâtre.
*Vairon* ou *véron*, n. m., petit poisson.

*Versatile*, adj., qui est sujet au changement.
*Versa-t-il*, ou est-ce qu'il *versa*? v. *verser*.

*Verseau*, n. m., premier signe du zodiaque.
*Verso*, n., second côté d'un feuillet.

*Versé*, *versée*, adj.; versé-je? est-ce que je verse?
*Verset*, n., passage de la Bible, marqué par un nombre.
Je *versais*, versais-je? versait-on? }
Je *versai*, versai-je? prét. défini, } v. *verser*.

*Vesce*, n. f., plante, sorte de pois.
*Vesse*, n. f., incongruité.

*Vœu*, n. m., promesse faite à Dieu, souhait, etc.
Je *veux*, veux-tu? il *veut*, v. *vouloir*.



*Vice*, n. m., défaut, libertinage.
*Vice*, inv.; suivi d'un trait, il signifie qui supplée : des *vice*-présidens, un *vice*-roi, *vice*-amiral.
Une *vis*, n. f., pièce cancelée en spirale.
Je *visse*, tu *visses*, visse-t-il? v. *visser*, au présent.
Que je *visse*, que tu *visses*, imparf. du subj. dans le v. *voir*.

*Vieil* homme ou homme vieux.
*Vieille* femme ou femme *vieille*.
Ne confondez pas la prononciation et l'orthographe dans :
Une *vieille* jouant de la *vielle* la *veille* de la fête.

*Vigogne*, n. m., animal de ce nom.
*Vigogne*, n. f., laine *vigogne*.

*Vil*, adj. m., *vile*, adj. f., méprisable.
*Ville*, n. f., grande cité; commune.

*Vin*, *vingt*, etc. Voyez VAIN.

*Viol*, n. m., violence.
*Viole*, n. f., espèce de violon.
*Violes-tu* les lois? les *viole-t-on*? v. *violer*.

*Violent*, *violente*, adj., impétueux.
*Violant*, part. inv. du v. *violer*.

*Violet*, *violette*, adj., couleur de la violette.
*Violait-il*? violaient-ils? v. *violer*.

*Virelai*, n. m., sorte de petit poème de ce nom.
*Vire-les* ou *tourne*-les, v. *virer*.

*Voici*, prép., diffère de voilà en ce que *voici* s'emploie lorsque la chose est à dire, et *voilà*, lorsqu'elle est dite.
*Vois* si tu le peux? v. *voir*, et *si* conj.

*Voie*, n. f., mesure; *voie* d'eau, *voie* de bois, *voie* publique ou chemin public.
*Voix*, n. f., son vocal, suffrage; *voix* publique ou cri public.
Je *vois*, tu *vois*, il *voit*, ils *voient*, v. *voir*; au subj. : que je *voie*, que tu *voies*, qu'il *voie*.
Tu *vouas*, il *voua*, v. *vouer*, au prét. déf.

*Voilà*, conj., prép.; *voilà* s'emploie pour la chose dite.
*Voilas-tu*? voila-t-il? subj., qu'il *voilât*, v. *voiler*.

*Vois-la*, c'est-à-dire, *vois* elle.
*Vois là*, c'est-à-dire, *vois* dans tel lieu.

*Voile*, n. m., étoffe de gaze, etc., qui cache.
*Voile*, n. f., mettre à la *voile* ( t. de mar. ).
Je *voile*, tu *voiles*, ils *voilent*, v. *voiler*.

*Volatil*, adj. m., qui s'évapore.
Un *volatile*, n. m., un animal qui vole.
Une *volatille*, n. f. (*ll* mouill.), tout oiseau
　　bon à manger.
*Vola-t-il* hier? *volât-il* demain? (2 temps
　　différens dans le v. *voler*, et pronom *il*).

*Voir*, v.: va-y *voir*, va-s-y.
*Voire*, adv., même (fam.); *voire* s'il me com-
　　prend.

*Vol*, n. m., larcin, et mouvement en l'air avec
　　des ailes.
*Vole*, n. f., terme de jeux de cartes (faire
　　toutes les mains).
Je *vole*, tu *voles*; *voles*-tu? *vole-t-on*? *volent*-
　　ils, v. *voler*.

*Volé, volée*, adj. et part. des 2 différens verbes
　　*voler*.
*Volée*, n. f., vol d'oiseau; bande de perdrix.
*Voler*, v., faire un larcin, ou *voler* en l'air.
*Volez*, 2e pers. pl. dans les 2 verbes *voler*.
*Volet*, pigeonnier, ais et panneau pour fermer
　　une croisée.
*Volais-je? volait-il? volaient-ils? volait-on?*
　　v. *voler*.

*Voltaire*, philosophe de ce nom.
*Volterre*, g., ville d'Italie.
*Voleter*, v., *voler* comme les petits oiseaux.
*Volter*, v. (t. d'escadron), changer de place.

*Vos très-humbles serviteurs* (loc.).
*Vos traits*, d'histoire, de visage, etc. (adject.
　　poss. et n.).
*Vautrait*, n. m., équipage de la chasse au
　　sanglier.
Se *vautrait-il*? se *vautraient-ils* dans ce bour-
　　bier, v.

*Votre*, adj. poss.; *votre* papa, *votre* maman;
　　pl., *vos*.
*Vôtre* (pronom), le *vôtre*; la *vôtre*; plur., les
　　*vôtres*.
Se *vautre-t-il*? se *vautrent-ils*? v. *vautrer* (se
　　rouler dans la boue).



*Vous*, pr. de la 2e pers. du pl.; *vous* chantez,
　　*vous* chantâtes. On voit que le sujet
　　simple *vous* fait terminer le v. par *ez*,
　　si le son final est en *é*; et par *és*, si le
　　son final du v. est en *e* muet.
Je *voue*, tu *voues*, il *voue*; pl., ils *vouent*, s'y
　　*voue*-t-on? v. *vouer*.

*Vu, vue*, adj. et part. du v. *voir*; *vu* la loi, je
　　l'ai *vue*.
*Vu*, n. m., *vue*, n. f.: le *vu* des pièces, la *vue*
　　de quelque chose.

*Voyer*, n. m., préposé à la police des chemins.
*Voyez-vous* à-présent? v. *voir*, 2e pers.
*Voyiez-vous* il y a deux heures? même verbe à
　　l'imparfait.

# Y.

*Y a-t-il* à manger? ou est-ce qu'il *y a* à manger?
　　*y* pronom adverbial; 1er *a*, 3e personne du
　　v. *avoir*; 2e *à*, préposition.
*Yaha*, n. m., oiseau de ce nom.

*Yac*, n. m., espèce de taureau de la Tartarie.
*Yach* ou *yacht*, n. m., sorte de bateau à voiles
　　et à rames.

*Y*, pron. adv. Voyez III.

# Z.

*Zéphir*, n. m., vent doux et agréable.
*Zéphyre*, n. m., dieu de la fable: Flore et
　　Zéphyre.

*Zest* ou rien: être entre le zist et le *zest*
　　(indécis).
*Zeste*, n. m., pellicule de noix, d'orange, etc.

*Zinc*, n. m., métal de ce nom.
*Zings*, n. m. pl., livres sacrés des Chinois, et
　　instrumens de leur musique.

FIN DES HOMONYMES.

# LISTE DES MOTS

## QUE L'ON ÉCRIT DE MÊME, ET QUE L'ON PRONONCE DIFFÉREMMENT.

*Affections* ( nous ), v. *affecter* ( pron. le *t.* ).
*Affections*, n. f. pl., attachement ( pr. *cions* ).

*Exceptions* (nous), v. *excepter* ( pron. le *t.* ).
*Exceptions*, n. f. pl. ( prononcez *cions* ).

*Acceptions*, n. f. pl., sens reçu d'un mot ( pron. *cions* ).
*Acceptions* ( nous ), v. *accepter* ( pron. le *t.* ).

*Affluent*, adj. m. ( pron. *fluant* ).
*Affluent*-ils? v. *affluer* ( pron. *fluc* ).

*Attentions*-nous? v. *attenter* ( pron. le *t.* ).
*Attentions* ( des ), égards ( pron. *cions* ).

*Content* ( ils ), v. *conter*, raconter (pron. *te* ).
*Content*, satisfait ( pron. *tant* ).

*Convient* ( ils ), v. *convier* ( pron. *vic* ).
*Convient* ( il ), v. *convenir* ( pron. *vient* ).

*Couvent* ( elles ), v. *couver* ( pron. *ve* ).
*Couvent*, maison de religieuses ( pron. *vant* ).

*Différent* (ils ), v. *différer* ( pron... *fère* ).
*Différent*, dissemblable ( pron. *ran* ).

*Éminent* ( ils ), v. *éminer* ( pron. *ne* ).
*Éminent*, adj., haut, distingué (pron *nan* ).

*Équivalent* ( ils ), v. *équivaloir* ( pron. *le* ).
*Équivalent*, du même prix ( pron. *lant* )

*Évident* ( ils ), v. *évider* ( pron. *de* ).
*Évident*, adj., clair, manifeste ( pro. *dant* ).

*Excédent*, n. et adj. m. ( pron. *dant* ).
*Excèdent* ( ils ), v. *excéder* ( pron. *de* ).

*Excellent* ( ils ), v. *exceller* ( pron. *le* ).
*Excellent*, supérieur, parfait (pron. *lant* ).

*Expédient* ( ils ), v. *expédier* ( pron. *die* ).
*Expédient*, moyen de terminer ( pron. *diant* ).

*Ferment* ( ils ), v. *fermer* ( pron. *me* ).
*Ferment*, levain, qui fait fermenter ( pr. *man* ).

Mes *fils*, pl. de *fil* ( pron. *file* ).
Mon *fils*, mes *fils* ( mes enfants ); pron. *fis* devant une consonne.

*Intentions* ( nous ), v. *intenter* ( pron. *tions* ).
*Intentions*, dessein ( pron. *cions* ).

*Négligent* ( ils ), v. *négliger* ( pron. *ge* ).
*Négligent*, nonchalant, paresseux ( pr. *geant* ).

*Objections*, n. f. pl. ( pron. *cions* ).
*Objections* (nous), v. *objecter* ( pron. *tions* ).

*Parent* (ils), v. *parer* (pron. *re* ).
*Parent*, qui est de la même famille ( pron. *rent* ).

*Portions* ( nous ), v. *porter* ( pron. *tions* ).
*Portions*, n. f., parties d'un tout ( pr. *cions* )

Les jours *précèdent*, v. *précéder* (pron. *de* ).
Le jour *précédent* (adj.) ou antérieur (pron. *dant* ).

*Président* ( ils ), v. *présider* ( pron. *de* )
*Président*, celui qui préside à une assemblée ( pron. *dant* ).

*Résident* ( ils ), v. *résider* ( pron. *de* ).
*Résident*, n. m.; le *résident* est l'envoyé d'un souverain dans une cour étrangère ( pron. *dan* ).

*Violent* (ils), v. *violer* (pron. *le* ).
*Violent*, emporté, colérique, ou colère ( pron. *lan* ).

*Vis* (je), v. *vivre* au présent, et v. *voir* au prétérit.
*Vis*, n. f., clou pour visser ( pron. *vice* ).

# MODÈLES COMPLETS

### DE TOUTES

# LES CONJUGAISONS

## RÉGULIÈRES ET IRRÉGULIÈRES.

Le *verbe* est un mot qui prend diverses formes pour exprimer l'*état* ou l'*action* des personnes ou des choses aux différens temps de leur existence.

| INFINITIF. | PRÉSENT. | IMPARFAIT. | PRÉTÉRIT DÉFINI. | FUTUR. |
|---|---|---|---|---|
| 1re Conjugaison en ER, sur AIMER. | J'aime, tu aimes, il ou elle aime,<br>nous aimons, vous aimez, ils ou elles aiment. | J'aimais, tu aimais, il ou elle aimait,<br>nous aimions, vous aimiez, ils ou elles aimaient. | J'aimai, tu aimas, il ou elle aima,<br>nous aimâmes, v. aimâtes, ils ou elles aimèrent. | J'aimerai, tu aimeras, il ou elle aimera,<br>nous aimerons, v. aimerez ils ou elles aimeront. |
| 2e Conjugaison en IR, sur FINIR. | Je finis, tu finis, il ou elle finit,<br>nous finissons, v. finissez, ils ou elles finissent. | Je finissais, tu finissais, il ou elle finissait,<br>nous finissions, v. finissiez, ils ou elles finissaient. | Je finis, tu finis, il ou elle finit,<br>nous finîmes, v. finîtes, ils ou elles finirent. | Je finirai, tu finiras, il ou elle finira,<br>nous finirons, v. finirez, ils ou elles finiront. |
| 3e Conjugaison en OIR, sur RECEVOIR. | Je reçois, tu reçois, il ou elle reçoit,<br>nous recevons, v. recevez, ils ou elles reçoivent. | Je recevais, tu recevais, il ou elle recevait,<br>n. recevions, v. receviez, ils ou elles recevaient. | Je reçus, tu reçus, il ou elle reçut,<br>nous reçûmes, v. reçûtes, ils ou elles reçurent. | Je recevrai, tu recevras, il ou elle recevra,<br>n. recevrons, v. recevrez, ils ou elles recevront. |
| 4e Conjugaison en RE, sur RENDRE. | Je rends, tu rends, il ou elle rend,<br>nous rendons, v. rendez, ils ou elles rendent. | Je rendais, tu rendais, il ou elle rendait.<br>nous rendions, v. rendiez, ils ou elles rendaient. | Je rendis, tu rendis, il ou elle rendit.<br>nous rendîmes, v. rendîtes, ils ou elles rendirent. | Je rendrai, tu rendras, il ou elle rendra,<br>nous rendrons, v. rendrez, ils ou elles rendront. |

DIFFICULTÉS INTÉRIEURES DANS LA

| INFINITIF. | PRÉSENT. | IMPARFAIT. | PRÉTÉRIT DÉFINI. | FUTUR. |
|---|---|---|---|---|
| Verbes en CER et ÉCER (1), sur DÉPIÉCER. | Je dépièce, pièces, pièce, dépiéçons, piécez, piècent. | Je dépiéçais, éçais, éçait, dépiécions, éciez, éçaient. | Je dépiéçai, éças, éça, dépiéçâmes, éçâtes, écèrent. | Je dépiècerai, èceras, ècera n. dépiècerons, ècerez, èceront. |
| Verbes en ÉER, sur CRÉER. | Je crée, crées, crée, n. créons, créez, créent. | Je créais, créais, créait, créions, créiez, créaient. | Je créai, créas, créa, créâmes, créâtes, créèrent. | Je créerai, créeras, créera, créerons, créerez, créeront |
| Verbes en ELER, et en ÉLER (2), sur APPELER. | J'appelle, pelles, pelle, appelons, pelez, pellent. | J'appelais, elais, elait, appelions, eliez, elaient. | J'appelai, elas, ela, appelâmes, elâtes, elèrent. | J'appellerai, elleras, ellera appellerons, ellerez, elleront. |
| Verbes en GER et en ÉGER (3), sur ABRÉGER. | J'abrège, èges, ège, abrégeons, égez, ègent. | J'abrégeais, égeais, égeait, abrégions, égiez, égeaient. | J'abrégeai, égeas, égea, abrégeâmes, égeâtes, égèrent. | J'abrégerai, égeras, égera, abrégerons, égerez, égeront |
| ARGUER. | J'arguë, argues, arguë, arguons, guez, guent. | J'arguais, guais, guait, arguions, guiez, guaient. | J'arguai, guas, gua, arguâmes, guâtes, guèrent | J'arguërai, guëras, guëra, arguërons, guërez, guëront |
| Verbes en IER (4), sur DÉFIER. | Je défie, défies, défie, défions, défiez, défient. | Je défiais, défiais, défiait, défiions, défiiez, fiaient. | Je défiai, fias, fia, défiâmes, fiâtes, fièrent. | Je défierai, fieras, fiera, défierons, fierez, fieront. |
| Verbes en YER (5), sur PAYER. | Je paie, paies, paie, payons, payez, paient. | Je payais, yais, yait, payions, yiez, yaient. | Je payai, yas, ya, payâmes, yâtes, yèrent. | Je paierai, eras, era, paierons, erez, eront. |
| Verbes en OUER, sur NOUER. | Je noue, noues, noue, nouons, nouez, nouent. | Je nouais, ais, ait, nouions, iez, aient. | Je nouai, nouas, noua, nouâmes, âtes, èrent. | Je nouerai, eras, era, nouerons, erez, eront. |
| Verbes en UER, sur REMUER. | Je remue, mues, mue, remuons, muez, muent. | Je remuais, ais, ait, remuions, iez, aient. | Je remuai, muas, mua, remuâmes, âtes, èrent. | Je remuerai, eras, era, remuerons, erez, eront. |
| *Récapitulation des formes de la finale ER d'un v. de la 1re conj.* | ...e, ...es, ...e, ...ons, ...ez, ...ent. | ...ais, ...ais, ...ait, ...ions, ...iez, ...aient. | ...ai; ...as, ...a, ...âmes, ...âtes, ...èrent. | ...erai, ...eras, ...era, ...erons, ...erez, ...eront. |
| Exemple des Verbes employés par interrogation. | Aimé-je? aimes-tu? aime-t-il? aime-t-elle? aime-t-on? aimons-nous? aimez-vous? aiment-ils? aiment-elles? | Aimais-je? aimais-tu? aimait-il? aimait-elle? aimait-on? aimions-nous? aimiez-vous? aimaient-ils? aimaient-elles? | Aimai-je? aimas-tu? aima-t-il? aima-t-elle? aima-t-on? aimâmes-nous? aimâtes-vous? aimèrent-ils? aimèrent-elles? | Aimerai-je? aimeras-tu? aimera-t-il? aimera-t-elle? aimera-t-on? aimerons-nous? aimerez-vous? aimeront-ils? aimeront-elles? |

(1) Dans les verbes en CER, on met une cédille sous le c (ç), devant A, O, pour lui donner la prononciation douce, comme dans il PLAÇA ; de même que dans les verbes en CEVOIR comme PERCEVOIR, lorsque le c est suivi d'un O ou d'un U, comme dans je PERÇOIS, il PERÇUT ; mais dans les verbes en ÉCER, comme DÉPIÉCER, le C et É se change en È grave, lorsqu'il est suivi d'une syllabe muette, comme dans *je dépièce*. On suit la même règle pour les verbes en ÉDER, ÉGER, ÉGNER, ÉGUER, ÉRER, ESER (muet), ÉTER, EYER (muet) et ÉVER.

(2) Quant aux verbes en ELER, ENER, ETER (son muet), on double les lettres L, N, T, dans la conjugaison, lorsque l'une de ces trois consonnes y est suivie d'un E muet, comme dans le verbe APPELER (*j'appelle*) ; toutefois, pour ne pas multiplier les difficultés, quelques grammairiens préfèrent suivre la règle générale, c'est-à-dire

Le *verbe* s'accorde toujours en *nombre* et en *personne* avec le nom ou avec le pronom auquel il se rapporte ; ces pronoms sont *je, tu, il* ou *elle* pour le singulier, et *nous, vous, ils* ou *elles* pour le pluriel.

| CONDITIONNEL. | IMPÉRATIF. | SUBJONCTIF PRÉSENT. | IMPARFAIT DU SUBJ. | PARTICIPES (prés. et passé). |
|---|---|---|---|---|
| J'aimerais, tu aimerais, il ou elle aimerait, nous aimerions, vous aimeriez, ils ou elles aimeraient. | Aime, ( aime-les, aime-z-en, aime-s-y ), aimons, aimez. | Que j'aime, que tu aimes, qu'il aime, que n. aimions, q. v. aimiez, qu'ils aiment. | Que j'aimasse, que tu aimasses, qu'il aimât, que nous aimassions, que vous aimassiez, qu'ils aimassent. | Aimant, aimé, m. aimée, f. |
| Je finirais, tu finirais, il ou elle finirait, nous finirions, vous finiriez, ils ou elles finiraient. | Finis, finis-en, finissons, finissez. | Que je finisse, que tu finisses, qu'il finisse, q. n. finissions, q. v. finissiez, qu'ils finissent. | Que je finisse, que tu finisses, qu'il finît, q. n. finissions, q. v. finissiez, qu'ils finissent. | Finissant, fini, finie. |
| Je recevrais, tu recevrais, il ou elle recevrait, nous recevrions, v. recevriez, ils ou elles recevraient. | Reçois, reçois-en, reçois-y, recevons, recevez. | Que je reçoive, q. tu reçoives, qu'il reçoive, q. v. recevions, q. v. receviez, qu'ils reçoivent. | Que je reçusse, q. tu reçusses, qu'il reçût, q. n. reçussions, q.v. reçussiez, qu'ils reçussent. | Recevant, reçu, reçue. |
| Je rendrais, tu rendrais, il ou elle rendrait, nous rendrions, vous rendriez, ils ou elles rendraient. | Rends, rends-en, rendons, rendez. | Que je rende, que tu rendes, qu'il rende, que n. rendions, q. v. rendiez, qu'ils rendent. | Q. je rendisse, q. tu rendisses, qu'il rendît, que nous rendissions, que vous rendissiez, qu'ils rendissent. | Rendant, rendu, rendue. |

## CONJUGAISON DES VERBES EN ER.

| CONDITIONNEL. | IMPÉRATIF. | SUBJONCTIF PRÉSENT. | IMPARFAIT DU SUBJ. | PARTICIPES. |
|---|---|---|---|---|
| Je dépiécerais, écerais, écerait, dépiécerions, éceriez, éceraient | Dépièce, dépiéçons, écez. | Que je dépièce, pièces, pièce, dépiécions, piéciez, piècent. | Q. je dépiéçasse, éçasses, éçât, n. dépiéçassions, éçassiez, éçassent. | Dépiéçant, dépiécé, e. |
| Je créerais, créerais, créerait, créerions, créeriez, créeraient. | Crée, créons, créez. | Que je crée, crées, crée, créions, créiez, créent. | Que je créasse, créasses, créât, créassions, créassiez, créassent | Créant, créé, créée. |
| J'appellerais, ellerais, ellerait, n. appellerions, elleriez, elleraient. | Appelle, appelle-s-y, appelons, appelez. | Que j'appelle, elles, elle, appelions, eliez, ellent. | Que j'appelasse, elasses, elât, appelassions, elassiez, elassent. | Appelant, appelé, e, |
| J'abrégerais, égerais, égerait, abrégerions, égeriez, égeraient. | Abrège, abrège-s-en, abrégeons, abrégez. | Que j'abrège, bréges, brège, abrégions, égiez, ègent. | Q. j'abrégeasse, égeasses, égeât, n. abrégeassions, égeassiez, égeassent. | Abrégeant, abrégé, e. |
| J'arguërais, guërais, guërait, arguërions, guëriez, guëraient. | Arguë, arguöns, arguëz. | Que j'arguë, guës, guë, arguïons, guïez, guënt. | Que j'arguässe, guässes, guät, arguässions, guässiez, guässent. | Arguänt, argüé, e. |
| Je défierais, fierais, fierait, défierions, fieriez, fieraient. | Défie, défions, défiez. | Que je défie, défies, défie, défiions, défiiez, défient. | Que je défiasse, fiasses, fiât, défiassions, fiassiez, fiassent. | Défiant, délié, e. |
| Je paierais, paierais, paierait, paierions, paieriez, paieraient. | Paie ou paye, payons, payez. | Que je paie, paies, paie, payions, payiez, paient. | Que je payasse, yasses, yât, payassions, yassiez, yassent. | Payant, payé, e. |
| Je nouerais, erais, erait, nouerions, eriez, eraient. | Noue, noue-les, nouons, nouez. | Que je noue, noues, noue, nouions, nouiez, nouent. | Que je nouasse, asses, ât, nouassions, assiez, assent. | Nouant, noué, e. |
| Je remuerais, erais, erait, remuerions, eriez, eraient. | Remue, remuons, remuez. | Que je remue, mues, mue, remuions, muiez, muent. | Que je remuasse, asses, ât, remuassions, assiez, assent, | Remuant, Remué, e. |
| ...erais, ...erais, ...erait, ...erions, ...eriez, ...eraient. | ...e, ...ons, ...ez. | ...e, ...es, ...e, ...ions, ...iez, ...ent. | ...asse, ...asses, ...ât, ...assions, ...assiez, ...assent. | ...ant, ...é, ...ée, |

| | |
|---|---|
| Aimerais-je? aimerais-tu? aimerait-il? aimerait-elle? aimerait-on? aimerions-nous? aimeriez-vous? aimeraient-ils? aimeraient-elles? | On ne se sert pas des autres temps pour interroger; on ne dit pas non plus, à la 1re personne du présent, dans les 17 verbes suivans et dans leurs composés : Bats-je? débats-je? cours-je? dors-je? fends-je? fonds-je? joins-je? mens-je? meurs-je? cours-je? pars-je? pends-je? perds-je? rends-je? romps-je? sers-je? sors-je? et tords-je? mais bien EST-CE QUE je bats? EST-CE QUE je cours? etc. |

qu'ils changent le 1er E muet en È grave, au lieu d'y doubler la consonne; mais les verbes dont l'infinitif en ER est précédé de deux consonnes, conservent ces deux consonnes dans toute la conjugaison.

(3) Les verbes en CER conservent leur E devant A et O, pour que le C y conserve la prononciation du S.

(4) Dans les verbes en IER, par un I, on double cet I à la première et à la deuxième personne plurielle de l'imparfait et du présent du subjonctif (*iions, iiez*).

(5) Les verbes en AYER, EYER, OYER et UYER se conjuguent comme PAYER; mais les verbes RAYER et DÉLAYER, et leurs composés, y conservent toujours leur Y, au lieu de le changer en I. A tous les verbes en YER par Y, on ajoute indistinctement un I à la 1re et à la 2e pers. du pluriel dans l'imparf. et dans le prés. du subj (*yions, yiez*).

| INFINITIF. | PRÉSENT. | IMPARFAIT. | PASSÉ DÉFINI. | FUTUR. |
|---|---|---|---|---|
| ABATTRE, comme BATTRE. | J'abats, tu abats, il abat, n. abattons, ttez, ttent. | J'abattais, ttais, ttait, abattions, ttiez, ttaient. | J'abattis, ttis, ttit, n. abattimes, ttites, ttirent | J'abbattrai, ttras, ttra, abbattrons, ttrez, ttront. |
| ABSOUDRE. | J'absous, sous, sout, absolvons, solvez, solvent. | J'absolvais, solvais, solvait, solvions, solviez, solvaient | Inusité. | Absoudrai, dras, dra, absoudrons, drez, dront. |
| s'ABSTENIR, comme TENIR. | Je m'abstiens, tiens, tient, abstenons, tenez, tiennent. | Abstenais, tenais, tenait, tenions, teniez, tenaient. | Abstins, tins, tint, abstinmes, tintes, tinrent. | Abstiendrai, dras, dra, abstiendrons, drez, dront. |
| ABSTRAIRE. | J'abstrais, trais, trait. pl. n. faisons abstraction. | Inusité. on se sert du v. faire: Je fesais abstraction, etc. | Je fis abstraction, tu fis, etc. | J'abstrairai, ras, ra, abstrairons, rez, ront. |
| ACCOURIR, comme COURIR. | J'accours, cours, court, accourons, rez, rent. | J'accourais, rais, rait, accourions, riez, raient. | J'accourus, rus, rut, accourûmes, rûtes, rurent. | J'accourrai, rras, rra, accourrons, rrez, rront. |
| ACCROIRE. | Il n'a que l'infinitif. | » | » | » |
| ACCROÎTRE, comme CROÎTRE. | J'accrois, crois, croît, accroissons, ssez, ssent. | J'accroissais, ssais, ssait, accroissions, ssiez, ssaient. | J'accrus, crus, crut, accrûmes, crûtes, crurent. | J'accroîtrai, tras, tra, accroîtrons, trez, tront. |
| ACCUEILLIR, comme CUEILLIR. | J'accueille, cueilles, cueille accueillons, llez, llent. | J'accueillais, llais, llait, accueillions, lliez, llaient. | J'accueillis, llis, llit, accueillîmes, llites, llirent. | J'accueillerai, eras, era, accueillerons, erez, erout. |
| ACQUÉRIR. | J'acquiers, quiers, quiert, quérons, quérez, quièrent. | J'acquérais, rais, rait, acquérions, riez, raient. | J'acquis, quis, quit, acquîmes, quites, quirent. | J'acquerrai, rras, rra. acquerrons, rrez, rront. |
| ADJOINDRE, comme JOINDRE. | J'adjoins, joins, joint, joignons, joignez, joignent. | J'adjoignais, gnais, gnait, adjoignions, guiez, gnaient. | J'adjoignis, guis, gnit, adjoignîmes, gnites, gnirent | J'adjoindrai, dras, dra, adjoindrons, drez, dront. |
| ADMETTRE, comme METTRE. | J'admets, mets, met, admettons, mettez, mettent | J'admettais, ttais, ttait, admettions, ttiez, ttaient. | J'admis, mis, mit, admîmes, mites, mirent. | J'admettrai, ttras, ttra, admettrons, ttrez, ttront. |
| AGRÉER. | J'agréé, grées, gréc, agréons, gréez, gréent. | J'agréais, gréais, gréait, agréions, gréiez, gréaient. | J'agréai, gréas, gréa, agréâmes, âtes, èrent. | J'agréerai, eras, era, agréerons, erez, erout. |
| ALLER. | Je vais, tu vas, il va, n. allons, v. allez, ils vont. | J'allais, allais, allait, allions, alliez, allaient. | J'allai, allas, alla, allâmes, allâtes, allèrent. | J'irai, tu iras, il ira, n. irons, v. irez, ils iront. |
| s'en ALLER (1). | Je m'en vais, tu t'en vas, il s'en va, n. n. en allons, v. v. en allez ils s'en vont. | Je m'en allais, tu t'en allais, il s'en allait, n. n. en allions, v. v. en alliez, ils s'en allaient. | Je m'en allai, tu t'en allas, il s'en alla, n. n. en allâmes, v. v. en allâtes, ils s'en allèrent. | Je m'en irai, tu t'en iras, il s'en ira, n. n. en irons, v. v. en irez, ils ou elles s'en iront. |
| APPARTENIR. | J'appartiens, tiens, tient, partenons, tenez, tiennent. | J'appartenais, nais, nait, appartenions, niez, naient. | J'appartins, tins, tint. partinmes, tintes, tinrent. | J'appartiendrai, dras, dra, partiendrons, drez, dront. |
| APERCEVOIR. | J'aperçois, çois, çoit, apercevons, cevez, çoivent. | J'apercevais, cevais, cevait, percevions, ceviez, cevaient | J'aperçus, çus, çut, aperçûmes, çûtes, çurent. | J'appercevrai, cevras, cevra, cevrons, cevrez, cevront. |
| APPARAÎTRE. | J'apparais, rais, raît, raissons, raissez, raissent. | J'apparaissais, ssais, ssait, pparaissions, ssiez, ssaient. | J'apparus, rus, rut, apparûmes, rûtes, rurent. | J'apparaitrai, tras, tra, apparaîtrons, trez, trout. |
| APPAROIR. | Il appert.— Le reste de ce verbe est inusité. | | » | » |
| APPELER (2). | J'appelles, pelles, pelle, appelons, pelez, pellent. | J'appelais, lais, lait, appelions, liez, laient. | J'appelai, las, la, appelâmes, lâtes, lèrent. | J'appellerai, lleras, llera, llerons, llerez, llerout. |
| APPRENDRE. | J'apprends, prends, prend, apprenons, enez, ennent. | J'apprenais, nais, nait, apprenions, niez, naient. | J'appris, pris, prit, apprîmes, pprites, pprirent | J'apprendrai, dras, dra, apprendrons, drez, dront. |
| ASSAILLIR. | J'assaille, ailles, aille, assaillons, aillez, aillent. | J'assaillais, llais, llait, assaillions, lliez, llaient. | J'assaillis, llit, llit, assaillîmes, llites, llirent. | J'assaillirai, iras, ira, assaillirons, irez, iront. |
| ASSEOIR, et S'ASSEOIR (3). | Je m'assieds, tu t'assieds, il s'assied, n. n. asseyons, v. v. asseyez, ils s'asseyent. | Je m'asseyais, tu t'asseyais, il ou elle s'asseyait, n. n. asseyions, v. v. asseyiez ils ou elles s'asseyaient. | Je m'assis, tu t'assis, il s'assit. n. n. assîmes, v. v. assîtes, ils s'assirent. | Je m'assiérai ou asseyerai, tu t'assiéras ou asseyeras, il s'assiéra ou asseyera, n. n. assiérons ou .seyerons v. v. assiérez ou asseyerez, ils s'assiéront ou ..seyeront. |
| ASSERVIR. | J'asservis, vis, vit, asservissons, vissez, vissent, | J'asservissais, ssais, ssait, asservissions, ssiez, ssaient. | J'asservis, vis, vit, asservimes, vites, virent. | J'asservirai, ras, ra, asservirons, rez, ront. |

(1) Aux temps composés du verbe S'EN ALLER, on se sert du verbe ÊTRE que l'on place après les trois pronoms; ainsi, c'est une faute de dire: *je me suis en allé*; il faut dire: *je m'en suis allé, tu t'en es allé, il s'en est allé, nous nous en sommes allés*, etc., parce que les trois pronoms se placent avant le verbe ÊTRE.

(2) Dans les verbes qui sont terminés en LER, comme APPELER, on est libre de retrancher un *l* où la conjugaison en prend deux, pourvu qu'on mette un accent grave sur l'*e* qui précède; ainsi on écrit *j'appèle* ou *j'appelle*.

| CONDITIONNEL. | IMPÉRATIF. | SUBJONCTIF PRÉSENT. | IMPARFAIT DU SUBJ. | PARTICIPES (prés. et passé). |
|---|---|---|---|---|
| J'abattrais, ttrais, ttrait, n. abattrions, ttriez, ttraient. | Abats, abattons, ttez. | Que j'abatte,.ttes, tte. n. abattions, ttiez, ttent. | Que j'abattisse, ttisses, ttît, abattissions, ttissiez, ttissent. | Abattant, abattu, m., abattue, f. |
| J'absoudrais, drais, drait, n. absoudrions, driez, draient. | Absous, absolvons, solvez. | J'absolve, solves, solve, absolvions, solviez, solvent. | Inusité. | Absolvant, absous, absoute. |
| J'abstiendrais, drais, drait, abstiendrions, driez, draient. | Abstiens-toi, abstenons-nous, abstenez-vous. | Abstienne, tiennes, tienne, abstenions, teniez, tiennent. | J'abstinsse, tinsses, tînt, abstinssions, tinssiez, tinssent. | S'abstenant, abstenu, nue. |
| J'abstrairais, rais, rait, abstrairions, riez, raient. | Fais abstraction, faisons..., faites... | Je fasse abstraction, tu fasses, etc. | Que je fisse abstraction, etc. (Voyez FAIRE). | Faisant abstract. abstrait, traite. |
| J'accourrais, rrais, rrait, accourrions, rriez, rraient. | Accours, accourons, accourez. | J'accoure, coures, coure. accourions, riez, rent. | J'accourusse, russes, rût, ...russions, russiez, russent. | Accourant, accouru, rue. |
| » | » | » | » | » |
| J'accroîtrais, trais, trait, accroîtrions, triez, traient. | Accrois, accroissons, croissez. | J'accroisse, croisses, croisse. accroissions, ssiez, ssent. | J'accrusse, crusses, crût, accrussions, crussiez, crussent. | Accroissant, accrû, crûe. |
| J'accueillerais, erais, erait, accueillerions, eriez, eraient. | Accueille, accueillons, cueillez. | J'accueille, lles, lle, accueillions, lliez, llent. | J'accueillisse, llisses, llît, ...llissions, llissiez, llissent. | Accueillant, accueilli, e. |
| J'acquerrais, rrais, rrait, acquerrions, rriez, rraient. | Acquiers, acquérons, quérez. | J'acquière, quières, quière, acquérions, quériez, quièrent. | J'acquisse, quisses, quît, acquissions, issiez, issent. | Acquérant, acquis, e. |
| J'adjoindrais, drais, drait, adjoindrions, driez, draient. | Adjoins, adjoignons, guez. | J'adjoigne, gnes, gne, adjoignions, gniez, guent. | J'adjoignisse, guisses, gnît, ...guissions, guissiez, guissent. | Adjoignant, adjoint, e. |
| J'admettrais, ttrais, ttrait, admettrions, ttriez, ttraient. | Admets, admettons, mettez. | J'admette, mettes, mette, admettions, ttiez, ttent. | J'admisse, misses, mit, admissions, missiez, missent. | Admettant, admis, e. |
| J'agréerais, erais, erait, agréerions, eriez, eraient. | Agrée, agréons, agréez. | J'agrée, grées, grée, agréions, gréiez, gréent. | J'agréasse, gréasses, gréât, agréassions, assiez, assent. | Agréant, agréé, e. |
| J'irais, irais, irait, irions, iriez, iraient. | Va (va-s-y), allons, allez. | J'aille, ailles, aille, allions, alliez, aillent. | J'allasse, allasses, allât, allassions, assiez, assent. | Allant, allé, e. |
| Je m'en irais, tu t'en irais, il s'en irait, n. n. en irions, v. v. en iriez, ils s'en iraient. | Va-t'-en, allons-nous-en, allez-vous-en. | Je m'en aille, tu t'en ailles, il s'en aille, n. n. en allions, v. v. en alliez, ils s'en aillent. | Je m'en allasse, tu t'en allasses, il s'en allât, n. n. en allassions, v. v. en allassiez, ils s'en allassent. | S'en allant, s'en étant allé, e. s'en être allé, e. |
| J'appartiendrais, drais, drait, ...tiendrions, driez, draient. | Appartiens, appartenons, tenez. | J'appartienne, tiennes, tienne, ...tenions, teniez, tiennent. | J'appartinsse, tinsses, tînt, ...tinssions, tinssiez, tinssent. | Appartenant, appartenu, inv. |
| J'apercevrais, cevrais, cevrait, ...cevrions, cevriez, cevraient. | Aperçois, apercevous, cevez. | J'aperçoive, çoives, çoive, apercevions, ceviez, çoivent. | J'aperçusse, çusses, çût, aperçussions, çussiez, çussent. | Apercevant, aperçu, e. |
| J'apparaîtrais, trais, trait, apparaîtrions, triez, traient. | Apparais, apparaissons, raissez. | J'apparaisse, raisses, raisse, ..raissions, raissiez, raissent. | J'apparusse, russes, rût, apparussions, russiez, russent. | Apparaissant, apparu, inv. |
| » | » | » | » | Apparent, e, adj. |
| J'appellerais, llerais, llerait, appellerions, lleriez, lleraient. | Appelle (appelle-s-y), appelons, appelez. | J'appelle, pelles, pelle, appelions, peliez, pellent. | J'appelasse, lasses, lât, appelassions, lassiez, lassent, | Appelant, appelé, e. |
| J'apprendrais, drais, drait, apprendrions, driez, draient. | Apprends, apprenons, apprenez. | J'apprenne, prennes, prenne, ..prenions, preniez, prennent. | J'apprisse, prisses, prit, apprissions, prissiez, prissent. | Apprenant, appris, e. |
| J'assaillirais, irais, irait, assaillirions, iriez, iraient. | Assaille, assaillons, aillez. | J'assaille, ailles, aille, assaillions, ailliez, aillent. | J'assaillisse, llisses, llît, assaillissions, llissiez, llissent. | Assaillant, assailli, e. |
| Je m'assiérais ou asseierais, tu t'assiérais ou asseierais, il s'assiérait ou asseierait, n. n. assiérions ou asseierions, v. v. assiériez ou asseieriez, ils s'assiéraient ou asseieraient. | Assieds-toi, asseyons-nous, asseyez-vous. | Q. je m'asseie, tu t'asseies, il s'asseie, n. n. asseyions, v. v. asseyiez, ils s'asseyent. | Je m'assisse, tu t'assisses, il s'assît, n. n. assissions, v. v. assissiez, ils s'assissent. | Asseyant, assis, e. |
| J'asservirais, rais, rait, asservirions, riez, raient. | Asservis, asservissons, vissez. | J'asservisse, visses, visse, asservissions, vissiez, vissent. | J'asservisse, visses, vît, asservissions, vissiez, vissent. | Asservissant, asservi, e. |

(3) On nomme verbes *pronominaux* ceux que l'on conjugue avec deux pronoms de la même personne, comme S'ASSEOIR ; et l'on répète toujours avant le verbe les deux pronoms ; tels sont : *Je me...., tu te...., il se...., nous nous...., vous vous....., ils* ou *elles se.....* Dans leurs temps composés, ces verbes prennent le verbe ÊTRE au lieu du verbe AVOIR ; ainsi, au lieu de dire : Je m'*ai* assis, on dit je me *suis* assis ou assise, tu t'*es* assis ou assise, il s'*est* assis, ou elle s'*est* assise, nous nous *sommes* assis ou assises, etc. Voyez le verbe ÊTRE.

| INFINITIF. | PRÉSENT. | IMPARFAIT. | PASSÉ DÉFINI. | FUTUR. |
|---|---|---|---|---|
| ASSORTIR. | J'assortis, tis, tit, assortissons, tissez, tissent. | J'assortissais, ssais, ssait, assortissions, ssiez, ssaient. | J'assortis, tis, tit, assortîmes, tîtes, tirent. | J'assortirai, ras, ra. assortirons, rez, ront. |
| ASTREINDRE. | J'astreins, treins, treint, astreignons, gnez, gnent. | J'astreignais, gnais, gnait, astreignions, gniez, gnaient | J'astreignis, gnis, gnit, ..gnîmes, gnîtes, gnirent. | J'astreindrai, dras, dra, astreindrons, drez, dront. |
| ATTEINDRE et ses composés. | J'atteins, teins, teint, atteignons, gnez, gnent. | J'atteignais, gnais, gnait, atteignions, gniez, gnaient, | J'atteignis, gnis, gnit, atteignîmes, gnîtes, gnirent | J'atteindrai, dras, dra, atteindrons, drez, dront. |
| ATTRAIRE. | Ce verbe a vieilli. | » | » | » |
| AVEINDRE (expression familière). | J'aveins, veins, veint, aveignons, gnez, gnent. | J'aveignais, gnais, gnait, aveignions, gniez, gnaient. | J'aveignis, gnis, gnit, aveignîmes, gnîtes, gnirent | J'aveindrai, dras, dra, aveindrons, drez, dront. |
| AVOIR (1). | J'ai, tu as, il a, n. avons, v. avez, ils ont. | J'avais, tu avais, il avait, n. avions, aviez, avaient. | J'eus, tu eus, il eut, n. eûmes, eûtes, eurent. | J'aurai, tu auras, il aura, n. aurons, aurez, auront. |
| Verbes en AYER. | Se conjuguent sur PAYER. | Voyez PAYER. | » | » |
| BATTRE. | Je bats, tu bats, il bat, n. battons, ttez, ttent. | Je battais, ttais, ttait, battions, ttiez, ttaient. | Je battis, ttis, ttit, battîmes, ttîtes, ttirent. | Je battrai, ttras, ttra, battrons, ttrez, ttront. |
| BOIRE. | Je bois, tu bois, il boit, n. buvons, buvez, boivent. | Je buvais, vais, vait, buvions, viez, vaient. | Je bus, bus, but, bûmes, bûtes, burent. | Je boirai, ras, ra, boirons, rez, ront. |
| BOUILLIR. | Je bous, tu bous, il bout, n. bouillons, llez, llent. | Je bouillais, llais, llait, bouillions, lliez, llaient. | Je bouillis, llis, llit, bouillîmes, llîtes, llirent. | Je bouillirai, lliras, llira, bouillirons, llirez, lliront. |
| BRAIRE, pron. BRÉ. verbe défectueux. | Tu brais, il brait, ils braient. | Il braiait Ils braiaient. | Inusité. | Il braira, Ils brairont. |
| BRUIR une étoffe (v. a.). | Je bruis, bruis, bruit, bruissons, issez, issent. | Je bruissais, ssais, ssait, bruissions, ssiez, ssaient. | Je bruis, tu bruis, il bruit, n. bruîmes, îtes, irent. | Je bruirai, ras, ra, bruirons, rez, ront. |
| BRUIRE, (v. n., défectueux). | Il bruit, ils bruient. (ils font un léger bruit). | Il bruyait, Ils bruyaient. | Il bruit, Ils brairent. | Il bruira, ils bruiront. |
| CEINDRE. | Je ceins, tu ceins, il ceint, ceignons, gnez, gnent. | Je ceignais, gnais, gnait, ceignions, gniez, gnaient. | Je ceignis, gnis, gnit, ceignîmes, gnîtes, gnirent. | Je ceindrai, dras, dra, ceindrons, drez, dront. |
| Verbes en CER. | Se conjug. sur AGACER. | Voyez ce verbe, page 1 des conjugaisons. | | » |
| CHOIR. | Ce verbe a vieilli ; il n'a plus que l'infinitif. | | » | » |
| Verbes en CIER. | Se conjuguent sur PRIER. | Voyez ce verbe. | » | » |
| Verbes en CIR. | Se conjuguent sur FINIR. | Voyez ce verbe. | » | » |
| CIRCONCIRE. | Je circoncis, cis, cit, circoncisons, cisez, cisent. | Je circoncisais, sais, sait, circoncisions, siez, saient. | Je circoncis, cis, cit, circoncîmes, cîtes, cirent. | Je circoncirai, ras, ra, circoncirons, rez, ront. |
| CIRCONSCRIRE, comme ÉCRIRE. | Je circonscris, cris, crit, circonscrivons, vez, vent. | Je circonscrivais, vais, vait, ..conscrivions, viez, vaient | Je circonscrivis, vis, vit, ..crivîmes, vîtes, virent. | Je circonscrirai, ras, ra, circonscrirons, rez, ront. |
| CIRCONVENIR, comme VENIR. | Je circonviens, viens, vient, ..venons, venez, viennent. | Je circonvenais, nais, nait, ..convenions, niez, naient. | Je circonvins, vins, vint, .convînmes, vintes, vinrent | J. circonviendrai, dras, dra, .conviendrons, drez, dront |
| CLORRE, ou CLÔRE. | Je clos, clos, clôt, closons, sez, sent. | Je closais, sais, sait, closions, siez, saient. | Au lieu du passé défini, on dit : j'ai clos, tu as clos, etc. | Je clôrai, ras, ra, clôrons, rez, ront. |
| COMBATTRE, comme BATTRE. | Je combats, bats, bat, combattons, ttez, ttent. | Je combattais, ttais, ttait, ..battions, ttiez, ttaient. | Je combattis, ttis, tit, ..ttîmes, ttîtes, ttirent. | Je combattrai, ttras, ttra, ..battrons, ttrez, ttront. |
| COMMETTRE, comme METTRE. | Je commets, mets, met, commettons, ttez, ttent. | Je commettais, ttais, ttait, ..ttions, ttiez, ttaient. | Je commis, mis, mit, commîmes, mîtes, mirent. | Je commettrai, ttras, ttra, ..ttrons, ttrez, ttront. |
| COMPARAÎTRE, comme PARAÎTRE. | Je comparais, rais, rait, .raissons, raissez, raissent. | Je comparaissais, sais, sait, ..raissions, ssiez, ssaient. | Je comparus, rus, rut, comparûmes, rûtes, rurent | Je comparaîtrai, tras, tra, ..paraîtrons, trez, tront. |
| SE COMPLAIRE, | comme PLAIRE. | Voyez PLAIRE, et la note (3) du 2º tableau. | | » |
| COMPRENDRE, comme PRENDRE. | Je comprends, ends, end, ..prenons, enez, ennent. | Je comprenais, nais, nait, ..enions, eniez, enaient. | Je compris, pris, prit, comprîmes, prîtes, prirent. | Je comprendrai, dras, dra, ..prendrons, drez, dront. |
| CONCEVOIR, comme RECEVOIR. | Je conçois, çois, çoit, concevons, cevez, çoivent. | Je concevais, vais, vait, concevions, viez, vaient. | Je conçus, çus, çut, conçûmes, çûtes, çurent. | Je concevrai, vras, vra, concevrons, vrez, vront. |

| CONDITIONNEL. | IMPÉRATIF. | SUBJONCTIF PRÉSENT. | IMPARFAIT DU SUBJ. | PARTICIPES (prés. et passé). |
|---|---|---|---|---|
| J'assortirais, rais, rait, assortirions, riez, raient.. | Assortis, assortissons, tissez. | Que j'assortisse, tisses, tisse, assortissions, tissiez, tissent. | Que j'assortisse, tisses, tît, assortissions, tissiez, tissent. | Assortissant, assorti, e. |
| J'astreindrais, drais, drait, astreindrions, driez, draient. | Astreins, astreignons, gnez. | J'astreigne, gnes, gne, n. astreignions, gniez, gnent. | J'astreignisse, gnisses, gnît, ...gnissions, gnissiez, gnissent. | Astreignant, astreint, e. |
| J'atteindrais, drais, drait, atteindrions. driez, draient. | Atteins, atteignons, gnez. | J'atteigne, gnes, gne, atteignions, gniez, gnent. | J'atteiguisse, guisses, guît, ...guissions, guissiez, guissent. | Atteignant, atteint, e. |
| » | » | » | » | Attrayant, e, adj. |
| J'aveindrais, drais, drait, aveindrions, driez, draient. | Aveins, aveignons, gnez. | J'aveigne, gues, gue, aveignions, guiez, guent. | J'aveignisse, guisses, guît, ..gnissions, guissiez, guissent. | Aveignant, aveint, e (vieux). |
| J'aurais, tu aurais, il aurait, n. aurions, auriez, auraient. | Aie, (aie-s-en). ayons, ayez. | Que j'aie, tu aies, il ait, n. ayons, v. ayez, ils aient. | J'eusse, tu eusses, il eût, n. eussions, eussiez, eussent. | Ayant, eu, eue. |
| » | » | » | » | » |
| Je battrais, ttrais, ttrait, battrions, ttriez, ttraient. | Bats, battons, battez. | Je batte, ttes, tte, battions, ttiez, ttent. | Je battisse, ttisses, ttît, battissions, ttissiez, ttissent. | Battant, battu, e. |
| Je boirais, rais, rait, boirions, riez, raient. | Bois, buvons, buvez. | Je boive, boives, boive, buvions, buviez, boivent. | Je busse, busses, bût, bussions, bussiez, bussent. | Buvant, bu, e. |
| Je bouillirais, llirais, llirait, bouillirions, lliriez, lliraient. | Bous, bouillons, bouillez.. | Je bouille, bouilles, bouille, bouillions, lliez, llent. | Je bouillisse, llisses, llît, bouillissions, llissiez, llissent. | Bouillant, bouilli, e. |
| Il brairait, ils brairaient. | Brais, braiez (pron. *bré-ez*). | Qu'il braie, qu'ils braient. | Inusité. | Braiant, ou brayant (p. lré). |
| Je bruirais, rais, rait, bruirions, riez, raient. | Bruis, bruissons, ssez. | Je bruisse, isses, isse, bruissions, issiez, issent. | Comme au subjonctif. | Bruissant, brui, e. |
| Il bruirait, ils bruiraient. | Bruis, bruyez. | Qu'il bruie, qu'ils bruient. | Qu'il bruît, qu'ils bruissent. | Bruyant, e, ou bruiant. |
| Ceindrais, drais, drait, ceindrions, driez, draient. | Ceins, ceignons, gnez. | Je ceigne, gues, gne, ceignions, guiez, gnent.. | Je ceiguisse, guisses, guît, ceiguissions, guissiez, guissent. | Ceignant, ceint, e. |
| » | » | » | » | » |
| » | » | » | » | » |
| » | » | » | » | » |
| » | » | » | » | » |
| Je circoncirais, rais, rait, circoncirions, riez, raient. | Circoncis, circoncisous, cisez.. | Je circoncise, cises, cise, circoncisions, cisiez, cisent. | Je circoncisse, cisses, cît, circoncissions, cissiez, cissent. | Circoncisant, circoncis, e. |
| Je circonscrirais, rais, rait, circonscririons, riez, raient. | Circonscris, circonscrivez, vez. | Je circonscrive, ves, ve, circonscrivions, viez, vent. | Je circonscrivisse, visses, vît, ...vissions, vissiez, vissent. | Circonscrivant, circonscrit, e. |
| Circonviendrais, drais, drait, ...viendrions, driez, draient. | Circonviens, circonvenons, venez. | Je circonvienne, viennes, vienne ...venions, veniez, viennent. | Je circonvinsse, vinsses, vînt, ...vinssions, vinssiez, vinssent. | Circonvenant, circonvenu, e. |
| Je clôrais, rais, rait, clôrions, riez, raient. | Clos, closons, closez. | Je close, closes, close, closions, closiez, closent. | Inusité. | Closant, clos, e. |
| Je combattrais, ttrais, ttrait, combattrions, ttriez, ttraient. | Combats, combattons, ttez. | Je combatte, battes, batte, combattions, battiez, battent. | Je combattisse, ttisses, ttît, combattissions, ssiez, ssent. | Combattant, combattu, e. |
| Je commettrais, ttrais, ttrait, commettrions, ttriez, ttraient. | Commets, commettons, ttez. | Je commette, mettes, mette, commettions, mettiez, mettent | Je commisse, misses, mît, commissions, missiez, missent. | Commettant, commis, e. |
| Je comparaîtrais, trais, trait, comparaîtrions, triez, traient. | Comparais, comparaissons, ssez. | Je comparaisse, raisses, raisse, comparaissions, ssiez, ssent. | Je comparusse, russes, rût, ...russions, russiez, russent. | Comparaissant, comparu, e. |
| » | » | » | » | » |
| Je comprendrais, drais, drait, comprendrions, driez, draient | Comprends, comprenons, nez. | Je comprenne, ennes, enne, comprenions, eniez, ennent. | Je comprisse, prisses, prît, comprissions, prissiez, prissent | Comprenant, compris, e. |
| Je concevrais, vrais, vrait, concevrions, vriez, vraient. | Conçois, concevons, cevez. | Je conçoive, çoives, çoive, concevions, ceviez, çoivent. | Je conçusse, çusses, çût, conçussions, çussiez, çussent. | Concevant, conçu, e. |

verbe AVOIR, placés avant le participe passé d'un verbe quelconque, qui forment ce qu'on nomme les *temps composés* de ce verbe. ( Voyez , après le dernier tableau des verbes, ceux qui prennent le verbe ÊTRE, au lieu du verbe AVOIR, dans leurs temps composés. )

| INFINITIF. | PRÉSENT. | IMPARFAIT. | PASSÉ DÉFINI. | FUTUR. |
|---|---|---|---|---|
| CONCLURE. | Je conclus, clus, clut, concluons, cluez, cluent. | Je concluais, cluais, cluait concluions, cluiez, cluaient | Je conclus, clus, clut, conclûmes, clûtes, clurent. | Je conclurai, ras, ra, conclurons, rez, ront. |
| CONCOURIR , | comme COURIR. | Voyez COURIR. | » | » |
| CONDUIRE. | Je conduis, duis, duit, conduisons, sez, sent. | Je conduisais, sais, sait, conduisions, siez, saient. | Je conduisis, sis, sit, conduisîmes, sîtes, sirent, | Je conduirai, ras, ra, conduirons, rez, ront. |
| CONFIRE. | Je confis, confis, confit, n. confisons, fisez, fisent. | Je confisais, sais, sait. n. confisions, siez , saient. | Je confis, fis, fit, n. confîmes, fîtes, firent. | Je confirai, ras, ra, n. confirons, rez, ront. |
| CONFONDRE, comme FONDRE. | Je confonds, fonds, fond, confondons, dez, dent. | Je confondais, dais, dait, confondions, diez , daient. | Je confondis, dis, dit, confondîmes, dîtes, dirent. | Je confondrai, dras, dra, confondrons, drez, dront. |
| CONNAÎTRE. | Je connais, nais, nait, connaissons, ssez, ssent. | Je connaissais, ssais, ssait, connaissions, ssiez, ssaient. | Je connus, nus, nut, connûmes, nûtes, nurent. | Je connaîtrai, tras, tra, connaîtrons, trez, tront. |
| CONQUÉRIR , comme ACQUÉRIR. | Je conquiers, quiers, quiert ..quérons, quérez, quièrent | Je conquérais, rais, rait, ..quérions, riez, raient. | Je conquis, quis, quit. conquîmes, quites, quirent | Je conquerrai, erras, erra, ..querrons, errez, erront. |
| CONSENTIR à… comme SENTIR. | Je consens, sens, sent, consentons, tez, tent. | Je consentais, tais, tait, consentions, tiez, taient. | Je consentis, tis, tit, consentîmes, tîtes, tirent. | Je consentirai, ras, ra, consentirons, rez, ront. |
| CONSTRUIRE. | Je construis, truis, truit, construisons, sez, sent. | Je construisais, sais, sait, construisions, siez , saient. | Je construisis, sis, sit, construisîmes, sites, sirent | Je construirai, ras, ra, construirons, rez, ront. |
| CONTENIR , comme TENIR. | Je contiens, tiens, tient , contenons, tenez, tiennent | Je contenais, nais, nait, contenions, niez, naient. | Je contins, tins, tint, continmes, tintes, tinrent | Je contiendrai, dras, dra, contiendrons, drez, dront. |
| CONTINUER. | Je continue, nues, nue, continuons, nuez, nuent. | Je continuais, nuais, nuait continuions, nuiez, nuaient. | Je continuai, nuas, nua, .tinuâmes, nuâtes, nuèrent | Je continuerai, eras, era, continuerons, erez, eront. |
| CONTRAINDRE. | Je contrains, trains, traint contraignons, gnez, gnent, | J. contraignais, gnais, gnait …gnions, gniez, gnaient. | Je contraignis, gnis, gnit, …gnîmes, gnîtes, gnirent. | Je contraindrai, dras, dra, contraindrons, drez, dront |
| CONTREDIRE. | Je contredis, dis, dit, contredisons, sez, sent, | Je contredisais, sais, sait, contredisions, siez, saient. | Je contredis, dis, dit, contredîmes, dîtes, dirent. | Je contredirai, ras, ra, contredirons, rez, ront. |
| CONTREVENIR, | Cᵒ VENIR. Je contreviens, | etc. Voyez VENIR. | » | » |
| CONVAINCRE, comme VAINCRE. | Je convaincs, vaincs, vainc, convainquons, quez, quent | J. convainquais quais quait …quions, quiez , quaient. | Je convainquis, quis, quit, ..quîmes, quites, quirent. | Je convaincrai, cras, cra , convaincrons, crez, cront. |
| CONVENIR de… ( se conj. avec ÊTRE). | Je conviens, viens, vient, convenons, venez, viennent | Je convenais, nais, nait, convenions, niez, naient. | Je convins, vins, vint, convînmes, vîntes, vinrent. | Je conviendrai, dras, dra, conviendrons, drez, dront. |
| CONVENIR à… ( se conj. avec AVOIR). | Je conviens , etc. ( comme ci-dessus). | Je convenais, etc. ( comme ci-dessus ). | ( Comme ci-dessus). | ( Comme ci-dessus). |
| CONVOYER. | Je convoie, voies, voie , convoyons, voyez, voient. | Je convoyais, yais, yait, convoyions, yiez, yaient. | Je convoyai, yas, ya, convoyâmes, yâtes, yèrent. | Je convoierai, eras, era, convoierons, erez, eront. |
| CORRESPONDRE, comme RÉPONDRE. | Je corresponds, onds, ond, correspondons, dez, dent. | Je correspondais, dais, dait …pondions, diez, daient. | Je correspondis, dis, dit, …pondîmes, dîtes, dirent. | Je correspondrai, dras, dra …pondrons, drez, dront. |
| CORROMPRE, comme ROMPRE. | Je corromps, romps, rupt, corrompons, pez, pent. | Je corrompais, pais, pait, ..rompions, piez, paient. | Je corrompis, pis, pit, corrompîmes, pites, pirent | Je corromprai, pras, pra, corromprons, prez, pront. |
| COUDRE. | Je couds, couds, coud , n. cousons, cousez, cousent | Je cousais, sais, sait, cousions, siez, saient. | Je cousis, sis, sit, cousîmes, sîtes, sirent. | Je coudrai, dras, dra, coudrons, drez, dront. |
| COURIR et ses composés. | Je cours, cours, court, courons, courez, courent. | Je courais, rais, rait, courions, riez, raient. | Je courus, rus, rut , courûmes, rûtes, rurent. | Je courrai, rras, rra, courrons, rrez, rront. |
| COUVRIR et ses composés. | Je couvre, couvres, couvre couvrons, vrez, vrent. | Je couvrais, vrais, vrait, couvrions, vriez, vraient. | Je couvris, vris, vrit, couvrîmes, vrîtes, vrirent. | Je couvrirai, ras, ra, couvrirons, rez, ront. |
| CRAINDRE. | Je crains, crains, craint, craignons, gnez, gnent. | Je craignais, gnais, gnait. craignions, gniez, gnaient. | Je craignis, gnis, gnit, craignîmes, gnîtes, gnirent. | Je craindrai, dras, dra , craindrons, drez, dront. |
| CROIRE. | Je crois, crois, croit, croyons, croyez, croient. | Je croyais, yais, yait, croyions, yiez, yaient. | Je crus, crus, crut, crûmes, crûtes, crurent. | Je croirai, ras, ra, croirons, rez, ront. |
| CROÎTRE. | Je croîs, tu croîs, il croît, croissons, ssez, ssent. | Je croissais, ssais, ssait, croissions, ssiez, saient. | Je crûs, crûs, crût, crûmes, crûtes, crurent. | Je croîtrai, tras, tra, croîtrons, trez, tront. |
| CUEILLIR. (LL mouillés). | Je cueille, lles, lle, cueillons, llez, llent. | Je cueillais, llais, llait, cueillions, lliez, llaient. | Je cueillis, llis, llit, cueillîmes, llites, llirent. | Je cueillerai, lleras, llera, cueillerons, llerez, lleront. |
| CUIRE et RECUIRE. | Je cuis, tu cuis, il cuit, cuisons, sez, sent. | Je cuisais, sais, sait , cuisions, siez, saient. | Je cuisis, cuisis, cuisit, cuisîmes, sites, sirent. | Je cuirai, ras, ra, cuirons, rez, ront. |

| CONDITIONNEL. | IMPÉRATIF. | SUBJONCTIF PRÉSENT. | IMPARFAIT DU SUBJ. | PARTICIPES (prés. et passé). |
|---|---|---|---|---|
| Je conclurais, rais, rait, conclurions, riez, raient. | Conclus, concluons, cluez. | Que je conclue, clues, clue, concluions, cluiez, cluent. | Que je conclusse, clusses, clût, conclussions, clussiez, clussent. | Concluant, conclu, e. |
| » | » | » | » | » |
| Je conduirais, rais, rait, conduirions, riez, raient. | Conduis, conduisons, sez. | Je conduise, duises, duise, conduisions, duisiez, duisent. | Je conduisisse, sisses, sit, conduisissions, sissiez, sissent. | Conduisant, conduit, e. |
| Je confirais, rais, rait, confirions, riez, raient. | Confis, confisons, confisez. | Je confise, fises, fise, confisions, fisiez, fisent. | Je confisse, fisses, fît, confissions, fissiez, fissent. | Confisant, confit, e. |
| Je confondrais, drais, drait, confondrions, driez, draient. | Confonds, confondons, dez. | Je confonde, fondes, fonde, confondions, diez, dent. | Je confondisse, disses, dît, confondissions, dissiez, dissent | Confondant, confondu, due. |
| Je connaîtrais, trais, trait, connaîtrions, triez, traient. | Connais, connaissons, naissez. | Je connaisse, naisses, naisse, connaissions, ssiez, ssent. | Je connusse, nusses, nût, connussions, nussiez, nussent. | Connaissant, connu, e. |
| Je conquerrais, errais, errait, conquerrions, erriez, erraient. | Conquiers, conquérons, quérez. | Je conquière, quières, quière, ...quérions, quériez, quièrent. | Je conquisse, quisses, quit, ..quissions, quissiez, quissent. | Conquérant, conquis, e. |
| Je consentirais, rais, rait, consentirions, riez, raient. | Consens, consentons, sentez. | Je consente, sentes, sente, consentions, sentiez, sentent. | Je consentisse, tisses, tît, consentissions, tissiez, tissent. | Consentant, consenti, e. |
| Je construirais, rais, rait, construirions, riez, raient. | Construis, construisons, sez. | Je construise, truises, truise, ...truisions, truisiez, truisent. | Je construisisse, sisses, sît, ...sissions, sissiez, sissent. | Construisant, construit, e. |
| Je contiendrais, drais, drait, contiendrions, driez, draient. | Contiens, contenons, tenez. | Je contienne, tiennes, tienne, contenions, teniez, tiennent. | Je continsse, tinsses, tint, continssions, tinssiez, tinssent. | Contenant, contenu, e. |
| Je continuerais, erais, erait, continuerions, eriez, eraient. | Continue, continuons, nuez. | Je continue, nues, nue, continuions, nuiez, nuent. | Je continuasse, asses, ât, continuassions, assiez, assent. | Continuant, continué, e. |
| Je contraindrais, drais, drait, contraindrions, driez, draient. | Contrains, contraignons, gnez. | Je contraigne, gnes, gne, contraignions, gniez, goent. | Je contraignisse, gnisses, gnit, ...gnissions, gnissiez, gnissent. | Contraignant, contraint, e. |
| Je contredirais, dirais, dirait, contredirions, diriez, diraient | Contredis, contredisons, disez. | Je contredise, dises, dise, contredisions, disiez, disent. | Je contredisse, disses, dît, contredissions, dissiez, dissent. | Contredisant, contredit, e. |
| » | » | » | » | » |
| Je convaincrais, crais, crait, convaincrions, criez, craient. | Convaincs, convainquons, quez. | Je convainque, ques, que, convainquions, quiez, quent. | Je convainquisse, quisses, quit, ...quissions, quissiez, quissent. | Convainquant, convaincu, e. |
| Je conviendrais, drais, drait, conviendrions, driez, draient. | Conviens, convenons, venez. | Je convienne, viennes, vienne, convenions, veniez, viennent. | Je convinsse, vinsses, vint, convinssions, vinssiez, vinssent | Convenant, convenu, e. |
| Le reste comme ci-dessus. | » | » | » | Convenant, convenu (inv.). |
| Je convoierais, erais, erait, convoierions, eriez, eraient. | Convoie, convoyons, voyez. | Je convoie, voies, voie, convoyions, voyiez, voient. | Je convoyasse, yasses, yât, ...yassions, yassiez, yassent. | Convoyant, convoyé, e. |
| Je correspondrais, drais, drait ...pondrions, driez, draient. | Corresponds, correspondons, dez. | Je corresponde, pondes, ponde ..pondions, pondiez, pondent. | Je correspondisse, disses, dît, ...dissions, dissiez, dissent. | Correspondant, ...pondu (inv.) |
| Je corromprais, prais, prait, corromprions, priez, praient. | Corromps, corrompons, pez. | Je corrompe, pes, pe, corrompions, piez, pent. | Je corrompisse, pisses, pît, corrompissions, pissiez, pissent | Corrompant, corrompu, e. |
| Je coudrais, drais, drait, coudrions, driez, draient. | Couds, cousons, cousez. | Je couse, couses, couse, cousions, cousiez, cousent. | Je cousisse, sisses, sît, cousissions, sissiez, sissent. | Cousant, cousu, e. |
| Je courrais, rrais, rrait, courrions, rriez, rraient. | Cours, courons, courez. | Je coure, coures, coure, courions, couriez, courent. | Je courusse, russes, rût, courussions, russiez, russent. | Courant, couru, e. |
| Je couvrirais, rais, rait, couvririons, riez, raient. | Couvre, couvrons, couvrez. | Je couvre, couvres, couvre, couvrions, couvriez, couvrent. | Je couvrisse, vrisses, vrit, couvrissions, vrissiez, vrissent. | Couvrant, couvert, e. |
| Je craindrais, drais, drait, craindrions, driez, draient. | Crains, craignons, craignez. | Je craigne, gnes, gne, craignons, gniez, guent. | Je craignisse, gnisses, gnit, craignissions, gnissiez, gnissent | Craignant, craint, e. |
| Je croirais, rais, rait, croirions, riez, raient. | Crois, croyons, croyez. | Je croie, croies, croie, croyions, croyiez, croient. | Je crusse, crusses, crût, crussions, crussiez, crussent. | Croyant, cru, e. |
| Je croîtrais, trais, trait, croîtrions, triez, traient. | Crois, croissons, croissez. | Je croisse, croisses, croisse, croissions, ssiez, ssent. | Je crûsse, crûsses, crût, crussions, crussiez, crussent. | Croissant, crû, e. |
| Je cueillerais, llerais, llerait, cueillerions, lleriez, lleraient. | Cueille, cueillons, cueillez. | Je cueille, cueilles, cueille, cueillions, cueilliez, cueillent. | Je cueillisse, llisses, llît, cueillissions, llissiez, llissent. | Cueillant, cueilli, e. |
| Je cuirais, rais, rait, cuirions, riez, raient. | Cuis, cuisons, cuisez. | Je cuise, cuises, cuise, cuisions, cuisiez, cuisent. | Je cuisisse, sisses, sît, cuisissions, sissiez, sissent. | Cuisant, cuit, e. |

| INFINITIF. | PRÉSENT. | IMPARFAIT. | PASSÉ DÉFINI. | FUTUR. |
|---|---|---|---|---|
| DÉBATTRE,<br>comme BATTRE. | Je débats, bats, bat,<br>n. débattons, ttez, ttent. | Je débattais, ttais, ttait,<br>n. ttattions, ttiez, ttaient. | Je débattis, ttis, ttit,<br>débattîmes, ttîtes, ttirent. | Je débattrai, ttras, ttra,<br>débattrons, ttrez, ttront. |
| DÉBOUILLIR,<br>comme BOUILLIR. | Je débous, bous, bout,<br>débouillons, llez, llent. | Je débouillais, llais, llait,<br>débouillions, lliez, lliaient. | Je débouillis, llis, llit,<br>...llîmes, llîtes, llirent. | Je débouillirai, iras, ira,<br>...llirons, llirez, lliront. |
| DÉCEVOIR,<br>comme RECEVOIR. | Je déçois, çois, çoit,<br>décevons, cevez, çoivent. | Je décevais, vais, vait,<br>décevions, viez, vaient. | Je déçus, çus, çut.<br>déçûmes, çûtes, çurent. | Je décevrai, vras, vra,<br>décevrons, vrez, vront. |
| DÉCHOIR. | Je déchois, chois, choit.<br>déchoyons, oyez, oient. | Je déchoyais, yais, yait,<br>déchoyions, yiez, yaient. | Je déchus, chus, chut,<br>déchûmes, chûtes, churent | Je décherrai, erras, erra,<br>décherrons, errez, erront. |
| DÉCOUDRE,<br>comme COUDRE. | Je découds, couds, coud.<br>décousons, cousez, sent. | Je décousais, sais, sait,<br>décousions, siez, saient. | Je décousis, sis, sit,<br>décousîmes, sîtes, sirent. | Je découdrai, dras, dra,<br>découdrons, drez, dront. |
| DÉCRIRE,<br>comme ÉCRIRE. | Je décris, cris, crit,<br>décrivons, crivez, crivent. | Je décrivais, vais, vait,<br>décrivions, viez, vaient. | Je décrivis, vis, vit,<br>décrivîmes, vîtes, virent. | Je décrirai, ras, ra,<br>décrirons, rez, ront. |
| DÉCROÎTRE,<br>comme CROÎTRE. | Je décrois, crois, croit,<br>décroissons, ssez, ssent. | Je décroissais, ssais, ssait,<br>décroissions, ssiez, ssaient. | Je décrus, crus, crut,<br>décrûmes, crûtes, crurent. | Je décroîtrai, tras, tra,<br>décroîtrons, trez, tront. |
| DÉDIRE. | Je dédis, dis, dit,<br>dédisons, disez, disent. | Je dédisais, sais, sait,<br>dédisions, siez, saient. | Je dédis, dis, dit,<br>dédîmes, dîtes, dirent. | Je dédirai, ras, ra,<br>dédirons, rez, ront. |
| DÉDUIRE,<br>comme CONDUIRE. | Je déduis, duis, duit,<br>déduisons, duisez, duisent. | Je déduisais, sais, sait.<br>déduisions, siez, saient. | Je déduisis, sis, sit,<br>déduisîmes, sîtes, sirent. | Je déduirai, ras, ra,<br>déduirons, rez, ront. |
| DÉFAILLIR<br>( deux ll mouillés ). | Je défaillis, llis, llit,<br>défaillons, llez, llent. | Je défaillais, llais, llait.<br>défaillions, lliez, llaient. | Je défaillis, llis, llit,<br>défaillîmes, llîtes, llirent. | Je défaillirai, lliras, llira,<br>..faillirons, llirez, lliront. |
| DÉFAIRE,<br>comme FAIRE. | Je défais, fais, fait,<br>défaisons, faites, font. | Je défaisais, sais, sait,<br>défaisions, siez, saient. | Je défis, fis, fit,<br>défîmes, fîtes, firent. | Je déferai, feras, fera.<br>déferons, ferez, feront. |
| DÉFINIR,<br>comme FINIR. | Je définis, nis, nit,<br>définissons, ssez, ssent. | Je définissais, ssais, ssait,<br>définissions, ssiez, ssaient. | Je définis, nis, nit,<br>définîmes, nîtes, nirent. | Je définirai, ras, ra,<br>définirons, rez, ront. |
| DÉJOINDRE,<br>comme JOINDRE. | Je déjoins, joins, joint,<br>déjoignons, guez, guent. | Je déjoignais, gnais, gnait,<br>...gnions, gniez, gnaient. | Je déjoignis, gnis, gnit,<br>.joignîmes, gnîtes, gnirent | Je déjoindrai, dras, dra,<br>déjoindrons, drez, dront. |
| DÉMENTIR,<br>comme MENTIR. | Je démens, mens, ment,<br>démentons, tez, tent. | Je démentais, tais, tait,<br>démentions, tiez, taient. | Je démentis, tis, tit,<br>démentîmes, tîtes, tirent. | Je démentirai, tiras, tira,<br>démentirons, tirez, tiront. |
| DÉMETTRE,<br>comme METTRE. | Je démets, mets, met,<br>démettons, ttez, ttent. | Je démettais, ttais, ttait,<br>démettions, ttiez, ttaient. | Je démis, mis, mit,<br>démîmes, mîtes, mirent. | Je démettrai, ttras, ttra,<br>démettrons, ttrez, ttront. |
| DÉMORDRE,<br>comme MORDRE. | Je démords, mords, mord.<br>démordons, dez, dent. | Je démordais, dais, dait,<br>démordions, diez, daient. | Je démordis, dis, dit,<br>démordîmes, dîtes, dirent. | Je démordrai, dras, dra,<br>démordrons, drez, dront. |
| DÉPARTIR ( distri | buer). Je départis, etc., le | reste sur RÉPARTIR. | » | » |
| DÉPEINDRE,<br>comme PEINDRE. | Je dépeins, peins, peint,<br>dépeignons, gnez, guent. | Je dépeignais, gnais, gnait,<br>...gnions, gniez, gnaient. | Je dépeignis, gnis, gnit,<br>...gnîmes, gnîtes, gnirent. | Je dépeindrai, dras, dra,<br>dépeindrons, drez, dront. |
| DÉPENDRE, | sur PENDRE. | » | » | » |
| DÉPLAIRE,<br>comme PLAIRE. | Je déplais, plais, plait,<br>déplaisons, sez, sent. | Je déplaisais, sais, sait.<br>déplaisions, siez, saient. | Je déplus, plus, plut,<br>déplûmes, plûtes, plurent. | Je déplairai, ras, ra,<br>déplairons, rez, ront. |
| DÉSAPPRENDRE,<br>comme PRENDRE. | Je désapprends, ends, end,<br>..prenons, prenez, ennent. | Je désapprenais, nais, nait,<br>....prenions, niez, naient. | Je désappris, pris, prit,<br>...prîmes, prîtes, prirent. | Je désapprendrai, dras, dra,<br>..prendrons, drez, dront. |
| DÉSASSORTIR,<br>comme ASSORTIR. | Je désassortis, tis, tit,<br>...tissons, tissez, tissent. | J.désassortissais, ssais, ssait<br>..tissions, ssiez, ssaient. | Je désassortis, tis, tit,<br>...tîmes, tîtes, tirent. | Je désassortirai, ras, ra,<br>désassortirons, rez, ront. |
| DESSERVIR,<br>comme SERVIR. | Je dessers, ssers, ssert,<br>desservons, vez, vent. | Je desservais, vais, vait.<br>desservions, viez, vaient. | Je desservis, vis, vit,<br>desservîmes, vîtes, virent. | Je desservirai, ras, ra,<br>desservirons, rez, ront. |
| DÉTEINDRE,<br>comme TEINDRE. | Je déteins, teins, teint,<br>déteignons, gnez, guent. | Je déteignais, gnais, gnait.<br>...gnions, gniez, gnaient. | Je déteignis, gnis, gnit,<br>...gnîmes, gnîtes, gnirent. | Je déteindrai, dras, dra,<br>déteindrons, drez, dront. |
| DÉTENIR,<br>comme TENIR. | Je détiens, tiens, tient,<br>détenons, tenez, tiennent. | Je détenais, nais, nait.<br>détenions, niez, naient. | Je détins, tins, tint,<br>détînmes, tîntes, tinrent. | Je détiendrai, dras, dra,<br>détiendrons, drez, dront. |
| DÉTORDRE,<br>comme TORDRE. | Je détords, tords, tord,<br>détordons, dez, dent. | Je détordais, dais, dait,<br>détordions, diez, daient. | Je détordis, dis, dit,<br>détordîmes, dîtes, dirent. | Je détordrai, dras, dra,<br>détordrons, drez, dront. |
| DÉTRUIRE. | Je détruis, truis, truit,<br>détruisons, sez, sent. | Je détruisais, sais, sait.<br>détruisions, siez, saient. | Je détruisis, sis, sit,<br>détruisîmes, sîtes, sirent. | Je détruirai, ras, ra,<br>détruirons, rez, ront. |
| DEVENIR,<br>comme VENIR. | Je deviens, viens, vient,<br>devenons, venez, viennent. | Je devenais, nais, nait,<br>devenions, niez, naient. | Je devins, vins, vint.<br>devînmes, vîntes, vinrent | Je deviendrai, dras, dra,<br>deviendrons, drez, dront. |

| CONDITIONNEL. | IMPÉRATIF. | SUBJONCTIF PRÉSENT. | IMPARFAIT DU SUBJ. | PARTICIPES (prés. et passé). |
|---|---|---|---|---|
| Je débattrais, ttrais, ttrait, débattrions, ttriez, ttraient. | Débats, débattons, ttez. | Que je débatte, battes, batte, débattions, battiez, battent. | Que je débattisse, ttisses, ttît, débattissions, ttissiez, ttissent. | Débattant, débattu, e. |
| Je débouillirais, irais, irait, débouillirions, iriez, iraient. | Débous, débouillons, llez. | Je débouille, lles, lle, débouillions, lliez, llent. | Je débouillisse, llisses, llît, ...llissions, llissiez, llissent. | Débouillant, débouilli, e. |
| Je décevrais, vrais, vrait, décevrions, vriez, vraient. | Déçois, décevons, décevez. | Je déçoive, çoives, çoive, décevions, ceviez, çoivent. | Je déçusse, çusses, çût, déçussions, çussiez, çussent. | Décevant, déçu, e. |
| Je décherrais, errais, errait, décherrions, erriez, erraient. | Déchois, déchoyons, choyez. | Je déchoie, choies, choie, déchoyions, choyiez, choient. | Je déchusse, chusses, chût, ..chussions, chussiez, chussent | Déchéant, déchu, e. |
| Je découdrais, drais, drait, découdrions, driez, draient. | Découds, décousons, sez. | Je découse, couses, couse, décousions, cousiez, cousent. | Je décousisse, sisses, sît, décousissions, sissiez, sissent. | Décousant, décousu, e. |
| Je décrirais, rais, rait, décririons, riez, raient. | Décris, décrivons, vez. | Je décrive, crives, crive, décrivions, criviez, crivent. | Je décrivisse, visses, vît, décrivissions, vissiez, vissent, | Décrivant, décrit, e. |
| Je décroîtrais, trais, trait, décroîtrions, triez, traient. | Décrois, décroissons, ssez. | Je décroisse, croisses, croisse, décroissions, ssiez, ssent. | Je décrusse, crusses, crût, décrussions, crussiez, crussent | Décroissant, décrû, e. |
| Je dédirais, rais, rait, dédirions, riez, raient. | Dédis, dédisons, dédisez. | Je dédise, dises, dise, dédisions, disiez, disent. | Je dédisse, disses, dît, dédissions, dissiez, dissent. | Dédisant, dédit, e. |
| Je déduirais, rais, rait, déduirions, riez, raient. | Déduis, déduisons, duisez. | Je déduise, duises, duise, déduisions, duisiez, duisent. | Je déduisisse, sisses, sît, déduisissions, sissiez, sissent. | Déduisant, déduit, e. |
| Je défaillirais, llirais, llirait, ...llirions, lliriez, lliraient. | Défaillis, défaillons, llez. | Je défaille, lles, lle, défaillions, lliez, llent. | Je défaillisse, llisses, llît, défaillissions, llissiez, llissent. | Défaillant, défailli, ie, adj. |
| Je déferais, ferais, ferait, déferions, feriez, feraient. | Défais, défaisons, faites. | Je défasse, fasses, fasse, défassions, fassiez, fassent. | Je défisse, fisses, fît, défissions, fissiez, fissent. | Défaisant, défait, e. |
| Je définirais, rais, rait, définirions, riez, raient. | Définis, définissons, ssez. | Je définisse, nisses, nisse, définissions, nissiez, nissent. | Je définisse, nisses, nît, définissions, nissiez, nissent. | Définissant, défini, e. |
| Je déjoindrais, drais, drait, déjoindrions, driez, draient. | Déjoins, déjoignons, guez. | Je déjoigne, gnes, gne, déjoignions, gniez, guent. | Je déjoignisse, gnisses, gnît, ...gnissions, gnissiez, gnissent. | Déjoignant, déjoint, e. |
| Je démentirais, rais, rait, démentirions, riez, raient. | Démens, démentons, tez. | Je démente, mentes, mente, démentions, tiez, tent. | Je démentisse, tisses, tît, démentissions, tissiez, tissent. | Démentant, démenti, e. |
| Je démettrais, ttrais, ttrait, démettrions, ttriez, ttraient. | Démets, démettons, ttez. | Je démette, mettes, mette, démettions, ttiez, ttent. | Je démisse, misses, mît, démissions, missiez, missent. | Démettant, démis, e. |
| Je démordrais, drais, drait, démordrions, driez, draient. | Démords, démordons, dez. | Je démorde, mordes, morde, démordions, diez, dent. | Je démordisse, disses, dît, démordissions, dissiez, dissent | Démordant, démordu, inv. |
| » | » | » | » | » |
| Je dépeindrais, drais, drait, dépeindrions, driez, draient. | Dépeins, dépeignons, gnez. | Je dépeigne, gnes, gne, dépeignons, gnez, gnent. | Je dépeignisse, gnisses, gnît, ...gnissions, gnissiez, gnissent. | Dépeignant, dépeint, e. |
| » | » | » | » | » |
| Je déplairais, rais, rait, déplairions, riez, raient. | Déplais, déplaisons, sez. | Je déplaise, plaises, plaise, déplaisions, plaisiez, plaisent. | Je déplusse, plusses, plût, déplussions, plussiez, plussent. | Déplaisant, déplu, inv. |
| Je désapprendrais, drais, drait, ...drions, driez, draient. | Désapprends, désapprenons, nez. | Je désapprenne, ennes, enne, ..prenions, preniez, prennent. | Je désapprisse, prisses, prît, ...prissions, prissiez, prissent. | Désapprenant, désappris, e. |
| Je désassortirais, rais, rait, désassortirions, riez, raient. | Désassortis, désassortissons, ssez. | Je désassortisse, tisses, tisse, ..assortissions, tissiez, tissent. | Je désassortisse, tisses, tît, désassortissions, tissiez, tissent | Désassortissant, désassorti, e. |
| Je desservirais, virais, virait, ...virions, viriez, viraient. | Dessers, desservons, vez. | Je desserve, sserves, sserve, desservions, sserviez, sservent. | Je desservisse, visses, vît, desservissions, vissiez, vissent. | Desservant, desservi, e, |
| Je déteindrais, drais, drait, déteindrions, driez, draient. | Déteins, déteignons, gnez. | Je déteigne, gnes, gne, déteignions, gniez, gnent. | Je déteignisse, gnisses, gnît, ...gnissions, gnissiez, gnissent. | Déteignant, déteint, e. |
| Je détiendrais, drais, drait, détiendrions, driez, draient. | Détiens, détenons, tenez. | Je détienne, tiennes, tienne, détenions, teniez, tiennent. | Je détinsse, tinsses, tînt, détinssions, tinssiez, tinssent. | Détenant, détenu, e. |
| Je détordrais, drais, drait, détordrions, driez, draient. | Détords, détordons, dez. | Je détorde, tordes, torde, détordions, tordiez, tordent. | Je détordisse, disses, dît, détordissions, dissiez, dissent. | Détordant, .tors, e; .tordu e |
| Je détruirais, rais, rait, détruirions, riez, raient. | Détruis, détruisons, sez. | Je détruise, truises, truise, détruisions, truisiez, truisent. | Je détruisisse, sisses, sît, détruisissions, sissiez, sissent. | Détruisant, détruit, e. |
| Je deviendrais, drais, drait, deviendrions, driez, draient. | Deviens, devenons, venez. | Je devienne, viennes, vienne, devenions, veniez, viennent. | Je devinsse, vinsses, vînt, devinssions, vinssiez, vinssent. | Devenant, devenu, e. |

| INFINITIF. | PRÉSENT. | IMPARFAIT. | PASSÉ DÉFINI. | FUTUR. |
|---|---|---|---|---|
| DÉVÊTIR, comme VÊTIR. | Je dévêts, vêts, vêt, n. dévêtons, vêtez, vêtent. | Je dévêtais, tais, tait, n. dévêtions, tiez, taient. | Je dévêtis, tis, tit, n. dévêtîmes, tîtes, tirent. | Je dévêtirai, tiras, tira, n. dévêtirons, tirez, tiront. |
| DEVOIR. | Je dois, dois, doit, n. devons, devez, doivent. | Je devais, vais, vait, n. devions, viez, vaient. | Je dus, dus, dut, n. dûmes, dûtes, durent. | Je devrai, vras, vra, n. devrons, vrez, vront. |
| DIRE comme REDIRE et S'ENTRE-DIRE. | Je dis, dis, dit. n. disons, dites, disent. | Je disais, sais, sait, disions, siez, saient. | Je dis, dis, dit, n. dîmes, dîtes, dirent | Je dirai, ras, ra, dirons, direz, diront. |
| DISCONTINUER, comme CONTINUER. | Je discontinue, nues, nue, …nuons, nuez, nuent. | Je discontinuais, nuais, nuait, …nuions, nuiez, nuaient. | Je discontinuai, nuas, nua, ..nuâmes, nuâtes, nuèrent. | Je discontinuerai, eras, era, …tinuerons, erez, eront. |
| DISCOURIR. | Se conj. sur COURIR. | Voyez COURIR. | » | » |
| DISJOINDRE, comme JOINDRE. | Je disjoins, joins, joint, disjoignons, guez, gnent. | Je disjoignais, gnais, gnait, …gnions, gniez, gnaient. | Je disjoignis, gnis, gnit, ..gnîmes, gnîtes, gnirent. | Je disjoindrai, dras, dra, disjoindrons, drez, dront. |
| DISPARAÎTRE, comme PARAÎTRE. | Je disparais, rais, raît. disparaissons, ssez, ssent. | Je disparaissais, ssais, ssait, ..aissions, ssiez, ssaient. | Je disparus, rus, rut, disparûmes, rûtes, rurent. | Je disparaîtrai, tras, tra, …paraîtront, trez, tront. |
| DISSOUDRE, | sur ABSOUDRE. | » | » | » |
| DISTRAIRE, comme TRAIRE. | Je distrais, trais, trait, distrayons, ayez, aient. | Je distrayais, ayais, ayait, …ayions, ayiez, ayaient. | On se sert du verbe AVOIR. J'ai distrait, tu as, etc. | Je distrairai, ras, ra, distrairons, rez, ront. |
| DORMIR. | Je dors, dors, dort, dormons, mez, ment. | Je dormais, mais, mait, dormions, miez, maient. | Je dormis, mis, mit, dormîmes, mîtes, mirent. | Je dormirai, ras, ra, dormirons, rez, ront. |
| S'ÉBATTRE, comme BATTRE. | Je m'ébats, bats, bat, n. n. ébattons, ttez, ttent. | Je m'ébattais, ttais, ttait, ébattions, ttiez, ttaient. | Je m'ébattis, ttis, ttit. ébattîmes, ttîtes, ttirent. | Je m'ébattrai, ttras, ttra, ébattrons, ttrez, ttront. |
| ÉCHOIR. | J'échois, échois, échoit ou échet, n. échéons, échéez, échéent ou échoient. | J'échéais, échéais, échéait, n. échéions, échéiez, échéaient. | J'échus, échus, échut, n. échûmes, échûtes, échurent. | J'écherrai, écherras, écherra, n. écherrons, écherrez, écherront. |
| ÉCLORE, v. n., comme CLORE, | On dit : je fais éclore, etc. il éclot, elles éclosent. | Je faisais éclore, etc., il éclosait, ils éclosaient. | ( Voyez le verbe FAIRE. ) ( Voyez le verbe CLORE.) | » Il éclora, ils éclôront. |
| ÉCONDUIRE, sur CONDUIRE. | J'éconduis, duis, duit, ..duisons, duisez, duisent. | J'éconduisais, sais, sait, …duisions, siez, saient. | J'éconduisis, sis, sit, …sîmes, sîtes, sirent. | J'éconduirai, ras, ra, éconduirons, rez, ront. |
| ÉCRIRE et ses composés. | J'écris, cris, crit, écrivons, vez, vent. | J'écrivais, vais, vait, écrivions, viez, vaient. | J'écrivis, vis, vit, écrivîmes, vîtes, virent. | J'écrirai, ras, ra, écrirons, rez, ront. |
| Verbes en ELER et | ÉLER, se conjuguent sur | APPELER. Voyez ce verbe | et sa remarque. | » |
| ÉLIRE, comme LIRE. | J'élis, élis, élit, élisons, élisez, élisent. | J'élisais, sais, sait, élisions, siez, saient. | J'élus, élus, élut, élûmes, lûtes, lurent. | J'élirai, ras, ra, élirons, rez, ront. |
| ÉMOUDRE, comme MOUDRE. | J'émouds, mouds, moud, émoulons, moulez, oulent. | J'émoulais, lais, lait, émoulions, liez, laient. | J'émoulus, lus, lut, émoulûmes, lûtes, lurent. | J'émoudrai, dras, dra, émoudrons, drez, dront. |
| ÉMOUVOIR, | sur MOUVOIR. J'émeus, | etc. Voyez MOUVOIR. | » | |
| EMPREINDRE, comme CEINDRE. | J'empreins, preins, preint, empreignons, gnez, gnent. | J'empreignais, gnais, gnait, …gnions, guiez, gnaient. | J'empreignis, gnis, gnit, ..gnîmes, gnîtes, gnirent. | J'empreindrai, dras, dra, empreindrons, drez, dront |
| ENCEINDRE, comme CEINDRE. | J'enceins, ceins, ceint, enceignons, guez, gnent. | J'enceignais, gnais, gnais, …gnions, guiez, gnaient. | J'enceignis, gnis, gnit, …gnîmes, gnîtes, gnirent. | J'enceindrai, dras, dra, enceindrons, drez, dront. |
| ENCLORE, comme CLORE. | J'enclos, clos, clot, enclosons, sez, sent. | J'enclosais, sais, sait, enclosions, siez, saient. | Au lieu du passé défini, on dit : j'ai enclos, etc. | J'enclôrai, ras, ra, enclôrons, rez, ront. |
| ENCOURIR, | sur COURIR. J'encours, | etc. Voyez COURIR. | » | » |
| ENDUIRE, comme CONDUIRE. | J'enduis, duis, duit, enduisons, sez, sent. | J'enduisais, sais, sait, enduisions, siez, saient. | J'enduisis, sis, sit, …sîmes, sîtes, sirent. | J'enduirai, ras, ra, enduirons, rez, ront. |
| ENFREINDRE, comme CEINDRE, | J'enfreins, freins, freint, enfreignons, gnez, gnent. | J'enfreignais, gnais, gnait, …gnions, guiez, gnaient. | J'enfreignis, gnis, gnit, …gnîmes, gnîtes, gnirent. | J'enfreindrai, dras, dra, enfreindrons, drez, dront. |
| S'ENFUIR, comme FUIR. | Je m'enfuis, tu t'enfuis, il ou elle s'enfuit. n. n. enfuyons, v. v. enfuyez, ils ou elles s'enfuient | Je m'enfuyais, enfuyais, fuyait. n. n. enfuyions, enfuyiez, enfuyaient. | Je m'enfuis, tu t'enfuis, il s'enfuit, n. n. enfuîmes, enfuîtes, ils s'enfuirent. | Je m'enfuirai, enfuiras, enfuira, n. n. enfuirons, enfuirez, enfuiront. |
| ENJOINDRE, comme JOINDRE. | J'enjoins, joins, joint, enjoignons, guez, gnent. | J'enjoignais, gnais, gnait, guions, guiez, gnaient. | J'enjoignis, gnis, gnit, ..gnîmes, gnîtes, gnirent, | J'enjoindrai, dras, dra, enjoindrons, drez, dront. |

| CONDITIONNEL. | IMPÉRATIF. | SUBJONCTIF PRÉSENT. | IMPARFAIT DU SUBJ. | PARTICIPES (prés. et passé). |
|---|---|---|---|---|
| Je dévêtirais, tirais, tirait, n. dévêtirions, tiriez, tiraient. | Dévêts, dévêtons, dévêtez. | Que je dévête, vêtes, vête, dévêtions, vêtiez, vêtent. | Que je dévêtisse, tisses, tît, dévêtissions, tissiez, tissent. | Dévêtant, dévêtu, e. |
| Je devrais, vrais, vrait, n. devrions, vriez, vraient. | Dois, devons, devez. | Je doive, doives, doive, devions, deviez, doivent. | Je dusse, dusses, dût, dussions, dussiez, dussent. | Devant, dû, e. |
| Je dirais, rais, rait, n. dirions, riez, raient. | Dis, disons, dites. | Je dise, dises, dise, disions, disiez, disent. | Je disse, disses, dît, dissions, dissiez, dissent. | Disant, dit, e. |
| Je discontinuerais, erais, erait, ..erions, eriez, eraient. | Discontinue, discontinuons, nuez. | Je discontinue, nues, nue, discontinuions, nuiez, nuent. | Je discontinuasse, nuasses, nuât, .. nuassions, nuassiez, nuassent. | Discontinuant. discontinué, e. |
| » | » | » | » | » |
| Je disjoindrais, drais, drait, disjoindrions, driez, draient. | Disjoins, disjoignons, gnez. | Je disjoigne, gnes, gne, disjoignions, gniez, gnent. | Je disjoignisse, gnisses, gnît, ..gnissions, gnissiez, gnissent. | Disjoignant, disjoint, e. |
| Je disparaîtrais, trais, trait, disparaîtrions, triez, traient. | Disparais, disparaissons, ssez. | Je disparaisse, aisses, aisse, disparaissions, aissiez, aissent. | Je disparusse, russes, rût, disparussions, russiez, russent | Disparaissant, disparu, e. |
| » | » | » | » | » |
| Je distrairais, rais, rait, distrairions, riez, raient. | Distrais, distrayons, ayez. | Je distraie, traies, traie, distrayions, trayiez, traient. | Inusité. | Distrayant, distrait, e. |
| Je dormirais, rais, rait, dormirions, riez, raient. | Dors, dormons, dormez. | Je dorme, dormes, dorme, dormions, miez, ment. | Je dormisse, misses, mît, dormissions, missiez, missent. | Dormant, dormi (inv.). |
| Je m'ébattrais, ttrais, ttrait, ébattrions, ttriez, ttraient. | Ébats-toi, ébattons-n., ttez-v. | Je m'ébatte, battes, batte, ébattions, battiez, battent. | Je m'ébattisse, ttisses, ttît, ébattissions, ttissiez, ttissent. | S'ébattant, s'être ébattu, e. |
| J'écherrais, tu écherrais, il écherrait, n. écherrions, v. écherriez, ils écherraient. | Échois, Inusité. | J'échoie, échoies, échoie, échéions, échéiez, échoient. | J'échusse, échusses, échût, échussions, chussiez, chussent. | Échéant, échu, e. |
| Il éclôrait, ils éclôraient. | » » | Qu'il éclose, qu'ils éclosent. | » » | Éclosant, éclos, e. |
| J'éconduirais, rais, rait, éconduirions, riez, raient. | Éconduis, éconduisons, duisez. | J'éconduise, duises, duise, éconduisions, duisiez, duisent. | J'éconduisisse, sisses, sît, ...sissions, sissiez, sissent. | Éconduisant, éconduit, e. |
| J'écrirais, rais, rait, écririons, riez, raient. | Écris, écrivons, écrivez. | J'écrive, crives, crive, écrivions, criviez, crivent. | J'écrivisse, visses, vît, écrivissions, vissiez, vissent. | Écrivant, écrit, e. |
| » | » | » | » | » |
| J'élirais, rais, rait, élirions, riez, raient. | Élis, élisons, élisez. | J'élise, élises, élise, élisions, élisiez, élisent. | J'élusse, lusses, lût, élussions, lussiez, lussent. | Élisant, élu, e. |
| J'émoudrais, drais, drait, émoudrions, driez, draient. | Émouds, émoulons, émoulez. | J'émoule, moules, moule, émoulions, mouliez, moulent. | J'émoulusse, lusses, lût, ...lussions, lussiez, lussent. | Émoulant, émoulu, e. |
| » | » | » | » | » |
| J'empreindrais, drais, drait, empreindrions, driez, draient. | Empreins, empreignons, gnez. | J'empreigne, gnes, gne, empreignions, gniez, gnent. | J'empreignisse, gnisses, gnît, ...gnissions, gnissiez, gnissent. | Empreignant, empreint, e. |
| J'enceindrais, drais, drait, enceindrions, driez, draient. | Enceins, enceignons, gnez. | J'enceigne, gnes, gne, enceignions, gniez, gnent. | J'enceignisse, gnisses, gnît, ...gnissions, gnissiez, gnissent. | Enceignant, enceint, e. |
| J'enclôrais, rais, rait, enclôrions, riez, raient. | Enclos, enclosons, sez. | J'enclose, closes, close, enclosions, closiez, closent. | Inusité. | Enclosant, enclos, e. |
| » | » | » | » | » |
| J'enduirais, rais, rait, enduirions, riez, raient. | Enduis, enduisons, sez. | J'enduise, duises, duise, enduisions, duisiez, duisent, | J'enduisisse, sisses, sît, enduisissions, sissiez, sissent. | Enduisant, enduit, e. |
| J'enfreindrais, drais, drait, enfreindrions, driez, draient. | Enfreins, enfreignons, gnez, | J'enfreigne, gnes, gne, enfreignions, gniez, gnent. | J'enfreignisse, gnisses, gnît, ...gnissions, gnissiez, gnissent. | Enfreignant, enfreint, e. |
| Je m'enfuirais, tu t'enfuirais, il s'enfuirait, n. n. enfuirions, enfuiriez, enfuiraient. | Enfuis-toi, enfuyons-nous, enfuyez-vous. | Je m'enfuie, tu t'enfuies, il s'enfuie, n. n. enfuyions, enfuyiez, enfuient. | Je m'enfuisse, tu t'enfuisses, il s'enfuît, n. n. enfuissions, enfuissiez, enfuissent. | S'enfuyant, enfui, e. |
| J'enjoindrais, drais, drait, enjoindrions, driez, draient. | Enjoins, enjoignons, gnez. | J'enjoigne, gnes, gne, enjoignions, gniez, gnent. | J'enjoignisse, gnisses, gnît, ...gnissions, gnissiez, gnissent. | Enjoignant, enjoint, e. |

| INFINITIF. | PRÉSENT. | IMPARFAIT. | PASSÉ DÉFINI. | FUTUR. |
|---|---|---|---|---|
| S'ENQUÉRIR, comme ACQUÉRIR. | Je m'enquiers, iers, iert, enquérons, érez, ièrent. | Je m'enquérais, rais, rait, enquérions, riez, raient. | Je m'enquis, quis, quit, enquîmes, quites, quirent. | Je m'enquerrai, rras, rra, enquerrons, rrez, rront. |
| ENTRE-DIRE. | Voyez S'ENTRE-DIRE. | » | » | » |
| ENTREMETTRE, comme METTRE. | J'entremets, mets, met, entremettons, ttez, ttent. | J'entremettais, ttais, ttait, ...mettions, ttiez, ttaient. | J'entremis, mis, mit, entremîmes, mites, mirent. | J'entremettrai, ttras, ttra, ...mettrons, ttrez, ttront. |
| ENTREPRENDRE, comme PRENDRE. | J'entreprends, prends, prend. ...prenons, prenez, nnent. | J'entreprenais, nais, nait, ....prenions, niez, naient. | J'entrepris, pris, prit, .treprîmes, prites, prirent. | J'entreprendrai, dras, dra, ...prendrons, drez, dront. |
| ENTRETENIR, comme TENIR. | J'entretiens, tiens, tient, ...tenons, tenez, tiennent. | J'entretenais, tenais, nait, ...tenions tenez, tenaient. | J'entretins, tins, tint, entretînmes, tîntes, tinrent | J'entretiendrai, dras, dra, ..tretiendrons, drez, dront |
| ENTREVOIR, comme VOIR. | J'entrevois, vois, voit, entrevoyons, voyez, voient | J'entrevoyais, yais, yait, entrevoyions, yiez, yaient. | J'entrevis, vis, vit, entrevînmes, vites, virent. | J'entreverrai, verras, verra, ..verrons, verrez, verront. |
| ÉQUIVALOIR, comme VALOIR. | J'équivaux, vaux, vaut, équivalons, valez, valent. | J'équivalais, lais, lait, équivalions, liez, laient. | J'équivalus, lus, lut. équivalûmes, lûtes, lurent. | J'équivaudrai, dras, dra, ...vaudrons, drez, dront. |
| ENVOYER. | J'envoie, envoies, envoie, envoyons, voyez, voient. | J'envoyais, yais, yait, envoyions, yiez, yaient. | J'envoyai, yas, ya, envoyâmes, yâtes, yèrent. | J'enverrai, verras, verra, ..verrons, verrez, verront. |
| ÉPREINDRE, comme CEINDRE. | J'épreins, preins, preint, épreignons, guez, gnent. | J'épreignais, gnais, guait, ...gnions, gniez, gnaient. | J'épreignis, gnis, gnit, ...gnîmes, gnites, gnirent. | J'épreindrai, dras, dra, épreindrons, drez, dront. |
| Verbes en ER. | Voyez AIMER, page 1re des | conjugaisons. | » | » |
| ÉTEINDRE, comme TEINDRE. | J'éteins, éteins, éteint, éteignons, guez, gnent. | J'éteignais, guais, guait, éteignions, gniez, guaient. | J'éteignis, gnis, gnit, ...gnîmes, gnîtes, gnirent. | J'éteindrai, dras, dra, éteindrons, drez, dront. |
| ÊTRE (1). | Je suis, tu es, il est, n. sommes, v. êtes, ils sont | J'étais, tu étais, il était, n. étions, étiez, étaient. | Je fus, tu fus, il fut, n. fûmes, v. fûtes, ils furent | Je serai, tu seras, il sera, n. serons, v. serez, ils seront |
| ÉTREINDRE, comme CEINDRE. | J'étreins, étreins, étreint, étreignons, guez, gnent. | J'étreignais, gnais, gnait, étreignions, guiez, gnaient. | J'étreignis, guis, gnit, ...gnîmes, guites, gnirent. | J'étreindrai, dras, dra, étreindrons, drez, dront. |
| EXCLURE. | J'exclus, exclus, exclut, excluons, cluez, cluent. | J'excluais, cluais, cluait, excluions, cluiez, cluaient. | J'exclus, clus, clut, exclûmes, clûtes, clurent. | J'exclurai, ras, ra, exclurons, rez, ront. |
| EXTRAIRE, comme TRAIRE. | J'extrais, extrais, extrait, extrayons, trayez, traient | J'extrayais, yais, yait, extrayions, yiez, yaient. | Point de passé défini; ou dit : j'ai extrait. | J'extrairai, ras, ra, extrairons, rez, ront. |
| FAILLIR; ce verbe est défectueux. | Je faux est inusité. n. faillons, llez, llent. | Je faillais, etc. Inusité. | Je faillis, faillis, faillit, faillîmes, llites, llirent. | Je faillirai, lliras, llira, faillirons, llirez, lliront. |
| FAIRE et ses composés. | Je fais, tu fais, il fait, n. faisons (2), v. faites, ils font. | Je faisais, faisais, faisait, faisions, faisiez, faisaient. | Je fis, tu fis, il fit, fîmes, fites, firent. | Je ferai, feras, fera, ferons, ferez, feront. |
| FALLOIR. | Il faut. | Il fallait. | Il fallut. | Il faudra. |
| FEINDRE, comme CEINDRE. | Je feins, feins, feint, feignons, guez, gnent. | Je feignais, gnais, gnait, feignions, gniez, gnaient. | Je feignis, gnis, gnit, feignîmes, guites, gnirent. | Je feindrai, dras, dra, feindrons, drez, dront. |
| FÉRIR ou FRAPPER. | On dit : sans coup FÉRIR. | Ce verbe n'est plus en | usage. | » |
| FINIR. | Je finis, finis, finit, finissons, nissez, nissent. | Je finissais, ssais, ssait, finissions, ssiez, ssaient. | Je finis, finis, finit, finîmes, finites, finirent. | Je finirai, finiras, finira, finirons, finirez, finiront. |
| FONDRE. | Je fonds, fonds, fond, fondons, fondez, fondent. | Je fondais, dais, dait, fondions, diez, daient. | Je fondis, dis, dit, fondîmes, dites, dirent. | Je fondrai, dras, dra, fondrons, drez, dront. |
| FORFAIRE, verb. neut. et v. actif. | Je forfais, tu forfais, etc., | le reste comme FAIRE. | Voyez FAIRE. | » |
| FRIRE, verbe n. défectueux. | Je fris, tu fris, il frit. ils frient. | Inusité. | Inusité. | Je frirai, friras, frira, frirons, frirez, friront. |
| FAIRE FRIRE, | Sont 2 verbes : Je fais frire. | Voyez FAIRE, on y ajoute | FRIRE. | » |
| FUIR. | Je fuis, tu fuis, il fuit, n. fuyons, fuyez, fuient. | Je fuyais, fuyais, fuyait, fuyions, fuyiez, fuyaient. | Je fuis, fuis, fuit, fûmes, fuites, fuirent. | Je fuirai, fuiras, fuira, fuirons, fuirez, fuiront. |

(1) Tout verbe qui se conjugue avec deux pronoms de la même personne, comme *je m'amuse, tu t'amuses, il s'amuse*, prend aux temps composés le verbe ÊTRE, au lieu du verbe AVOIR; ainsi l'on dit : *je me suis amusé* ou *amusée, tu t'es amusé* ou *amusée*, etc.

| CONDITIONNEL. | IMPÉRATIF. | SUBJONCTIF PRÉSENT. | IMPARFAIT DU SUBJ. | PARTICIPES (prés. et passé). |
|---|---|---|---|---|
| Je m'enquerrais, rrais, rrait, n. enquerrions, rriez, rraient. | Enquiers-toi, enquérons-nous, enquérez-vous. | Que je m'enquière, quières, quière, enquérions, quériez, quièrent. | Q. je m'enquisse, quisses, quit, ..quissions, quissiez, quissent. | S'enquérant, enquis, e. |
| » | » | » | » | » |
| J'entremettrais, ttrais, ttrait, ..ttrions, ttriez, ttraient. | Entremets, entremettons, ttez. | J'entremette, mettes, mette, ...mettions, mettiez, mettent. | J'entremisse, misses, mît, ...missions, missiez, missent. | Entremettant, entremis, e. |
| J'entreprendrais, drais, drait, ...drions, driez, draient. | Entreprends, entreprenons, nez. | J'entreprenne, prennes, prenne, ..prenions, preniez, prennent. | J'entreprisses, prisses, prît, ...prissions, prissiez, prissent. | Entreprenant, entrepris, e. |
| J'entretiendrais, drais, drait, ...drions, driez, draient. | Entretiens, entretenons, tenez. | J'entretienne, tiennes, tienne, ...tenions, teniez, tiennent. | J'entretinsse, tinsses, tint, ...tinssions, tinssiez, tinssent. | Entretenant, entretenu, e. |
| J'entreverrais, verrais, verrait, ...verrions, verriez, verraient. | Entrevois, entrevoyons, voyez. | J'entrevoie, voies, voie, entrevoyions, voyiez, voient. | J'entrevisse, visses, vit, entrevissions, vissiez, vissent. | Entrevoyant, entrevu, e. |
| J'équivaudrais, drais, drait, équivaudrions, driez, draient. | Inusité. | J'équivale, vales, vale, équivalions, valiez, valent. | J'équivalusse, lusses, lût, ...lussions, lussiez, lussent. | Équivalant, équivalu (inv.). |
| J'enverrais, rrais, rrait, enverrions, rriez, rraient. | Envoie, envoyons, voyez. | J'envoie, voies, voie, envoyions, voyiez, voient. | J'envoyasse, yasses, yât, envoyassions, yassiez, yassent. | Envoyant, envoyé, e. |
| J'épreindrais, drais, drait, épreindrions, driez, draient. | Épreins, épreignons, gnez. | J'épreigne, gnes, gne, épreignions, gniez, gnent. | J'épreignisse, guisses, gnît, ...gnissions, gnissiez, gnissent. | Épreignant, épreint, e. |
| » | » | » | » | » |
| J'éteindrais, drais, drait, éteindrions, driez, draient. | Éteins, éteignons, gnez, | J'éteigne, gnes, gne, éteignions, gniez, gnent. | J'éteignisse, gnisses, gnît, ...gnissions, gnissiez, gnissent. | Éteignant, éteint, e. |
| Je serais, tu serais, il serait, n. serions, v. seriez, ils seraient | Sois, soyons, soyez. | Q. je sois, tu sois, il soit, n. soyons, v. soyez, ils soient. | Q. je fusse, tu fusses, il fût, n. fussions, v. fussiez, fussent. | Étant, été. Ayant été. |
| J'étreindrais, drais, drait, étreindrions, driez, draient. | Étreins, étreignons, gnez. | J'étreigne, gnes, gne, étreignions, gniez, gnent. | J'étreignisse, gnisses, gnît, ...gnissions, gnissiez, gnissent. | Étreignant, étreint, e. |
| J'exclurais, rais, rait, exclurions, riez, raient. | Exclus, excluons, cluez. | J'exclue, clues, clue, excluions, cluïez, cluent. | J'exclusse, clusses, clût, exclussions, clussiez, clussent. | Excluant, exclus, e. |
| J'extrairais, rais, rait, extrairions, riez, raient. | Extrais, extrayons, yez. | J'extraie, traies, traie, extrayions, trayiez, traient. | Inusité. | Extrayant, extrait, e. |
| Je faillirais, llirais, llirait, faillirions, lliriez, lliraient. | » faillons, faillez. | Je faille, failles, faille, faillions, failliez, faillent. | Je faillisse, faillisses, faillît, faillissions, llissiez, llissent. | Faillant, e, adj. failli; la faillie, u. |
| Je ferais, ferais, ferait, ferions, feriez, feraient. | Fais, faisons, faites. | Que je fasse, fasses, fasse, fassions, fassiez, fassent. | Que je fisse, fisses, fît, fissions, fissiez, fissent. | Faisant, fait, e. |
| Il faudrait. | Inusité. | Qu'il faille. | Qu'il fallût. | Inusité. fallu (inv.). |
| Je feindrais, drais, drait, feindrions, driez, draient. | Feins, feignons, gnez. | Je feigne, gnes, gne, feignions, gniez, gnent. | Je feignisse, gnisses, gnît, feignissions, gnissiez, gnissent. | Feignant, feint, e. |
| » | » | » | » | Féru, e (v. m.) |
| Je finirais, rais, rait, finirions, riez, raient. | Finis, finissons, nissez. | Je finisse, nisses, nisse, finissions, nissiez, nissent. | Je finisse, nisses, nît, finissions, nissiez, nissent. | Finissant, fini, e. |
| Je fondrais, drais, drait, fondrions, driez, draient. | Fonds, fondons, dez. | Je fonde, fondes, fonde, fondions, fondiez, fondent. | Je fondisse, disses, dît, fondissions, dissiez, dissent. | Fondant, fondu, e. |
| » | » | » | » | » |
| Je frirais, rais, rait, fririons, riez, raient. | Fris. » | Inusité. | Inusité. | Priant, frit, e. |
| » | » | » | » | » |
| Je fuirais, rais, rait, fuirions, riez, raient. | Fuis, fuyons, fuyez. | Je fuie, fuies, fuie, fuyions, fuyiez, fuient. | Je fuisse, fuisses, fuit, fuissions, fuissiez, fuissent. | Fuyant, fui, e. |

(2) Plusieurs auteurs modernes écrivent *fesons* et *fesais*, au lieu de *faisons* et *faisais*.

| INFINITIF. | PRÉSENT. | IMPARFAIT. | PASSÉ DÉFINI. | FUTUR. |
|---|---|---|---|---|
| GEINDRE. | Je geins, etc.; le reste sur | FEINDRE ou sur CEINDRE | » | » |
| Verbes en GER, | Se conjuguent comme | MANGER. Voyez MANGER | à la 1ʳᵉ page des conjugai | sons. |
| GÉSIR ou GIR, verbe défectueux. | Il gît, nous gisons, ils gisent. | Il gisait, ils gisaient. | Ce verbe n'est plus en usage aux autres temps. » | » |
| HAÏR. | Je hais, tu hais, il hait, haïssons, haïssez, haïssent. | Je haïssais, ïssais, ïssait, haïssions, ïssiez, ïssaient. | Je haïs, haïs, haït, haïnes, haïtes, haïrent. | Je haïrai, ïras, ïra, haïrons, ïrez, iront. |
| Les verbes en IER, sur DÉFIER. | Je défie, défies, défie, défions, défiez, défient. | Je défiais, fiais, fiait, défiions, fiiez, fiaient. | Je défiai, fias, fia, défiâmes, fiâtes, fièrent. | Je défierai, eras, era, défierons, erez, eront. |
| INDUIRE. | J'induis, duis, duit. induisons, duisez, duisent. | J'induisais, sais, sait, induisions, siez, saient. | J'induisis, sis, sit, induisîmes, sîtes, sirent. | J'induirai, ras, ra, induirons, rez, ront. |
| INSCRIRE. | J'inscris, cris, crit, inscrivons, vez, vent. | J'inscrivais, vais, vait, inscrivions, viez, vaient. | J'inscrivis, vis, vit, inscrivîmes, vîtes, virent. | J'inscrirai, ras, ra, inscrirons, rez, ront. |
| INSTRUIRE. | J'instruis, truis, truit. instruisons, sez, sent. | J'instruisais, sais, sait, instruisions, siez, saient. | J'instruisis sis, sit, instruisîmes, sîtes, sirent. | J'instruirai, ras, ra, instruirons, rez, ront. |
| INTERDIRE. | J'interdis, dis, dit, interdisons, disez, disent. | J'interdisais, sais, sait, interdisions, siez, saient. | J'interdis, dis, dit, interdîmes, dites, dirent. | J'interdirai, ras, ra, interdirons, rez, ront. |
| INTERROMPRE. | J'interromps, omps, ompt, ...ompons, ompez, ompent | J'interrompais, pais, pait, ...rompions, piez, paient. | J'interrompis, pis, pit, ..rompîmes, pîtes, pirent. | J'interromprai, pras, pra, ...romprons, prez, pront. |
| INTRODUIRE. | J'introduis, duis, duit, introduisons, sez, sent. | J'introduisais, sais, sait, ...duisions, siez, saient. | J'introduisis, sis, sit. introduisîmes, sîtes, sirent | J'introduirai, ras, ra, introduirons, rez, ront. |
| JAILLIR. | Je jaillis, llis, llit, jaillissons, llissez, llissent. | Je jaillissais, llissais, llissait jaillissions, jaillissiez, ...llissaient. | Je jaillis, llis, llit, jaillîmes, llites, llirent. | Je jaillirai, lliras, llira, jaillirons, llirez, lliront. |
| JOINDRE, et ses composés. | Je joins, joins, joint, joignons, gnez, gnent. | Je joignais, gnais, gnait. joignions, gniez, gnaient. | Je joignis, gnis, gnit, joignîmes, guites, gnirent. | Je joindrai, dras, dra, joindrons, drez, dront. |
| LIRE. | Je lis, tu lis, il lit, lisons, lisez, lisent. | Je lisais, sais, sait, lisions, siez, saient. | Je lus, lus, lut, lûmes, lûtes, lurent. | Je lirai, liras, lira, lirons, lirez, liront. |
| LUIRE. | Je luis, luis, luit. luisons, luisez, luisent. | Je luisais, sais, sait, luisions, siez, saient. | Je luisis, sis, sit, luisîmes, sîtes, sirent. | Je luirai, ras, ra, luirons, rez, ront. |
| MAINTENIR. | Je maintiens, etc.; le reste | sur TENIR, voyez TENIR. | » | » |
| MALFAIRE. | N'est usité qu'à l'infinitif | et aux 2 participes qui ne | sont que des adjectifs. | » |
| MAUDIRE. | Je maudis, dis, dit, maudissons, dissez, dissent | Je maudissais, ssais, ssait, maudissions, ssiez, ssaient | Je maudis, dis, dit, maudîmes, dites, dirent. | Je maudirai, ras, ra, maudirons, rez, ront. |
| MÉCONNAÎTRE. | Je méconnais, nais, naît, .naissons, naissez, naissent | J.méconnaissais, ssais, ssait ...naissions, ssiez, ssaient. | Je méconnus, nus, nut, ..connûmes, nûtes, nurent | Je méconnaîtrai, tras, tra, méconnaîtrons, trez, tront |
| MÉDIRE. | Je médis, dis, dit, médisons, disez, disent. | Je médisais, sais, sait, médisions, siez, saient. | Je médis, dis, dit, médîmes, dites, dirent. | Je médirai, diras, dira, médirons, direz, diront. |
| MÉFAIRE ( t. de pal. ). | Je méfais, fais, fait, méfaisons, faites, font. | Je méfaisais, sais, sait, méfaisions, siez, saient. | Je méfis, fis, fit, méfîmes, fites, firent. | Je méferai, feras, fera. méferons, ferez, feront. |
| MENTIR. | Je mens, mens, ment, mentons, tez, tent. | Je mentais, tais, tait, mentions, tiez, taient. | Je mentis, tis, tit, mentîmes, tites, tirent. | Je mentirai, tiras, tira, mentirons, tirez, tiront. |
| MÉPRENDRE. | Je méprend, prends, prends ..prenons, prenez, ennent. | Je méprenais, nais, nait, méprenions, niez, naient. | Je mépris, pris, prit, méprîmes, prites, prirent. | Je méprendrai, dras, dra, méprendrons, drez, dront. |
| MÉSAVENIR , plus usité à la 3ᵉ pers. | Je mésaviens, viens, vient. ..venons, venez, viennent. | Je mésavenais, nais, nait, mésavenions, niez, naient. | Je mésavins, vins, vint, ..vînmes, vîntes, vinrent. | Je mésaviendrai, dras, dra, ...viendrons, drez, dront. |
| MÉSOFFRIR , comme OFFRIR. | Je mésoffre, offres, offre, mésoffrons, offrez, offrent | Je mésoffrais, ffrais, ffrait ..soffrions, ffriez, ffraient. | Je mésoffris, ffris, ffrit, ..soffrîmes, ffrites, ffrirent | Je mésoffrirai, ras, ra, mésoffrirons, rez, ront. |
| METTRE et ENTREMETTRE. | Je mets, mets, met, mettons, mettez, mettent. | Je mettais, ttais, ttait, mettions, ttiez, ttaient. | Je mis, tu mis, il mit, mîmes, mites, mirent. | Je mettrai, ttras, ttra, mettrons, ttrez, ttront. |
| MESSEOIR ( usité à la 3ᵉ pers. ). | Il messied, il v. messied de. ils ou elles messiéent. | Il messeyait ou messéait, ils messeyaient ou ..séaient | Inusité. | Il messiéra. ils ou elles messiéront. |
| MORDRE. | Je mords, mords, mord, mordons, mordez, ..dent. | Je mordais, dais, dait, mordions, diez, daient. | Je mordis, dis, dit, mordîmes, dites, dirent. | Je mordrai, dras, dra, mordrons, drez dront. |

| CONDITIONNEL. | IMPÉRATIF. | SUBJONCTIF PRÉSENT. | IMPARFAIT DU SUBJ. | PARTICIPES (prés. et passé). |
|---|---|---|---|---|
| » | » | » | » | » |
| » | » | » | » | » |
| » | » | » | » | Gisant. |
| Je haïrais, irais, irait,<br>n. haïrions, iriez, iraient. | Hais,<br>haïssons, issez. | Que je haïsse, ïsses, ïsse,<br>haïssions, ïssiez, ïssent. | Que je haïsse, haïsses, haït,<br>haïssions, ïssiez, ïssent. | Haïssant,<br>haï, e. |
| Je défierais, crais, crait,<br>n. défierions, eriez, eraient. | Défie,<br>défions, défiez. | Je défie, fies, fie,<br>n. défiions, fiiez, fient. | Je défiasse, fiasses, fiât,<br>défiassions, fiassiez, fiassent. | Défiant,<br>défié, e. |
| J'induirais, rais, rait,<br>induirions, riez, raient. | Induis,<br>induisons, sez. | J'induise, ses, se,<br>induisions, siez, sent. | J'induisisse, sisses, sît,<br>induisissions, sissiez, sissent. | Induisant,<br>induit, e. |
| J'inscrirais, rais, rait,<br>inscririons, riez, raient. | Inscris,<br>inscrivons, vez. | J'inscrive, ves, ve,<br>inscrivions, viez, vent. | J'inscrivisse, visses, vît,<br>inscrivissions, vissiez, vissent. | Inscrivant,<br>inscrit, e. |
| J'instruirais, rais, rait,<br>instruirions, riez, raient. | Instruis,<br>instruisons, sez. | J'instruise, ses, se,<br>instruisions, siez, sent. | J'instruisisse, sisses, sît,<br>instruisissions, sissiez, sissent. | Instruisant,<br>instruit, e. |
| J'interdirais, rais, rait,<br>interdirions, riez, raient. | Interdis,<br>interdisons, disez. | J'interdise, dises, dise,<br>interdisions, disiez, disent. | J'interdisse, disses, dît,<br>interdissions, dissiez, dissent. | Interdisant,<br>interdit, e. |
| J'interromprais, prais, prait,<br>interromprions, priez, praient | Interromps,<br>interrompons, pez. | J'interrompe, pes, pe,<br>interrompions, piez, pent. | J'interrompisse, pisses, pît,<br>..rompissions, pissiez, pissent. | Interrompant,<br>interrompu, e. |
| J'introduirais, rais, rait,<br>introduirions, riez, raient. | Introduis,<br>introduisons, sez. | J'introduise, duises, duise,<br>...duisions, duisiez, duisent. | J'introduisisse, sisses, sît,<br>...sissions, sissiez, sissent. | Introduisant,<br>introduit, e. |
| Je jaillirais, llirais, llirait,<br>jaillirions, lliriez, lliraient. | Jaillis,<br>jaillissons, llissez. | Je jaillisse, llisses, llisse,<br>jaillissions, llissiez, llissent. | Je jaillisse, llisses, llît,<br>jaillissions, llissiez, llissent. | Jaillissant,<br>jailli (inv.). |
| Je joindrais, drais, drait,<br>joindrions, driez, draient. | Joins,<br>joignons, guez. | Je joigne, gnes, gne,<br>joignions, gniez, gnent. | Joignisse, gnisses, gnît,<br>..gnissions, gnissiez, gnissent. | Joignant,<br>joint, e. |
| Je lirais, rais, rait,<br>lirions, riez, raient. | Lis,<br>lisons, lisez. | Je lise, lises, lise,<br>lisions, lisiez, lisent. | Je lusse, lusses, lût,<br>lussions, lussiez, lussent. | Lisant,<br>lu, lue. |
| Je luirais, rais, rait,<br>luirions, riez, raient. | Luis,<br>luisons, luisez. | Je luise, luises, luise,<br>luisions, luisiez, luisent. | Je luisisse, luisisses, luisît,<br>luisissions, sissiez, sissent. | Luisant,<br>lui (inv.). |
| » | » | » | » | » |
| » | » | » | » | Malfaisant,<br>malfait, e. |
| Je maudirais, rais, rait,<br>maudirions, riez, raient. | Maudis,<br>maudissons, dissez. | Je maudisse, disses, disse,<br>maudissions, dissiez, dissent. | Je maudisse, disses, dit,<br>maudissions, dissiez, dissent. | Maudissant,<br>maudit, e. |
| Je méconnaîtrais, trais, trait,<br>méconnaîtrions, triez, traient. | Méconnais,<br>méconnaissons, ssez. | Je méconnaisse, naisses, naisse<br>méconnaissions, ssiez, ssent. | Je méconnusses, nusses, nût,<br>..connussions, nussiez, nussent | Méconnaissant,<br>méconnu, e. |
| Je médirais, dirais, dirait,<br>médirions, diriez, diraient. | Médis,<br>médisons, disez. | Je médise, dises, dise,<br>médisions, disiez, disent. | Je médisse, disses, dit,<br>médissions, dissiez, dissent. | Médisant,<br>médit (inv.). |
| Je méferais, ferais, ferait,<br>méferions, feriez, feraient. | Méfais,<br>méfaisons, faites. | Je méfasse, fasses, fasse,<br>méfassions, fassiez, fassent. | Je méfisse, fisses, fît,<br>méfissions, fissiez, fissent. | Méfaisant,<br>méfait (inv.). |
| Je mentirais, tirais, tirait,<br>mentirions, tiriez, tiraient. | Mens,<br>mentons, mentez. | Je mente, mentes, mente,<br>mentions, mentiez, mentent. | Je mentisse, tisses, tît,<br>mentissions, tissiez, tissent. | Mentant,<br>menti (inv.). |
| Je méprendrais, drais, drait,<br>méprendrions, driez, draient. | Méprends,<br>méprenons, nez. | Je méprenne, prennes, prenne<br>méprenions, preniez, prennent | Je méprisse, prisses, prît,<br>méprissions, prissiez, prissent. | Méprenant,<br>mépris, e. |
| Je mésaviendrais, drais, drait,<br>mésaviendrions, driez, draient. | Mésaviens,<br>mésavenons, nez. | Je mésavienne, viennes, vienne<br>..savenions, veniez, viennent. | Je mésavinsse, vinsses, vint,<br>...vinssions, vinssiez, vinssent. | Mésavenant,<br>mésavenu (inv.). |
| Je mésoffrirais, rais, rait,<br>...fririons, fririez, friraient. | Mésoffre,<br>mésoffrons, frez. | Je mésoffre, ffres, ffre,<br>mésoffrions, ffriez, ffrent. | Je mésoffrisse, frisses, ffrît,<br>..frissions, frissiez, frissent. | Mésoffrant,<br>mésoffert (inv.). |
| Je mettrais, ttrais, ttrait,<br>mettrions, ttriez, ttraient. | Mets,<br>mettons, ttez. | Je mette, mettes, mette,<br>mettions, mettiez, mettent. | Je misse, misses, mit,<br>missions, missiez, missent. | Mettant,<br>mis, e. |
| Il ou elle messiérait,<br>ils ou elles messiéraient. | Inusité. | Qu'il ou qu'elle messiée,<br>qu'ils ou qu'elles messiéent. | Inusité. | Messeyant.<br>messéent, e, adj. |
| Je mordrais, drais, drait,<br>mordrions, driez, draient. | Mords,<br>mordons, dez. | Je morde, mordes, morde,<br>mordions, mordiez, mordent. | Je mordisse, disses, dit,<br>mordissions, dissiez, dissent. | Mordant,<br>mordu, e. |

| INFINITIF. | PRÉSENT. | IMPARFAIT. | PASSÉ DÉFINI. | FUTUR. |
| --- | --- | --- | --- | --- |
| MORFONDRE. | Je morfonds, fonds, fond, fondons, fondez, fondent. | Je morfondais, dais, dait, morfondions, diez, daient. | Je morfondis, dis, dit, morfondîmes, dites, dirent | Je morfondrai, dras, dra, morfondrons, drez, dront. |
| MOUDRE et ses composés. | Je mouds, mouds, moud, moulons, moulez, ..lent. | Je moulais, lais, lait, moulions, liez, laient. | Je moulus, lus, lut, moulûmes, lûtes, lurent. | Je moudrai, dras, dra, moudrons, drez, dront. |
| MOURIR | Je meurs, meurs, meurt, mourons, ourez, eurent. | Je mourais, rais, rait, mourions, riez, raient. | Je mourus, rus, rut, mourûmes, rûtes, rurent. | Je mourrai, rras, rra, mourrons, rrez, rront. |
| MOUVOIR et ÉMOUVOIR. | Je meus, meus, meut, mouvons, ouvez, euvent. | Je mouvais, vais, vait, mouvions, viez, vaient. | Je mus, mus, mut, mûmes, mûtes, murent. | Je mouvrai, vras, vra, mouvrons, vrez, vront. |
| NAÎTRE. | Je nais, tu nais, il naît, naissons, ssez, ssent. | Je naissais, ssais, ssait, naissions, ssiez, ssaient. | Je naquis, quis, quit, ..quîmes, quîtes, quirent. | Je naîtrai, tras, tra, naîtrons, trez, tront. |
| NUIRE. | Je nuis, nuis, nuit, nuisons, sez, sent. | Je nuisais, sais, sait, nuisions, siez, saient. | Je nuisis, sis, sit, nuisîmes, sîtes, sirent. | Je nuirai, ras, ra, nuirons, rez, ront. |
| OBTENIR. | J'obtiens, tiens, tient, obtenons, tenez, tiennent | J'obtenais, nais, nait, obtenions, niez, naient. | J'obtins, tins, tint, obtînmes, tîntes, tinrent. | J'obtiendrai, dras, dra, obtiendrons, drez, dront. |
| OFFRIR. | J'offre, offres, offre, offrons, offrez, offrent. | J'offrais, ffrais, ffrait, offrions, ffriez, ffraient. | J'offris, ffris, ffrit. offrîmes, ffrîtes, ffrirent, | J'offrirai, ras, ra, offrirons, rez, ront. |
| OINDRE. | J'oins, oins, oint, oignons, oignez, oignent. | J'oignais, gnais, gnait. oignions, gniez, gnaient. | J'oignis, gnis, gnit, oignîmes, gnîtes, guirent. | J'oindrai, dras, dra, oindrons, drez, dront. |
| OMETTRE. | J'omets, mets, met, omettons, mettez, mettent | J'omettais, ttais, ttait, omettions, ttiez, ttaient. | J'omis, mis, mit, omîmes, mîtes, mirent. | J'omettrai, ttras, ttra, omettrons, ttrez, ttront. |
| OUÏR la messe, etc. Ce verbe a vieilli. | Inusité. On ne s'en sert qu'avec le v. | Inusité. AVOIR : j'ai ouï dire, etc. | J'ouïs, ouïs, ouit, ouîmes ouîtes, ouïrent. | Inusité. |
| OUVRIR. | J'ouvre, vres, vre, ouvrons, vrez, vrent. | J'ouvrais, vrais, vrait, ouvrions, vriez, vraient. | J'ouvris, vris, vrit, ouvrimes, vrites, vrirent | J'ouvrirai, ras, ra, ouvrirons, rez, ront. |
| Verbes en OYER. | Se conjuguent sur EMPLO | YER (excepté ENVOYER | et RENVOYER). | » |
| PAÎTRE. | Je pais, pais, pait, paissons, ssez, ssent. | Je paissais, ssais, ssait, paissions, ssiez, ssaient. | Inusité. | Je paîtrai, tras, tra, paîtrons, trez, tront. |
| PARAÎTRE. | Je parais, rais, rait, paraissons, ssez, ssent. | Je paraissais, ssais, ssait, paraissions, ssiez, ssaient. | Je parus, rus, rut, parûmes, rûtes, rurent. | Je paraîtrai, tras, tra, paraîtrons, trez, tront. |
| PARCOURIR. | Comme COURIR. | » | » | » |
| PARFAIRE. | Je parfais, fais, fait, parfaisons, faites, font. | Je parfaisais, sais, sait, parfaisions, siez, saient. | Je parfis, fis, fit, parfîmes, fites, firent. | Je parferai, feras, fera, parferons, ferez, feront. |
| PARTIR et REPARTIR. | Je pars, pars, part, partons, partez, partent. | Je partais, tais, tait, partions, tiez, taient. | Je partis, tis, tit, partîmes, tites, tirent. | Je partirai, ras, ra, partirons, rez, ront. |
| PARVENIR. | Je parviens, viens, vient, parvenons, venez, viennent | Je parvenais, nais, nait, parvenions, niez, naient. | Je parvins, vins, vint, parvînmes, vintes, vinrent. | Je parviendrai, dras, dra, parviendrons, drez, dront. |
| PAYER. | Je paie, paies, paie, payons, payez, paient. | Je payais, yais, yait, payions, yiez, yaient. | Je payai, yas, ya, payâmes, yâtes, yèrent. | Je paierai, eras, era, paierons, erez, eront. |
| PEINDRE. | Je peins, peins, peint, peignons, guez, guent. | Je peignais, gnais, gnait, peignions, gniez, gnaient. | Je peiguis, gnis, guit, peignîmes, guîtes, guirent. | Je peindrai, dras, dra, peindrons, drez, dront. |
| PENDRE et ses composés. | Je pends, pends, pend, pendons, dez, dent. | Je pendais, dais, dait, pendions, diez, daient. | Je pendis, dis, dit, pendîmes, dites, dirent. | Je pendrai, dras, dra, pendrons, drez, dront. |
| PERCEVOIR. | Je perçois, çois, çoit, percevons, cevez, çoivent. | Je percevais, vais, vait, percevions, viez, vaient. | Je perçus, çus, çut, perçûmes, çâtes, çurent. | Je percevrai, vras, vra, percevrons, vrez, vront. |
| PERDRE et REPERDRE. | Je perds, perds, perd, perdons, dez, dent. | Je perdais, dais, dait, perdions, diez, daient. | Je perdis, dis, dit, perdîmes, dites, dirent. | Je perdrai, dras, dra, perdrons, drez, dront. |
| PERMETTRE comme METTRE. | Je permets, mets, met, permettons, ttez, ttent. | Je permettais, ttais, ttait. permettions, ttiez, ttaient. | Je permis, mis, mit, permîmes, mîtes, mirent. | Je permettrai, ttras, ttra, permettrons, ttrez, ttront. |
| PLAINDRE, comme CRAINDRE. | Je plains, plains, plaint, plaignons, gnez, gnent. | Je plaignais, gnais, gnait, plaignions, gniez, gnaient. | Je plaiguis, gnis, guit, plaignîmes, guîtes, guirent | Je plaindrai, dras, dra, plaindrons, drez, dront. |
| PLAIRE. | Je plais, plais, plait, plaisons, sez, sent. | Je plaisais, sais, sait, plaisions, siez, saient. | Je plus, plus, plut, plûmes, plûtes, plurent. | Je plairai, ras, ra, plairons, rez, ront. |
| PLEUVOIR. (Verbe unipersonnel.) | Il pleut. | Il pleuvait. | Il plut. | Il pleuvra. |

| CONDITIONNEL. | IMPÉRATIF. | SUBJONCTIF PRÉSENT. | IMPARFAIT DU SUBJ. | PARTICIPES (prés. et passé). |
|---|---|---|---|---|
| Je morfondrais, drais, drait, morfondrions, driez, draient. | Morfonds, morfondons, dez. | Q. je morfonde, fondes, fonde, n. morfondions, diez, dent. | Q. je morfondisse, disses, dît, ...dissions, dissiez, dissent. | Morfondant, morfondu, e. |
| Je moudrais, drais, drait, moudrions, driez, draient. | Mouds, moulons, moulez. | Je moule, moules, moule, moulions, mouliez, moulent. | Je moulusse, lusses, lût, moulussions, lussiez, lussent. | Moulant, moulu, e. |
| Je mourrais, rrais, rrait, mourrions, rriez, rraient. | Meurs, mourous, mourez. | Je meure, meures, meure, mourions, mouriez, meurent. | Je mourusse, russes, rût, mourussions, russiez, russent, | Mourant, mort, e, adj. |
| Je mouvrais, vrais, vrait, mouvrions, vriez, vraient. | Meus, mouvons, mouvez. | Je meuve, meuves, meuve, mouvions, mouviez, meuvent. | Je musse, musses, mût, mussions, mussiez, mussent. | Mouvant, mu, e. |
| Je naîtrais, trais, trait, naîtrions, triez, traient. | Nais, naissons, naissez. | Je naisse, naisses, naisse, naissions, naissiez, naissent. | Je naquisse, quisses, quît, naquissions, quissiez, quissent | Naissant, né, née. |
| Je nuirais, rais, rait, nuirions, riez, raient. | Nuis, nuisons, nuisez. | Je nuise, nuises, nuise, nuisions, nuisiez, nuisent. | Je nuisisse, sisses, sît, nuisissions, sissiez, sissent. | Nuisant, nui. |
| J'obtiendrais, drais, drait, obtiendrions, driez, draient. | Obtiens, obtenons, tenez. | J'obtienne, tiennes, tienne, obtenions, teniez, tiennent. | J'obtinsse, tinsses, tînt, obtinssions, tinssiez, tinssent. | Obtenant, obtenu, e, |
| J'offrirais, rais, rait, offririons, riez, raient. | Offre, offrons, offrez. | J'offre, offres, offre, offrions, offriez, offrent. | J'offrisse, frisses, frît, offrissions, frissiez, frissent. | Offrant, offert, e. |
| J'oindrais, drais, drait, oindrions, driez, draient. | Oins, oignons, oignez. | J'oigne, oignes, oigne, oignions, oigniez, oignent. | J'oignisse, guisses, gnît, oignissions, guissiez, guissent. | Oignant, oint, e. |
| J'omettrais, ttrais, ttrait, omettrions, ttriez, ttraient. | Omets, omettons, omettez. | J'omette, mettes, mette, omettions, mettiez, mettent. | J'omisse, misses, mît, omissions, missiez, missent. | Omettant, omis, e. |
| Inusité. | Inusité. | Inusité. | Inusité. | Oyant (inusité), ouï, e. |
| J'ouvrirais, rais, rait, ouvririons, riez, raient. | Ouvre, ouvrons, ouvrez. | J'ouvre, ouvres, ouvre, ouvrions, ouvriez, ouvrent. | J'ouvrisse, vrisses, vrît, ouvrissions, vrissiez, vrissent. | Ouvrant, ouvert, e. |
| » | » | » | » | » |
| Je paîtrais, trais, trait, paîtrions, triez, traient. | Pais, paissons, ssez. | Je paisse, paisses, paisse, paissions, paissiez, paissent. | Inusité. | Paissant. Inusité. |
| Je paraîtrais, trais, trait, paraîtrions, triez, traient. | Parais, paraissons, ssez. | Je paraisse, raisses, raisse, paraissions, raissiez, raissent. | Je parusse, russes, rût, parussions, russiez, russent. | Paraissant, paru (inv.). |
| » | » | » | » | » |
| Je parferais, ferais, ferait, parferions, feriez, feraient. | Parfais, parfaisons, faites. | Je parfasse, fasses, fasse, parfassions, fassiez, fassent. | Je parfisse, fisses, fît, parfissions, fissiez, fissent. | Parfaisant, parfait, e. |
| Je partirais, rais, rait, partirions, riez, raient. | Pars, partons, partez. | Je parte, partes, parte, partions, partiez, partent. | Je partisse, tisses, tît, partissions, tissiez, tissent. | Portant, parti, e. |
| Je parviendrais, drais, drait. parviendrions, driez, draient. | Parviens, parvenons, venez. | Je parvienne, viennes, vienne, parvenions, veniez, viennent. | Je parvinsse, vinsses, vint, parvinssions, vinssiez, vinssent | Parvenant, parvenu, e. |
| Je paierais, erais, erait, paierions, eriez, eraient. | Paie, payons, payez. | Je paie, paies, paie, payions, payiez, paient. | Je payasse, yasses, yât, payassions, yassiez, yassent. | Payant, payé, e. |
| Je peindrais, drais, drait, peindrions, driez, draient. | Peins, peignons, gnez. | Je peigne, peignes, peigne, peignions, peigniez, peignent. | Je peignisse, gnisses, gnît, peignissions, guissiez, guissent. | Peignant, peint, e. |
| Je pendrais, drais, drait, pendrions, driez, draient. | Pends, pendons, pendez. | Je pende, pendes, pende, pendions, pendiez, pendent. | Je pendisse, disses, dît, pendissions, dissiez, dissent. | Pendant, pendu, e. |
| Je percevrais, vrais, vrait, percevrions, vriez, vraient. | Perçois, percevons, cevez, | Je perçoive, çoives, çoive, percevions, ceviez, çoivent. | Je perçusse, çusses, çût, perçussions, çussiez, çussent. | Percevant, perçu, e. |
| Je perdrais, drais, drait, perdrions, driez, draient. | Perds, perdons, perdez. | Je perde, perdes, perde, perdions, perdiez, perdent. | Je perdisse, disses, dît, perdissions, dissiez, dissent. | Perdant, perdu, e. |
| Je permettrais, ttrais, ttrait, permettrions, ttriez, ttraient. | Permets, permettons, mettez. | Je permette, mettes, mette, permettions, mettiez, mettent | Je permisse, misses, mît, permissions, missiez, missent. | Permettant, permis, e. |
| Je plaindrais, drais, drait, plaindrions, driez, draient. | Plains, plaignons, guez. | Je plaigne, plaignes, plaigne, plaignions, gniez, gnent. | Je plaignisse, gnisses, gnît, ...guissions, guissiez, guissent. | Plaignant, plaint, e. |
| Je plairais, rais, rait, plairions, riez, raient. | Plais, plaisons, plaisez. | Je plaise, plaises, plaise, plaisions, plaisiez, plaisent. | Je plusse, plusses, plût, plussions, plussiez, plussent. | Plaisant, plu (inv.). |
| Il pleuvrait. | Inusité. | Qu'il pleuve. | Qu'il plût. | Pleuvant, plu (inv.). |

| INFINITIF. | PRÉSENT. | IMPARFAIT. | PASSÉ DÉFINI. | FUTUR. |
|---|---|---|---|---|
| PLOYER (style soutenu). | Je ploie, ploies, ploie, n. ployons, oyiez, oient. | Je ployais, yais, yait, ployions, yiez, yaient. | Je ployai, yas, ya, ployâmes, yâtes, yèrent. | Je ploierai, eras, era, ploierons, erez, eront. |
| POINDRE. | Sur OINDRE; mais on ne | s'en sert guère qu'aux 3es | personnes. | » |
| POURVOIR. | Je pourvois, vois, voit, pourvoyons, voyez, voient | Je pourvoyais, yais, yait, pourvoyions, yiez, yaient. | Je pourvus, vus, vut, pourvûmes, vûtes, vurent | Je pourvoirai, ras, ra, pourvoirons, rez, ront. |
| POUVOIR. | Je puis ou peux, tu peux, il peut, pouvons, pouvez, peuvent. | Je pouvais, vais, vait, pouvions, viez, vaient. | Je pus, pus, put, pûmes, pûtes, purent. | Je pourrai, rras, rra, pourrons, rrez, rront. |
| POURSUIVRE, comme SUIVRE. | Je poursuis, suis, suit, ...suivons, suivez, suivent. | Je poursuivais, vais, vait, poursuivions, viez, vaient | Je poursuivis, vis, vit, poursuivîmes, vîtes, virent | Je poursuivrai, vras, vra, poursuivrons, vrez, vront |
| PRÉDIRE. | Je prédis, dis, dit, prédisons, disez, disent. | Je prédisais, sais, sait, prédisions, siez, saient. | Je prédis, dis, dit, prédîmes, dîtes, dirent. | Je prédirai, ras, ra, prédirons, rez, ront. |
| PRENDRE. | Je prends, prends, prend, prenons, prenez, prennent | Je prenais, nais, nait, prenions, niez, naient. | Je pris, pris, prit, prîmes, prîtes, prirent, | Je prendrai, dras, dra, prendrons, drez, dront. |
| PRÉVALOIR. | Je prévaux, vaux, vaut. prévalons, valez, valent. | Je prévalais, lais, lait, prévalions, liez, laient. | Je prévalus, lus, lut, prévalûmes, lûtes, lurent. | Je prévaudrai, dras, dra, prévaudrons, drez, dront. |
| PRÉVENIR, comme VENIR. | Je préviens, viens, vient, prévenons, venez, viennent | Je prévenais, nais, nait, prévenions, niez, naient. | Je prévins, vins, vint, prévînmes, vintes, vinrent | Je préviendrai, dras, dra, préviendrons, drez, dront |
| PRESSENTIR, comme SENTIR. | Je pressens, ssens, ssent, pressentons, tez, tent. | Je pressentais, tais, tait. pressentions, tiez, taient. | Je pressentis, tis, tit, pressentîmes, tîtes, tirent. | Je pressentirai, ras, ra, pressentirons, rez, ront. |
| PRÉVOIR. | Je prévois, vois, voit, prévoyons, voyez, voient. | Je prévoyais, yais, yait, prévoyions, yiez, yaient. | Je prévis, vis, vit, prévînmes, vîtes, virent. | Je prévoirai, ras, ra, prévoirons, rez, ront. |
| PRIER. | Je prie, pries, prie, prions, priez, prient. | Je priais, priais, priait, priions, priiez, priaient. | Je priai, prias, pria, priâmes, priâtes, prièrent. | Je prierai, eras, era, prierons, erez, eront. |
| PROMETTRE, comme METTRE. | Je promets, mets, met, ...mettons, mettez, mettent | Je promettais, ttais, ttait, promettions, ttiez, ttaient. | Je promis, mis, mit, promîmes, mites, mirent. | Je promettrai, ttras, ttra, promettrons, ttrez, ttront |
| PROVENIR. | Se conjugue comme VENIR | Voyez VENIR. | » | » |
| PUER. | Je pue, pues, pue, puons, puez, puent. | Je puais, puais, puait, puions, puiez, puaient. | Je puai, puas, pua, puâmes, puâtes, puèrent. | Je puerai, pueras, puera, puerons, puerez, pueront. |
| Verbes en QUER. | Voyez AIMER. | » | » | » |
| QUÉRIR. | Il n'a que l'infinitif. Voyez | ses composés ACQUÉRIR, | REQUÉRIR, etc. | » |
| RABATTRE, comme BATTRE. | Je rabats, bats, bat, rabattons, ttez, ttent. | Je rabattais, ttais, ttait, rabattions, ttiez, ttaient. | Je rabattis, ttis, ttit, rabattîmes, ttîtes, ttirent. | Je rabattrai, ttras, ttra, rabattrons, ttrez, ttront. |
| RASSEOIR, comme ASSEOIR. | Je rassieds, ssieds, ssied, rasseyons, sseyez, sseient. | Je rasseyais, eyais, eyait, ...eyions, eyiez, eyaient. | Je rassis, ssis, ssit, rassîmes, ssites, ssirent. | Je rassiérai ou rasseierai, le reste sur ASSEOIR. |
| RASSORTIR, et mieux ASSORTIR. | Je rassortis, tis, tit, rassortissons, tissez, ...tissent. | Je rassortissais, tissais, tissait, rassortissions, tissiez, tissaient. | Je rassortis, tis, tit, rassortîmes, tîtes, tirent. | Je rassortirai, tiras, tira, rassortirons, tirez, tiront. |
| RAVOIR. | Il n'est guère usité qu'au | futur et au conditionnel; | mais c'est une mauvaise lo | cution. Je raurai, etc. |
| REVÊTIR, comme VÊTIR. | Je revêts, vêts, vêt, revêtons, vêtez, vêtent. | Je revêtais, tais, tait, revêtions, tiez, taient. | Je revêtis, tis, tit, revêtîmes, tites, tirent. | Je revêtirai, tiras, tira, revêtirons, tirez, tiront. |
| REVOIR, comme VOIR. | Je revois, vois, voit, revoyons, voyez, voient. | Je revoyais, yais, yait, revoyions, yiez, yaient. | Je revis, vis, vit, revînmes, vîtes, virent. | Je reverrai, verras, verra, reverrons, verrez, verront |
| REBOUILLIR, comme BOUILLIR. | Je rebous, bous, bout, rebouillons, llez, llent. | Je rebouillais, llais, llait, ...llions, lliez, llaient. | Je rebouillis, llis, llit, rebouillîmes, llites, llirent. | Je rebouillirai, lliras, llira, ...llirons, llirez, lliront. |
| RECLÔRE (1), comme CLÔRE. | Je reclos, clos, clôt, reclosons, closez, closent. | Je reclosais, sais, sait, reclosions, siez, saient. | Inusité. | Je reclorai, ras, ra, reclorons, rez, ront. |
| RÉCLURE, peu usité. | Je réclus, clus, clut, récluons, cluez, cluent. | Je récluais, cluais, cluait, réclusions, cluiez, cluaient. | Je réclus, clus, clut, réclûmes, clûtes, clurent. | Je réclurai, cluras, clura, réclurons, clurez, cluront. |

(1) Dans les verbes CLÔRE et RECLÔRE, l'usage, qui se joue des règles stationnaires du langage, permet de dire : nous *closons*, nous *clorons*; nous *reclosons*, nous *reclorons*; en effet, si nous pouvons faire une action dans un temps, il faut bien que nous puissions l'exprimer; et, si nous pouvons dire : Jacques ne *clora* pas

| CONDITIONNEL. | IMPÉRATIF. | SUBJONCTIF PRÉSENT. | IMPARFAIT DU SUBJ. | PARTICIPES (prés. et passé). |
|---|---|---|---|---|
| Je ploierais, erais, erait, <br> n. ploierions, eriez, eraient. | Ploie, <br> ployons, ployez. | Que je ploie, ploies, ploie, <br> n. ployions, ployiez, ploient. | Que je ployasse, yasses, yût, <br> ployassions, yassiez, yassent. | Ployant, <br> ployé, e. |
| » | » | » | » | » |
| Je pourvoirais, rais, rait, <br> pourvoirions, riez, raient. | Pourvois, <br> pourvoyons, voyez. | Je pourvoie, voies, voie, <br> pourvoyions, voyiez, voient. | Je pourvusse, vusses, vût, <br> pourvussions, vussiez, vussent. | Pourvoyant, <br> pourvu, e. |
| Je pourrais, rrais, rrait, <br> pourrions, rriez, rraient. | Inusité. | Je puisse, puisses, puisse, <br> puissions, puissiez, puissent. | Je pusse, pusses, pût, <br> pussions, pussiez, pussent. | Pouvant <br> pu (inv.). |
| Je poursuivrais, vrais, vrait, <br> poursuivrions, vriez, vraient. | Poursuis, <br> poursuivons, vez. | Je poursuive, suives, suive, <br> poursuivions, suiviez, suivent. | Je poursuivisse, visses, vît, <br> poursuivissions, vissiez, vissent. | Poursuivant, <br> poursuivi, e. |
| Je prédirais, rais, rait, <br> prédirions, riez, raient. | Prédis, <br> prédisons, disez. | Je prédise, dises, dise, <br> prédisions, disiez, disent. | Je prédisse, disses, dît, <br> prédissions, dissiez, dissent. | Prédisant, <br> prédit, e. |
| Je prendrais, drais, drait, <br> prendrions, driez, draient. | Prends, <br> prenons, prenez. | Je prenne, prennes, prenne, <br> prenions, preniez, prennent. | Je prisse, prisses, prit, <br> prissions, prissiez, prissent. | Prenant, <br> pris, e. |
| Je prévaudrais, drais, drait, <br> prévaudrions, driez, draient. | Prévaux, <br> prévalons, valez. | Je prévale, vales, vale, <br> prévalions, valiez, valent. | Je prévalusse, lusses, lût, <br> prévalussions, lussiez, lussent. | Prévalant <br> prévalu (inv.). |
| Je préviendrais, drais, drait, <br> préviendrions, driez, draient. | Préviens, <br> prévenons, venez. | Je prévienne, viennes, vienne, <br> prévenions, veniez, viennent. | Je prévinsse, vinsses, vînt, <br> prévinssions, vinssiez, vinssent | Prévenant, <br> prévenu, e. |
| Je pressentirais, rais, rait, <br> pressentirions, riez, raient. | Pressens, <br> pressentons, sentez. | Je pressente, ssentes, ssente, <br> pressentions, ssentiez, ssentent | Je pressentisse, tisses, tît, <br> pressentissions, tissiez, tissent. | Pressentant, <br> pressenti, e. |
| Je prévoirais, rais, rait, <br> prévoirions, riez, raient. | Prévois, <br> prévoyons, voyez. | Je prévoie, voies, voie, <br> prévoyions, voyiez, voient. | Je prévisse, visses, vît, <br> prévissions, vissiez, vissent. | Prévoyant, <br> prévu, e. |
| Je prierais, erais, erait, <br> prierions, eriez, eraient. | Prie, <br> prions, priez. | Je prie, pries, prie, <br> priions, priiez, prient. | Je priasse, priasses, priât, <br> priassions, priassiez, priassent. | Priant, <br> prié, e. |
| Je promettrais, ttrais, ttrait, <br> promettrions, ttriez, ttraient. | Promets, <br> promettons, mettez. | Je promette, mettes, mette, <br> promettions, mettiez, mettent | Je promisse, misses, mît, <br> promissions, missiez, missent. | Promettant, <br> promis, e. |
| » | » | » | » | » |
| Je puerais, puerais, puerait, <br> puerions, pueriez, pueraient. | Pue, <br> puons, puez. | Je pue, pues, pue, <br> puions, puiez, puent. | Je puasse, puasses, puât, <br> puassions, puassiez, puassent. | Puant, <br> pué (inv.). |
| » | » | » | » | » |
| » | » | » | » | » |
| Je rabattrais, ttrais, ttrait, <br> rabattrions, ttriez, ttraient. | Rabats, <br> rabattons, battez. | Je rabatte, battes, batte, <br> rabattions, battiez, battent. | Je rabattisse, ttisses, ttît, <br> rabattissions, ttissiez, ttissent. | Rabattant, <br> rabattu, e. |
| Voyez ASSEOIR. | » | » | » | » |
| Je rassortirais, tirais, tirait, <br> rassortirions, tiriez, tiraient. | Rassortis, <br> rassortissons, tissez. | Je rassortisse, tisses, tisse, <br> rassortissions, tissiez, tissent. | Je rassortisse, tisses, tît, <br> rassortissions, tissiez, tissent. | Rassortissant, <br> rassorti, e. |
| Je raurais, etc. | » | » | » | » |
| Je revêtirais, tirais, tirait, <br> revêtirions, tiriez, tiraient. | Revêts, <br> revêtons, revêtez. | Je revête, vêtes, vête, <br> revêtions, vêtiez, vêtent. | Je revêtisse, tisses, tît, <br> revêtissions, tissiez, tissent. | Revêtant, <br> revêtu, e. |
| Je reverrais, verrais, verrait, <br> reverrions, verriez, verraient. | Revois, <br> revoyons, revoyez. | Je revoie, voies, voie, <br> revoyions, voyiez, voient. | Je revisse, visses, vît, <br> revissions, vissiez, vissent. | Revoyant, <br> revu, e. |
| Je rebouillirais, llirais, llirait, <br> ...llirions, lliriez, lliraient. | Rebous, <br> rebouillons, llez. | Je rebouille, lles, lle, <br> rebouillions, lliez, llent. | Je rebouillisse, llisses, llît, <br> rebouillissions, llissiez, llissent | Rebouillant, <br> rebouilli, e. |
| Je reclorais, rais, rait, <br> reclorions, riez, raient. | Reclos, <br> reclosons, closez. | Je reclose, closes, close, <br> reclosions, closiez, closent. | Inusité. | Closant, <br> clos, close. |
| Je réclurais, rais, rait, <br> réclurions, riez, raient. | Réclus, <br> réclusons, récluez. | Je réclue, clues, clue, <br> récluions, cluiez, cluent. | Je réclusse, clusses, clût, <br> réclussions, clussiez, clussent. | Récluant, <br> réclus, e. |

notre jardin, qui peut nous empêcher de dire : Nous le *closons*, et même nous le *reclorons*, puisque ce n'est ni lui, ni vous qui le *reclorez* ?

| INFINITIF. | PRÉSENT. | IMPARFAIT. | PASSÉ DÉFINI. | FUTUR. |
|---|---|---|---|---|
| RECONNAÎTRE, comme CONNAÎTRE. | Je reconnais, nais, nait, .naissons, naissez, naissent. | Je reconnaissais, ssais, ssait, ..naissions, ssiez, ssaient. | Je reconnus, nus, nut, reconnûmes, nûtes, nurent. | Je reconnaitrai, tras, tra, reconnaitrons, trez, tront. |
| RECONQUÉRIR, comme CONQUÉRIR. | Je reconquiers, quiers, quiert, n. reconquérons, quérez, quièrent. | Je reconquérais, quérais, quérait, reconquérions, quériez, quéraient. | Je reconquis, quis, quit, n. reconquîmes, quites, quirent. | Je reconquerrai, querras, querra, reconquerrons, querrez, querront. |
| RECOURIR, | Se conj. comme COURIR. | " | " | " |
| RECOUVRIR, comme COUVRIR. | Je recouvre, vres, vre, recouvrons, vrez, vrent. | Je recouvrais, vrais, vrait, recouvrions, vriez, vraient. | Je recouvris, vris, vrit, ...vrimes, vrites, vrirent. | Je recouvrirai, vriras, vrira ...vrirons, vrirez, vriront. |
| RÉCRIRE, comme ÉCRIRE. | Je récris, cris, crit, récrivons, crivez, crivent. | Je récrivais, vais, vait, récrivions, viez, vaient. | Je récrivis, vis, vit, récrivîmes, vites, virent. | Je récrirai, ras, ra, récrirons, rez, ront, |
| RECUEILLIR, comme CUEILLIR. | Je recueille, cueilles, cueille recueillons, cueillez, cueillent. | Je recueillais, llais, llait. recueillions, lliez, llaient. | Je recueillis, llis, llit. recueillîmes, llites, llirent. | Je recueillerai, lleras, llera recueillerons, llerez, lleront. |
| RECUIRE, comme CUIRE. | Je recuis, cuis, cuit, recuisons, cuisez, cuisent. | Je recuisais, sais, sait, recuisions, siez, saient. | Je recuisis, sis, sit, recuisîmes, sites, sirent. | Je recuirai, cuiras, cuira, recuirons, cuirez, cuiront. |
| REDIRE, comme DIRE. | Je redis, dis, dit, redisons, dites, disent. | Je redisais, disais, disait, redisions, disiez, disaient. | Je redis, dis, dit, redîmes, dites, dirent. | Je redirai, diras, dira, redirons, direz, diront. |
| RÉDUIRE. | Je réduis, duis, duit, réduisons, duisez, duisent. | Je réduisais, sais, sait, réduisions, siez, saient. | Je réduisis, sis, sit, réduisîmes, sites, sirent. | Je réduirai, duiras, duira, ..duirons, duirez, duiront, |
| REFAIRE, comme FAIRE, | Je refais, fais, fait, refaisons, faites, font. | Je refaisais, sais, sait, refaisions, siez, saient. | Je refis, fis, fit, refîmes, fites, firent. | Je referai, feras, fera, referons, ferez, feront. |
| REFONDRE, comme FONDRE, | Je refonds, fonds, fond, refondons, dez, dent. | Je refondais, dais, dait, refondions, diez, daient. | Je refondis, dis, dit, refondîmes, dites, dirent. | Je refondrai, dras, dra, refondrons, drez, dront. |
| REJOINDRE, comme JOINDRE. | Je rejoins, joins, joint, rejoignons, gnez, gnent. | Je rejoignais, gnais, gnait, rejoignions, gniez, gnaient | Je rejoignis, gnis, gnit, .joignîmes, gnites, gnirent. | Je rejoindrai, dras, dra, rejoindrons, drez, dront. |
| REJAILLIR, comme JAILLIR. | Je rejaillis, llis, llit, rejaillissons, llisez, llissent | Je rejaillissais, llissais, llissait. rejaillissions, llissiez, llissaient. | Je rejaillis, llis, llit, rejaillîmes, llites, llirent. | Je rejaillirai, lliras, llira, rejaillirons, llirez, lliront. |
| RELIRE, comme LIRE. | Je relis, lis, lit, relisons, lisez, lisent. | Je relisais, lisais, lisait, relisions, lisiez, lisaient. | Je relus, lus, lut, relûmes, lûtes, lurent, | Je relirai, liras, lira, relirons, lirez, liront. |
| RELUIRE comme LUIRE. | Je reluis, luis, luit, reluisons, luisez, luisent. | Je reluisais, sais, sait, reluisions, siez, saient. | Je reluisis, sis, sit, reluisîmes, sites, sirent. | Je reluirai, ras, ra, reluirons, rez, ront. |
| REMETTRE, comme METTRE. | Je remets, mets, met, ..mettons, mettez, mettent | Je remettais, ttais, ttait, remettions, ttiez, ttaient. | Je remis, mis, mit, remimes, mites, mirent. | Je remettrai, ttras, ttra, remettrons, ttrez, ttront. |
| REMOUDRE, | Je remouds, mouds, moud remoulons, oulez, oulent. | Je remoulais, lais, lait, remoulions, liez, laient. | Je remoulus, lus, lut, remoulûmes, lûtes, lurent. | Je remoudrai, dras, dra, remoudrons, drez, dront. |
| RENAÎTRE, comme NAÎTRE. | Je renais, renais, renait, ..naissons, naissez, naissent | Je renaissais, ssais, ssait, renaissions, ssiez, ssaient. | Je renaquis, quis, quit, ...quîmes, quites, quirent. | Je renaitrai, tras, tra, renaitrons, trez, tront. |
| RENDRE. | Je rends, rends, rend, rendons, dez, dent. | Je rendais, dais, dait, rendions, diez, daient. | Je rendis, dis, dit, rendîmes, dites, dirent. | Je rendrai, dras, dra, rendrons, drez, dront. |
| RENTRAIRE ( faire une reprise ). | Je rentrais, trais, trait, rentrayons, yez, aient. | Je rentrayais, yais, yait, rentrayions, yiez, yaient. | Je rentrayai, yas, ya, rentrayâmes, yâtes, yèrent | Je rentrairai, ras, ra, rentrairons, rez, ront. |
| RENVOYER, comme ENVOYER. | Je renvoie, voies, voie, renvoyons, voyez, voient. | Je renvoyais, yais, yait, renvoyions, yiez, yaient. | Je renvoyai, yas, ya, renvoyâmes, yâtes, yèrent. | Je renverrai, erras, erra, renverrons, errez, erront. |
| REPAÎTRE, comme PAÎTRE. | Je repais, pais, pait, .paissons, paissez, paissent | Je repaissais, ssais, ssait, repaissions, ssiez, ssaient. | Je repus, pus, put, repûmes, pûtes, purent. | Je repaitrai, tras, tra, repaitrons, trez, tront. |
| RÉPANDRE. | Je répands, pands, pand, répandons, dez, dent. | Je répandais, dais, dait, répandions, diez, daient. | Je répandis, dis, dit, répandîmes, dites, dirent | Je répandrai, dras, dra, répandrons, drez, dront. |
| REPARAÎTRE, comme PARAÎTRE. | Je reparais, rais, rait, reparaissons, ssez, ssent. | Je reparaissais, ssais, ssait. ..paraissions, ssiez, ssaient | Je reparus, rus, rut, reparûmes, rûtes, rurent. | Je reparaitrai, tras, tra, reparaitrons, trez, tront. |
| REPARTIR, comme PARTIR. | Je repars, pars, part, repartons, partez, partent | Je repartais, tais, tait, repartions, tiez, taient. | Je repartis, tis, tit, repartîmes, tites, tirent. | Je repartirai, tiras, tira, repartirons, tirez, tiront. |
| RÉPARTIR ( partager ). | Je répartis, tis, tit, répartissons, tissez, tissent | Je répartissais, sais, ssait, ..tissions, tissiez, tissaient. | Je répartis, tis, tit, répartîmes, tites, tirent. | Je répartirai, tiras, tira, répartirons, tirez, tiront. |

| CONDITIONNEL. | IMPÉRATIF. | SUBJONCTIF PRÉSENT. | IMPARFAIT DU SUBJ. [1] | PARTICIPES (prés. et passé). |
|---|---|---|---|---|
| Je reconnaîtrais, trais, trait, reconnaîtrions, triez, traient. | Reconnais, reconnaissons, ssez. | Je reconnaisse, naisses, naisse, …naissions, naissiez, naissent. | Je reconnusse, nusses, nût, reconnussions, nussiez, nussent | Reconnaissant, reconnu, e. |
| Je reconquerrais, querrais, querrait, reconquerrions, querriez, querraient. | Reconquiers, reconquérons, quérez | Je reconquière, quières, quière n. reconquérions, quériez, quièrent. | Je reconquisse, quisses, quit, n. reconquissions, quissiez, quissent. | Reconquérant, reconquis, e. |
| » | » | » | » | » |
| Je recouvrirais, vrirais, vrirait …vririons, vririez, vriraient. | Recouvre, recouvrons, vrez. | Je récouvre, vres, vre, recouvrions, vriez, vrent. | Je recouvrisse, vrisses, vrit, …vrissions, vrissiez, vrissent. | Recouvrant, recouvert, e. |
| Je récrirais, rais, rait, récririons, riez, raient. | Récris, récrivons, rez. | Je récrive, crives, crive, récrivions, criviez, crivent. | Je récrivisse, visses, vit, récrivissions, vissiez, vissent. | Récrivant, récrit, e. |
| Je recueillerais, llerais, llerait, n. recueillerions, lleriez, .. lleraient. | Recueille, recueillons, cueillez. | Je recueille, cueilles, cueille, n. recueillions, cueilliez, ..cueillent. | Je recueillisse, llisses, llît, n. recueillissions, llissiez, …llissent. | Recueillant, recueilli, e. |
| Je recuirais, cuirais, cuirait, recuirions, cuiriez, cuiraient. | Recuis, recuisons, cuisez. | Je recuise, cuises, cuise, recuisions, cuisiez, cuisent. | Je recuisisse, sisses, sît, recuisissions, sissiez, sissent. | Recuisant, recuit, e. |
| Je redirais, dirais, dirait, redirions, diriez, diraient. | Redis, redisons, redites. | Je redise, dises, dise, redisions, disiez, disent. | Je redisse, disses, dît, redissions, dissiez, dissent. | Redisant, redit, e. |
| Je réduirais, duirais, duirait, réduirions, duiriez, duiraient. | Réduis, réduisons, duisez. | Je réduise, duises, duise, réduisions, duisiez, duisent. | Je réduisisse, sisses, sît, réduisissions, sissiez, sissent. | Réduisant, réduit, e. |
| Je referais, ferais, ferait, referions, feriez, feraient. | Refais, refaisons, faites. | Je refasse, fasses, fasse, refassions, fassiez, fassent. | Je refisse, fisses, fît, refissions, fissiez, fissent. | Refaisant, refait, e. |
| Je refondrais, drais, drait, refondrions, driez, draient. | Refonds, refondons, refondez. | Je refonde, fondes, fonde, refondions, fondiez, fondent. | Je refondisse, disses, dît, refondissions, dissiez, dissent. | Refondant, refondu, e. |
| Je rejoindrais, drais, drait, rejoindrions, driez, draient. | Rejoins, rejoignons, gnez. | Je rejoigne, gnes, gne, rejoignions, gniez, gnent. | Je rejoignisse, gnisses, gnît, …gnissions, gnissiez, gnissent. | Rejoignant, rejoint, e. |
| Je rejaillirais, llirais, llirait, rejaillirions, lliriez, lliraient. | Rejaillis, rejaillissons, llissez. | Je rejaillisse, llisses, llisse, rejaillissions, llissiez, llissent. | Je rejaillisse, llisses, llît, rejaillissions, llissiez, llissent. | Rejaillissant, rejailli (inv.) |
| Je relirais, lirais, lirait, relirions, liriez, liraient. | Relis, relisons, lisez. | Je relise, lises, lise, relisions, lisiez, lisent. | Je relusse, lusses, lût, relussions, lussiez, lussent. | Relisant, relu, e. |
| Je reluirais, rais, rait, reluirions, riez, raient. | Reluis, reluisons, luisez. | Je reluise, luises, luise, reluisions, luisiez, luisent. | Je reluisisse, sisses, sît, reluisissions, sissiez, sissent. | Reluisant, relui (inv.). |
| Je remettrais, ttrais, ttrait, remettrions, ttriez, ttraient. | Remets, remettons, mettez. | Je remette, mettes, mette, remettions, mettiez, mettent. | Je remisse, misses, mît, remissions, missiez, missent. | Remettant, remis, e. |
| Je remoudrais, drais, drait, remoudrions, driez, draient. | Rémonds, remoulous, moulez. | Je remoule, moules, moule, remoulions, mouliez, moulent. | Je remoulusse, lusses, lût, remoulussions, lussiez, lussent | Remoulant, remoulu, e. |
| Je renaîtrais, trais, trait, renaîtrions, triez, traient. | Renais, renaissons, naissez. | Je renaisse, naisses, naisse, renaissions, naissiez, naissent. | Je renaquisse, quisses, quit, …quissions, quissiez, quissent. | Renaissant. » |
| Je rendrais, drais, drait, rendrions, driez, draient. | Rends, rendons, rendez. | Je rende, rendes, rende, rendions, rendiez, rendent. | Je rendisse, disses, dît, rendissions, dissiez, dissent. | Rendant, rendu, e. |
| Je rentrairais, rais, rait, rentrairions, riez, raient. | Rentrais, rentrayons, trayez. | Je rentraie, traies, traie, rentrayions, trayiez, traient. | Je rentrayasse, yasses, yât, rentrayassions, yassiez, yassent | Rentrayant, rentrait, e. |
| Je renverrais, verrais, verrait, ..verrions, verriez, verraient. | Renvoie, renvoyons, voyez. | Je renvoie, voies, voie, renvoyions, voyiez, voient. | Je renvoyasse, yasses, yât, renvoyassions, yassiez, yassent. | Renvoyant, renvoyé, e. |
| Je repaîtrais, trais, trait, repaîtrions, triez, traient. | Repais, repaissons, paissez. | Je repaisse, paisses, paisse, repaissions, paissiez, paissent. | Je repusse, pusses, pût, repussions, pussiez, pussent. | Repaissant, repu, e. |
| Je répandrais, drais, drait, répandrions, driez, draient. | Répands, répandons, pandez. | Je répande, pandes, pande, répandions, pandiez, pandent. | Je répandisse, disses, dît, répandissions, dissiez, dissent. | Répandant, répandu, e. |
| Je reparaîtrais, trais, trait, reparaîtrions, triez, traient. | Reparais, reparaissons, raissez. | Je reparaisse, raisses, raisse, reparaissions, raissiez, raissent | Je reparusse, russes, rût, reparussions, russiez, russent. | Reparaissant, reparu (inv.). |
| Je repartirais, tirais, tirait, repartirions, tiriez, tiraient. | Reparts, repartons, tez. | Je reparte, partes, parte, repartions, partiez, partent. | Je repartisse, tisses, tît, repartissions, tissiez, tissent. | Repartant, reparti, e. |
| Je répartirais, tirais, tirait, répartirions, tiriez, tiraient. | Répartis, répartissons, tissez. | Je répartisse, tisses, tisse, répartissions, tissiez, tissent. | Je répartisse, tisses, tît, répartissions, tissiez, tissent. | Répartissant, réparti, e. |

| INFINITIF. | PRÉSENT. | IMPARFAIT. | PASSÉ DÉFINI. | FUTUR. |
|---|---|---|---|---|
| SE REPENTIR. (On met les 2 pronoms avant tout verbe pronominal.) | Je me repens, tu te repens, il ou elle se repent, Nous nous repentons, vous vous repentez, ils ou elles se repentent. | Je me repentais, tu te repentais, il ou elle se repentait, Nous nous repentions, vous vous repentiez, ils ou elles se repentaient. | Je me repentis, tu te repentis, il ou elle se repentit, Nous nous repentîmes, vous vous repentîtes, ils ou elles se repentirent. | Je me repentirai, tu te repentiras, il ou elle se repentira, Nous nous repentirons, vous vous repentirez, ils ou elles se repentiront. |
| RÉPONDRE, comme PONDRE. | Je réponds, ponds, pond, répondons, dez, dent. | Je répondais, dais, dait, répondions, diez, daient. | Je répondis, dis, dit, répondîmes, dîtes, dirent. | Je répondrai, dras, dra, répondrons, drez, dront. |
| REPRENDRE, comme PRENDRE, | Je reprends, prends, prend reprenons, nez, nnent. | Je reprenais, nais, nait, reprenions, niez, naient. | Je repris, pris, prit, reprîmes, prîtes, prirent. | Je reprendrai, dras, dra, reprendrons, drez, dront. |
| REQUÉRIR, comme ACQUÉRIR. | Je requiers, quiers, quiert, n. requérons, quérez, quièrent. | Je requérais, quérais, quérait, n. requérions, quériez, quéraient. | Je requis, quis, quit, requîmes, quîtes, quirent. | Je requerrai, querras, querra, n. requerrons, querrez, querront. |
| RÉSOUDRE. | Je résous, sous, sout, résolvons, solvez, solvent. | Je résolvais, vais, vait, résolvions, viez, vaient. | Je résolus, lus, lut, résolûmes, lûtes, lurent. | Je résoudrai, dras, dra, résoudrons, drez, dront. |
| RESSENTIR, comme SENTIR. | Je ressens, ssens, ssent, .ssentons, ssentez, ssentent | Je ressentais, tais, tait, ressentions, tiez, taient. | Je ressentis, tis, tit, ressentîmes, tîtes, tirent. | Je ressentirai, tiras, tira, ressentirons, tirez, tiront. |
| RESSERVIR, comme SERVIR, | Je ressers, ssers, ssert, resservons, vez, vent. | Je resservais, vais, vait, resservions, viez, vaient. | Je resservis, servis, servit, resservîmes, vîtes, virent. | Je resservirai, viras, vira, resservirons, virez, viront. |
| RESSORTIR DE.... (sortir de nouveau). | Je ressors, ssors, ssort, ressortons, sortez, sortent. | Je ressortais, tais, tait, ressortions, tiez, taient. | Je ressortis, tis, tit, ressortîmes, tîtes, tirent. | Je ressortirai, tiras, tira, ressortirons, tirez, tiront. |
| RESSORTIR A.... (être du ressort d'un tribunal). | Je ressortis, tis, tit, ressortissons, tissez, tissent | Je ressortissais, tissais, tissait, ressortissions, tissiez, tissaient. | Je ressortis, tis, tit, ressortîmes, tîtes, tirent. | Je ressortirai, tiras, tira, ressortirons, tirez, tiront. |
| RESTREINDRE, comme TEINDRE. | Je restreins, treins, treint, restreignons, gnez, gnent. | Je restreignais, gnais, gnait, ..gnions, gniez, gnaient. | Je restreignis, guis, guit, ...guîmes, guîtes, guirent. | Je restreindrai, dras, dra, restreindrons, drez, dront. |
| RETENIR, comme TENIR. | Je retiens, tiens, tient, retenons, tenez, tiennent. | Je retenais, tenais, tenait, retenions, teniez, tenaient | Je retins, tins, tint, retînmes, tintes, tinrent. | Je retiendrai, dras, dra, retiendrons, drez, dront. |
| RETORDRE, comme TORDRE. | Je retords, tords, tord, retordons, tordez, tordent | Je retordais, dais, dait, retordions, diez, daient. | Je retordis, dis, dit, retordîmes, dîtes, dirent. | Je retordrai, dras, dra, retordrons, drez, dront. |
| RETRAIRE, comme TRAIRE, | Je retrais, trais, trait, retrayons, trayez, traient. | Je retrayais, yais, yait, retrayions, yiez, yaient. | Point de passé défini, on dit : j'ai retrait, tu as, etc. | Je retrairai, ras, ra, retrairons, rez, ront. |
| REVALOIR, comme VALOIR. | Je revaux, vaux, vaut, revalons, valez, valent. | Je revalais, lais, lait, revalions, liez, laient. | Je revalus, lus, lut, revalûmes, lûtes, lurent. | Je revaudrai, dras, dra, revaudrons, drez, dront. |
| REVENIR, comme VENIR. | Je reviens, viens, vient, revenons, venez, viennent. | Je revenais, nais, nait, revenions, niez, naient. | Je revins, vins, vint, revînmes, vîntes, vinrent. | Je reviendrai, dras, dra, reviendrons, drez, dront. |
| REVÊTIR, comme VÊTIR. | Je revêts, vêts, vêt, revêtons, vêtez, vêtent. | Je revêtais, tais, tait, revêtions, tiez, taient. | Je revêtis, tis, tit, revêtîmes, tîtes, tirent. | Je revêtirai, tiras, tira, revêtirons, tirez, tiront. |
| REVIVRE, comme VIVRE. | Je revis, vis, vit, revivons, vivez, vivent. | Je revivais, vais, vait, revivions, viez, vaient. | Je revécus, eus, eut, revécûmes, cûtes, eurent. | Je revivrai, vras, vra, revivrons, vrez, vront. |
| REVOIR, comme VOIR. | Je revois, vois, voit, revoyons, voyez, voient. | Je revoyais, yais, yait, revoyions, yiez, yaient. | Je revis, vis, vit, revîmes, vîtes, virent. | Je reverrai, verras, verra, reverrons, verrez, verront. |
| RIRE. | Je ris, ris, rit. rions, riez, rient. | Je riais, riais, riait, riions, riiez, riaient. | Je ris, ris, rit, rîmes, rîtes, rirent. | Je rirai, riras, rira, rirons, rirez, riront. |
| ROMPRE. | Je romps, romps, rompt, rompons, pez, pent. | Je rompais, pais, pait, rompions, piez, paient. | Je rompis, pis, pit, rompîmes, pîtes, pirent. | Je romprai, pras, pra, romprons, prez, pront. |
| SAILLIR, t. d'archit. (déborder). | Il saille : ce balcon saille; ils saillent. | Il saillait, ils saillaient. | Il saillit, ils saillirent. | Il saillera, ils sailleront. |
| SAILLIR (s'élancer sur). | Il saillit ou jaillit, ils saillissent. | Il saillissait, ils saillissaient. | Il saillit, ils saillirent. | Il saillira, ils sailliront. |
| SAVOIR. | Je sais, sais, sait, n. savons, savez, savent. | Je savais, vais, vait, savions, viez, vaient. | Je sus, sus, sut, sûmes, sûtes, surent. | Je saurai, ras, ra, saurons, rez, ront. |
| SECOURIR, comme COURIR. | Je secours, cours, court, secourons, courez, courent | Je secourais, rais, rait, secourions, riez, raient. | Je secourus, rus, rut, secourûmes, rûtes, rent. | Je secourrai, rras, rra, secourrons, rrez, rront. |

| CONDITIONNEL. | IMPÉRATIF. | SUBJONCTIF PRÉSENT. | IMPARFAIT DU SUBJ. | PARTICIPES (prés. et passé). |
|---|---|---|---|---|
| Je me repentirais,<br>tu te repentirais,<br>il ou elle se repentirait,<br>Nous nous repentirions,<br>vous vous repentiriez,<br>ils ou elles se repentiraient. | Repens-toi,<br><br>repentons-nous,<br>repentez-vous. | Que je me repente,<br>tu te repentes,<br>il ou elle se repente,<br>Que nous nous repentions,<br>vous vous repentiez,<br>ils ou elles se repentent. | Que je me repentisse,<br>tu te repentisses,<br>il ou elle se repentît,<br>Que nous nous repentissions,<br>vous vous repentissiez,<br>ils ou elles se repentissent. | Repentant,<br><br>repenti, e. |
| Je répondrais, drais, drait,<br>répondrions, driez, draient. | Réponds,<br>répondons, dez. | Je réponde, pondes, ponde,<br>répondions, pondiez, pondent. | Je répondisse, disses, dît,<br>répondissions, dissiez, dissent. | Répondant,<br>répondu, e. |
| Je reprendrais, drais, drait,<br>reprendrions, driez, draient. | Reprends,<br>reprenons, prenez. | Je reprenne, prennes, prenne,<br>reprenions, preniez, prennent. | Je reprisse, prisses, prît,<br>reprissions, prissiez, prissent. | Reprenant,<br>repris, e. |
| Je requerrais, querrais,<br>querrait,<br>n. requerrions, querriez,<br>querraient. | Requiers,<br><br>requérons, quérez. | Je requière, quières, quière,<br><br>requérions, quériez, quièrent. | Je requisse, quisses, quît,<br><br>requissions, quissiez, quissent. | Requérant,<br><br>requis, e. |
| Je résoudrais, drais, drait,<br>résoudrions, driez, draient. | Résous,<br>résolvons, solvez. | Je résolve, solves, solve,<br>résolvions, solviez, solvent. | Je résolusse, lusses, lût,<br>résolussions, lussiez, lussent. | Résolvant,<br>résolu, e. |
| Je ressentirais, tirais, tirait,<br>ressentirions, tiriez, tiraient. | Ressens,<br>ressentons, tez. | Je ressente, sentes, sente,<br>ressentions, sentiez, sentent. | Je ressentisse, tisses, tît,<br>ressentissions, tissiez, tissent. | Ressentant,<br>ressenti, e. |
| Je resservirais, virais, virait,<br>resservirions, viriez, viraient. | Ressers,<br>resservous, servez. | Je resserve, serves, serve,<br>resservions, serviez, servent. | Je resservisse, visses, vît,<br>resservissions, vissiez, vissent. | Resservant,<br>resservi, e. |
| Je ressortirais, tirais, tirait,<br>ressortirions, tiriez, tiraient. | Ressors,<br>ressortons, sortez. | Je ressorte, sortes, sorte,<br>ressortions, sortiez, sortent. | Je ressortisse, tisses, tît,<br>ressortissions, tissiez, tissent. | Ressortant,<br>ressorti, e. |
| Je ressortirais, tirais, tirait,<br><br>ressortirions, tiriez, tiraient. | Ressortis,<br><br>ressortissons, tissez. | Je ressortisse, tisses, tisse,<br><br>ressortissions, tissiez, tissent. | Je ressortisse, tisses, tît,<br><br>ressortissions, tissiez, tissent. | Ressortissant,<br><br>ressorti (inv.). |
| Je restreindrais, drais, drait,<br>restreindrions, driez, draient. | Restreins,<br>restreignons, gnez. | Je restreigne, gnes, gne,<br>restreignions, gniez, gnent. | Je restreignisse, gnisses, gnît,<br>...gnissions, gnissiez, gnissent. | Restreignant,<br>restreint, e. |
| Je retiendrais, drais, drait,<br>retiendrions, driez, draient. | Retiens,<br>retenons, tenez. | Je retienne, tiennes, tienne,<br>retenions, teniez, tiennent. | Je retinsse, tinsses, tînt,<br>retinssions, tinssiez, tinssent. | Retenant,<br>retenu, e. |
| Je retordrais, drais, drait,<br>retordrions, driez, draient. | Retords,<br>retordons, tordez. | Je retorde, tordes, torde,<br>retordions, tordiez, tordent. | Je retordisse, disses, dît,<br>retordissions, dissiez, dissent. | Retordant,<br>retors, e. |
| Je retrairais, rais, rait,<br>retrairions, riez, raient. | Retrais,<br>retrayons, trayez. | Je retraie, traies, traie,<br>retrayions, trayiez, traient. | Inusité. | Retrayant,<br>retrait, e. |
| Je revaudrais, drais, drait,<br>revaudrions, driez, draient. | Revaux,<br>revalons, valez. | Je revaille, vailles, vaille,<br>revalions, valiez, vaillent. | Je revalusse, lusses, lût,<br>revalussions, lussiez, lussent. | Revalant,<br>revalu (inv.). |
| Je reviendrais, drais, drait,<br>reviendrions, driez, draient. | Reviens,<br>revenons, venez. | Je revienne, viennes, vienne,<br>revenions, veniez, viennent. | Je revinsse, vinsses, vînt,<br>revinssions, vinssiez, vinssent. | Revenant,<br>revenu, e. |
| Je revêtirais, tirais, tirait,<br>revêtirions, tiriez, tiraient. | Revêts,<br>revêtons, vêtez. | Je revête, vêtes, vête,<br>revêtions, vêtiez, vêtent. | Je revêtisse, tisses, tisse,<br>revêtissions, tissiez, tissent. | Revêtant,<br>revêtu, e. |
| Je revivrais, vrais, vrait,<br>revivrions, vriez, vraient. | Revis,<br>revivons, vivez. | Je revive, vives, vive,<br>revivions, viviez, vivent, | Je revécusse, cusses, cût,<br>revécussions, cussiez, cussent. | Revivant,<br>revécu (inv.). |
| Je reverrais, verrais, verrait,<br>reverrions, verriez, verraient. | Revois,<br>revoyons, voyez. | Je revoie, voies, voie,<br>revoyions, voyiez, voient. | Je revisse, visses, vît,<br>revissions, vissiez, vissent. | Revoyant,<br>revu, e. |
| Je rirais, rirais, rirait,<br>ririons, ririez, riraient. | Ris,<br>rions, riez. | Je rie, ries, rie,<br>riions, riiez, rient. | Je risse, risses, rît,<br>rissions, rissiez, rissent. | Riant,<br>ri (inv.). |
| Je romprais, prais, prait,<br>romprions, priez, praient. | Romps,<br>rompons, rompez. | Je rompe, rompes, rompe,<br>rompions, rompiez, rompent. | Je rompisse, pisses, pît,<br>rompissions, pissiez, pissent. | Rompant,<br>rompu, e. |
| Il saillerait,<br>ils sailleraient. | Inusité. | Qu'il saille,<br>qu'ils saillent. | Qu'il saillît,<br>qu'ils saillissent. | Saillant,<br>sailli (inv.). |
| Il saillirait,<br>ils sailliraient. | Inusité. | Qu'il saillisse,<br>qu'ils saillissent. | Qu'il saillît,<br>qu'ils saillissent. | Saillant,<br>sailli (inv.). |
| Je saurais, rais, rait,<br>saurions, riez, raient. | Sache,<br>sachons, sachez. | Que je sache, saches, sache,<br>sachions, sachiez, sachent. | Je susse, susses, sût,<br>sussions, sussiez, sussent. | Sachant,<br>su, e. |
| Je secourrais, rrais, rrait,<br>secourrions, rriez, rraient. | Secours,<br>secourons, courez. | Je secoure, coures, coure,<br>secourions, couriez, courent. | Je secourusse, russes, rût,<br>secourussions, russiez, russent. | Secourant,<br>secouru, e. |

| INFINITIF. | PRÉSENT. | IMPARFAIT. | PASSÉ DÉFINI. | FUTUR. |
|---|---|---|---|---|
| SÉDUIRE, comme CONDUIRE. | Je séduis, duis, duit, séduisons, duisez, duisent | Je séduisais, sais, sait, séduisions, siez, saient. | Je séduisis, sis, sit, séduisîmes, sites, sirent. | Je séduirai, ras, ra, séduirons, rez, ront. |
| S'ENQUÉRIR, | comme ENQUÉRIR ; voyez ENQUÉRIR. | | » | » |
| S'ENSUIVRE (unipersonnel), ou S'EN SUIVRE. | Il s'ensuit, s'ensuit-il ? ou il s'en suit, s'en suit-il? | Il s'ensuivait, ou il s'en suivait. | Il s'ensuivit, et au prétérit indéfini : il s'en est suivi. | Il s'ensuivra, ou il s'en suivra. |
| SENTIR. | Je sens, sens, sent, sentons, tez, tent. | Je sentais, tais, tait, sentions, tiez, taient. | Je sentis, tis, tit, sentîmes, tites, tirent. | Je sentirai, tiras, tira, sentirons, tirez, tiront. |
| S'ENTRE-DIRE, comme DIRE. | Ce verbe n'a pas de singul. Nous nous entre-disons, vous vous entre-dites, ils ou elles s'entre-disent. | « Nous nous entre-disions, vous vous entre-disiez, ils ou elles s'entre-disaient. | « Nous nous entre-dîmes, vous vous entre-dites, ils ou elles s'entre-dirent. | « Nous nous entre-dirons, vous vous entre-direz, ils ou elles s'entre-diront. |
| SEOIR (inusité), (être convenable). | Il sied (il convient), ils siéent. | Il seyait, ou séiait, ils seyaient ou séiaient. | Inusité. | Il siéra, ils siéront. |
| SEOIR (inusité). | On doit dire ASSEOIR ; voyez ASSEOIR. | | » | » |
| SERVIR. | Je sers, sers, sert, servons, vez, vent. | Je servais, vais, vait, servions, viez, vaient. | Je servis, vis, vit, servîmes, vites, virent. | Je servirai, viras, vira, servirons, virez, viront. |
| Verbes en ...SIR. | Se conjuguent sur FINIR. | » | » | » |
| SORTIR, passer dehors. | Je sors, sors, sort, sortons, tez, tent. | Je sortais, tais, tait, sortions, tiez, taient. | Je sortis, tis, tit, sortîmes, tites, tirent. | Je sortirai, tiras, tira, sortirons, tirez, tiront. |
| SORTIR, verbe actif (produire), terme de palais. | Je sortis, tis, tit, sortissons, tissez, tissent. | Je sortissais, ssais, ssait, sortissions, ssiez, ssaient. | Je sortis, tis, tit, sortîmes, tites, tirent. | Je sortirai, tiras, tira, sortirons, tirez, tiront. |
| SOUDRE (inusité). | On dit RÉSOUDRE. | » | » | » |
| SOUFRER, | se conjugue sur AIMER. | » | » | » |
| SOUFFRIR, | Je souffre, ffres, ffre, souffrons, ffrez, ffrent. | Je souffrais, ffrais, ffrait, souffrions, ffriez, ffraient. | Je souffris, ffris, ffrit, souffrîmes, ffrites, frirent | Je souffrirai, ras, ra, souffrirons, rez, ront. |
| SOUMETTRE, comme METTRE. | Je soumets, mets, met, soumettons, ttez, ttent. | Je soumettais, ttais, ttait, ...ttions, ttiez, ttaient. | Je soumis, mis, mit, soumîmes, mites, mirent. | Je soumettrai, ttras, ttra, soumettrons, ttrez, ttront. |
| SOURDRE (Jaillir). | L'eau sourd ou jaillit. | Ce verbe a vieilli. | » | » |
| SOURIRE, comme RIRE. | Je souris, ris, rit, sourions, riez, rient. | Je souriais, riais, riait, souriions, riiez, riaient. | Je souris, ris, rit, sourîmes, rites, rirent. | Je sourirai, riras, rira, sourirons, rirez, riront. |
| SOUSCRIRE. | Je souscris, cris, crit, ...crivons, crivez, crivent. | Je souscrivais, vais, vait, ...vions, viez, vaient. | Je souscrivis, vis, vit, souscrivîmes, vites, virent | Je souscrirai, ras, ra, souscrirons, rez, ront. |
| SOUSTRAIRE. | Je soustrais, trais, trait, ..trayons, trayez, traient. | Je soustrayais, yais, yait, soustrayions, yiez, yaient. | Je soustrayai, (inusité). | Je soustrairai, ras, ra, soustrairons, rez, ront. |
| SOUTENIR, comme TENIR. | Je soutiens, tiens, tient, ...tenons, tenez, tiennent. | Je soutenais, nais, nait, soutenions, niez, naient. | Je soutins, tins, tint, soutînmes, tintes, tinrent. | Je soutiendrai, dras, dra, ...tiendrons, drez, dront. |
| SUBVENIR, | se conjugue comme VENIR. Je subviens, etc. ; voyez VENIR. | | | » |
| SUFFIRE. | Je suffis, ffis, ffit, suffisons, ffisez, ffisent. | Je suffisais, sais, sait, suffisions, siez, saient. | Je suffis, ffis, ffit, suffîmes, ffites, ffirent. | Je suffirai, ffiras, ffira, suffirons, firez, firont. |
| SUIVRE. | Je suis, suis, suit, suivons, suivez, suivent. | Je suivais, vais, vait, suivions, viez, vaient. | Je suivis, vis, vit, suivîmes, vites, virent. | Je suivrai, vras, vra, suivrons, vrez, vront. |
| SURFAIRE. | Je surfais, fais, fait, surfaisons, faites, font. | Je surfaisais, sais, sait, surfaisions, siez, saient. | Je surfis, fis, fit, surfîmes, fites, firent. | Je surferai, feras, fera, surferons, ferez, feront. |
| SURPRENDRE, comme PRENDRE. | Je surprends, prends, prend, surprenons, prenez, prennent. | Je surprenais, nais, nait, surprenions, niez, naient. | Je surpris, pris, prit, surprîmes, prites, prirent. | Je surprendrai, dras, dra, surprendrons, drez, dront. |
| SURSEOIR. | Je sursois, sois, soit, sursoyons, soyez, soient. | Je sursoyais, yais, yait, sursoyions, yiez, yaient. | Je sursis, sis, sit, sursîmes, sites, sirent. | Je surseoirai, seoiras, seoira ...seoirons, ...rez, ..ront. |
| SURVENIR. | Je surviens, viens, vient, survenons, venez, viennent | Je survenais, nais, nait, survenions, niez, naient. | Je survins, vins, vint, survînmes, vintes, vinrent. | Je surviendrai, dras, dra, surviendrons, drez, dront. |

| CONDITIONNEL. | IMPÉRATIF. | SUBJONCTIF PRÉSENT. | IMPARFAIT DU SUBJ. | PARTICIPES (prés. et passé). |
|---|---|---|---|---|
| Je séduirais, rais, rait, séduirions, riez, raient. | Séduis, séduisons, duisez. | Que je séduise, duises, duise, n. séduisions, duisiez, duisent. | Que je séduisisse, sisses, sît, séduisissions, sissiez, sissent. | Séduisant, séduit, e. |
| » | » | » | » | » |
| Il s'ensuivrait, ou il s'en suivrait. | Point d'impératif. | Qu'il s'ensuive, ou qu'il s'en suive. | Qu'il s'ensuivît, ou qu'il s'en suivît. | Inusité, s'en être suivi ( inv.). |
| Je sentirais, tirais, tirait, sentirions, tiriez, tiraient. | Sens, sentons, sentez. | Je sente, sentes, sente, sentions, sentiez, sentent. | Je sentisse, sentisses, sentît, sentissions, ...tissiez, tissent. | Sentant, senti, e. |
| » Nous nous entre-dirions, vous vous entre-diriez, ils ou elles s'entre-diraient. | » Entre-disons-nous, entre-dites-vous. | » Que nous nous entre-disions, vous vous entre-disiez, ils ou elles s'entre-disent. | » Que nous nous entre-dissions, vous vous entre-dissiez, ils ou elles s'entre-dissent. | S'entre-disant, entre-dit, e. (invar. avec les personnes.) |
| Il siérait, ils siéraient. | Inusité. | Qu'il siée, qu'ils siéent. | Inusité. | Seyant ou séiant » |
| » | » | » | » | Séant, sis, e. |
| Je servirais, virais, virait, servirions, viriez, viraient. | Sers, servons, servez. | Je serve, serves, serve, servions, serviez, servent. | Je servisse, visses, vît, servissions, vissiez, vissent. | Servant, servi, e. |
| » | » | » | » | » |
| Je sortirais, tirais, tirait, sortirions, tiriez, tiraient. | Sors, sortons, sortez. | Je sorte, sortes, sorte, sortions, sortiez, sortent. | Je sortisse, tisses, tît, sortissions, tissiez, tissent. | Sortant, sorti, e. |
| Je sortirais, tirais, tirait, sortirions, tiriez, tiraient. | Sortis, sortissons, tissez. | Je sortisse, tisses, tisse, sortissions, tissiez, tissent. | Je sortisse, tisses, tît, sortissions, tissiez, tissent. | Sortissant, sorti, e. |
| » | » | » | » | » |
| » | » | » | » | » |
| Je souffrirais, rais, rait, souffririons, riez, raient. | Souffre, souffrons, souffrez. | Je souffre, ffres, ffre, souffrions, ffriez, ffrent. | Je souffrisse, frisses, ffrît, ffrissions, ffrissiez, ffrissent. | Souffrant, souffert, e. |
| Je soumettrais, ttrais, ttrait, soumettrions, ttriez, ttraient. | Soumets, soumettons, mettez. | Je soumette, mettes, mette, soumettions, mettiez, mettent | Je soumisse, misses, mit, soumissions, missiez, missent. | Soumettant, soumis, e. |
| » | » | » | » | » |
| Je sourirais, rirais, rirait, souririons, ririez, riraient. | Souris, sourions, riez. | Je sourie, ries, rie, souriions, riiez, rient. | Je sourisse, risses, rit, sourissions, rissiez, rissent. | Souriant, souri (inv.). |
| Je souscrirais, rais, rait, souscririons, riez, raient. | Souscris, souscrivons, vez. | Je souscrive, crives, crive, souscrivions, criviez, crivent. | Je souscrivisse, visses, vit, souscrivissions, vissiez, vissent | Souscrivant, souscrit, e. |
| Je soustrairais, rais, rait, soustrairions, riez, raient. | Soustrais, soustrayons, yez. | Je soustraie, traies, traie, soustrayions, trayiez, traient. | Inusité. | Soustrayant, soustrait, e. |
| Je soutiendrais, drais, drait, soutiendrions, driez, draient. | Soutiens, soutenons, tenez. | Je soutienne, tiennes, tienne, soutenions, teniez, tiennent. | Je soutinsse, tinsses, tînt, soutinssions, tinssiez, tinssent. | Soutenant, soutenu, e. |
| » | » | » | » | » |
| Je suffirais, ffirais, ffirait, suffirions, ffiriez, ffiraient. | Suffis, suffisons, ffisez. | Je suffise, ffises, ffise, suffisions, ffisiez, ffisent. | Je suffisse, ffisses, ffît, suffissions, ffissiez, ffissent. | Suffisant, suffi (inv.). |
| Je suivrais, vrais, vrait, suivrions, vriez, vraient. | Suis, suivons, suivez. | Je suive, suives, suive, suivions, suiviez, suivent. | Je suivisse, visses, vît, suivissions, vissiez, vissent. | Suivant, suivi, e. |
| Je surferais, ferais, ferait, surferions, feriez, feraient. | Surfais, surfaisons, faites. | Je surfasse, fasses, fasse, surfassions, fassiez, fassent. | Je surfisse, fisses, fit, surfissions, fissiez, fissent. | Surfaisant, surfait, e. |
| Je surprendrais, drais, drait, surprendrions, driez, draient. | Surprends, surprenons, prenez. | Je surprenne, prennes, prenne n. surprenions, preniez, prennent. | Je surprisse, prisses, prit, surprissions, prissiez, prissent. | Surprenant, surpris, e. |
| Je surseoirais, rais, rait, surseoirions, riez, raient. | Sursois, sursoyons, soyez. | Je sursoie, soies, soie, sursoyions, soyiez, soient. | Je sursisse, sisses, sît, sursissions, sissiez, sissent. | Sursoyant, sursis, e. |
| Je surviendrais, drais, drait, surviendrions, driez, draient. | Surviens, survenons, venez. | Je survienne, viennes, vienne, survenions, veniez, viennent. | Je survinsse, vinsses, vînt, survinssions, vinssiez, vinssent | Survenant, survenu, e. |

| INFINITIF. | PRÉSENT. | IMPARFAIT. | PASSÉ DÉFINI. | FUTUR. |
|---|---|---|---|---|
| SURVIVRE. | Je survis, vis, vit, survivons, vivez, vivent. | Je survivais, vais, vait, survivions, viez, vaient. | Je survécus, eus, eut, survécûmes, eûtes, eurent. | Je survivrai, vras, vra, survivrons, vrez, vront. |
| SUSPENDRE, comme PENDRE, | Je suspends, pends, peud, pendons, pendez, pendent | Je suspendais, dais, dait, suspendions, diez, daient. | Je suspendis, dis, dit, ...dîmes, dîtes, dirent. | Je suspendrai, dras, dra, suspendrons, drez, dront. |
| TAIRE. | Je tais, tais, tait, taisons, taisez, taisent. | Je taisais, sais, sait, taisions, siez, saient. | Je tus, tus, tut, tûmes, tûtes, turent. | Je tairai, ras, ra, tairons, rez, ront. |
| TEINDRE, et ses composés. | Je teins, teins, teint, teignons, gnez, gnent. | Je teignais, gnais, gnait, teignions, gniez, gnaient. | Je teignis, gnis, gnit, teignîmes, gnîtes, gnirent. | Je teindrai, dras, dra, teindrons, drez, dront. |
| TENIR, et ses composés. | Je tiens, tiens, tient, tenons, tenez, tiennent. | Je tenais, tenais, tenait, tenions, teniez, tenaient. | Je tins, tins, tint, tînmes, tîntes, tinrent. | Je tiendrai, dras, dra, tiendrons, drez, dront. |
| TISSER. | Je tisse, tisses, tisse, tissons, tissez, tissent. | Je tissais, ssais, ssait, tissions, ssiez, ssaient. | Je tissai, ssas, ssa, tissâmes, ssâtes, ssèrent. | Je tisserai, sseras, ssera, tisserons, sserez, sseront. |
| TORDRE. | Je tords, tords, tord, tordons, dez, dent. | Je tordais, dais, dait, tordions, diez, daient. | Je tordis, dis, dit, tordîmes, dîtes, dirent. | Je tordrai, dras, dra, tordrons, drez, dront. |
| TRADUIRE. | Je traduis, duis, duit, ..duisons, duisez, duisent. | Je traduisais, sais, sait, traduisions, siez, saient. | Je traduisis, sis, sit, traduisîmes, sites, sirent. | Je traduirai, ras, ra, traduirons, rez, ront. |
| TRAIRE. | Je trais, trais, trait, trayons, trayez, traient. | Je trayais, yais, yait, trayions, yiez, yaient. | Ce temps n'est pas usité : je trayai, yas, ya, trayâmes, yâtes, yèrent. | Je trairai, ras, ra, trairons, rez, ront. |
| TRANSCRIRE, comme ÉCRIRE. | Je transcris, cris, crit, transcrivons, vez, vent. | Je transcrivais, vais, vait, transcrivions, viez, vaient. | Je transcrivis, vis, vit, transcrivîmes, vîtes, virent | Je transcrirai, ras, ra, transcrirons, rez, ront. |
| TRANSMETTRE, comme METTRE, | Je transmets, mets, met, transmettons, ttez, ttent. | Je transmettais, ttais, ttait ...mettions, ttiez, ttaient. | Je transmis, mis, mit, transmîmes, mîtes, mirent | Je transmettrai, tras, tra, ..mettrons, ttrez, ttront. |
| TRESSAILLIR. | Je tressaille, lles, lle, tressaillons, llez, llent. | Je tressaillais, llais, llait, tressaillions, lliez, llaient. | Je tressaillis, llis, llit, tressaillîmes, llîtes, llirent. | Je tressaillerai, eras, era, tressaillerons, erez, eront. |
| TUER. | Je tue, tues, tue, tuons, tuez, tuent, | Je tuais, tuais, tuait, tuions, tuiez, tuaient. | Je tuai, tuas, tua, tuâmes, tuâtes, tuèrent. | Je tuerai, tueras, tuera, tuerons, tuerez, tueront. |
| Verbes en UER. | Se conjuguent comme TUER. | | » | » |
| Verbes en UYER. | Se conjuguent comme ENNUYER ; voyez ce verbe. | | » | » |
| VAINCRE. | Je vaincs, vaincs, vainc, vainquons, quez, quent. | Je vainquais, quais, quait, vainquions, quiez, quaient | Je vainquis, quis, quit, ...quîmes, quîtes, quirent. | Je vaincrai, cras, cra, vaincrons, crez, cront. |
| VALOIR. | Je vaux, vaux, vaut, valons, valez, valent. | Je valais, lais, lait, valions, liez, laient. | Je valus, lus, lut, valûmes, lûtes, lurent. | Je vaudrai, dras, dra, vaudrons, drez, dront. |
| VENIR, et ses composés. | Je viens, viens, vient, venons, venez, viennent. | Je venais, nais, nait, venions, niez, naient. | Je vins, vins, vint, vînmes, vîntes, vinrent. | Je viendrai, dras, dra, viendrons, drez, dront. |
| VÊTIR. | Je vêts, vêts, vêt, vêtons, vêtez, vêtent. | Je vêtais, tais, tait, vêtions, tiez, taient. | Je vêtis, tis, tit, vêtîmes, tîtes, tirent, | Je vêtirai, tiras, tira, vêtirons, tirez, tiront. |
| VIVRE. | Je vis, vis, vit, vivons, vivez, vivent. | Je vivais, vais, vait, vivions, viez, vaient. | Je vécus, eus, eut, vécûmes, eûtes, eurent. | Je vivrai, vras, vra, vivrons, vrez, vront. |
| VOIR. | Je vois, vois, voit, voyons, voyez, voient. | Je voyais, voyais, voyait, voyions, voyiez, voyaient. | Je vis, vis, vit, vîmes, vîtes, virent. | Je verrai, verras, verra, verrons, verrez, verront. |
| VOULOIR. | Je veux, veux, veut, voulons, voulez, veulent. | Je voulais, lais, lait, voulions, liez, laient. | Je voulus, lus, lut, voulûmes, lûtes, lurent. | Je voudrai, dras, dra, voudrons, drez, dront. |
| Verbes en ...YER, comme PAYER. | Je paie, paies, paie, payons, payez, paient. | Je payais, yais, yait, payions, yiez, yaient. | Je payai, yas, ya, payâmes, yâtes, yèrent. | Je paierai, eras, era, paierons, erez, eront. |

FIN DES

| CONDITIONNEL. | IMPÉRATIF. | SUBJONCTIF PRÉSENT. | IMPARFAIT DU SUBJ. | PARTICIPES (prés. et passé). |
|---|---|---|---|---|
| Je survivrais, vrais, vrait, survivrions, vriez, vraient. | Survis, survivons, vivez. | Que je survive, vives, vive, n. survivions, viviez, vivent. | Que je survécusse, cusses, cût, ...cussions, cussiez, cussent. | Survivant, survécu (inv.). |
| Je suspendrais, drais, drait, suspendrions, driez, draient. | Suspends, suspendons, pendez. | Je suspende, pendes, pende, suspendions, pendiez, pendent | Je suspendisse, disses, dît, suspendissions, dissiez, dissent. | Suspendant, suspendu, e. |
| Je tairais, rais, rait, tairions, riez, raient. | Tais, taisons, taisez. | Je taise, taises, taise, taisions, taisiez, taisent. | Je tusse, tusses, tût, tussions, tussiez, tussent. | Taisant, tu, e. |
| Je teindrais, drais, drait, teindrions, driez, draient. | Teins, teignons, teignez. | Je teigne, gnes, gne, teignions, gniez, gnent. | Je teignisse, gnisses, gnît, teignissions, gnissiez, gnissent. | Teignant, teint, e. |
| Je tiendrais, drais, drait, tiendrions, driez, draient. | Tiens, tenons, tenez. | Je tienne, tiennes, tienne, tenions, teniez, tiennent. | Je tinsse, tinsses, tint, tinssions, tinssiez, tinssent. | Tenant, tenu, e. |
| Je tisserais, sserais, sserait, tisserions, sseriez, sseraient. | Tisse, tissons, tissez. | Je tisse, tisses, tisse, tissions, tissiez, tissent. | Je tissasse, ssasses, ssât, tissassions, ssassiez, ssassent. | Tissant, tissé, e. |
| Je tordrais, drais, drait, tordrions, driez, draient. | Tords, tordons, tordez. | Je torde, tordes, torde, tordions, tordiez, tordent. | Je tordisse, disses ; dît ; tordissions, dissiez, dissent. | Tordant, tordu, e. |
| Je traduirais, rais, rait, traduirions, riez, raient. | Traduis, traduisons, duisez. | Je traduise, duises, duise, traduisions, duisiez, duisent. | Je traduisisse, sisses, sît, traduisissions, sissiez, sissent. | Traduisant, traduit, e. |
| Je trairais, rais, rait, trairions, riez, raient. | Trais, trayons, trayez. | Je traie, traies, traie, trayions, trayiez, traient. | Je trayasse, yasses, yût, trayassions, yassiez, yassent. | Trayant, trait, e. |
| Je transcrirais, rais, rais, transcririons, riez, raient. | Transcris, transcrivons, vez. | Je transcrive, ves, ve, transcrivions, viez, vent. | Je transcrivisse, visses, vit, transcrivissions, ..ssiez, ssent | Transcrivant, transcrit, e. |
| Je transmettrais, ttrais, ttrait, transmettrions, ttriez, ttraient | Transmets, transmettons, ttez. | Je transmette, ttes, tte, transmettions, ttiez, ttent. | Je transmisse, misses, mît, transmissions, missiez, missent | Transmettant, transmis, e. |
| Je tressaillerais, erais, erait, tressaillerions, eriez, eraient. | Tressaille, tressaillons, llez. | Je tressaille, lles, lle, tressaillions, lliez, llent. | Je tressaillisse ; llisse, llît, tressaillissions, llissiez, llissent | Tressaillant, tressailli (inv.). |
| Je tuerais, tuerais, tuerait, tuerions, tueriez, tueraient. | Tue, tuons, tuez. | Je tue, tues, tue, tuions, tuiez, tuent. | Je tuasse, tuasses, tuât, tuassions, tuassiez, tuassent. | Tuant, tué, e. |
| » | » | » | » | » |
| » | » | » | » | » |
| Je vaincrais, crais, crait, vaincrions, criez, craient. | Vaincs, vainquons, quez. | Je vainque, ques, que, vainquions, quiez, quent. | Je vainquisse, quisses, quit, ..quissions, quissiez, quissent. | Vainquant, vaincu, e. |
| Je vaudrais, drais, drait, vaudrions, driez, draient. | Voux (inusité), valons, valez.. | Je vaille, vailles, vaille, valions, valiez, vaillent. | Je valusse, lusses, lût. valussions, lussiez, lussent. | Valant, valu (inv.) ; la plus-value, n. f. |
| Je viendrais, drais, drait, viendrions, driez, draient. | Viens, venons, venez. | Je vienne, viennes, vienne, venions, veniez, viennent. | Je vinsse, vinsses, vint, vinssions, vinssiez, vinssent. | Venant, venu, e. |
| Je vêtirais, tirais, tirait, vêtirions, tiriez, tiraient. | Vêts, vêtons, vêtez. | Je vête, vêtes, vête, vêtions vêtiez, vêtent. | Je vêtisse, tisses, tît, vêtissions, tissiez, tissent. | Vêtant, vêtu, e. |
| Je vivrais, vrais, vrait, vivrions, vriez, vraient. | Vis, vivons, vivez. | Je vive, vives, vive, vivions, viviez, vivent. | Je vécusse, cusses, cût, vécussions, cussiez, cussent. | Vivant, vécu (inv.). |
| Je verrais, verrais, verrait, verrions, verriez, verraient. | Vois, voyons, voyez. | Je voie, voies, voie, voyions, voyiez, voient. | Je visse, visses, vit, vissions, vissiez, vissent. | Voyant, vu, m., vue, f. |
| Je voudrais, drais, drait, voudrions, driez, draient. | Veuille, veuillez. | Je veuille, veuilles, veuille, voulions, vouliez, veuillent. | Je voulusse, lusses, lût, voulussions, lussiez, lussent. | Voulant, voulu, e. |
| Je paierais, erais, erait, paierions, eriez, eraient. | Paie, payons, payez. | Je paie, paies, paié, payions, payiez, paient. | Je payasse, yasses, yât, payassions, yassiez, yassent. | Payant, payé, e. |

CONJUGAISONS.

# VERBES qui exigent la préposition DE avant l'*infinitif* qui les suit.

S'abstenir *de*... accuser... achever... affecter... s'affliger... ambitionner... appartenir (*v. unipers.* : il *vous* appartient *de* ). appréhender... avertir... s'aviser... avoir (*de* ou *à*), DE, *lorsque le verbe suivant commence par une voyelle, et* à, *lorsqu'il commence par une consonne*)... blâmer... brûler.. cesser... charger... commencer (DE ou à ; *c'est l'euphonie qui en décide*). commander... conjurer... conseiller... consentir DE... (*c'est ne pas empêcher*); consentir à ( *si c'est une action qu'on veut faire*). SE contenter... continuer (*de* ou *à*)... convenir... contraindre (*de* ou *à*). . . coûter : *il coûte à quelqu'un* DE ; *mais on dit cette démarche* coûte à *faire*..... craindre..... décesser..... dédaigner... *se* dédire... défendre.. défier.. délibérer.. *se* dépêcher... désaccoutumer.. désespérer... *se* déshabituer... désirer ( *avec ou sans la préposition* DE ). se désister... détester..... détourner... différer... dire... discontinuer... disconvenir... dispenser... dissuader... *se* douter..... échapper..... écrire (*de* ou *pour*)..... s'édifier..... s'efforcer (*de* ou *à*)..... s'effrayer... éluder... empêcher... s'empresser DE (*Volt.*)... engager (DE *et mieux* à),..... s'engouer..... enjoindre..... s'enorgueillir.... enrager... entreprendre... s'ennuyer... épargner...... ne pas espérer *de*..... essayer.... s'étonner.... s'excuser... s'exempter... éviter... fatiguer (*de* ou *à*)... feindre... *se* féliciter... finir (*plutôt* DE *que* à). *se* flatter DE (*se vanter*). se flatter *que* ( *c'est espérer*). forcer (*de* ou *à*). frémir. gager.... *se* garder..... *se* garer..... gémir..... *se* glorifier..... *se* hâter..... hésiter.... s'indigner.... s'ingérer.... s'inquiéter... inspirer... interdire... jouir... juger *à propos* DE... jurer... languir... *se* lasser... mander... *ne pas* manquer DE ; *mais* manquer à, *c'est offenser ou omettre*.... méditer..... *se* mêler..... menacer..... mériter ( *de* )... négliger... nier... notifier... obliger ( *de* ou *à*).... obtenir.... s'occuper DE (*chercher les moyens* DE, *ne pas négliger* DE)... offrir... ordonner... oublier DE... (*perdre le souvenir* ); *mais on dit* oublier à (*perdre l'habitude*)... parler... participer (*tenir de la nature* DE)..... *se* passer DE (*c'est se priver de*.....; *mais se* passer à....., *c'est se contenter de* )..... permettre... persuader... pétiller... *se* plaindre DE, *marque un motif de plainte ; se* plaindre *que, n'en suppose pas*... plaire (*unipersonnel*) : *il me plaît* DE ; *mais on dit se plaire* à)... pleurer... prendre garde de... prescrire... préserver... *se* presser. prier DE (*excepté* prier à *déjeûner*, à *dîner*, à *souper, lorsqu'il y a invitation préméditée*)..... priver...... projeter..... promettre..... proposer (*avoir l'idée* DE.... *mais se* proposer *pour, c'est s'offrir pour* )..... protester DE... punir...... *se* rappeler... recommander........ refuser ( DE *et* à)........ regretter........ *se* réjouir........ remercier.... *se* repentir.... reprendre.... réprimander.... *se* réserver ( *de et à*)... résoudre (DE *ou* à)... *se* ressouvenir... retarder... rire... risquer... rougir... *se* scandaliser..... sécher..... *se* tuer..... ( *de* ou *à*).... solliciter (DE, *mais mieux* à)..

sommer... *se soucier....* souffrir DE... (*être chagrin*)... souhaiter... soupçonner... *se souvenir...* suffire... suggérer... supplier... tâcher DE (*faire ses efforts ; mais* tâcher À*, c'est viser à*). *Il me* tarde DE ; *mais on dit : il* tarde à... taxer DE (*accuser* DE ; *mais* taxer À*, c'est imposer une taxe*).... tenter.... trembler... triompher.... *se vanter....* venir DE... (*sortir* DE... ; *mais on dit s'il* vient À... (*s'il arrive que...*).

## VERBES qui exigent la préposition À avant *l'infinitif* qui les suit.

S'abaisser À... s'abandonner.... aboutir.... accoutumer.... s'acharner... s'adonner.... aider... aimer À (*lorsqu'il s'agit d'une action à faire*).... s'animer.... s'appliquer.... apprendre... apprêter... aspirer... assigner... assujétir... s'attacher... s'attendre... autoriser... avilir... avoir... balancer... *se* borner... chercher... commencer À *ou* DE, *mais mieux* À..... concourir..... condamner..... consentir À (*en parlant d'une action qu'on veut faire*)... consister... conspirer... continuer (*à ou de*)... contraindre (*à ou de*)... contribuer... coûter (*cette démarche me* coûte À ; *mais on dit : il* coûte À *quelqu'un* DE)... décider... demander À *boire*, À *courir*, etc... donner À... (*je vous donne* À *penser*)...désapprendre... déterminer...dévouer...disposer... donner... dresser... s'efforcer (*à ou de*)... employer... s'empresser À (*Mass.*)... encourager... engager (À *mieux que* DE)... s'enhardir... enseigner... essayer (*à ou de*)... s'étudier... exceller... exciter... exhorter... exposer... fatiguer (*à ou de*)... finir (À*, mais mieux* DE)... forcer (*à ou de*)... former... habituer... *se* hasarder (*à ou de*)... hésiter... inviter... laisser À *faire* (*pour être fait*)... manquer À (*c'est offenser, ou omettre ; mais on dit : ne pas* manquer DE).... mettre.... montrer.... nécessiter.... obliger À (*forcer*).... s'obstiner.... s'occuper À (*travailler fortement* À ; *mais* s'occuper DE*, c'est chercher les moyens* DE*, ne pas négliger* DE)... offrir... oublier À (*c'est perdre l'habitude*) ; *mais on dit* oublier DE (*perdre le souvenir*)... participer À (*avoir part* À)... parvenir... *se* passer À... (*c'est se contenter de*)... penser.... persévérer.... persister.... *se* plaire À (*mais on dit : vous* plaît-il DE *venir*)... *se* plier... porter... *se* prendre... prétendre... prier À *dîner*, À *souper*, etc. (*invitation préméditée*).... provoquer.... refuser (*à ou de*).... renoncer... répugner... *se* réserver (*à et de*)... résigner... *se* résoudre... rester... servir... solliciter (À *mieux que* DE).... songer.... souffrir À (*ressentir une douleur physique*).... *se* soumettre... *s'en* tenir à... tâcher À (*viser* À ; *mais* tâcher DE*, c'est faire ses efforts*)... tarder À ; *mais on dit : il me* tarde DE... taxer À (*imposer une taxe ; mais* taxer DE*, c'est accuser* DE)... tendre... tenir... travailler... trembler À (*Racine*) ; *mais on dit plutôt* trembler DE... trouver... veiller... venir... viser... voir.

# VERBES NEUTRES ou INTRANSITIFS qui prennent le verbe ÊTRE, lorsque la période de temps n'est pas entièrement écoulée.

Aborder (ÊTRE et AVOIR : ÊTRE, *pour marquer l'état du verbe*, et AVOIR, *pour en marquer l'action*)... accoucher ( *v. n.* )... accourir (ÊTRE *et* AVOIR)... accroître ( ÊTRE, *pour marquer l'état du v.*, et AVOIR, *pour marquer l'idée de l'action*). aller... apparaître (ÊTRE *et* AVOIR)... arriver... cesser (*rarement avec* ÊTRE, *et mieux avec* AVOIR) : *la fièvre* EST cessée (*idée de l'état du verbe*); *la fièvre* A cessé (*idée de l'action du verbe* )... contrevenir... convenir (*demeurer d'accord ; mais il prend* AVOIR, *lorsqu'il signifie être convenable; ex.* : *Je* SUIS convenu *du prix, parce que cette maison m'*A convenu)... décéder... déchoir... demeurer (*dans le sens de rester, il prend le verbe* ÊTRE *; et dans le sens de faire sa demeure, il prend le verbe* AVOIR)... descendre (ÊTRE *et* AVOIR)... devenir... s'ébahir (*s'étonner*).... échapper ( ÊTRE *et* AVOIR ).... échoir.... éclore. entrer. expirer (ÊTRE, pour les choses, et AVOIR, pour les personnes)... intervenir... mésarriver (*unipers.*)... monter (ÊTRE *et* AVOIR.) mourir... naître... partir (ÊTRE, *si l'on n'est pas revenu*).... parvenir.... passer. (ÊTRE *et* AVOIR)....- redevenir.... renaître.... rentrer... repartir (*retourner*)... repasser par ( ÊTRE *et* AVOIR )... ressortir ( *après être rentré*)... rester... résulter, *unipers.* (ÊTRE *et* AVOIR)... retomber ( ÊTRE *et* AVOIR )... retourner (ÊTRE *et* AVOIR ; mais il prend ÊTRE, *si l'on n'est pas revenu*)... revenir... sortir ( ÊTRE, *si l'on n'est pas rentré* ).... survenir... tomber ( ÊTRE, *si l'on n'est pas relevé, et* AVOIR, *si l'on est relevé*). venir (ÊTRE).... vieillir (ÊTRE *et* AVOIR ). Ajoutez-y tous les *verbes passifs* et les *verbes pronominaux*, dans tous leurs temps composés.

Tous les autres verbes se conjuguent avec l'auxiliaire AVOIR.

*Nota.* Avec les verbes ci-dessus qui sont suivis de ( ÊTRE *et* AVOIR ), la plupart des grammairiens emploient le verbe ÊTRE, pour exprimer l'idée de l'état du verbe, et AVOIR, pour exprimer l'action de ce verbe, comme n'ayant plus lieu.

Mais, lorsque l'on veut indiquer une période de temps entièrement révolue, on doit plutôt se servir du PRÉTÉRIT DÉFINI (autrement dit *passé simple*), que de se servir de l'un des deux auxiliaires, ÊTRE ou AVOIR ; ainsi, au lieu de dire : *il* EST abordé *il y a un an* , ou *il* A abordé *il y a un an*, dites : *il* aborda *il y a un an*, puisque l'année est entièrement révolue, et définie par une circonstance de temps dont il ne reste plus rien ; donc il faut se servir du prétérit défini.

# INTRODUCTION

AUX

# DEUX RÈGLES DU PARTICIPE.

———

Avant de donner la règle *d'accord* et celle de *non-accord du* PARTICIPE, soit avec le sujet du *verbe*, soit avec son *régime*, disons d'abord ce que signifient ces trois mots : SUJET, VERBE et RÉGIME ; à quoi l'on peut les reconnaître, et quelle est leur influence dans la rédaction de la pensée écrite.

## DU SUJET.

On nomme SUJET du verbe le nom ou pronom qui sert à diriger les formes personnelles du verbe pendant les différens temps de l'acte ou de l'action qu'on veut que ce verbe exprime.

Dans la conjugaison, le SUJET du verbe est toujours un des pronoms *je, tu, il* ou *elle,* pour le singulier, et *nous, vous, ils* ou *elles,* pour le pluriel; ces pronoms forcent toujours le verbe à s'accorder avec eux en nombre et en personne. Mais, pour reconnaître le SUJET d'un verbe dans la phrase, on fait la question *qui est-ce qui* ou *qu'est-ce qui* sur le verbe; le mot qui vient en réponse à cette question, après avoir répété le verbe, en est toujours le SUJET. Ainsi, lorsque je dis : *le professeur explique une difficulté*, interrogez par *qui est-ce qui* explique? Vous aurez pour réponse, *le professeur; professeur* est donc ici le *sujet* du verbe *expliquer*, puisque c'est lui qui fait l'action d'expliquer. 2ᵉ Exemple : *Les enfans pleurent.* — Demande : *Qui est-ce qui* pleure? — Réponse : Ce sont les *enfans.* Donc le mot *enfant*, qui vient en réponse à la question *qui est-ce qui*, est le *sujet* du verbe pleurer. 3ᵉ Exemple : *Cette explication est facile.* — D. Qu'est- ce qui est facile? — R. Cette *explication;* donc *explication* est le *sujet* du verbe être. 4ᵉ Exemple : *Vous comprenez.* — D. *Qui est-ce qui* comprend? — R. *Vous;* le pronom vous est donc le *sujet* du verbe *comprendre*, qui se trouve accidentellement changé en *comprenez* (2ᵉ personne de ce verbe), parce qu'il se rapporte au sujet *vous* qui est de la 2ᵉ personne, et que le verbe s'accorde toujours avec son SUJET en nombre et en personne.

## DU VERBE.

Le VERBE est le mot qui peut prendre diverses formes personnelles pour exprimer l'état ou l'action d'une personne ou d'une chose aux différens temps de son existence, comme *j'aime*, *j'aimais*, *j'aimai*, *j'aimerai*, ils *aimeront*, etc., dans le verbe *aimer* ( *voyez* la conjugaison ).

On distingue ordinairement cinq sortes de verbes : 1° les VERBES ACTIFS OU TRANSITIFS DIRECTS, comme *aimer;* 2° les VERBES ACTIFS INDIRECTS OU INTRANSITIFS, comme *marcher, tomber;* 3° les VERBES PRONOMINAUX, comme *se promener, s'ennuyer;* 4° les VERBES UNIPERSONNELS, comme *pleuvoir, neiger;* 5° les VERBES PASSIFS, comme *être aimé, être battu.*

## DES VERBES ACTIFS.

Les *verbes actifs directs ou transitifs directs* sont ceux qui dirigent leur action sur une personne ou sur une chose sans l'intermédiaire d'une préposition, comme dans les deux phrases suivantes : *j'écris* une lettre. Nous *aimons* la campagne.

*Nota.* On reconnaît qu'un verbe est ACTIF, lorsqu'on peut mettre après lui le mot *quelqu'un* ou *quelque chose;* ainsi, AIMER et ÉCRIRE sont des verbes *actifs*, parce que l'on peut dire AIMER *quelqu'un*, ÉCRIRE *quelque chose;* ces mots *quelqu'un, quelque chose*, mis après le verbe, sont nommés régime direct.

## DES VERBES INTRANSITIFS.

Les *verbes intransitifs* sont ceux après lesquels on ne peut mettre *quelqu'un* ou *quelque chose*, sans placer une des prépositions À, DE, PAR, POUR, SUR, EN, etc., entre le verbe et son régime. Ainsi, *résister, plaire, rire, agir*, sont des verbes *intransitifs* ou *neutres*, parce qu'on ne peut dire, *résister quelqu'un* ou *quelque chose, plaire quelqu'un, rire quelqu'un, rire quelque chose*, ni *agir quelqu'un*, ni *agir quelque chose*, mais bien *résister* À quelqu'un ou À quelque chose, *plaire* À quelqu'un, *rire* DE quelqu'un ou DE quelque chose, et *agir* POUR quelqu'un ou POUR quelque chose; ces mots À *quelqu'un*, DE *quelqu'un* ou DE *quelque chose*, POUR *quelqu'un* ou POUR *quelque chose*, EN *quelqu'un* et EN *quelque chose*, en sont le régime oblique ou indirect, autrement dit régime composé ou prépositif, parce qu'ils sont précédés d'une préposition. — Ces verbes, n'ayant jamais de régime direct, ont leur participe passé invariable.

## DES VERBES PRONOMINAUX.

Les *verbes pronominaux* ou *réfléchis* sont ceux qui se conjuguent avec deux pronoms de la même personne; à l'infinitif, ils sont toujours précédés du pronom SE; tels sont : SE *promener*, s'*ennuyer*, s'en *aller*, etc., dont on fait : JE ME *promène*, TU TE *promènes;* JE M'*ennuie*, TU T'*ennuies;* JE M'en *vais*, TU T'en *vas*, etc.; aux temps composés, tous ces verbes prennent le verbe *être* au lieu du verbe *avoir;* mais alors le verbe *être* est employé pour le verbe *avoir;* lorsque je dis : *je me* SUIS *promené*, cela signifie j'AI *promené moi;* c'est l'euphonie qui réclame cet usage. Mais dans les temps simples, ils se conjuguent comme les verbes de la conjugaison à laquelle ils appartiennent.

*Nota.* Dans les verbes *réfléchis directs*, comme SE CASSER, le participe passé s'accorde avec le sujet, comme dans *mes jambes se sont* CASSÉES. Mais, dans les verbes *réfléchis indirects*, le participe ne s'accorde jamais avec le sujet; ainsi l'on écrit sans accord : *ils se sont* CASSÉ *les jambes.*

## DES VERBES UNIPERSONNELS.

Les verbes *unipersonnels* sont ceux qui ne se conjuguent qu'à la 3ᵉ personne du singulier; tels sont : il *pleut*, il *faut*, il *neige*, il *tonne*, etc. Le *participe passé* de tout verbe employé dans ce sens est toujours *invariable*, comme dans : *les chaleurs qu'il a* FAIT, *les pluies qu'il y a* EU, etc.

## DES VERBES PASSIFS.

Le verbe PASSIF est une périphrase ou tournure de phrase qui n'est autre chose que le *participe passé* d'un verbe *actif*, précédé du verbe *être* (exprimé ou sous-entendu). Il est ordinairement suivi de l'une des deux prépositions DE ou PAR. Ainsi, c'est se servir d'un verbe *passif*, autrement dit, d'une circonlocution ou voie *passive*, que de dire : *cette feuille* A ÉTÉ LUE *par moi?* et c'est se servir d'une tournure ou voie *active*, que de dire : *j'ai* LU *cette feuille*. Mais dans la tournure *passive*, le participe *passé* s'accorde toujours en genre et en nombre avec le sujet de la proposition.

D'après ces deux exemples, tout ce que l'on peut dire de plus raisonnable sur le verbe *passif*, lorsqu'il est suivi de DE ou PAR, c'est que cette tournure de phrase est presque toujours de mauvais goût en français; aussi doit-on éviter d'en faire un trop fréquent usage.

# DES RÉGIMES.

Nous avons vu qu'il y a deux sortes de RÉGIMES : le *régime* DIRECT ou *régime simple*, et le *régime* INDIRECT ou *oblique*, que l'on nomme aussi *régime composé* ou *prépositif*.

## DU RÉGIME *DIRECT*.

Le RÉGIME DIRECT d'un verbe est le nom ou le pronom, ou même l'infinitif, et quelquefois la phrase sur laquelle le verbe exerce directement son action, c'est-à-dire sans le secours forcé d'une préposition; ainsi, lorsque je dis : *nous comprenons* L'EXPLICATION, *l'explication* en est le *régime direct*, parce que ce mot reçoit directement l'action du verbe *comprendre*. En effet, nous comprenons *quoi? L'explication*.

*Nota.* On reconnaît toujours le *régime direct* d'un verbe en répétant ce verbe avant la question QUI, ou après la question QUI EST-CE QUE (en parlant des personnes), et QUOI et QU'EST-CE QUE (en parlant des choses). En effet, si nous disons :
*Nous connaissons la* RÈGLE. Demande : Nous connaissons *quoi?* ou *qu'est-ce que* nous connaissons? — Réponse : *la règle;* le mot *la règle* est donc le RÉGIME DIRECT du verbe *connaître.*

2ᵉ Exemple : *Nous* LA *retiendrons.* — Demande: Nous retiendrons *quoi?* — Réponse : LA. Le pronom LA, représentant ici le pronom *elle* (*la règle*), est le RÉGIME DIRECT du verbe *retenir.*

3ᵉ Exemple : *Nous voulons* CONTINUER. — D. Nous voulons *quoi?* ou *qu'est-ce que* nous voulons? — R. *Continuer;* le verbe *continuer* est donc ici le RÉGIME DIRECT du verbe *vouloir*, puisqu'il vient directement en réponse à la question *quoi.*

4ᵉ Exemple : *Elles s'étaient imaginé* QUE *nous riions.* — D. Elles s'étaient imaginé *quoi?* ou *qu'est-ce qu'*elles s'étaient imaginé? — R. *Que nous riions. Que nous riions* est donc ici le complément *direct* ou *régime direct* du verbe *imaginer.* Donc le complément *direct* d'un verbe peut être une proposition ou une phrase.

## DU RÉGIME *INDIRECT*.

Le RÉGIME INDIRECT ou *attributif* d'un verbe est le nom ou le pronom sur lequel le verbe n'exerce qu'indirectement son action, c'est-à-dire qu'avec l'aide d'une des propositions À, DE, PAR, POUR, AVEC, SUR, EN (signifiant de cela), etc.

Exemple : *Vous* EN *souviendrez-vous?* c'est-à-dire, vous souviendrez-vous DE CELA? EN ( mis pour de cela ) est donc le *régime* INDIRECT du verbe se *souvenir*.

Autre exemple : *Nous irons à la campagne.*—Demande : Où irons-nous ?—Réponse : À la campagne; *campagne* est donc là le RÉGIME INDIRECT du verbe *aller*, puisqu'il est précédé de la proposition À.

Exemple où un verbe actif a en même temps un RÉGIME DIRECT et un RÉGIME INDIRECT OU ATTRIBUTIF : *J'explique cette* DIFFICULTÉ À L'ÉLÈVE.

Iʳᵉ QUESTION. J'explique *quoi?* ou *qu'est-ce que* j'explique? — R. Cette *difficulté*. *Difficulté* est ici le régime direct du verbe *expliquer*.

2ᵉ QUESTION, À *qui* l'expliqué-je? — R. À *l'élève;* À *l'élève* en est le RÉGIME INDIRECT, puisque je n'explique pas l'élève, mais bien À *l'élève*.

OBSERVATIONS : Avant le *régime indirect*, la préposition est sous-entendue par l'usage devant les quatre pronoms : *lui, leur, dont* et *en* (signifiant *de cela*). La préposition peut être également sous-entendue devant les cinq pronoms : *me, te, se, nous, vous*, lorsqu'ils signifient À *moi*, À *toi*, À *soi*, À *nous*, À *vous ;* mais elle reparaît toujours après que l'on a fait la question : alors ce sont autant de RÉGIMES INDIRECTS.

Iᵉʳ Exemple : *Répondez-nous* (c'est-à-dire À *nous*). Demande : À qui devez-vous répondre? — Réponse : À *nous ; nous*, mis pour *à nous*, est donc le RÉGIME INDIRECT du verbe *répondre*.

2ᵉ Exemple : *Elles se sont répondu* ( on ne répond pas quelqu'un, mais bien à quelqu'un). — Demande : À qui ont-elles répondu ? — Réponse : À elles; *se*, mis pour à *elles*, est donc le régime indirect du verbe.

Autres Exemples : Donnez-EN. — Demande : DE *quoi ?* — Réponse : DE *cela; en*, mis pour DE *cela*, est donc ici le RÉGIME INDIRECT du verbe *donner*.

*Voulez-vous* M'EN *donner*, c'est-à-dire donner DE *cela* À *moi;* les deux pronoms DE *cela* et À *moi* sont donc deux RÉGIMES INDIRECTS du verbe *donner*.

Ainsi, l'on reconnaît toujours le RÉGIME INDIRECT d'un verbe, lorsqu'après avoir fait la question À *qui* ou À *quoi*, DE *qui* ou DE *quoi*, on a pour réponse un mot précédé de l'une des prépositions, À, DE, PAR, POUR, etc.

# DES PARTICIPES RÉDUITS A DEUX RÈGLES.

Les PARTICIPES, tels sont : *aimant, aimé* dans le verbe *aimer*, sont deux variations différentes du même verbe, ou plutôt c'est le verbe lui-même qui, manquant de formes personnelles, soit dans la phrase, soit dans la conjugaison, y paraît sous les formes d'un adjectif, tantôt variable et tantôt invariable.

On les nomme PARTICIPES, parce qu'ils tiennent de la nature du verbe et de celle de l'adjectif, c'est-à-dire qu'ils participent à représenter le verbe, tantôt par l'idée de son action sous la forme d'un ADJECTIF INVARIABLE, comme dans cette phrase :

*Les hommes* AIMANT *la vertu ont* FUI *la perversité*, et ils se sont PARLÉ.

Tantôt ils participent à représenter leur verbe par l'idée d'une simple manière d'être sous la forme d'un ADJECTIF VARIABLE, comme dans :

*La vertu qu'ils ont* AIMÉE; *la perversité qu'ils ont* FUIE; *la langue qu'ils ont* PARLÉE.

Ces trois mots, AIMÉE, FUIE, PARLÉE, sont trois PARTICIPES PASSÉS, qui représentent les trois verbes *aimer, fuir* et *parler*, sous la forme d'un ADJECTIF VARIABLE.

De là, on distingue deux sortes de PARTICIPES: le participe *présent* et le participe *passé.*

> Les PARTICIPES PRÉSENS, dits actifs, comme : *aimant, finissant, recevant, rendant*, sont tous terminés en ANT par *a. n. t.*, et sont toujours invariables.
> Les PARTICIPES PASSÉS, dits passifs, comme : *aimé, fini, reçu, rendu*, ont diverses terminaisons, tantôt variables, tantôt invariables.

Mais, comme l'accord et le non-accord des *participes* sont soumis, soit au sujet, soit au régime, suivant la tournure accidentelle de la phrase, et suivant l'espèce de verbe qu'ils représentent, nous allons expliquer les deux règles du PARTICIPE PRÉSENT ; *ensuite nous expliquerons les deux règles du PARTICIPE PASSÉ.*

## DU PARTICIPE PRÉSENT.

Tout PARTICIPE PRÉSENT est invariable dans la phrase, parce qu'il sert à qualifier le nom par la seule idée de l'action du verbe qu'il y représente toujours.

Si je dis : *les hommes* IGNORANT *la loi,* et MENDIANT *les suffrages*, ces deux participes *ignorant* et *mendiant* y sont invariables, puisqu'ils représentent l'action accidentelle des deux verbes *ignorer* et *mendier*. En effet, je ne veux pas dire ici que ces hommes sont *ignorans* par nature, qu'ils sont *mendians* par caractère ; mais seulement qu'ils *ignorent* la loi, et qu'ils *mendient* les suffrages : donc *ignorant* et *mendiant* sont des *participes présens* invariables.

Quelques exemples, suivis d'une explication, et placés sur deux colonnes différentes, l'une pour l'INVARIABILITÉ du *participe*, et l'autre pour la VARIABILITÉ de *l'adjectif verbal*, rendront plus sensibles les deux règles du PARTICIPE.

**EXEMPLES**

D'INVARIABILITÉ du *participe présent :*

Une personne AIMANT la chasse (qui *aime* la chasse). Elle *aime* quoi ? — La chasse. AIMANT *est invariable, parce qu'il qualifie la personne par l'idée de son action.*

Une femme ÉCLATANT en reproches ( qui *éclate; action du verbe* ). — *Inv.*

Des personnes PESANT leurs paroles ( *action du verbe* ). — *Inv.*

Des femmes TREMBLANT de déplaire (*action accidentelle du verbe*). — *Inv.*

Des choses EXISTANT réellement ( *action du verbe* ). — *Inv.*

Une femme VIVANT au jour la journée (*action du verbe*). — *Inv.*

L'assemblée était ce jour-là SÉANT à Versailles (*action accidentelle du verbe*). — *Inv.*

Une femme OBLIGEANT toujours (*action du verbe*). — *Inv.*

Des hommes NÉGOCIANT habituellement (*action du verbe*). — *Inv.*

Une couleur JAUNISSANT les œufs ( *action du verbe*). — *Inv.*

Une personne AGISSANT bien, PARLANT bien (*action du verbe*). — *Inv.*

Des enfans RIANT, ou PLEURANT continuellement (*action du verbe*). — *Inv.*

Une étoffe CHANGEANT de couleur (*action du verbe*). — *Inv.*

Des enfans GRIMPANT aux arbres ( *action passagère du verbe* ). — *Inv.*

Des hommes PRÉVOYANT ce danger (*action du verbe*). — *Inv.*

Des agneaux COURANT dans la plaine (*action du verbe*). — *Inv.*

Une mère CRIANT après son enfant (*action du verbe*). — *Inv.*

Les opprimés REQUÉRANT leurs droits (*action du verbe*). — *Inv.*

**EXEMPLES**

DE VARIABILITÉ de *l'adjectif verbal :*

Une personne AIMANTE. *Aimante* est là un *adjectif verbal, et par conséquent variable, parce qu'il qualifie la personne par l'idée d'un état ou d'une qualité habituelle.*

Une femme ÉCLATANTE de beauté (*manière d'être*). — *Var.*

Des personnes PESANTES (lourdes), *état habituel.* — *Var.*

Des femmes TREMBLANTES (*craintives par caractère; disposition habituelle*). — *Var.*

Des choses réellement EXISTANTES (*manière d'être*). — *Var.*

Une femme VIVANTE (*manière d'être, ou état habituel*). — *Var.*

L'assemblée est à-présent SÉANTE à Paris (*manière d'être habituelle*). — *Var.*

Une femme toujours OBLIGEANTE (*qualité habituelle*). — *Var.*

Ces hommes sont NÉGOCIANS ( *état habituel*). — *Var.*

Des moissons JAUNISSANTES (*qualité ou manière d'être*). — *Var.*

Une personne bien AGISSANTE, bien PARLANTE (*qualités habituelles*). — *Var.*

Une figure RIANTE OU PLEURANTE (*manière d'être habituelle*). — *Var.*

Une étoffe CHANGEANTE *n'est pas une étoffe qui change en ce moment, mais qui est de nature à changer (disposition naturelle). — Var.*

Il y a des oiseaux GRIMPANS (*qualité naturelle*). — *Var.*

Des hommes PRÉVOYANS ne se trompent guère (*qualité habituelle*). — *Var.*

Des chiens COURANS (*chiens de cette espèce; qualité naturelle*). — *Var.*

Une injustice CRIANTE (*qui excite à crier, manière d'être*). — *Var.*

Les parties REQUÉRANTES (*manière d'être habituelle*). — *Var.*

| *Suite d'*Exemples d'INVARIABILITÉ du *participe présent.* | *Suite d'*Exemples de VARIABILITÉ de *l'adjectif verbal.* |
|---|---|
| Des mots OUTRAGEANT les passants ( *action du verbe* ). — *Inv.* | Des mots OUTRAGEANTS (*qualité ou manière d'étre* ).— *Var.* |
| La nourrice REMUANT ou MOUVANT la bouillie (*action du verbe*). — *Inv.* | Une personne REMUANTE ou MOUVANTE (*caractère, disposition habituelle*).— *Var.* |
| Des eaux COURANT ou JAILLISSANT toujours (*action du verbe*). — *Inv.* | Des eaux COURANTES, JAILLISSANTES ( *état habituel*). — *Var.* |
| Des enfans PASSANT dans la rue (*action du verbe*). — *Inv.* | Ils apostrophaient les PASSANTS ( *nom commun*). — *Var.* |
| Une lionne RUGISSANT de colère (*action du verbe*). — *Ino.* | Des lions RUGISSANTS (*manière d'étre habituelle*). — *Var.* |
| Tous, CONSIDÉRANT les lois, changèrent de langage (*action du verbe*). —*Inv.* | Avec ces CONSIDÉRANTS, mieux vaut un état fixe (*nom*). — *Var.* |

De plus longues explications sur le PARTICIPE PRÉSENT et sur l'ADJECTIF VERBAL feraient injure à l'intelligence du lecteur.

Ainsi, on voit, dans les différens exemples ci-dessus rapportés, que, lorsqu'on veut désigner l'action d'un verbe, le mot terminé en ANT dont on se sert, est un PARTICIPE PRÉSENT *invariable*; et que, lorsqu'on veut exprimer un nom, un état ou une qualité constante ou habituelle, on se sert du même mot, qui devient alors un ADJECTIF VERBAL *variable*, parce qu'il ne peut plus avoir un régime, puisqu'il ne présente plus qu'une simple manière d'être.

*Nota.* On trouve, dans certains auteurs, quelques *participes présents* variables; c'est un reste de l'ancien usage qui déjà avait vieilli. Racine et Casimir Delavigne s'en sont servis avec goût dans les phrases suivantes :

Pleurante après son char, voulez-vous qu'on me voie... (RACINE.)

De ces trônes d'un jour, l'un sur l'autre croulants. (CASIMIR DELAVIGNE.)

Mais alors ils voulaient exprimer aux yeux du public, non pas une idée passagère, mais bien une manière d'être, constante, habituelle, afin de mieux caractériser leur sujet. Nos auteurs modernes font rarement usage de la variabilité du *participe présent.*

# DU PARTICIPE PASSÉ OU PASSIF.

Les PARTICIPES PASSÉS ou *passifs*, tels sont : *aimé, fini, reçu, rendu*, sont des formes variées dans les verbes *aimer, finir, recevoir, rendre*, qui se trouvent réduits à l'état d'adjectif, tantôt variable, tantôt invariable, soit dans la phrase, soit dans la conjugaison.

### RÈGLE D'INVARIABILITÉ :

Tout *participe passé*, construit avec le verbe AVOIR ( exprimé ou sous-entendu), ou avec le verbe ÊTRE (mis pour le verbe *avoir*), est *invariable* dans la phrase, lorsqu'il est sans régime, ou lorsqu'il est placé avant le nom ou pronom

41

*régime* qu'il qualifie directement, à moins qu'il ne soit suivi d'un verbe dont l'action est faite par ce régime.

1er Exemple : *Les enfans ont* MANGÉ *les pommes.* Demande : qu'est-ce qui est qualifié d'être *mangé?* ou en d'autres termes, qu'est-ce qu'ils ont *mangé?* — Réponse : Les *pommes.* Le participe MANGÉ y reste donc invariable, parce qu'il s'y trouve placé avant le mot *pommes,* qui est le régime direct.

2e Exemple : *Nous avons* EXPLIQUÉ *cette difficulté.* —Demande : Nous avons *expliqué* quoi? ou qu'est-ce que nous avons *expliqué?* — Réponse : *Cette difficulté.* Le participe EXPLIQUÉ, étant placé avant le régime *difficulté,* doit donc rester invariable.

3e Exemple : *Elles se sont* DONNÉ *la mort* ( ici le verbe *être* est mis pour le verbe *avoir* ); c'est comme s'il y avait *elles ont* DONNÉ *la mort à se* ( mis pour *à elles* ). Demande : Elles ont DONNÉ quoi? ou qu'est-ce qu'elles se sont *donné?* — Réponse : La *mort.* Le participe DONNÉ est donc encore invariable, puisqu'il est placé avant le mot *la mort,* qui en est le régime direct.

4e Exemple : *Elles se sont* NUI ( NUIRE est un verbe neutre, parce qu'on ne dit pas NUIRE quelqu'un, mais bien NUIRE à quelqu'un ). Demande : Elles ont *nui* à qui? — Réponse : à *soi* ou à *elels; se,* représentant à *soi,* est un régime indirect, puisqu'on répète la préposition à; *nui* est donc un participe invariable, puisqu'un participe ne s'accorde jamais avec le régime indirect.

La raison de l'invariabilité des *participes passés,* dans cette règle, c'est que, si l'on vous donnait à écrire les trois 1ers exemples ci-dessus, vous ne pourriez faire accorder la finale des trois participes *mangé, expliqué* et *donné,* avant que l'on vous eût nommé les trois régimes : *pommes, difficulté* et *mort,* auxquels ces participes se rapportent.

Voici un exemple des cas où le PARTICIPE est invariable, quoique placé après le régime *direct,* parce que l'action du verbe qui suit n'est pas faite par ce régime.

5e Exemple : *Les actrices que nous avons* VU *siffler par les spectateurs.* Le participe VU y reste invariable, parce que ce n'étaient pas les actrices qui sifflaient; au lieu que, si nous avions dit : *les actrices* QUE *nous avons* VUES *siffler les spectateurs,* le *participe vu* s'accorderait avec son régime QUE ( mis pour *actrices* ), pour faire voir que ce seraient elles-mêmes qui auraient fait l'action du verbe *siffler.*

Un autre moyen pour reconnaître l'invariabilité du *participe passé,* lorsqu'il est suivi d'un verbe, c'est de faire deux interrogations : la 1re par *qu'est-ce que* suivi du verbe *avoir* et du *participe,* et la 2e, par *qui est-ce qui* suivi d'un temps quelconque du second verbe. Si les deux réponses ne donnent pas le même mot, le *participe* reste invariable.

EXEMPLE : *Les souris que nous avons* REGARDÉ *manger par les chats.*

1re *Question :* Qu'est-ce que nous avons REGARDÉ? — Réponse : Les *souris.*

2e *Question :* Qui est-ce qui mangeait? — Réponse : Les *chats.*

Ces deux réponses ne donnant pas le même mot, puisque l'une donne *souris,* et que l'autre donne les *chats,* le participe *regardé* est donc invariable dans la phrase.

Il n'en serait pas de même si j'avais dit : les CHATS *que nous avons* REGARDÉS *manger les souris,* parce qu'en faisant les deux questions : ( QUI EST-CE QUE *nous avons* REGARDÉ? et QUI EST-CE QUI *mangeait?* nous aurions deux fois le mot CHATS pour réponse; alors le participe REGARDÉS s'accorderait en genre et en nombre avec *chats.*

C'est ce qui est démontré dans la règle de variabilité ci-après.

## RÈGLE DE VARIABILITÉ :

Le PARTICIPE PASSÉ OU PASSIF est *variable* dans la phrase, lorsqu'il est placé après le nom ou pronom régime qu'*il qualifie directement*, à moins qu'il n'y soit suivi d'un verbe dont l'action n'est pas faite par le régime direct : le participe passé est également variable, qu'elle qu'en soit la place, lorsqu'il est employé avec le verbe ÊTRE (exprimé ou sous-entendu) agissant pour lui-même, et non pas pour le verbe avoir, comme dans la première règle.

La comparaison des exemples suivants, placés sur deux colonnes (l'une pour l'*invariabilité*, et l'autre pour la *variabilité*), fera mieux comprendre la différence des deux règles ci-dessus.

### 1ʳᵉ RÈGLE.

### EXEMPLES D'INVARIABILITÉ
#### DU PARTICIPE PASSÉ :

*Nous avons* AIMÉ (*aimé* vient du verbe aimer).

*Demande* : Qu'est-ce que nous avons *aimé?* — R. Point de *réponse* à faire, puisque ce n'est pas nous qui avons été aimés, et que nous n'avons pas encore dit ce qui a été *aimé* ;

Donc le participe passé, comme AIMÉ, doit rester invariable , lorsqu'étant construit avec le verbe AVOIR, on n'a pas encore nommé son régime.

*L'Académie a* APPROUVÉ *des objections*, c'est-à-dire, plusieurs objections.

D. Qu'est-ce qu'elle a *approuvé?*—R. Des *objections* ( régime direct ). Or, le participe *approuvé* doit ici rester invariable, puisqu'il est placé avant le *régime* direct *objections*.

*Elles ont* REMPORTÉ *la victoire* (remporté est un participe).

D. Elles ont *remporté quoi?* — R. *La victoire* (régime direct).
Le participe *remporté* est placé dans la phrase avant le régime direct *victoire*; donc il est *inv.*

*Nous avons* ÉPROUVÉ *plusieurs difficultés.*

D. Nous avons *éprouvé quoi?* — R. *Plusieurs difficultés.*
Puisque le participe est placé avant le régime *difficultés*, il est donc *inv.*

### 2ᵉ RÈGLE.

### EXEMPLES DE VARIABILITÉ
#### DU PARTICIPE PASSÉ :

*Nous avons été* AIMÉS.

*Demande :* Qui est-ce qui a été *aimé?* — R. Nous. *Aimé* doit donc s'accorder en genre et en nombre avec le pronom *nous* suivant le sexe ( *aimés*, si ce sont des hommes *aimés*, et *aimé*ES, si ce sont des femmes), parce que, quel que soit le temps du verbe ÊTRE (exprimé ou sous-entendu, mais agissant pour lui-même), ce verbe n'empêche jamais le participe de s'accorder avec son sujet.

*Les objections que l'Académie a* APPROUVÉES.

D. Qu'est-ce qu'elle a *approuvé?*—R. *Les objections.*
Le participe *approuvé* doit donc être variable pour s'accorder en genre et en nombre avec le régime *objections*, puisqu'il est placé après ce régime.

*La victoire qu'ils ont* REMPORTÉE *était* DISPUTÉE *vaillamment.*

D. Ils ont *remporté quoi?* — R. *La victoire.*
Le participe est placé après le régime; donc il doit être *var.* Enfin qu'est-ce qui était *disputé?* — R. *La victoire.*
(Même règle d'accord, puisque *disputé* est placé après *victoire*.)

*Les difficultés que nous avons* ÉPROUVÉES.

D. Nous avons *éprouvé quoi?* — R. *Les difficultés.*
Le participe est placé après le régime *difficultés*; il est donc *var.*

## PARTICIPE PASSÉ.

### EXEMPLES D'INVARIABILITÉ.

*Elle avait* ADMIRÉ *l'une et l'autre robe.*

D. Qu'est-ce qu'elle avait *admiré?* — R. *L'une et l'autre robe.*
Le participe est avant le régime direct; donc il est *inv.*

*Ils avaient* PASSÉ *trois nuits en voyage.*

D. Ils avaient *passé quoi?* — R. *Trois nuits.*
Le participe *passé* est avant le régime direct; donc il est *inv.*

*Nous avons* LU *des livres amusans.*

D. Nous avons *lu quoi?* — R. *Des livres.*
Le participe LU, étant placé avant livres, est donc *inv.*

*Nous avons* RENDU *votre sœur maîtresse de son sort.*

D. Nous avons *rendu qui?* — R. *Votre sœur.*
Le participe est placé avant le régime. — *Inv.*

*Vos frères ont-ils* MONTRÉ *une telle faiblesse d'esprit?*

D. Qu'est-ce qu'ils ont *montré?* — R. *Une telle faiblesse.*
Le participe est placé avant le régime. — *Inv.*

*Elle nous avait* FAIT *des présens.*

D. Elle a *fait quoi?* — R. *Des présens.*
Le participe FAIT est placé avant le régime. — *Inv.*

*Elles se sont* DONNÉ *des louanges.*

(Dans cet exemple, le verbe ÊTRE est mis pour le verbe AVOIR).

D. Elles ont *donné quoi?* — R. *Des louanges.*
Le participe DONNÉ, étant avant le régime, est donc *inv.*

### EXEMPLES DE VARIABILITÉ.

*L'une et l'autre robe étaient* ADMIRÉES.

D. Qu'est-ce qui était *admiré?* R. *L'une et l'autre robe.*
*Nota.* Dans ces sortes de phrases, le verbe ÊTRE, étant employé pour lui-même, force toujours le participe à s'accorder avec le sujet. (Voy. ci-dessus, le premier exemple de variabilité.)

*Les trois nuits que j'ai* PASSÉES *en voyage.*

D. J'ai *passé quoi?* — R. *Trois nuits.*
Le participe PASSÉ est après le régime direct; donc il est *var.*

*C'étaient ces livres qu'elle avait* LUS.

D. Elle avait *lu quoi?* — R. *Ces livres.*
Le participe LU est placé après le régime direct *livres;* donc il est *var.*

*Elle s'est* RENDUE *maîtresse de ses actions.*

D. Qui est-ce qu'elle a *rendu maîtresse?* — R. *Se* (elle).
Le participe est placé après le régime. — *Var.*

*La faiblesse d'esprit que vos frères ont* MONTRÉE.

D. Ils ont *montré quoi?* — R. *La faiblesse d'esprit.*
Le participe est placé après le régime. — *Var.*

*De tous les présens que m'avait* FAITS *sa bonté.* (RACINE).

D. Sa bonté m'avait *fait quoi?* — R. *Des présens.*
Le participe FAITS est placé après le régime. — *Var.*

*Elles se sont* DONNÉES *pour savantes.*

D. Elles ont *donné qui?* — R. *Se* ou soi (elles).
Le participe DONNÉ, étant après le régime, est donc *var.*

# PARTICIPE PASSÉ.

## EXEMPLES D'INVARIABILITÉ.

*Ils se sont* SOUSTRAIT *des lettres.*

(Verbe ÊTRE pour le verbe AVOIR.)

D. Ils ont *soustrait quoi?* — R. *Des lettres.*
Le participe est placé avant le régime. — *Inv.*

*Nous nous étions* SERRÉ *les mains.*

D. Nous nous étions *serré quoi?* — R. *Les mains.*
Le participe est placé avant le régime. — *Inv.*

*On nous avait* ENVOYÉ *les lettres de mon père.*

D. On nous avait *envoyé quoi?* — R. *Les lettres de mon père.*
Le participe ENVOYÉ, étant avant le régime, est donc *inv.*

*Qu'elle a* SOUFFERT *de maux !*

D. Elle a *souffert quoi?* — R. *Des maux.*
Le participe est placé avant le régime. — *Inv.*

*La colère céleste nous a* RAVI *des biens.*

D. Nous a *ravi quoi?* — R. *Des biens.*
Le participe RAVI est placé avant le régime. — *Inv.*

*Vous nous avez* FAIT *la grâce de vous en occuper.*

D. Vous nous avez *fait quoi?* — R. *La grâce.*
Le participe est placé avant le régime. — *Inv.*

VU *les lois, ou nous avons* VU *les lois,* ci-JOINT *les lois.*

D. Ayant *vu quoi?* — R. *Les lois.* Nous avons *vu quoi?* — R. *Les lois.* — On a *ci-joint quoi?* — R. *Les lois.*
Dans ces trois propositions, le participe VU est placé avant le régime direct *lois;* donc il est *inv.*

## EXEMPLES DE VARIABILITÉ.

*Ils se sont* SOUSTRAITS *aux poursuites.*

D. Ils ont *soustrait qui?* — R. *Se* (eux).
Le participe est placé après le régime. — *Var.*

*Les mains que nous nous étions* SERRÉES.

D. Qu'est-ce que nous nous étions *serré?* — R. *Les mains.*
Le participe est placé après son régime. — *Var.*

*On nous avait* ENVOYÉS *porter les lettres de mon père.*

1re D. Qui est-ce qu'on avait *envoyé?* — R. *Nous.*
2e D. Qui est-ce qui devait faire l'action de *porter?* — R. *Nous.*
La réponse étant la même pour les deux questions, le participe est donc *var.*

*Que de maux elle a* SOUFFERTS !

D. Elle a *souffert quoi?* — R. *Les maux.*
Le participe est placé après le régime. — *Var.*

*Les biens que m'a* RAVIS *la colère céleste.*

D. Qu'est-ce qu'elle m'a *ravi?* — *Les biens.*
Le participe RAVI est placé après le régime. — *Var.*

*La grâce que vous nous avez* FAITE, *de vous en occuper.*

D. Vous nous avez *fait quoi?* — R. *La grâce.*
Le participe est placé après le régime. — *Var.*

VUES *par le copiste, nous les avons revues, et je vous* LES *envoie ci-*JOINTES.

*Nota.* VUES est variable dans la 1re proposition, parce que le verbe ÊTRE y est sous-entendu. (Voyez le 1er exemple de variabilité.) Quant aux deux autres participes, ils sont variables suivant la règle, puisqu'ils sont placés après le pronom LES (régime direct du verbe envoyer), et que LES y représente LOIS, n. f. pl.

## PARTICIPE PASSÉ.

### EXEMPLES D'INVARIABILITÉ.

*C'était l'alliance* QUE *Judas avait* ENVOYÉ *chercher.* (BOSSUET.)

Dans la règle d'invariabilité, nous avons dit que *le participe reste invariable*, quoique placé après le régime direct, lorsqu'il est suivi d'un verbe dont l'action n'est pas faite par ce régime. Faisons donc les deux questions indiquées par la règle, pour nous en convaincre.

1re *Question :* Judas avait *envoyé chercher quoi ?* — R. *L'alliance.*

2e *Question :* Qui est-ce qui faisait l'action du verbe *chercher ?* Certainement ce n'est pas l'alliance ; or, l'action du verbe *chercher* n'étant pas faite par le régime direct QUE (représentant *alliance*), donc le participe passé doit rester invariable.

*L'actrice* QUE *j'ai* VU *siffler par les spectateurs.*

1re *Question :* Qui est-ce que *j'ai vu ?* — R. *L'actrice.*

2e *Question :* Qui est-ce *qui sifflait ?* — R. *Les spectateurs.*

L'action du verbe *siffler* n'étant pas faite par le régime *que* (représentant *l'actrice*), le participe VU est donc *inv.*

*Les grandes actions* QU'*elle a* TACHÉ *de rendre secrètes.* (FLÉCHIER.)

D. Elle a tâché *quoi ?* — R. *De rendre secrètes.*

*De rendre* est donc le régime direct qui, se trouvant placé après le participe, ne peut le forcer à l'accord.

Pour mieux vous assurer de l'invariabilité du participe, faites les deux questions prescrites.

1re *Question :* Elle a tâché quoi ? — R. *De rendre* QUE ( lesquelles ).

2e *Question :* Qui est-ce qui devait rendre ? — R. *Elle.*

Comme vous répondez deux mots différens, le participe doit rester invariable.

*La géographie est une science* QUE *ma sœur et moi avons* AIMÉ *à cultiver* (*ou aimé cultiver*).

1re *Question :* Nous avons *aimé quoi ?* — R. *La géographie.*

2e *Question :* Qui est-ce qui *cultivait ?* — R. *Ma sœur et moi.*

L'action du verbe *cultiver* n'est pas faite par le régime ; le participe est donc *inv.*

### EXEMPLES DE VARIABILITÉ.

*La servante* QUE *j'ai* ENVOYÉE *demander mes livres.*

1re *Question :* Qui est-ce que j'ai *envoyé ?* — R. *La servante.*

2e *Question :* Qui est-ce qui *demandait ?* — R. *La servante.*

L'action du verbe *demander* étant faite par le régime direct *que*, représentant *servante*, le participe ENVOYÉ doit donc s'accorder avec ce régime.

Il suit de là qu'un participe passé, suivi d'un verbe, est toujours variable lorsque le même mot vient en réponse aux deux questions.

*L'actrice* QUE *j'ai* VUE *siffler les spectateurs.* (C'est-à-dire, LAQUELLE vue sifflant).

1re *Question :* Qui est-ce que j'ai *vu ?* — R. *L'actrice.*

2e *Question :* Qui est-ce qui *sifflait ?* — R. *L'actrice.*

L'action du verbe *siffler* étant faite par le régime direct *actrice*, le participe VU est donc *var.*

*Les grandes actions* QU'*elle s'est* EFFORCÉE *de rendre secrètes.*

1re *Question :* Elle a efforcé *qui ?* — R. SE (mis pour ELLE).

2e *Question :* Qui est-ce qui devait *rendre ?* — R. SE (elle).

L'action du verbe *rendre* est faite par le régime *se* (*elle*) ; le participe est donc *var.*

*Messieurs, c'est une science* QUE *nous vous avons* EXHORTÉS *à cultiver.*

1re *Question :* Nous avons exhorté *qui ?* — R. *Vous.*

2e *Question :* Qui est-ce qui devait *cultiver ?* — R. *Vous.*

L'action du verbe *cultiver* étant faite par le régime, le participe est donc *var.*

# PARTICIPE PASSÉ.

| EXEMPLES D'INVARIABILITÉ. | EXEMPLES DE VARIABILITÉ. |

*Nous avons* MANGÉ *les fruits* QUE (*lesquels*) *nous avons* VU *cueillir.*

*Les fruits* QUE *j'ai* VUS *tomber, je* LES *ai* RAMASSÉS.

D. Nous avons *mangé quoi ?* — R. *Les fruits.*

Le participe MANGÉ est avant le régime. — *Inv.*

1re *Question :* Nous avons *vu quoi ?* — R. *Les fruits.*

2e *Question :* Qui est - ce qui *cueillait ?* — R. Ce n'étaient pas les fruits.

L'action de *cueillir* n'est pas faite par le régime *que* (représentant *les fruits*), le participe VU est *inv.*

1re *Question :* J'ai vu *quoi ?* — R. *Les fruits.*

2e *Question :* Qu'est-ce qui *tombait ?* — R. *Les fruits.*

L'action du verbe *tomber* est faite par le régime ; donc le participe VUS est *var.*

Enfin j'ai ramassé *quoi ?* — R. *Les* ( mis pour les fruits).

Le participe est placé après le régime *les;* donc il est *var.*

---

*Notre famille était fière de nous avoir* APERÇU *fêter par tout le monde.*

*Jamais de nos débris la montagne couverte*
*Ne nous a* VUS *tomber par le fer abattus.*
(Racine le fils).

1re *Question :* D'avoir aperçu *qui?* — R. *Nous.*

2e *Question :* Qui est - ce qui *fêtait?* — R. *Tout le monde.*

L'action du verbe *fêter* n'étant pas faite par le pronom *nous,* qui est le régime direct, le participe est donc *inv.*

1re *Question :* Elle a vu *qui?* — R. *Nous.*

2e *Question :* Qui est ce qui *tombait?* — R. *Nous.*

L'action du verbe *tomber* est faite par le régime *nous;* le participe VU est donc *var.*

---

*Voici l'un et l'autre cheval que vous avez* REGARDÉ *ferrer.*

*Voici l'un et l'autre cheval* QUE *vous avez* RENVOYÉS *boire.*

1re *Question :* Vous avez regardé *quoi ?* — R. *L'un et l'autre cheval.*

2e *Question :* Qui est-ce qui *ferrait ?* — R. *Ce n'était pas le cheval.*

L'action du verbe *ferrer* n'étant pas faite par le régime, le participe est donc *inv.*

1re *Question :* Vous avez renvoyé *quoi ?* — R. *L'un et l'autre cheval.*

2e *Question :* Qu'est - ce qui *buvait ?* — R. *L'un et l'autre cheval.*

L'action du verbe *boire* est faite par le régime ; le participe est donc *var.*

---

*Ils se sont* LAISSÉ *tromper.* (Voltaire.)

*Ils se sont* LAISSÉS *périr.* (Voltaire).

1re *Question :* Ils ont laissé *qui ?* — R. SE (mis pour EUX).

2e *Question :* Qui est-ce qui *trompait ?* — R. *Ce ne sont pas eux.*

L'action du verbe *tromper* n'est pas faite par le régime, le participe est donc *inv.*

1re *Question :* Ils ont laissé *qui ?* — R. SE (mis pour *eux*).

2e *Question :* Qui est-ce qui *périssait ?* — R. SE (mis pour *eux*).

L'action du verbe *périr* est faite par le régime ; le participe est donc *var.*

---

*Elles se sont* LAISSÉ *battre.*

*Elles se sont* LAISSÉES *aller à leur gré.*

1re *Question :* Elles ont laissé *qui?* — R. SE (mis pour ELLES).

2e *Question :* Qui est-ce qui *battait ?* — R. *Ce ne sont pas elles.*

L'action du verbe *battre* n'est pas faite par le régime ; le participe est donc *inv.*

1re *Question :* Elles ont laissé *qui?* — R. SE (mis pour *elles*).

2e *Question :* Qui est-ce qui *fesait* l'action *d'aller ?* — R. SE (mis pour *elles*).

L'action du verbe *aller* est faite par le régime ; le participe est donc *var.*

# PARTICIPE PASSÉ.

| EXEMPLES D'INVARIABILITÉ. | EXEMPLES DE VARIABILITÉ. |

*Aussitôt que j'ai* EU FINI *ma lettre, je l'ai* ENVOYÉ *porter.*

D. J'ai eu fini *quoi?* — R. *Ma lettre.* Les deux participes, étant ici placés avant le régime *lettre,* sont donc *inv.*

1<sup>re</sup> *Question :* J'ai envoyé *quoi?* — R. *Ma lettre.*

2<sup>e</sup> *Question :* Qui est-ce qui *portait?* — R. *Ce n'est pas la lettre.*

L'action du verbe *porter* n'est pas faite par le régime; le participe est donc *inv.*

*On s'en est allé, dès qu'on a* EU LU *votre lettre* (même règle). — *Inv.*

---

*Aussitôt que je l'ai* EUE FINIE, *je l'ai* ENVOYÉE. (Domergue).

1<sup>re</sup> *Question :* Que j'ai eu fini *quoi?* — R. L' (mis pour *la lettre*).

2<sup>e</sup> *Question :* Qu'est-ce que j'ai *envoyé?* — R. L' (mis pour *la lettre*).

Les trois participes EUE, FINIE et ENVOYÉE, étant placés après le régime L' (mis pour *la lettre*), sont donc *var.*

*Ils s'en sont allés, dès qu'on 'a* EUE LUE. (Jacquemard).— *Var.*

*Nota.* Quelques auteurs laissent *invariable* le participe EU, lorsqu'ils l'emploient au temps passé sur-composé.

---

*Ils ont acheté des fleurs* QUE *vous avez* VU *replanter.*

1<sup>re</sup> *Question :* Vous avez vu *quoi?*—R. *Des fleurs.*

2<sup>e</sup> *Question :* Qui est-ce qui *replantait?* — R. *Ce ne sont pas les fleurs.*

L'action du verbe *replanter* n'est pas faite par le régime; le participe est donc *inv.*

---

*Les fleurs qu'ils ont* ACHETÉES *se sont* ÉPANOUIES.

1<sup>re</sup> *Question :* Ils ont acheté *quoi?*—R. *Les fleurs.*

2<sup>e</sup> *Question :* Qu'est-ce qui s'est *épanoui?* — R. SE (mis pour *les fleurs*).

Les deux participes ACHETÉES et ÉPANOUIES, étant placés après le régime direct, doivent donc être *var.*

---

*Les présens que nous leur avons* VU *porter.*

(C'est-à-dire, nous avons *vu* lesquels porter *à eux.*)

1<sup>re</sup> *Question :* Nous avons vu *quoi?* — R. *Les présens.*

2<sup>e</sup> *Question :* Qui est-ce qui *portait?* — R. *Ce n'étaient pas les présens.*

L'action du verbe *porter* n'est pas faite par le régime; le participe doit donc rester *inv.*

---

*Les présens que nous* LES *avons* VUS *porter.*

(C'est-à-dire, lesquels présens nous avons *les* (hommes) VUS portant.)

1<sup>re</sup> *Question :* Nous avons vu *qui?*—R. *Les* (mis pour *les hommes*).

2<sup>e</sup> *Question :* Qui est-ce qui *portait?* — R. *Les* (mis pour *hommes*).

Les deux questions, donnant comme ci-dessus le même mot pour réponse, exigent que le participe soit *var.*

---

*Les choses que nous avons* CRU *devoir entreprendre, les avons-nous* CRU *pouvoir terminer?*

1<sup>re</sup> *Question :* Nous avons cru *quoi?* — R. *Devoir* entreprendre et *pouvoir* terminer.

2<sup>e</sup> *Question :* Qui est-ce qui *devait?* et qui est-ce qui *pouvait?* — R. *Nous.*

L'action des deux verbes *devoir* et *pouvoir* n'est pas faite par le régime direct; les deux participes CRU sont donc *inv.*

---

*Les choses que nous avons* CRUES *devoir vous faire plaisir, les avons-nous* CRUES *pouvoir vous satisfaire?*

1<sup>re</sup> *Question :* Qu'est-ce que nous avons cru? — R. *Les choses.*

2<sup>e</sup> *Question :* Qu'est-ce qui *devait?* et qu'est-ce qui *pouvait?* — R. *Les choses.*

L'action des deux verbes *devoir* et *pouvoir* est faite par le régime; le participe CRU est donc *var.*

# PARTICIPE PASSÉ.

## EXEMPLES D'INVARIABILITÉ.

*Les questions qu'elles ont* CRU *utile de vous faire.*

1<sup>re</sup> *Question :* Elle ont cru *quoi ?* — R. *Utile de vous faire.*
2<sup>e</sup> *Question :* Qui est ce qui *faisait ?* — R. *Elles.*

L'action du verbe *faire* n'est pas faite par le régime ; le participe CRU est donc *inv.*

*La femme qu'il a* LAISSÉ *tromper par quelqu'un.*

1<sup>re</sup> *Question :* Il a laissé *qui ?* — R. QUE (mis pour *la femme*).
2<sup>e</sup> *Question :* Qui est-ce qui *trompait ?* — R. *Ce n'était pas la femme.*

L'action du verbe *tromper* n'est pas faite par le régime direct QUE ; le participe LAISSÉ est donc *inv.*

*La vérité qu'ils ont* NÉGLIGÉ *de suivre.*

1<sup>re</sup> *Question :* Ils ont négligé *quoi ?* — R. *De suivre* laquelle.
2<sup>e</sup> *Question :* Qui est-ce qui *suivait ?* — R. ILS (mis pour *eux*).

Le même mot ne vient pas en réponse aux deux questions ; le participe est donc *inv.*

*Les visites qu'ils avaient* COMPTÉ *que nous ferions, plaisaient* (cela ne signifie pas qu'on les avait *comptées*).

1<sup>re</sup> *Question :* Ils avaient compté *quoi ?* — R. QUE *nous ferions.*
2<sup>e</sup> *Question :* Qui est-ce qui *faisait ?* — R. *Nous.*

L'action du verbe *faire* n'est pas faite par le régime ; le participe est donc *inv.*

*Les difficultés qu'ils ont* CRU *devoir vous expliquer.*

1<sup>re</sup> *Question :* Ils ont cru *quoi ?* — R. *Devoir vous expliquer.*
2<sup>e</sup> *Question :* Qui est-ce qui devait vous expliquer ? — R. ILS (mis pour *eux*).

L'action du verbe *devoir* n'est pas faite par le régime ; le participe est donc *inv.*

## EXEMPLES DE VARIABILITÉ.

*Les réponses qu'ils ont* CRUES AISÉES.

D. Qu'est-ce qu'ils ont *crues aisées ?* — R. *Les réponses.*

Les deux participes étant placés après le régime, doivent donc être *var.*

*Elle s'est* LAISSÉE *aller à ses passions.*

1<sup>re</sup> *Question :* Elle a laissé *qui ?* — R. SE (mis pour *elle*).
2<sup>e</sup> *Question :* Qui est-ce qui *allait ?* — R. SE (mis pour *elle*).

L'action du verbe *aller* est faite par le régime ; le participe est donc *var.*

*La vérité qu'il a* VUE *paraître dans leurs discours.*

1<sup>re</sup> *Question :* Il a vu *quoi ?* — R. *La vérité.*
2<sup>e</sup> *Question :* Qu'est-ce qui *paraissait ?* — R. *La vérité.*

Le même mot vient en réponse aux deux questions ; le participe est donc *var.*

*Ces dépenses que j'ai* COMPTÉES *pouvoir vous gêner, m'affligeaient.*

1<sup>re</sup> *Question :* J'ai compté *quoi ?* — R. *Ces dépenses.*
2<sup>e</sup> Qu'est-ce qui *pouvait* vous gêner ? — R. *Ces dépenses.*

L'action du verbe *pouvoir* est faite par le régime QUE, mis pour les dépenses ; le participe est donc *var.*

*Les difficultés que j'ai* CRUES *devoir disparaître.*

1<sup>re</sup> *Question :* J'ai cru *quoi ?* — R. *Les difficultés.*
2<sup>e</sup> *Question :* Qu'est-ce qui *devait* disparaître ? — R. *Les difficultés.*

L'action du verbe *devoir* est faite par le régime direct *que* ; le participe CRU est donc *var.*

# PARTICIPE PASSÉ.

## EXEMPLES D'INVARIABILITÉ.

*J'attends la bonne ; je l'ai* ENVOYÉ *chercher par deux commissionnaires.*

(Ce n'est pas elle qui est envoyée).

1re *Question* : J'ai envoyé *quoi?*—R. *Chercher elle.*

2e *Question* : Qui est-ce qui la *cherchait?* — R. *Les deux commissionnaires.*

Comme les deux réponses aux deux questions ont rapport à deux mots différens, le participe ENVOYÉ doit donc rester *inv.*

*Ce sont ces dépenses qu'elle avait* COMPTÉ *faire.*

1re *Question* : Elle avait compté *quoi?* — R. *Faire que* ou *lesquelles.*

2e *Question* : Qui est-ce qui devait *faire?* — R. *Elle.*

Les deux questions ne donnent pas le même mot pour réponse ; le participe COMPTÉ est donc *inv.*

*Voilà, Mesdames, les présens que nous vous avons* VU *apporter.*

(C'est-à-dire apporter lesquels à vous.)

1re *Question* : Nous avons vu *quoi?* — R. *Les présens.*

2e *Question* : Qui est-ce qui faisait l'action d'apporter? — R. *Quelqu'un* (sous-entendu).

L'action du verbe *apporter* n'est pas faite par le régime QUE (représentant *lesquels présens*) ; le participe est donc *inv.*

*Connaissez-vous les verbes* QUE *j'ai* DIT *pouvoir vous donner.*

1re *Question* : J'ai dit *quoi?* — R. *Pouvoir donner* QUE (mis pour *lesquels*).

2e *Question* : Qui est-ce qui *pouvait donner?* — R. *J'* (mis pour *moi*).

Le même mot ne vient point en réponse aux deux questions ; le participe est donc *inv.*

*Les offres de services que nous leur avons* ENTENDU *faire.*

(C'est-à-dire entendu faire à eux.)

1re *Question* : Nous avons entendu *quoi?* — R. *Faire les offres.*

2e *Question* : Qui est-ce qui *fesait?* — R. *Quelqu'un* (sous-entendu).

L'action du verbe *faire* n'est pas faite par le régime direct ; le participe est donc *inv.*

## EXEMPLES DE VARIABILITÉ.

*J'attends la bonne ; je l'ai* ENVOYÉE *chercher deux commissionnaires.*

1re *Question* : J'ai envoyé *qui?*—R. L' (mis pour *la bonne*).

2e *Question* : Qui est-ce qui *cherchait?* — R. L' (mis pour *la bonne*).

L'action du verbe *chercher* est faite ici par le régime ; d'ailleurs les deux questions donnent le même mot pour réponse. Le participe est donc *var.*

*Ce sont ces dépenses que j'ai* COMPTÉES *pouvoir la ruiner.*

1re *Question* : J'ai compté *quoi?*—R. QUE (mis pour *lesquelles dépenses*).

2e *Question* : Qu'est-ce qui pouvait la *ruiner?* — R. *Ces dépenses.*

Les deux questions donnent le même mot pour réponse ; le participe est donc *var.*

*Mesdames, les présens que nous vous avons* VUES *apporter.*

(*Vous vues* apportant *que,* ou *lesquels*).

1re *Question* : Nous avons vu *qui?* — R. *Vous.*

2e *Question* : Qui est-ce qui *apportait?* —R. *Vous.*

L'action du verbe *apporter* est faite par le régime direct *vous*; le participe est donc *var.*

*Connaissez-vous les verbes que j'ai* DITS *prendre le verbe être aux temps composés.*

1re *Question* : J'ai dit *quoi?* — R. QUE (mis pour les *verbes*).

2e *Question* : Qu'est-ce qui *prenait?* — R. *Les verbes.*

Le même mot vient en réponse aux deux questions ; le participe DIT est donc *var.*

*Les offres de services que nous les avons* ENTENDUS *faire.*

( C'est-à-dire eux faisant.)

1re *Question* : Nous avons entendu *qui?* — R. LES (mis pour *eux*).

2e *Question* : Qui est-ce qui *fesait?* — R. LES (mis pour *eux*).

L'action du verbe *faire* est faite par le régime *les*; le participe est donc *var.*

## PARTICIPE PASSÉ.

EXEMPLES D'INVARIABILITÉ.

*Voilà les tours que je leur ai* vu *faire.*

(Faire à eux ; ils ne les faisaient pas).

1<sup>re</sup> *Question :* Qu'est-ce que j'ai *vu ?* — R. *Faire lesquels tours.*

2<sup>e</sup> *Question :* Qui est-ce qui *fesait ?* — La phrase ne l'exprime pas. *Quelqu'un* est sous-entendu.

Or, les deux questions ne donnent pas le même mot pour réponse ; donc le participe vu doit rester *inv.*

*Voilà le sujet des larmes que j'ai* vu *répandre.*

D. J'ai vu *quoi ?* — R. *Répandre* QUE (mis pour *lesquelles*).

Même règle *d'invariabilité.*

*Plus ils ont* ÉVITÉ *de fautes, plus ils en ont ri.*

D. Ils ont évité *quoi ?* — R. *Des fautes.*

Le participe ÉVITÉ est placé avant le régime ; il est donc *inv.*

Enfin *rire* est un verbe intransitif ; donc le participe en est *inv.*

EXEMPLES DE VARIABILITÉ.

*Voilà les tours que je les ai* vus *faire*

(Eux vus faisant).

1<sup>re</sup> *Question :* Qui est-ce que j'ai *vu ?* — R. LES (mis pour *eux*).

2<sup>e</sup> *Question :* Qui est-ce qui *fesait ?* — R. LES (mis pour *eux*).

Le participe est donc *var.*

*Voilà le sujet des larmes que tu m'as* VUE *verser.*

(Moi femme *vue* versant).

C'est moi femme qui ai été *vue*, et c'est moi qui *versais* ces larmes ; donc le participe est *var.*

*Quelles fautes il a* ÉVITÉES *; que de peines il en avait* ÉPROUVÉES !

D. Qu'est-ce qu'il a *évité ?* — R. *Des fautes.* — Qu'est-ce qu'il a *éprouvé ?* — R. *Des peines.*

Les deux participes sont placés après les deux régimes ; ils sont donc *var.*

# PARTICIPES PASSÉS DES VERBES PRONOMINAUX.

*Elles se sont* NUI.

(v. *être* mis pour le v. *avoir*. *Nuire* est un v. neutre. On ne dit pas nuire quelqu'un, mais nuire à quelqu'un).

D. Elles ont nui *à qui ?* — R. *A* SE (mis pour *à soi* ou *à elles*).

Puisque le participe ne s'accorde jamais avec un régime indirect, il est donc *inv.*

*Ils s'étaient* ENTRE-NUI.

(v. *être* mis pour le v. *avoir*. *Nuire*, v. intransitif. On ne dit pas quelqu'un *entre-nui*).

Participe *inv.*

*Elles se sont* RI *des autres.*

(v. *être* mis pour le v. *avoir*. *Rire* est un v. neutre. On ne dit pas rire soi, mais bien *rire en soi*).

En *soi* est un régime indirect ; donc le participe est *inv.*

*Elles se sont* DESSERVIES.

(v. *être* mis pour le v. *avoir*).

D. Qui est-ce qu'elles ont *desservi ?* — R. SE (*elles*).

Dans l'exemple, le participe DESSERVI est placé après *se*, régime direct ; il est donc *var.*

*Ils se seront* DÉSOBLIGÉS.

(v. *être* mis pour le v. *avoir*).

D. Ils auront désobligé *qui ?* — R. SE (mis pour *eux*).

Le participe est placé après le régime ; il est donc *var.*

*Elles se sont* AMUSÉES *des autres.*

(v. *être* mis pour le v. *avoir*).

D. Elles ont amusé *qui ?* — R. SE (mis pour *elles*).

Le régime *se* étant placé le premier, le participe est *var.*

# PARTICIPES PASSÉS DES VERBES PRONOMINAUX.

| EXEMPLES D'INVARIABILITÉ. | EXEMPLES DE VARIABILITÉ. |

*Elles se sont* IMAGINÉ *une mécanique.*

(On n'imagine pas *soi*, mais on imagine *en soi* quelque chose).

D. Elles se sont imaginé *quoi ?* — R. *Une mécanique.*

Le participe IMAGINÉ est placé avant le régime direct ; il est donc *inv.*

*Elles se sont* IMAGINÉ *que nous riions.*

( C'est-à-dire elles ont imaginé *en soi* ).

D. Elles ont imaginé *quoi ?*—R. *Que nous riions.*

Le participe est placé avant le complément ; d'ailleurs un complément n'a pas de genre, donc le participe y est *inv.*

*Elle s'était* CRÉÉ *des chimères.*

( Elle n'avait pas créé *soi* ou *elle* ).

D. Elle avait créé *quoi ?* — R. *Des chimères.*

Le régime direct est après *créé* ; le participe est donc *inv.*

*Elles se sont* PERSUADÉ *une chose.*

( v. *être* mis pour le v. *avoir*. Elles ont persuadé *à se* ou *à elles* ).

D. Elles ont persuadé *quoi ?* — R. *Une chose.*

Le participe est placé avant le régime direct ; il est donc *inv.*

*Elles se sont* SUCCÉDÉ.

( *Succéder*, v. neutre. On ne succède pas quelqu'un , mais *à* quelqu'un ).

D. A qui ont-elles *succédé ?* — R. A SE (mis pour *à elles*).

(Même règle) ; participe *inv.*

*Cette personne s'est* BLESSÉ *la jambe.*

( C'est-à-dire *elle* a BLESSÉ *la jambe à elle*; le v. *être* est donc mis pour le v. *avoir* ).

D. Elle a blessé *quoi ?* — R. *La jambe.*

Puisque le participe est placé avant le régime direct *jambe* ; donc il est *inv.*

---

*La mécanique qu'ils se sont* IMAGINÉE.

(On n'imagine pas *soi*, mais on imagine *en soi* quelque chose).

D. Ils ont imaginé *quoi ?* — R. *Une mécanique.*

Le participe est placé après le régime direct ; il est donc *var.*

*Les moyens qu'elles s'étaient* IMAGINÉS.

(v. *être* mis pour le v. *avoir*. Elles avaient imaginé *en soi*).

D. Elles avaient imaginé *quoi ?* — R. QUE (mis pour *lesquels moyens*).

Le participe est placé après le régime ; il est donc *var.*

*C'étaient des chimères qu'il s'était* CRÉÉES.

(v. *être* mis pour le v. *avoir*).

D. Il avait créé *quoi ?* — R. *Des chimères.*
Même règle. — *Var.*

*Elles se sont* PERSUADÉES *que cela leur suffit.* (ACAD. et BUFFON).

D. Elles ont persuadé *qui ?* — R. SE (mis pour *elles*).

Le participe, étant placé après le régime, est donc *var.*

*Nota.* Cette phrase est un gallicisme elliptique; QUE y signifie *de ce que*. En effet , un verbe *pronominal actif* ne peut avoir deux régimes directs de différentes personnes, puisqu'on ne peut dire persuader *soi* quelque chose, mais bien DE quelque chose.

*Elles se sont* REMPLACÉES.
(SE mis pour *soi* ou *elles*).

D. Qui est-ce qu'elles ont *remplacé ?* — R. SE (*soi* ou *elles*).

Le participe est placé le dernier. ( Même règle.) — *Var.*

*Cette personne s'est* BLESSÉE *à la jambe.*

( C'est-à-dire elle a blessé *elle* à la jambe ).

D. Elle a *blessé qui ?* — R. SE ( *soi* ) mis pour *elle.*

Le participe est placé après le régime direct *se* ( mis pour *elle* ); donc ce participe est *var.*

## PARTICIPES PASSÉS DES VERBES PRONOMINAUX.

### EXEMPLES D'INVARIABILITÉ.

*Elle ne s'est* PROPOSÉ *pour exemple que la vertu.*

(Elle a proposé à *soi*).

D. Qu'est-ce qu'elle a *proposé?* — R. *La vertu.*

Le participe étant placé avant le régime direct *vertu*, est donc *inv.*

*Elles se sont* ARROGÉ *des droits.*

(v. *être* mis pour le v. *avoir*).

D. Qu'est-ce qu'elles ont *arrogé?*—R. *Des droits.*

*Arrogé* est placé avant le régime direct; il est donc *inv.*

*Ils s'étaient* PARLÉ.

(v. neutre. On ne parle pas quelqu'un, mais à quelqu'un).

D. A qui avaient-ils *parlé?*—R. A SE (mis pour *à eux.*

Le participe ne s'accorde jamais avec un régime indirect; il est donc *inv.*

*Elles se sont* LAVÉ *les mains.*

(v. *être* mis pour le v. *avoir*. Elles ont lavé à elles).

D. Elles ont lavé *quoi?* — R. *Les mains.*

Le participe est avant le régime; il est donc *inv.*

*Ces dames se sont* PARLÉ.

(v. *être* mis pour le v. *avoir*. On ne parle pas quelqu'un, mais à quelqu'un).

D. Elles ont *parlé à qui?* — R. A SE (mis pour *à elles*).

*À elles* étant un régime indirect, le participe est *inv.*

*Elles s'en sont* RI.

(v. neutre. *Rire* en *soi* de cela).

D. De quoi ont-elles *ri?* — R. *De cela.*

*En* (signifiant *de cela*), est un régime indirect; le participe est donc *inv.*

### EXEMPLES DE VARIABILITÉ.

*Elle ne s'est* PROPOSÉE *que pour exemple.*

D. Qui est-ce qu'elle a *proposé?* — R. SE (mis pour *soi* ou *elle*).

Le régime direct *se* est placé le premier; donc le participe est *var.*

*Les droits* QU'*elle se sont* ARROGÉS.

(v. *être* mis pour le v. *avoir*).

D. Qu'est-ce qu'elles ont *arrogé?* — R. *Les droits.*

Le régime QUE (mis pour *les droits*), étant placé le premier, le participe est donc *var.*

*Ils s'étaient* ENTENDUS.

(v. *être* mis pour le v. *avoir*).

D. Qui est-ce qu'ils avaient *entendu?* — R. *Se* ou *eux.*

Le participe est placé après le régime direct; donc il est *var.*

*Elles se sont* LAVÉES *de ces inculpations.*

(v. *être* mis pour le v. *avoir*).

D. Qui est-ce qu'elles ont *lavé* de ces inculpations? — R. SE (mis pour *elles*).

Le participe, étant placé après le régime direct, est donc *var.*

*L'une et l'autre s'étaient* QUESTIONNÉES.

D. Qui est-ce qu'elles avaient *questionné?* — R. *Se, soi* ou *elles.*

*Questionné* est placé après son régime direct; ce participe est donc *var.*

*Elles s'en sont* SCANDALISÉES.

D. Qui est-ce qu'elles ont *scandalisé?* — R. SE (mis pour *soi* ou *elles*).

Même règle d'accord. Participe *var.*

# PARTICIPES PASSÉS DES VERBES PRONOMINAUX.

## EXEMPLES D'INVARIABILITÉ.

*Elles se sont* PLU.

(v. neutre. *Plaire à* quelqu'un , à soi).

D. Elles ont *plu* à *qui ?* — R. A SE (mis pour *à elles*).

*A se* est un régime indirect ; le participe est donc *inv.*

*Ces vignes s'y étaient* PLU.

(v. neutre. On ne dit pas plaire quelqu'un , mais plaire *à* quelqu'un).

D. Ces vignes avaient *plu* à *qui ?* — R. *A se ou* à *elles.*

*Se*, mis pour *à soi*, est un régime indirect ; le participe est donc *inv.*

*Elles s'étaient entre* NUI.

(*Entre-nuire*, v. neutre ; c'est comme s'il y avait : elles ont *nui* à soi, entre elles).

Le participe *entre-nui* est donc *inv.*

*Ces bonnes gens s'étaient* PERSUADÉ *ces chimères.*

( C'est-à-dire avaient persuadé à eux ).

D. Qu'est-ce qu'ils avaient *persuadé ?* — R. *Des chimères à soi.*

Même règle. Le participe reste *inv.*

*Elles se sont* ENLAIDI *la figure.*

(v. *être* mis pour le v. *avoir).*

D. Elles ont *enlaidi quoi ?* — R. *La figure.*

Même règle. Le participe est *inv.*

*Mademoiselle, vous ne vous êtes pas* FAIT *une belle couronne.*

D. Qu'est-ce que vous ne vous êtes pas *fait ?* — R. *Une belle couronne.*

*Fait* est avant le régime ; le participe est donc *inv.*

## EXEMPLES DE VARIABILITÉ.

*Voilà les vérités qu'ils se sont* TUES.

D. Qu'est-ce qu'ils ont *tu ?* — R. *Les vérités.*

Le régime direct *que* (mis pour *lesquelles*), est placé le premier ; le participe TU est donc *var.*

*Elles s'en sont* TUES.

Le participe passé du verbe pronominal *se taire* est toujours *var.*

*Ils s'en étaient* TUS.

Même règle de variabilité.

*Elles s'étaient entre-*DÉCHIRÉES.

(v. *être* mis pour le v. *avoir*),

D. Qui est-ce qu'elles ont *entre-déchiré ?* R. SE (mis pour *elles*).

Le participe est après le régime direct *se;* donc il est *var.*

*C'étaient des chimères qu'ils s'étaient* PERSUADÉES.

C'est-à-dire qu'ils avaient *persuadées* à *se* (mis pour *à soi ou à eux*).

D. Qu'est-ce qu'ils avaient *persuadé ?* — R. *Des chimères.*

Dans l'exemple, le participe est placé après le régime direct ; donc il est *var.*

*Elles se sont* ENLAIDIES *elles-mêmes.*

(v. *être* mis pour le v. *avoir*).

D. Qui est-ce qu'elles ont *enlaidi ?* — R. SE (mis pour *elles*).

Même règle. — *Var.*

*Mademoiselle , je ne vous ai pas* FAITE *écolière parfaite.*

D. Je n'ai pas fait *qui ?* — R. *Vous* écolière parfaite.

Même règle. — *Var.*

# PARTICIPES PASSÉS DES VERBES PRONOMINAUX.

## EXEMPLES D'INVARIABILITÉ.

*Ils leur ont* AIDÉ *à porter ce fardeau.* (LAVEAUX, etc.)

(*Aider*, v. neutre. *Aider* à quelqu'un, c'est partager sa fatigue).

D. A qui ont-ils *aidé?* —R. *A eux.*

*Leur*, avant un verbe, signifie *à eux* ou *à elles*, et il est toujours régime indirect; le participe est donc *inv.*

*Elles se sont* AIDÉ *à porter ces fardeaux.*

*Elles nous avaient* AIDÉ *à travailler.*

(*Aider*, v. neutre).

D. A qui avaient-elles *aidé?* —R. *A nous.*

*Nous* mis pour *à nous*, étant un régime indirect, le participe est donc *inv.*

*Elles se sont* SOURI.

(v. neutre. On dit : *sourire* à quelqu'un).

D. A qui ont-elles *souri?* — R. *A* SE (mis pour *à elles*).

Le participe, ne s'accordant jamais avec un régime indirect, est donc *inv.*

*Ils se sont* DÉCHIRÉ *leurs habits.*

(v. *être* mis pour le v. *avoir*).

D. Qu'est-ce qu'ils ont *déchiré?* —R. *Leurs habits.*

Le participe est placé avant le régime ; il est donc *inv.*

*Les fabricantes s'étaient* ASSOCIÉ *plusieurs banquiers.*

(v. *être* mis pour le v. *avoir*. Elles avaient associé à *soi* ou à *elles*).

D. Elles avaient *associé qui?* — R. *Plusieurs banquiers.*

Le participe est placé avant le régime ; il est donc *inv.*

*Elle s'est* MIS *à coup sûr des chimères dans l'esprit.*

D. Qu'est-ce qu'elle s'est *mis?* —R. *Des chimères.*

Le participe est placé avant son régime direct ; il est donc *inv.*

## EXEMPLES DE VARIABILITÉ.

*Ils les ont* AIDÉS *de leurs conseils.*

(*Aider*, v. actif. *Aider* quelqu'un, c'est l'assister de.)

Ils ont *aidé qui?* —R. LES (mis pour *eux*).

*Aidé* est placé après son régime ; il est donc *var.*

*Ils se sont aidés.*

(C'est-à-dire , *assistés*, part. *var.*)

*Elles nous avaient* AIDÉS *de leur bourse.*

(*Aider*, v. actif).

Elle avaient *aidé qui?* —R. *Nous.*

Le participe *aidé* est placé après son régime direct ; il est donc *var.*

*Elles se sont* RÉJOUIES.

(v. *être* mis pour le v. *avoir*).

D. Qui est-ce qu'elles ont *réjoui?* —R. SE (mis pour *elles*).

Le participe est placé après le régime ; donc il est *var.*

*Ils se sont* DÉCHIRÉS.

(v. *être* mis pour le v. *avoir*).

D. Qui est-ce qu'ils ont *déchiré?* — R. SE *soi* ou *eux*).

Le régime, étant placé le premier, force le participe à être *var.*

*Les fabricantes s'étaient* ASSOCIÉES *à plusieurs banquiers.*

(v. *être* mis pour le v. *avoir*. Elles avaient *associé* elles à...).

D. Elles ont *associé qui?* — R. SE (mis pour *elles*).

Le participe est placé après le régime direct ; il est donc *var.*

*Elle s'est* MISE *à la tête des cabaleurs.*

D. Qui est-ce qu'elle a *mis* à la tête des cabaleurs? — R. SE (mis pour *soi* ou *elle*).

Le participe est placé après le régime. Même règle. — *Var.*

## PARTICIPES PASSÉS EMPLOYÉS AVEC *EN.*

### EXEMPLES D'INVARIABILITÉ.

*Nous en avons* LU.

(Nous avons *lu* de cela).

*En*, mis pour *de cela*, est un régime indirect ; le participe est donc *inv.*

*Voilà les conséquences qu'ils ont* PRÉTENDU *en tirer.*

(*en* est mis pour *de cela*).

1re *Question :* Ils ont *prétendu quoi ?* — R. *Tirer* lesquelles conséquences.
2e *Question :* Qui est-ce qui devait *tirer* ces conséquences ? — R. *Ils.*

Comme les deux réponses ne donnent pas le même mot, le participe est *inv.*

*Ils avaient* CONÇU *de fausses espérances.*

Ce participe est placé avant le régime ; il est donc *inv.*

*Vous avez des livres ; nous en avons* LU *aussi.*

D. Nous avons *eu quoi ?* — R. *En* ou *de cela.*

*En* est un régime indirect ; le participe est donc *inv.*

*Ils s'en sont* DONNÉ *tout leur saoul.*

(Ils ont donné à *se* ou à *eux*).

*Se*, mis pour à *eux*, est un régime indirect ; le participe est donc *inv.*

*Ce sont des pommes ; ils en ont* MANGÉ.

*En*, mis pour de ces choses, est un régime indirect ; le participe est donc *inv.*

### EXEMPLES DE VARIABILITÉ.

*Les a-t-elle* LUS ? *l'ont-ils* RÉCRÉÉE ?

D. A-t-elle lu *quoi ?* — R. LES (mis pour *eux*).
D. Ont-ils récréé *qui ?* L' (mis pour *elle*).

Les deux participes sont après leur régime ; ils sont donc *var.*

*Voici les conséquences qu'on en a* TIRÉES.

D. Qu'est-ce qu'on en a *tiré ?* — R. QUE (mis pour *les conséquences*).

Le participe est placé après le régime direct ; il est donc *var.*

*Les espérances qu'on en avait* CONÇUES.

D. Qu'est-ce qu'on en avait *conçu ?* — R. QUE (mis pour *lesquelles*).

*Conçu* est après le régime direct *que* ; il est donc *var.*

*Elle s'en est* REPENTIE.

(*Se* ou *soi repentie*).

Ce participe pronominal est toujours *var.*

*Ils s'en sont* DOUTÉS.

(Eux doutés de cela).

Ce participe pronominal est toujours *var.*

*Elles s'en étaient* ALLÉES *au sermon.*

(*Se* ou *soi*, elles, allées).

Ce participe pronominal est toujours *var.*

*Autant d'armées il a* COMBATTUES, *autant il en a* DÉFAIT, *et non pas défaites.*

Le 1er participe est *var.*, le 2e est *inv.*

---

*Messieurs, vous avez fait de grandes fautes ; mais elles vous ont* SERVI *à vous connaître.* (Fénélon).

C'est-à-dire elles ont *servi* à vous.

*Vous*, mis pour à *vous*, étant un régime indirect, le participe *servi* y reste *inv.*

*Messieurs, de quelles paroles vous êtes-vous* SERVIS ?

C'est-à-dire avec-vous servi *vous*.

Dans cet exemple, le participe SERVIS est après le régime direct *vous* ; il est donc *var.*

## PARTICIPES PASSÉS.

| EXEMPLES D'INVARIABILITÉ. | EXEMPLES DE VARIABILITÉ. |
|---|---|

*Messieurs, elle vous avait* RECOMMANDÉ *de travailler.*

(Elle avait *recommandé* à vous.)

*A vous*, régime indirect; participe *inv.*

*Ces arbres nous ont* SERVI *à retrouver notre route.*

(Ils ont servi à nous.)

Même règle; le participe est *inv.*

*Elles se sont* SERVI *des mets.*

( Elles ont servi à *soi* ou à *elles.*)

Même règle; le participe est *inv.*

*Avant que les deux nations se fussent* RENDU *leurs prisonniers.*

(Eussent rendu à *elles* les prisonniers.)

*Se*, mis pour *à elles*, est un régime indirect; les *prisonniers* sont le régime direct.

Le participe est placé avant le régime; il est donc *inv.*

*Ils se sont* ÉPARGNÉ *l'une et l'autre peine.*

(Ils ont épargné à *se*, mis pour à *eux*.)

Même règle. Le participe est *inv.*

---

*Etaient - ce des paresseux* QU'*elle avait* RECOMMANDÉS *au professeur ?*

Le participe est après le régime; il est donc *var.*

*De quelle manière nous sommes-nous* SERVIS ?

(Nous servis.)

Participe var.

*Quels mets se sont-elles* SERVIS.

D. Qu'est-ce qu'elles ont *servi?*—R. *Quels mets.*

Le participe est après le régime; il est donc *var.*

*Avant que les Arabes* SE *fussent* RENDUS *maîtres.*  (Voltaire.)

(*Se* ou *eux rendus* maîtres.)

Le participe est après le régime; il est donc *var.*

*Ils se sont* ÉPARGNÉS *l'un l'autre.*

(Ils ont épargné *se*, mis pour *eux*.)

Le participe est placé après le régime SE; il est donc *var.*

---

# EXEMPLES DES PARTICIPES employés unipersonnellement.

Ils y restent invariables, parce que le sujet IL, auquel ils se rapportent, y est toujours un pronom indéfini.

*Il s'était* GLISSÉ *beaucoup de fautes dans vos dernières lettres.* — Inv.

*Il s'est* RASSEMBLÉ *une foule de gens armés et aguerris.*—Inv.

*Qu'il nous en a* COÛTÉ *pour trouver les sommes qu'il a* FALLU *payer!* — Inv.

*Les vers sont une langue qu'il est* DONNÉ *à très-peu de personnes de posséder.* — Inv.

(Voltaire.)

*Il s'était* TROUVÉ *plusieurs erreurs dans les comptes qu'il a rendus.* — Inv.

*Il nous était* ARRIVÉ *plusieurs malheurs dont nous sommes consolés.* — Inv.

*Combien de visites et de lettres il nous était* SURVENU ! — Inv.

*Que de tempêtes il s'était* PASSÉ *pendant la traversée !* — Inv.

43

### SUITE DU **PARTICIPE PASSÉ.**

*Que de pluies n'est-il pas* TOMBÉ *dans Paris !* — Inv.

*Quels avantages il en était* RÉSULTÉ *pour nous !* — Inv.

*Les froids qu'il a* FAIT *sont passés.* — Inv.

*Les chaleurs qu'il avait* FAIT *étaient déjà passées.* — Inv.

*Les gelées qu'il y a* EU. — Inv.


# EXEMPLES où le *que*, précédé d'une préposition sous-entendue, rend le participe passé invariable.

*...Les jours que j'ai* VÉCU *sans vous avoir servie.*　　　(Corneille.)

C'est-à-dire, *pendant lesquels* ; QUE, signifiant pendant lesquels, est un régime indirect ; le participe est donc *inv.*

*...Ajouter à vos jours ceux que j'aurais* VÉCU.　　　(La Chaussée.)

C'est comme s'il y avait ceux *pendant lesquels* j'aurais vécu. — *Inv.*

*Tous les momens qu'il a* SOUFFERT.

C'est-à-dire, *pendant lesquels* il a *souffert.* Ce participe y est donc *inv.*


# PARTICIPES *PASSÉS* suivis d'un infinitif précédé de l'une des prépositions à ou DE.

### EXEMPLES D'INVARIABILITÉ.

*Les difficultés qu'elle avait* APPRIS *à vaincre.*

(Elle ne les a pas apprises avant de les vaincre. C'est comme s'il y avait : elle avait *appris* à vaincre *lesquelles.*)

*Les gravures qu'elle a* APPRIS *à copier.*

(Elle ne les a pas apprises avant qu'elle les copiât.)

D. Elle avait appris *quoi?* — R. A copier *lesquelles.*

*La fable qu'elle a* COMMENCÉ *à apprendre.*

Lorsque *commencé* est suivi de à et d'un infinitif, c'est l'usage, plutôt que l'euphonie qui le rend *inv.*

### EXEMPLES DE VARIABILITÉ.

*Les difficultés que vous m'avez* DONNÉES *à traiter.*

(On les avait données d'avance, pour qu'on les traitât.)

*Les causes que cet avocat a* EUES *à plaider.*

(Il les avait eues, pour les plaider, avant qu'il les plaidât.)

*Quelles peines le roi a* EUES *à calmer ces querelles !*　　　(Voltaire.)

## SUITE DU PARTICIPE PASSÉ.

EXEMPLES D'INVARIABILITÉ.

*Les critiques qu'on a* TROUVÉ *bon de diriger contre mes écrits.*
> (Benjamin Constant.)

*Trouvé* est *inv.*, parce que le sens de la phrase est : on a *trouvé* qu'il était bon de diriger *lesquelles.*

*La leçon que vous avez* OUBLIÉ *d'apprendre.*
> (On n'a pas oublié la leçon, puisqu'on ne l'a pas apprise.)

D. On a oublié *quoi?* — R. D'apprendre *laquelle.* — Part. *Inv.*

EXEMPLES DE VARIABILITÉ.

*Les critiques qu'il avait* TROUVÉES *bonnes à publier.*
> (Elles *trouvées* être bonnes à publier.)

*La leçon que je vous ai* DONNÉE *à apprendre.*
> (Pour être apprise; on l'avait donnée d'avance.)

Le participe *donnée* est donc ici *var.*

## EXEMPLES des *PARTICIPES PASSÉS* employés avec un ou plusieurs noms de quantité.

*Que d'eau ils ont* RÉPANDU!

Ici le sens est indéfini ; le participe est *inv.*

*Quelle eau ont-ils* RÉPANDUE ?
> (Laquelle.)

Ici le sens est indiqué ; le participe est donc *var.*

*Que de faits elle a* VU *contredire.*

D. Elle a vu *quoi?* — R. *Que de faits.*
Mais les faits ne font pas l'action du verbe contredire. Le participe est donc *inv.*

*Que de faits l'une et l'autre avaient-elles* VUS *déplaire.*
> (Les *faits* faisaient l'action de déplaire.)

Le participe est donc *var.*

*Que de confiture il a* MANGÉ !
> (Si l'on veut dire qu'il en a trop mangé.)

*Que de confitures il a* MANGÉES !
> (Si l'on veut faire comprendre qu'il en a mangé de beaucoup de sortes.)

*Combien de crême elle avait* MANGÉ.

Ici le sens est indéfini; le participe est donc *inv.*

*Combien de livres elle avait* LUS !

Ici l'idée se porte sur plusieurs livres ; le participe est *var.*

*De combien de crêmes différentes avons-nous* MANGÉ?

Ici, l'idée restreinte se porte sur le volume vague, indéfini, qui est *de combien,* sorte de régime indirect ; le participe est donc *inv.*

*Combien de crêmes différentes a-t-il* MANGÉES ?

Ici l'idée se porte directement sur les crêmes différentes ; le participe est donc *var.*

D'où l'on voit que l'accord, ou le non-accord du *participe passé,* dans ces phrases et dans les suivantes, est subordonné au point de vue sous lequel on doit considérer le rapport.

## Suite du PARTICIPE PASSÉ.

AUTRES EXEMPLES :

*Combien Dieu en avait-il* EXAUCÉS ? (Massillon.)

L'idée se porte sur plusieurs; le participe est donc *var.*

*Car combien n'en avait-on pas* VUS *qui n'en avaient aucun souvenir !* (Buffon.)

(Plusieurs *vus.*) Le participe est variable.

*Que de gloire il s'est* ACQUISE ! (Quelle grande gloire).

*Que de maux n'a-t-elle pas* SOUFFERTS *durant sa maladie !*

*Quelle foule de monde n'avons-nous pas* RENCONTRÉE !

( L'idée se porte plus particulièrement sur la foule qui est déterminée par *quelle.*)

*Une foule d'écrivains s'étaient* TROMPÉS *dans leurs conjectures.*

( L'idée se porte sur les écrivains qui se sont *trompés.* )

*Cette bande de corbeaux s'était* ENVOLÉE.

( L'idée se porte sur *cette bande,* parce que *cette* est un signe de précision. )

*Une multitude d'animaux y étaient* PLACÉS. (M. de Châteaubriand.)

*La troupe de ces insectes s'est* ATTACHÉE *à l'arbre.*

( L'idée, déterminée par *la,* se porte sur *troupe.*)

*Cette armée de héros qu'on a* LEVÉE, *fera des prodiges de valeur.*

( L'idée est précisée par *cette.* )

*Cette douzaine d'œufs avait été* COMPTÉE *et* INSCRITE.

( L'idée est précisée par *cette*).

*Une demi-douzaine de blancs-d'œufs* MÊLÉS *et bien* BATTUS.

( L'idée se porte sur *les blancs-d'œufs.* )

*La plupart du monde s'était* SAUVÉ.

( Lorsque la PLUPART est suivi d'un nom au singulier, le participe *passé* s'accorde avec ce nom.)

*La plupart de la multitude s'était* SAUVÉE.

*La plupart des hommes s'étaient* ENFUIS.

*La plupart des femmes s'étaient* ENFUIES.

*La plupart s'étaient* AMUSÉS.

*Remarque.* LA PLUPART, employé sans nom, veut toujours le verbe et le participe au pluriel ; mais ce participe s'accorde en genre avec le nom sous-entendu.

## SUITE DU PARTICIPE PASSÉ.

LE PEU DE, marquant insuffisance, veut le participe invariable, et le verbe qui suit au singulier.

—

*Le peu d'amis qu'il a* EU, *a été cause de son isolement.*

Il y a insuffisance ; le participe est donc *invar.* ( Peu de gram. y laissent le part. *inv.* )

*Le peu de soldats que le général avait* RASSEMBLÉ *, l'avait découragé.*

*Le peu de sécurité que j'y ai* VU *m'y a fait renoncer.*

*Le peu d'attention qu'il y a* APPORTÉ *était blâmable.*

*Le peu de connaissances qu'elle a* ACQUIS *a nui à son avancement.*

*Le trop de crème qu'elles ont* MANGÉ, *leur avait fait mal.*

LE PEU DE, marquant suffisance, force le participe à s'accorder avec le régime.

—

*Le peu d'amis qu'il a* EUS *lui ont suffi.*

Il y a suffisance ; le participe est donc *var.*

*Le peu de soldats qu'il a* RASSEMBLÉS *lui ont suffi pour vaincre.*

*Le peu de sécurité que j'y ai* VUE *m'a enhardi.*

*Le peu d'attention que nous y avons* APPORTÉE *a été approuvée.*

*Le peu de connaissances qu'il a* ACQUISES *ont contribué à son avancement.*

*La crème qu'elles avaient* MANGÉE *leur avait fait mal.*

## PARTICIPES *COÛTÉ* et *VALU.*

Ces deux participes sont toujours *invariables* d'après MM. Boniface, Boinvilliers, Domergue, Laveaux, et la plupart des grammairiens.

#### EXEMPLES D'INVARIABILITÉ.

*Les cinquante francs que cette étoffe m'a* COÛTÉ.

*Que de soins son éducation m'a* COÛTÉ !

*Cette maison nous avait* COÛTÉ *cher.*

(Coûté à nous chèrement.)

*L'une et l'autre maison leur avaient* COÛTÉ *cher.*

*Les désagrémens que ce travail m'a* VALU.

Ces deux participes sont *variables ,* suivant MM. Bescher, Lemare, Levis , Marle, Noël et Chapsal, Vanier et autres auteurs , lorsque *coûter* et *valoir* signifient *occasionner, procurer.*

#### EXEMPLES DE VARIABILITÉ.

*Que de soins m'eût* COÛTÉS *cette tête charmante !*

*Mes manuscrits raturés , barbouillés et presque indéchiffrables , attestent la peine qu'ils m'ont* COÛTÉE.

*Les honneurs que j'ai reçus , c'est mon habit qui me les a* VALUS.

SUITE DU PARTICIPE PASSÉ.

## PARTICIPE *FAIT*.

| EXEMPLES D'INVARIABILITÉ. | EXEMPLES DE VARIABILITÉ. |
|---|---|

*Voilà les difficultés que nous avons* FAIT *disparaître.*

Le participe FAIT, suivi d'un infinitif, est toujours *inv.*

*Les arts qu'ils avaient* FAIT *naître.*

*Cette dame attendait, nous l'avons* FAIT *entrer.*

*Nous leur avons* FAIT *passer la rivière.*

*Ils vivent sur la place où le hasard les a* FAIT *naître.* (Lacépède.)

*Ces discours, je les ai* FAIT *imprimer.*

*Il les avait* FAIT *taire.*

*Voilà les difficultés que j'ai* FAITES *la première.*

Le participe FAIT est *var.* lorsqu'il est après le régime direct, et qu'il n'est pas suivi d'un infinitif.

*La querelle que nous nous sommes* FAITE.

*Elle s'est* FAITE *religieuse.*

*Nous les avons* FAITS*, en passant la rivière.*

*La contrefaçon qu'en avaient* FAITE *les imprimeurs.*

*Combien de fois mon ame l'a remercié de l'avoir* FAITE *humaine.*

*Dieu nous a* FAITS *justes.*

## PARTICIPE *LAISSÉ*.

*On l'a* LAISSÉ *périr.*

(En parlant d'une maison, si elle ne périssait pas encore lorsqu'on l'a abandonnée.)
(ROY.)

*Ils se sont* LAISSÉ *conduire.*

*Je l'ai* LAISSÉ *passer dans son appartement.*

(En parlant d'une mourante que l'on portait.)

*On les a* LAISSÉS *passer.* (Marmontel.)

(Eux *laissés* passant, ou qui passaient.)

*Ils se sont* LAISSÉS *vivre.*

*Je l'ai* LAISSÉE *passer.*

(En parlant d'une personne qui marchait.)

## SUITE DES PARTICIPES.

# PARTICIPES *PASSÉS* précédés de L', pronom elliptique.

L', représentant une proposition sous-entendue, rend le participe *invariable*.

L', représentant un nom, rend le participe *variable*.

*L'avez-vous trouvée aussi bonne que je l'avais* DÉSIRÉ ?

(*Désiré* que vous la trouvassiez.)

*L'avez-vous trouvée aussi bonne que je l'avais* DÉSIRÉE ?

(Elle *désirée* par moi.)

*A-t-elle acheté une maison comme je l'ai* DÉSIRÉ ?

(Comme j'ai *désiré* qu'elle l'achetât.)

*A-t-il acheté une maison comme je l'ai* DÉSIRÉE ?

(Comme je désirais *elle.*)

*La guerre se fit comme nous* L'*avions* PRÉDIT.

(C'est-à-dire, comme nous avions *prédit* qu'elle se ferait.)

*La guerre se fit comme ou telle que nous* L'*avions* PRÉDITE.

(C'est-à-dire, *elle prédite.*)

*Les passions* L'*ont* EMPORTÉ.

(C'est-à-dire, ont pris le dessus.)

*Les passions* L'*ont* ENTRAINÉE.

(C'est-à-dire, ont entraîné *elle.*)

*Cette chanson a été chantée ; il ne* L'*a pas* SU.

(C'est-à-dire, il n'a pas *su* qu'elle était chantée.)

*Cette chanson avait été chantée ; il ne* L'*avait pas* SUE.

(C'est-à-dire, il n'avait pas su *la chanson.*)

*Il s'était trouvé plusieurs difficultés, comme nous* L'*avions* SOUPÇONNÉ.

( C'est-à-dire, comme nous avions *soupçonné* qu'il s'en trouvait.)

*Votre tante s'en est* PLAINTE; *mais on ne* L'*a pas* ÉCOUTÉE.

(SE mis pour SOI, *plainte ;* L' mis pour *elle.*)

*Nous leur avons fait tous les remercimens* QUE *nous avons* DU.

(C'est à dire que nous avons *dû leur faire.*)

*Nous leur avons soldé toutes les sommes que nous n'aurions pas* DUES, *si nous ne les avions pas empruntées.*

(Ici l'idée se porte naturellement sur *les-quelles* sommes DUES.)

# AUTRES EXEMPLES où l'accord du *PARTICIPE PASSÉ* offre quelques difficultés aux élèves.

*C'était* UNE *de vous toutes* QUE *n'avaient pas* INVITÉE *vos parens.*

( C'est-à-dire, *une que* ou *laquelle* INVITÉE. )

*C'était une de* CELLES *qu'avait* INVITÉES *votre père.*

(C'est-à-dire, de *celles* INVITÉES.)

*C'était* UNE *d'elles que vos sœurs avaient* INVITÉE.

(C'est-à-dire, *une que* ou *laquelle* avait été INVITÉE.)

Nous allons terminer ce traité des participes, par la réunion des *participes passés* qui sont constamment invariables.

# PARTICIPES TOUJOURS INVARIABLES.

Abondé. abouti. aboyé. accouru. acquiescé. adhéré. afflué. agi. agonisé (t. pop.). alterné. apostasié. apparu. appartenu. argumenté. assenti. atterri. attenté. avenu. avorté. babillé. badaudé. baguenaudé. bâillé*. baliverné. ballé. barguiné. bataillé. batifoler. baudi. bavé. bavardé bayé* beuglé. biaisé. billardé. bivaqué. blondi. boité. bondi. bouffonné. bougé. bouillonné. bouquiné. bourdonné. bourgeonné. boxé. braconné. braillé. brelandé. brétaillé. bricolé. brigandé. brillé. brocanté. bronché. brui*. butiné. buvoté. cabalé. cabriolé. cadré. cagnardé. capitulé. caqueté. caracolé. carillonné. chamaillé. chancelé. chanci. chaviré. cheminé. chevauché. chevroté. chicoté (t. pop.). chu. chopiné. choppé. circulé. clabaudé. clapi. clati. clignoté. cliqueté. cloché. clopiné. coassé. cohabité. coïncidé. commercé. compati. compété. complu. concordé. concouru. condescendu. connivé. consisté. contrasté. contrevenu. contribué. convenu (var. tomber d'accord). conversé. convolé. coopéré. corné. correspondu. coûté (1). craqué. crêmé. croassé. croqueté. croulé. croupi. cuisiné. daigné. dandiné. débouqué. débâclé. débuté. décampé. déchanté. découlé. décru. défailli. dégoutté. dégringolé. déjeûné. délinqué. déliré. démangé. démérité. démordu. déparlé. dépendu (de dépendance). dépéri. déplu. déradé. déraisonné. dérogé. désagréé. désafourché. désobéi.. détonné. dévié.. devisé. dîmé.. dîné. discouvenu. discordé. discouru. disparu. disserté. divagué. dodiné. doigté. dormi. drageonné. dupliqué. duré. ébouilli. éboulé.. échafaudé.. enchéri. endêvé. endiablé. entre-nui. équivalu. équivoqué. erré. escadronné. escarmouché. espadonné. essaimé. esté. estocadé. été. éternué. étincelé. excellé. excipé. existé. extravagué. faibli. failli. fainéanté. falaisé. fallu. faonné. ferraillé. feuillé. fienté. finassé. flamboyé. fleuré. flotté. flué. flûté. foisonné. folâtré. forfait. forligné. forlongé. fougé. fourché. fourgonné. fourmillé. fraîchi. fraternisé. frémi. frétillé. fringué. frissonné. froidi. froué. fructifié. fureté.. fusé. galopé. gambadé. gargoté. gargouillé. gasconné. gauchi. gazouillé. geint. gémi. gesticulé. giboyé. gigoté. glapi. gloussé. goguenardé. goinfré. grandi. grasseyé. gravi. gravité. greloté. grignoté. grimacé. grimpé. gringotté. grisollé. grisonné. grogné. grommelé. grouillé. grumelé. guerroyé. guigné. haleté. henni. herborisé. hésité. hiverné. hogné. hurlé. inféré. influé. insisté. instrumenté. intercédé. ivrogné. jailli. jappé. jardiné. jargonné. jasé. jeûné. jouaillé. joui. joûté. judaïsé. lambiné. lampé. langui. lapé. larmoyé. lésiné. libertiné. louché. louveté. louvoyé. lui. lutté. maigri. malversé. maraudé. marché. maugréé. médit. méfait. menti. mésoffert. mésusé. miaulé. milité. molli. moralisé. mué. mugi. murmuré. musé. nagé. nasillé. navigué. niaisé. niellé. nigaudé. nui. obtempéré. obvié. officié*. oiselé. opiné. opté. oscillé. pacagé. palpité. pantelé. papillonné. paru. paressé. parlementé. participé. pataugé. patienté. patiné. pâti. patrociné. patronné. patrouillé. pâturé. péri. périphrasé. péroré. persévéré. persisté. pesté. peté. pétillé. pétuné. philosophé. piaffé. piaillé. picoré. piétiné. pindarisé. pinté. piraté. pirouetté. pivoté. plu. pleurniché.. poétisé.. point.. polissonné. politiqué. ponté. pouliné. prédécédé. prédominé. préexisté. préjudicié. préludé. préopiné. prévalu. procédé. profité.

---

(1) Plusieurs auteurs modernes font variable le participe *coûté*, lorsqu'il signifie *occasionné*.

Nota. Les participes passés suivis de 2 points sont ceux que certains dictionnaires emploient adjectivement.

prominé. provenu. psalmodié. pué. pullulé. pupulé. quémandé. quillé. radoté. raffolé. râlé. rampé. ranci. rayonné. réagi. rebondi. récalcitré, récidivé. récliné. recouru. récriminé. redondé. refleuri reflué. regimbé. régné. regonflé.. regorgé. rejailli. relui. remédié. renâclé. reniflé. renoncé. reparu. reparlé. répugné. repullulé. résidé. résisté. résonné*. resplendi. ressemblé. ressué. résulté. retenti. rétrogadé. réussi. rêvassé. reviré. revécu. ricané. rimaillé. riposté. ri. rivalisé. rôdé. rognoné. rôlé. ronflé. rossignolé. roté. roucoulé. roupillé. rugi. ruisselé. saboté. salivé. sangloté. sautillé. séjourné. semblé. serpenté. serpé. sévi. siégé. sillé. siroté. sombré. sommeillé. soupé. sourcillé. souri. subsisté. subvenu. succédé. succombé. suffi. suinté. suppuré. surabondé. surenchéri. surgi. surnagé. surplombé. survécu. symétrisé. sympathisé. syncopé. tâché. tangué. tardé. tâtillonné. tâtonné. tempêté. temporisé. tergiversé. terri. testé. tiédi. tiercé. tintamarré. tiqué. tisonné. tôpé. tournaillé. tournoyé. toussé. transigé. transpiré. transsudé. trébuché. tremblé. trembloté. trépigné. tressailli. trigaudé. trinqué. triomphé. trotté. truandé. truché. uriné. vacillé. vagabondé. vagué. valeté. valu (1). vaqué. vécu. végété. venté*. ventousé. verbalisé. verbiagé. verdoyé. vermillé. vétillé. vibré. vicarié. vivoté. vécu. vociféré. vogué. voisiné. voleté. volté*. voltigé. voluté. voyagé.

(1) Quelques auteurs modernes font accorder le participe *valu*, lorsqu'il signifie *procurer*.

**FIN DES PARTICIPES.**

# DU SUBJONCTIF.

Le subjonctif, pris isolément dans la conjugaison, n'est qu'un mode incomplet du verbe; mais, dans la phrase, il sert à marquer que ce verbe est soumis au verbe de la proposition principale, qui seule influe sur ce mode; mais elle n'y influe jamais sur les temps de ce mode, qui sont toujours soumis à une autre proposition subordonnée, tantôt exprimée, et tantôt sous-entendue par l'usage.

C'est en ignorant l'emploi de ces temps indéterminés, qu'on reste si souvent embarrassé sur le vrai temps relatif à chacune des différentes idées qu'il faut y représenter d'une manière déterminée, suivant le sens de la phrase.

Quelques exemples vont faire ressortir les différents sens logiques de l'emploi de ces temps; ce n'est qu'en s'élevant à une saine analyse du sens accidentel de la pensée, que l'on peut vaincre promptement ces difficultés de la grammaire.

Indiquons d'abord toutes les locutions conjonctives qui veulent toujours le verbe au subjonctif :

*Afin que, à moins que, avant que, au cas que, bien que, de peur que, de crainte que, en cas que, encore que, jusqu'à ce que, loin que, non que, non pas que, nonobstant que, malgré que (loc. fam.), posé que, pour que, pourvu que, quel que, quelque... que, qui que, quoique, quoi que, à quoi que, de quoi que, sans que, si peu que, si tant est que, soit que, supposé que... et que* (dans le sens de *si,* ou de *à moins que*), *avant que, soit que, afin que, sans que, de peur que,* et *de crainte que.*

Mettez aussi le verbe au *subjonctif,* après ces façons de parler unipersonnellement :

*On n'en trouve pas qui... ou que...*

*Il n'y a personne qui... ou que...*

*Il y a peu de personnes ou de choses qui... ou que...*

### RÈGLE GÉNÉRALE DU *SUBJONCTIF.*

Après tout verbe qui exprime ou *le doute,* ou *la crainte; le désir,* ou *la volonté; l'admiration,* ou *la surprise; la dénégation,* ou *le consentement; la*

## DU SUBJONCTIF.

*défense*, ou *la permission; l'obligation*, ou *la tendance;* enfin après toute idée de souhait ou *d'option*, on met au SUBJONCTIF le verbe de la proposition subordonnée.

### *Emploi des différents temps du* SUBJONCTIF.

| 1ʳᵉ PROPOSITION qui détermine le subjonctif. | 2ᵉ PROPOSITION subordonnée aux 2 autres. | 3ᵉ PROPOSITION qui détermine le temps de la 2ᵉ. |
|---|---|---|
| Je doute . . . . . . . . . | que vous *puissiez* le faire | si l'on vous en *prie.* |
| | que vous *pussiez* le faire | si l'on vous en *priait.* |
| | que vous *ayez pu* le faire | si l'on vous en *a prié.* |
| | que vous *eussiez pu* le faire | si l'on vous en *avait prié.* |
| Je ne *croirai* jamais . . . | que vous ne *puissiez* le faire | si l'on vous en *prie.* |
| | que vous ne *pussiez* le faire | si l'on vous en *priait.* |
| | que vous *ayez pu* le faire | si l'on ne vous *a pas aidé.* |
| | que vous *eussiez pu* le faire | si l'on ne vous *avait pas aidé.* |

D'où l'on voit que, dans chacune des huit phrases ci-dessus, ce n'est ni le *présent* ni le *futur* de la proposition principale qui détermine le *temps relatif* de la deuxième proposition, mais bien le seul temps du verbe de la troisième proposition, qui est réellement l'expression déterminative, puisque la première proposition n'y détermine que le mode.

Maintenant, pour vous en convaincre, essayez de renverser par la pensée l'ordre de ces trois propositions, d'après l'ordre accidentel de vos sensations; supprimez même la troisième proposition, qui souvent se trouve sous-entendue par l'usage, vous aurez encore le même temps du subjonctif qui y reste relatif. D'où il faut conclure que c'est le seul sens logique qui doit déterminer l'accord des temps du subjonctif. C'est là ce qu'on nomme une règle de *synthèse* (1).

### EXEMPLES *de l'inversion ou hyperbate.*

| 3ᵉ PROPOSITION. | 1ʳᵉ PROPOSITION. | 2ᵉ PROPOSITION. |
|---|---|---|
| *Si l'on nous prie de cela,* | *voulez-vous que* | *nous y* CONSENTIONS? |
| *Si l'on nous en priait,* | *craignez-vous que* | *nous y* CONSENTISSIONS? |
| *Si vous en étiez prié,* | *je ne nierai jamais que* | *vous* PENSASSIEZ *à le faire.* |
| *Si réellement on l'en a priée,* | *pensez-vous que* | *votre sœur y* AIT *consenti?* |
| *Si on l'en avait priée,* | *je ne penserai jamais* | *qu'elle y* eût *consenti.* |
| *Si l'on vous en avait prié,* | *je doute que* | *vous* EUSSIEZ *pu le faire.* |

_______________

(1) Synthèse ou syllepse (figure de composition), c'est l'accord des mots suivant le sens et la grammaire.

## DU SUBJONCTIF.

**EXEMPLES** *des temps précisés au subjonctif, par l'ellipse* (1) *de la troisième proposition, que nous supposons sous-entendue.*

(Elle n'est indiquée en parenthèse que pour la forme.)

*Craignez-vous qu'ils ne* VIENNENT *pas*    (si on les en *prie*)?

*Craignez-vous qu'ils ne* VINSSENT *pas*    (si on les en *priait*)?

*Craignez-vous qu'ils ne* SOIENT PAS VENUS    (si on les en a *priés*)?

*Craignez-vous qu'ils ne* FUSSENT PAS VENUS    (si on les en *avait priés*)?

|  |  |
|---|---|
| AUTRES EXEMPLES. | EXPLICATIONS. |
| *Je doute que tu* PARVIENNES *sans sa protection.* | C'est-à-dire, je crois que tu ne *parviendras* pas sans sa protection.<br>Dans la première phrase, le futur de doute s'exprime par le présent du subjonctif. |
| *Je doute que tu* PARVINSSES *sans sa protection.* | C'est-à-dire, s'il ne *t'accordait* pas sa protection. |
| *Je doute que tu* SOIS PARVENU *sans sa protection.* | C'est-à-dire, s'il ne te *l'a* pas *accordée.* |
| *Je doute que tu* FUSSES PARVENU *sans sa protection.* | C'est-à-dire, s'il ne te *l'avait pas* accordée. |

C'est encore d'après ce principe que la grammaire dit :

« Lorsque le verbe de la proposition principale est à l'imparfait ou à l'un des
» prétérits ou parfaits, ou au plus-que-parfait, ou à l'un des conditionnels, il
» faut mettre le verbe de la proposition subordonnée à l'imparfait du subjonctif
» si l'on veut exprimer un présent ou un futur; mais on met ce verbe au
» plus-que-parfait du subjonctif, si l'on veut exprimer un passé. »

|  |  |
|---|---|
| EXEMPLES : | EXPLICATION DU SENS. |
| *Que vouliez-vous qu'il* FÎT *contre trois ?*<br>— *Qu'il* mourût. (CORNEILLE.) | Cette réponse est une figure elliptique ; c'est comme s'il y avait : je *voulais* qu'il *mourût.* |
| *Je souhaitais que vous* EUSSIEZ *ce dessein.* | Je supposais que vous ne *l'aviez* pas encore. |
| *Je n'ai pu aller au spectacle, quelque envie que j'en* EUSSE. | *J'avais* cette envie, je ne l'ai plus. |
| *Je n'ai pu aller au spectacle, quelque envie que j'en* AIE. | C'est-à-dire , quoique *j'aie* encore cette envie, ou parce que j'en *ai* encore envie, à un degré quelconque. |
| *Il aura fallu qu'il l'*AIT DEMANDÉ. | Sous-entendu : *s'il l'a obtenu.* |

(1) *Ellipse* signifie suppression ou omission de mots dans le sens.

## DU SUBJONCTIF.

| EXEMPLES. | EXPLICATION DU SENS. |
|---|---|
| *Il trouverait mauvais que vous CON-TREVINSSIEZ à ses ordres.* | Je veux dire : si vous *contreveniez.* |
| *Il trouverait mauvais que nous EUS-SIONS CONTREVENU.* | Ici je veux dire : si nous *avions contrevenu.* |
| *J'aurais préféré qu'il arrivât demain.* | Si cette action *pouvait avoir lieu.* |
| *Elle aurait voulu que nous ne L'EUS-SIONS PAS VUE.* | Parce que je veux exprimer ici que nous *l'avions vue.* |
| *C'était une des plus belles fêtes que l'on pût voir.* | C'est-à-dire, on ne *pouvait* guère en voir de plus belles. |
| *C'était une des plus belles fêtes que l'on puisse voir.* | C'est-à-dire, on ne *peut* guère en voir de plus belles. |
| *DUSSÉ-JE périr, je défendrais sa cause.* | C'est-à-dire, en *supposant* que je *dusse* périr, je *défendrais* sa cause (ou quand même je *devrais* périr). |
| *Il doutait que Dieu EST le maître de toute chose.* | Ici l'évidence de la vérité constante exige le temps présent, d'une manière absolue, et met en défaut la règle de la grammaire. |

Mais, lorsqu'il s'agit d'une action humaine, qui peut se faire en tout temps, on est forcé de mettre le deuxième verbe au présent du subjonctif, quoique le premier verbe soit au parfait ou au passé indéfini, parce que le sens de la pensée tient plus particulièrement de l'avenir, qu'on exprime par le présent du subjonctif.

EXEMPLE :

*Dieu nous A donné des yeux pour que nous PUISSIONS voir.*

Comme le *participe présent* d'un verbe de doute représente toujours dans la phrase l'action de son verbe, et que le verbe *être*, suivi d'un *adjectif de doute*, y représente l'idée d'un verbe de doute, ils forcent également tout verbe qui leur est subordonné à prendre la forme du subjonctif; mais le présent, l'imparfait, le prétérit et le plus-que-parfait de ce mode n'y dépendent toujours que du sens accidentel de la proposition subordonnée.

EXEMPLE :

| 1re PROPOSITION. | 2e PROPOSITION. | 3e PROPOSITION. |
|---|---|---|
| *Craignant que* | *vous ne SOYEZ PAS heureux,* | *je vous fais l'offre de mes services.* |
| *Craignant que* | *vous ne VINSSIEZ,* | *je vous ai écrit de rester.* |
| *Craignant que* | *vous ne L'EUSSIEZ PAS vu,* | *je lui avais adressé la première lettre que vous m'aviez écrite.* |
| *Il est bien étonnant* | *qu'il N'AIT pas réussi,* | *s'il s'est appliqué.* |

## DU SUBJONCTIF.

# EXERCICES.

| SENS DES VERBES AU SUBJONCTIF. | SENS DES VERBES A L'INDICATIF. |
|---|---|

*Je cherche quelqu'un qui me* RENDE *service.*

    (Il y a doute).

Je cherche quelqu'un qui me *rendra* service.

    (Il y a certitude ou présomption).

*Je traduirai un sujet qui me* PLAISE.

    (Je ne le connais pas encore).

Je traduirai un sujet qui me *plaît.*

    (Je fais entendre que je le connais).

*Je doute que tu me* COMPRENNES.

    (Je ne le crois pas).

Je me doute que tu me *comprends.*

    (Présomption).

*J'aspire à une place qui* SOIT *agréable.*

    (Je ne l'ai pas encore trouvée).

J'aspire à une place qui *est* agréable.

    (Je la connais).

*Croyez-vous qu'il les* REÇOIVE ?

    (Il y a deux doutes de ma part).

Croyez-vous qu'il les *recevra ?*

    (Je crois qu'il ne les recevra pas).

*Ne croyez pas qu'il les* REÇOIVE.

    (Je pense que vous le croyez; mais je doute qu'il les reçoive).

Ne croyez-vous pas qu'il les *recevra?*

    (Je pense que vous le croyez, mais qu'il ne les recevra pas).

*Figurez-vous que ce* SOIT *une plaisanterie ?*

    (Ce n'en est pas une).

Figurez-vous que *c'est* une plaisanterie.

    (Je le crois ou j'en suis sûr).

*Je prétends qu'il le* FASSE.

    (Je n'en suis pas sûr).

Je prétends qu'il le *fera.*

    (Je le crois).

*Elle se plaint qu'on* L'AIT RETENUE.

    (Il y a doute de la part de celui qui parle).

Elle se plaint qu'on *l'a retenue.*

    (Il a certitude ou présomption).

*Il semble que mon cœur* VEUILLE *se fendre par la moitié.*

    (Sens figuré; mais je ne le crois pas).

Il me semble que cette expression *est* un peu forte.

    (Je ne doute pas; je le crois).

*Il ne semble pas que vous* SOYEZ *malade.*

    (On ne le croit pas).

Il me semble que *je suis* malade.

    (Il y a certitude).

*On craint qu'il n'essuyât les larmes de sa mère.*

    (Sous-entendu : si on lui en *laissait* la liberté, ou s'il *continuait* à vivre auprès de sa mère. C'est donc là une figure de pensée elliptique).

*S'il y avait :* On craint qu'il n'essuie les larmes de sa mère, *Racine ferait entendre que l'enfant les essuiera peut-être.*

    Alors l'idée serait tout autre, tandis qu'il fait dire à la reine que l'enfant les *essuierait,* si on ne l'en empêchait pas. Il y a donc ellipse d'un troisième verbe à l'imparfait dans la proposition subordonnée qui se trouve sous-entendue.

## DU SUBJONCTIF.

| SENS DES VERBES AU SUBJONCTIF. | SENS DES VERBES A L'INDICATIF. |

*Trouvez un homme qui soit absolument heureux.*

(Parce qu'il y a doute).

*Trouvez l'homme à qui j'ai parlé.*

(Il y a certitude).

*Il est consolant qu'il y AIT un Dieu.*

(L'idée se porte sur l'avenir ; et c'est le présent du subjonctif qui sert à marquer l'idée de tendance ou d'option).

Ils disaient qu'il n'y *a* pas de Dieu.

(C'est une chose positive : il y a un Dieu).

*J'ai appris que vous ÉTIEZ à la campagne.*

(S'il s'agit d'exprimer que la personne n'y t plus).

Mais dites : *j'ai appris,* ou je *savais* que vous *êtes* à la campagne.

(Par le temps du deuxième verbe on voit que la personne y est encore).

Ainsi, quel que soit le temps du premier verbe, on doit toujours mettre au présent le verbe qui sert à marquer que le sujet est encore dans le même état.

Ne dites pas : *ils* soutenaient que 4 et 5 *faisaient* 9.

Dites : *ils* soutenaient que 4 et 5 *font* 9, *parce qu'il s'agit d'une vérité constante.*

D'après l'explication de ces difficultés dans les verbes, il est aisé de voir à quel temps et à quel mode on doit employer le verbe selon les circonstances.

Un plus grand nombre d'exemples et d'explications sont inutiles ; c'est à l'intelligence du lecteur à y suppléer.

## FIN DU SUBJONCTIF.

# DE L'ANALYSE.

## INTRODUCTION.

Analyser une PROPOSITION, c'est en décomposer successivement toutes les parties, et rétablir celles qui sont sous-entendues, pour éviter les difficultés grammaticales qu'elles offrent dans la construction de la phrase, qui est le tableau de la pensée écrite.

### DE LA PROPOSITION.

Une *proposition* est l'expression de la pensée, l'énonciation d'un jugement sans qu'il en résulte nécessairement un sens complet; en effet, si je dis :

*Si j'ai cueilli ces fleurs..., c'est qu'elles me plaisaient.*

Ces deux propositions, prises isolément, n'expriment que deux sens partiels, incomplets dans cette division de la pensée totale; ce n'est donc qu'en les réunissant, qu'il en résulte un sens complet, que l'on nomme *phrase*.

Mais toute proposition isolée, qui présente un sens complet, est également nommée *phrase*.

### EXEMPLES :

*Dieu est éternel. — Il pleut. — Il neige.*

Ce sont là trois propositions absolues ou trois petites phrases, parce qu'elles sont indépendantes.

Remarquez que toute proposition grammaticale renferme trois parties essentielles : *le sujet, le verbe,* et *l'attribut.*

« *Le sujet* d'une proposition est, ou un nom, ou un pronom, ou une expression quelconque, employée substantivement.

» *Le verbe* de la proposition est une des formes du verbe *être*, comme il *est*, ils *sont*, il a *été*, etc.

» *L'attribut* est un adjectif ou tout autre mot employé adjectivement.

### EXEMPLE DE LA PROPOSITION GRAMMATICALE :

| SUJET: | VERBE: | ATTRIBUT: |
|---|---|---|
| *Le rossignol* | *est* | *enchanteur.* |

Mais tout verbe qui n'est pas le verbe ÊTRE, représente à la fois le verbe *être* et *l'attribut*; alors on le nomme verbe *attributif*.

EXEMPLE :

v. attributif.                           v.      attribut.

*Le rossignol* ENCHANTE (c'est comme s'il y avait *est enchantant* ou *est enchanteur*).

## DES DIFFÉRENTES *PROPOSITIONS GRAMMATICALES.*

Une proposition est, ou *simple*, ou *elliptique*, ou *complexe*, ou *composée*.

Dans la proposition suivante : *les fleurs sont brillantes*, on reconnaît une proposition *simple* :

Le substantif *fleurs* y est la chose soumise à mon jugement, c'est le sujet à juger ; c'est pourquoi il est nommé *sujet* du verbe ;

*Sont* est le verbe *être*, c'est lui qui me présente le moyen de juger actuellement ; c'est lui qui unit dans ma pensée la substance *fleurs* à sa manière d'être actuelle ;

*Brillantes* me retrace la chose jugée, la qualité trouvée dans le sujet *fleurs* ;

Le sujet *fleurs*, qui joue ici le rôle grammatical d'une troisième personne plurielle, a pour attribut variable le verbe et l'adjectif qui doivent s'accorder avec lui; c'est pourquoi le verbe ÊTRE y paraît sous la forme personnelle de la troisième personne plurielle, puisque tout verbe doit s'accorder en nombre et en personne avec son sujet; *brillant* y paraît sous la forme du féminin pluriel, parce que l'adjectif doit s'accorder en genre et en nombre avec son substantif, et que *fleurs* est le nom féminin pluriel auquel *brillantes* se rapporte.

La proposition *elliptique* est celle qui est exprimée par deux mots, ou même par un seul mot.

EXEMPLES :

| Sujet. | Attribut. | |
|---|---|---|
| 1<sup>er</sup> *Vous* | *lisez* | (c'est-à-dire, *vous êtes lisant*). |
| 2<sup>e</sup> | *lisez* | (c'est-à-dire, *soyez lisant*). |
| 3<sup>e</sup> | *Quoi?* | (c'est-à-dire, *quelle est cette chose*). |

*Nota.* Tout nom interrogatif employé isolément, et toutes les exclamations sont autant de propositions *elliptiques* ou *implicites* ; tels sont:

*Qui? quoi? ciel! hélas! quelle folie! monsieur, soit, adieu.* On peut y ajouter *oui*, *non*, et autres locutions implicites (1), puisqu'elles servent à représenter spontanément la pensée dont nous sommes affectés.

La proposition est *complexe* par le sujet, quand ce sujet est précédé ou suivi d'autres mots qui en expriment l'attribut.

La proposition est *complexe* par l'attribut, quel qu'il soit, lorsque le verbe ou son régime est suivi d'autres mots complémentaires qui en circonstancient la modification (2).

(1) *Implicite* signifie *non expliqué*, ou *non développé*; c'est le contraire d'*explicite*.

(2) La logique ne considère la proposition que sous deux rapports généraux : la *cause* et son *effet*; la cause est le premier terme de la proposition; l'effet en est le deuxième terme (c'est tout ce qui concourt à modifier le sujet). Mais comme la grammaire n'a égard qu'aux rapports réciproques qui doivent exister entre les mots, elle nomme *sujet* de la proposition la cause ou 1er terme de tout le rapport logique; et *attribut*, soit complexe, soit incomplexe, l'effet ou 2e terme de tout ce rapport, afin d'y préciser les nuances orthographiques de notre pensée ou de notre jugement, selon leur rapport ou d'identité, ou de détermination.

45

EXEMPLE ·

Sujet ou 1<sup>er</sup> terme.    Attribut ou 2<sup>e</sup> terme logique; il comprend le verbe et tous ses accessoires

CE GÉNÉRAL   FUT *vraiment le* TYRAN *d'une nation dont il s'était dit le défenseur.*

*Autre* EXEMPLE *d'une proposition complexe par le sujet, par le verbe et par le régime*

Sujet.        Attribut grammatical du sujet.        Verbe,        Attribut du verbe.

L'AMPLEUR *excessive de son lourd manteau* EMBARRASSAIT *visiblement les*

Régime direct ou complément direct du verbe avec ses attributs.

MOUVEMENTS *naturels de son corps.*

La proposition *composée* est celle qui renferme plusieurs verbes. Elle contient autant de propositions qu'il y a de verbes ou de conjonctions qui les lient.

EXEMPLES

1<sup>re</sup> Prop.        2<sup>e</sup> Prop.                3<sup>e</sup> Prop.

1<sup>er</sup> *Elles sont estimables, puisqu'elles sont savantes et... vertueuses.*

2<sup>e</sup> *Quand une fois on a trouvé le moyen de prendre la multitude par l'appât de la liberté, — elle suit en aveugle, — pourvu qu'elle en entende seulement le nom.*

Une proposition *composée* peut être formée d'une proposition *principale*, d'une subordonnée et d'une *incidente.*

EXEMPLE :

« CORNEILLE *qui a cherché le bon chemin, après avoir lutté contre le mauvais goût,* » A FAIT *voir sur la scène la raison.* »

1° La proposition *principale* ou *primordiale* est celle qui énonce la chose principale qu'on a dessein de dire; telle est : *Corneille a fait voir la raison sur la scène.*

2° La proposition *subordonnée* est celle qui détermine la manière d'être du sujet; telle est : *qui a cherché le bon chemin.*

3° La proposition *incidente* ou *explicative* est celle qui sert à expliquer une circonstance de la proposition principale. On peut la déplacer dans la phrase, sans nuire essentiellement au sens qu'elle exprime; telle est : *après avoir lutté contre le mauvais goût.* (La proposition incidente explicative est toujours placée entre deux virgules.)

NOTA. *Dit-il, dit-on, c'est-à-dire,* etc., sont également des propositions *incidentes.*

*Autre* EXEMPLE *de la proposition composée :*

*Le paresseux,* qui s'ennuie par sa propre faute, *ne connaît pas les avantages du travail* que le sage regarde comme l'un de ses premiers devoirs.

## DES PROPOSITIONS.

La proposition *accessoire* se lie à la principale, de trois manières :

1° Par une conjonction : *j'accepte ce livre,* PUISQUE *c'est l'amitié qui me l'offre.*

2° Par une préposition : POUR *obtenir l'estime de ses concitoyens, il faut plus que des qualités aimables.*

3° Par un participe composé : AYANT APPRIS *que vous alliez arriver, je suis venu vous voir.*

4° Par un adjectif avec l'ellipse du participe présent du verbe être (ÉTANT).... ÉTONNÉES *de votre silence, madame ; nous irons toutes vous voir.*

AUTRE EXEMPLE OÙ LA PHRASE EST COMPOSÉE DE 5 PROPOSITIONS :

1<sup>re</sup>      2°      3°
.....Vous souvenant, mon fils, que, caché sous le lin,
4°      5°
Comme eux vous fûtes pauvre, et comme eux orphelin.

La proposition *accessoire* n'a pas toujours une place déterminée ; elle se trouve quelquefois au commencement, quelquefois à la fin, et souvent au milieu de la phrase ou de la période, c'est le goût qui décide ; l'essentiel est qu'elle ne nuise point à la liaison des idées, et qu'elle ne produise ni équivoque ni contre-sens. On lui donne d'ailleurs la place qui contribue le plus à l'élégance, à la variété et à l'harmonie du style.

EXEMPLES :

*Quand on a perdu l'honneur, on a tout perdu.* Ou bien :
*On a tout perdu, quand on a perdu l'honneur.*

Cette seconde construction nous semble préférable.

FIN DES QUATRE SORTES DE PROPOSITIONS.

## MANIÈRE D'ANALYSER

# LES MOTS, LES PROPOSITIONS ET LES PHRASES.

### SELON LA LOGIQUE ET SELON LA GRAMMAIRE.

*Phrase composée de huit propositions qui renferment les neuf parties du discours :*

BAH! | C'ÉTAIENT LE MARGUILLIER ET LE FUSILIER, | QUE LA DOUAIRIÈRE HÉBÉTÉE AVAIT VUS | RIRE, | QUI S'ÉTAIENT ENFUIS DANS LE CORRIDOR, | SANS QU'ELLE SE FÛT APERÇUE DES DEUX DOTS EXIGUËS QU'ON N'AVAIT RÉELLEMENT VU | REFUSER QU'À EUX SEULS.

REMARQUE. Cette phrase un peu difficile renferme huit propositions. Nous les avons séparées par des lignes verticales, parce que, dans l'analyse logique, tout verbe exprimé ou sous-entendu annonce une proposition. Lorsqu'on a fait ces divisions, on en fait l'analyse :

### ANALYSE LOGIQUE.

1re *Bah!* proposition elliptique absolue; elle équivaut à : mon étonnement est bas, c'est-à-dire, j'y mets peu d'importance.

2º Verbe *être ;* il désigne l'existence de son sujet. Ici ce sujet est composé de *marguillier* et de *fusilier*.

3º Verbe d'action *voir,* transitif. — Son sujet est la *douairière ;* ce sujet est incomplexe. — Son régime direct est *que* (mis pour *lesquels*).

4º Verbe neutre ou intransitif *rire* (qui riaient. Proposition elliptique).

5º Verbe d'action *enfuir,* transitif.—Son sujet est *qui* (lesquels marguillier et fusilier). — Son régime direct est *se* (mis pour *soi* ou *eux*). — Son régime indirect est le *corridor*.

6º Verbe d'action *apercevoir,* transitif.—Son sujet est *elle.*—Son régime direct est *se* (mis pour *elle*).—Son régime indirect est *dots*.

7º Verbe d'action *voir,* transitif.—Son sujet est *on.*—Son régime direct est *que* (mis pour *quelqu'un,* sous-entendu).

8º Verbe d'action *refuser,* transitif. — Son sujet (*quelqu'un* sous-entendu). — Son régime direct est *que* (les dots). — Son régime indirect est *eux* (le marguillier et le fusilier).

### ANALYSE GRAMMATICALE DE LA MÊME PHRASE.

BAH! exclamation.—C' ( figure elliptique mise pour *ces*), adjectif démonstratif, masculin pluriel, qui s'accorde elliptiquement avec marguillier et fusilier, parce qu'il les indique tous deux.—LE, adjectif ou article déterminatif, masculin singulier, se rapportant à marguillier. — MARGUILLIER, nom commun, masculin singulier, l'un des deux sujets du verbe *être*. — ET, conjonction qui lie les deux sujets. — LE, article masculin singulier, déterminant fusilier, auquel il se rapporte. — FUSILIER, nom commun, masculin singulier, deuxième sujet du verbe *être*. — ÉTAIENT, verbe substantif *être*, à l'imparfait de l'indicatif, et à la troisième personne du pluriel, parce qu'il se rapporte à marguillier et à fusilier, et que deux noms différents qui influent en même temps sur le même verbe, veulent que ce verbe s'accorde au pluriel en nombre et en personne grammaticale avec ses sujets. — QUE ( lesquels ), adjectif conjonctif ou pronom personnel invariable, régime direct du verbe *voir*. — LA, article déterminatif, féminin singulier, qui s'accorde en genre et en nombre avec *douairière*, parce qu'il s'y rapporte. — DOUAIRIÈRE, nom commun féminin singulier, sujet du verbe *avoir*. — HÉBÉTÉE, adjectif féminin singulier, qui qualifie douairière. — AVAIT, verbe auxiliaire *avoir* (troisième conjugaison), troisième personne singulier à l'imparfait de l'indicatif, et qui a pour sujet *douairière*. — VUS, participe passé, masculin pluriel, variable, parce qu'il est suivi d'un verbe à l'infinitif, dont l'action est faite par le régime direct *que* (lesquels *vus*, faisant l'action de *rire*). — RIRE (eux qui riaient), verbe neutre ou intransitif, à l'infinitif, quatrième conjugaison. Son sujet est (*eux* sous-entendu). — QUI (lesquels), pronom conjonctif masculin pluriel, et sujet multiple de *s'étaient enfuis*, (v. pronominal réfléchi, *s'enfuir*).—SE, pronom personnel invariable (représentant *soi* ou *eux* sous la forme d'une troisième personne), régime direct du verbe *être* (mis par euphonie pour le verbe *avoir*). — ÉTAIENT, verbe auxiliaire *être*, quatrième conjugaison, troisième personne du pluriel ; son sujet multiple est *qui*.— ENFUIS, participe passé, masculin pluriel, accordé en genre et en nombre avec le régime direct *se* (représentant *eux*). — DANS, préposition qui détermine toujours le rapport de localité entre deux objets, et qui a pour complément *le corridor*.—LE, article masculin singulier, qui détermine *corridor*. — CORRIDOR, nom masculin singulier, complément nécessaire de la préposition *dans*. — SANS QUE, conjonction composée, qui veut le verbe au subjonctif : *sans*, préposition ; *que*, pronom conj. indéfini représentant X ou l'inconnu, c'est-à-dire le premier terme de la proposition suivante (*elle*). — ELLE, pronom personnel, féminin singulier, troisième personne grammaticale, sujet de *fût*. — SE, pronom personnel de la troisième personne, féminin singulier, représentant *elle* ( la douairière), et régime direct du verbe pronominal *s'apercevoir*. — *Fût*, verbe auxiliaire *être* (mis pour le verbe *avoir*), troisième personne du sing. à l'imparfait du subjonctif ; ( son sujet est *elle ;* son régime direct est *se*). — APERÇUE, participe passé féminin singulier, accordé avec le pronom féminin *se*, auquel il se rapporte ; variable, parce qu'il est placé avant ce régime direct, qu'il qualifie.— DES, article composé ou contracté ( mis pour DE LES : DE, préposition ; LES, article féminin pluriel, déterminant *dots*). — DEUX, adjectif numéral, invariable, déterminant le nombre de *dots*). — DOTS, nom féminin pluriel, complément de *des*). — EXIGNËS, adjectif féminin pluriel, se rapportant à *dots*, qu'il qualifie. — QUE (mis pour *lesquelles*), adjectif conj. invariable, ou pronom invariable, régime direct du verbe *refuser*. — ON (1), pronom personnel indéfini de la troisième personne, et sujet de *avait*. — N' (mis pour *ne*), adverbe elliptique de négation). — AVAIT, verbe auxiliaire *avoir* (troisième conjugaison), troisième personne du singulier, à l'imparfait de l'indicatif ; il a pour sujet *on*.— RÉELLEMENT, adverbe.—VU, participe passé, invariable, du verbe *voir*, (sans rapport avec *que*), parce que ce participe est suivi d'un verbe à l'infinitif, dont l'action n'est pas faite par le régime *que* (ou *lesquelles*) (2). — REFUSER, verbe actif à l'infinitif de la première conjugaison, et régime direct du verbe *voir* (avait *vu* refuser). — Qu'À (ellipse de *que à*), QUE, conjonction adverbiale ; À, préposition.—EUX, pronom personnel masculin pluriel, complément de À (ou régime indirect du verbe *refuser*). — SEULS, adjectif déterminatif masculin pluriel, accordé en genre et en nombre avec *eux*.

(1) *On* est masculin s'il représente un homme, et féminin s'il s'agit d'une femme ; mais il veut toujours son verbe à la troisième personne du singulier : quelquefois il veut son complément au pluriel. Ex. : On n'est pas *des ours*.—On n'est pas *des tigres*.

(2) Ici, on n'avait pas vu les dots refusant ou qui refusaient ; au contraire, on avait seulement vu *que :* (on refusait *lesquelles*). *Voyez* la règle du participe passé suivi d'un infinitif, pages 326 et 327.

# TABLEAU SYNOPTIQUE

DES

## DIFFICULTÉS DANS L'ACCORD DE LA FINALE DES VERBES

AVEC LEUR SUJET, SOIT SIMPLE, SOIT COMPLEXE, SOIT COMPOSÉ.

| | SUJET DU VERBE. | VERBE. | FINALES DES VERBES. | | |
|---|---|---|---|---|---|
| **1re PERSONNE au singulier.** C'est celle qui parle en s'exprimant par *je*, ou par *moi qui*. | Je. . . . . | *chant.* | ...e. | ...ai. | .s (1). |
| | Je vous.. . . . | » | ...e. | ...ai. | ...s. |
| | Je la..., je lui.. . . | » | ...e. | ...ai. | ...s. |
| | Je les..., je leur. . . | » | ...e. | ...ai. | ...s. |
| | Je suis ce Diomède (2) qui.. . . | » | ...e. | ...ai. | ...s. |
| | C'est moi qui. . . | » | ...e. | ...ai. | ...s. |
| | C'est moi seul qui.. . . | » | ...e. | ...ai. | ...s. |
| | C'était moi qui. . . | » | — | — | ...s. |
| | Ce fut moi qui.. . . | » | — | ...ai. | ...s |
| | Ce serait moi qui. . . | » | — | — | ...s. |
| | Ce sera moi qui.. . . | » | — | ...ai. | — |
| | Ce ne sera pas moi qui. . . | » | — | ...ai. | — |
| **2e PERSONNE au singulier.** C'est celle à qui l'on parle en s'exprimant par *tu*, ou par *toi qui*. | Tu. . . . . | *chante.* | — | — | s (3). |
| | Tu lui..., tu leur. . . | » | — | — | ...s. |
| | Tu nous..., tu les. . . | » | — | — | ...s. |
| | C'est toi qui. . . | » | — | — | ...s. |
| | C'est toi seul qui. . . | » | — | — | ...s. |
| | C'était toi qui.. . . | » | — | — | ...s. |
| | Ce fut toi qui. . . | » | — | — | ...s. |
| | Ce sera toi qui. . : . | » | — | — | ...s. |
| | Ce serait toi qui.. . . | » | — | — | ...s. |
| | Ce ne sera pas toi qui.. . . | » | — | — | ...s. |
| | O mort, que l'on redoute, et qui seule (4). . . | » | — | — | ...s. |
| | Tu n'es plus ce Marius (5) qui. . . . | » | — | — | ...s. |

(1) REMARQUE. Lorsque la finale de la 1re personne d'un verbe a le son d'un E muet, comme dans *je chante*, on termine le verbe par un *e* muet, excepté les 5 verbes *pouvoir*, *vouloir*, *valoir*, *équivaloir* et *prévaloir*, qui font : *je peux*, *je veux*, *je vaux*, *j'équivaux* et *je prévaux*. ( Voyez les conjugaisons ).

Mais lorsque le son final d'un verbe est en É, on le termine par AI, comme *je chantai*, *je chanterai*, *je finirai*, etc. ( Voyez la première page des conjug. ) Tous les autres sons des verbes à la première personne finissent par s, comme dans *je finis*, *je finissais*, *je pars*, *je sors*, etc. ( Voyez la conjugaison ).

(2) *Ce* et *Diomède* sont là deux adjectifs modificatifs du pronom *je* ( première personne ).

(3) Excepté les cinq verbes : *tu peux*, *tu veux*, *tu vaux*, *tu équivaux* et *tu prévaux*, dont la première et la deuxième personne sont terminées par un x au lieu d'un s. ( Voyez la conjug. )

(4) Tout sujet à qui l'on adresse la parole, veut son verbe à la seconde personne.

(5) *Ce* et *Marius* sont là deux adjectifs modificatifs du pronom *tu* ( deuxième personne ).

## SUITE DU TABLEAU.

| SUJET DU VERBE. | VERBE. | FINALES DES VERBES. | | |
|---|---|---|---|---|
| | | ...*e.* | ..*a.* (1). | .*t* (2). |
| **3ᵉ PERSONNE au singulier.** — *C'est celle de qui l'on parle en s'exprimant par il, elle, on, ou par lui qui...* | | | | |
| Il ou elle, ou lui seul. . . . . . . . . . . . . . | *chant.* | ...*e.* | ..*a.* (1). | .*t* (2). |
| Lui ou elle. . . . . . . . . . . . . . | » | ...*e.* | ...*a.* | ...*t.* |
| Une personne ou une chose. . . . . . . . . | » | ....*e* | ...*a.* | ...*t.* |
| L'un ou l'autre. . . . . . . . . . . | » | ...*e.* | ...*a.* | ...*t.* |
| L'une ou l'autre. . . . . . . . . | » | ...*e.* | ...*a.* | ...*t.* |
| L'un des deux. . . . . . . . . . . | » | ...*e.* | ...*a.* | ...*t.* |
| Eux ou lui. . . . . . . . . . . . | » | ...*e.* | ...*a.* | ...*t.* |
| Ni l'un ni l'autre / Ni l'une ni l'autre \ (3) . . . . . . . . . | » | ...*e.* | ...*a.* | ...*t.* |
| Ni moi ni personne. . . . . . . . . . | » | ...*e.* | ...*a.* | ...*t.* |
| Celui ou celle qui. . . . . . . . . . | » | ...*e.* | ...*a.* | ...*t.* |
| Ni moi, ni lui, ni personne. . . . . . . . | » | ...*e* | ...*a.* | ...*t.* |
| On ou quelqu'un . . . . . . . . . . | » | ...*e.* | ...*a.* | ...*t.* |
| C'est lui qui . . . . . . . . . . . | » | ...*e.* | ...*a.* | ...*t.* |
| C'est lui ou elle qui. . . . . . . . . . | » | ...*e.* | ...*a.* | ...*t.* |
| Je suis *le* seul qui . . . . . . . . . . | » | ...*e.* | ...*a.* | ...*t.* |
| Je ne suis pas le seul qui. . . . . . . . | » | ...*e.* | ...*a.* | ...*t.* |
| Je ne suis pas ce Diomède qui. . . . . . . | » | ...*e.* | ...*a.* | ...*t.* |
| Je ne suis pas cette personne qui . . . . . . | » | ...*e.* | ...*a.* | ...*t.* |
| Je ne suis pas celui ou celle qui vous . . . . | » | ...*e.* | ...*a.* | ...*t.* |
| Plus d'un cheval. . . . . . . . . . . | » | ...*e.* | ...*a.* | ...*t.* |
| Le tribut de tous ces éloges. . . . . . . . | » | ...*e.* | ...*a.* | ...*t.* |
| C'était plus d'une personne qui vous . . . . . | » | — | — | ...*t.* |
| Tu n'es réellement pas ce Marius qui. . . . . | » | ...*e.* | ...*a.* | ...*t.* |
| **Suite de la 3ᵉ PERSONNE au singulier.** — *Nom collectif général.* — *Le collectif général est celui qui représente au singulier toutes les parties d'un tout. Il veut le verbe au singulier.* | | | | |
| La multitude. . . . . . . . . . . . . | » | ...*e.* | ...*a.* | ...*t.* |
| L'armée des alliés . . . . . . . . . . | » | ...*e.* | ...*a.* | ...*t.* |
| La plupart du..., ou la plupart de la. . . . . | » | ...*e.* | ...*a.* | ...*t.* |
| Un peuple de braves . . . . . . . . . . | » | ...*e.* | ...*a.* | ...*t.* |
| La douzaine d'œufs, etc.. . . . . . . . . | » | ...*e.* | ...*a.* | ...*t.* |
| La foule des voitures . . . . . . . . . | » | ...*e.* | ...*a.* | ...*t.* |
| La plus grande partie de chacune des maisons. | » | ...*e.* | ...*a.* | ...*t.* |
| Non - seulement tous les soldats et les officiers, mais encore le *général* (4). . . . . . . . . | » | ...*e.* | ...*a.* | ...*t.* |
| Le peu de difficultés ne vous . . . . . . . . | » | ...*e.* | ...*a.* | ...*t.* |
| (Après *le peu de*, marquant insuffisance, on met le verbe au singulier). | | | | |

(1) Excepté : 1º le verbe *battre* et ses composés qui sont terminés par AT à la troisième personne; 2º tous les verbes en ER, à l'imparfait du subjonctif: ceux-ci y sont terminés par *ât* avec un accent circonflexe. (Voyez la conjugaison.)

(2) Excepté : 1º les verbes en *endre*, en *ondre*, en *ordre* et en *oudre*, qui sont terminés par un D; 2º les deux verbes *vaincre* et *convaincre*, qui sont terminés par un C. (Voyez la conjugaison.)

(3) *Ni l'un ni l'autre*, marquant exclusion de l'un des deux, veut le verbe au singulier. EXEMPLE : *Ni l'un ni l'autre cheval n'est le mien.* — *Ni l'une ni l'autre femme n'est ma mère.*

(4) Dans ces sortes de phrases, c'est le dernier nom qui influe sur le verbe.

## SUITE DU TABLEAU.

| | SUJET DU VERBE. | VERBE. | FINALES DES VERBES. | | |
|---|---|---|---|---|---|
| | | | ...e. | ...a. | ..t.(2) |
| | De même que N. (1). | *chant..* | ...e. | ...a. | ...t. |
| | Même N. | » | ...e. | ...a. | ...t. |
| | Ainsi que N. | » | ...e. | ...a. | ...t. |
| | Aussi bien que N. | » | ...e. | ...a. | .. t. |
| La *vertu*, ou *cette* | Non plus que N. | » | ...e. | ...a. | ...t. |
| *chose*, ou *cet objet.* | Comme N. | » | ...e. | ...a. | ...t. |
| | Avec N. | » | ...e. | ...a. | ...t. |
| | Accompagné de N. | » | ...e. | ...a. | ...t. |
| | Précédé de N. | » | ...e. | ...a. | ...i. |
| | Suivi de N., etc. | » | ...e. | ...a. | ...t. |
| | Tout ce qui | » | ...e. | ...a. | ...t. |
| Suite de la **3ᵉ PERSONNE** au singulier. | Votre intérêt, votre honneur, vos parents, Dieu vous le... (3) | » | ...e. | ...a. | ...t. |
| | Une parole, un sourire, un seul regard leur (suffit). | » | ...e. | ...a. | ...t. |
| | Les richesses, les honneurs, { tout / rien ne } | » | ...e. | .. a. | ...t. |
| | Non seulement ses biens, ses { le... } enfants, mais encore (4). { la... } | » | ...e. | . .a. | ...t. |
| | Bien écouter, bien comprendre, et bien retenir. | » | ...e. | ...a. | ...t. |
| | Boire, manger, et dormir. | ». | ...e. | ...a. | ...t. |
| | Nous. | » | ..es. | — | ..ons. |
| | C'est nous qui. | » | ..es. | — | ..ons. |
| | C'était nous qui | » | — | — | ..ons. |
| | Ce fut nous qui. | » | ..es. | — | — |
| | Ce sera nous qui. | » | — | — | ..ons. |
| | Ce doit être nous qui. | » | ..es. | — | ..ons. |
| | Ce pouvait être nous qui | » | — | — | ..ons. |
| **1ʳᵉ PERSONNE** du pluriel. | Ce pourra être nous qui. | » | — | — | ..ons. |
| | C'est nous et toi qui. | » | ..es. | — | ..ons. |
| | C'est nous et eux qui. | » | ..es. | — | ..ons. |
| | C'est eux et nous qui. | » | ..es. | — | ..ons. |
| | Ce sera nous et vous qui | » | — | — | ..ons. |
| | Ce serait vous tous et nous qui. | » | — | — | ..ons. |
| | C'est lui et moi qui. | » | ..es. | — | ..ons. |
| | C'était toi et moi qui. | » | — | — | ..ons. |
| | Ce ne pouvait être eux et moi qui. | » | — | — | ..ons. |

(1) N. tient lieu d'un nom quelconque, soit singulier, soit pluriel. Ce nom n'influe pas sur le v.

(2) Pour la finale de la troisième personne sing., voyez les renvois 1 et 2 de la page précédente.

(3) Lorsque plusieurs noms pluriels sont suivis d'un nom singulier qui les récapitule tous, on met ce verbe au singulier.

(4) J'aimerais mieux cette autre tournure : *non-seulement ses biens et ses enfans...* (et mettre le verbe à la troisième personne du pluriel ); *mais encore le...* ou *la...*

## SUITE DU TABLEAU.

| | SUJET DU VERBE. | VERBE. | FINALES DES VERBES. | | |
|---|---|---|---|---|---|
| **2e PERSONNE** du pluriel. | Vous. . . . . . . . . . . . . . . . . . . . | chant.. | ...es. | ...ez. | — |
| | Lui et toi (ou vous). . . . . . . . . . . . | » | ...es. | ...ez. | — |
| | Lui et toi, ou toi et lui, ou vous . . . . . . | » | ...es. | ...ez. | — |
| | Elle ou vous (1) . . . . . . . . . . . . . . | » | ...es. | ...ez. | — |
| | C'est vous qui . . . . . . . . . . . . . . . | » | ...es. | ...ez. | — |
| | C'était vous tous qui . . . . . . . . . . . | » | — | ...ez. | — |
| | Ce fut vous qui. . . . . . . . . . . . . . . | » | ...es. | — | — |
| | C'est toi et lui qui. . . . . . . . . . . . . | » | ...es. | ...ez. | — |
| | C'était eux et toi qui. . . . . . . . . . . . | » | — | ...ez. | — |
| | Ce fut eux et toi qui . . . . . . . . . . . . | » | ...es. | — | — |
| | Ce doit être eux et vous qui. . . . . . . . . | » | ...es. | ...ez. | — |
| | Ce sera elles toutes et toi qui. . . . . . . . | » | — | ...ez. | — |
| | Ce serait eux tous et toi qui. . . . . . . . . | » | — | ...ez, | — |
| **3e PERSONNE** du pluriel. | Ils ou elles . . . . . . . . . . . . . . . | » | ..ent. | ..aient. | ..ont. |
| | Lui et elle, ou plusieurs . . . . . . . . . . | » | ..ent. | ..aient. | ..ont. |
| | Celui et celle qui. . . . . . . . . . . . . . | » | ..ent. | ..aient. | ..ont. |
| | Ceux-ci ou ceux-là, ou celles-là. . . . . . . | » | ..ent. | ..aient. | ..ont. |
| | L'un et l'autre, ou ni l'un ni l'autre (2). . . . | » | ..ent. | ..aient. | ..ont, |
| | C'est, et mieux ce sont lui et elle qui. . . . | » | ..ent. | ..aient. | ..ont, |
| | C'étaient des objets qui. . . . . . . . . . . | » | — | ..aient. | — |
| | C'étaient lui et elle qui. . . . . . . . . . . | » | — | ..aient. | — |
| | C'étaient autant de sujets qui . . . . . . . . | » | — | ..aient. | — |
| | Étaient-ce eux qui. . . . . . . . . . . . . . | » | — | ..aient. | — |
| | Ce n'étaient ni l'un ni l'autre qui. . . . . . | » | — | ..aient. | — |
| | Ce furent eux qui. . . . . . . . . . . . . . | » | ..ent. | — | — |
| | Ce seront les sujets qui . . . . . . . . . . . | » | — | — | ..ont. |
| | Ce seraient eux ou elles qui. . . . . . . . . | » | — | ..aient. | — |
| | Ce devaient être eux qui. . . . . . . . . . . | » | — | ..aient. | — |
| **3e PERSONNE** du pluriel.<br><br>Nom ou pronom collectif partitif. | Une multitude de. . . . . . . . . . . . . . . | » | ..ent. | ..aient. | ..ont. |
| | Un grand nombre de. . . . . . . . . . . . . . | » | ..ent. | ..aient. | ..ont. |
| | Un certain nombre de . . . . . . . . . . . . | » | . ent. | ..aient. | ..ont. |
| | Une quantité d'objets. . . . . . . . . . . . | » | ..ent. | ..aient | ..ont. |
| | La plupart ( ). . . . . . . . . . . . . . . | » | ..ent. | ..aient. | ..ont. |
| | Une douzaine d'œufs, etc. . . . . . . . . . . | » | ..ent. | ..aient. | ..ont. |
| | La moitié des sujets. . . . . . . . . . . . . | » | ..ent. | ..aient. | ..ont. |
| | Une infinité de... une foule de. . . . . . . . | » | ..ent. | ..aient. | ..ont. |
| | Combien de... beaucoup de. . . . . . . . . . | » | ..ent. | ..aient. | ..ont. |
| | Tout ce qu'il y avait de sujets. . . . . . . . | » | ..ent. | ..aient. | ..ont. |
| | Tout ce qu'il y a d'objets. . . . . . . . . . | » | ..ent. | ..aient. | ..ont. |
| | Le peu de chevaux. . . . . . . . . . . . . . | » | ..ent. | ..aient. | ..ont. |

(*Le peu de*, marquant suffisance, veut le v. au pluriel; voyez à la page 341.)

(1) Je préfère cette autre tournure : *un de vous deux*.....; alors on met le verbe à la troisième personne du singul. ; toutefois, on dit à la troisième personne du pluriel : *c'était vous et eux qui avaient intérêt à ce que César régnât.* (GUEROULT.)

(2) On met le verbe au pluriel lorsque l'idée présente les deux sujets concourant au même but. EXEMPLE : *Ni l'un ni l'autre cheval ne sont les miens.*

# DIFFICULTÉS DE LA LANGUE.

## LOCUTIONS VICIEUSES, MOTS IMPROPRES, etc.

### A.

| *NE DITES PAS :* | *DITES :.* |
|---|---|
| Il y avait cinq *à* six personnes. | Il y avait cinq *ou* six personnes. |
| Il est cinq *ou* six heures. | Il est cinq *à* six heures. (Parce que les heures peuvent être divisées par demies, par quarts, etc.) |
| La barque *à* Caron, la boîte *à* Pandore. | La barque *de* Caron, la boîte *de* Pandore. |
| On le voit toujours *à* rien faire. | On le voit toujours *sans* rien faire. |
| Ils se firent jour *à travers des* ennemis. | Ils se firent jour *au travers des* ennemis. (Il y a obstacle). |
| *Au travers des* respects. | *A travers les* respects. (Il n'y a pas d'obstacle). |
| J'ai plusieurs endroits *à* aller. | Je dois aller *dans* plusieurs endroits. |
| Aidez *aux* malheureux le plus que vous pourrez. | Aidez *les* malheureux le plus que vous pourrez. (*Aider*, v. a., c'est secourir). |
| Aidez *cet homme* à porter son fardeau. | Aidez *à cet homme* à porter son fardeau. (*Aider à*, c'est partager la fatigue). |
| Je me *suis en allé ;* elle *s'est en allée.* | Je *m'en suis allé ;* elle *s'en est allée.* |
| Cette femme a l'air *méchante.* | Cette femme a l'air *méchant.* |
| Ces pommes ont l'air *cuit* ou *frit.* | Ces pommes ont l'air *d'être cuites* ou *frites.* |
| *Allumez* du feu, allumons la *lumière.* | *Faites* du feu ; allumons *la chandelle.* |
| Saint Louis était *l'ancêtre* de Henri IV. | Saint Louis était *un des ancêtres* de Henri IV. |
| J'ai souvent entendu raconter cette histoire *à* mon père. | J'ai souvent entendu raconter cette histoire *par* mon père. (Mais on mettrait *à*, si ce n'était pas lui qui la racontait). |
| C'est à vous *à qui* je parle, *à qui* je m'adresse. | C'est à vous *que* je parle, *que* je m'adresse. |
| Quels que soient les biens que votre travail vous *ait* procurés. | Quels que soient les biens que votre travail vous *a* procurés. |
| Du cresson *à* la noix. | Du cresson alénois. |
| Un chat *angola.* | Un chat *angora.* |
| *L'apparution* et la *disparition* d'une comète. | *L'apparition* et la *disparition* d'une comète. |

## DIFFICULTÉS DE LA LANGUE.

| *NE DITES PAS :* | *DITES :* |
| --- | --- |
| Je lui ai *appris* ce *qu'il* est arrivé. | Je lui ai *raconté* ce *qui* est arrivé. <br> (*Qui* est le sujet, et non pas le régime du 2e verbe). |
| *J'apprends* à lire à mon fils. | *J'enseigne* à lire à mon fils. |
| L'art d'aimer. | L'art d'être aimé ou de se faire aimer. |
| *Auparavant* de vous voir. <br> (*Auparavant* ne veut point de complément). | *Avant* de vous voir. Mais on dît : je le verrai *auparavant*. |
| Vous n'écrivez plus si bien que les *autrefois*. | Vous n'écrivez plus aussi bien *qu'autrefois*. |

### B.

| | |
| --- | --- |
| J'ai *bien lu* des volumes depuis un an. | J'ai *lu bien* des volumes depuis un an. |
| Cette pluie bienfaisante fera *bien du* bien aux denrées. | Cette pluie bienfesante fera *beaucoup* de bien aux denrées. |
| J'ai acheté ces volumes *bon* marché. | J'ai acheté ces volumes *à bon* marché. |
| Ils se tenaient *à brasse corps*. | Ils se tenaient *à bras le corps*. |

### C.

| | |
| --- | --- |
| Faites attention à ces objets, ils sont *casuels*. | Faites attention à ces objets ; ils sont *fragiles*. |
| De la *castonade*.—Une clayère d'huîtres. | De la *cassonade*.—Une cloyère d'huîtres. |
| Ces voitures ont été achetées trois cents francs *chaque*. | *Chacune* de ces voitures a été achetée trois cents francs. |
| Cet homme *est châtain;* cette femme *est châtaine*. | Cet homme ou cette femme *a les cheveux châtains*. |
| *Combien* j'aimerais sa conversation ! | *Que* j'aimerais sa conversation ! |
| C'est une somme *conséquente*, une faute *conséquente*, une affaire *conséquente*. | C'est une somme *considérable*, une faute *grave*, une affaire *importante*, etc. |
| Les avares *convoitisent* les richesses. | Les avares *convoitent* les richesses. |
| Cet homme est *corpuleux*, il a de la *corporance*. | Cet homme est *corpulent*, il a de la *corpulence*. |
| Combien faut-il pour le *cordelage* du bois ? | Combien faut-il pour le *cordage* du bois ? |
| Écoutez les corbeaux *coasser*, et les grenouilles *croasser*. | Écoutez les corbeaux *croasser*, et les grenouilles *coasser*. |

### D.

| | |
| --- | --- |
| De toutes les fleurs la rose est celle qui me plaît *davantage*. | De toutes les fleurs, la rose est celle qui me plaît *le plus*. (Il y a comparaison). |
| Cette étoffe *déteindra* tôt ou tard. | Cette étoffe *se déteindra* tôt ou tard. |

## DIFFICULTES DE LA LANGUE.

| *NE DITES PAS :* | *DITES :* |
|---|---|
| Lequel est le plus grand *de* mon frère ou *de* moi? | Lequel est le plus grand, *ou* mon frère, *ou* moi? |
| Il me fait faire *du* mauvais sang. | Il me fait faire *de* mauvais sang. |
| Allez *décommander* mes bottes, etc. | Allez *contremander* mes bottes, etc. |
| C'est de cela *dont* il s'agit. | C'est de cela *qu'il* s'agit. |
| C'est de vous *dont* je parle. | C'est de vous *que* je parle. |

### E.

| | |
|---|---|
| Mon oncle est *en* campagne. | Mon oncle est *à la* campagne. |
| Je *lui en* défie. | Je *l'en* défie. |
| Je *m'en* rappelle; *t'en* rappelles-tu? | Je me *le* rappelle; te *le* rappelles-tu? ou t'en souviens-tu? |
| Il *est* descendu les degrés. | Il *a* descendu les degrés. |
| Je vous demande *excuse*. | Je vous demande *pardon*, ou je vous prie de m'excuser. |
| Il a échappé à un danger *éminent*. | Il a échappé à un danger *imminent*. |
| L'ennemi vint sur *cette entrefaite*. | L'ennemi vint sur *ces entrefaites*. |
| Les ennemis ont fait une *éruption* sur notre territoire. | Les ennemis ont fait une *irruption* sur notre territoire. |
| Je vous prie de *m'éviter* cette visite. | Je vous prie de *m'épargner* cette visite. |

### F.

| | |
|---|---|
| *Faire* une maladie. | *Avoir* une maladie. |
| *Faites* chercher mon frère. | *Envoyez* chercher mon frère. |
| Il m'a *fixé* long-temps. | Il a *fixé* long-temps ses yeux sur moi, ou il m'a regardé fixement. |

### G.

| | |
|---|---|
| Gravir une montagne. | Gravir *sur* une montagne. |
| Un chien de *bonne guette*. | Un chien de *bon guet*. |
| Il nous grogne. | Il grogne *contre* nous. |

### H.

| | |
|---|---|
| On les a mis *hors* la loi. | On les a mis *hors de* la loi. |
| Ils ne sont pas d'humeur *de* le souffrir. Ils paraissent en humeur *à* se divertir. | Ils ne sont pas d'humeur *à* souffrir; Ils paraissent en humeur *de* se divertir. |

## DIFFICULTÉS DE LA LANGUE.

### I.

| *NE DITES PAS :* | *DITES :* |
|---|---|
| Il m'a *invectivé*. | Il *m'a dit des invectives*, ou il a *invectivé contre moi*. |
| Ce grand homme *en imposa* à ses juges. | Ce grand homme *imposa* à ses juges. |
| Il *m'en impose ;* il *en* impose. | Il *m'impose ;* il impose. |
| (En imposer, c'est mentir). | (Si c'est pour exprimer un sentiment de respect ou de crainte). |

### L.

| | |
|---|---|
| Faites-*leur* souvenir de leur parole. | Faites-*les* souvenir de leur parole. |
| M. enseigne les langues française, anglaise et italienne. | M. enseigne la langue française, l'anglaise et l'italienne. |
| J'ai vu *les père et mère* de mon cousin. | J'ai vu *le père et la mère* de mon cousin. |
| D. Êtes-vous malheureuse ?—Oui, je *la* suis. | Je *le* suis ( je suis cela). |
| D. Êtes-vous la malheureuse ? — Oui, je *le* suis. | Je *la* suis (je suis elle). |
| D. Messieurs, êtes-vous orateurs ? — Oui, nous *les* sommes. | Oui, nous *le* sommes (cela). |
| D. Êtes-vous les orateurs ? — Oui, nous *le* sommes. | Oui, nous *les* sommes (eux). |
| Les philosophes anciens et nouveaux sont..... | Les philosophes anciens et *les* nouveaux sont... |
| Donnez-*moi-la ;* donnez-*moi-les*. | Donnez-*la-moi ;* donnez-*les-moi*. |
| Un *liseret ;* un *louchet*. | Un *liséré ;* un *lochet* (petite bêche). |
| Ce jeune homme, en remplissant les volontés de son père, travaille pour *lui*. | Ce jeune homme, en remplissant les volontés de son père, travaille pour *soi*. |
| Est-ce votre chapeau ? — Oui, *c'est lui*. | Oui, *ce l'est*. |
| Est-ce votre frère ? — Oui, *ce l'est*. | Oui, *c'est lui*. |

### M.

| | |
|---|---|
| *Mal parler* sa langue. | *Parler mal* sa langue. |
| *Parler mal* de quelqu'un. | *Mal parler* de quelqu'un. |
| Je partirai demain, *malgré* que vous vous y opposiez. | Je partirai demain, *quoique* vous vous y opposiez. |
| | (*Malgré* veut un nom pour complément). |
| Je *me fais* gloire de cette action. | Je *fais* gloire de cette action. |

## DIFFICULTÉS DE LA LANGUE.

| *NE DITES PAS :* | *DITES :* |
|---|---|
| Votre ami est parti *vers les* midi, *vers les* minuit. | Votre ami est parti *sur le* midi, *vers* minuit. |
| Il m'a comblé de *mille politesses*. | Il m'a comblé de *politesse*. |

### N.

| | |
|---|---|
| Prenez garde qu'on vous trompe. | Prenez garde qu'on *ne* vous trompe.<br>(C'est-à-dire, pour que l'on *ne* vous trompe pas). |
| Elle est *toute* autre qu'elle était. | Elle est *tout* autre qu'elle *n*'était.<br>(D'Olivet.)<br>(Dans les comparaisons d'inégalité, le *que*, qui réunit les deux membres de la comparaison, veut être suivi de *ne*). |
| Est-il mieux portant à la ville qu'il l'était à la campagne ? | Qu'il *ne* l'était à la campagne.<br>(M. Colin d'Ambly, etc.) |
| Il écrit mieux *qu'il* parle. | Il écrit mieux qu'il *ne* parle. |
| Il s'en faut bien qu'il le fasse. | Il s'en faut bien qu'il *ne* le fasse. |
| J'empêcherai qu'on vous interrompe. | J'empêcherai qu'on *ne* vous interrompe. |
| Il y a long-temps que je l'ai vu. | Il y a long-temps que je *ne* l'ai vu. |
| On ne doute pas qu'il arrive. | On ne doute pas qu'il *n*'arrive. (Acad.)<br>*Nota.* On met *ne* après les verbes *craindre, appréhender, avoir peur, empêcher, prendre garde* et *trembler.* |
| *Nul* de ces personnes n'*oseront* venir. | *Nulle* de ces personnes n'*osera* venir. |

### O.

| | |
|---|---|
| Avez-vous *observé* à votre frère la faute qu'il a faite ? — Oui, je la lui ai *observée*. | Avez-vous *fait observer* à votre frère la faute qu'il a faite ? — Oui, je la lui ai *fait observer*. |
| Je vous prie *dé m'obtenir* cette faveur. | Je vous prie *d'obtenir pour moi* cette faveur. |
| C'est à Paris *où* l'on fait les meilleurs... | C'est à Paris *que* l'on fait les meilleurs... |
| J'irai soit à Paris *ou* à Versailles.<br>(On doit répéter la même conjonction de doute). | J'irai, soit à Paris, *soit* à Versailles, ou bien : j'irai *ou* à Paris, *ou* à Versailles, |

### P.

| | |
|---|---|
| Pardonner *quelqu'un;* pardonner *à* sa faute. | Pardonner *à* quelqu'un ; pardonner sa faute. |
| Je lui ai parlé la semaine *passée*. | Je lui ai parlé la semaine *dernière*. |
| Nous entrâmes accompagnés *par une* nombreuse suite de spectateurs. | Nous entrâmes accompagnés *d'une* nombreuse suite de spectateurs. |

## DIFFICULTÉS DE LA LANGUE.

| *NE DITES PAS :* | *DITES :* |
|---|---|
| Cela ressemble à des *pieds* de mouche. | Cela ressemble à des *pates* de mouche. |
| Pour *pouvoir* faire une chose. | Pour *que je puisse, que tu puisses,* etc. |
| Il *préféra* confier sa glorieuse destinée. | Il *aima mieux* confier sa glorieuse destinée. |
| Je le *pourrai* peut-être, etc. | Peut-être le *ferai-je,* etc.<br>(On ne conserve que *peut-être,* et l'on se sert d'un autre verbe). |
| Le sang était *prêt* à couler.<br>(*Prêt à* signifie disposé à...) | Le sang était *près de* couler.<br>(*Près de* signifie sur le point de). |
| Faites d'abord vos devoirs, *puis après* vous irez vous promener. | Faites d'abord vos devoirs ; *puis* vous irez vous promener. |
| Elle est gaie et bien *portante.* | Elle est gaie et *se porte bien.* |

## Q.

| | |
|---|---|
| Il me fournit tout *ce que* j'ai besoin. | Il me fournit tout *ce dont* j'ai besoin. |
| C'est à vous *à qui* je veux parler. | C'est à vous *que* je veux parler. |
| Ce *que* je vous prie, c'est de... | Ce *dont* je vous prie, c'est de.. |
| M. de Longueville avait fait son testament avant *que de* partir.(M^me DE SÉVIGNÉ). | M. de Longueville avait fait son testament avant *de* partir. |
| Quel ennemi a tué mon frère ? | Quel est l'ennemi qui a tué mon frère ? |
| Quel ennemi a tué mon frère ? | Quel ennemi a été tué par mon frère ? ou quel ennemi mon frère a-t-il tué ? |
| Je ne vous parle pas de cet ouvrage que je sais *qui a été* composé dans un temps... | Je ne vous parle pas de cet ouvrage que je sais *avoir été* composé dans un temps... |

*Quelque* et *quel...que* (Voyez les pages 368 et 369).

## R.

| | |
|---|---|
| Je ne me rappelle pas *de cela.* | Je ne me rappelle pas *cela.* |
| Voilà un poêlon à *récurer.* | Voilà un poêlon à *écurer.* |
| Certains mets lui causent des *renvois.* | Certains mets lui causent des *aigreurs.* |
| Il *reste* rue Saint-Honoré, à Paris. | Il *demeure* rue Saint-Honoré, à Paris. |
| En se *revêtissant* d'habits empruntés. | En se *revêtant* d'habits empruntés. |
| Nous rivalisons *les* Anglais. | Nous rivalisons *avec* les Anglais. |

## DIFFICULTÉS DE LA LANGUE.

### S.

*NE DITES PAS :*          *DITES :*

Vous ne travaillez pas *si* bien que lui.      Vous ne travaillez pas *aussi* bien que lui.
(Il y a comparaison).

Ils sont arrivés à huit heures *sonnant*.      Ils sont arrivés à huit heures *sonnantes*.

Tous s'en *soucissent* peu.      Tous s'en *soucient* peu.

### T.

Perdre la *trémontade*.      Perdre la *tramontane*.

*Traverser* un pont.      *Passer* un pont.

Je n'ai pas *tant* de crédit que vous vous l'imaginez.      Je n'ai pas *autant* de crédit que vous vous l'imaginez.

*Telle* commode que soit cette maison.      *Quelque* commode que soit cette maison.

*Tout* instruits qu'ils soient.      *Tout* instruits qu'ils sont.
(*Tout* veut le verbe à l'indicatif).      (Voyez *tout*, page 369).

### V.

Levez les yeux *vers* le ciel.      Levez les yeux *au* ciel.

Il se *vêtit ;* il se *vêtissait*.      Il se *vêt ;* il se *vêtait*.

Des serpents *vénéneux*.      Des serpents *venimeux*.

Une plante *venimeuse*.      Une plante *vénéneuse*.

### Y.

Menez-m'*y ;* transporte-*t'*y.      Menez-*y*-moi; transportes-y-*toi*.
     (On met l'*y* avant *moi* et *toi*).

Attendez-y-nous; conduisez-*y*-*les*.      Attendez-nous-y; conduisez-*les*-y.
     (On place l'*y* après les autres pronoms personnels).

*Vas-y* porter la tête.      *Va y* porter la tête.

## DIFFICULTÉS SUR LE MOT *QUELQUE*.

QUELQUE est invariable devant un adjectif suivi d'un *que ;* et le verbe se met au subjonctif.

### EXEMPLE :

QUELQUE *étonnantes que soient ces difficultés.*
(C'est-à-dire, *quoiqu'*elles soient étonnantes).

QUELQUE est variable avant un nom pluriel, et avant un adjectif immédiatement suivi d'un nom pluriel.

## DIFFICULTÉS DE LA LANGUE.

EXEMPLES :

1ᵉʳ *QUELQUES richesses que vous ayez.* (Ici, *quelques* est adj. pl. de doute).

2ᵉ *QUELQUES devoirs sont négligés* (c'est-à-dire *plusieurs*).

3ᵉ *QUELQUES grandes richesses qu'il ait eues.*

4ᵉ *De QUELQUES dangers que j'aie préservé la jeunesse.*

*Quel... que* doit être écrit en deux mots séparés, lorsqu'il est immédiatement suivi d'un verbe. Alors *quel* s'accorde en genre et en nombre avec le nom auquel il se rapporte; et il veut son verbe au subjonctif, parce qu'il l'y modifie d'après une idée de doute.

EXEMPLES :

*QUEL QUE soit votre talent. — QUEL qu'ait été votre devoir.*

*QUELS QUE soient vos talents. —. QUELS qu'aient été vos devoirs.*

*QUELLE QUE soit votre maison. — QUELLE QUE fût votre maison.*

*QUELLES QUE soient vos vertus.—QUELLES QUE fussent votre vertu et votre foi.*

*QUEL QUE soit lui ou elle. — QUELLE que soit elle ou lui. — QUELS QUE puissent être le fils et la fille.*

## DIFFICULTÉS SUR LE MOT *TOUT.*

I. *Tout* est invariable avant un adjectif masculin, lorsqu'il signifie *quoique, absolument, entièrement;* et le verbe reste à l'indicatif;

II. *Tout* n'est variable avant un adjectif féminin, qu'autant que cet adjectif commence par une consonne.

EXEMPLES :

*TOUT spirituels que sont les enfants ; TOUT éveillés qu'ils étaient.*

*Ils sont TOUT autres qu'ils n'étaient. —Ce sont de TOUT autres gens.*

*TOUTES spirituelles que sont ces demoiselles; TOUT effrayées qu'elles paraissent.*

*Elle est TOUT autre. Elles sont TOUT autres que vous ne les croyez.*

Mais *TOUT* est variable avant un nom, ou avant un adjectif déterminatif suivi d'un nom.

EXEMPLES: *TOUTE la puissance, TOUTE son attention, TOUS ses devoirs.*
*TOUTES ses vertus, TOUTES ces vertus-là.*

Cependant on dit : *Il est TOUT yeux et TOUT oreilles.* (L'ACAD.).

*Ils sont TOUT en Dieu.—Elles sont TOUT en eau. — TOUT Rome est chrétien* ( c'est-à-dire, tout le peuple de Rome ). — *Le chien est tout obéissance.* (Sens figuré). (BUFFON ).

## FIN DES DIFFICULTÉS DE LA LANGUE.

# DE LA PONCTUATION.

La ponctuation est l'art de marquer, en écrivant, les différentes pauses de la voix. Elle sert surtout à distinguer chacun des sens partiels dans les divisions et dans les sous-divisions du discours. Mais, dans l'enchaînement de la phrase écrite, la ponctuation dépend souvent des ellipses et de l'ordre de l'inversion occasionnée par la rapidité de nos sensations.

C'est donc à la ponctuation à préciser aux yeux d'autrui les nuances ou modifications différentes de nos pensées dont elle doit être une fidèle image. Elle seule remédie aux obscurités du style. Et si une bonne ponctuation donne aux personnes qui nous écoutent ou qui nous lisent, la facilité de nous comprendre, une mauvaise ponctuation dans les parties similaires ou dans les propositions coupées, indique souvent tout le contraire de ce que l'on croit dire. Enfin, il est même de petites phrases où l'orthographe ne peut y suppléer; tels sont les deux exemples suivants :

> *Ce prince, défenseur de Tarquin le Superbe,* CHASSÉ *de Rome, alla assiéger cette ville.*

> *Ce prince, défenseur de Tarquin le Superbe* CHASSÉ *de Rome, alla assiéger cette ville.*

Dans la première phrase, la virgule après *Superbe,* indique que c'est le prince qui fut chassé; dans la deuxième, l'absence de la virgule annonce que c'est Tarquin.

Toutefois, dit *Lemare,* on ne peut être sûr d'avoir bien ponctué une phrase, qu'après avoir reconnu la place où l'on doit mettre le point.

Voici les signes de la ponctuation :

La virgule (,); le point-virgule (;); les deux points (:) et le point (.).

Les signes modificatifs sont :

Le point d'interrogation (?); le point d'exclamation ou de surprise (!); on y ajoute les points suspensifs ou elliptiques (.....), qui servent à marquer l'abrégé d'une citation; l'étoile (*), qui marque un renvoi; le trait de séparation (-); la parenthèse ( ), et les guillemets («).

# DE LA PONCTUATION.

### ARTICLE PREMIER.

## DE L'EMPLOI DE LA VIRGULE.

I. On emploie la virgule après chacun des sujets d'un même verbe, lorsqu'ils sont placés de suite, parce qu'on peut en retrancher un, sans nuire au sens de la phrase.

EXEMPLE :

*L'âne, le bœuf, le cheval, l'éléphant et le dromadaire ou chameau étaient poursuivis.*

Dans la phrase ci-dessus on ne met pas de virgule avant *et le dromadaire,* ni avant *ou chameau,* parce qu'il y a unité de pensée, et que le dernier nom concourt avec les autres au même but, qui est : *(ils) étaient poursuivis.*

Mais, dans la phrase suivante, on place une virgule avant *ou,* parce qu'il y a exclusion dans la pensée, puisqu'il s'agit de préciser qu'*un seul* de ces animaux *était poursuivi.*

EXEMPLE :

*L'âne savant, le bœuf furieux, le cheval léger, l'éléphant en colère, ou le dromadaire paisible, était poursuivi (un seul était poursuivi).*

II. On met également une virgule après chaque adjectif qui concourt à modifier le même nom dans la phrase.

EXEMPLES :

1<sup>er</sup> *Il se vit bafoué, sifflé, moqué, joué,*

> *Et par messieurs les paons plumé d'étrange sorte.*

2° *Au pied du mont Adule, entre mille roseaux,*

> *Le Rhin, tranquille et fier du progrès de ses eaux,*

> *Appuyé d'une main sur son urne penchante,*

> *Dormait au bruit flatteur de son onde naissante.*

*Nota.* On met une virgule après le *Rhin,* pour annoncer un petit repos entre chaque proposition incidente explicative.

III. Entre plusieurs verbes placés de suite, lorsqu'ils n'ont qu'un seul et même sujet, qu'un seul et même régime, ou que ces verbes ne complètent que des sens coupés, et qu'il faut prononcer de suite.

EXEMPLES :

1<sup>er</sup> *Cet enfant crie, parle, déraisonne et déplaît.*

## DE LA PONCTUATION.

2<sup>e</sup> *Hâtez-vous, le temps fuit, et l'enfance succombe.*

3<sup>e</sup> *On voyait ces serpents se raccourcir, s'alonger, se baisser, se relever, et tous les deux en même temps s'éviter en cherchant à s'entre-déchirer.*

4<sup>e</sup> *Vil atome qui croit, doute, dispute, rampe, s'élève, tombe et nie encore sa chute.*

*Nota.* Si j'avais mis une virgule après *vil atome*, j'indiquerais que c'est à lui que je parle; alors chacun des verbes prendrait la forme de la deuxième personne.

IV. Après plusieurs verbes de suite, accompagnés ou non accompagnés de leur modification circonstancielle ( soit adverbe, soit conjonction, soit préposition ).

### EXEMPLES :

1<sup>er</sup> *Ainsi, d'écouter, d'obéir promptement, vous n'avez nulle envie.*

2<sup>e</sup> *Que dois-je penser si, lorsque je vous interroge, vous ne répondez pas?*

3<sup>e</sup> *Or, ou j'agirai, ou je saurai à quoi m'en tenir.*

V. Après tout verbe, toute conjonction et toute locution qui présentent ou une ellipse, ou une inversion dans les sens partiels.

### EXEMPLE :

1<sup>er</sup> *L'Eubée produit de très-bonnes pommes; la Phénicie, des dattes; Corinthe, des citrons dont la douceur égale la beauté; et Naxos, ces amandes si renommées dans la Grèce.*

2<sup>e</sup> *Car, qui peut s'assurer d'être toujours heureux?*

3<sup>e</sup> *Mais, si vous m'abandonniez, que deviendrais-je?*

4<sup>e</sup> *Or, que faut-il faire?*

VII. Les mots en apostrophe se placent entre deux virgules, parce que ce sont autant de propositions elliptiques.

### EXEMPLES :

1<sup>er</sup> *Peuples, obéissez aux lois.—Soldats, faites votre devoir.*

·2<sup>e</sup> *La vie, disait Socrate, ne doit être que la méditation de la mort.*

3<sup>e</sup> *Venez, mon ami, que je vous dise adieu.*

4<sup>e</sup> *O mon Dieu, pardonnez à l'erreur de mes juges.*

5<sup>e</sup> *Mais, quant à moi, je n'y puis rien.*

## DE LA PONCTUATION.

6ᵉ *Pour mademoiselle, elle paraît peu instruite.*

7ᵉ *Non, mon cher enfant, je ne pourrai jamais suivre ton avis.*

VIII. On place entre deux virgules toute proposition accessoire explicative, lorsqu'on peut la retrancher de la proposition principale sans empêcher celle-ci de former un tout, et d'avoir un sens complet, puisque la proposition incidente y fait la fonction d'une remarque détachée.

EXEMPLE :

*Les passions, qui sont les maladies de l'ame, ne viennent que de notre révolte contre la raison.*

Mais la proposition accessoire ne veut pas les virgules lorsqu'on ne peut la retrancher de la proposition principale sans en changer le sens.

EXEMPLE :

*Les passions contre lesquelles tu réclames ne sont pas dangereuses.*

REMARQUE. Si l'on avait mis une virgule après *passions*, et une autre après *réclames*, on donnerait à entendre que les passions ne sont pas dangereuses ; ce qui serait tout le contraire de la pensée, puisqu'il ne s'agit ici que de celles *contre lesquelles tu réclames.* De même, lorsque tous les mots d'une phrase sont liés successivement les uns aux autres d'une manière, pour ainsi dire, inséparable, on ne met point de virgule.

EXEMPLE :

*Un homme riche est souvent un pauvre homme obligé de recourir aux lumières d'un homme pauvre qui vaut mieux que lui.*

AUTRE EXEMPLE :

*Les principes de la ponctuation sont nécessairement liés à une métaphysique très-subtile (,) que tout le monde n'est pas en état de bien saisir et de bien expliquer* (pour faciliter la respiration, il vaut mieux placer une virgule avant le *que*).

IX. On met une virgule avant et après les propositions qui sont unies par les conjonctions *et, ni, mais, ou,* lorsque les propositions ne commencent pas une période.

EXEMPLES :

1ᵉʳ *Fénélon réunissait à la fois,* ET *l'esprit,* ET *la science, et la douceur,* ET *la vertu.*

2ᵉ *Ni ceux que j'ai invités,* NI *ceux que j'ai priés ne s'y sont trouvés.*

Ainsi, on met une virgule avant une conjonction placée entre deux noms,

## DE LA PONCTUATION.

lorsqu'on veut indiquer qu'ils s'excluent l'un l'autre dans la même pensée; c'est-à-dire, lorsque l'action du verbe se rapporte à l'un des deux, à l'exclusion de l'autre.

EXEMPLES :

1<sup>er</sup> *Les poissons, et le berger qui joue de la flûte.*

2<sup>e</sup> *Je parlerai, ou je ne parlerai pas.*

3<sup>e</sup> *Aimez qu'on vous conseille, et non pas qu'on vous loue.*

4<sup>e</sup> *Ni l'une, ni l'autre n'est ma mère.*

Mais on ne met pas de virgule lorsque la conjonction lie deux mots d'une manière, pour ainsi dire, inséparable.

EXEMPLES :

1<sup>er</sup> *Ni l'un ni l'autre ne chanteront ensemble.*

2<sup>e</sup> *L'homme et la femme s'interrogent et s'instruisent.*

3<sup>e</sup> *Tout travaille et se meut dans la nature entière.*

4<sup>e</sup> *Ni l'or ni la grandeur ne nous rendent heureux.*

5<sup>e</sup> *La terre est ronde ou sphérique (c'est-à-dire, presque ronde).*

On doit mettre la virgule entre chaque proposition, lorsque toutes concourent au complément du verbe de la proposition principale dont elles forment autant de sens partiels :

EXEMPLE :

*On peut aimer sans plaire, s'humilier sans être timide, être vaincu sans lâcheté, et vaincre sans témérité.*

On met une virgule entre deux propositions, lorsque la première sert de motif à la seconde.

EXEMPLES :

1<sup>er</sup> *L'alarme une fois donnée, la terreur se répand.*

2<sup>e</sup> *L'homme le plus heureux, c'est le plus occupé.*

3<sup>e</sup> *Cette observation est si claire, qu'il est impossible de ne pas la comprendre.*

4<sup>e</sup> *Non-seulement vous avez lu, mais vous avez compris.*

Mais on ne met pas de virgule entre deux petites propositions non renversées, si l'exclusion de la seconde donne un tout autre sens à la première.

## DE LA PONCTUATION.

### EXEMPLES :

1ᵉʳ *Je travaille quand je veux.* (Je n'indique pas que je travaille).

2ᵉ *J'achetterai une campagne si je deviens riche.* ( Je ne dis pas que je l'achetterai ).

3ᵉ *Vous vous en souviendrez si je vous le dis.*

X. Enfin, on met une virgule après chaque sens partiel de l'inversion, lorsqu'il est exprimé dans l'ordre naturel de nos sensations plutôt que dans l'ordre de la grammaire ; c'est ce que l'on nomme ponctuation *logique* ou ponctuation forte, parce qu'elle marque les pauses de la voix.

### EXEMPLES :

1ᵉʳ *Enfin, après un an, tu me revois, Arbate,*
*Non plus comme autrefois, cet heureux Mithridate*
*Qui, de Rome toujours balançant le destin,*
*Tenait entre elle et moi l'univers incertain...*

2ᵉ *Ce capitaine, qui, après avoir indisposé ses troupes, eut la témérité de faire une guerre injuste, perdit toute influence, puisqu'il fut abandonné.*

RÉSUMÉ DES SENS DIFFÉRENTS, OCCASIONNÉS PAR L'EMPLOI, ET PAR LA SUPPRESSION DE LA VIRGULE.

1ᵉʳ Ex. : *Chez Bossange, Treuttel et Würtz.*
(L'absence de la virgule après Treuttel annonce qu'il y a deux librairies).

2ᵉ Ex. : *Chez Bossange, Treuttel, et Würtz.*
(La virgule qui sépare Treuttel de Würtz annonce qu'il y a trois librairies).

3ᵉ Ex. : *Le renard, la genisse, et la brebis, en société avec le lion.*
(La virgule après chaque nom annonce que ces trois animaux sont réunis au lion).

4ᵉ Ex. : *Le renard, la genisse, et la brebis en société avec le lion, étaient malades.*
(L'absence de la virgule après *brebis* désigne que la brebis était seule en société avec le lion avant que tous les trois fussent malades).

5ᵉ Ex. : *Le renard, la genisse et la brebis en société avec le lion, étaient malades.*
(L'absence de la virgule après genisse et après brebis annonce que ces deux animaux étaient déjà en société avec le lion).

6ᵉ Ex. : *C'est notre affection pour le Roi, qui nous a sauvés.*

7ᵉ Ex. : *C'est notre affection pour le Roi qui nous a sauvés...*
(Ici, l'absence de la virgule annonce que c'est le Roi qui nous a sauvés).

## DE LA PONCTUATION.

### DU POINT-VIRGULE.

Le point-virgule indique un sens plus complet, et une pause plus forte que la virgule.

EXEMPLES :

*Un fils ne s'arme point contre un coupable père ;*
*Il détourne les yeux, le plaint et le révère.*     (RACINE).

*Soyez ici des lois l'interprète suprême ;*
*Rendez leur ministère aussi saint que vous-même ;*
*Enseignez la raison, la justice et les mœurs.*     L'ORPH.

I. On emploie le point-virgule pour distinguer chaque membre d'une période ou grande phrase, dont les parties subalternes sont déjà séparées par une ou par plusieurs virgules.

EXEMPLES :

*Je touche, mon cher fils, au bout de ma carrière ;*
*Tes innocentes mains vont fermer ma paupière ;*
*Mais, soutenu du tien, mon nom ne mourra plus.*     (VOLT.).

*Parler beaucoup et bien, c'est le talent du bel esprit ; parler beaucoup et*
  *mal, c'est le defaut du fat ; parler peu et bien, c'est le caractère du*
  *sage.*

II. Lorsque plusieurs sujets ou plusieurs régimes d'un même verbe sont séparés de leur complément ou incident par la virgule, on termine chacune de ces propositions elliptiques avec un point-virgule, parce qu'elles forment autant de membres dans la période.

EXEMPLES :

*Platon et Cicéron, chez les anciens ; Clarck et Leïbnitz, chez les mo-*
  *dernes, ont prouvé métaphysiquement et presque géométriquement*
  *l'existence du Souverain Être : les plus grands génies ont cru à ce*
  *dogme consolateur.*     (GÉNIE DU CHRISTIANISME).

*Plaute, qui a fait rire les Romains, pour les corriger ; Phèdre, qui a*
  *fait parler les animaux d'une manière si utile aux hommes ; Horace,*
  *qui a si bien peint la raison des couleurs de la poésie ; et tant d'au-*
  *tres auteurs ont leurs rivaux en France, et peut-être leurs vain-*
  *queurs.*

III. On met le point-virgule entre chaque proposition opposée ou restrictive.

EXEMPLES :

*La nature donne la force du génie, la trempe du caractère, et le*
  *moule du cœur ; l'éducation ne fait que modifier le tout.* (BUFFON).

*Elle n'est point autre à Rome, autre à Athènes ; autre aujourd'hui, et*
  *autre demain.*

## DE LA PONCTUATION.

IV. Après l'énumération des parties similaires d'une grande phrase, et dans le style coupé.

EXEMPLES :

*Si quelqu'un a parlé de vous par légèreté, il faut le mépriser; si c'est par folie, il faut le plaindre; si c'est pour vous faire injure, il faut lui pardonner.*

*La terre s'entrouvrit; les fleuves reculèrent;*
*Et, pour comble d'effroi, les animaux parlèrent.*

*Le peuple adore Dieu, et vous l'outragez; le peuple l'apaise, et vous l'irritez; le peuple l'invoque, et vous l'oubliez.*     (MASSILLON).

### DU DEUX-POINTS.

I. On met les *deux-points* après toute proposition qui énonce une citation, ou qui indique des détails, comme dans les exemples suivants :

*Il y a trois sortes d'ignorances : ne rien savoir; savoir mal ce qu'on sait, et savoir autre chose que ce qu'on doit savoir.*

*Il y a deux grands traits qui peignent le caractère : le zèle à rendre service, qui prouve la générosité; le silence sur les services rendus, qui annonce la grandeur d'ame.*

*Tout me plaît dans les synonymes de l'abbé Girard : la finesse des remarques, la justesse des pensées, et le choix des exemples.*

II. Après une proposition générale lorsqu'elle est suivie d'une autre qui l'éclaircit, ou qui en développe le motif.

EXEMPLES :

*Il se présente une petite difficulté : c'est de réfléchir sur ses lectures.*

*Sans la religion, point de société : la philosophie l'avoue.*
                    (M. l'abbé DE LA MENNAIS).

*Il faut autant qu'on peut obliger tout le monde :*
*On a souvent besoin d'un plus petit que soi.*     (LA FONTAINE).

*L'exercice, la sobriété et le travail : voilà trois médecins qui ne se trompent pas.*

*La mort ne surprend point le sage : il est toujours prêt à partir.*

*C'est chez le malheureux que la pitié se trouve :*
*Sans peine on compatit au malheur qu'on éprouve.*     (ARNAULT).

*Nos peuples affaiblis s'en souviennent encore :*
*Son nom seul fait trembler nos veuves et nos filles.*     (RACINE).

*Il faut céder à l'usage et à l'autorité : ce sont deux devoirs que l'on ne peut récuser.*

## DE LA PONCTUATION.

> . . . . . *Punissez les forfaits ;*
> *Mais ne trahissez pas vos propres intérêts* :
> *A qui veut se venger, trop souvent il en coûte.*    (Andrieux).

> *L'imagination leur prête mille formes* :
> *Tantôt c'est un géant, qui de ses bras énormes.....*    (Michaud).

> *La vie est un dépôt confié par le ciel* :
> *Oser en disposer, c'est être criminel.*

### DU POINT.

Le *point final* marque un sens complet et absolument terminé ; on le met à la fin de toutes les phrases et de toutes les périodes qui n'ont qu'un rapport général à la matière que l'on traite.

### EXEMPLES :

> *Aimez qu'on vous conseille, et non pas qu'on vous loue.*    (Boileau).

> *La plupart des écrivains, dit Beauzée, multiplient trop l'usage du point, et tombent par là dans l'inconvénient de trop diviser les membres de la période ; et quelquefois ils courent les risques d'être mal compris.*

### DU POINT D'INTERROGATION.

On met le *point d'interrogation* à la fin des propositions interrogatives, soit composées, soit elliptiques.

### EXEMPLES DE PROPOSITIONS COMPOSÉES :

1<sup>er</sup> *Veux-tu devenir homme de bien? fréquente les bons, évite les méchants, et ne demeure jamais oisif.*

2<sup>e</sup> *Hé bien! filles d'enfer, vos mains sont-elles prêtes?*
*Pour qui sont ces serpents qui sifflent sur vos têtes?*
*A qui destinez-vous l'appareil qui vous suit ?*
*Venez-vous m'enlever dans l'éternelle nuit ?*    (Racine).

Propositions elliptiques : *qui? quoi? qu'est-ce?* etc.

Remarque. Quelquefois l'interrogation n'a lieu que par le sens de la pensée :

> *Tu ne vas pas te promener? — N'est-il pas trop tard? répondit-il.*
> ( Domergue, Boniface ).

Mais, lorsque la période est trop longue, on peut supprimer le point interrogatif.

### DU POINT D'EXCLAMATION.

On met le *point d'exclamation* à la fin d'une phrase qui marque ou la sur-

## DE LA PONCTUATION.

.prise, ou l'admiration, ou la terreur : *Ah! hélas! ciel! quel horreur! malheu-*
*reux! mon Dieu! — Comme il est changé!*

> *Qu'un ami véritable est une douce chose!*      ( LA FONTAINE ).

> *Eh! quel est le littérateur qui ne voulût avoir dans sa bibliothèque un*
> *saint Grégoire de Nazianze, un Tertullien, un saint Chrysostôme,*
> *au moins à côté de Démosthènes et de Cicéron!* (Préface du Cours
> d'éloquence sacrée; par M. l'abbé GUILLON).

### DES POINTS SUSPENSIFS, DU TRAIT DE SÉPARATION, DES GUILLEMETS ET DE L'ÉTOILE.

Les points suspensifs ou de réticences marquent les phrases interrompues par
le désordre de l'ame, ou par la crainte d'exprimer trop clairement sa pensée.

**EXEMPES :**

1ᵉʳ   *Si quelques observations...... Il suffit ; tu m'entends.....*

2ᵉ   *Votre envoyé paraît, s'écrie..... un peuple immense,*
*Proclamant avec lui votre auguste clémence,*
*Auprès de l'échafaud soudain s'est élancé.....*
*Mais il n'était plus temps..... les chants avaient cessé.*
       ( RAYNOUARD ).

3ᵉ   *Je le ferai bientôt. — Mais quand donc ? — Dès demain.*
*— Eh! mon ami, la mort peut te prendre en chemin.*

Le trait de séparation sert à annoncer le changement d'interlocuteur, et à
éviter la répétition de *dit-il, répond-il, reprit-il,* etc.

Les guillemets servent à marquer une citation. On les met au commencement
de chaque ligne rapportée, ou seulement avant le premier mot de la citation, et
après le dernier.

L'étoile marque une petite suppression, ou un renvoi ; ainsi, c'est par l'étoile (*)
que sont indiqués tous les homonymes de mon Dictionnaire ; parce que c'est au dictionnaire des homonymes que tous sont reportés avec une explication particulière.

### EXEMPLE DE TOUS LES SIGNES DE LA PONCTUATION, RÉUNIS DANS UNE SEULE PHRASE :

> *On proclame à haute voix le nom du jeune Victor B*** ; un jeune*
> *homme se lève à l'extrémité supérieure de la salle ; tous les yeux se*
> *portent sur lui ; il descend ; on s'empresse de se déranger pour lui*
> *ouvrir un passage, mais on a le temps de s'interroger : « Quel est-il ?*
> *quel âge a-t-il ?..... Quel air modeste! quelle figure aimable! que sa*
> *mère doit être heureuse!..... La voilà. — Où donc ? — Là....., cette*
> *dame qui s'essuie les yeux..... » et mille autres propos, que le jeune*
> *homme recueille en allant recevoir la couronne.*    (M. DE JOUY).

FIN.

# ERRATA.

(Comme il n'y a pas un seul livre sans fautes d'impression, j'ai préféré ajouter un *errata*, pour n'induire personne en erreur.)

*Page* 15, *ligne* 16, *au lieu de* St.-Cir. g, *lisez* St.-Cyr. g.

| | | |
|---|---|---|
| 31 | 25 | hopoténuse, *lisez* hypoténuse. |
| 34 | 34 | incération, *lisez* incération. |
| 37 | 12 | lyux, *lisez* lynx. |
| 41 | 23 | mais, *lisez* niais. |
| 49 | 41 | ptcrygium, *lisez* ptérygium. |
| 65 | 43 | resssac, *lisez* ressac. |
| 70 | 3 | pinsée, *lisez* pincée. |
| 70 | 41 | gresseie, *lisez* grasseie. |
| 71 | 10 | cognasssier, *lisez* cognassier. |
| 75 | 48 | Barègé, *lisez* Barèges. |
| 76 | 28 | des sons-seings, *lisez* des sous-seings. |
| 78 | 14 | sanvagin, *lisez* sauvagin. |
| 81 | 1 | *ajoutez-y* : universitaire. |
| 85 | 20 | défenderesse, *lisez* défendresse. |
| 129 | 45 | reflus, *lisez* reflux. |
| 136 | (au son EUIL), *ajoutez* cercueil. | |
| 167 | 30 | collégue, *lisez* collègue. |
| 186 | 4 | ouin, *lisez* voyez oin. |
| 194 | 16 | du l'imparfait, *lisez* de l'imparfait. |
| 209 | 11 | son cier, *lisez* son cière. |
| 212 | 1ʳᵉ | blanchatre, *lisez* blanchâtre. |
| 212 | 33 | il enrhnme, *lisez* il enrhume. |
| 216 | 40 | pharinx, *lisez* pharynx. |
| 228 | 33 | assieds-toi ? *lisez* assieds-toi. |
| 236 | 48 | qu'elle, *lisez* quelle. |
| 244 | 20 | dépens-tu, *lisez* dépends-tu. |
| 262 | 27 | paie ou paie, *lisez* paie ou paye. |
| 265 | 30, 2ᵉ colonne | sons, *lisez* sans. |
| 274 | 3 | rassasie, *lisez* rassasié. |
| 280 | 5 | volât-il demain? *lisez* volât-il demain. |
| 291 | (au v. cuire), je cuisisses, *lisez* je cuisisse. | |
| 322 | 17 | à elels, *lisez* à elles. |
| 323 | 4 | qu'elle, *lisez* quelle. |
| 329 | 3 | elle, *lisez* elles. |
| 332 | 32 | *ajoutez-y* : j'y préfère l'invariabilité. |
| 333 | 8 | qu'elle, *lisez* qu'elles. |
| 361 | 33 | la plupart ( ), *lisez* la plupart, ou la plupart des..... (3ᵉ pers. pl.) |
| 367 | 20 après 368 et 369, | *lisez* pages 368, 369 et leshomonymes. |

Imprimerie d'EVERAT, rue du Cadran, n° 16.